U0106497

当代名家读古代名篇

人生天地之间，若白驹之过郄，忽然而已。

——《庄子·外篇·知北游》

# 《庄子》
# 倒着读 上

向以鲜　吴西峰

著

重庆出版集团 重庆出版社

## 图书在版编目（CIP）数据

《庄子》倒着读 / 向以鲜，吴西峰著. —重庆：
重庆出版社，2023.11
　　ISBN 978-7-229-18099-7

　　Ⅰ.①庄…　Ⅱ.①向…　②吴…　Ⅲ.①《庄子》–研究
Ⅳ.①B223.55

中国国家版本馆CIP数据核字（2023）第201505号

## 《庄子》倒着读
ZHUANGZI DAOZHE DU

向以鲜　吴西峰　著

策　划　人：刘太亨
责任编辑：张立武
责任校对：刘小燕
封面设计：日日新
版式设计：冯晨宇

重庆出版集团
重庆出版社　　出版

重庆市南岸区南滨路162号1幢　邮编：400061　http：//www.cqph.com
重庆三达广告印务装璜有限公司印刷
重庆出版集团图书发行有限公司发行
全国新华书店经销

开本：787mm×1092mm　1/16　印张：49.5　字数：786千
2024年3月第1版　2024年3月第1次印刷
ISBN 978-7-229-18099-7

定价：118.00元

如有印装质量问题，请向本集团图书发行有限公司调换：023-61520678

# 《庄子》，为什么要倒着读？

## 缘　起

在先秦诸子中，庄子堪称最另类的一个。诸子都是有所遵循的，修道的遵循道，修身的遵循德，治国的遵循礼，做事的遵循法。而庄子似乎将一切都打破了，然后做飞翔和遨游状，从一切羁绊之中超脱而去。其人不是从人间脱身，而是试图脱身于浩渺的时空。人生之于世，被诸多限定和牵系，比如物质与死亡，而庄子似乎不想被任何事物限定和束缚，也不愿受任何事物干扰和影响，完全突破了诸子对人的定义。庄子生而为人，却对人的定位有着种种不满。庄子的天地很大，大到没有边际、没有极限，无天无地。所以在庄子的文字中，贯彻始终的是无限的时空感：要么无限向外扩展，发现奥秘；要么无限向内深入，发现自我。

我们一直想将庄子的书重新梳理一遍，却迟迟未敢轻启。庄子留存于世的文字在诸子百家中算得上是多的。据《汉书·艺文志》记载，《庄子》原有五十二篇，现存三十三篇：内篇七篇、外篇十五篇、杂篇十一篇，近七万字。按学界通行的说法，只有内七篇是庄子本人所写，外篇与杂篇都是别人所作。我们并不打算一一进行甄别，纵然外篇与杂篇或许不是庄子本人的作品，仍较为准确地体现出庄子的主体精神（其中固然混入了一些驳杂的成分），仍是庄子思想的奇妙延伸，我们应该好好读认真读，读出自己的滋味和深思。本书中所引《庄子》原文，主要来源于1961年中华书局版"新编诸子集成"中清人郭庆藩《庄子集释》本。

庄子的思维实在太恢宏了，如何来合理地表达我们对他的所识所思，必须找到一个较好的切入点。古今中外讲庄子的书汗牛充栋，要讲出新意，的确是很考验悟性的事情。最终我们采取了讲读这种形式：像一次漫长的读书随笔，像两个人的絮语，也像是一个人的独白。既非寻常意义上的白文通译。亦非传统朴学中的注疏笺证。我们不追求高深，但也绝不媚俗，所奉献出来的一瓣心香，不一定是最昂贵的，却一定是最真诚的。我们渴望听到庄子的心跳，也希望世人听到我们的心跳。

《庄子》一书翻的次数多了，重头再读可能会有些审美疲劳。到底该怎么讲读呢？不如换个读法：倒着读。把《庄子》倒着来读，看看能否获得什么启示，或不一样的读书心得。倒着读《庄子》，和顺着读《庄子》的感觉肯定是不一样的，如同下山的风景不同于登山的风景。

# 为什么要倒着读《庄子》？

关于言说，孔子说得最到位："天何言哉？四时行焉，百物生焉，天何言哉？"其意为，上天讲什么了？春夏秋冬不息轮转，万事万物生生不息，上天讲什么了？上天确实只字未讲，却又似乎讲尽了一切。人间的情形大不一样，人间的种种理论和说法浩如烟海。《庄子》最后一篇《天下》，像极了庄子对于"天何言哉"这个问题的铺陈与综述。

我们为什么要倒着读《庄子》？主要是这么想的：

一是难易使然。《庄子》一书的开篇即《逍遥游》，如果《庄子》是一种学术，《逍遥游》就是其中最高最难最顶级的部分，一上来就读它，实在是有些难以理解《庄子》的精华。如果倒着读，由杂篇到外篇再到内篇，由易渐入难，由表及里，不失为一种循序渐进的有效方法。先洒扫清洁庭院，再一步步登堂入室，也是读书做学问的正道之一。

二是文本使然。《庄子》三十三篇中，如前所述，内七篇是庄子本人的作品，这是人们公认的，基本上没有争议。外篇、杂篇很可能是托名而作，或为再传弟子们所编纂。那么，关于庄子其人其书其学说的主张，先看看外篇、杂篇都说了些什么，再一点一滴去印证，这样理解起来可能更为准确，印象也更为深刻。

三是文意使然。就写法看，《天下》与其他各篇均不相同。其他各篇均是观点式论述与寓言式解读的组合，而《天下》则明显带有序跋的意味，也有综论当时诸种学术流派"论纲"的意味。以"道术将为天下裂"而起论，逐一批驳了墨、名、法、道、儒等多家主张。其时各家理论已纷纷进入现实，都想有所作为，包括老子的学说，其中是充满权术的。各个诸侯也纷纷从诸子中各取所需，引以为用。而庄子呢？则非常纯粹，持完全出世的思想，倒着一直读到《逍遥游》时，人们方才会恍然大悟。

四是方向使然。《庄子》一书的脉络，从《天下》到《逍遥游》的方向非常明确，走的是出世路线。而从《逍遥游》到《天下》呢？方向就完全反了。起势是气象万千的鲲鹏之游，落点到了鸡零狗碎的反诘，显得过于纠结和矛盾，完全不符合庄子风范。写书有严格的脉络，读书则不同，得先找钥匙，然后才能顺利理清并走出迷宫。读《庄子》就是如此，观《天下》而知庄子，而绝非先《逍遥游》而后取天下或霸天下。

五是激情使然。读诸子书，连续不间断去读，个中理论读多了，便会读出个幻灭感、虚无感来。如何化解这种感觉？就需要类似"天何言哉"这样的当头棒喝。为何《庄子》从《天下》读起？最初就是灵光一现似的，就想这么读。如果是一本正经地顺着读，就跟大门进、后门出一样，会是一个一切都在预料设想之中的极其寻常的过程，这样的读法从心理上讲是缺少激情的，不应该是读书或活着的方式。读书，还是要有点激情和感觉的，《天下》就是这块石头，可以激起心中的千重雪浪。

倒着读《庄子》，也是一次奇妙的修炼过程，对自己对未来都充满着预期，也充满着梦幻和想象。换个角度读《庄子》，会发现《庄子》就像一颗七彩的宝石，无论从哪个角度，哪个时辰，哪一页去观察、探索、赞美或止步，都可以发现意想不到的美和奥义。

# 全知的庄子

关于庄子其人，历史上留下的史料不多。战国中期宋国人，言行特立独行，在当世是闻人。就做过一个"漆园吏"。也没正经干过什么营生，日子过得缺衣少食的，经常去讨米借粮。就这么个人，却有冠绝尘世的贡献，在中国历史甚至人类历史上独树一帜。庄子似乎是那个时代的全知者，在各个领域都有精深的造诣。

思想的庄子：庄子首先是一个卓越的思想家。其人思想的恢宏程度无可比拟，到达或者说替人类到达了一个极致，不但是为当时当世，而是为全人类指出了思想的无限性。

智慧的庄子：是一个绝对的智者，其智慧之海如同其笔下的《秋水》一般澄明和浩大。春秋战国时代的宋国人创造了不少寓言，很多出自《庄子》一书。寓哲理言论于故事之中，这需要高深的智慧和灵性才能实现。一本《成语辞典》，庄子创造的条目多得俯拾即是。比如：天籁、庖丁解牛、游刃有余、踌躇满志、薪火相传、相濡以沫等等。

哲学的庄子：庄子有一套自成体系的思维、视角、方法与建筑，给人们认识万事万物提供了一面面镜子式的参照。

文学的庄子：诸子百家中，庄子的文学成就最高，称其为中国文学第一人，恐怕一点也不过分。诸如《逍遥游》《大宗师》这些篇章，汪洋恣肆无可形容，强度烈度也无从匹配。《庄子》一书的目录，在所有古书中大概是最有生气的，不呆滞，不刻板，让人顿生投入一阕的兴味。闻一多曾列举中国堪称伟大诗人的三位代表，使之作为文化史链环中的三个璀璨之点：庄子、阮籍和陈子昂。闻一多称，庄子是一个哲学家，然而侵入了文学的圣域。他那婴儿哭着要捉月亮似的天真，那神秘的惆怅，圣睿的憧憬，无边无际的企慕，无崖际的艳羡，便使他成为最真实的诗人。

风度的庄子：庄子风度横亘古今，形成了中国文化基因性的东西。

比如，子非鱼、鼓盆而歌、庄周梦蝶等等，是何等生动又深刻的演绎，并且体现出只有庄子才拥有的风度与风骨。一般人的思想可能很精彩，但其生活未必如此洒脱，唯有庄子做到了表里如一。庄子的风度与做派超出了日常与现世意义，不仅替中国人，也替天下人焕发抖擞一种绝妙的气质。

林语堂说："老子微笑待人，庄子狂笑处世；老子教人，庄子嘲人；老子说给心听，庄子直指心灵。"可以说，庄子其人，不是滋养指导过任何一个时代的人，却是化育影响整个世界的人。

没有这个人，我们这个民族，我们人类活得该有多沉重、多憋屈、多乏味呀。有了庄子，这个民族，这片天空和大地，这个星球才得以灵动，才显得鲜活，才有希望和兴致长长久久地走在通往无穷无尽的路上。

# 总目录

《庄子》，为什么要倒着读？ / 1

# 上卷·目录

# 壹　天　下

从某种角度来看，《天下》可视为《庄子》自序，是打开庄子世界大门的钥匙。既然钥匙在此，就该从这读起。虽然，《天下》更可能由庄子后学所作。

"天下"，看着这个标题，取这么一个标题：天下！文章该写什么、怎么写？或者说，写什么、怎么写才能匹配这两个字？庄子的"天下"在写什么？其指向是源头与无限，也可以简短表达为三个字：无穷尽。通过无限、无穷尽与卑微自我、短暂生命的观照，大意境、大哲理就出来了。写这个很难，没有足够的智慧根本支撑不起。庄子将天下写到了什么程度？一句句往下看。

**天下之治方术者多矣，皆以其有为不可加矣！**

如何看待治理天下的言论学说不计其数这一现象呢？战国中期，周王室式微，无力辖制诸侯，实力二字开始在世间彰显。谁会在群雄逐鹿中胜出？种种说法，如雨后春笋般露出地面，在诸侯间流转。现在想想，都可以体味到其中动荡的剧烈，以及士人诸子们抱负的激越。对于天下乱象与种种学说，老子、庄子洞若观火。老子讲谈了一些方法论，庄子则纯粹反观自我，成了那个时代最另类的观察者。

那个时代，"我"是多么无力，而芸芸众生更如同蝼蚁草芥，而庄子却高扬"自我"。直至今天，个人想张扬自我，恐怕都会有诸多羁绊和顾虑。那个时代的庄子呢，自由解放得绝对彻底。这恐怕才是庄子的历史意义。庄子的存在，就是要提醒人们重视并关注存在本身，而不是人为赋予的意义。

庄子的话有言外之意：每个人都认为自己的观念最正确，已经是终极表达。其实呢，它们也就是自我戏剧而已。终极是什么？在哪里？恐怕永远是高悬在人类心中与头顶的哲学命题。弗朗西斯·福山的《历史的终结》放言人类历史发展的模式已经到头了，不知敢否用庄子这面镜子照一照！

**古之所谓道术者，果恶乎在？曰："无乎不在。"**

这句继续上一句。古代的那些顶级理论在哪里呢？古人与今人一样，也有种种理论学说，都认为自己掌握着真理。现如今古人们的理论在哪里、处于一个什么地位？有没有创新出不同的东西？答案与事实是，"无乎不在"，即无处不在。庄子的意思，你们所说的登峰造极的思想老祖宗们早就说过了，而且仍在发挥着作用，怎么能说你们所说的就是登峰造极的呢？思想有最本质最本源的东西，比如活着，理论却是五花八门的。比如，如何活着？这是两个层次的问题，活着是事实，如何活着则有无限可能。那么，谁敢于宣称只有自己的最正确，这样连谎话都不如。看，这就是庄子，不直言是非，而是让人们自己去琢磨和领会。

下面，庄子论及真正意义上的本质问题。

# 人类的事

**曰："神何由降，明何由出，圣有所生，王有所成，皆原于一。"**

神、明、圣、王，都达到了世间的极致：神通于天地，明照彻天地，圣引述天地，王统领天地，分别是四个领域的不同代表。神是不可掌控的未知力，明是启发性的观照力，圣是领悟力和引导力，王是统治力。那么，神从何而降、明从何而出、圣从何而生、王从何而成呢？共同的指向都归为"一"。这个一，就是"道"字，即原理与规律。世界之所以成为今天的样子，我们之所以活成今天的样子，也是原理与规律的作用与结果。这么看，中国的"道"与佛家的"因"很相似。不同之处在于：道是不可掌控的，因是可以由主观意志来改变的。"道"比"因"更为本质。因此佛家认为，想要改变果，就要调整因。道家呢，认识并遵道才是最好的，才能称之为神、明、圣、王，否则就是糊涂虫。

**不离于宗，谓之天人；不离于精，谓之神人；不离于真，谓之至人。**

庄子在《庄子·内篇·逍遥游》中说："至人无己，神人无功，圣人无名。"这里则说到了什么是"天人""神人"与"至人"。"宗"，即一脉相承的意思；"天人"，即取法于天的人；"精"，即精髓的意思；"神人"，即尽得道之精髓的人；"真"，即客观反映；"至人"，即袒露本真性情的人。这三种说法，大体可以看出庄子言行的渊源与思路，不是用嘴空说理论，而是用整个生命努力去做这三种人，或者向这三种境界靠近。流沙河先生认为："不离道的本源，谓之天人；不离道的精神，谓之神人；不离道的真谛，谓之至人。"

从这儿看，《庄子·杂篇》还真可能就是后人写的东西，极像是欣赏庄子风骨的士人学人读庄子作品的体会和笔记。当然，这个后人对我们而言也是前人。不管前人后人，写这篇东西确是尽得庄子精髓的，而且博学多识，贯通了很多东西。

**以天为宗，以德为本，以道为门，兆于变化，谓之圣人。**

须注意一点，儒、道、墨、法等都说圣人，但侧重点不同。庄子说的圣人标准是什么呢？大抵有四条：一是"以天为宗"，即取法于天，就是说认识不是自己头脑中随意想出来的，而是依据天道变化演进得出。二是"以德为本"，德者，得也，就是说对天地自然的认识有所得。还有一层，"遵道为德"，认识道并奉行道就是德；遵循好了，就是大德、至德。从这个角度看，道与德，其实包含有认识与实践的关系问题，其中也有实事求是的意思。三是"以道为门"，如何打开并进入一个世界或领域呢？通过道。道是什么？原理与规律的统称，具体到万事万物，各有各的原理与规律；想要认识并驾驭这个事物，就要知悉其原理，掌握其规律。四是"兆于变化"，善于从万千变化从看出端倪来。群经之首《易经》，就是对变化及其规律的观察、总结与表述。什么是圣人？从这四者联系起来看，即一个敏锐智慧且身体力行的人。

**以仁为恩，以义为理，以礼为行，以乐为和，薰然慈仁，谓之君子。**

"君子"这个说法，道家的书中很少见，儒家对此却很热衷。由此观之，《庄子·杂篇·天下》一文可能并非庄子所写，而是综合了儒道之长。什么是"君子"？这句提及的五条标准，说的都是与人相处的问题：一是"以仁为恩"。"仁"，从字形看是两个人以上，指利于和谐人际关系的东西。就个人而言，"仁"无从谈起。"恩"，指恩惠，是给予、布施的意思。这句是说将促进和谐的东西给予、布施出去，成为自觉和习惯。二是"以义为理"。其主要有两层意义：一层是"义者，宜也"，指适宜、适合的，什么适宜，不确指，明显是中性的；另一层是社会交往中舍己为人的东西。这句是说，将利他的东西作为理所当然的常态常理。三是"以礼为行"。礼，泛指人类社会的一切礼法和制度规矩。对个人而言，礼即良好内心修养的外在表现，且是高度自觉的。《论语》有"彬彬有礼，而后君子"的说法，指一言一行都要合乎礼。四是"以乐为和"。乐是不同声音的和谐，也就是说，当不同的声音混构在一起时，和谐的表现就是乐。人也各自不同，如何和谐成一个家族或集体，自然可以从音乐中得到求同存异的启示。音乐对人的精神亦有非常明显的熏陶作用。当时有一部《乐经》，就收藏自上古以来的宫廷或战争类正统乐曲，可惜后来失传了。五是"薰然慈仁"。"薰然"，即如沐春风，一接触即能给人以好感。"慈"，即慈爱，对"仁"又强调了一遍。文中说，做到这五点即可称之为"君子"。说实话，这个很容易伪装，因此人世间不乏"君子剑"式的人物。综合以上可以看出，上文讲自觉、利他和修养。现在"道德"二字，与《庄子》原意有天壤之别。

**以法为分，以名为表，以参为验，以稽为决，其数一二三四是也，百官以此相齿。**

这句说的是官员的设立、职能和选用。官员的设立与职能有四点：一是"以法为分"。官职哪来的？法确定的；官员用什么断事？依法。二是"以名为表"，这个名不是名字名称这么浅表化的东西。春秋战国这个"名"，诸子各家都非常重视，特别是倡导战略思想的几家。名主要指内涵，比如，一个职位叫"宰"或"牧"，不仅仅是这么称呼而已，而是有具体内容的，主要指有什么权限、负什么责任等。"名"虽然只是个叫法，是个对外的称呼，内涵却是货真价实的。三是"以参为验"。"参"，即参照、比较，通过参照、比较来验证一些事情，或者通过参照来设立。四是"以稽为决"。"稽"，指考查，决指决断。这话既可看成是对官员的考查和选用，也可以看成官员通过考查所作的决策。最后一句是结论性的"其数一二三四是也，百官以此相齿"，同样语义双关，既可以看成是对官员的选任，也可以看作是官员分门别类处理事情的依据。古文的难点就在这里，有些综合性语义不是层层细分的现代思维、现代理论所能解析的，必须得综合来看。

**以事为常，以衣食为主，蕃息畜藏，老弱孤寡为意，皆有以养，民之理也。**

诗意地讲，它说的是人活着的事情；哲学地讲，说的是生活或生存的本质；用政治眼光来看，这是群众观的问题；从社会学角度来说，这是人伦问题。民众日常百态中，主要用心用情用力在哪些方面呢？一是"以事为常"。人们多事好事，经常没事找事，无事生非。不折腾事，人活什么呀！看看老祖宗的这种说法，绝了！这种简练和精确的程度，后世哪个比得了。读诸子书有个体会，汉代以后的书都是稀释，国学最本质最体系的思想春秋战国业已高度完成。二是"以衣食为主"。为衣食谋，最基本的东西穿衣吃饭不能满足，还奢谈其他什么呢？这个衣食泛指物质生物，如果最基本的生存都保障不了，其他则免谈。这就是所谓的"富而教之""仓廪实而知礼节"，没衣穿没饭吃时，即使偷抢也是名正言顺的事情。不只中国如此，西方也是如此。《飘》有一个场景，南北战争中，郝思嘉辗转回到了被战火洗劫的家园，站在自家的土地上对天发了句毒誓："以上帝的名义，以后即使去偷去抢，我也不会再让我的家人挨饿了。"这句话被视作美国精神。虽然野蛮，但确有值得重视和汲取的东西。三是"蕃息畜藏"。这句是说发展，不能一代人负一代人的责任，任何一代人都要对全人类的未来负责，负不起也要负，所以劳作，所以繁衍，所以生生不息。当然，也有极端个别的例子，生而为人，却并不想做人，想成为鸟兽、石头、河流、风云之类的。历史上屡屡有逾越大道并抛弃同类而去的人，其实也可以理解。四是"老弱孤寡为意，皆有以养"。这就是人道主义了。人的含义与性质始终说不清，但当时思想家们已经对人有所定义：既然迥然有别于禽兽，那么就不能只奉行优胜劣汰的丛林法则，而对于老弱孤寡等弱势群体，必须奉养。以上这四点，将民事差不多概括完了。再加上之前的君子、圣人等说法，将人类这点事都概括完了。看看老祖宗的概括力吧，现代人写这个，恐怕论文是远远不够的，要数不清的专著才行。这也是必须回头重温和学习古人的原因，不管在路上是个什么状态，不能忘了出发点和目的地。

# 古代的人

**古之人其备乎！**

"备"，指完备。一个"备"字，传神地体现了国人厚古薄今的心态与传统。这句可以看作感叹句：古代的人们何其完备周全啊，是一种由衷的赞叹；也可以看作是设问句，古代的人类社会完备吗？注意，这个人可不是普通人，而是君王圣贤们。

**配神明，醇天地，育万物，和天下，泽及百姓，明于本数，系于末度，六通四辟，小大精粗，其运无乎不在。**

这句既是解答，又是古人对更古之人的敬畏。我们时常会想：以现代理念，纯粹将古代认知为落后，真的对吗？古人，他们一代又一代的人都活错了或白活了？似乎必须得有一个回望的视角，才能更加看清脚下的路，并辨明未来的走向。古人如何归纳更古之人的好呢？以下几个方面，都是宏观方面的：一是"配神明"。人有智慧，而智慧使人们与冥冥中主宰一切的力量相互统一："智以配天，德以配地。"二是"醇天地"。"醇"，通"准"；以天地为准，也可以理解为与天地相融合。三是"育万物"。化育万物，最早人类社会是狩猎采集社会，到了古人写这篇文章的时候，其老祖宗们已经取得了不菲的成就。四是"和天下"。天下万事万物，没有因为不同而乱成一团麻，而是求同存异，和谐融洽的。五是"泽及百姓"。注意，这主要是说帝王、圣贤等管理主体。历史上还有个明显事实，管理得好的泽及百姓；管理得不好则祸及百姓与自身。人类社会，虽然有问题，但正道正统一直未偏离过。六是"明于本数"。这句具有两层含义：一层是明于一切事物的根本；另一层是明于主流意识的教化。七是"系于末度"。认识事物、处理事情总得有个衡量标准吧。认识与处理的依据是什么？一个是"末"，即边际与界线；另一个是"度"，什么阶段呈现出什么样子，什么情况下有什么特性，等等。这一点很重要，《周易》就是基于这个原理形成的一部书。八是"六通四辟"。"六通"，即六合，指上下东南西北六个方位，是空间的总称。这句是说人类对于空间是通畅明晓的。"四辟"即春夏秋冬四时，是说人们能够掌握四时并为我所用。九是"大小精粗"。其说的是人对于差异化、量化的认识。最后一句"其运无乎不在"，意思是大到天地、小到细节，古人们都探索并掌握得很好，为今天的生活和生存奠定了很好的基础。

读到这里，由衷想说一句，在今天技术日新月异的情况下，我们是不是过于喜新厌旧呢？比如，一种东西生产出来，三年后就已经严重落伍不适用了。与那个一件物品用一生的时代相比，人的思维方式是完全不同的。很明显的一点是，古代以节俭珍惜为荣，今天则尊崇时髦和消费主义。我们在这儿，不是直言是非，而是指古今的差异，由工具的差异到思维的差异，这其中大有文章。

**其明而在数度者，旧法、世传之史尚多有之。**

这句和以下几句都是古人说古人遗产的。人们对诸如数与度的正确认识，古代那些法度、史书中多有记载。

**其在于《诗》《书》《礼》《乐》者，邹鲁之士、搢绅先生，多能明之。**

古人们说的很多积极的进步的美好的东西，在诸如《诗》《书》《礼》《乐》等经书中都有，邹地、鲁国的儒生，大多对此是熟知于心的。

**《诗》以道志，《书》以道事，《礼》以道行，《乐》以道和，《易》以道阴阳，《春秋》以道名分。**

这句话更进一步显示，《庄子·杂篇·天下》一文真的不是庄子所写。《诗经》是人们表达心志的，"诗言志"的说法由此而来；《尚书》是官方记载政事的；《礼记》是规范言行的；《乐经》是调和性情的；《易经》是论述阴阳之变的；《春秋》是记载等级名分的。以今人的观点来看，《春秋》是帝王将相史，与民间关系不大。古代社会，"六经"的意义十分重大，是指导整个社会的经典，通晓这六部书，即可治国理政。后来，发展为"七经""十三经"种种，核心还是"六经"。对于"六经"，在《礼记·经解》中孔子有段经典的论述，其大意是，到了一个国家看看民风就知道这个国家奉行什么样的教化。"温柔敦厚，诗教也；疏通知远，书教也；广博易良，乐教也；絜静精微，易教也；恭俭庄敬，礼教也；属辞比事，春秋教也。"孔子对"六经"的功能作用说得够清楚了。孔子还说，"《诗》之失，愚；《书》之失，诬；《乐》之失，奢；《易》之失，贼；《礼》之失，烦；《春秋》之失，乱"，切中了其间的弊端和要害。

**其数散于天下而设于中国者，百家之学时或称而道之。**

古人说，古人们的智慧散布于天下，或隐或显，或整或零，所谓的百家之学，就是这样的，只是其中的一部分。这段揭示了人为什么需要学问，以及学问如何传承的问题。为什么需要？为了活得更好。因此，当一种学问成为桎梏时，就要警惕和当心了，同时要注意不要为学问而学问，不要被学问所囚禁困死。关于学问的传承，有"生而知之、学而知之、学而不知"的说法。对于绝大多数人而言，恐怕应该是学而知之吧，当然也有学而不知的啃不动的部分。

## 乱世中的思想

人类社会有盛世，但因难以维持而鲜见。稍不留神，黄金时代就转为衰世乱世。以下数段就论及了乱世，从思想认识和学术方面的乱象，批判了墨、名、法三家。

**天下大乱，贤圣不明，道德不一，**

天下之乱，乱在哪里，因何而乱，或者追问什么是天下之乱。翻翻历史，便可知乱之根源在于思想，即首先是思想之乱、民心之乱，然后才引发争端与战乱。本句说的既是乱象，也是原因：天下之所以乱，是因为思想界混乱，人们离经叛道、各行其是。注意，这里的"道德"二字，绝不是现代的"道德"二字，而是说对于规律的认识与坚守，也就是统一的认识和遵循。

**天下多得一察焉以自好。譬如耳目鼻口，皆有所明，不能相通。**

本句概括来说即盲人摸象。天下的人各是各的一套，都从自己的思想出发，以点代面，以偏概全，总以为自己最英明，自己是对的。国家内部之间的意识形态之争也因此而来，这个国家奉行这个，那个国君采纳那个，彼此不一致，就有分歧了；甚至一个国家内部，也有路线之争。之所以这样，是因为他们站位太低，缺乏全面通盘的考虑。本句中有一个形象的比喻，就像"耳目鼻口"一样，各有各的功能，只有综合到一起，才能呈现一个相对准确而完整的印象。

**犹百家众技也，皆有所长，时有所用。虽然，不该不遍，一曲之士也。**

诸子百家和怀有各种技艺的工匠也是这样，都有所长，也都有所用。但是，也都有局限，都不够完备。只有相互借鉴并融会贯通才于人于己于家于国有益，如果抱着门派之见，那是非常狭隘的。

**判天地之美，析万物之理，察古人之全，寡能备于天地之美，称神明之容。**

这句中两层意思：一个是人的认识是有局限的，因而面对天地之美、万物之理、古人之貌，往往受知识、眼界、好恶等限制，看不全也掌握不清，因此得出的认识看法也与实际往往并不相称。所以说，实事求是非常困难。人们面对日月星辰的时间已有万年之计，文明史亦有数千年，但到现在我们的认知有多少是正确的呢？认识全面吗？差得远呢。道家的理论是说哲学的，实际上也把很多道理说透了。

**是故内圣外王之道，暗而不明，郁而不发，天下之人各为其所欲焉以自为方。**

关于正道，圣贤都提倡内圣外明，真正做到内圣外明的又有几人呢？绝大多数人其实是"暗而不明、郁而不发"的，也不过以自我为中心，各自割据，划框而治罢了。哪有天下心、天下道可言呢？"内圣外王"四字，既是修为方法，也是修为目标，先擦亮自己，后照亮他人；先度己，后度人。以己之昏昏，欲使人昭昭，怎么可能呢？问题在于：没有人意识到自己的昏昏，稍有点光都以为自己是日月般的存在，是光源热源，于是去发射施与。究其实，不过是利用地位权势强加诸人，他人之所以赞颂，也不过是碍于地位权势而已。

**悲夫！百家往而不反，必不合矣！**

悲哀呀，诸子百家就这么囿于门派之见，争争吵吵的，看不到最高的统一的东西，怎么可能形成合力以凝聚天下人心呢?

**后世之学者，不幸不见天地之纯，古人之大体。道术将为天下裂。**

思想理论代代相传，诸子百家各说各的、各教各的，而极力反对、非议、批驳他门他派的思想，这样教出来的弟子一定心存是非之见，根本领悟不到天地之大美和人间之至理，也没有历史全局性。正是这些术与说，使天下分裂，导致动乱纷争，也可以说，思想的门户之见正是乱之源头。

## 批判墨子

**不侈于后世，不靡于万物，不晖于数度，以绳墨自矫，而备世之急。**

论述各门各派之局限。对于中国古人一直有探求"放之四海而皆准"的真理的执念，此处也是这样的意思，说诸子百家的思想言论过于急功近利，不求影响后世，不考虑兼顾万物，不坚持标准与限度，仅仅是以"术"的思想立起自己的一套，头疼医头、脚疼医脚，根本就是舍本逐末，丝毫没有考虑全局，也没有触及本质。

**古之道术有在于是者，墨翟、禽滑釐闻其风而说之。为之大过，已之大循。**

此句批评墨家，指墨翟、禽滑釐等很短视，不悟大道，执迷于"术"的思想，过于极端。墨家学说有很多积极的东西，比如注重民生、提倡薄葬、反对战争等，也的确有一些极端的做法，比如反对礼乐、取缔诗书，等等。

**作为非乐，命之曰节用。生不歌，死无服。**

批驳墨家"非乐""节用"观点。"非乐""节用"是《墨子》的两大主张，现在看来还是有很大积极意义的。墨家思想在当时是显学，民间影响力极大。因而倡导尊君与贵族思想的儒家极力反对，指责墨家"生不歌，死无服"。其实墨家的原意是，反对天天笙歌燕舞这一套，提倡即使帝王将相死后也要薄葬简丧，衣服不能超过三层。

**墨子泛爱兼利而非斗，其道不怒；又好学而博，不异，不与先王同，毁古之礼乐。**

墨子主张"泛爱""兼利""非斗"。"泛爱"，即博爱众生，不能有好恶偏私，符合"上天有好生之德"之说。"兼利"，即共赢，不能损人利己，甚至是损人不利己；"非斗"，即和平相处。"不怒"，即墨子倡导人们不要相互仇视，不要以对立的观念来看问题、办事情。后半句说墨子其人好学而博识，朴实且不标新立异、哗众取宠。墨家观念中有一项与古代圣王先贤们不同，就是极力反对古代流传下来的礼乐。读《墨子》一书就会知道，之所以反对礼乐，是因为墨子提倡俭朴和本质本色的东西，不喜欢一切形式主义。

**黄帝有《咸池》，尧有《大章》，舜有《大韶》，禹有《大夏》，汤有《大濩》，文王有《辟雍》之乐，武王、周公作《武》。**

这些应该是儒家的观念，意思是黄帝时代有《咸池》，尧时有《大章》，舜时有《大韶》，禹时有《大夏》，汤时有《大濩》，文王有《辟雍》之乐，武王、周公创作了《武》等一些著名乐曲。对于维护正统统治，种种礼乐都是极有益的，墨子却反对这些。注意，当时说的"乐"，包含有音乐、唱辞、舞蹈、饮宴种种，往往是很仪式化的大场面，但搞过头了就成形式主义、享乐主义和奢靡之风，后世多有因热衷于此而亡国的。比如，人们所熟知的陈后主的《玉树后庭花》，唐玄宗的《霓裳羽衣曲》等等。音乐对于人类不可或缺，绝对有其积极意义，但对于缺衣少食的古代社会而言，过度操办很容易误事误国误民。

**古之丧礼，贵贱有仪，上下有等，天子棺椁七重，诸侯五重，大夫三重，士再重。**

古代的丧礼也是有规制的，"天子棺椁七重，诸侯五重，大夫三重，士再重"。后世帝王发展出了"黄肠题凑"等，又是封土，又是陪葬的，规格之高，葬礼之奢华令人咋舌，活着享有的，死后一样享有，导致死人严重挤占活人的资源和财富。

**今墨子独生不歌，死不服，桐棺三寸而无椁，以为法式。**

墨子的观点，人无论贵贱，死后都一副不超过三寸厚的棺材，能盛放尸身即可；葬衣不超过三层，能遮住身体即可；墓地也不宜过大过深，不散发出气味即可。墨子的这种说法是很有积极意义的，务实而科学，而且提倡丧期要短，擦干眼泪，继续生活，不能因为孝守三年影响正常生活。应该说，墨子的薄葬简丧的观点，也是符合庄子天地精神的。

**以此教人，恐不爱人；以此自行，固不爱己。**

我们认为墨子这套观点是错误的，不敬重死人，自己死后也得不到敬重。这就牵扯到对死亡的态度问题了。从庄子对于亡妻的态度可以看出，在对待丧礼的问题上，庄子未必认同但绝对不会反对墨子。

**未败墨子道。虽然，歌而非歌，哭而非哭，乐而非乐，是果类乎？**

这句是反问的，并不是有意攻击诋毁墨子墨家奉行的东西。真按这套来，人该怎么活呢？歌不让唱，哭不让悲，乐不让乐，这样当真妥当吗？对待生活的态度、方式与激情肯定截然不同。

**其生也勤，其死也薄，其道大觳（què）；使人忧，使人悲，其行难为也，恐其不可以为圣人之道，**

人吧，活着本身就是很辛勤劳苦的，如果连点死后的安慰念想都没有，是不是太过苛刻呢？也正因如此，一个子虚乌有的天国历来是人们最大的精神寄托。墨子的这种观念学说，既让人忧愁，也让人悲凉，是很让人泄气的。墨家之道，因此也不能作为圣人之道。今天，人们的思想大都扭到墨子的思想上来了，活就好好地活，死就彻底地死，两不相干，互不影响。其实，死亡是生命必然的一部分，担忧什么呢？顺其自然好了。这个观点是更有积极意义的，可惜，很多人意识不到，即使意识到了，也无法对死亡无动于衷。

**反天下之心，天下不堪。墨子虽独能任，奈天下何？离于天下，其去王也远矣！**

这句话的意思很明显：墨子的学说观点，是背离世情人心的，天下人肯定不会认同和接受。即使身体力行的墨子及其弟子能够做到做好，但想以此标准来规范天下，却是不可能的。正因为背离人们的意愿，明显与王道思想相去甚远，墨子学说更不可能将人间变成王道乐土。

**墨子称道曰："昔禹之湮洪水，决江河而通四夷九州也，名山三百，支川三千，小者无数。禹亲自操橐（tuó）耜（sì）而九杂天下之川。腓无胈，胫无毛，沐甚雨，栉疾风，置万国。禹大圣也，而形劳天下也如此。"**

这段是引用墨子的原话："墨子说，过去大禹治水时，疏通长江黄河连接了四夷九州。大小水利工程，涉及大山（应为"川"）三百有余，支流三千余个。大禹亲力亲为、辛勤劳作，拿着农具在工地干活，人劳累得变了形，腿上没肉，汗毛都磨光了，自己虽然沐雨栉风，但却创立了万世基业，安定了天下万国，造福了天下百姓。大禹作为天下最高领袖，尚且操劳如此，以身作则，表率天下。"墨子这句话的言外之意是，大禹做事能到这种程度，其他人还有什么理由不努力呢？也正因此，墨子"摩顶放踵以利天下"，即为了给天下人谋利，头发都掉光了，鞋子都顾不上穿，经常赤脚行走、劳作。

**使后世之墨者，多以裘褐为衣，以跂蹻（juē）为服，日夜不休，以自苦为极，曰："不能如此，非禹之道也，不足谓墨。"**

墨子的生活极度简朴勤劳，也以此教育训导和严格要求门徒，因此后世墨者都穿兽皮褐衣、木屐草鞋，白天晚上不停工作，并以劳苦为荣，声称：做不到这些，就不是遵从禹之道，也没有资格称为墨者。不过正因为勤劳，墨家在工具发明和工程建造方面均有不凡的造诣。

**相里勤之弟子，五侯之徒，南方之墨者苦获、已齿、邓陵子之属，俱诵《墨经》，而倍谲不同，相谓别墨；**

这句是说墨家发展的。墨子、禽滑釐死后，墨家就分裂成了两派：一派在北方，以相里勤、五侯为代表，据说主要帮助秦国从事大型工程建造和工具革新；另一派以邓陵子、苦获、已齿为代表，隐居在南方，成了一个与世隔绝的神秘学派。虽然两派都诵读墨子的《墨子》，主张却背道而驰，且都以墨家正统自居，说对方很不正统。这个现象很有意思，一个门派分裂了，一个入世，一个出世，且相互严重抵触。这点可能与墨家既重理论又重实践有关吧，于是出现了一个实践派、一个理论派。须知，这两者不能很好地结合，注定不会有什么成就的，不久后墨家就迅速衰落，成为绝学了。

**以坚白同异之辩相訾，以觭偶不仵之辞相应，以巨子为圣人，皆愿为之尸，**

这句是说后世墨家的做派已然琐碎而无聊，以"坚与白""同与异"为题，相互辩论诋毁，"坚白"讨论的是石头的坚与白的关系，即表与里、相与质的关系；用种种奇偶相抵的说法相互刁难遣责；将掌门人称为巨子，奉为圣人，且都衷心拥戴其为领袖。"尸"，即领导、象征的意思。

**冀得为其后世，至今不决。**

希望巨子能率领门人，将墨家思想传至后世，事实却是弟子皆为巨子这个位置争斗不休。

**墨翟、禽滑釐之意则是，其行则非也。**

这句既是总结对墨家的看法，又是对墨家分裂的解释。总体来看，墨翟、禽滑釐这些人的用意很好，没有什么问题，但行为做派太苛刻，是存在严重问题的，最终导致墨家分裂。

**将使后世之墨者，必自苦以腓无胈、胫无毛相进而已矣。**

墨翟、禽滑釐意图使墨家弟子都生活俭朴、辛苦努力到"腓无肉、胫无毛"的程度。这是违背人之常情的，注定是少数人才能做到做好的事情，怎么才能成为大多数甚至是天下百姓的生活和工作标准呢？

**乱之上也，治之下也。**

作者认为墨家的理论和做派益处未必有多少，但的确是扰乱天下的好办法，是治国理政的坏主意。事实证明，墨家说的很多东西，是今天所倡导的，也做得很好，比如泛爱、兼利、非攻、薄葬、俭朴、努力等种种，确实是带有终极性指向的。

**虽然，墨子真天下之好也，将求之不得也，虽枯槁不舍也，才士也夫！**

这句就是赞扬墨子是真的怀有为天下、为万民之心的，虽然没有实现，却好敬终如始，也丝毫没有放弃。因此，墨子真是天下才俊之士！这与对孔子"明知不可为而为之"的评语是一致的。古今中外圣贤们的共同特征是，认准的理就去坚持，认准的事就去干，认准的路就去走，而且始终如一、终生不渝。这种批评的态度确实值得赞扬，该否定的否定，该肯定的肯定，态度绝对是诚恳的，也没有一星半点儿人身攻击。

从经史上看，墨子与楚庄王是一个时代的人，活动在春秋晚期；庄子要晚一些，与孟子、梁惠王是一个时代的人，活动在战国中期。

## 宋尹学派

**不累于俗，不饰于物，不苟于人，不忮于众，愿天下之安宁，以活民命，人我之养，毕足而止，以此白心。**

这句话带有明显的赞叹与欣赏口吻。其意为：活得极其洒脱，不被俗世所累，不被物质所惑，不强求于人，不悖逆于众，发自心底的愿望是天下安宁稳定、万民安居乐业。"人我之养，毕足而止"，对人对己都不苛刻，无论精神还是物质生活，得到基本的条件即可。"白心"是说：这就是这些人心中的真实想法，没有任何伪装歪曲之处。这是怎样的人、何等的境界呀？既独立又随和，随遇而安，遗世独立，简直是生活的典范，需要很高的境界，一般人恐怕只有仰望的份儿。放眼古今中外的各门各派，特别是怀有出世思想的，大都以此为修炼的最高境界，入世的思想其实也是这样。即使现代人，也会同样渴望拥有这种修为和境界。

**古之道术有在于是者，宋钘、尹文闻其风而悦之。**

这种思想是古代道家思想的核心与精髓。宋钘（jiān）、尹文听说这种思想后就立即喜欢并沉迷其中。这两个人比庄子的时代稍早一些，据记载，孟子见过尹文子，二人都是齐国稷下学宫出来的闻人，有著作问世，且风靡天下。因此，宋钘被称为宋子，尹文被称为尹文子。"子"最初指大夫以上的贵族，后来扩展到学界，可理解为当今院士，理论有独创性、系统性，足以支撑起一个门派，影响大众，对社会发展有积极的指导意义。

《汉书·艺文志》记载，宋钘的《宋子》有十八篇。《荀子·政论》评价宋钘"严然而好说，聚人徒，立师说，成文典"，此人的理论水平与影响力可见一斑，后来著说却失传了，仅留下零散的传说在经史子集里。尹文子留有一篇文字，其上篇谈形名理论，下篇说治国之道，虽然对其真伪历来存有争议，但其人喜欢辩论，有一定的理论水平，具有一定的社会影响力。二人学说有相似性，后人称为"宋尹学说"，不过其理论观点究竟是什么，从该文中可以看出不少眉目。

第一点，"作为华山之冠以自表，接万物以别宥为始"。学者们的普遍看法是，宋尹二人及其门徒都戴着类似华山形制的一种帽子以表明身份，并对万事万物广泛包容，并以此作为处世的基点。这句是写宋尹学派的做派及态度的，但"华山之冠"是否仅仅作为帽子来说是有疑问的，华山之冠对应的是万物之别。华山历来是道家高人的清修之地，上古传说中即是如此，《山海经》对此也有记载。那么，这个华山之冠，指的应该是衣钵的传承问题，即宋尹学派传承了道家之风，而不是仅仅戴了个"华山帽"这么浅表化的意思吧。除了接纳与包容万物，这个学派还有哪些主张和习惯呢？

第二点，"语心之容，命之曰心之行"。关注并喜欢谈论关于人的心性问题，称之为"心之行"。注意，这个"心"在当时可不是心理问题，而是思想，指人的整个内在世界。宋尹二人研究的，是今天所说的精神领域的问题，并非单指心理学。《黄帝内经》对此有过深刻系统的描述，且很多观点直到今天仍是适用的。后来，王阳明的"心学"，绝对也与此相关。

第三点，"以聏(ér)合欢，以调海内，请欲置之以为主"。聏，柔和、和顺之意，就是"和"的思想。"和合"存异而求同，以使万事万物达到一个和谐的状态。宋尹之学对此极力推行，试图将这一思想推而广之。而这一点也是中国文化最核心的内容之一。天地之间族类各分，即使是同族之人，也有诸多不同，但人们终归要和谐相处，而不是扰攘纷争，斗得你死我活。

第四点，"见侮不辱，救民之斗，禁攻寝兵，救世之战"。这儿明显有和平观和人道主义思想在其中，即表明为人应心胸开阔，思想豁达，自身受了侮辱委屈也不以为意，与老子"委曲求全"一脉相传。而且，盛世隐，乱世出，他们最大抱负和意义是"扶危定倾"，民间有争斗主动上前调解，发生兵乱主动前往制止，积极解救世道于争战之中。这点颇有墨家风范。从这也可以看出，诸子百家的很多观点其实是相通的，划分并不那么严格。到了后世，很多门派就重新融合了，生发出一些新的思想。研究诸子思想一定要注意这个，比如，汉儒与唐儒是不同的，宋儒与清儒又是不同的，且其中区别很明显。

**以此周行天下，上说下教。虽天下不取，强聒(guō)而不舍者也，**

同儒家、墨家一样，宋尹学派也明知不可为而为之，周游天下，上说君王，下教士人。虽然天下置其不用，他们却坚持不懈、极力奔走并传播着。坚持，真的是一种非常可贵的品质，坚持下去，即使没有什么结果，仅坚持本身就令人肃然起敬。

**故曰上下见厌而强见也。**

与上句意思一样，虽然他们不被上上下下所待见，甚至是厌恶，却仍不放弃，也要极力表明自己的观点与主张。

**虽然，其为人太多，其自为太少，**

这句话放在今天就是说，他们为别人考虑得太多，为自己考虑得很少；为别人做得太多，为自己做得太少。这就是极为神圣的一个字"无私"。注意，"无私"可不是"无我"。一般来说，无私而有他，即心里记挂天下的；"无我"则是完全出世，心无挂碍，全然解脱，不理会人间烦扰。

作者对宋尹学派很是心仪和景仰，以下引用了一段宋尹学派平时所说的话，来说明这个问题。对话共有三句，为方便理解，按现代语言习惯排列如下。

第一句：

宋尹学派："请欲固置五升之饭足矣。"

世人："先生恐不得饱。"

宋尹学派："弟子虽饥，不忘天下，日夜不休。"

很明显，宋尹学派行事风格跟墨家一样，不计回报，无论做多少事、多大事，每天不过是请人家管点饭罢了，能维持基本生活就好。世人的看法是：这点饭根本不成敬意，恐怕还不足以填饱肚腹吧。宋尹学派的意见是：

虽然腹中饥饿，也片刻不敢忘怀天下。放眼天下，问题多着呢，饿死、战死、累死的人有多少？不敢有丝毫懈怠，必须力所能及地做点事。这个思想与佛家也很相似，"地狱不空，誓不成佛""我不下地狱谁下地狱"，希望天下苍生都得解放得解救，如果地狱中还有最后一个人，那应该就是我。这种悲悯天下的情怀不高尚、不可敬吗？

第二句：

宋尹学派："我必得活哉！"

世人："图傲乎救世之士哉！"

宋尹学派：之所以要点吃的，是因为必须得活着，活着才能做事呀。

世人的赞叹：了不起呀，真是来救世的！

第三句：

宋尹学派："君子不为苛察，不以身假物。"

世人："以为无益于天下者，明之不如已也。以禁攻寝兵为外，以情欲寡浅为内。"

宋尹学派的这句有点复杂了，仅仅从字面上很难说清，其总的意思为：真正的君子，要建立一个内省的视角，多是由己及人、由内而外地省察。而不是将注意力放在外部眼花缭乱的万事万物上，这样会受制于物。这里所提示的实则是自由精神与独立意志。对此，佛家也是这么说的，正法须向心中找，而无须外求。还有一点，高尚的心未必有能力构筑出高尚的社会，但卑劣的心必将构筑卑劣的社会。

后一句则是世人，抑或是作者的看法，宋尹学派的伟大之处在于，凡是无益于天下的，都会明明白白地指出来。这些人内修外用都很厉害且很明朗，对外，禁止争斗争战；对内，则尽量压制个人的感情和欲望。孔子所说的"克己复礼"是否也是类似的意思呢？非常像。看看，诸子百家的思想是相通的吧，并不完全矛盾，本质上都不错，都是指向发展、指向终极的，只是方法路径和一些说法不同而已。

**其小大精粗，其行适至是而止。**

这句既可以总结前一段，也可以启接下一段，于此处显得非常重要。其意为：宋尹学派做事的分寸感和度把握得恰到好处，行为也是适可而止的。

## 彭蒙、田骈和慎到

接着谈到一个新的门派，其特征是："公而不党，易而无私，决然无主，趣物而不两，不顾于虑，不谋于知，于物无择，与之俱往。""公而不党"指一心为公，而不结党。"易而无私"，学者普遍说是平易的意思。作者认为应该与《易经》中的"易"一个意思，是变的意思，这句是说，懂得或善于权变却不谋私。"决然无主"是说想法观点很多，却没有核心。这一门派的关注点多，涉及的领域多，并没有旗帜性的主张。"趣物而不两"，"趣"通"趋"，即指趋向于事物本身，而不另做主张。"不顾于虑"，做事风格果敢，没有瞻前顾后的犹疑。"不谋于知"，不像道家、儒家一样，一味地去探索万事万物，而是讲求实用性。"于物无择，与之俱往"，能够根据万事万物的发展变化而调整自我，不任由是非好恶去挑挑拣拣。以上可以看出，它的思想有两个明显特征：一是务实；二是公正。这明显是技术思想而不是战略思路。战略思想与战术思想的区别，战略思想是说根本，战术思想是说方法途径的。

**古之道术有在于是者，彭蒙、田骈、慎到闻其风而悦之。**

道术自古就有，彭蒙、田骈、慎到等人喜欢并热衷于这一派。这三人都是道家代表人物，曾在齐国稷下学宫学习并传教。在今天也有不少学者称其为法家代表，其中的缘由，诸子百家的名称也是后世这么称呼的，在那时可没有严格明晰的划分。比如，司马迁的《史记》里，何以将老子与韩非子并列在一起，就很能说明问题，他们都是从一家细分出来的，基础理论一样，只是具体取向不同罢了。

彭蒙，齐国人，持黄老之学，当时的影响很大，是田骈的老师。据说，"齐物论"就是此人提出来的。此人的生卒年月及生平不详，《庄子》《尹文子》等书也仅有关于他的简短描述。田骈，齐国贵族，基本上终生在稷下学宫说学，也说一个"齐"字，后世学者将此作"平等说"，是有问题的。"齐物"与"齐身"的"齐"是一个意思，是修行修炼至和谐合一的意思。慎到，赵国人，长期在稷下学宫说学，有著作问世，并颇具影响力，但基本都失传了，仅留下些只言片语的残篇，还是些从古墓中出土的。想想，多少冠绝人类的思想，其实都是以如此的方式在历史中湮没了或湮没着，有可能重见天日，也有可能永久性消失。

**齐万物以为首，曰："天能覆之而不能载之，地能载之而不能覆之，大道能包之而不能辩之。"知万物皆有所可，有所不可，**

彭蒙、田骈、慎到三人都持"齐物"的观点。他们认为：天能覆盖而不能承载，地能承载而不能覆盖，大道能将一切包容在内，但大道自身却不能表达。以此而知，万物各有所长，同时各有各的局限。这是齐物论的基础，必须注意并理解上文表达，否则就不知道庄子《齐物论》的理论渊源。对于天地道的观察，都是通过现象得出的根本性认识。说明什么？万事万物无论大小，各有各的用处，各有各的局限，谁也不能代替谁，哪个也缺少不了，否则就是残缺的。号称万物之灵的人呢，对待万物一定要有这么一个态度，尽可能全面和中肯，不能任凭好恶而有偏私。到这儿，"齐"的意思就出来了，与平等根本没关系，而是"齐于物"或"与物齐"的意思。这个"齐"有三层含义：一是认识万物；二是涵养自我；三是和谐合一。

**故曰："选则不遍，教则不至，道则无遗者矣。"**

这是从天地大道中悟出的道理。"选则不遍"是说，对万事万物不要挑挑拣拣，否则肯定会挂一漏万，有选择就不可能兼顾，自然不可周全。这也是佛家所说的，不要有分别心，有分别心是无法以一个态度对待万物的。"教则不至"，是说在当时的条件下，去教化人，肯定就有不到的地方。一种学说无论如何高超，本身就是带局限性的，就主张、奉行和传导这个，教出来的说不定都是满满的成见。其实，门派之见、学术之争就是这么来的。只有从天地万物、人情世理中得出的普遍认识才是周全而没有任何遗漏的。佛家说的"不依""不着相"似乎也是这样的意思，即不要有定见、成见，通过万物看见万物才是正见，而不是以人的眼光去界定万物的好坏美丑，并依此进行取舍。

**是故慎到弃知去己，而缘不得已。冷汰于物，以为道理，**

慎到的主张"弃知去己"与"绝圣弃智"是一个意思——个人或者说是自我的所谓学识见解，与天地宇宙相比，更可能是偏见，这点从人的观念之间相互抵触就可以看出来。为什么会这样，缘于不得已。人就是人，很渺小的，有诸多局限性，能将事物认识到这个程度就已经不错了，也是情非得已的。人想做伟人、有一番丰功伟绩，也就是这样的道理，想是一回事，实际是另一回事，之间的差距很明显，原因也很明显。"冷汰于物，以为道理。""冷汰"，是清洗淘洗的意思，指将事物擦洗得很亮，得出的就是正确的道理。从象中得出理，引申意为：不带一丝偏见，万事万物是什么就是什么，恐怕才是正确的道理。

**曰："知不知，将薄知而后邻伤之者也。"**

这句是说求知中的弊端。"薄"，即接近、迫切的意思。"知"有两层意思："知"作求知、知道去说，想去懂得不懂的东西，却似懂非懂、似是而非的，其实是很有害的，既有害于自己，也有害于事物。第二层，"知"作智慧说，自以为很智慧，其实一无所知，只不过掌握了一知半解、充满成见的东西而已，同样是极其有害的。两层意思指向是一致的，倡导人们认识掌握终极真理，而不是用偏见去教化人、去梳理事与物，这样下去根本不是个事。老子就深知这个理。人吧，怎么去学去悟，也是一肚子偏见，索性还是"无为"的好，不主动作为，要因势利导。

**謑(xǐ)髁(kē)无任，而笑天下之尚贤也；纵脱无行，而非天下之大圣。**

"謑髁"，圆转解惰之意。这是一个很经典的句式，后世模仿的很多，见骈文，比如王勃的《滕王阁序》。"謑髁无任"，指白丁一个，什么职务也没有担负。这话就是针对当时世象的感慨。可以读出两层意思来：一层是褒，是说类似彭蒙、田骈、慎到这种人非常多，虽然并没有担任什么职务，却尚清谈，经常笑评天下尚贤之说和所推崇的贤人；他们的行为也都有些放纵不羁，经常非议指责天下的大圣人。细想一下，彭蒙、田骈、慎到这些人的确如此，这种做派，即明代杨慎所写的"白发渔樵江渚上，惯看秋月春风。一壶浊酒喜相逢。古今多少事，都付笑谈中"，或者"傲杀人间万户侯，不识字烟波钓叟"。这种境界和做派，国人很是推崇的。另一层是贬，整天无所事事闲转悠的人，却对为国事民生操劳的圣贤们说三道四。这算哪门子事呢？庄子的态度很明显：天下本无事，都是所谓的圣贤在折腾事，而真正的明白人，都冷眼旁观，洒脱风流。

**椎拍辒(wàn)断，与物宛转；舍是与非，苟可以免。**

"椎拍辒断"意思是椎拍这些树木，或去做工具，或是被折断置于一边，或者就那么地老天荒地生长着。其实，树木们既然做不了主，还是任其自然的好，同其他万物一样。其中暗含的意义是：一个人吧，即使真负有不世大才，负有治国安邦的能力，但究竟会得到重用，会被杀，或者根本就默默无闻，顺其自然便好，不可强求。总之，与天地万物同化，没有是是非非的观念，就可以免除诸多烦恼和过失罪责。很明显，这是一种出世的思想。与庄子说的不成材的树木可以长寿是一个意思。

**不师知虑，不知前后，魏然而已矣。**

这些人与老子的风格很像，不依赖于智慧和思想对外界作出判断，也不对形势的前与后进行分析判断，而是与石头、风一样，巍巍然自生自灭、自在自行。什么是天地精神？这才是天地精神，与天地万物齐。

**推而后行，曳而后往，若飘风之还，若羽之旋，若磨石之隧，**

这些人处世没有自我，一点也不主观，有外力的推动就动，不推则不动；拉一拉就向前一点，不拉就停留在原地。这些人处世的状态像什么呢？像风在原地打转，像羽毛飘飘然，像磨盘在转圈。所谓的飘然物外，指的就是这个。"齐物"说的就是这个意思，与万物等同看齐，并不是我们现在所说的"平等"。

**全而无非，动静无过，未尝有罪。**

以这种态度处世，就会健全而没有任何是非，一动一静才不会有什么过失，也不会有什么罪责。用今天的话说，活出这样的境界，才算活得透彻。这个与佛家想摆脱思想，将灵魂还原出地、水、风、火的教义很相似。不同的是，道家领悟到了这个，也不去说，全藏于心中；而佛家，则反反复复向世人传达和灌输其中的道理。

**是何故？夫无知之物，无建己之患，无用知之累，动静不离于理，是以终身无誉。**

庄子何以说"无功""无名""无我"，这句解释得淋漓尽致了。这句是说，人何以会这样，或者何以会说齐物呢！齐物则无我、无为、无功、无名嘛，活得坦荡而彻底。具体说，不知道自己知道什么，也不知道自己不知道什么，像石头与风一样逍遥自在，没有立什么样的志、做什么样的人等种种忧患，不必为学什么样的本事、长什么样的才干而劳心费力，一举一动顺应天地之理，终身没有什么毁誉，这是多好的事啊！这完全是出世的境界，如果修为不够，便体味不到这个。其实也无须体味，无知无觉、没心没肺地活着就挺好的。这便是道家的生存观！存在观，根本就没有出世与入世的差别。

**故曰："至于若无知之物而已，无用贤圣，夫块不失道。"**

这是一句结论性的话。"无知之物"，即没有知觉的东西，比如石头，相当于佛家说的"诸无情"。因此说，修行或活成无知之物就是一个人的极致了，也就够了，根本无须追求成为圣贤之类的目标。

在"夫块不失道"中"夫"是发语词，无实际意义。"块"，指大块，庄子说过"大块曰风"。这个"块"没法直解，只可意会，相当于天地间的基本元素和万事万物。世间凡是有体量的东西，无论大小多少，都是合于道的。一粒尘埃，一场风都是这个样子。唯独人，醉心求道，却又最与道相背。

**豪桀相与笑之曰："慎到之道，非生人之行，而至死人之理，适得怪焉。"**

诸如以上这些道理，常人根本就理解不了，也正因此，听到这样的主张后，有所成就的人纷纷嘲笑：这算哪门子理论，慎到这一套，根本就不是活着的人的行为，而是死人之理。这样怪异的东西还有人信奉，真是咄咄怪事。还别说，这句话有一定道理的。后来道家修习有个名词"活死人"，颇耐琢磨。究竟活着还是死了呢？很难说。活着吧，却像着死了一般；说死了吧，又有口气在。这种状态，生理上活着，知觉关闭，思想更是处于休眠。提倡人这么活是不是怪事？都这么活，世间是什么样的景象呢？不可想象！

**田骈亦然，学于彭蒙，得不教焉。**

不只慎到，田骈也是如此，虽然就学于彭蒙，其实彭蒙什么也没教过。这种高深的道理没法说，都是靠自己去悟的，老师也不应强求。

**彭蒙之师曰："古之道人，至于莫之是、莫之非而已矣。其风窢(xù)然，恶可而言。"**

"窢然"，即迅疾之意。至于彭蒙的老师是谁，后人不得而知，但他说过这么一句话，大意为：古代修道之人达到的境界：不谈是，也不论非，不仅是嘴上眼里没有是非，心中也没有是非。想想，没有是是非非是什么样的境界？对于常人而言是不可想象的。因此这种修道方式像风一般嗖地就过去了，少有人真正在意，后世基本没有再流行了。

**常反人，不见观，而不免于魭（wàn）断。**

魭，有人说与"鼋"同意，也有人指"决断"。彭蒙之师所说的古代那些修道之人的境界，是违背常人常理常态的，因此根本不被注意。或者说，不是不注意，一般人根本就理解不了这些。比如，不谈是与非，那该活什么？怎么活呢？人们认识不了，自然无法接受，更别说是对人产生影响了。

**其所谓道非道，而所言之韪，不免于非。**

古代修道之人尊奉的道真是天地大道吗？恐怕不是，不过也是从自己头脑中生出来的偏见异端罢了。也正因此，对于一些微妙的理论，老子并没有明说，只是说："玄之又玄，众妙之门。"佛家也有类似的说法"不可说"。并非人领悟到的所有东西，都是可以通过语言来表述和传达的。

**彭蒙、田骈、慎到不知道。虽然，概乎皆尝有闻者也。**

这句的意思是说：一代代的人都说道与修道，但内涵与指向是完全不同的。比如，上古之道，根本就没有是非善恶等观念；但到了彭蒙、田骈、慎到的时代，天下人都在为是是非非争吵得不可开交，且都认为自己的见解正确且高明，是正宗的道。究竟是不是呢？很难说。这里所说的"道"的意思是理论、真理。

# 真正的道家

**以本为精，以物为粗，以有积为不足，澹然独与神明居。**

这句是说正统道家理论的，非常抽象，仅作字面解释会很牵强，使人越看越糊涂。"以本为精"，这个"本"，即"道"字。这个道与上面说的意思不同，指原理与规律。"以本为精"是说以支配万事万物的原理与规律，也就是道为最精妙的东西，这玩意儿确实够神奇。"以物为粗"，即受原理与规律支配的万事万物本身就很粗放而平淡无奇。形象点说，树不神奇，神奇的是支配树生成长大的这个力量和机理。我们看一棵树，普普通通，甚至长势不好、要死不活的，可一旦了解树的生长原理与规律，比如水分营养的吸收、木质结构、光合作用与呼吸作用等等，树确实是精妙中的精妙。

"以有积为不足"，字面直解，有积蓄反而是不足，这样看就出问题了。这话的本意，有限的东西，反而是受局限的。比如，有五亩地，埋头耕作其中，谋求衣食，就可能忽略了大千世界；有一个百里见方的国家，满足得不得了，就可能忽略整个天下；有点理论水平，觉得已经够厉害了，就可能成为井底之蛙；对于千万年、千万里，就觉得很长久很辽阔了，怎么可能认识到无限时空呢？对于一个针头，就觉得很小，怎么可能理解到细菌与粒子的微观存在呢？注意，这三个"以"的内容可不仅仅是哲学思维，而是有一个科学思维的，在源头上，这两种思维是依存在一起的。看看，这就是道家最本源的思维，也正因此，作者的评价是："澹然独与神明居"，已然淡泊至神明的境地了。

**古之道术有在于是者，关尹、老聃闻其风而悦之。**

古代这方面的道术，老子、关尹子听说后很是喜欢，就醉心其中了。

**建之以常无有，主之以太一。**

　　道家的思想都很抽象，不是那么容易说清楚的。如何更好地理解呢？必须精通道家理论，仅从字面来看是看不出什么的。比如，这句可以从三个方面来理解：一是文本最直白的意思，将世间事情分为两大类，一类是常无，一类是常有，用"太一"也就是道来主宰和统一。"常无"指看不见摸不着的，也指过去与将来的，时空观都有；常有指实实在在的客观存在，这些都是统一于某种原理与规律的。二是道家有个说法"建当立有"，建恰当的，立已有的。什么是恰当的呢？什么是已有的呢？让万事万物各在其位、各行其是，不得强加干扰，也就是"建之以常无有"的另一个版本。三是这句标点可以这么来点："建之以常，无有主之，以太一。"其中就有点思辨的味道了，存在即合理，任其自然存在和发展，不要凭主观意志去主导，如果非要主导，唯一合理恰当的应该是"太一"，也就是"道"吧。

**以濡弱谦下为表，以空虚不毁万物为实。**

　　这句是说道家处世风格的，守雌道，低调，对外一副濡弱谦卑之态；内心呢？则非常之博大阔远。这个"空虚"，可不是现代人所说的空虚无聊，而是不为感性所累及、不为理性所制约、兼收并蓄、包纳万物。以下是引用老子与关尹子所说的话。老子传道给关尹子的，也就是函谷关的关尹喜。关尹喜也有著作，主要内容是对《道德经》的解读，但学界认为系伪书。

**关尹曰："在己无居，形物自著；"**

　　这一句说的是境界，内在并没有个模式化的自我，而是无形无象的；对外，则随遇而安，与万事万物相安无事、和谐相处，而不是看了这个喜欢、见到哪个不顺眼，总想去改造什么。这点不同于其他宗教，其他宗教都有个对人的教化、引导。但道家不是，其指向是每个人都隐遁消失于空阔无边的内在世界里，将大地为床，将天为被。以下是对这种境界的解读。

**其动若水，其静若镜，其应若响。**

　　这是说道家高人修道境界的。何以如此呢？这得比较来看，儒家与道家关系最为密切，虽然都说修行，但儒家思想是说做人的，侧重于外向，即修行是为入世做准备的；而道家思想则是说修心的，是修给自己出世的，至于他人能否理解和看懂，全然不以为意。因此，儒家弟子给人的感觉是彬彬有礼的君子，而道家弟子外人根本就捉摸不透。"其动若水"与"上善若水"一个意思，水或急或缓，或大或小，形态由岸道、地势、气候决定，顺其自然。"其静若镜"是说安静的时候像镜子一样，忠实直观地折射出万事万物，而不是对镜自照，整理来整理去的，觉得该以什么样的形象示人。注意，安静时是镜子本身，而不是照镜子，儒家的思想似照镜子，比如见贤思齐的说法。还有一个意思，镜中可以照出万物，但万物并不停留于镜中，这层意思佛家也常说。"其应若响"。声与响是两个不同的概念，声指声源、发声，响指回声、回音。"其应若响"是说对外在的反应像回声一样，该是什么样就是什么样，绝不修饰掩盖。由于修为很高深，因此像深渊一样，一般看不出什么苗头或迹象来。

**芴乎若亡，寂乎若清**。

这一句有两种解释：一种是给他人的印象根本就无法认识和把握。道家有修为的人吧，给人的感觉都是恍恍惚惚的，似有似无；也像一副寂寥的样子，清虚一片，无从去认识和把握。另一种解释则表现为，道家风范从何而来呢？万事万物之理，也就是传说中的"道"即是这样的，若隐若现，似有似无。由于道有这样的特性，修道的人也就如此。

**同焉者和，得焉者失**。

这一句话同样有两种解释，从核心来看则是同于什么便得到什么的问题。同于道者和，得于道者失，前一句好理解，后一句讲有所得必有所失，而自以为得到了，而自认为是对的，其实错失或忽略了太多东西。修道的人说，与这样的人感同身受，就会认同和谐；想把这样的人掌控于手中，收服到麾下，恐怕就要永久失去这样的人。

**未尝先人而常随人。**

这就是"处于人先而人不知，处于人上而人不重"的意思，不敢为天下先，一切顺遂着来。即使是走在人前，也并不作一个强势的引领之态；即使是处于高位，也不会使人不堪其重。后世范仲淹的名句"先天下之忧而忧，后天下之乐而乐"的说法就是由此而来的。

以上是关尹子的一些观点，其实也是老子的观点。

**老聃曰："知其雄，守其雌，为天下谿；知其白，守其辱，为天下谷。"**

这句话是《道德经》中的内容，《黄帝四经》也反复在阐释这样的道理，总的意思是低调谦和、包容万物、与人为善。"知其雄，守其雌，为天下谿"，虽然懂得很多甚至明察一切，却并不表现出来，而是态度谦和地对待万物，甘愿处于最低处。这个"谿"与下面的"谷"，都是低的意思，身虽低而心不低。"知其白，守其辱，为天下谷。"懂得一切光明之理，却甘愿待在聚光灯之外，将身段放得低而又低。道家这个说法，与佛家的"我不下地狱，谁下地狱"完全不同。虽然本领很强、极富智慧，也不显山露水争山头，而是默默无闻地待着，谁也不去打扰，有智慧且有本事纯粹是自己的事，一个人感受到精彩精湛即可，没有必要非强加给他人，或与他人分享。

**人皆取先，己独取后，**

此即老子"三宝"之一的"不敢为天下先"，想争先、想靠前的都去争去抢吧，一个人落在后面又有什么，事过千百年，谁在前谁在后呢？这种思想对于个人反省有积极的意义，对于社会也有一定的促进和谐的功效。

**曰"受天下之垢"；**

世间所有不好的，他人难以理解、接受和包容的东西，道家高人甘愿接纳。就像用清水清洗万物一样，这其实也是情怀。也正因此，后世道家分为两大派系：一派重实，即使做了扶危定倾的事，也不图名利，谁要谁拿去，并退回到原初的状态；一派无行，即不修边幅、蓬头垢面的，一点也不在乎，只在意内心的修为。

**人皆取实，己独取虚，**

世人都渴求实实在在的东西，比如名利高位等好处。真正的道家之人并不在乎这些，而喜欢游走在内心无边无际的虚空中，自得其乐，逍遥自在。

**无藏也故有馀，**

不特意或刻意收集储藏什么，整个天地都在心中。这样哪里会有什么缺失和遗憾呢？有些人好酒，一生就在酒的世界中；有些人爱劳动，一生就劳碌不停；有些人爱花花草草，就置身花花草草之中。道家高人身无一物，没有什么明显取向，因而什么都不缺。

**岿然而有馀；**

虽然深隐山中，或足不出户，或浪迹天下，却始终与天地精神相贯通，与天地山河一体，当然什么都不缺！有段时间，流浪"大师"沈巍引起了轰动，也引起了诸多同情和惋惜。其实，有什么可同情惋惜呢？抱这种态度的，说明根本就不理解其人的境界。如果有遗憾与惋惜，"沈大师"会这么做吗？自始至终，人家都是听从内心的召唤，在做自己，在成为自己想成为的人，有什么遗憾呢？反而是房车衣食无忧的我们，一生遍布遗憾，在诸多限制之中，与囚禁无异：被身体囚禁，被生活囚禁，被观念囚禁，何其之苦？何堪其重！

**其行身也，徐而不费，无为也而笑巧；**

这是赞美道家高人的立身做人行事风格，从从容容，就没有因苦恼耗费过心力。反倒是世人，为诸多事大伤脑筋、大动感情、大费周折。道家的主张是什么呢？"无为"。注意，这并不是什么也不做，而是因势利导、顺势而为。道家的高人嘲笑什么呢？一个字"巧"，这个"巧"，即绞尽脑汁想出的种种方式方法。道家观念认为，人吧，本来可以活得很好，却非要无事找事地瞎折腾，结果自己一生失陷其中，累得够呛，牢骚也很盛，怨这怨那，根本就没有反省出究竟是哪里出了问题，还自称聪明智慧。聪明智慧什么呢？自以为是，自我戏剧而已。

**人皆求福，己独曲全，**

世人们想谋求福禄寿等种种，而道家则委曲求全。注意，是"委曲"而不是委屈，后人经常将这两个搞混。委曲的意思是弯而不折，甚至是主动将不该有的想法欲望收起来。委屈则是强忍着压抑着，基本的心态和出发点就明显不同。

**曰"苟免于咎"；**

人生在世，保全养生为大。如果命都没有了，还活什么呢？其实这个也很好理解，在道家高人眼里，世间无非是些争名夺利的事，根本就不值得舍命去掺和。

**以深为根，以约为纪，**

道家的根本准则是什么呢？深奥玄妙之道。遵守的纪律是什么呢？生活俭朴，做事简约。也正因此，对于道家的人物他人是无法弄懂看清的，其人自成天地，用一个厚厚的茧将自己隐藏得很深，而且言行也很简约，他人是无法识别的。

**曰"坚则毁矣，锐则挫矣"。**

就是守雌用柔，坚硬的东西容易毁坏，锐利的东西容易挫断。老子经常说这个，牙齿比舌头先掉就是这个道理。后世之所以说"百炼钢成绕指柔"

也是这样的道理。

**常宽容于物，不削于人，**

道家嘛，胸怀不是一般的开阔，而是无边无际的，能够包容万事万物，对人也没有什么侵害削夺之心。关尹、老聃这些人虽然并没有做到天地之道的极致，但也不愧为博大精深的真人。

## 庄子的世界

接着谈庄子的世界，有些说法更为抽象，不是确凿的口吻，而是探讨感叹的语气来表达。

**芴漠无形，变化无常，死与生与，天地并与，神明往与！芒乎何之，忽乎何适，**

这里针对"芴漠无形，变化无常"八个字，发了一连串的感叹。这八个字是说万事万物的，包括生命、时空、思想、道等种种。一句话，细想起来，世间的万事万物都芴然无形，却又变化万千。围绕这个现象，庄子有了诸多发问，这些问题也都有着多义性，并非字面那么简单，具体可以细分如下：

一是"死与生与！"是死是生呢？其实是边死边生、边生边死的，也就是庄子说的"方死方生"。这个问题，科学界叫"新陈代谢"；佛家的就更复杂了，其中一个说法是"分段死亡"。

二是"天地并与！"世间存在的种种，是与天地同生共存、亘古不移，或者仅仅只是一些依次出现的东西？或者在不断翻新。天地是列车，乘客与天地共同从起点到终点呢？还是在不断上下着？这句实质是说万事万物关系的问题，非常之大，没法回答。但意识到这个，拥有这样的视角就很了不起了。

三是"神明往与！"万事万物之间的复杂关系，究竟是什么造成的？是谁在主导呢？道？神明？还是其他的什么呢？严格地说，这是涉及根本的大问题。

四是"芒乎何之！"茫然四顾，万事万物的源头和尽头混沌一片，它们究竟是什么，以及怎么诞生的根本就弄不清楚。

五是"忽乎何适！"万事万物发展的目的与指向是什么呢？往哪里去呢？这些都是基本的哲学问题——是什么，从哪里来，到哪里去。事物按照既有规律发展演进，再去深究其中的道理，恐怕将脑子想坏，都找不到统一的答案。同样，思想是有界限的，正如尼采这样的天才最终失去理智，所以不是什么事情都要想清楚、说明白的。所以，道家才说"无为"二字，不需要弄清楚，也不需要去介入干预，顺其自然，任其发展，再理想不过了。

**万物毕罗，莫足以归。**

万事万物都陈列罗列在宇宙间，但什么样的理论也无法将其很好地归纳。今天，科技发展到如此地步，很多东西是人类也说不清道不明的，更何况在那个时代，认识是无止境的。

**古之道术有在于是者，庄周闻其风而悦之。**

古代关于这方面的理论，庄子风闻后很感兴趣，并沉迷于此。也正因此，庄子的考虑更为玄远，回答和表述也恰到好处，尤其是感性和理性平衡得很好，确实是恰如其分的，稍微感性点，就会失之飘忽；稍微理性点，就会失之枯燥。

**以谬悠之说，荒唐之言，无端崖之辞，时恣纵而不傥，不以觭(ji)见之也。**

这句话是对庄子言论的评价：庄子这个人吧，满嘴荒谬之说、荒唐之言、不着边际之辞，恣肆放纵、放任不羁，没有任何限制，满是奇谈怪论。"不以觭见之也"，即无不以奇见之、见之以奇。之所以奇怪，是少见多怪，是因人们的思想力、理解力不够所造成的。

**以天下为沈浊，不可与庄语，**

这是对庄子的认可和赞扬——庄子与天地精神沟通，充满清气，而天下那么多冲着实用而去的理论和行为，没法与庄子的言行相提并论。

**以卮言为曼衍，以重言为真，以寓言为广。独与天地精神往来，而不敖倪于万物，**

这是一句完整的话，不能断开。但得一句句解释。"以卮言为曼衍"，"卮言"指很随意的话。这句是说，庄子对万事万物的看法很随意，经常是漫无边际的铺排，并没有什么刻板与庄重。"以重言为真"，什么是"重言"？有分量的话？庄子说的很多道理是非常有分量的，也透露出世界与人生的很多真理。"以寓言为广"，寓言就很清楚了，哲理性的故事，《庄子》中这样的故事很多。庄子是战国时的宋国人，总拿宋国说事。当时的宋国，为我们这个民族制造和贡献了很多寓言。

**独与天地精神往来，而不敖倪于万物，**

类似庄子的这种境界，一般人是根本体会不到的。那么只有庄子独享了，尽管如此，他也没有丝毫看不起芸芸众生和万物的意思，而是与一切和谐共处着。我们经常说天地精神，那么什么是天地精神呢？这很难下定义，其最大特征是不局限于任何事物、贯通天地自然之道与人情世理。也就是说，在视角上，不独以人的视角观察和思考问题，懂得万事万物中的原理与规律；在立场上，不以人类为主宰，也不以自我为中心，等同于万物中普普通通的一个；在态度上，与一切和谐共处，没有主宰和干预的意识；在目的上，没有什么特定的目的，作为一个偶然中的必然，不过是无尽循环中的一环一链，也就无心去计较任何了。因此，这种精神极其广大，无限广大。

**不谴是非，以与世俗处。**

庄子从不论世事以及他人的是是非非，与世人两不相碍，因此相处得挺和谐。

**其书虽瑰玮而连犿(fān)无伤也，其辞虽参差而诔(chù)诡可观。**

庄子写的书虽然瑰丽恢宏，但是寓意也很婉转，并没有去中伤谁；其言辞虽然跌宕起伏，却也奇特独有、妙趣横生，对其思想概括得也很精妙。

**彼其充实，不可以已，**

其人有一个充实、完善、博大的内心世界，无边无际，不可窥测管束，思想也是波澜壮阔的。

**上与造物者游，而下与外死生、无终始者为友。**

这个人的人生，高得没有限度。一般人受一切所限制，一生能说的话、能做的事、能走的路极其有限，顾虑禁忌很多。而庄子是无所顾忌、无可限量，上可与造物同游。造物，即冥冥中创造出一切的神或力量。下呢？可与微尘共泛，与置生死于度外、思想言行无所禁忌的人为友。原来，苏东坡引以为傲的"吾上可陪玉皇大帝，下可以陪卑田院乞儿"，源头就在庄子这儿。这里也可以看出道家的两个特征：一个是"外生死"，根本不把生死当回事，生则欢，死亦乐。生寄死归嘛！活着，暂时寄居在这个躯体内和人世间；死了，回归冥冥之中，也没有什么好忧虑烦心的。"无始终"就抽象了，其实就是天马行空、随遇而安了，是一种典型的出世思想。世俗的说法，有始有终、敬终如始，才能将事情办好做成。道家则认为，你所做的这个事情，其实完全是多此一举，因而也就无所谓始终了。人活着，身体受限是必然的，但思想应该是无限的。事实上，人类的身体与思想受到双重束缚和限制。道家存在的意义，就是解禁，就是让人看到更大的天地和更多的可能性。

**其于本也，宏大而辟，深闳（hóng）而肆；**

庄子对于一切本质性的问题（并非只指道，虽然道最为本质）的看法和见解，宏大而阔远，深刻而放达，纵横驰骋，洋洋大观。

**其于宗也，可谓稠适而上遂矣。**

"宗"，即学说和传承与渊源。这句是说，他对于道学的研究，浓淡适宜，达到了极致。

**虽然，其应于化而解于物也，其理不竭，其来不蜕，芒乎昧乎，未之尽者。**

这句同样是高度肯定的，虽然言说这个世界很难，但庄子个人的理论学说却是顺应于变化、解脱于物象的，而且，其中的道理意蕴很深、源源不绝，是完全依于本质的，并没有脱离实际。对其理论学说，用了两个字来状摹，一个是"芒"，一个是"昧"，呈现出泱泱之势，却又有个稳定全盘的概念在其中，言有尽而意无穷。

## 惠施"相对论"

接着就说名家了。

**惠施多方，其书五车，其道舛（chuǎn）驳，其言也不中。**

"惠施"，也就是惠子，同为宋国人，曾任魏国国相，这都是魏惠王后期的事了。魏国在秦国的大举进攻下，将都城从安邑迁到了大梁，魏惠王也就成了梁惠王。魏国之所以衰退以至灭亡，可以从用人看出，用的是夸夸其谈、华而不实的人。这里说惠子家的书有五车，"五"是概数，就是说他的学问很好，懂的东西很多。但是否有干才呢？恐怕要打个问号。从其所关注的问题可以看出，他基本是钻牛角尖式的学者。其人学问杂而不纯，理论与实践脱节，所持言论对指导实践根本就没有任何作用。这样一个人作国相，梁惠王又能高明到哪去，魏国焉能不衰呢？

惠子的理论主要有以下这么十个方面，其中亦不乏真知：

一是"至大无外，谓之大一；至小无内，谓之小一"。大而无外的，就是最大的；小而无内的，才是最小的。这个观点很精妙，却明显是玄思层面的。

二是"无厚，不可积也，其大千里"。没有厚度的东西，不可积累，但却可以广大至千里。这个思维就相当抽象了。"无厚"指一个平面，比如湖面、海面。不是立体，当然不能积累起来了，但却是广大无边的。

三是"天与地卑，山与泽平"。天与地一样低，山与水一样平，这就是当时的"相对论"了。与芝诺悖论很像，两个物体之间的距离可以无限分割下去，因而兔子永远追不上乌龟。用数学问题解析物理问题，关注点很好，但明显是一种思维悖论。想想，一个国相，脑子里装的就是这些东西，这个国家能治理好吗？绝对够呛。不妨看看当时那些致力于变法强国的言论是什么样的，惠施先生的治国理政的水平堪忧啊。

四是"日方中方睨(nì)，物方生方死"。这个很哲学，太阳升到了最顶点，立即就会偏斜了；一个东西刚一出生，就踏上了死亡之旅。道理是这样的道理，但陷入类似的思维会很致命，意味着进入空虚一片的无物之阵。总之要死，那就不活了，道理不是这样的。

五是"大同而与小同异，此之谓小同异；万物毕同毕异，此之谓大同异"。这是说整体与局部，即万事万物的普遍性与差异性。大范围内的普遍性与小范围的普遍性存在差异，也就是共性与个性存在差异，突显的是个性。说明共性没有将个性完全包含进去。万事万物共同的普遍性和差异性，才是真正属于全体的，才可以称之为普遍性和差异性。他强调的其实是，人们注意普遍性是不是真普遍、差异性是不是真差异，在多大范围内普遍和差异。这是一种很好的逻辑思维。

六是"南方无穷而有穷"。所指南方，这个南方是没有尽头的，但同时又是有尽头的。通常所指的南方，在更南的人看来其实是北方。这是空间

"相对论"。

七是"今日适越而昔来"。今天出发向越国走，昨天可能已经达到了。这是时间"相对性"，我们所称的昨天、今天、明天其实是同一天。以今天为原点，明天、昨天很明确。以昨天、明天为原点呢？今天就成了明天和昨天。

八是"连环可解也"。古人指的连环是什么？比如一个个的圈套在一起。可解，并不是破坏这个连环，而是说从理论上可以解开，比如细分到原子，哪有什么连环呢，分明原子一个不挨一个，中间有巨大的距离。

九是"我知天之中央，燕之北、越之南是也"。天下的中央在哪里，可任由人去说，可能在燕国的北边，也可能在越国的南面，关键是以什么为参照。

十是"泛爱万物，天地一体也"。应该以同样的爱心对待万事万物，天与地实质是一体的。这个惠施的思维实在是厉害，但却生错了年代。如果生在和平时期，或生在现代，就是一个极其了得的具有逻辑思维的人。但生在战国那么个大争之世，身为一国之相，就真的让人感叹了。

**惠施以此为大，观于天下而晓辩者，天下之辩者相与乐之。**

惠施将此类思维作为大事大略，遍寻天下通晓此类思辨思维的人，整天说来辩去，好不快活。他们讨论辨析的话题都有哪些呢？主要包括以下二十一个：

一是"卵有毛"。"卵"，指禽类之卵，可以孵化出带毛的东西，就说明卵中一定有形成毛的基因。这是科学思维，想得很细致。

二是"鸡三足"。这就是关于"名"的核心问题了。"足"是什么？"足"不过是人所取所叫的名称。如果最初将毛称为"足"，并得到大家的认可，那鸡有多少"足"还不一定呢。

三是"郢有天下"。"郢"，即楚国的都城。这就是概念的范围大小了，一个人都自成世界、自有其天下，郢又何尝不拥有天下呢？最直观的，可以拥有天地日月星辰啊。

四是"犬可以为羊"。还是名的问题，最初将犬称作羊，不就是羊了。这点跟给人取名一样，叫张三就是张三，叫李四就是李四。

五是"马有卵"。马由什么形成的，肯定也有卵的，说得倒真是没错，是在肉眼看不到的情况下的一种推测，完全符合"大胆地假设，小心地求证"的科学思维。

六是"丁子有尾"。蛤蟆有尾巴，小时候确实有。

七是"火不热"。这要看确定热的标准是什么了。人所能承受的热、石头所能承受的热、神仙所能承受的热是不同的，有些东西火都烧不化的。还有一种思维，与佛家风动旗动还是心动的说法有些像，感受到热的是人，而不是火，火从来就没有觉得自己有多热。

八是"山出口"。山会说话，比如回声。佛经也有类似的说法，山河大地在无言地说法。

九是"轮不蹍地"。同样是科学思维，轮子与地面永远有一定距离的，只是这个距离无法量取罢了。

十是"目不见"。三种思维：眼睛不是主动看见的，而是物体映现在眼睛里。眼睛看到的东西真实吗？很难说。眼睛能看见自身吗？不能。确实是大动脑筋，很有点儿思维拓展练习的意思。

十一是"指不至，至不绝"。理论能将万事万物穷尽吗？显然不能，理论越是丰富，新事物就越多。概念定义也是这样的，如概念通常是以词解词的，一直解释下去就是无限的问题了。小时候看一本书时想到过这一问题：书的封面是姐弟两人在读书，他们所读书的封面也是姐弟两人在读书，以此类推，这个画面无穷无尽，倒是挺有趣的。

十二是"龟长于蛇"。这与"棉花重于铁"实质是一回事。两斤棉花比一斤铁重。大乌龟比小蛇身体长。

十三是"矩不方，规不可以为圆"。矩画不出方，规画不出圆。这就牵扯到什么是方什么是圆的问题，纯理论意义上方与圆是工具是画不出来的。

十四是"凿不围枘(ruì)"。这就是榫卯结构了，意思是榫头与卯眼两个并不匹配和吻合。的确，相对接起来中间其实有巨大的缝隙，并不是没有间隙。

十五是"飞鸟之景未尝动也"。这个用现代影片拍摄很好解释，所谓动态，其实是每秒二十多帧静止画面组合起来的。飞行的鸟与影子也一样，其实是由一连串静止的瞬间组成的——相对的静止组成了运动。

十六是"镞矢之疾，而有不行、不止之时"。这是飞鸟问题的延伸，一支射出的箭，是动是静呢？

十七是"狗非犬"。这又是名称、概念、范围的问题。一只狗能否称之为狗？一只狗能否代表整个狗类？如果不能，算不算是狗呢？

十八是"黄马骊牛三"。一匹黄马和一头黑牛，是三个东西。其中既有概念的问题，比如什么是三；又有计量的问题，两种动物加两种颜色，说三不为过，说是四也有一定的道理，关键看计量什么了。如果计算腿，应该是八个。

十九是"白狗黑"。白狗其实是黑色的。什么是黑、什么是白？什么是鹿、什么是马？什么是白？雪之白、布之白、毛色之皮完全不同，相对于更白的东西，狗的白可能根本就算不得白。

二十是"孤驹未尝有母"。有母何以称孤驹呢？

二十一是"一尺之捶，日取其半，万世不竭"。一尺长的木棒子，一天砍一半，万世都分割不完的。从数学计算的确如此。这个理论，庄子、列子都提到过。博尔赫斯也引用过这一说法，并对这个理论非常之着迷。

从以上可以看出，惠子的这些辩题大体四类：科学思维、哲学思维、概念范畴和诡辩。通常，人去琢磨这些没问题，而国相沉迷于这些就会出问题，使得国家的发展方向和社会风气有问题。当时的事实恰恰是"辩者以此与惠施相应，终身无穷"。惠施与一派辩者天天就辩论这个直至昏天黑地，并且不知疲倦，总是意犹未尽。

**桓团、公孙龙辩者之徒，饰人之心，易人之意，能胜人之口，不能服人之心，辩者之囿也。**

桓团、公孙龙两人都是战国时期赵国人，与惠施一样，都是名动一时的辩者，也是当时所谓的名家。他们的言论如何呢？因为其中确实有些奇思妙想，因而能蒙蔽人心，巧言善辩也能够使人们改变主意，但都是辞令方面的东西，并不实用，没有实际意义，因此，尽管他们在辩论中几乎无人能敌，但这样既不能为个人谋取衣食，又不能使民富国强的理论，就是名家理论最大的局限了，夸夸其谈，华而不实。

**惠施日以其知与之辩，特与天下之辩者为怪，此其柢(dǐ)也。**

惠施将自己的心思精力和聪明才智都用在了这些命题上，与天下的辩者们相互切磋，以上还只是罗列了其中的一些命题。

**然惠施之口谈，自以为最贤，曰："天地其壮乎！"**

在钻研这些思维方面没有对手，惠施觉得论口才，自己天下第一，并且经常感叹，天地是何其之雄壮呀！言外之意，放眼天地间，谁能匹敌呢？

**施存雄而无术。**

这是作者对惠施的评价，有雄心壮志而没有务实的才干。之所以这么说，有事例可证。

**南方有倚人焉曰黄缭，问天地所以不坠不陷，风雨雷霆之故。惠施不辞而应，不虑而对，遍为万物说。**

南方有个叫黄缭的怪人前来与惠施理论，问及天为什么不坠落，地为什么不塌陷，风雨雷霆形成的原理等。惠施张口就答，根本不假思索，大有将万事万物之理说遍的架势。看来，这个惠施在当时确实是个学识渊博的人，天上地下的都知道，根本就没有不懂不会的领域。

**说而不休，多而无已，犹以为寡，益之以怪。以反人为实，而欲以胜人为名，是以与众不适也。**

这个惠施啊，谈起此类问题，精神头很足，滔滔不绝，已经说很多了，自个儿还认为没说够，还要发挥一些奇谈怪论。这些说法呢，都是违反常识常理的，像脑筋急转弯一样，总想高人一筹，胜人一等，因此和时人时事极不协调。

**弱于德，强于物，其涂隩(yù)矣。**

这个"德"是对道的遵守，"弱于德"，即不重视原理与规律的意思。惠施这个人不遵循天地大道，一味地推究一些事理，所走的路，实在是曲折而狭隘。

**由天地之道观惠施之能，其犹一蚊一虻之劳者也。其于物也何庸！**

用天地之大道，也就是老子、庄子所说的道来衡量惠施的才能，他不过像一只蚊子、一只牛虻般飞舞做作而已，于人于事、于家于国根本就没有一点用处。"庸"，即"用"。从这么宏观的视角看，任何人不外乎都是如此，仅仅是尘埃般的存在。但普罗大众存在的意义是自觉而踏实地安于某个链接中的一环，惠施之流还不如如此。当然，惠施等人的理论对于思维的拓展是有明显贡献的，只是不够实干实用罢了。

**夫充一尚可，曰愈贵道，几矣！**

这是批评惠施的不谦虚：其理论学说作为一家之言，是没有任何问题的，大言不惭地声称自己的理论比道的存在还重要和重大，就是纯粹的无稽之谈，他这套哪是什么真的道呢！

**惠施不能以此自宁，散于万物而不厌，卒以善辩为名。**

因为有这种思维、这个本事，惠施根本就安静不下来，便将心思精力投注于万事万物，不停地去发掘类似"白马非马"的话题，也真的因能言善辩而成名了。

**惜乎！惠施之才，骀（dài）荡而不得，逐万物而不反，是穷响以声，形与影竞走也，悲夫！**

令人惋惜的是，惠施的这种才能过于蹈空而没有实实在在的东西，只一味地关注于现象，而没有一个对自身的反省。道家、儒家、兵家都重点关注人的问题。名家则完全不同，只醉心于外物，对人的问题根本就没兴趣。类似惠施这种行径该如何比喻呢？大概是试图以提高声音来消除回声，以身体与影子在赛跑吧，非常可悲啊！

庄子对于惠施的这种说法，挺形象的，当然也挺苛刻的，一个被回音激怒与回音吵架，从而喊破嗓子的人；一个被影子激怒，加快步伐想甩掉影子的人，不是自己在跟自己较劲吗？他本人却浑然不知，还自称什么英明睿智呢？但类似惠施这种思维方式，确有其存在的意义。

中国文化总的来说还是太现实了点儿，惠施这种对于无用或虚无的追问与思辨，实在是一束珍贵的火种。

这就是《庄子·杂篇·天下》的内容，明显是庄子之后的人写的，学识很渊博，言辞很犀利，深得庄子文风，但稍显尖刻凝重了些。

# 贰　列御寇

　　庄子的故事汇编《列御寇》，开篇就是"列御寇"这三个字，所以便用作了文章题目。这是先秦文章常用的篇章命名方法，当然与内容有一定关系，但并不能涵盖全部内容。这个传统一直延续到后来的唐宋诗文，杜甫很多诗题就是这样的。

## 列子与隐士

　　关于列子的这一则故事，在《列子》中有收录。列子，名御寇，战国时期郑国人，生卒年月及生平事迹均不详，道家人物，避世而遁形，有很高的修为。

　　列子去齐国，中途折回，路上遇到一个叫伯昏瞀(mào)的楚国隐士。这人眼睛不好使，不过境界水平奇高，是列子的好友。庄子笔下的奇人，身体大多有缺陷，很少有健全的。而且大多从名字上就可以推知其生理缺陷所在。比如这个伯昏瞀人，眼睛一定是很昏花的。

　　伯昏瞀问列子："你不是去齐国了吗？怎么返回了？"显然，对于列子去齐国的事，伯昏瞀看得很透彻。

　　列子：我心中惊恐啊。

　　伯昏瞀：为什么会惊恐呢？

　　列子：一路上经过十家粥铺，有五家看到我后免费送我粥喝。

　　在今天的人看来，能刷脸吃饭，说明名气很大，受人崇拜和追捧，这正是一般人做梦都想要的。列子却对此感到担忧，半途便折返了，这到底是为什么呢？

伯昏瞀：就因为这个，你就心惊而回？

列子认真给予了回答。他的回答如下有三层意思：

第一层意思："夫内诚不解，形谍成光，以外镇人心，使人轻乎贵老，而赍其所患。"这说明我的修炼还不够呀，内修不够诚挚，就会给人一些错误的信号，觉得我好像是为名而修为的。这样去博取人心，会使人将本真自然的尊老之事看轻了，而一味地去迎合讨好像我这样的人。我本来是厌恶的，别人却以为我喜欢；我本来不是这样的，别人却以为我就是这样的人，如此这般，能不让我悚然心惊吗？

第二层意思："夫浆人特为食羹之货，多馀之赢，其为利也薄，其为权也轻，而犹若是，而况于万乘之主乎！"我就这点微不足道的修为成就，卖粥的人却这样待我。其实，他们的日子也很艰辛啊，卖粥的赢利是非常微薄的，况且也没有什么权力，就对我这么好。如果去了齐国，那么齐王又会怎么对我呢？想想都后怕呀！

第三层："身劳于国而知尽于事，彼将任我以事而效我以功，吾是以惊。"食君之禄，忠君之事。到了齐国，齐君又是赐我以达官，又是赠我以重礼的，目的当然是让我建功立业。那该如何是好呢？我本就一出世的闲散之人，拿什么回报人家呢？我是不能无功而随意接受馈赠的，因此感到担忧就回来了。

看看，这就是我们的列子，就免费赠粥这点儿事，列子想得多么深远！岂是今天的人所能思议的。

听列子这么一说，伯昏瞀说：你这个观念实在是太好了，这么保持下去，一定会得到更多的信服和拥戴，人们将纷纷前来向你顶礼问学。

这事还真让伯昏瞀说准了。

没过多长时间，伯昏瞀去拜访列子，见列子家门外堆满了鞋子。

古人坐在席子上，鞋子都脱在门口。

见此情形，伯昏瞀严肃恭敬地用拐杖支着下巴听了一会，便一言不发地离开了。

有人将这个事情告诉了列子，列子提着鞋，光着脚就追出来了。

在大门外不远处追到了伯昏瞀，列子问：先生既然来了，不提几句忠告就走吗？"

伯昏瞀停住脚步：算了吧，之前我说过了，人们会来投奔你。说准了吧，果然就来了这么多人。"非汝能使人保汝，而汝不能使人无保汝也，而焉用之感豫出异也！"照一般的说法，列子学问大、修养好，人们自然就前来了呗。伯昏瞀却不这么看：人们之所以前来，并不是你能使人们前来，而是你不能使人们不前来。想不到的是，你列子竟然因此而沾沾自喜，因此而满足，因此而显得与众不同，我看你是昏了头吧。伯昏瞀这个说法够绝的，其言外之意是：人们之所以前来，倒不是你列子的修为有多高，而是人们的修为太低而被迷惑罢了，这个道理你列子都不懂，还沉醉其中，沾沾自喜？这个样子，我还有什么话说呢？从这句话来看，伯昏瞀的修为境界确实远在列子之上。

伯昏瞀接着讲："必且有感，摇而本才，又无谓也。与汝游者，又莫汝告也。"你列子修炼的目的是什么呢？难道是为了受人崇拜？仅仅因为这个就觉得不得了了，就认为自己已经修成正果了？这样做完全偏离了你的初衷和本性，陷入无聊无谓中。这样的道理，恐怕这些人谁也不会告诉你。当然，围绕着列子的这些人，哪会有这样的认知水平；如果有的话，就不会围着列子转了。

**彼所小言，尽人毒也。莫觉莫悟，何相孰也！**

这些人赞扬夸奖你的那些话，都是毒药。你连这个都察觉不到，又怎么能分辨敌友呢？

**巧者劳而知者忧，无能者无所求，饱食而敖游，泛若不系之舟，虚而敖游者也。**

庄子反复讲过类似的话：人是被目的和能力所困惑甚至囚禁的。"巧者劳"，喜欢用巧的人天天思这想那，一生都在劳累困顿之中；"智者忧"，无知者无畏，智者对因果规律等看得很清，每天担心烦忧的事就多了，如果愚笨一些，不为凡俗所扰，岂不快活自在；"无能者无所求"，自己很清楚自己本事不大的人，活着最为踏实安稳，靠劳动吃饭，靠力气或技艺谋食，有个茅草屋，一日三餐无忧就很满足了。那么，吃饱饭做什么呢？到处闲游了，像江河湖海上的不系舟一样，随波逐流，到哪算哪，这恐怕才是真正意义上的遨游者吧。

列子是道家人物，去齐国返回的原因，不想被世人世事所羁绊，像不系舟一样遨游。结果，却被人拥堵在自己的屋子里，门都没时间出。这算哪门子遨游呢？而伯昏瞀毫不客气地指出了这点，可见其知其然，更知其所以然。

读《庄子》一书，常常会让人反省"名声"这个东西。其实前人中有很多高明的人且拥有高明的思想，但无意出名入世，高人和其自然就渐渐消隐了。这些人才是真正意义上的山海般的存在，不只有那个波澜高峻的表面，而是有无尽藏的。

## 自杀的缓

郑国有个叫缓的人，在裘氏之地学习儒家学说。仅仅学了三年就成了儒生。学成之后估计当了教书先生，教的弟子还不少。也有可能做了官，十里八乡的都受其恩惠——"河润九里，泽及三族"。学儒三年就有这种成就，其人天资不低。

缓这个人很奇怪，明知学儒术有诸多好处，偏要派自己的弟弟翟去学墨家学说。后来，儒墨两家经常论争、势同水火，缓翟兄弟二人难免也有分歧。父亲并没有帮助缓，而是站在了弟弟一边。这样一来，家庭矛盾就加剧了，缓无力解决、心情苦闷，十年后自杀了。郑国的缓，可能是历史记载的第一个因三观与家人不合而自杀的人。

缓自杀后，他的父亲有一天梦到缓对自己说："让你的儿子成为墨家弟子的，是我呀。为什么不到我的坟上来看看呢？我已经成为秋柏的果实了。"缓的鬼魂之所以这么说，是对父亲怀着深深的不满，弟弟是自己派去学墨家学说的，而且墨家讲"兼相爱，交相利"，父亲为什么这么偏心，就宠爱弟弟呢？害得自己身死化为尘埃，父亲也无动于衷，从来就没到坟前来看过一回。

庄子对这件事发表了自己的看法："夫造物者之报人也，不报其人而报其人之天。彼故使彼。"天地造化对于人的作用，并非成就某一个方面或某一个人，而是人的天性，因此才称之为人。

### 夫人以己为有以异于人，以贱其亲，

人吧，很是奇怪，原本人性是相通的，但学了点东西，分歧就出现了，甚至相互对立敌视，竟然亲人之间都反目成仇。这是为何，不荒唐吗？比如缓与翟兄弟二人，吃母亲的奶时，小时一块游戏时、没有做学问时，有什么分歧呢？真是越学越糊涂！

### 齐人之井饮者相捽(zuó)也。

兄弟二人学说相争到这个程度，像什么呢？像齐国人，饮用同一口井的水，饮水之人与打水之人天天争吵打架，不为别的，而是观念不同。岂不是可笑之极吗？

### 故曰今之世皆缓也。自是，有德者以不知也，而况有道者乎！

因此说，世人大概都像这个儒生缓，见识短、气量小，从来不反省检讨自己，反而指责亲人不对，哪有这样的事呀。类似这样的人，这样的情况，有德的人都觉得不明智，有道的人更不会看在眼里了。庄子在这儿，借批评缓来指责一切门派之见。

### 古者谓之遁天之刑。

"遁"，即违背的意思，缓就是因为违背天人之道才受到了惩罚。再往深处看，悲剧不仅是缓这一家，又何止郑国一国，普天之下比比皆是。看来世人真得好好反思了，为了莫名其妙的观念之争，就斗得你死我活的，果真

很理智吗？为了利益去争倒是情有可原的，毕竟利有限而欲无限嘛。两种学说之间争什么呢？看看大自然，有个东西能将天地自然等一切统一起来，不知道如何命名，姑且称之为道吧。世间定然有一种理论也能综合统领起所有观念的，这个东西大概就是哲学吧。以此来看，道家是当时中国最深奥的哲学。道家现在也并未过时。

**圣人安其所安，不安其所不安；众人安其所不安，不安其所安。**

这个说法有点抽象，道家圣人指认识道且合于道的人。圣人所安的是天地自然大道；而众人呢？正好相反，安于人为意志，而不是天地自然之道。道家的天地之所以广大阔远，道家之人的步履之所以从容不迫，原因正在于此。天高地阔，此生跟着星光、河流一起走走即可，力盛则行，力竭则眠，有生之欢无死之惧，这是多么好的事呢！犯得着为目不暇接的外物所吸引而伤春悲秋吗？为一花一人一事而倾尽伏倒岂不是错失了无尽妙呢？

庄子曰："知道易，勿言难。知而不言，所以之天也。知而言之，所以之人也。古之人，天而不人。"对于类似这种事，庄子是很讲境界的，就人性而言，不表现出来比懂得更难。换句话说，知道而不表现出来，难如登天。比如一个绝世高手，不动一招一式；一个诗词大家，不著一字一句，这是多难的事！而且要成为高度的自觉，那会是什么样的修为呢？修成高手就难，成为高手却不表现出来则更是难上加难，岂是一般人所能做到的。知而不言的，恐怕就是天吧——支配一切、懂得一切，却不发表一点意见。知道了懂得了就去说，就去表现，那是人性。天之所以为天，人之所以为人，也是源于此。知而不言，也就是庄子讲的"天人"，这样的人世间能有几人呢？

**古之人，天而不人。**

这儿隐然出现科学思维，人类出现以前，天下有这么多的争论吗？文字语言出来之前，人间有这么多是非吗？理论越是发达，是非就越多。这么看，诸如理论之争是否是人们自我娱乐的方式之一呢？还冠以重要重大之类的，在庙堂之上庄重激烈地表演，真的令人发笑，也真的很无聊。

## 屠龙术

有个叫朱泙漫的人，跟着支离益学屠龙之术，学习三年，耗尽了千金家财，学到手的本事却毫无用处。这个事起码透露出这么几个信息：一是当时私学很发达，市场很火，有所教必有所学，有所学必有所教；二是屠龙之术是什么呢？真的是宰杀龙的本事呢？还是一个比喻，指治国理政的本领呢？三是这两个人在历史上仅仅留下了名字，具体有什么作为不清楚；有没有可能这两人都有问题，庄子经常虚拟一些人和故事用来说明现象和道理。四是到底应该学尖端的东西，还是学通用的东西，这也是一个问题。尖端的东西很冷门，适用性也差，不过没什么竞争性；学通用的东西，很热门，适用性很好，但竞争激烈。这点对今天的人选取学科专业来说，也有所参考和启示。毕竟人就一辈子，入行很重要。俗话说得好，女怕嫁错郎，男怕入错行。五是本来很富有的一个家，因学无用的本事，却陷入了困境，实在可惜。

朱泙漫这个名字已经很说明些问题，"泙漫"，即散溢。即使是一条大河，没有了岸的限制，也是不成其为河的。这个问题有些复杂了，放着好端端的日子不过，非要苦行苦修，究竟是为什么呢？最后是真明白了，抑或是实现成就了？

对此，庄子他的看法是："圣人以必不必，故无兵；众人以不必必之，故多兵。""必"，指必然天成；"不必"，指人为；"兵"，指纷争。圣人遵循天地之必然，所以人生就少有抵触和纷争。普通人呢？对于天地自然置若罔闻，而过分信赖或依赖人为意志，因而人生乱糟糟的，纷争迭起，没有宁日。事实还真就是这个样子，世间本无事，庸人自扰之。争这个抢那个，这样活那样活，其实内心的平静才是最根本的。内心忐忑即使置于金銮殿上，恐怕也一样不满足，反而横生诸多是非，惹出更多祸端。当然，要做到安静而远离纷争，需要很高的修养，这也绝不是一般人做得到的。世界就是这个样子，人类就是这个样子，庄子只是把最好最明智最根本的东西指给你看。

**顺于兵，故行有求。兵，恃之则亡。**

有争之心，才有争之行，听任争心，就会欲求不尽。照这么看，争吧，一生依恃如此就会招致灾祸。道理这样讲是通的，前提是大家都自觉不去争。那如何不争和止争，就不单单是自觉的问题，还有个平息外争的问题。要中和方方面面的力量，达到一个相对的平衡。例如，釜底抽薪，干脆别把水烧开，烧得使大家都活不成，必出大问题。所以大可不必事事讲釜底抽薪，从根本上解决问题，解决得了吗？根本在哪里？找都找不到，抓都抓不住，怎么解决？

**小夫之知，不离苞苴竿牍，敝精神乎蹇浅，而欲兼济道物，太一形虚。**

"苞苴"，即包起来的礼品；"竿牍"，即竹简，指好处利益，你来我往，互利互惠。在一般人的眼里心里，不外乎小恩小惠，利益交换。个人如此，集团如此，国家也是如此。你来我往，在一些互利互惠中活着，其实挺好的。庄子认为这些行为太浅薄了，将整个生命投入其中，简直就是极大的浪费。就人们这种做法，还想知道生命之真谛、天地之大道，想达到人物或天人合一的境界，不是痴心妄想吗？庄子的意思，更直接点儿说就是，生命的真谛，世界的真理，难道是今天我请你一顿，你给我点好处，明天你请我一顿，我给你点好处吗？整天就这么吃吃喝喝、礼来物往的，还自称掌握着真理、谋求着大道，岂不是天大的笑话！

**若是者，迷惑于宇宙，形累不知太初。**

如此蝇营狗苟，迷失在时空之中，劳心费力却与真谛相距甚远，甚至一无所知。普通人就是这样，思想感官容易受外界干扰和影响，得有所依赖才能踏实下来，否则就是一天天的游离和飘忽。这就是现实、就是事实。不解决这个，天大的问题根本就无处着手。

**彼至人者，归精神乎无始，而甘冥乎无何有之乡。**

什么是"至人"？"至人无己"，即没有自我意识，不会自以为是，而洞悉了时空的广大无限，并用自己的精神去对接，使自己的精神归于本源，归于无终无始之境，与天地浑然一体，这才是传说中的天地精神。这里还出现了一个名词"无何有之乡"，即"乌有之乡"，不是什么具体的固定的地方，与"乌托邦"相似，甚至显得更虚无缥缈一些。庄子的意思是：人的精神或者说是内心世界，寄托在这个"无何有之乡"。这个抑或与佛教讲的"彼岸"内涵可能不同，但意思大体是一致的。

**水流乎无形，发泄乎太清。**

精神归于本源，安居于"无何有之乡"，生命就像流水一样自然，舒展开放于太平清静的永恒之境。想想，这种境界，常人想象和理解都困难，又如何依附呢？因此，这注定是极少数人的享受。大多数人还是相互依附，并依附于种种外物，这才是常理常态，也是天地大道之一种。

**悲哉乎！汝为知在毫毛而不知大宁。**

悲哀啊，放眼看看，人们无不因小而失大，将生命建立在毫毛之上，而看不到也放弃了广袤无垠的安宁与永恒。类似这种说法，约略有一点感知就好，非要去碰触个究竟，恐怕要背离族群了。

## 曹商舐痔

宋国有个叫曹商的人，作为宋国使臣出使秦国。外交使臣是国家的脸面，得有个威仪吧。这个曹商出使之前，凑起了几乘车。曹商到了秦国，秦王很是赏识，赐他一百乘车。这次出使，原文用了"为宋王使秦"。这个

"为"字很有意思，透露出如下几点信息：其一是这个曹商出使前根本不是宋国外国官。当时诸侯国之间出使，有疑难问题的，没人愿意去，尤其是到虎狼之秦游说棘手的问题，闹不好是要掉脑袋的。其二是这个曹商应该有两下子，口才好，否则就不敢应承。办砸了，他要么得罪秦国，要么得罪宋国，两面不讨好。其三是秦强宋弱的形势很明显。派出使臣，连起码的仪仗都没有，而秦王却很大气，给宋使配车百乘，就这气象，宋国没法比。按理说，周武王"兴灭继绝"分封天下诸侯时，宋国是殷商后裔，爵位最高。秦国连影儿都还没有呢？不过是给周王室养马的一支。数百年后，秦国却步步崛起，最终一统天下，为什么会这样，值得反思。

据流沙河先生考证，这则讲的是宋偃王时期的事，他继位后野心勃勃，一个弱国国君也想公开称王，便派能说会道的曹商去说服秦惠文王支持自己。曹商不辱使命，说动了秦王，受到百乘车的赏赐，从此拜官显贵。

曹商成功出使秦国，返回宋国后就抖擞起来。估计之前跟庄子很熟，主动去拜见庄子，显摆自己的本事说："夫处穷闾阨(ài)巷，困窘织屦，槁项黄馘(xù)者，商之所短也；一悟万乘之主而从车百乘者，商之所长也。"其意指：过去吧，我跟你一样，居于穷闾陋巷，靠编鞋为生，日子穷苦不堪，饿得面黄肌瘦的，这是混得不如意的时候。可如今时来运行了，一朝得见秦王这样的明君，并成功说服了他，得到了百乘的车子作为嘉奖，说明我也是有大本事的。

他是如何说动秦王的，史书没有记载，据庄子的说法，靠的应该是阿谀奉承、拍马屁，有损宋国国格和自己的人格。因此，庄子极不客气地说："秦王有病召医。破痈(yōng)溃痤(cuó)者得车一乘，舐痔者得车五乘，所治愈下，得车愈多。子岂治其痔邪，何得车之多也？子行矣！"其意即为：你这种情况吧大体是这样的，秦王有病请医生，能够破痈溃痤的，给一乘车；能够给秦王舐痔疮的，给五乘车；做的事越是下贱，得到的赏赐就越多。你大概是给秦王舐痔疮了吧，否则怎么会奖励你这么多车呢？就这，还得意忘形啊！

从这二人间一问一答来看，庄子损人确实够苛狠，但也确实痛快淋漓。在当时的情况下，曹商出使秦国而受赏，只说明一个问题，只顾着讨秦王开心了，完全不顾宋国国格和自己的人格，有什么好炫耀的。宋偃王采用这个野心勃勃、能力不济的人，后来四面树敌，天天打仗，被齐国给灭了，宋国就从周王朝版图上永久消失了。

## 鲁哀公与孔子

一天，鲁哀公问了颜阖一个问题：我以孔子为国之栋梁，鲁国的颓势有望救治吗？

鲁哀公为什么这么问？我们知道，孔子一生的命运与鲁国息息相关，鲁昭公时出仕，鲁定公时受到重用又颠沛流离、周游列国，鲁哀公继位第11年时召回孔子。哀公为什么召回孔子？实在是没招了，国内权势被"三桓"（孟孙氏、叔孙氏和季孙氏）把控，国力日衰；国外吴国、齐国等，谁想来收拾就来收拾，天天挨打受欺侮，很是窝囊受气。在诸侯间走动的孔子却无时无刻不在关心着鲁国，经常谈及一些强国之策，并且为保卫保全鲁国做出一系列的实际举动，比如，子贡的"止吴霸越、乱齐存鲁"，就是孔子的主张。且孔子一些在鲁国的弟子也极力拥护哀公，即使在战争中也表现突出。无奈无望之际，鲁哀公召孔子回国，国内重重力量掣肘角力，想重用又不能，但打心里对孔子非常敬重。据史书记载，鲁哀公与孔子有段著名的对话。哀公对孔子倾诉："吾生于深宫之中，长于妇人之手，未尝知哀也，未尝知忧也，未尝知劳也，未尝知惧也，未尝知危也。"君对臣说这样的话，绝对是推心置腹的了。孔子对此的看法是："君之所问，圣君之问也。"这句绝非拍马屁或礼节性的，纯然发自心底的由衷之言。

这两人相互也是非常倚重的，在孔子死后鲁哀公亲撰诔文来祭吊孔子："旻天不吊，不慭（yìn）一老，俾屏余一人以在位，茕茕余在疚，呜呼哀哉！"其意为：上天何其狠心，连这么一个老人都不留下，只有我一人孤零零在撑着，实在是形影相吊，太令人伤心难过了。文辞哀伤，发自心底。后来，哀公采取驱虎赶狼的战术，想请越国出兵帮助铲除"三桓"，走漏风声，"三桓"率先起兵，赶走哀公。哀公死于他国，谥号"哀"。什么是

"哀"呢？按照谥法的解释：早孤短折曰哀，恭仁短折曰哀。哀公姬将，从小就没有了父亲，自己也活了五十多岁。之所以称为哀，恭与仁倒算得上，更多的恐怕是其命运吧，一个"哀"字是最好的概括。春秋战国时期诸侯王的谥号，还是相对公允的，不像后世，基本上都是乱用的，名不副实。

对于哀公请教"倚重孔子能否振兴鲁国"的问题。颜阖回答得斩钉截铁："殆哉圾乎！"将孔子视为国之栋梁，鲁国就岌岌可危了。理由是，"仲尼方且饰羽而画，从事华辞，以支为旨，忍性以视民而不知不信"。孔子这个人太重形式，颇有些形式主义。言辞讲究，但华而不实，总是将枝节细末的东西作为根本和主旨，压抑并违背自己的天性，有意做给他人看。这个评价从某个角度看还是比较中肯的。讲求形式，虚言饰辞，违背天性，确实是儒学中存在的突出问题。

**受乎心，宰乎神，夫何足以上民？**

过于注重内心的东西，听从神明的主宰，如何能够驾驭民众呢？直白点说，一只过于爱惜自己羽毛的鸟，怎么可能关心别的鸟呢？一个精神过于清洁的人，如何能够管理林林总总的民众呢？

**彼宜女与？予颐与？误而可矣。**

孔子讲的这套，像国君和我这样阶层身份的人用来修养，都未必适用，不过也还说得过去，普通民众就严重不适用了。意指孔子这种绝学过于理想化，注定只适于极少数人，没有广泛的适用性，普通民众根本就做不到。

**今使民离实学伪，非所以视民也。为后世虑，不若休之。难治也。**

如果倡导全国上下的民众，都不务实而学这些华而不实的东西，这不是什么好的治民之道。从长远考虑，不如不用，凭他这套理论与主张，还想把国家治理好，既难也悬。

关于儒学治国，汉宣帝刘询有句话讲得非常经典："汉家自有制度，本以霸王道杂之，奈何纯任德教，用周固政乎！且俗儒不达时宜，好是古非今，使人眩于名实，不知所守，何足委任！"这句话是儿子劝他用儒生儒学治国时，他所反驳的，说得很明白了：我汉朝王道霸道并用，为什么要拘泥固守搞什么以德治国这种教条僵化的模式呢？况且儒生不识时务、不知变通，喜欢评古论今玩嘴上功夫，让人很是头疼，如何能委以重任呢？古代帝王中，汉宣帝算得上是个明君。他儿子汉元帝，上台后重用儒生，后来便出现了王莽篡汉了。

## 治国与商贾

紧接着是段没头没尾的话，与前后文都没什么关系，可能是缺失了部分内容，还有可能是后世编者搞混了。不过讲得挺有道理，是讲统治之理的。

**施于人而不忘，非天布也，商贾不齿。**

给人们或他人点好处就念念不忘，并非像上天一样，有自然的布施眷顾之心，不求任何回报，而是有意为之，是一种交换或交易。比如在当时，给民众点好处，无非是为了民众拥护自己坐稳位子，并没有带领千百万大众谋幸福的宏愿。这样的心态和行径，连商贾都是看不起的。

**虽以事齿之，神者弗齿。**

对于带有赤裸裸目的的小恩小惠，肯定会有人念及，但上天以及通神的人是不齿的。

这段似乎是讲，治国理政不能像商贩一样，给点好处就讲回报，或者搞利益交换、权钱交易。

# 外刑与内刑

接着是关于刑罚的一段话，外刑好理解，内刑实质上是治心驭心之术。

**为外刑者，金与木也；为内刑者，动与过也。**

这句与上句接不上，是孤零零的一句。其大意是：施于外的刑罚，无非是金与木，金代表肃杀，对一个人肉体的刑罚，比如杀头或肉刑；木代表杖责之类的。"内刑"，即对一个人内心的惩罚，有"动"与"过"两种方式。"动"，指让一个人的内心动摇、震动；"过"，指让一个人自责、内省。

**宵人之离外刑者，金木讯之；离内刑者，阴阳食之。**

"宵"，指宵小之辈，一般人。这句是说，对于一般人的刑罚无非这样，外刑施以处死、肉刑、杖责等；"内刑"，指用阴阳之法来惩治，比如用谋略、手段让一个人恐惧、害怕等，就能起到震慑作用。

**夫免乎外内之刑者，唯真人能之。**

但真人根本不怕这个刑罚，或者根本就不会惹上这样的刑罚。什么是真人？按今天的说法，大概是言行一致、坦荡无私的人吧。这样的人就能免除内外刑罚吗？恐怕不能。什么样的人能免除内外刑罚呢？避世遁形、内修高超的世外高人。真人恐怕理解天地大道的才能，总之是一个抽象而含糊的概念，只可意会，难以表述。

# "识人九法"

接着是孔子关于人心的一段话，他讲："凡人心险于山川，难于知天。"人心深似海、高于山，知悉人心难于登天。事实还真就是这么回事，人心如汪洋大海般，自己都还搞不清楚自己，他人又怎么会全然掌握呢？

**天犹有春秋冬夏旦暮之期，人者厚貌深情。**

古人认识的视角，都是从天地之理推及自身的。这句说，上天吧，还有个春秋冬夏四季和白天夜色可以识别，人的样貌与内心完全不对等，根本就没有识别的标志。一些人很善于隐藏和伪装，内心的所感所想，喜恶不形于色，如何辨识评判呢？

**故有貌愿而益，有长若不肖，有慎懁(xuān)而达，有坚而缦，有缓而钎(hàn)。**

"愿"，老成老实；"益"，通"溢"，骄傲。这句是说人的表里不一，有的看着老实敦厚，实则傲慢自大；有的看着像忠厚长者，实则很不像样；有的看着急躁冒失，实则内心通达；有的看着坚强，其实很懦弱；有的看着柔弱，其实却非常强悍。因此，绝不能以貌取人。

**故其就义若渴者，其去义若热。**

也正因此，有些人看似如饥似渴地追求正义仁德，当他抛弃这些时，也将急如暴风骤雨一样，不过一阵子，来得快去得也快，变脸如变天，一会讲义，一会弃义如敝屣。

**故君子远使之而观其忠，近使之而观其敬，烦使之而观其能，卒然问焉而观其知，急与之期而观其信，委之以财而观其仁，告之以危而观其节，醉之以酒而观其侧，杂之以处而观其色。九征至，不肖人得矣。**

这就是儒家著名的"识人九法"：

其一，"远使之而观其忠"。很多人在朝堂是一副嘴脸，远离朝堂则是另一副嘴脸，不妨将其派往远方，看看他是否仍忠心忠诚。处江湖之远，仍忧其君者，才是真的忠。

其二，"近使之而观其敬"。留在身边看他对人对事是否有恭敬之心，时间长了有些人会不胜其烦，表现就会很明显。古代考验弟子常用这个，比如洒扫一项，先做上几个月甚至几年，看看其人是否兢兢业业，而不是糊弄应付。

其三，"烦使之而观其能"。同时安排多项棘手难办之事以考验其应变统筹能力如何。

其四，"卒然问焉而观其知"。事前并不通知，突然问起一些事，看看其知识储备和思想见地。

其五，"急与之期而观其信"。约定一个紧急的期限，看看其是否守信用。

其六，"委之以财而观其仁"。给其一些钱财，看看是与人分享，还是独自享有，就知道是否有仁爱之心。

其七，"告之以危而观其节"。很多人面对危难，就只求自保。故意说有危难，考验其是否有担当、气节和操守。

其八，"醉之以酒而观其侧"。请其喝顿酒，看看是否守规矩，酒后乱性的无节制之人，是不能结交也是不能用的。

其九，"杂之以处而观其色"。男男女女在一起，看其人生活作风如何。

看看，我们的先人，在考验人时何其不厌烦难！照这个标准考核下来，一个人怎么样就清清楚楚了。这个考核不是明打明地考核，而是暗中不动声色地考察。

# 孔子的祖先

下面的事例，既可以看成单独的故事，也可以看作这九种标准的解释。

**正考父一命而伛(yǔ)，再命而偻，三命而俯，循墙而走，孰敢不轨！**

"正考父"，据说是孔子的七世祖，曾任宋国上卿。据说，正考父非常谦虚，首次被任命为小官员时，走路颔首以示恭敬；再升职时，弓着腰以示恭敬，第三次升职时俯着身子、沿墙根而走。上卿如此，谁人还敢不守礼义规矩呢？以现在眼光看，这个做法过了，有点"作秀"的意思，其实正常即可。违背常理常态，未必是好事情好现象，但儒家很重视并奉行这个。

**如而夫者，一命而吕钜，再命而于车上儛，三命而名诸父。孰协唐许！**

"吕钜"，即志得意满、骄傲矜持的姿态；"儛"，同"舞"；"诸父"，即叔伯辈，泛指长者。这句是说，时下可兴这样，情形恰好相反。当个小官就趾高气扬，提拔一下就更是高车驷马、招摇过市，生怕他人不知道。后世中举人进士后的"游街夸官"是否就源于此呢？当上大官就更不得了，就敢直呼长辈们的名字。就这德行，能有什么好官德呢？

# 做人的"五八三六"

这几段颇有些杂，完全没有庄子惯有的洒脱。接着讲如何做人，讲了"五凶德""穷八极""三必达""形六府"。

**贼莫大乎德有心而心有睫，及其有睫也而内视，内视而败矣。**

对于一个修道之人来说，危害最大的，就是虽然我心向德，但心中却各种盘算。"德"，指对道的认识与遵循。天天算计，就不是大道而是小道，更就不是大智慧，只是小聪明了。这个"贼"字也用得很好，我们评价一个人"贼"，什么意思就无须说了，文中就是这个意思。"睫"，指眼睛，一个人心眼太多，无论大大小小的事，都在心里嘀咕，还讲什么内修呢？这样的人能修到什么呢？

**凶德有五，中德为首。**

这个讲法很独特，一般来讲，德是正面的，但此文中的"德"却是中性的，它有美德，也有凶德。比如，对一个人说"德性"二字就带有贬义。在五种凶德之中，"中德"最为严重。

**何谓中德？中德也者，有以自好也而吡(pǐ)其所不为者也。**

什么是"中德"？可参考"中庸"，这个"中"有合于用的意思。"中德"呢？其意思是：一个人固守内心自以为是的东西，而不遵循大道。他总觉得自己认为对的才对，自己认为好的才好，其他都是歪门邪道。

**穷有八极，达有三必，形有六府。**

这句话的大意是：使人窘迫的有八种东西，使人通达的有三种必备条件，包藏祸患的有六种情形。《庄子》原文这块内容有佚失。

**美、髯、长、大、壮、丽、勇、敢，八者俱过人也，因以是穷。**

"美"，即漂亮；"髯"，即长髯飘飘；"长"，即个子高；"大"，即力气大；"壮"，即体格壮；"丽"，即美丽；"勇"，即勇敢；"敢"，即果敢。一个人有这样的身形性情按理说是优点和资本，但过于倚重这些就可能是坏事。比如，吃青春饭也差不多是这个意思。对此，庄子是不认可的，因而道家历来不重外在形貌。

**缘循、偃佒(yǎng)、困畏不若人，三者俱通达。**

三条能够使人通达的做派。第一个是"缘循"，顺其自然，一切随缘，不强求，或者说是按因果律来行事。第二个是"偃佒（仰）"，放低姿态、低调做人，时时处处恭敬待人、谦卑做事。这点与《易经·谦卦》中六爻"非吉则利"的道理是一致的，谦虚谦和谦让能有什么坏处呢？第三个是"困畏"，示人以弱，无论对什么、做什么都有敬畏之心，这简直是兵法了。这种做派他人好接受些，趾高气扬结果就不是通达，而是穷困了，设障和等着看笑话的人也会很多。

**知、慧外通，勇、动多怨，仁、义多责。**

注意，智慧、勇动、仁义本身并没有问题，但在一定条件下就一定有问题。这三句中间加一个"而"字意思就更加通晓明白，智慧就智慧吧，却总是显摆；勇于行动就勇于行动吧，肯定会招惹或干扰到一些人的；讲仁讲义的，自己讲即可，强行让他人都这个样子，肯定会招致责备，自己也累得不行。

**达生之性者傀，达于知者肖，达大命者随，达小命者遭。**

对生命、心性等认识到位，人就会很通达，起码理解力会很强；智慧博大的人做人做事都很有一套、很像样子，有宏观思维的人一般较为随和随意，懂得吉凶祸福之道的人则随遇而安。

# 宝珠与牺牛

有人游说于宋王，成效不错，宋王赐予他十乘车。此人便以这个事向庄子炫耀。庄子给他讲了这么个故事：河边住了户贫苦人家，靠织席为生。

一次，他的儿子潜水摸到了一粒价值千金的珠子。按说这是意外的横财，一家人应该欢欣雀跃才是。但对于这颗珠子，父亲却说："快拿石头把它砸碎了。"父亲的做法虽然奇怪，但也是可以理解的，为了保护儿子。古人普遍信奉鬼神，父亲觉得吧，这么好的珠子，一定属于九重之渊下的骊龙，之所以取到，大概是龙睡着了吧。假如龙醒着，有人去取珠子，说不定就被龙吃了。如果全家拿这个珠子当宝，儿子肯定还会去潜水找珠子，到时命能否保住都很成问题。因此庄子说，现如今的宋国，就是九重之渊吧；激进的宋王，就是那条骊龙吧。你侥幸得到车子，大概是因为他睡着了；如果他醒来，你恐怕就要粉身碎骨了，不知灾祸就在眼前，还洋洋得意个什么劲呢？庄子的眼光确实够犀利，也够高远，一个人得意能有多久呢？清楚最本质的东西，恐怕才能全身而长葆吧。

某国聘请庄子去做官，庄子对使者说："子见夫牺牛乎？衣以文绣，食以刍叔，及其牵而入于大庙，虽欲为孤犊，其可得乎！"这段话在历史上很有影响力。其意为：你见过祭祀用的牛吗？身上披着有漂亮纹饰的锦缎，吃最好的草料、豆子等精食，是好事吗？不过待宰而已。等到被牵进太庙作为祭品宰杀的时候，即使想做个无主的小牛在野地里撒欢，可能吗？庄子的这个逻辑够厉害。后来李斯的结局严丝合缝地为庄子这个说法作出了注脚。大国丞相，叱咤风云一生，结果怎样呢？与儿子一起上刑场时的话够直白：好想回到当年，一起在上蔡的东门外，过着牵狗追兔子的日子啊。可能吗？早知今日，何必当初呢？一般人沉溺于因果的时候，庄子早就将那个果看得很清了，所以绝对不会配合因果去演一出生动的历史剧。当然，世间与历史从来就不缺这样的演员。绝大多数人演得不错，踏实、投入而卖力。而庄子，只是冷眼看着，连评判的兴趣都没有。

庄子快死了，弟子们提出厚葬。庄子不同意："吾以天地为棺椁，以日月为连璧，星辰为珠玑，万物为赍送。吾葬具岂不备邪？何以加此！"其意为：什么是厚葬？你们这个想法搞法未免太小家子气了吧！我庄子死后，以地为棺、天为椁，以日月为美玉，以星辰为珠宝，万物都是随葬品，这样的葬礼还缺什么呢？还有比这更好更贵重的吗？看看，庄子拥有什么样的天地？记得有首现代诗也这么写的：我也养鸟，不过我贪心，养所有的鸟，养在天空里。这明显是汲取了庄子的精神，真的是只能去仰视的东西。

庄子很穷，弟子们也富不到哪去。弟子们以为老师这是在穷开心呢，便说："总得有个棺椁之类的吧，否则怕乌鸦、老鹰等吃了先生。"古人死后要停尸一段时间才下葬的，因而弟子们这么说。

庄子说：在地上被乌鸦、老鹰吃，在地下被蝼蚁们吃，不让这个吃就让那个吃，何其偏心呢？

体味一下，达到这种认知水平与境界，完全不是装出来的，就是真人、至人吧，这种思想比墨家的薄葬更为本真。

生老病死，人伦大事。同样的葬礼，《论语》里也有，颜回很穷，死后置办不了一个像样的葬礼，有人劝孔子将车马卖了来资助，孔子没有答应，但说法却含糊得多，远远没有庄子这么洒脱敞亮。

最后一句，是针对全篇的几句感叹，而不是针对某则故事的。"以不平平，其平也不平"，这句不好直译，意思其实很清楚，是讲方法与目的，以一种本身就不平衡的方法去实现平衡的目的，即使达到了平衡，从整体和长远来看，这个平衡也必然是不平衡的。

**以不征征，其征也不征。**

以不能证明的东西去证明，看似证明了，其实是无法取信于人，不足以采信的。这种情况就更普遍了，给点小小恩惠就想让人死心塌地，说一套做一套却想让人表里如一，可能吗？

**明者唯为之使，神者征之。**

自以为明智的人，必然被自己的意志和作为所驱使，一生去干这忙那的；通达大道的明智者则对此看得很清楚，并不以忙忙碌碌当作建功立业。

**夫明之不胜神也久矣，而愚者恃其所见入于人，其功外也，不亦悲夫！**

也就是说，明智或自认为明智，实质是不如具备通神般修养的，这事古来如此。但人们根本就看不到这个，更多则是自以为是、没事找事地瞎折腾，却以此为不世之功，这是不是很可悲呢。这一逻辑与"人类一思考，上帝就发笑"差不多。人类不思考呢？上帝恐怕更要偷着笑了。照庄子这种逻辑，嘲笑了全人类。其实还有一种思维：人吧，特别是大多数人，本质就这么回事，注定沟通不了天地自然的，只能在生存、生活这个层次折腾，或许是瞎折腾，但也只能这样了。否则让这些人怎么活或活什么呢？虽然这些人渺小可悲了些，但那种认真、踏实与投入，倒也令人肃然起敬。

# 叁 渔父

## 渔父与孔子

渔夫，中国古代最有诗意的标题与意象，我国的古诗词中极为常见，最著名的要数柳宗元的《江雪》和李煜的词作《渔父》。此篇写的是孔子的事迹，真事还是杜撰不得而知，赞扬还是揶揄也很难说，可能兼而有之吧。渔父在中国文化史上是个很典型的形象，可不是渔人这么表面化，大体可分为两种类型：一种是以姜太公为代表的有心入仕的直钩垂钓，还有屈原于水畔的牢骚，都是处江湖之远而深忧庙堂式的渔父；一种是真正意义上的避世隐居的渔父。无论哪一种，都是心中有大天地、身上怀有大本事的人。当然还有一点，能称为渔父的，都是上了年纪、颇有阅历的人。

孔子到缁帷之林游玩，坐在杏坛上休息。"缁帷之林"，大概是当时的一个景区，景观不错，有很多休闲娱乐设施，游人也不少，大体相当于今天的公园。一幅诗情画意的场面，弟子们在朗朗读书，孔子在弹琴唱歌。正沉醉其中，有个须眉皆白、披衣散发的渔父，受到歌声、琴声、读书声的吸引，下船而来，走过河滩，在岸边坐了下来，左手放在膝盖上，右手托着腮，静静地听。画面感很强，很有意境，完全是一幅写意画面。

听孔子弹奏完一首曲子。渔父招手让子贡、子路过来，指着孔子问：这个人是谁呢？

子贡很稳重，没搞清状况，不知道老人是什么意思，所以没吭气。

子路较为直率，张口就说：这是鲁国的君子！

这话估计会惹人反感的。什么君子不君子的，问的是尊姓大名。

渔父修养也很好：哦，我问的是哪家人。

子路：族孔氏。

族与氏是两个概念，族指出身的大族。氏指族中具体的一支。族由血缘而来，氏由领地而来。当时人们最为重视的是氏，至于姓则经常变来变去的。

孔子名气多大，鲁国有几个姓孔的有这么大排场呢？按说这时一个懂韵律的渔父应该猜出操琴者是谁人了。他却故意再问：这个孔氏是做什么的？

看看，连孔子都不知道，可能真不知道，更可能是装作不知道。对于这个问题，子路估计生气了，没有回答，也可能不知道如何回答才好。

子贡帮子路回答：孔氏者，性服忠信，身行仁义，饰礼乐，选人伦。上以忠于世主，下以化于齐民，将以利天下。此孔氏之所治也。其意指，这个孔氏呀，其心性说求事君以忠、待人以信，其行为奉行仁义二字，注重礼乐，规范人伦；对上忠于君主，对下教化民众，对天下有很大贡献。利天下，就是孔子在做的事情。

渔父：他是拥有封地的君主吗？

子贡：不是。

渔父：是辅佐侯王的卿大夫之类吗？

子贡：不是。

一听这话，渔父笑着起身离开了。

渔父边走边说：仁则仁矣，恐不免其身。苦心劳形以危其真。呜呼，远哉其分于道也。其意指，这人仁爱是仁爱，恐怕难免祸患。如此地苦心劳形危及本真之性。唉，远着呢，此人离天地大道还远着呢！

这节故事到这就很清楚了，渔父想必是位道家高人，从孔子的琴音中听出点东西，感到有兴趣便随口问问，结果两个弟子罗列了一堆头衔、高帽子之类的，结果让渔夫很有看法了。我们知道，对于孔子精神的评价，最著名最妥帖的是"知其不可为而为之者"。在其位谋其政，不在其位不谋其政，孔子既不是诸侯，又不是公卿，这个心操得实在是有点过了。这个事放到今天来看，一个人能做什么样的事不光是兴趣爱好的问题，绝对有个资质条件和机遇在其中的。孔子想做什么呢？其志向不小，想做大官、干大事，造一个清平世道。当教育家，绝非孔子的理想，教书育人只是不得已而为之的。因此，渔父才笑而长叹。

子贡返回，将这个事情报告给孔子。孔子一听，推琴而起：能这么说，这个人是圣人啊！

连忙赶到河边。渔父正准备撑船离开，见孔子来了，便看着孔子。孔子很是郑重，退后几步，正式行礼。

渔父问：你有什么事呢？

孔子说：先生的话刚刚开了个头就离开了，孔丘愚钝，不理解先生的深意，特来请教。望先生不吝赐教，我在此洗耳恭听，先谢了。

这态度、这话够谦卑的，让人顿生好感。

渔父一听，笑道：哈，原来你真的如此好学！

孔子说：从小认真修学，到今天已经六十九岁了，还没有机会聆听过真正接近于道的至理，岂敢不虚心呢？

注意，这里透露出几个信息：第一，这是孔子六十九岁时发生的事。这时，孔子已经被鲁哀公召回国了。虽然哀公尊孔子为仲父，孔子也称哀公为明君，但受种种因素制约，孔子并没有得到重用，还是赋闲在家。第二，孔子说自己一生"无所得闻至教"，有两层含义：一个是没有学习领教过最顶级的学问；另一个是对于天下学说，没有从心底信服的。第三，孔子真的是学而不厌，非常好学的一个人，到六十九岁了还如此。似乎是有些"迂"。在今天的工作生活中也会偶遇类似的人，对学习极其认真，一提到学习就肃然起敬，但学的成效实在不敢恭维。对于这点，庄子就很洒脱，一句"生也有涯，而知也无涯"，就将问题说了个透彻。

渔父的话就很长了，说了这么些内容："同类相从，同声相应，固天之理也。吾请释吾之所有而经子之所以。"物以类聚，人以群分；"同类相从，同声相应"，该如何理解呢？一百个陌生人在一起工作，很快会形成不同的群体，这是自然、是天理，是没有道理的道理。渔父说话就明了多了，他愿意以他的学说他的思想，帮助孔子分析一下其所做的事情，也就是帮助孔子理理思路。

## 忧与患

**子之所以者，人事也。**

这一句是说，你所从事的事业，是人事方面的事。这话很有深度，你之所以郁郁不得志，是因为太想在人世间有所作为了。

**天子、诸侯、大夫、庶人，此四者自正，治之美也；四者离位而乱莫大焉。**

人间社会等级分明，大体天子、诸侯、大夫、庶人四个层级。这四者层次分明，尽其责，务其业，社会管理就很好；这四者混乱了，社会就会乱作一团。渔父水平够高吧，一个打鱼的，有如此宏观的思维，如此清晰的表达能力，实在是让人佩服得很。

**官治其职，人忧其事，乃无所陵。**

做官的履行好自己的职责，每个人都操心各自的事，就不会相互干扰影响。否则，就会有麻烦。接着渔父说了"四忧"：

其一是庶人之忧。"田荒室露，衣食不足，征赋不属，妻妾不和，长少无序"为普通民众之所忧。其意指，田地荒芜，房屋破漏，衣食不足，征役过多，赋税过高，妻妾不和，长幼无序。日常生活中操心头痛的无非这些事。如何解决呢？恐怕不仅仅是家庭家族层面的问题，国家也得要关注和介入的，其次就是自身如何处理人际关系的问题。

其二是大夫之忧。"能不胜任，官事不治，行不清白，群下荒怠，功美不有，爵禄不持"为大夫之所忧。其意指，能力不足，政事荒疏，行为清白，部属懈怠，没有点实际功绩，发展前景黯淡，丢官失爵位，俸禄难以保持。

其三是诸侯之忧。"廷无忠臣，国家昏乱，工技不巧，贡职不美，春秋后伦，不顺天子"为诸侯之所忧。其意指，朝廷没有忠臣，国家陷于混乱，工匠技艺不精，贡品质量不高，在天子眼里地位不高，觐见时次序靠后，不顺从于天子的命令。

其四是天子有司之忧。"阴阳不和，寒暑不时，以伤庶物，诸侯暴乱，擅相攘伐，以残民人，礼乐不节，财用穷匮，人伦不饬，百姓淫乱"为天子所忧心的事。其意指，天地阴阳失调，四时冷热反常，危及农业；诸侯作乱，相互攻伐，致使生灵涂炭、民不聊生；礼乐过盛，财用匮乏，民风歪邪，百姓淫乱。

渔父说的"四忧"中，忧的主体是天子有司、诸侯、大夫、庶民。其实还隐含一层意思，是世人对天子、诸侯、大夫、庶民之忧。比如担心天子不英明、诸侯太强势、大夫太平庸、庶民太懒惰等等。

对于"四忧"怎么看？又如何来办呢？渔父说："今子既上无君侯有司之势，而下无大臣职事之官，而擅饰礼乐，选人伦，以化齐民，不泰多事乎？"国家社会四个层次，各操心各的事情再好不过了。一级操心和办理一级的事。如果越界，会把事情搞得一团糟。你孔子吧，既没有君侯之势，又没有官员之职，却认为自己最了不起、最为正确，自作主张要整顿礼乐、规范人伦、教化民众，岂不是越位多事了呢，还嫌事情不够多或不够乱吗？再说了，你常说在其位谋其政，而你自己不在其位却指责这个反对那个，还在公开场合说，这样于事有益吗？不过是给自己树立和制造敌手罢了。

**且人有八疵，事有四患，不可不察也。**

人有八种毛病、四种祸患，必须清楚知道。其言外之意是，你孔子无非常人一个，这八种毛病、四种祸患在你身上表现得都非常明显。哪"八疵"？

其一是"非其事而事之，谓之摠"。明明不是自己的事却非要去做，就是大包大揽。

其二是"莫之顾而进之，谓之佞"。人家根本就不理睬，却非要进言献策，不是惹是非吗？关系就不顺，让人难免怀疑其人品问题。还有一层意思：事情都还没有搞清楚，就着急慌忙去办，方向错了就全错了。

其三是"希意道言，谓之谄"。揣测他人的意思好恶去进言，就是谄媚。

其四是"不择是非而言，谓之谀"。不说是非，没有原则，一味讨好逢迎，就是阿谀奉承。

其五是"好言人之恶，谓之谗"。喜欢揭他人之短，说他人的坏话，叫谗言。

其六是"析交离亲，谓之贼"。挑拨离间朋友、亲人之间的关系，称作贼。

其七是"称誉诈伪以败恶人，谓之慝"。称赞虚伪奸诈之人，而败坏自己所厌恶的人，称之为阴暗。

其八是"不择善否，两容颊适，偷拔其所欲，谓之险"。不管善恶，两边讨好取悦，暗中实现自己的目的，叫作阴险。

这八种情况的危害想都想得到，渔父说：这八种毛病，"外以乱人，内以伤身，君子不友，明君不臣"。说得够狠：你孔子是否应该认真反思一下，走遍天下无人肯用，连鲁国也不重用，是不是自身存在这类问题呢？

哪"四患"？

其一是"好经大事，变更易常，以挂功名，谓之叨"。总想干惊天动地的大事，而且喜欢标新立异，以博取名声，这就叫功利。

其二是"专知擅事，侵人自用，谓之贪"。自以为是、自作主张，侵犯他人的职权而突出自己，这就叫贪婪。

其三是"见过不更，闻谏愈甚，谓之很"。有过错而不知道改，这个就很难了，意识到过错是最难的。听到意见或建议无动于衷，反而变本加厉，就是偏执了。

其四是"人同于己则可，不同于己，虽善不善，谓之矜"。他人赞同自己就好，凡不赞同自己的，都是敌人，就这叫自矜。

渔父的意思，一个人能"去八疵、无四患"，才可能被教导与教化；有

"八疵、四患"，就形同病入膏肓，没得救了。细想这"八疵、四患"，条条都是针对孔子来的，说得狠，但也很有道理。

## 被影子吓死

听到这里，孔子"愀(qiǎo)然而叹，再拜而起"，即面带惭色，郑重地再次行礼，又请教追问了一个问题：我孔丘两次被鲁国驱逐，卫国也不能长待，在宋国受到侮辱，在陈国与蔡国边境被困，我都不知道什么原因，才无端遭此奇耻大辱，惶惶然如丧家之犬。

孔子说的这些事，历史上记载得很清楚：在鲁国两次被逐，一次是鲁昭公十年，鲁国内乱，孔子随昭公逃到齐国；一次是鲁定公十三年，孔子因"隳三都"得罪"三桓"被迫离国。孔子离开鲁国到了卫国，曾不受待见，所停车地方的地皮都被铲了；在宋国被司马桓魋(tuí)恐吓威胁，说学时派人连树都砍了；在陈蔡两国边境因兵乱断粮七日，差点饿死。所有悲剧苦难都加于一人之上。是世界错了还是孔子自己错了？这是一个问题。总而言之，天不疼地不爱的这一切遭遇，让孔子备感扎心。

对于孔子的这个问题，渔父脸色就变了，直接来了句："甚矣，子之难悟也！"这一句是说，你这个人实在是蠢得有点过分，难以觉悟了。

**人有畏影恶迹而去之走者，举足愈数而迹愈多，走愈疾而影不离身，自以为尚迟，疾走不休，绝力而死。**

这就是被自己的影子吓死累死的那个典故，是渔父比喻孔子的：有这么一个人，很害怕自己的影子、很讨厌自己的脚印，然后就拼命地跑，想甩开影子和脚印。殊不知，跑得越快，影子跟得越紧，脚印越是清晰。对此，这个人觉得可能是不够快的缘故，因而就不停地跑，结果力竭而死。

如何解决这个问题呢？其实很简单，渔父："不知处阴以休影，处静以息迹，愚亦甚矣！"站在阴影下，不就没有影子了吗？静止不去走动，不就没有脚印了吗？一个人愚蠢到不识此理还有救吗？非常高明的因果律和方法论。

接着就数落孔子了："子审仁义之间，察同异之际，观动静之变，适受与之度，理好恶之情，和喜怒之节，而几于不免矣。"看你孔子一生的做派，就与这个害怕影子、嫌弃脚印的人差不多，不可能的事却非要去做，结果把自己搞得很狼狈，事情却一件也没有做成，何苦呢？不愚蠢吗？你孔子吧，自诩修养高深，高扬仁义，明辨同异，善察动静，做什么事情都讲究分寸有度，对于是非好恶等也拿捏得很好，而且情绪管理也不错，衣冠楚楚、彬彬有礼的，自称什么君子，但灾祸、困窘哪一样少过？一把年纪了，烦恼、愁苦这些东西反而更多。这个问题该怎么解释、怎么看呢？是世道错了，还是你孔子自己有问题呢？

问题的要害何在？渔父的说法是："谨修而身，慎守其真，还以物与人，则无所累矣。今不修之身而求之人，不亦外乎！"谨慎地修身是没错的，保持率真的性情而不压抑也是很重要的。意思是：你孔子太过拘泥不化，只知其一，不知其二，连三的影子都还不知道，说什么举一反三呢？做学问、探求知识还行，做人做事就差得远了。正确的做法是，存在的就是合理的，自然而然就好，一种事物的出现与发展，都是有种种原理、规律、因果共同在起作用，人力只能因势利导。不清楚这点，非要强行将万事万物扭到自己的意志主张上来，怎么可能呢？除非是君王或大夫，才能在一定范围内伸张自己的意志，普通人一个，凭什么或靠什么将自己的意志强加于他人。即使率先垂范去影响，也是无声的演进，而不是绿林好汉聚会式的振臂一挥吧。

## 什么是真的真？

对于渔父的话，孔子其他的都懂，唯独这个"真"字把握不准，便惭愧地问："请教一下，什么是真呢？"什么是真？《现代汉语词典》的解释有七种意思：真实；的确，实在；清楚确实；真书，一种书写体；肖像，影印；本性，本原；姓。关于词义，读古书翻词典发现两个很有意思的现象：一个是词义的解释，都是以词解词，一个或几个词并不能完全解释另一个；如果可以，就可以替换了。另一个是字词的多义。严格地说，字词是一种符号，代表一定的意思——注意只是代表。一个字词是什么意思，是要参考具体语境的，不同的语境下有不同的解释。我们知道，符号运用虽然是有规则的，但也不排除超出规则之外的。也就是说，一个字词的意思，词典只是列举了共通的部分。综合这两点，一个字究竟是什么意思，人们心里知道，但未必能用文字尽善尽美地表述出来。比如，孔子请教的这个问题，对照《现代汉语词典》的七种解释，其所指的这个真，大概有：真实、实在、本原三种意思。但这种解释相当于没有解释，对于做人而言，什么是真实、实在和本性本原呢？这个问题很抽象。

对此渔父的回答："真者，精诚之至也。不精不诚，不能动人。"真，就是精诚到极点。说实话，细想还是很蒙的。但意思也够清楚，不是你孔子和儒家那么求形式，压抑甚至违背本性的。都玩作揖拱手形式主义那一套，又如何打动和感动人呢？不可能，大家都是礼貌的，只是相视一笑、敬个礼，能有多深的意思。

**故强哭者，虽悲不哀；强怒者，虽严不威；强亲者，虽笑不和。**

接着，渔父揭开儒家装模作样的面皮：装作号啕大哭的，虽悲不哀，看着伤心欲绝，其实是演戏；装作愤怒的，虽然看着严肃，其实没有什么威势；装作亲切亲密的，虽然客客气气，实则面和心不和。

**真悲无声而哀，真怒未发而威，真亲未笑而和。**

这句的意思是：真悲伤真哀痛往往悄无声息，内心有大悲痛，想哭都哭不出来。民间葬俗中"唱戏"一样的哭法，真的是在他人的灵前哭给他人看的。真的愤怒，一个字也不说，人们也会感受到威吓的。真的亲切亲密无须堆笑，人们内心感受也是亲和的。

**真在内者，神动于外，是所以贵真也。**

真是内在的，是由内而外的。有一个真性情在其中，外在表现才有神采神韵，这是真的核心要义。把做人做事都搞成穿衣戴帽这套，仁呀义呀都成表演了，也正因此，伪仁伪义伪君子非常普遍，但真人却是装不来、伪不了的。渔父说的并非个人之见，而是儒道两家核心教义的明显差别。

一种与日常生活密切相关的教义是影响深远的，因而说渔父并非单纯数落孔子，而在谈两种不同的观念。各大宗教何以有不同的繁琐仪式，就是为了维护和支撑各自的不同观念。换句话说，仪式之别也是观念之别，仪式之争也是观念之争。所以渔父既指责仪式化的东西，也批评观念性的东西。

"真"在日常生活中的具体表现为"其用于人理也，事亲则慈孝，事君则忠贞，饮酒则欢乐，处丧则悲哀"。这个说法是人类共通的。说法没错，但儒道两家具体侧重点和表现形式是不同的。儒家重形式，道家重本真。比如孝方面，道家重生养，儒家重厚葬，这也形成传统文化不好的一面，无论生前如何，死后吹吹打打、风风光光埋葬了，人都会说孝。而且，厚葬久丧的程度都影响到个人前途和国事了，比如长达三年的守丧制度，墨家是极力反对的，道家极为不屑。比如忠君，儒家讲究愚忠；道家则主张救国于危乱，甚至太平时期，爱怎么着就怎么着吧，根本不予理会。比如饮酒，儒家讲饮酒的礼仪，学习掌握要相当长时间，喝酒不是喝酒，简直是受罪；道家则随性而饮，洒脱无羁，特别是后来魏晋的"竹林七贤"，就是人类饮酒尽欢的典型样子，都是道家风骨。比如处丧，儒家要求披麻戴孝、少饮少食、形容枯槁才是应有的态度和形象；道家则认为"生寄死归"，死了是解脱，是生命的应有之义，是以另一种形式成全了生命，因而有"鼓盆而歌"等典故。

**忠贞以功为主，饮酒以乐为主，处丧以哀为主，事亲以适为主。**

这句直指问题本质：忠贞于君王国家吧，不应停留在表态上，做点有价值有分量的事情才是主要的；喝酒吧，不是这个礼那个礼的瞎讲究，不就图一乐嘛，快乐即可；对待丧事内心的悲哀才是真的，至于披麻戴孝、厚葬久丧等，就是个形式吧。侍奉双亲要合二老的心意才好吧，总是按自己的意思和套路来，但不合二老的心意算哪门子孝呢？

**功成之美，无一其迹矣。事亲以适，不论所以矣；饮酒以乐，不选其具矣；处丧以哀，无问其礼矣。**

成就了大美的功业，却一点也不露痕迹；侍奉双亲，让他们感到非常舒服，而无须那么多讲究；饮酒以快乐为主，就不要在酒具上较劲了；处丧时内心的悲哀是主要的，何必拘泥于什么礼呢？

**礼者，世俗之所为也；真者，所以受于天也，自然不可易也。**

这是批判了，礼这套花里胡哨的东西哪里来的？原本就有礼吗？都是世俗讲究罢了，不可靠。唯独"真"是天地所赐，符合自然，才是真正需要坚守和维护的东西吧。坚守和维护礼，则纯属无稽之谈。

**故圣人法天贵真，不拘于俗。**

这句是指，道家圣人的一个明显特征是，与儒家完全不同，取法于天，以真为贵，不拘于俗。

**愚者反此。不能法天而恤于人，不知贵真，禄禄而受变于俗，故不足。惜哉，子之蚤湛于伪而晚闻大道也！**

愚蠢的人恰好相反，不懂得取法于天，不知道以真为贵，天天杞人忧天地担心这个、操心那个，忙忙碌碌听任繁杂俗事影响自己，因此他们的缺陷非常明显，时时处处都显得很被动。可惜啊，你从一开始就沉溺于伪饰之术，而不知觉悟，听闻真正的大道实在是太晚了。

听了这话，孔子心悦诚服，再次郑重行礼说：今天碰到您，是天大的幸事。先生如果不嫌弃，请收我做您的弟子吧。敢问先生住在哪里？恳请让我跟着您学大道吧。

"道不同，不相为谋"，一个六十多岁的老头子，要跟着自己学道。渔父什么态度呢？"吾闻之，可与往者与之，至于妙道；不可与往者，不知其道。"这句的意思是：我听说吧，可以一道走的，才会一块行走，并达到一个妙处；不是同路人，根本就走不到一起的，非要走在一起做什么。接着告诫孔子："慎勿与之，身乃无咎。子勉之，吾去子矣，吾去子矣！"这句话的意思是：同道就跟着去，不是同道千万别跟着，这样才不会有什么问题，跟着不同道的人，走着走着就后悔了。你呀，好自为之吧，我要走了。说完，撑船向深深的芦苇丛而去。真的是苇丛深深深几许？消失其间的渔父又是一个怎样的高人呢？到这，渔父的境界就清楚了。入世者经常有"微斯人，吾谁与归"的惆怅，而出世者，从来都是独行独往的，已经彻底排除了自身对人生的孤独感。

看到渔父走了，颜渊掉转车头，子路递来绳子，意思是该上车离开了。但孔子还在回味渔父那番话，始终保持一个谦恭之态，等到小船泛起的水波平定，听不到划船的声音后，才登上了车。

## 孔子的反思

返回的路上，子路不解地问道：我跟随先生这么多年，从来没见过先生对人如此恭敬。以往，即使面对万乘之主、千乘之君，夫子也敢于分庭抗礼，有时甚至是相当傲慢的。今天一个打鱼的老头手执船篙就那么很随意地站着，夫子却连连鞠躬，每提出一个问题都郑重行礼，岂不是太过了？我们很是奇怪，一个渔夫何以如此受您尊敬呢？

听了这话，孔子就立即教训子路了，也可以视为孔子的反思：由呀，你也太难开化了。沉浸于礼义之学时间不短了吧，何以内心还是如此狭隘、粗鄙不堪呢？来，我给你说说其中的道理。以下都是孔子训导子路的话：

**夫遇长不敬，失礼也；见贤不尊，不仁也。**

这应了渔父那句话，一个人是什么样的人，骨子里就一定是那样的，装都装不来的。礼已经深入孔子的骨髓了，一个人拘泥如此，渔父当然拒绝其拜师学道的想法了。

**彼非至人，不能下人，**

孔子的意思，这个人是一个"至人"啊，即一个悟透了的得道之人。如果不是至人，我怎么会如此谦卑呢？

**下人不精，不得其真，故长伤身。**

对于至人，如果不够谦卑，又怎么能够领略并懂得其所悟的"真"呢？因此才如此连连行礼的。

孔子所行礼的形式成分很重，这也是渔父看他不入眼的原因。一个装满了的人，还能装进去什么呢？

**惜哉！不仁之于人也，祸莫大焉，而由独擅之。**

孔子感叹道：可惜啊，对于人来说，没有什么比不仁更为严重的祸害了。你子路吧，还不清楚这其中的道理，因而总是口无遮拦。

**且道者，万物之所由也。庶物失之者死，得之者生。**

天地大道，万物都由此而生，因此也必须严格遵循。合于大道，才能很好地生发；不合于大道，就要死亡甚至是灭绝了。

**为事逆之则败，顺之则成。**

一切事情也是这样，合乎道、顺于道，事情才会成；逆于道，事情就办不成。这就是"得道多助，失道寡助"的道理。

**故道之所在，圣人尊之。**

这话就很精练了，通俗地说即为"真理在哪边，我就在哪边；谁掌握真理，谁就是圣人"，说明孔子的境界也不低。这个渔父既然掌握着大道，就是圣人了。对于圣人，再怎么恭敬谦卑也没有什么问题。这就是中国文化中的有所敬畏，充分说明就入世的层次看，孔子也是很有原则和境界的一个人。

两相比较，孔子与渔父孰是孰非很难说，压根就不是简单的是非问题，而是境界的问题。两个人完全生活在两个世界里，有着截然不同的信奉与遵循，这恐怕才是本质的不同。

# 肆 说 剑

这个关于剑的故事，可能是人类历史上关于剑的最为庄重而精彩的故事，讲的是赵惠文王的事。

历史上有个赵惠文王，即赵武灵王的次子赵何，"完璧归赵"的成语就是此人在位期间的事。他算是个明君，相当有作为，面对强秦没有卑躬屈膝，而是联合六国，将秦国封锁在函谷关内。

赵王喜欢剑客，所养的剑客有三千余人，日夜加紧练习剑术。他们的练习可不是一般的假把式，而是真刀真枪地练，每年死伤百余人。赵王何以好剑，与当时养士的传统有关；之所以养士，与战国纷乱的局势有关。强敌在侧，养士以自保。燕赵之地有"慷慨悲歌"的传统，养侠客更是情理。尤其在当时的赵国，北有匈奴，东有燕国，南有韩魏，西有强秦，日子过得极不太平，养一些剑客，是顺理成章的事。养剑客的花费是很昂贵的。古代的"三"是个概数，赵王养剑客，肯定不止三千人，几年后国家财政就有点吃紧了。何以花费如此之大，看看燕太子丹如何招待荆轲就清楚了。剑士侠客，大多是一掷千金的主，没点家底是招不来、养不起的。

在当时，养剑客导致国家财政吃紧，与今天搞军备导致国家财政吃紧一个道理。看到赵国国力衰落，周边国家就蠢蠢欲动了。对此，太子悝看在眼里、急在心里，对手下人说："谁能说动君王不再养剑客，我必赏以千金。"随从们一致推荐："这个事情庄子可以胜任。"太子便派人带着千金聘请庄子，庄子并没有收钱，还是来见了太子悝。

见到太子，庄子问：不知太子有什么指教，何以赏赐我千金呢？

太子见到庄子很高兴：听说先生贤明圣智，就赠以千金，但先生不接受，我也就不敢提什么请求了。

庄子多么聪明的人：听说太子聘请我的原因，是想说服大王不要再养大量剑客。如果我去游说,结果不如人意,不但违逆了赵王还辜负了太子,这样就是死罪一条,要千金何用呢?如果说动了大王,不辜负太子,在赵国求什么没有呢!又岂能看上区区千金。印象里,庄子是一个出世的人,大概除了读书、喝酒、游玩,讲一些故事拿人开涮,什么正事也不干。从与太子悝的对话可以看出,庄子对世间的事情看得明澈。

太子一听:嗯,是这么个理。现在大王的眼里,就只有剑客,全然没有其他。一般人都不见,这该如何是好?

庄子:噢,我就善于剑术呀。

太子:大王所见的剑士都是有特定扮相的,头发蓬乱,两鬓留须,帽檐低垂,帽带飘然,衣服前长后短,目有杀气而不善言辞,这是剑客的标配和扮相。对于这样的,大王最是喜欢。先生一身读书人的装扮,就去见大王,还没开口,恐怕已经引起反感了,还如何能说动呢?事情肯定会搞砸。

庄子:这简单,给我准备套这套行头即可。从这儿可以看出,庄子这个人办事挺灵活的,也颇为讲究方式方法,可以对症下药、灵活应变,一点也不拘泥。

三天后,庄子一副剑士打扮,跟随太子一起去见赵王。接见庄子时,赵王特意手执一柄明晃晃的剑,想给庄子一个下马威。庄子进入大殿后,不慌不忙,慢条斯理,见了赵王甚至不行礼下拜。

赵王:你让太子引荐,对寡人有什么赐教呢?

庄子:听说大王喜欢剑术,就以剑术来晋见了。

庄子以奇谈怪论、奇行异事闻名天下。

庄子竟然还懂得剑术,赵王就很好奇了:"你的剑术如何?到了什么程度呢?"

庄子原话:"臣之剑十步一人,千里不留行。"李白有句诗:"十步杀一人,千里不留行",便是直接化用了庄子的话。可见,诗要写得好,书也要多读几本。而且从中也可以看出,李白完全秉承了庄子风骨风范,否则何以有诗仙的称谓。仙,是道家的修行目标。

一听这话,赵王就很高兴了:十步杀一人,千里不留行,岂不是天下无敌了!

庄子："夫为剑者，示之以虚，开之以利，后之以发，先之以至。愿得试之。"剑术吧，要故意露出破绽给对手，只要对方上钩，就果断出手，后发制人，一招制敌。这些说的都是理论，愿意为大王露上几手。

敢这么说，明明就是高手呀，一定得有所准备，不能让自己手下的剑士在宋国庄子面前丢人啊。因此，赵王说：不急不急，先生先回去休息休息，等我准备好再比试比试。

与庄子比剑这个事，赵王是很较真的。接见结束后，就亲自考校剑士整整七天，死伤六十余人，选定五六个高手，然后才召庄子前来：今天，你就和他们比比剑吧。

庄子漫不经心扫了一眼：盼望很久了。

赵王：先生平时用什么样的剑呢？长剑还是短剑？

庄子：什么剑都能用。但我有三把剑，大王想考校哪把，请随便选。

赵王：哪三把？

庄子的回答就很有悬念了："有天子剑，有诸侯剑，有庶人剑。"这跟平时讲的干将、莫邪、龙渊、鱼肠、工布、巨阙等名剑完全不同啊，究竟是什么样的剑，确实很有点儿意思。

《列子》一书中也讲了三把类似的剑：一把叫"含光"，是无形的，既看不见，也无法抓在手里使用，即使碰到人和物，也察觉不到，没有任何反应，就像光照在身上一样。一把叫"承影"，黎明或傍晚时分，朝向北面可以隐隐看到剑身，但到底什么样子还是无法分辨，这剑碰到人或物后，会发出微弱的风声，同样是杀不了人的。一把叫"宵练"，白天可以看到影子而看不到剑身，晚上可以看到剑光而看不出形状。用这把剑去砍人或东西，一下就砍开了，但瞬间又会愈合而恢复如初，像没砍过一样，血都不会流出来，呈现兵不血刃的状态。

相对于列子的三把剑，庄子的剑更独特。

说到底，其实是思想之剑。

赵王问：天子之剑何如？

庄子的回答简直是要惊天地、泣鬼神了："天子之剑，以燕谿石城为锋，齐岱为锷，晋卫为脊，周宋为镡(xín)，韩魏为夹，包以四夷，裹以四时，绕以渤海，带以常山，制以五行，论以刑德，开以阴阳，持以春夏，行以秋冬。此剑，直之无前，举之无上，案之无下，运之无旁。上决浮云，下绝地纪。此剑一用，匡诸侯，天下服矣。此天子之剑也。"

什么意思？庄子明显是在讲天子之业。对于赵国赵王来讲，想拥有天子剑天子业，并非养几个剑客，而是要有战略眼光、战略谋划。赵国的天子剑，应该以燕国山河城池为剑锋，以齐国的泰山为剑刃，以晋卫两国为剑脊，以周朝、宋国为剑首，以韩魏两国为剑柄，以天下四夷为剑鞘，鞘上裹着四季、绣着渤海、饰着常山。这样的剑如果使用，会有哪些招式呢？"制以五行，论以刑德，开以阴阳，持以春夏，行以秋冬"，分明是治国理政的理念与方法，与春种、夏长、秋收、冬藏一个道理。这把剑的威力如何？此剑一旦出鞘，向前，一定锐不可当；向上，一定会直冲霄汉；向下，一定会深及九泉；挥动起来，世间哪有什么对手。这把剑上可断云，下可辟地，此剑一出，诸侯臣服，天下归心。

听到这，笔者作为两千多年后的读者都动心了，当时的赵王还不算昏庸，心里定然是五味杂陈、波澜骤起。赵王陷入了沉思之中，因而出现了茫然若失之态。

的确，如果拥有这把天子剑，还天天担忧什么，还跟一帮江湖剑士耗什么功夫呢！

天子剑好不好，赵王还是有自知之明的，就不想了。

退而求其次也好，诸侯剑是什么样呢？

庄子："诸侯之剑，以知勇士为锋，以清廉士为锷，以贤良士为脊，以忠圣士为镡，以豪桀士为夹。此剑，直之亦无前，举之亦无上，案之亦无下，运之亦无旁；上法圆天，以顺三光；下法方地，以顺四时；中和民意，以安四乡。此剑一用，如雷霆之震也，四封之内，无不宾服而听从君命者矣。"这里的意思是：诸侯之剑吧，以智勇之士为剑锋，以清廉之士为剑刃，以贤良之士为剑脊，以忠圣之士为剑首，以豪桀之士为剑柄。很显然，这把剑指人才，团结凝聚大量的大才，将赵国打造成一柄锐不可当的利剑。这把剑用起来，也是威力无穷的，往则无前，举则无上，按则无下，运则无旁。具体用法，上法天之圆，顺于日月星三光；下法地之方，顺于四时；中间合乎民意人心，以安四方。这把剑出鞘，同样有着雷霆之威，四境之内，全都会听从响应君命。

这把剑，赵王同样不具备，但可以试着去具备，是可操可行的。

赵王接着问：什么是庶人之剑呢？

庄子讲得很幽默也很不客气："庶人之剑，蓬头突鬓，垂冠，曼胡之缨，短后之衣，瞋目而语难，相击于前，上斩颈领，下决肝肺。此庶人之剑，无异于斗鸡，一旦命已绝矣，无所用于国事。"其大意是，庶人之剑吧，就是指你所宠爱的这帮剑客，其形象很典型，头发蓬乱，两鬓留须，帽檐低垂，帽带飘然，衣服前长后短，目有杀气而不善言辞。这样的剑出手，也就是在您面前厮打厮杀，向上最多砍到头颈，向下最多刺入肝肺。这样的剑士与斗鸡差不多，一下就会送了小命，对国家一点好处也没有。

赵王愕然。

庄子紧接着来了句更不客气的话："今大王有天子之位而好庶人之剑，臣窃为大王薄之。"其大意是：大王您有天子一样的地位和权势，爱好的却是庶人之剑，我庄子实在是既不理解，也看不下去呀。

一听这话，赵王一语不发，上前拉住庄子的手就牵到了自己的座位上，命人摆上酒食。自己呢？绕着饭桌来来去去走了好几圈，久久难以平静。

的确，庄子这番话，我们都感到了威力，陷入了深思，何况赵王堂堂一国明君，真的是被一语惊醒的那个梦中人。

见此情形，庄子劝导说："大王请坐，定定精气神吧，关于剑的事我这已经奏报完了。"

自这一日起，赵文王三月未出宫门，所养的那些剑士也都在客舍内自杀。从剑士的集体自杀，联想晏子"二桃杀三士"的故事，也可以看出当时的士气，"士为知己者死"这句话，真不是随便说说的，有着血性凛然的决绝，也不是虚说的。

这就是思想的威力。

庄子的这番说辞，不是利剑，胜似千万把利剑，既能杀人，又能诛心。

什么是无形之剑？什么剑可以杀人于无形？

这就是庄子的心剑。

# 伍　盗跖

## 宗师与大盗

孔子是万代宗师，盗跖(zhí)是一时大盗，两人有过交集和冲突，面对面辩论的结果，似乎是孔子落了下风。究竟是真有其事还是庄子的虚拟杜撰呢？我们无意也没法考证，故而我们在解读该篇文章时将侧重于二人的观念冲突和各自的立场逻辑，想必这也是庄子创作《盗跖》一文的本意吧。

庄子笔下的人名很有意思，有些是历史人物，有些是杜撰的；尤其是杜撰的这些人名，都是颇有深意的。比如这个盗跖，极有可能只是绰号。跖是骨头的意思，盗跖即"贼骨头"，有点骂人的意味。还要注意的是，这个盗跖与鲁国和儒家的关系，调侃鲁国与儒家，是《庄子》一书较多的话题，也应该是庄子最得意也最快意的事情。

文中提到的人物柳下季，即柳下惠，季是排行第四。这个人在《论语》中出现过多次，他姓展，名获，字禽，鲁国贵族，其父展无骇曾任鲁国的大夫。"柳下"则是氏，与封地有关，领地在这一带。这个柳下惠主要活动在庄、闵、僖、文四任国君在位时期，以坐怀不乱的原则性著称于后世。政绩不算突出，经常被贬。虽不受重用，但他以道德和学问名满天下。孔子称其为"逸民"，孟子称其为"和圣"，可见是儒家推崇的人物，儒家的做派与其不无关系。这也是庄子写这篇文章的原因，完全是针对儒家的做派和原则性来的。

孔子与柳下季关系不错，同声相和嘛。柳下季有个弟弟绰号叫"盗跖"。盗跖是当时一个盗抢集团的头目，这个集团具有黑社会性质，近万人，横行天下，侵害诸侯，进门入户，明抢暗偷，牛马牲畜，女人孩子等什么都不放过。此人贪财而不孝，对于祖先不敬重不祭祀，也置兄弟情谊于不顾，是当时典型的黑恶势力。这个帮派恶名远扬，人皆愤恨而又惧怕。所过之处，大国严加防守，小国戒严自保，民众更是不堪其苦。

鲁国是周公的封国，很有意思的是，其一方面以仪礼著称，另一方面以黑社会著称。走了两个极端算是个矛盾综合体的存在。对于这个情况，孔子也很是忧心，对柳下惠说：为人父的，一定要有并且能教育好其儿子的职责；做兄长的，也一定管好弟弟。如果父亲教育不好儿子，做兄长的管教不好弟弟，那么父子兄弟之间的关系就很淡漠了。看吧，你也是天下名士，却连弟弟都教不好，听任盗跖为害于天下，我都为先生感到羞耻啊。你既然不管或者管不住，我就真想代你去教训教训他。

柳下惠一听就笑了：呵，就凭你讲的父子兄弟之间这点浅显的道理，还想教训盗跖，我看还是省省吧，根本就没戏。对于舍弟盗跖，柳下先生评价的原话是："跖之为人也，心如涌泉，意如飘风，强足以距敌，辩足以饰非；顺其心则喜，逆其心则怒，易辱人以言。先生必无往。"这句的意思是：盗跖这个人思如泉涌，思维敏捷，其强悍足以拒强敌，其辩才足以颠倒黑白、掩过饰非。而且脾气很差，顺着他就喜悦，逆着来就会恼怒，动辄恶语伤人。我劝先生还是不要去了，免得自取其辱。

孔子不听，让颜回驾着车，带着子贡，一起去见盗跖了。

游说的阵容够豪华，按说应该无往而不胜，说动一个盗贼头子应该不成问题吧。

事实恰恰相反。

孔子师徒去的时候，盗跖正带领部下在泰山南麓休整，天天吃吃喝喝的，喝酒时用人肝下酒。孔子上前对其手下讲："烦请通报下，鲁人孔丘，听说将军深明大义，特来拜见。"孔子拜见盗跖时对他的称呼是"将军"，看来做足了功课，还是蛮有策略的，一见面，先给顶高帽子。

盗跖得知孔子前来，立即双目圆睁、冲冠大怒：是鲁国那个投机取巧的伪君子孔丘吗？去转告他："尔作言造语，妄称文武，冠枝木之冠，带死牛之胁，多辞缪说，不耕而食，不织而衣，摇唇鼓舌，擅生是非，以迷天下之主，使天下学士不反其本，妄作孝弟，而侥幸于封侯富贵者也。子之罪大极重，疾走归！不然，我将以子肝益昼铺(bū)之膳。"

盗跖的话很难听：去告诉孔子，你孔丘吧，花言巧语、信口雌黄，妄言文武之道，头戴高帽子、腰束牛皮带，装模作样到处胡言乱语，不耕而食，不织而衣，摇唇鼓舌，搬弄是非，迷惑天下君主，也使天下学士忘记了本业，投入这种虚浮之中，企图通过"孝悌"二字博取富贵功名，实在是罪大恶极，赶快滚蛋吧。否则，我就要剖了你的心肝作下酒菜。

盗跖手下将话转告孔子后，孔子并没有被吓住，继续说：烦请通报：我与跖的哥哥柳下季是故交挚友，希望拜见故人的弟弟。

"精诚所至，金石为开。"一见这态度，盗跖不好再拒绝了，便召孔子前来。

孔子是出了名的讲究仪礼，见到盗跖，快走几步，避开席案，郑重行礼。

盗跖不理会这套，按剑训斥：孔丘你上前来，有什么话快讲。说得好小命就还留着，说得不好今天就是死期。

孔子对见盗跖会遇到什么情况，该说什么、不该说什么，一路上肯定都反复盘算和推演过。

孔子：我听说天下之人有三德。第一是上德："生而长大，美好无双，少长贵贱见而皆说之，此上德也。"古人常说"德者，得也"。德是得到的东西，有些是先天的，有些是后天的，是需要一点点学习与修炼才具备的。这句是说，长得很帅，身材高大，五官端正，一表人才，男女老少见了都赏心悦目，这是上德，是天生的，无须任何后天努力。从这个"德"字也可以看出，德是中性的，儒家讲的德与道家讲的德的内涵不同。儒家的意思很明显，德是一种优势，一种高明。道家则讲"上德不德"，即最好的德行是没有德行，是貌不出众、才不惊人。

第二是中德："知维天地，能辩诸物，此中德也。"这句意思是：知识渊博，通晓一切，算是中德。

第三是下德："勇悍果敢，聚众率兵，此下德也。"这个无须解释，勇敢到能够聚集起一帮人，并可统领，这是下德。

关于德，孔子是这么看的。德是德，具体是怎么样的德，在每个时代的重要及推崇程度是不同的。

孔子说，这三种德吧，一个人只要拥有其中一项，就可以南面称王。将军您洪福齐天，三德兼而有之，身体条件这么好，却名叫"贼骨头"，我孔丘心中也暗暗为将军感到惭愧呀。将军如果听我的，我现在就"南使吴越，北使齐鲁，东使宋卫，西使晋楚"，让他们为将军建造数百里的大城，置数十万户的居民，尊将军为诸侯。这样天下就有新秩序了，从此罢兵休武，收养兄弟，共祭先祖。这是圣人才士都会去做的事情，也是天下人的愿望，不知将军对此是什么态度呢？

孔子真会讲话，游说也确实高明。一般人听此估计会动心。

盗跖听了这番话却是大怒：孔丘你来，我也给你讲讲道吧："夫可规以利而可谏以言者，皆愚陋恒民之谓耳"，即用利益之言就可以规劝说动的，不过是蠢陋之民罢了。接着，盗跖又说：长相英俊美好，人见人爱，这是父母的遗传，你就是不说，我又岂能不知道呢？而且，我听说，"好面誉人者，亦好背而毁之"。这里是说，喜欢当面夸奖人的，一定也喜欢在背后诋毁人。今天孔丘企图以大城和民众来说动我，其实打心底里是将我当蠢才看待的。大城与众民，岂可长守？一座城再怎么大，还能大过天下吗？圣明如尧舜曾享有天下，现如今其子孙连立锥之地都没有了。历史上，商汤周武都做过天子吧，到后世如何子孙灭绝了呢？这不正是因为他们拥有的实利过于巨大了吗？

到这就会发现，盗跖不简单。其人对历史洞若观火，有立身处世的哲学。盗跖对于自己的哲学的坚信程度，与孔子的坚守和信奉相比无疑更加坚定灵活。接着就是盗跖的历史观了，他一共说了这么几层意思：

一是有巢时代。在古代，禽兽多而民众少，于是民众在树上巢居以躲避野兽，白天呢？捡拾一些橡子等果实食用，晚上就睡在树上，因此称"有巢氏之民"。盗跖讲的这个很客观，应该是中国版的人类进化论，明确指出了两点：一个是最初人像猴子一样住在树上；一个是以采集为生。

二是生民时代。在古代，民众根本就没有衣服这个说法，赤身裸体，夏天积攒一些树枝，冬天靠烤火取暖，因此称"知生之民"。这揭示了，人们可以娴熟使用火与工具，精通生存之道；而且这个阶段根本就没有所谓的穿衣戴帽这套繁琐的礼仪，也是没有是非廉耻等观念的，只有诚实的劳动。的确，劳动是人类进化史上重要的推动因素；智慧，则是第一生产力和战斗力。

三是神农时代。在神农氏当政时，人们"卧则居居，起则于于"，即悠闲而散淡，静有静的样子，动有动的样子，没有意义之说，无论做什么都很纯粹，休息就安安稳稳地休息，劳作就踏踏实实地劳作。"民知其母，不知其父"，母系氏族社会，只有繁衍，没有婚姻，不娶不嫁。"与麋鹿共处，耕而食，织而衣，无有相害之心，此至德之隆也。"在古人的观念里，这就是传说中的黄金时代、太平盛世。

四是黄帝时代。随着社会生产力进步，剩余物资出现了，分配问题也随之出现。人们意识到了物质的好处，有了物质的支撑，将原本的领地意识扩张起来，从捍卫变成争抢、从驱赶变成征服与杀伐。战争的形式与规模，与物质的生产发展有着密切的关系。这个时代也是中国历史上大规模战争的起点。对此，道家指责黄帝不用德政，而用力政，发动涿鹿之战，流血百里，擒杀蚩尤。《黄帝四经》《列子》等书中都有相似论调。自此有了王道与霸道两种模式、两条道路、两个声音。

五是尧舜汤武时代。盗跖同样抱着指责之态，指尧舜立起了朝廷，设立了群臣，划分出强弱阵营，让少数人管理绝大多数人。我们知道，管理是多义的，历史统治中的奴役、压迫、盘剥、残害非常之多。然而可以确定，被赋予权力，或大权在握的人，绝对要谨慎一些，否则稍不留神便容易酿成天灾人祸。道家因此有"绝圣弃智""小国寡民"等说法，其实质也有防止少数人凌驾于多数人之意。

商汤呢？他原本是个地方几十里的小诸侯，推翻天子夏桀，自称天子。周武王杀纣王，取而代之。但这明显是进步的历史，没有这个家天下维持下去，人类社会会成为什么样子？那绝对是无法想象的。家天下也不可能维持下去，其发现和解决自身问题的能力太弱，胜任不了统治全体，搞不定很多根本矛盾。盗跖指，从凭借武力发动战争后，人间就出现了"以强凌弱，以众暴寡"，霸道也就是应此而生的。

接着就是盗跖对孔子的批评：你孔子吧，又是学文又是修武，主导着天下舆论。但这套玩意儿主要体现在如何穿衣戴帽，如何用奇言异行蛊惑君主以求得扬名立万，是不是过于形式、过于虚伪了呢？我看呀，这世间最大的大盗恐怕就是你孔子了。搞不懂的是，天下人却都不称你为"盗丘"，而称我为"盗跖"。可见你蛊惑欺骗人的本事远远比我高明呀。你的弟子子路，原本是个鲁莽的武夫，却被你一番甜蜜的说辞打动，甘愿脱下帽子、解下佩剑做你的学生。因为这件事，天下人都说：孔丘很有本事嘛，能够以平和方法轻巧地止暴禁非。子路怎么死的？子路想杀卫国国君不成，在东门外被砍成肉泥，这不是你这个老师教导的结果吗？你孔子自称什么才士和圣人，实际呢？两次被鲁国所驱逐，卫国不予接纳，在齐国很窘迫，受困于陈蔡两国边界，天下之大却连个容身之处都没有，惶惶然如丧家之犬。何以造成这样的结果，怎么不反思反思，从自身找找原因呢？你教导的子路，就是这样悲惨的下场，又说明什么呢？这是个严重的问题吧，你奉行的这套东西，导致自己无存身立足之处，甚至连弟子都跟着遭殃。那么，你的这套东西有什么好呢？目前，世人最看重的是黄帝之道。以我"盗跖"眼光看，黄帝也并不是十全十美，反而有大问题。比如发动战争，血盈于野，死伤无数。而天下人所尊奉一干名主呢？多多少少都是有问题的。

盗跖接着说，"尧不慈，舜不孝，禹偏枯"，都是些什么情况呢？尧不够慈爱，对自己的儿子丹朱很严厉；舜不够孝顺，娶亲这么大事竟然背着父母，还将父亲放逐过；大禹因为劳累过度而导致半身不遂。

盗跖还说："汤放其主，武王伐纣，文王拘羑（yǒu）里。"商汤流放了夏桀，武王推翻了纣王，文王曾作为囚犯被囚禁在羑里。盗跖的意思，这六个人，世人都至为推崇吧，但仔细琢磨琢磨，都有毛病，有的还不小。有个共同的毛病就是，被名利所迷惑违背了本真的性情，这样的行为不应以为荣，反以为耻才对。

之后，盗跖一口气评价了很多古人，其看法都是很有颠覆性的，可见其人确实能言善辩。其人本为卿相，奈何作贼的原因也就清楚了。

其对伯夷、叔齐的看法：伯夷、叔齐世人都说是清高的君子吧，相继推辞孤竹国的君位不受后，饿死在首阳山，连收尸的人都没有，骨肉长期暴露于荒野中，又是何苦呢？最后，国家也亡了。这都是什么价值观呀！

对于鲍焦的看法："饰行非世，抱木而死。"（鲍焦，周朝的一个隐士，不满时政，不理世事，隐遁山林，后来抱树而死。）盗跖认为，这都是许由洗耳一样的举动，言过其实了。

对于申徒狄的看法："谏而不听，负石自投于河，为鱼鳖所食。"其人也叫司徒狄，商代人，曾任商汤的司徒，据说商汤曾想将天子位传给他，而他却以此为耻，觉得汤侮辱了自己，便负石投河而死，成为鱼粮。

至于介子推，介子推至为忠心，跟着还没有成为晋文公的重耳流亡十九年。重耳饿得奄奄一息时，介子推割下大腿上的肉给重耳吃。后来，重耳在秦穆公的帮助下返回晋国作了国君，在一系列的封赏中，却将介子推忘了。介子推便带着母亲隐居山中。后来有人向文公提醒这件事，文公急忙召见，介子推不来，人也躲在山中不见。文公下令烧山，想逼出介子推，结果却将介子推烧死在山中。

关于尾生，尾生是鲁国曲阜人，应该是儒家弟子，与一个女子相约在桥下见面，结果女子没来，洪水却来了。为了不负约，尾生抱着桥柱被淹死。

上面这六个人都是人间的极致，用生命演绎了各自的精彩，成了一个个为世人所传唱的典故。盗跖对此的看法是：这六个人吧，与流浪的野猪野狗，或与端着破碗沿街乞讨的人有什么区别呢？都一个德性，重名而轻死，以死来求名，根本就没有一点珍爱与敬畏生命的意思，死得毫无价值。

盗跖接着讲，世上的忠臣，最有名的应该是比干和伍子胥吧，结果怎么样呢？比干因为忠心，被纣王剖了心；伍子胥因为忠心，被吴王沉了江。忠得好吧，忠倒是真忠，下场却为天下人所惋惜。我列举了这么多人，都是你孔丘和世人讴歌称誉的吧，包括比干和伍子胥，在我看来，什么都不是，根本就不值一提。你来游说于我，如果说点神鬼之事，或许我无言以对；你用人间这点事诓我，不过如此而已。我知道的可能比你还多，理解得可能比你更为精到吧。

孔子有个观念："不论怪力乱神。"盗跖这句实质是对孔子这个说法的指责。

对于孔子，盗跖自始至终很不客气：来，我告诉你什么是真正的人之常情吧。

其一是"目欲视色，耳欲听声，口欲察味，志气欲盈"。墨子讲过类似的意思，眼睛想看到好看的，耳朵想听到好听的，嘴巴想吃到好吃的，志向想全部得以伸张。人都这样，也无非这样，目耳口志等等，全部想得偿所愿。比如，人们常讲的"读万卷书，行万里路"，也是为了满足这些愿望吧。

其二是"人上寿百岁，中寿八十，下寿六十，除病瘦死丧忧患，其中开口而笑者，一月之中不过四五日而已矣"。人之生命短暂，活得很不容易，给你孔丘算笔账，活到一百算上寿，活到八十算中寿，活到六十算下寿吧。这几十年，除去生病、瘦弱、贫穷、守丧等忧与患，能开开心心笑出来的日子，一个月恐怕也只有四五天吧！

其三是"天与地无穷，人死者有时。操有时之具，而托于无穷之间，忽然无异骐骥之驰过隙也"。看看，天地时空是无穷的，人的生命是有限的。将有限的生命寄托于无穷之间，就如同飞驰的骏马穿过缝隙一样，一下子就不见了。对于类似的逻辑，庄子很是信奉，比如"生而有涯，而知也无涯"的说法。

其四是"不能说其志意，养其寿命者，皆非通道者也"。"说"，通"悦"。这句话将道家生命的目的、宗旨都指出来了，寻常人你若问他活什么？活就是活，没什么道理好讲，或许也有为这活为那活的种种说辞。但道家讲得很清楚，活着就八个字"悦其志意，养其寿命"，即内心充盈，意志丰沛，身体健康，寿命绵延。对于舍生取义、残躯为名等说法做法，道家是极力反对的。有什么比生命更宝贵的，或值得去换取的呢？注意，这个命是宏观的，包括独立人格、自由精神种种，还有一点，惜命全生并不是自私狭隘，而是倡导所有人不要纠缠于乱七八糟的意义，悠闲自在地活着。原本就没有什么意义存在，因为意义不过是人赋予的。说实话，盗跖讲的这番理论即使在今天都挺叛逆的，在当时肯定也是惊世之言。

讲完这几点，盗跖继续批评孔子：你孔丘所讲的，都是我早就抛弃了的东西。赶快走吧，什么也别说了。你孔丘信奉的这个所谓的道呀，飘飘忽忽，核心都是虚伪诈巧，并不能保全人的真性情，也不利于人们去做真人，还有什么值得说或值得听的呢？

以上可以看出盗跖的狂悖，是一位意义与价值观的破击者，完全颠覆了世人的寻常观念。因此，其人做派定然狂放不羁，做出什么样的惊人之举都不难理解。

一听盗跖这话，还有什么好说呢！

孔子郑重行礼后，出门上车，估计是因受了刺激而心中恍惚，缰绳都抓不稳，连掉了三次，双目茫然，面如死灰，抓着车轼，垂头丧气，气都上不来似的。

孔子师徒一行回到鲁国东门外，恰好碰到柳下季。一看孔子的行色，柳下季就明白是怎么回事了，便上前问：最近几天不见你，我心里很不踏实呀，看这情形，莫非是去见我那个弟弟跖去了？

孔子仰天长叹：是的。

柳下季：跖真像我之前说的那样对待你的吧？

孔子：是的。我孔丘这是没病非要找针扎呀，是慌慌张张去触虎头、捋虎须呀，差点为老虎所吃，见不着你了。

中国有不饮盗泉的传统，也有盗跖论道的典故，相形之下也可以体味出，诸如思想、文化、观念等等，是多么有趣且言说不尽的事。

说实话，我们得容许多样性的存在；有些时代，人们得露骨地坏，否则就是"人为刀俎、我为鱼肉"。说到底，一些时代彰显人性，而一些时代呼唤狼性。

孔子与盗跖的一番理论相比，盗跖似乎更务实一些。


# 子张与满苟得


子张复姓颛孙，名师，字子张，陈国人，孔子高足，性情豁达勇武，"孔门十二哲"之一。满苟得，笔者认为应该是一个虚拟的人物。其名字的字面意思为：满足于苟且所得，反映的其实是"今朝有酒今朝醉"的生命哲学和生活态度。

一天，子张对满苟得说："盍不为行？无行则不信，不信则不任，不任则不利。故观之名，计之利，而义真是也。若弃名利，反之于心，则夫士之为行，不可一日不为乎！"这几句是说，怎么一天无所事事，没个正形呢？为什么不好好修习德行呢？无行，他人就不会信赖；无信义，就不会予以任用；不受任用，就没事做；没事做，就没收入。人生在世，总得做点事吧，不是为名，就是图利，从名利的角度来看，修德很重要。即使是不在乎名与利，回归自己的内心，作为一个士来讲，也应该有所修行有所遵循吧。

满苟得说："无耻者富，多信者显。夫名利之大者，几在无耻而信。故观之名，计之利，而信真是也。若弃名利，反之于心，则夫士之为行，抱其天乎！"满苟得绝对是个哲学家，且理论水平相当高。上句提出了很多经典论断。"无耻者富，多信者显"，没有什么羞耻心的人往往才易暴富，善于夸夸其谈的人往往能得显名。在世间扬名立万的，几乎都无耻且善谈之人。想要求名求利，哪需要什么义，有一张能言善辩的嘴就够了。如果放弃名利，归于内心，需要遵循什么呢？仅坚守天性天道即可。

两人唇枪舌剑的辩论开始了。

子张："昔者桀纣贵为天子，富有天下。"现在，即使是对奴仆、马夫说"你的行为像桀、纣一样"，这些人也会脸色大变，心中不服。看看，如此身份低贱的人都有羞耻之心。而孔子、墨子这些人一生穷困潦倒不堪，都是普通人。现在你对一个宰相讲："你的行为像孔子、墨子一样。"他听了脸色也一定会变，肯定会说自己差得远呢。看看，真正的尊贵，世人都清清楚楚。所以说，即使贵为天子，本性未必尊贵；即使穷为匹夫，品性未必低贱。贵贱之别，在于德行的善恶。

子张与满苟得的高层次辩论，是很有艺术性的。

很明显，子张讲的是普世价值观，满苟得所讲的好像偏激了一点。

对于子张的说法，满苟得回应说："小盗者拘，大盗者为诸侯。诸侯之门，义士存焉。"这是"窃钩者诛，窃国者为诸侯"式的逻辑，小偷小摸的会被抓，盗取国家和君位的会成为诸侯。诸侯之门，多有你所讲的这些"仁义之士"。齐桓公，杀了自己的哥哥公子纠，娶了嫂子，这样的人管仲还在其手下为臣；齐国的田成子，杀其君而窃其国，孔子却接受其礼物。管子、孔子这些人，嘴上都冠冕堂皇，看不起盗窃的勾当，面对一个个窃国大盗呢？他们却甘愿俯首称臣，不是典型的人格分裂、言行不一吗？正有句老话

"孰恶孰美，成者为首，不成者为尾"。其意是，盖棺定论时哪有什么美丑之分，不过是成王败寇罢了。

子张说：如你所说，人人都不好好修德，那么天下岂不是亲疏无伦、贵贱无义、长幼无序，将乱作一团。五纪六位，将如何区别呢？"五纪"指五常，即君臣、父子、夫妇、兄弟、朋友五种基本关系准则。"六位"说法就多了，有学者说是六种基本社会关系，其实应该是六种等级或六个行业分工吧。比如天子与五种等级的爵位，或者天子、卿相、大夫、百官、士阶层、庶民等划分。总之，脱离不了这个。如子张所讲，修德的重要功能，于个人而言，是立身做人的；于社会而言，是调整秩序的。

满苟得反问道：尧杀了长子丹朱，舜流放了后母和同父异母的弟弟象，亲疏有伦吗？不都是化亲为疏的？汤放逐了天子桀，武王逼死纣王，贵贱有义吗？不都是贱冒犯了贵吗？周朝最讲礼仪吧，王季即姬昌的父亲，以老三的身份继承家族之位，周公因"三监之乱"杀死了自己的哥哥，长幼有序吗？明摆着就是以幼夺长嘛，从根子上就有问题。儒家尽说一些虚言饰词，墨家尽空讲兼爱，还五纪六位呢？真有这么回事吗？历史上赤裸裸的东西怎么不讲？无非都是我为了名，你为了利而已。名利才是目的，至于道理嘛，横讲竖讲似乎都有理，但它们符合天地之道吗？

"小人殉财，君子殉名，其所以变其情，易其性，则异矣；乃至于弃其所为而殉其所不为则一也。"一般人甘愿为财而死，君子则愿意为以身殉名，虽然看似性情与目的都不相同，但路径与模式一样，都是舍弃原有生命去追逐生命中没有的东西。看来子张与这个满苟得经常进行辩论，而且没有什么结果。一般来说，辩论大都各说各的，说完了事，该怎么样还怎么样。因此，满苟得继续说了一段话，"无为小人，反殉而天；无为君子，从天之理"。不要做小人即一般人，去为了点钱财舍弃生命；同样，也不要去做什么狗屁君子，去讲什么仁义，顺从天理就很好。

**若枉若直，相而天极。**

人生在世，劝进的箴言很多，但却往往自相矛盾。有人劝人要直，比如儒家；有的劝人要曲，比如道家。这里的意思很清楚，人生在世，是曲是直，该曲该直，不是定型不变的，而应顺应天地自然之道吧，该曲时曲，该直时直。暴风来了，直挺挺的，肯定会被吹折；需要担当站直的时候，如果挺不起胸膛和脊梁，肯定会留下万世骂名。

**面观四方，与时消息。**

这里的"消息"二字，其意与今天完全不同，消与息、静与动一样的意思，反义词。"消"，指蛰伏待机，是静的意思；"息"，指乘势作为，是动的意思。《周易》有十二个"消息卦"，讲的就是阴阳互为消长的现象。这句是说，要静观四方形势，而决定是动是静，既不能轻举妄动，也不能错失时机。

**若是若非，执而圆机。**

是是非非，大是大非，无论是官方的意识形态，还是民间的日常生活，似乎都理得很清。其实仔细想想，诸如善恶、是非、美丑这些，有严格的界线吗？它们甚至是一体的。因此满苟得说，是非像个圆一样，哪是起点、哪是终点呢？

**独成而意，与道徘徊。**

象由心生，取象成理，理即道的投射。这句是说，所谓真理吧，不在哪一边，在一个拥有独立心智意志者的心里，最理想的状态，应该是与天地大道、人情事理相融合、共起伏的。

**无转而行，无成而义，将失而所为。**

天地有定行，但人不能专行；天地有大义，而人不能来定性什么是义。老子的"四不自"、孔子的"四毋"讲的都是类似的道理，就是说不要拘泥于教条。

**无赴而富，无殉而成，将弃而天。**

这句说的是价值观的问题，即不要拿全部的生命去换取富有，也不必用全部生命去追求什么成功，人生很难得，生命很可贵，人的意义与格局原本很大，是言说探索不尽的，有太多美好的东西等待人们去感受，不能为了财富与成功抛却自己的天性，错过人生的风景。

**比干剖心，子胥抉眼，忠之祸也；**

比干被剖了七窍玲珑心，伍子胥临死前要求将眼睛挖出来挂在姑苏城的东门上，这都是忠诚惹的祸吧。如果不忠，要么跑路，要么反叛，起码不会有这样的祸事。

**直躬证父，尾生溺死，信之患也。**

"直躬证父"的典故为：直躬很讲诚信，他的父亲偷了羊，直躬毫不犹豫地告发了。及至父亲被判死刑，直躬又请求代父受刑，父亲才得以释放。直躬和尾生这两个人都是愚直愚信，其中包含太大祸患，根本要不得。

**鲍子立干，申子不自理，廉之害也；**

前文讲的鲍焦和申徒狄，都是因为过于忠直廉洁，一个抱树而死，一个投河而亡。两人的死，都是由于内心廉洁的观念所害。如果没有这样的观念，他们有老婆孩子热炕头，这样活着未必不是一件好事。

**孔子不见母，匡子不见父，义之失也。**

孔子因为讲仁求义，被迫流亡列国，母亲至死也未见上一面，孝何在呢？齐国的匡章，为人很正义，向父亲激烈谏言，惹怒父亲被逐出家门。这两人与至亲骨肉分离是什么原因造成的？一个义字。太讲义气，以至于损害到与父母的感情，那么这种义究竟如何，也要打个大问号。

**此上世之所传，下世之所语，以为士者正其言，必其行，故服其殃，离其患也。**

以上这些，都是一代一代传下来的，被世人广为传颂的人与事。士人都觉得，要以这些人为榜样，听其言，信其行，才能远其殃离其祸。其实呢？未必。

到这，这场对话就打住了。没有结果，但却发人深省。子张的观念，现代人仍在奉行。满苟得则将一切价值、一切意义都颠覆和击碎了，今天也不乏这样的思想。他讲的确实是很管用的处世原则。

## 无足与知和

这里是无足与知和的对话，《庄子》一书多所采用象征或寓言的手法，读来很有意思。

无足对知和说："人卒未有不兴名就利者。彼富，则人归之，归则下之，下则贵之。夫见下贵者，所以长生安体乐意之道也。今子独无意焉，知不足邪意知而力不能行邪，故推正不忘邪？"人吧，没有不图扬大名、谋大利的。一个富有的人，人们都会归附，不是一般性归附，而是自甘谦卑地归附。这样一来，富有的人自然就显得尊贵了。一个人活着很尊贵，就会心宽体健精神好。以此来看，富与贵，是多么诱人的事啊！你知和怎么会对此无动于衷呢？是智商不高，还是能力不够呢？或者是推行什么正道而视名利为妄邪呢？言外之意，这么好的事情都在往外推，你脑子有毛病吧。

知和答了这么几层意思："今夫此人以为与己同时而生，同乡而处者，以为夫绝俗过世之士焉，是专无主正，所以览古今之时，是非之分也，与俗化世。去至重，弃至尊，以为其所为也。"这是说眼界胸怀和人的攀比心理：假如眼下有这么一个人，与身边人相比较，觉得自己方方面面还不错，就沾沾自喜的。那眼界也未免太狭隘了吧，说明一点大视野都没有。可以断定，人们看人判事一定是充满主观偏见的，尤其是对古往今来的事情，一定是世俗且随大流的。这样的人一定会本末倒置，对于孰重孰轻、孰尊孰贱根本就不清楚。以身心去追求名，以生命去追求利，而且全部投入，对于根本性的问题浑然不觉，这样的行为简直就不可理喻。

**此其所以论长生安体乐意之道，不亦远乎！**

名与利真的能强身健体、养精蓄神、愉悦身心吗？恐怕不是这样吧。长生安体乐意之道，也就是长寿、健康、快乐，不仅是道家修炼的目的，也是人生在世的追求。这个话题用今天的话讲，即什么是幸福之路？无足的意见在于名与利。知和的意见是，名与利太肤浅了，人的内心是何等博大啊！恐怕内在的修行与构建才是正道，而不能过分依赖于外物。

**惨怛之疾，恬愉之安，不监于体；**

悲惨担忧会造成痛苦，恬静愉悦会带来安稳，这是常识，连这些最基本的东西身体都感受不到，又怎么会懂得什么是长生安体乐意之道呢？

**怵惕之恐，欣欣之喜，不监于心；**

胆战心惊源自恐惧，欢快欣然源自喜悦，连这个都体味不到，还奢谈什么修养和幸福之道呢？

**知为为而不知所以为，是以贵为天子，富有天下，而不免于患也。**

知其然而不知其所以然是很要命的，这个样子即使贵为天子，富有天下，也并不会懂得真正的快乐，同样是难免忧患的。应该说，知和讲得挺好，名利能带来幸福感，但并不能解决根本问题。即使锦衣玉食者，也有悲戚忧伤；即使衣食不足者，也有其乐陶陶。这就是颜回"一箪食，一瓢饮，居陋巷，人不堪其忧，回也不改其乐"的原因。快乐从来就不是一种外在的获取，而是内在的涵养与能力牵涉到物质与精神的辩证关系。物质富足不一定幸福，缺少物质未必没有快乐。

**无足说：夫富之于人，无所不利，**

财富对于一个人来说，好处显而易见。其实不只对人，对一个国家也是如此，财富有什么不好吗？但饱暖思淫欲，之后一定有个过度和变质的问题。

**穷美究势，至人之所不得逮，贤人之所不能及。**

名也好啊，一个大名人，能占尽天下美事，拥有无上权势，这点是"至人"无法获取的，也是"贤人"所无法达到的。很明显，无足讲的世俗观，也是当时主流的价值观，换句话说，一个人既富有又有名，有什么不好呢？这本身就是一种态势和力量，足以呼风唤雨，比起做至人、当贤人明显要威风凛凛得多。

**侠人之勇力而以为威强，秉人之知谋以为明察，因人之德以为贤良，非享国而严若君父。**

"侠"，通"挟"；一个富且有名的人可以号令天下，虽然自己没有勇力，却可以调动天下勇力作为自己的威势；自己可能没有什么智谋，却可以将天下智谋之士收入彀中为己所用；虽然自己可能德行修为不够，却能够借助有德者的品行装饰或充实自己；虽然并非诸侯国君，但却拥有像君王一样的权威。事实确实如此，财富可以构成莫大的力量，最典型的类似《基督山伯爵》所讲的故事，如果没有许多财富，一个水手的复仇能有这么精彩吗？这也是一些现代企业称为商业帝国的原因，因为掌管相当财富的人，能量和影响力是非常大的。

**且夫声色滋味权势之于人，心不待学而乐之，体不待象而安之。**

人啊，都喜欢好听的、好看的、好吃的以及无上权势，概莫能外。对于富甲天下的人，如此的享受唾手可得，随时都有，不好吗？

**夫欲恶避就，固不待师，此人之性也。天下虽非我，孰能辞之！**

什么人能抵挡住这样的诱惑呢？恐怕人们做梦都是这些吧。非要违背人性，不让人想这些东西，怎么可能呢？这是基本的人性啊。应该说，无足讲了实情。诸如佛道的修为，或者说根本出发点，是想让人远离这些诱惑。这又何其之难呢？也正因此，学佛修道注定是极少数人的事。很多人去信，也是信对自己有利的。比如大部分人叩仙拜佛的目的，无非是满足自己的某些心愿；满足不了，还会指责嘀咕神佛不灵。

知和说："知者之为，故动以百姓，不违其度，是以足而不争，无以为，故不求。"智慧的人做事情，心中首先考虑的是广大百姓，而且从不违背事情的限度，因而并不会去争抢什么。不争抢，因而无欲无求，这才是真正的身安心安吧。其意为，资源是有限的，而人的欲望是无限的，智慧的人将心比心，首先设身处地地为他人着想，因此不会起争抢之心，终得真正的安心。而争名逐利者呢？基本是绞尽脑汁、削尖脑袋，虽然可能争抢到了一些，可真的身安心安吗？未必，恐怕挣扎纠结得更厉害，哪有什么真正的幸福快乐可言呢？甚而至于是压力山大、心力交瘁的，濒临崩溃的边缘。这个讲法就更理性了，现代社会不就是如此吗？今天这一现象仍普遍地存在着，如何解决？没招。人就是这么回事，人类社会也就这点事情。从理论上搞清楚又能怎样？实际是怎么回事还是怎么回事，但问题是无法从根子上解决的。

**不足故求之，争四处而不自以为贪；有馀故辞之，弃天下而不自以为廉。**

这是一个浅显的道理：由于不足，因而大家都去争，还理直气壮，并不以为是贪婪，其实有什么风范可言呢？

**廉贪之实，非以迫外也，反监之度。**

什么是"廉"？什么又是"贪"？廉从来都不是做给人看的，不去迎合外界的评判才好，自己心中应该有个衡量标准和限度才是。具体做法是：

"势为天子，而不以贵骄人；富有天下，而不以财戏人。"其意思为：即使身为天子，也不能洋洋自得，傲视他人；即使富甲天下，也不能以财富戏弄他人。这点表面看是讲修养的，往深处看，其实是讲同化和异化的问题，人吧，该在哪些方面趋同，该在哪些方面求异，这才是应该思考的问题，不能仅仅通过穿衣戴帽就能解决。

**计其患，虑其反，以为害于性，故辞而不受也，非以要名誉也。**

人要看长远，想深远；无论做什么事，都要看是否存在祸患，更要考虑到可能适得其反的应对措施。比如，名呀利呀，人人都说好。它的好处确实不少，坏处也是显而易见的，会伤害到人的本性，会反蚀人的灵魂。因此有时推辞名利不受，是人们发自心底的。比如，尧舜治理时四境安稳，并非是推行仁的结果。善卷、许由对于帝位推辞不受，并非装模作样，而是确实无心作天子，怕妨碍到自己内心的平和安静。

**此皆就其利、辞其害，而天下称贤焉，则可以有之，彼非以兴名誉也。**

类似尧、舜、善卷、许由这样的做法，都是很明智的，利于自身，远离祸害，天下人都称之为贤人。这样的做法可取，这样的名声也是可以接受的，名是副产品，并非他们沽名钓誉。

**无足说：必持其名，苦体绝甘，约养以持生，则亦久病长厄而不死者也。**

虽然他们的名声荣誉不是主动求来的，但为了维持自身的好形象、好名声，同样也很辛苦呀，对自己很苛刻、生活也蛮清苦。如此极致的俭朴，一点享受都没有，他们与重病垂死的人有什么不同呢？应该说，无足这个反问也不错，活着什么也不舍得吃，什么也不舍得喝，一味地维持最低标准，活个什么劲呢？纯粹作为个体自身的乐趣倒还可以，但作为一个推广至天下的标准，绝对是没有一点可能的。对于这种苦行僧式的生活方式，人们可能只是口头称赞和同意，天下真正效仿并做到的又有几人呢？

**知和讲："平为福，有馀为害者，物莫不然，而财其甚者也。"**

这个"平"的意思是刚刚持平够用，也可以理解为平均，但什么是够用呢？满足基本的生活算够用，还是支撑起奢华的生活算够用，没有标准的。这句大意为：财富嘛，足以维持生活即可，多了反而是祸害。万事万物都是如此，维持一定的限度最好，超出这个限度就一定有问题，这个原理在财富方面的表现尤为突出。确实是这样的，面对不同的财富支配权，人的心态是不同的，超过一定的量，有些人会心态失衡的。

**今富人，耳营钟鼓管籥(yuè)之声，口嗛(qiè)于刍豢醪醴之味，以感其意，遗忘其业，可谓乱矣。**

看看现如今的富人吧，天天笙歌宴乐的，听着小曲，吃着美食，意志颓废，遗性忘本，生活糜烂。比如，"鹿台""迷楼""销金窟"不都是如此吗？

**侅(gāi)溺于冯气，若负重行而上阪，可谓苦矣；**

"冯气"，即"暴虎冯河"，形容莽撞，赤手空拳就敢去打老虎，赤着脚挽起袖腿就敢去过河。这话的大意为：一味沉溺于享受，分明就是暴虎冯河嘛，就像负重上山一样，既糊涂又无知，无非是深味人生之苦罢了，哪有什么真正的快乐可言！

**贪财而取慰，贪权而取竭，静居则溺，体泽则冯，可谓疾矣；**

靠钱财来求得心灵的安慰，靠权力来拥有一切，无事闲居时懒散，身体肥胖时抱怨。这都是病，都得治。这句话确实讲得有水平，赚取足够的钱就心灵平和了？有了权力就能拥有一切了？怎么可能？

**为欲富就利，故满若堵耳而不知避，且冯而不舍，可谓辱矣；**

贪图钱财哪有满足的时候，这分明是掩耳盗铃，只知埋头拉车而不知抬头看路啊。到了这种程度还一味莽撞而不知醒悟，不是自取其辱吗？

**财积而无用，服膺而不舍，满心戚醮，求益而不止，可谓忧矣；**

即使积累了数不清的财富又有什么用呢？用得过来吗？广厦千间，夜眠八尺；良田千顷，日食三升。有全天下的粮，吃得了吗？有全天下的钱，能花几个？守财奴，死守着财物不知分享、施舍和放手，反而满心忧虑的，怕他人花了用了，怕儿孙败光了，不是典型的杞人忧天吗？

**内则疑劫请之贼，外则畏寇盗之害，内周楼疏，外不敢独行，可谓畏矣。**

财富多了，就会被这些财富所束缚与奴役，今天怕小偷了，明天怕强盗了，生怕有一点闪失，一个人连门都不敢出，这不就是畏惧吗？有了财富反而畏首畏尾，是财富拥有人呢？还是人拥有财富呢？这是个问题。这也是庄子讲的"君子物物，而不物于物"的道理，正确的做法应该是人掌控使用物质，而不是物质绑架人。

知和讲，关于人因财富而生的"为其所乱、为其所苦、为其所疾、为其所辱、为其所忧、为其所畏"的六种情形，是天下的大害。古今中外多少人为其所害呢？那么耗费全部的身心去争名夺利，除了愚蠢，还能说什么好呢？

知和所讲的真是醍醐灌顶式的道理。相比这个，现在的那些心灵鸡汤，不过是稀释了成百数千倍才拿去贩卖的，人们喝了，还觉得味道不错。事实上，真正的救世之药，在诸子百家中。这恐怕也是古人常讲的"上医医世，中医医人，下医医病"。

# 陆 让 王

"让王"说的是上古禅让制。对此,后人有两种看法:一种是高尚说,推贤让能;一种是阴谋论,表面上禅让,实则是逼宫。也许,两种情形都有。看看《庄子》一书怎么说的,毕竟站立点比我们更靠近那个时代,看得应该更真切些。再说了,以庄子的见识和思想力,谈谈这件事,肯定有独到的见解。我们认为,庄子也是就事说事,表面写上古相互推让王位的事,实际上是讲人的精神境界、处世原则。

## 让 位

尧年老了,想将王位让给许由,许由不接受。为什么不接受呢,许由觉得尧的这个提议弄脏了自己的耳朵,就跑到河边洗耳朵。

正好巢父饮牛遇到了,觉得奇怪:许由,你在做什么呢?

许由:洗耳朵。

巢父:好好的,洗什么耳朵?

许由:尧想将王位传给我,脏了我的耳朵,就来洗洗。

一听这话,巢父就不高兴了:真是矫情,不接受就不接受嘛,至于来河边洗耳朵吗?真是莫名其妙。

巢父认为许由的做派有点过了,简直是污染了河水,于是牵着牛到上游饮水去了。

后人称这些精神为"清洁的精神"。

其实应该是"精神洁癖",须知,这是尘世,能一尘不染吗?

人的观念原本是很单纯的,因为社会的发展、新生事物的增多,观念才逐步多元，甚至相互矛盾抵触。尧所处时代，所谓的王，其实也就是部落首领、氏族族长，智慧在他人之上、干得比他人多，可能是真正的"公仆"，担子重，至于好处倒不见得有多少。因此，有人不愿当王，也很正常。后人可不会设身处地地理解这个，以为那时的王真是后世的"皇帝"，谁都想做；因而作出推测，编造的版本就很多了，一个比一个离奇。

有种说法：尧是被舜囚禁起来夺取王位的；舜是被禹所杀的，死无葬身之地。远古之事，人们怎么推测都可以理解。至于古人对此的看法，其实稍作分析就会有个大概的轮廓。《庄子》一书中没这段，而在其他书中有相关的记载。

许由不干，尧又继续考察，想传位给子州支父。

子州支父也不愿意，理由是："让我做天子倒也可以，但我患有幽忧之病，正在治疗，哪有工夫治理天下呢？"子州支父所说的"幽忧之病"是什么病呢？一定是思想问题或心病了，或者干脆就是个托辞，似乎与今天所讲的抑郁症有关。

庄子认为，天下是何其珍贵、何等重要，竟然有人不愿意为了天下而有损自己丝毫的健康？那么，这样的人眼里还有什么更重要的呢？大概只有那些并不想在天下有所作为的人，才可以托付和接受天子之位吧。这个看法就这么平平看过去，肯定没有领会到庄子的深意，其实庄子有两层意思：一层是人多么神奇呀，有的人心中，竟然还有比天下更为重要的东西，竟然觉得自己的健康比整个天下重要得多，这个人是什么样的人呢？让人不免刮目相看。另一层则是，就人性而言的，考虑任何事情一般都是做利害选择的，由此可见，真正接受天下的人一定是看中了其中某些好处。既然这样，在他心里，做天子就不是为了天下人，明显是为他自己。后世之人可不就这样，人人都想做皇帝。如果真的是"宁以一人奉天下"，作出佛祖割肉饲虎般的牺牲来，那么这个皇帝谁稀罕呢？现实情况是，皇帝无限伸张意志与欲望倒是顺理成章的，以至于稍稍收敛节制点的，都是有名的明君。这有什么道理呀？可人世间，就这点讲究、这点道理，不能说破。如果说破了，就趋于虚无了。

后来尧传位于舜，还以陪嫁两个女儿为代价。及至舜年老时，在选取接班人时又遇到了同样的问题，想传位给子州支伯。子州支伯也来了句："我患有幽忧之病，正在医治，哪有闲暇治理天下呢？"后世的人，即使瞒着病情、忍着病痛，也要去做皇帝、争个位置。

舜又想把天子之位让给善卷，善卷说了这么段话，说得很精彩："余立于宇宙之中，冬日衣皮毛，夏日衣葛绨(chī)。春耕种，形足以劳动；秋收敛，身足以休食。日出而作，日入而息，逍遥于天地之间而心意自得。吾何以天下为哉！悲夫，子之不知余也。"这话无须翻译，既有经典的句子，又有深刻的道理，境界宏阔，充满着波澜不惊的气象。其中包含有四层意思：其一是我处于时空之中，天冷了穿毛皮衣服，天热了穿轻凉的葛衣，这是知冷知热。其二是春天耕种，有事可做；秋天收获，有粮可吃，日出而作，日落而息，这是知静知动。其三是逍遥于天地之间，身心其乐融融，要一个天下做什么呢？这是知己知足。一个人懂得自己，知道自己想要什么其实是很难的。比如，自问一句：我想干什么？想成为什么样的人？拥有什么才能满足呢？恐怕是百感交集、各种思绪纠葛于脑中，一时半会儿回答不出来。所以说，一个人知道自己想要什么，才有方向感，否则真就是处于汪洋大海之上，不知所往所终了。其四是"悲夫，子之不知余也"。千万不要以为这句仅仅是指责舜的：可悲啊，你也太不了解我了。这里隐藏着两个问题：其一，人需要理解吗？如何理解一个人呢？关于前一个问题，有人真的需要理解，甚至千方百计通过种种手段去寻求他人的理解；而有的人的世界是高度自治、自给自足的，根本就不需要理解，他人既进不去，也了解不了。其二，如何正确理解一个人？一定得放在具体的事情上，全面地从整体上理解一个人，特别是对于一个有思想的人，几乎就是不可能的事情。比如，有的人做个诗人是大诗人，做个丈夫或父亲就很糟糕了，李白似乎就是这样。那么，我们如何理解作为诗人的李白与作丈夫或父亲的李白呢？该将两者分裂还是统一来看呢？恐怕很难，得结合具体的语境和需要来看。这也是大思想家自成孤岛的原因；同时也揭示了一个道理，人们以自己的心来揣度他人时，真对吗？我们喜欢什么他人就喜欢什么吗？我们反对什么他人就反对什么呢？很多误解恐怕都由此而生。真正理解一个人，得通过具体事一件件、一项项去了解。这样，又回到第一个问题了，完全无关的一个人，真有了解的必要吗？恐怕大可不必，只寻求共通的部分即可。这是认识论，也是重要的人际关系学。

善卷怕舜再次找上门来麻烦自己，干脆躲进深山里去了，不知所终，也从历史上消隐了，就留下了这个名字、这句话。

自己年长了，位子总得有人接吧，舜想让位给自己的朋友石户之农。石户之农的态度则是："卷卷乎后之为人，葆力之士也。"这个态度很暧昧，看似表扬赞美舜：你呀，做事实在是太用心尽力了，真的是鞠躬尽瘁啊。就这么一句评价，至于是否接受并未当面表态。但事后，石户之农带着妻儿驾船出海，再也没有回来，只留了句含糊的话和极端的态度。

这则故事到这就结束了，本篇倒数第三段还有一则类似的事情，提到这里来说。舜又想将天下让给朋友北人无择。北人无择说："你这个人为人处世也太奇怪了，本来就是个种田的农夫，却投到尧的门下，接过天下的重担。你自己去做这件事倒也算了，现在却拿这个破事来烦我，分明就是对我的侮辱，我再也不想见你了。"于是，纵身一跃，投入清泠之渊死了。何其极端，何其决绝！

当时的天子之位，这么多人推辞不受，绝非空穴来风的杜撰，一定是有时代背景的。其实翻翻《史记》就约略知道了，当时的天子是很苦很累的，陶唐虞舜，都与职业有关，一个制陶，一个打鱼，既要干活养家，还要操心部落。大禹为部落的事竟累到偏瘫了，这样的苦差事无人来做就不难理解了。在当时，做个部落领袖，跟今天做个大镇的镇长其实差不多，事情很烦人还很难办，而实惠可能比一个镇长还要少。这点参考猴群管理就可以看出来，一个猴群到了一定的数量规模，就必然面临分群的问题。但人类社会不同，分群后还有个群体间的联合问题，就当时松散的社会结构而言，部落首领要做工，要管理本部落，还要联合其他部落，肯定是艰难的。在这种情形之下，有人逍遥自在不愿干是很正常的。至于后世的转述与表义，都是一代代后人们提炼和赋予的，越往后，提炼得越微妙，表述得越多样，意义也越重大繁复。其实在当初，对于当事人来说，就是个想不想干的简单问题。

让，是一种自由，也是一种权利。

让，无他，不想干呗。

## 让 地

古代的人们不但让位，还让土地，这与后世的主权意识完全不同。也可以看出，主权意识，实质是私有制的产物。

大王亶父，也就是周文王的祖父，住在邠（bīn，通豳，即豳地）地，位于周朝镐京近郊，大概在西安户县以西、旬邑县以南这一带。豳地靠西，因此经常受到狄人的骚扰攻击。狄人即西北的游牧民族，且人家都是骑兵，机动性很强，来得快去得也快，住在边地是很令人头疼的事。周朝就是因此而东迁的，历朝历代，对于这个问题都很犯难。

大王亶父对此也是想尽了办法，最初给狄人点皮毛绸缎之类的，人家不收；给点马匹猎狗之类的，人家也不收；给点珠宝玉石之类的，人家还是不收。不收的原因很简单：其一，这点东西杯水车薪，根本无济于事。其二，有些东西人家不缺，比如马；有些东西人家无用，比如珠玉。其三，在狄人看来，你的就是我的，需要时随时取用即可，收了礼反而不好下手。

狄人想要什么呢？土地。西北那么荒凉的地方实在不好生存，能在豳地过上豳人一样的生活再好不过了。面对这么个要求该怎么办呢？打又打不过，赶又赶不走，收买也收买不了。因此，大王亶父就召集族人说了这么一段话，说得很微妙："与人之兄居而杀其弟，与人之父居而杀其子，吾不忍也。子皆勉居矣！为吾臣与为狄人臣，奚以异！且吾闻之，不以所用养害所养。"这里说了三层意思：其一，与兄长居住在一起却杀了他的弟弟，与父亲居住在一起却杀了他的儿子，我实在是不忍心。既然打打杀杀解决不了问题，那就别打了吧，都有死伤，怎么见面呢！实际情况呢？狄人民风强悍，肯定是实力悬殊才想离开的，谦让只是个冠冕堂皇的借口而已，况且未必是大王亶父自己说的，很可能是周朝成立后美化的结果。其二，我该走了，我是族长，不可能不走，如果不走，狄人来了命都保不住。至于你们，还是好好生活在这片土地上吧，做我的臣民与做狄人的臣民，都是做臣民，没有差别的。到这可以看出，这话是周朝取代商朝后说的，宣扬的意思很明显，做我大周的臣民与做殷商的臣民一样嘛，我们周人的祖先就是这样教育我们的。看吧，多么高尚的说法与意义。其三，我听说，不能因为养育我们的土地而残害生活在土地上的民众啊。这个道理确实很厉害。大地是无私无怨、厚德载物的，是养育其上万物的。那么，我们不能为了点土地，就将生活在上面的一些人赶尽杀绝吧，即使是恶人，也不能够。这个讲法，看起来却是一种高远的眼光和人道主义的和谐观念。

讲完这番话，大王亶父就离开豳地了。民众也一起跟着，并不想做狄人的臣民。他们一块到了岐山中建立起了新的国家。之所以西迁是因为往东的土地都是有主的，只有往荒僻之处去。这块地方，后来周幽王之乱后，秦人护驾有功，周平王将这块土地赐予了秦人，是秦人后来一点点打拼和巩固起来的。

这则故事很简短，透露出的信息却非常之多。庄子对大王亶父的评价，用了两个字"尊生"，即尊重生命，把生命看得比自己的地位权力重要。这样做的益处是什么呢？"能尊生者，虽贵富不以养伤身，虽贫贱不以利累形。"其大意为：即抱有如此豁达观念的人，即使处于荣华富贵之中，也不会因为享受而损害到健康；即使处于贫贱之中，也不会因为贪图点利益就置生命于不顾。庄子接着说，当今居于高位的人，孰轻孰重还没搞清楚，见到名利，连生命都肯舍弃，岂不是太糊涂了。那么，对于只有一次的人生而言，什么才是最珍贵的呢？这无疑是个哲学的根本问题。

这个让，可不是一般意义上的谦让，而是让物而惜命、让末而惜本。


# 让 君

这段讲的是越国的事，即"越人三世弑其君"的典故。越国在勾践领导下灭了吴国，国势达到了巅峰。勾践去世后，内乱不断，连续发生了多起弑君事件。第一次是公元前448年，太子朱勾发动政变杀了越王不寿取而代之。第二次是公元前375年，越王翳的弟弟豫企图杀掉太子诸咎。诸咎不得已起兵政变，连越王翳也一块杀了。没多久，越国政坛又起变化，连诸咎也被杀了。第三次是公元前363年，王子思弑越王，立无颛为王。这里的"三"可能只是个概数，其实远不止这三起。

宫廷总是为王位而相互残杀，最可怜的是诸王子们，做个寻常人都不可能。王子搜，有人考证，很可能是诸咎的儿子，名叫错枝。这名叫得像真是错生王家，错当王了。"搜"，得名于搜出来的，后人便这样称呼了。春秋战国类似的绰号很多。

越国人对弑父上位的诸咎不满意，便起兵将其杀了。王子搜得知消息就跑到山中藏到了一个洞里。杀了诸咎，越国不能没有王吧，国人便四处寻找王子搜，找到藏身的山洞，王子搜就是不肯出来。国人便点上艾草用烟将其熏出来，硬是把他推上了越王的车子。站在车子上，王子搜仰天长叹："国君啊国君，难道非得我来做吗？"一副心不甘情不愿的样子。

对于此事，庄子的看法：王子搜啊，所厌恶的并非是国君之位，而是担心做了国君后的祸患。这样的人，才是真正明智的人，不肯因国君之位而伤及自己的生命。不想做，却非要你来做，这就是越国人想让他做国君的原因吧。想做的人很多，为什么国人不同意呢？原因前面讲过，想做国君的，都是盯着好处而去的。真做了国君只顾自己的好处，不太会顾及民众的。越国国君总是被杀，王子搜也不想做，千万不要以为就无人想做了，想做的人多的是。这个搜做王仅一年多吧，又被杀了——事如其名，"错枝，错枝"，生错枝头了。

这个让，虽然诚心，却是无奈之让。

## 让　势

韩、魏、赵都是晋国大夫，后来联手分了晋国，因为分赃不均，三家跟仇人一样，经常因争地盘而连年征战。三国民众苦之久矣。庄子通过子华子与韩昭僖侯的对话谈了对此事的看法。

子华子，历史记载不多，晋国的贵族之后，颇有些见解与修为。昭僖侯，即韩昭侯，与秦昭襄王同一时期。秦昭襄王是什么角色？就是芈八子的儿子稷，在位时间长，武功赫赫，著名的长平之战就是其在位时开打的。与这样的一个君主处于同一时期，是其他君主，特别是与秦为邻的君王们的悲剧。

一天，子华子去见韩昭僖侯，见昭僖侯面有忧色。韩国四战之地，且遇了秦昭王、魏昭王这样的厉害角色，能没忧色吗？"昭"谥法中的解释："容仪恭美曰昭、昭德有劳曰昭、圣闻周达曰昭"，也就是说，"昭"都是有大作为的。军队节节败退，国土连连丢失，昭僖侯能不愁吗？

子华子一看就明白怎么回事了，便开导了几句，但面对君王，讲得比较委婉："今使天下书铭于君之前，书之言曰：'左手攫之则右手废，右手攫之则左手废，然而攫之者必有天下。'君能攫之乎？"假如无须打仗，立一张关于天下的文书放到意图争霸的诸侯国君面前，并订这么一条规矩，左手抢到这张文书就砍了右手，右手抢到这张文书就砍了左手，但谁抢到了天下就是谁的。

如果是这样的话您愿意去抢吗？

韩昭僖侯说：不愿意。

子华子说：非常好。在您的眼里，一定是两臂要比天下重要，身体要比两臂重要了。以这样的逻辑推理，韩国一定不如天下重要。当前，与魏国争的那块让您大伤脑筋的地盘，一定不如韩国重要吧。但是，为这么个不重要的东西，国君整天忧伤苦恼，都到了损伤身体的地步，真值得吗？

韩昭僖侯一想，对呀，天下、双臂、身体、韩国、边地，哪个最重要呢？整个天下都还没有双臂重要，为这么一块小地方就愁眉不展、身体患病，确实不对啊。

昭僖侯于是赞叹："讲得真好，对寡人的启示实在是太大了，我从来都没有听过这样的道理。你才是真正懂得何为轻重的人。

这个故事，是很经典的。其实，刑法对人的管束就是这样的道理，什么轻什么重自己权衡吧。但似乎是法律越是健全，犯罪花样也就跟着翻新。而且，即使是枪毙或监禁两百年，人们依然是前赴后继地犯重罪。这又如何理解与解释呢？明代枏堂禅师有句偈子"天下由来轻两臂，人间何故重连城？"天下与两臂之间，人们大都会选择两臂，那么天下人又何以会因看重价值连城的宝物而投入整个生命呢？努力赚钱与持刀抢钱，虽然形式途径不同，但目的是一样的。为了名利，人真的值得为之乐、为之愁，为之死、为之生吗？

说实话，在这个问题上想与做是两回事。道理想想即可，具体该怎么做是自己的事。强求不来，也没法去统一。

## 让 财

鲁哀公听说颜阖是个得道的贤人，便派使者去送些礼物。颜阖像颜回一样，住在鲁国的偏远乡村，日子过得很清苦，穿着粗布衣服，亲自喂牛。有使者来了，颜阖出门迎接。

使者：这是颜阖家吗？

颜阖：是的。

使者立即奉上了国君的礼物。

颜阖并未接受，而是对使者说：国君真是要送礼给我这个颜阖吗？你可得搞清楚了。叫颜阖的人恐怕不止我一个。搞错了，怕是要受责罚呢。

使者一听，是这个道理，于是返回仔细核对了一下，没错，就是送给这个颜阖的，又再次登门了。谁知这次登门，颜阖早搬到别处去了。

这是个很符合情理的故事。世外高人，怕自己的清修被打扰。后来，这个版本越演越传奇了，产生了一个"颜阖凿墙"的典故。说的是鲁君的使者来时，并不认识颜阖，颜阖却猜出了其使者的身份。便说，你等着，我给你叫颜阖去，回到家凿开后墙溜之大吉。这种做派，与许由洗耳一样，"作"的程度确实有点过了。细读经典，类似的做派很多，各家都有，道家最多。

对此，庄子的评价是："像颜阖这样的人，才是真的厌恶富贵的人。于是生出下面的感慨：'道之真以治身，其绪余以为国家，其土苴以治天下。'"对于人而言，道最精华最纯粹的部分是用来修养身心的，剩余的才是用来为国为家的，最糟粕的部分则是用来治天下、建功业的。这个观念影响中国文化至深，有修为的道家高人都有无事则隐、有事而出的做派。

**由此观之，帝王之功，圣人之馀事也，非所以完身养生也。**

从这个角度来看，世人所谓的帝王之功，不过是圣人们顺带做的事情，根本就不是正事，不过是完其身、养其生的方法途径之一。这个观念确实好，人赚钱是该为了身心健康，还是该舍弃身心健康去赚钱，这二者背后是完全不同的概念与人生。

**今世俗之君子，多危身弃生以殉物，岂不悲哉！**

其大意指，现如今那些君子吧，都是舍弃生命来追求名利等一些外物，岂不是很可悲吗？

**凡圣人之动作也，必察其所以之与其所以为。**

其大意指，圣人无论去做什么，都搞清楚两个东西，一个是"所以之"，依据什么来做；另一个是"所以为"，为什么做。前者是方法问题，后者是意义问题。这点与佛家"菩萨畏因，凡夫畏果"基本一致，菩萨即有修为的人，关注的是原因或者说能看清原因；而普通人呢？关注的则是结果，或者说只看到结果。

**今且有人于此，以随侯之珠弹千仞之雀，世必笑之。是何也？则其所用者重而所要者轻也。夫生者，岂特随侯之重哉！**

其大意指，假如现在有这么一个人，用极其宝贵的珠子去弹射高处的鸟雀，世人一定会嘲笑他的。什么原因呢？舍本逐末，舍重逐轻。其实仔细想想，世人们何尝不是如此呢？拥有宝贵的生命，不懂得保养保护，却去追求一些子虚乌有的东西，这样值得吗？生命，一定是比宝珠更珍贵的东西呀！

## 让　食

　　这则故事是从《列子》一书中搬过来的。列子居住在郑国，生活穷困，营养不良，面有饥色。有人看不过去，便对郑国宰相子阳说："列御寇这个人，是著名的有道之士，现在居于郑国却如此贫困，传出去给人什么印象呢？会说您爱才好士吗？"子阳一听有道理，便派官员给列子送些吃的。列子却推辞不受，送走来人后列子回到家。其妻手抚胸膛怨恨地说："我听说，作一个有道之人的妻子，日子过得都挺安逸快乐的。你也算是个有道之士吧，可把日子过到什么程度了，连吃饭都成问题。宰相派人送来粮食，为什么还拒不接受呢？岂不是受苦的命吗？"

　　列子笑着对妻子讲了这么句话："君非自知我也，以人之言而遗我粟，至其罪我也，又且以人之言，此吾所以不受也。"郑国宰相并非了解我才赠送我粮食的，而是听了别人的建议才送我粮食的。这样的话，别人如果建议他惩处我甚至杀了我，他也会听的，这就是我不接受的原因。后来，国人作难杀死了子阳。看看，列子这个人见识是很远的。

## 让　赏

　　楚昭王，即楚平王的儿子。楚平王杀了伍子胥的父亲和兄长，流放了太子建，逼得伍子胥投奔吴国，多年后他率军攻入楚国，这时楚平王已经死了，在位的就是年幼的楚昭王。屠羊说(yuè)是楚昭王手下一个宰羊的屠夫，屠羊是其职业，名字叫说。

　　吴国攻破楚国时，屠羊说一直紧紧跟随着楚王逃难。等到申包胥哭秦廷搬来救兵，打退了吴军。昭王就返回了国都，对追随自己共患难的人全部论功行赏，以表示对忠诚的嘉勉，当然也赏到了屠羊说。但屠羊说推辞不受：

当初，大王失了国家，我也就跟着失去了屠羊的工作。现在大王回国了，我回来接着宰羊即可，工作有了，薪俸有了，也就不需要什么赏赐。

楚王不同意，让他必须接受赏赐。

屠羊说：大王之所以失国，不是我的罪责，如果惩罚到我，我肯定不接受；大王能够返国，也不是我的功劳，我就是一个杀羊的屠夫，不敢接受这样的赏赐。

一听这话，根本不是一般人能够讲出来的，楚王便立即召见屠羊说。

没想到屠羊说压根就不来：根据楚国的法令，必须立有大功、受到重赏才能受大王的接见。我呢，就是一宰羊的，一无所长，论智慧，不能保存楚国；论勇敢，不能上阵杀敌。再说了，吴军攻破郢都后，我不过是想逃难，侥幸跟大王走了一路而已。现在，大王却想废弃国法来见我这样一个人。对我来说，这并非名扬天下的途径，这个名啊，我还是不出的好。

能够这么说的人，绝非常人。楚王便对司马子綦讲："屠羊说虽然处于卑贱之位，但所讲的道理实在是太高明了。你去请他出任三卿之位。"

屠羊说：三卿之位，比宰羊的位置要尊贵得多；万钟俸禄，比宰羊的收入要高得多，但我怎么可以因为接受这样的尊位和俸禄，而让大王受到他人的指责与非议呢？这个事我万万不能接受，我还是踏踏实实回到羊圈宰羊的好。

的确，一个宰羊的屠夫仅仅因为跟着楚王逃亡，就受到三卿之位的赏赐。那么，那些为复国立有大功的人，该怎么赏呢？比如申包胥，比如拼杀疆场的战士。这个屠羊说果然厉害和智慧，一旦接受了赏赐，恐怕就会走到所有人的对立面；不接受，则会受到所有人的尊敬。当然，从做派和说辞上来看，屠羊说确是性情散淡的高人，最后，仍没有接受楚王的任何赏赐，踏踏实实地当了一辈子的宰羊人。

# 让 礼

原宪这则故事在《列子》中也有过记载。原宪即孔子的弟子子思，宋国人，出身贫寒，性情狷介。孔子任鲁国司寇时，曾做过孔子的家宰，对于孔子发的俸禄推辞不要。孔子死后，原宪隐居卫国的草泽之中，茅屋瓦牖，粗茶淡饭，生活极为清苦。《论语》的第十四篇"宪问"的"宪"字，有不少学者认为，即指原宪，或者说这篇就是原宪写的。

庄子的这篇文章写得非常不错。"原宪居鲁，环堵之室，茨以生草，蓬户不完，桑以为枢；而瓮牖二室，褐以为塞；上漏下湿，匡坐而弦。"其意为：原宪在鲁国时，住所狭小，茅草覆顶，用蓬蒿扎起来做门，桑树枝作门轴，用破瓦罐当窗户，比颜回的陋巷更为惨淡。这么个四面透风的房子，原宪将其分为两居室，一间是卧室，一间是琴室。屋顶漏雨，就用粗布衣服堵着，虽然地面潮湿不堪，但原宪自得其乐，天天坐在地上弹琴。

一天，子贡来看原宪。子贡人长得帅、口才还好，既做官又经商，日子过得很潇洒。子贡大马高车的，衣着内红而外白，很是飘逸。车马从小巷子根本过不去，子贡就徒步去见原宪。原宪呢？戴着树皮做的帽子，穿着没跟的鞋子，拄着粗木拐杖，来到门口迎接。子贡一看原宪这个气色，就开玩笑地问了句："哟，你这是有什么病啊，气色这么差？"原宪的回答就很郑重了："宪闻之，无财谓之贫，学而不能行谓之病。今宪贫也，非病也。"其大意指，我原宪倒是听说，没有钱称作贫，学到了东西却不去施行才称之为病吧。我只不过是穷了点，倒真没病。原宪这是话中有话的，你子贡倒是不穷，但不施行仁义而只求富贵，恐怕才是真有病呢。

子贡是多么聪明的人啊，听到这句，就面露愧色了。

原宪笑着说："夫希世而行，比周而友，学以为人，教以为己，仁义之慝(tè)，舆马之饰，宪不忍为也。"这句的意思是：去迎合世俗，结交狐朋狗友，做学问只是为了炫耀，教导他人只是为了赚钱，将仁义作为手段，用高车骏马来粉饰，诸如这些事我原宪不想做罢了。

故事到这儿就结束了，没有结果。

到这儿，"让"就不仅仅是让的意思了，而有坚守的意思。很明显，其生命有个珍珠般的内核在其中，"让"的人，享有高天流云般的境界。

接着一则是曾子的故事。历史上有两个曾子，父子关系，父亲叫曾点，儿子叫曾参，都是孔子的弟子。读《论语》就知道，父亲比较愚直木讷，孔子并不看好。但曾参就不同了，敏而好学，行事认真，著有《大学》《孝经》等作品，且理论水平与文字造诣都非常之高。孔子很喜欢曾参，临终前还将孙子子思托付给了他。

这里讲的是曾参的事，住在卫国时很穷困，穿着用乱麻作里衬的袍子，连衣面都没有；面色浮肿，手足生茧；经常断粮，多天没法烧火做饭，十年没有制一件衣服。到了什么程度呢？"正冠而缨绝，捉衿而肘见，纳屦而踵决。"但曾子不改其志，穷而弥坚，虽然穿着破破烂烂，但唱出的《商颂》，却是"声满天地，若出金石"。"天子不得臣，诸侯不得友。"他有绝对的独立精神与自由人格，《商颂》是历史的正声，穷到这种程度还能唱出如此高雅的歌，这说明什么呢？曾子绝非泛泛之辈，但既不想给天子做臣子，也不跟诸侯做朋友。每天做什么呢？"故养志者忘形，养形者忘利，致道者忘心矣。"这话简直是太重要了，注重修养心志的人，不会在乎外表；注重保养身体的人，不会去钻营利益；修道有所悟、有境界的人，似乎连自己的心都没有了，与天地浑然一体。

## 让 官

孔子问颜回：回呀，来，你家里如此贫穷，地位如此卑微，为什么不去出仕做官呢？

颜回：不想做官。我在郊外有五十亩地，就可以吃稠些的粥了；在近郊有十亩地，种麻养蚕就不缺衣穿了。如此一来，天天弹着琴自娱自乐，或者学学夫子传授的学问，都很好呀，为什么要去做官呢？

从中可以看出三层意思：一是孔子是主张入世的；二是当时城内城外的

地价、用途明显不同；三是这世间的确有一门学问叫"心学"，内心知乐自乐，无论处于什么地方、什么地位，有什么样的生活，都是其乐融融、其乐陶陶的。

孔子一听颜回这话，脸色就变了，说道：真好啊，你的这种志向！我听说："知足者不以利自累也，审自得者失之而不惧；行修于内者无位而不怍。"这句的意思是：知足的人不会被利益所累及；内心充盈的人，即使失去一些东西，也是坦然而无惧的；一个内心修为很高的人，即使没有什么地位，也不会感到自卑的。我念叨这些话已经很久了，但却没有真正做到，能够在你身上看到，是我的收获啊。

史料提供的种种迹象表明，孔子及至老年，其实都是有志于做官而施展抱负的，但想而不得，因此郁郁不得志，便拿诸如"知足常乐"之类的观点来自我开导。而颜回无须任何劝慰，就将这点做得很好很自然，这应该是孔子最为喜欢且敬佩颜回的主要原因吧。孔子梦寐以求想做而做不到的，颜回不费吹灰之力就做到了，简直是神一般的存在啊！

## 让 心

魏国公子牟，因封地在中山，故又称为中山公子牟。一天，对当时的一个有道之士瞻子诉说心事："身在江海之上，心居乎魏阙之下，奈何？"我人虽然身在中山的山野，但心却定不下来，想着魏国的宫殿城阙，该怎么办呢？注意，公子牟的意思可不是想家了，起码有这么两层意思：一个是作为魏王的儿子，看着列国纷乱的政坛，对君位的继续还是有想法的；另一个，魏国在战国时以富庶著称，公子牟过惯了声色犬马的生活，在僻远之地根本就待不住。

瞻子答："重生。重生则会利轻。"重视生命，重视生命就会看轻利益。"重生"二字是道家的精髓，岂是说的这般简单轻巧，生命这玩意儿不是说看重就能看重的。一个人如何才能看重自己的生命呢？全然洞悉天地自然的精妙和美好，融入其中，忘心忘我。这可不是一个很低的标准，而是一种很高的境界。

公子牟："道理我都懂，但意志不够，做不到啊。"一个年轻人，要在外面锣鼓喧天、欢声笑语时，自己却静坐在斗室之内读书冥想，确实是件天大的难事。

瞻子："不能自胜则从，神无恶乎？不能自胜而强不从者，此之谓重伤。重伤之人，无寿类矣。"他的意思是：不能克制就去放纵，心神就会感到厌恶厌烦。不能克制而非要强行去克制，这不是双重煎熬吗？一个人分裂矛盾如此，会损害健康、减损寿命的。

的确，一个人是什么样的人就是什么样的人，能觉悟就觉悟，不能觉悟没法强求的。庄子觉得，魏公子牟，一个万乘之国的公子，隐居在荒山野岭，他心里装着什么呢？要他去修真悟道，比寻常人要难得多，虽然没有悟道成功，也算是有求道之意了。而且，这个人也很明确，想而做不到，就坦然承认做不到，倒是个敞亮的人，不像很多人似是而非的，只知装模作样。


# 让 道


孔子周游列国应该是史实。孔子去楚国，经过陈蔡两国边境时，被当地民众误以为是强盗而围困，七天没有吃上一顿热饭，脸色枯槁，身心憔悴，却仍然弹琴唱歌以为乐。这时，颜回到门外择野菜，子路、子贡两人闲谈：真倒霉呀，夫子两次被鲁国驱逐出境，在卫国也不受待见，停车的地方连地皮都被铲掉了；在宋国的树下讲学，讲学完之后人家连树都砍了；到了周都，也没有安排个什么职位；现在困于陈蔡两国边境，眼看就要饿死了。这些年吧，想杀夫子的人抓起来后都释放了，并没有判罪；即使真杀了夫子，恐怕什么事也没有，夫子被抓被绑的情况多的是。一个人都到了这种境况，还有心思弹琴唱歌，作了一个君子，连一点反思和羞耻之心都没有吗？

庄子的原话："杀夫子者无罪，藉夫子者无禁。弦歌鼓琴，未尝绝音，君子之无耻也若此乎！"这样的话，估计只有性情鲁莽的子路说得出来。

听到这话，颜回一声未吭，进到房间告诉给了孔子。孔子一听，推琴喟然而叹：子路和子贡，见识实在是短浅啊。叫他们进来，我给他们讲讲。

子路、子贡进来前就知道怎么回事了。

一进门，未等孔子开口，子路先发制人：像我们现如今这种样子，难道还不够穷困吗？

孔子：这叫什么话呢？懂得什么叫穷吗？"君子通于道之谓通，穷于道之谓穷。"对于君子而言，坚守道就是通达，不坚守道才是穷困。我孔子怀着仁义之道从未放弃，只不过碰到乱世无用武之地罢了，怎么能说是穷呢？

是世界错了，还是我错了？该去改造世界，还是改造自己？最直观的道理是，人无法制造时势，特别是一个普通人，那么适应和利用形势可能才是最明智的选择。但孔子不同，不做最明智的选择，而是做最笨最顽固的选择，以一己之力去对抗时代，粉身碎骨而无怨。这从精神上来讲，确实可敬；从方法论来看，却存在严重的问题。

**故内省而不穷于道，临难而不失其德。天寒既至，霜雪既降，吾是以知松柏之茂也。陈蔡之隘，于丘其幸乎！**

我孔子何尝没有反思，而是经常反省。反省的结果是自己并没有违背初心和仁义之道，面临危难也没有有损于人格和德行，这说明什么呢？天气越是寒冷，霜雪越是隆重，正好反衬出松柏的茂盛啊。这就是后世所讲的松柏精神。那么，陈蔡这点磨难，对于我来讲是不是一种考验、一种幸运呢？这就是中国儒家的底色、中国文化的底蕴。

说完这句，孔子拉过琴继续弹奏起来。

子路也领悟到了，拿着盾牌和着音律跳起舞来。

子贡则冒了句："吾不知天之高也，地之下也。"这也是司马迁之所以评价孔子"高山仰止，景行行止。虽不能至，然心向往之"的原因吧。

接着庄子评价道："古之得道者，穷亦乐，通亦乐，所乐非穷通也。"乐，既是音乐，也是快乐，有感于心也充盈于心的。上古那些有道之人，穷困时快乐，通达时也快乐，这个快乐是发自于心的，根本就无关穷困与通达。

**道德于此，则穷通为寒暑风雨之序矣。故许由娱于颍阳，而共伯得乎丘首。**

一个人悟道修德到了这种程度，人生境遇中的穷困与通达都已然是身外事物了，就像寒暑风雨不会影响到一个人的内心一样。冷的时候快乐，热的时候也快乐；在风中快乐，在雨里也同样快乐。孔子不但对乐如此，对仁亦是如此。一句"造次必于是，颠沛必于是"，讲得够清楚。正因到了这样的境界，才能真正做到"素富贵行乎富贵，素贫贱行乎贫贱"。也正因此，许由在颍水北面隐居时是快活逍遥的，根本就不想当什么天子。这里提到的共伯，历史上有两个，一个是卫国的国君，一个是周王朝的共伯，据说曾摄政，后被废黜，在丘山顶上一样怡然自得。

想起一首宋词来："少年听雨歌楼上，红烛昏罗帐。壮年听雨客舟中，江阔云低、断雁叫西风。而今听雨僧庐下，鬓已星星也。悲欢离合总无情，一任阶前、点滴到天明。"同样是听雨，不同阶段有不同阶段的感悟。活着也是，内心修为到了一定程度，真的是"枝枝叶叶总关情"。

# 让　名

汤想起兵伐桀，找卞随一起谋划这事。卞随是当时一个著名的隐士，无心参与人间的世务，便说："这种事我一点不懂，你恐怕是找错人了。"在当时，卞随估计是大名远扬的人，汤以知人善任著称，如何会找一个什么也不懂的人来商量。之所以说不懂，不过是卞随有看法的托词罢了。

汤问：谁胜任这个事情呢？

卞随：不知道。

汤又找务光商量此事，务光的回答与卞随如出一辙。

汤着急了：伊尹怎么样？

务光："强力忍垢，吾不知其他也。"此人坚强有力、韬光隐忍，至于其他方面，我就不清楚了。

汤便找到伊尹，共同谋划伐桀，结果成功了，放逐了夏桀。

汤将天子之位让给卞随，卞随推辞说：你讨伐桀的时候找我谋划，必定是认为我有觊觎之心；讨伐胜利后又要把王位让给我，必定是认为我是贪婪之辈。我生在这么个乱世中，你这么个无道之人都能够这么轻慢和侮辱我？实在是不能忍受。说完他便投身稠水而死。

汤又将天子之位让于务光，并讲："知者谋之，武者遂之，仁者居之，古之道也。吾子胡不立乎？"其大意为：天下当请智慧的人来谋划，让勇武的人来实现，让仁义的人来居有，自古就是这个道理，先生您出来坐坐天子之位如何？

务光推辞说："废上，非义也；杀民，非仁也；人犯其难，我享其利，非廉也。吾闻之曰：'非其义者，不受其禄；无道之世，不践其土。'况尊我乎！吾不忍久见也。"其大意为，犯上作乱，是不义的；残杀民众，是不仁的；他人辛辛苦苦去打拼，我来捡拾成果，是不廉的。我听说，对于不义的人，就不要接受其俸禄；对于无道的世道，双脚就不能踩上这样的土地。于是，抱着石头自沉于庐水。

卞随与务光说得决绝，做得更为决绝。这的确是站到了人类精神的一个高地。如果以现在人的眼光来分析，这两人之死既蹊跷也正常，蹊跷的是怎么会跟后世的伯夷、叔齐一样，是两个人，而不是一个，也不是三个，这种巧合似乎对称得过于工整了。不正常的是，那么大的本事，叫你出谋划策你不干；成功了，叫你出来做点事也不干，想干什么呢？恐怕只有一条路可走了。

周朝兴起即将取代殷商的时候，孤竹国的两个公子伯夷、叔齐不淡定了。二人商量：听说西方出了个贤人，似乎是得道有道之人，不妨前去考察考察。伯夷、叔齐很有意思，放着孤竹国君不干，却操心别处的事情，确实显得很奇怪。司马迁在《史记·伯夷叔齐列传》有过议论，但讲得也比较隐晦，列了不少社会现象，却也并没有给出个什么明确结论。世事可能真的如此，现象很多，没有什么道理好探寻总结的。

伯夷、叔齐兄弟二人名声在外，到了岐山南面，武王就听说了，以为是来投奔入伙的，赶快派叔旦前去聘请，并开出条件："加富二等，就官一列。"即增加俸禄两级，授官职一等，并向神盟誓献牲以表诚心。这可能是当时对愿意入伙的人的普遍承诺，对他人或许管用，但对伯夷、叔齐二人确实不对症，二人连国君都不想做，想做你的官员吗？岂是求富贵而来的？因此，看到这种做法，两人相视而笑：呵，也太稀奇了吧，连我们来做什么都没搞清楚，就整这套。他们考察工作到此就结束了，武王这套根本就不是兄弟二人心中的道。二人心中的道是什么呢？他们说了这番话："昔者神农之有天下也，时祀尽敬而不祈喜；其于人也，忠信尽治而无求焉。"其意为：过去神农氏主持天下时，按时祭祀鬼神祖先，以表敬畏，而从不提什么附加条件；对于人呢，也是尽心尽力去服务，同样没有什么额外要求。注意，神农氏时代是传说中的父系氏族社会，结构极其松散。天子相当于一个松散联盟的盟主，只有名义上的地位，主持而不是主政。在狩猎采集型社会中，倾尽全部之智慧与力量，人们能填饱肚子就不错了，作为主持人，能做什么，又能要求什么呢？

**乐与政为政，乐与治为治。不以人之坏自成也，不以人之卑自高也，不以遭时自利也。**

这句是讲管理模式基本是放羊式管理，没有强制之说，民众高兴怎么来就怎么来，民众喜欢怎么办就怎么办，不因他人的失败而趁机取代显示成功，不因他人的愚蠢卑微而显得自己很尊贵很高明，不趁着他人遭难而谋取私利。原始社会的管理现状可不是现代人凭空就能完全想象出来的。在当时伯夷、叔齐是绝对的观念家和主义分子，而不是科学考察工作者，对上古社会的优劣也是凭空想象出来的。因而，他们对周武王以武力推翻殷商政权的做法有意见和看法。其实，人类社会一直处于发展之中，新情况、新问题层出不穷，绝不能以静止的眼光来看待。对于个体而言，确实有很多一成不变的东西；但对于集体而言，牵涉到相互的关系问题后，事情就变得微妙起来。能够解决个人问题的理论与方法，不一定就能解决全体的问题。也就是说，对于人的管理而言，个体与群体的形态，完全不同，不是可以大而化之、以点代面的。

伯夷、叔齐二人对武王的看法是：周见到殷商内部自乱阵脚，就想趁乱取而代之。对上，使用种种谋略；对下，四处收买人心，且不断组建扩张军队，并与各诸侯纷纷盟誓建立统一战线，利用宣传舆论大力造势，磨刀霍霍，随时准备出击。说实话，伯夷、叔齐沉醉于上古的所谓平和的王道主义思想中，一心向往的是王道乐土。极力反对凭借霸权、霸道、威势取利的逻辑。事实上，这世间真有什么王道乐土吗？全然没有，所谓的王道乐土只在纸页上和人们的理想里。现实中，人类社会发展的逻辑很清楚，就两条：其一是物竞天择，适者生存，这个也是自然界的法则；其二是兼容并蓄，和合共存。在具体的时代中，它们其实是兼而有之的；兼容得不好，就会出乱子，达到一个平衡，就又进入一个兼容状态。当然，伯夷、叔齐未必看到和理解这个，否则不会饿死在首阳山中。后世往往会标榜二人的气节。什么是气节？从何而来，靠什么支撑呢？一定与自身的认定乃至信仰密不可分。二人认定和信仰什么呢？一个平和美好的社会的一成不变、自我校正？

二人说：我们听说上古的士人，"遭治世不避其任，遇乱世不为苟存"。士是什么？有一定德才、奉行一定原则的人，大体相当于今天的知识分子。有能力的人也必须有责任，能力越大的人责任越大。二人这里强调的是处世原则，士人生在太平治世就努力做事，遇到乱世就舍生取义不活了。孔子的"危邦不入、乱邦不居"，应该就是来自伯夷、叔齐这种观念吧。他们的逻辑有点不能自洽，盛世享太平按部就班的官谁都能做，要你做什么呢？扶危治乱才是大本事，你又躲开了。虽然是洁身自好，却也是不负责任的。

伯夷、叔齐坚决奉行自己这套奇怪的逻辑，认为现如今天下黑暗，周王室的德行也不行，与其和周王室并世存在，共仰同一个太阳，呼吸同样的空气，不如躲得远远的，以保持高洁的德行。

后来的情况自然是家喻户晓的了，二人誓不食周粟，且说到做到，在首阳山采薇而食，饿死了。"普天之下，莫非王土；率土之滨，莫非王臣"，按照这个观点，你伯夷、叔齐不食周粟，但却在周地食周薇吧。面对不义的地球和人类，还能跑月球上去？他们的母国孤竹国，也因其推让不做国君而陷入内乱，最后被外敌吞并了。

对此，本文作者，姑且说是庄子吧，他的态度是："像伯夷、叔齐这样的人，对于富贵之类真的是视若浮云的。他们存在的志向真的与富贵之类无关，而是"高节戾行，独乐其志，不事于世"；这十二个字的意思很清楚，他们是视名节高于一切的人，是这世间最独特的花朵，兀自开花兀自落，世间的任何事，他们也主宰不了。

庄子的这一组人物素描，各门各派的都有，也不乏同门而异见者，有让位的，有让名的，有让利的，有惜命的，有惜名的。这说明什么呢？诸如气节、操守之类的，有世俗的标准，也有个体的原则，相互经常水火不容，在其间作出取舍，说到底还是不同的价值观念主导的问题，观念不同，就有不同的生活，就有不同的人。

# 柒  寓  言

## 寓言、重言及卮言

寓言，即"小故事大哲理"，也就是寓哲理于故事之中，与孔子"微言大义"类似。寓言虽然是小故事，但却很难把握，把握得好即是寓言，把握得不好就成"鸡汤"了。中西方都是如此，今天的寓言，大多成了鸡汤。

开篇讲了一段理论，不是很好理解。起句："寓言十九，重言十七，卮(zhī)言日出，和以天倪。""卮"，即酒器；"卮言"，即酒语或日常用语。这一句指：寓言占十分之九，重言占十分之七，生活用语随处可见。当时的"言"字，既有话语的意思，也指个人的理论与文本。这句是讲庄子及其理论吗？倒也通畅，庄子一生的理论由寓言、重言、卮言构成，大体这么个情况，讲的故事最多，十之八九；重要的道理，占到了七成；日常话天天都在讲。庄子这样的表达，与天地自然之道示以人的"象"和"理"是相符的。

如果这句话指的是全天下的言论，所有人的言论，也算讲得通，而且对我们今天讲话、撰文有个启示：日常话多一些，人们易于理解和接受，日常讲话都像禅宗猜谜一般，或者塞入大量形容词加动词，但其实言之无物。说话撰文要有血有肉，也就是言之有物，质的部分得有十之八九吧，至于重要的内容是否占到十分之七就很难说了。

**寓言十九，藉外论之。**

其大意为，大量的寓言故事，实是借他人与外物来讲述的。庄子如此，我们也是如此。现实时事最没趣味，随着事过境迁极为短命，《聊斋》《子不语》《玄怪录》等故事的生命力才持久。

下面的内容，用今天的眼光来看是一些谚语故事，仔细一看，其实是各有现实对应的。

**亲父不为其子媒。亲父誉之，不若非其父者也。非吾罪也，人之罪也。与己同则应，不与己同则反。同于己为是之，异于己为非之。**

这是在讲寓言的作用与妙处，即寓言必须借助外物来说。比如，这就是父亲不为儿子说媒的道理，父亲将儿子吹得天花乱坠的，效果肯定不好；父亲去称赞儿子，不如别人来称赞的效果好。这个现象并非是做父亲的有什么错，而是众人都有这样的心理，有什么办法呢？大家都这样就得适应。

之所以寓言借外物来说，还有一点原因——人吧，一般都有是非观念和个人好恶的，与自己相似相同的就回应和迎合，与自己不一致的就会反对。"同于己为是之，异于己为非之"这个现象非常普遍。

**重言十七，所以已言也。**

重要的话，都是经验之谈，是从生活中提炼出来的，不仅有记载可考，也是可以传世的。庄子在这里指出了一个很好的现象，年长者讲什么、怎么讲并不一定都是对的。有些人的见识与其年龄并不相称，并非真正意义上的先生。也就是说，"先生"二字是有内涵的，并不全是用头发和皱纹赢得的。

**人而无以先人，无人道也。人而无人道，是之谓陈人。**

人啊，不只凭年龄论资格，即使再年长，没有什么可以为人先的，就不值得人们去追随、学习和借鉴；一个人缺乏表率，就是"陈人"，也就是陈腐陈旧的人。注意，庄子的观点是有对象的，对象可不是所有人，而是指有志于学、有志于道、有志于业的人。学了若干年，却没有点值得称道或拿得出手的东西，学的时间再长，这个人也不过是无用之人，没有什么令人耳目一新的东西啊。

**卮言日出，和以天倪，因以曼衍，所以穷年。**

日常所说的话，是合乎天地自然之道的，比如吃喝拉撒、生老病死等，一代一代都是这么因袭的，如同本能一样，不需要学习。生活中大量充满着这种实用的下意识的用语。而人，也正是在操着这样的语言生活的。

**不言则齐，齐与言不齐，言与齐不齐也。**

这句话就相当抽象了，"齐"的古字为"齊。"庄子时代"齊"与"斋"是一个字。斋是什么？斋戒，通常是祭祀等重大活动、重大场合前的一种礼仪。《庄子·内篇·齐物论》，学者们往往将"齐"字解释为"平等"，人与物有平等吗？怎么可能平等？人与人谈平等都是个伪概念。这个"齐"，应该是敬重的意思。人，是万物之灵、是主宰，但没有万物，孤零零的人有意思吗？因此对万物应该表示敬重、珍爱吧。这个态度必须是发自心底的。比如，一个单位的领导得讲"齐"吧，也就是说，有一个大局观，有一个对单位全体的重视，否则给谁当领导、领导谁呢？人主宰世界也是这个道理，得把万物看在眼里、放在心上，否则肯定是主宰不好的，会把世界搞得一团糟，近一百年来发生世界大战、生态恶化等大灾难，不就是没有"齐"的观念所造成的吗？"齐"还有一层意思，指目的和效果，即一个和合和谐的状态。可以断言，凡是将"齐"讲成平等，并一再高扬鼓吹的，其实都是装门面、做样子的，真正的"齐"一定发自心底、有着由衷的敬畏。

"言"呢？则是出于思想观念的，有思想观念，言论才确凿而激烈；没有思想观念，言论就是随意随和的。这么来看，庄子这句话就好理解了。"不言则齐"，人吧，不要从各自观念出发，不要抱着成见去各说各的，事情就会和谐。"齐与言不齐"，第一个"齐"，是一起的意思，如果人们一起、全体都想伸张自己的意志、彰显自己的存在、强调自己的意见，就绝不会有和谐可言，比如东西方甚至是不同民族、不同年龄段、不同行业间的观念之争、文化之争等等。"言与齐不齐也"，相反，人是有思想的，如果全人类的思想言论都惊人地一致，这个现象绝对是不正常的，绝非自然的和谐，而一定是协调后的和谐。庄子的这点，其实是"求同存异"的观念，也就是今天我们说的，虽然我不同意你的观念，但我尊重你说话的权利。

话究竟该怎么说，该说什么话呢？庄子在后文说得很明白，即"言无言"。虽然只有三个字，意思却很费解，具体指什么呢？笔者以为，大概有这么几层意思吧：其一是说是肯定要说的，写也是肯定要写的，但所说的并不是个人的意思，而是将天地万物间的本质说了出来而已。其二是说言说无人说过的事情，为读者提供新的方向和角度；或者正好相反，说点大家都知道的，不故作惊人之语，毕竟太阳底下无新事。连新事都没有，有什么新话可说呢？其三是很多时候，说不如不说，写不如不写，也就是道家的"不述不著"做派。

**言无言，终身言，未尝言；终身不言，未尝不言。**

这个有点儿玄奥。关于"言无言"的意思，庄子指出了这么个现象：有些人絮絮叨叨了一辈子，到头来其实什么也没说。有的人终身一言未发、一字未著，却并非没有自己的理论体系。这就明显可以看出，立身著说，首先要统一的是概念问题，这问题很重要，当大家谈论的是不同的事物、不同的角度时，是没有办法形成共识的，甚至谈话本身都进行不下去。如何更好地对话并形成共识，先统一概念。具体到这个问题即什么是"言"？这其中大概有这么三个层次：其一是工具意义的，即平常所说的话，表达和交流的工具；其二是思想意义的，个人的想法、意愿等的体现，有些甚至无法用语言来表达；其三是经验或规范意义上的，作为天下的模式、标准，比如三不朽的"立言"。这里的言，三种意思都涉及了，古人的思维方式与今天的理论阐述不同，这个需要注意在具体语境中去鉴别。

**有自也而可，有自也而不可；**

"自也"，相当于"来也"，一句话出口就出口了，一个人来就来了，来是一回事，是否被认可与接受是另一回事。不是说出来了，就一定会被认可与接受的。一句话、一个说法、一种理论存之于世，有被接受认可的，也有不被接受和认可的。

**有自也而然，有自也而不然。**

有些话听起来是这么回事，是符合实际的；有些话则听起来不是那么回事，一点也不符合实际。

**恶乎然？然于然。**

怎么才算是正确或者像那么回事呢？符合实际，有依有据吧。这类似于我们今天讲实事求是，但又不相同。

**恶乎不然？不然于不然。**

怎么又算不正确，或者不是那么回事呢？也是自有其原因的，大概是与实际相去甚远吧。

**恶乎可？可于可。**

同理，一句话，一个观点，他人接不接受、认不认可，自有其道理，因人员、对象、场合等种种情况不同而异。有时候，有些人讲的好话，他人也未必会信会听的；有时候，有些人讲的歪理邪说，倒是受人追捧。这里还想到一个问题：语言这个东西何其重要呀，整个人类社会的维系，靠的就是这个；然而，语言也是多种多样的；甚至同一种语言、同一个字词，在不同的时代、不同地域的意义也是存在着巨大差异的，确实值得认真去探究。

**恶乎不可？不可于不可。**

为什么不认可不接受呢？原因很复杂，一个或几种恐怕是解释不清的，得具体情况具体分析。

**物固有所然，物固有所可。无物不然，无物不可。**

语言虽然是从嘴里说出的，却是经由大脑而来；大脑中的语言又从何而来，是受万事万物的刺激而来。也就是说，在很大程度上，语言是自然而然产生的。一个事物自有其性质和道理，也有被人们认可和接受的东西，人们去认识并用语言表述出来，就是语言运作的机理；至于认识的正确与否，则是另外层次的问题了。因此说，归根结底，万事万物自有其道理，自有其被人接受的方法。这就是对道的认识和表述了。真正的道不可言说，人与动物、人与人感知到的不尽相同，但正是通过语言这个媒介在人际间交流的。

**非卮言日出，和以天倪，孰得其久！**

这句是说，一些高大上的理论固然是好，其实日常用语更重要，如果没有日常用语沟通天地人以及万事万物，事情怎么会持久以至于永恒呢？这也是一些深奥的专业理论日渐通俗化的原因。还要注意到一个事实，在庄子生活的时代，识字既是一种特权也是一种能力，读书人的识文断字是非常了不得的本领，其程度不是今人所能想象的。这也是士人阶层倨傲的原因。

**万物皆种也，以不同形相禅，始卒若环，莫得其伦，是谓天均。**

这是讲万事万物之间的关系和联系机理的，即万物皆有其归属和特性，相互之间虽然形态不同，却有着千丝万缕的联系，比如云、雨、水三者的关系。水升腾为云，云聚合成雨，雨降下成水，首尾相联，无始无终，循环不息。这就是所谓的"天均"，即上天的平衡之道。

**天均者，天倪也。**

天地万物各自平衡，相互之间也会达成平衡，这就是天地自然运行的奥秘，也是道的指向。

庄子从语言指向了认识，从认识追溯到天理。

语言、认识与天理，其实也类似于水、云、雨三者的关系。

## 庄子、惠子眼中的孔子

庄子对惠子讲："孔子行年六十而六十化，始时所是，卒而非之，未知今之所谓是之非五十九非也。"这句是讲认识论和认识过程的。从语言到认识，庄子是一步步深入的。孔子活了六十年，在其一生中，他的思想很不稳定啊，时时处于变化之中。他早年所谓的对的东西，在他晚年时大概并不以为是对的吧。

惠子的看法是："孔子勤志服知也？"孔子这个人勤于志、服于知，也就是孔子一生勤奋于其求学的志向，全身心致力于求知，因此就是这个样子。一直走在怀疑、否定、坚定、不懈求学的路上。求知之路确实是这么回事。

庄子说："孔子谢之矣，而其未之尝言也。孔子云：夫受才乎大本，复灵以生。鸣而当律，言而当法。利义陈乎前，而好恶是非直服人之口而已矣。使人乃以心服而不敢蘁（wù）立，定天下之定，已乎已乎！吾且不得及彼乎！"这里依笔者看，孔子求知的劲头已经明显衰退了，只是自己还不肯承认罢了。何以这么说呢？孔子曾说过，"受才乎大本，复灵以生"，人的才智是来源于天地自然的，到了一定程度，天地的灵性便会回归于人的生命之中，人也是自然的一分子啊。"鸣而当律，言而当法。"有高度灵性与修养的应该怎么做，或者说有什么特征？所说的每句话，都像音乐一样，是合乎韵律的；所吐的每个字，都是管用的，合乎礼法，不会乱说妄言。

这句应该是庄子对孔子上述说法的看法："利义陈乎前，而好恶是非直服人之口而已矣。"一事当前，特别是面对利与义的时候，孔子一定会通过种种好恶是非的说辞来劝导人，这只能达到口服的程度。"使人乃以心服而不敢蘁，立定天下之定。"其实真正使人心服而没有任何对抗情绪，这样才算是真正以人的安定来安定天下吧。其言外之意是：孔子及儒家弟子就是嘴巴厉害，滔滔不绝，人们说不过罢了，其实并不心服。

"已乎已乎！吾且不得及彼乎！"其意为：算了吧，不说了，这方面我是远远不及孔子的。并不是庄子的口才不及孔子，而是求于学、忧于世、致于治的志向不如。

这里可以看出三点：其一是空谈这件事，即使讲得再好，如果没有一步一步实际的行动，是极其空洞乏味的；其二是天下安定的前提，一定是人的安定，人安定的前提一定是心的安定；其三是庄子对孔子的态度很复杂，整部《庄子》都是这样。庄子一边调侃孔子的愚钝和迂腐，一边又突然会肃然起敬。很明显，这是一个出世者对入世者、一个思想者对行动者的必然态度。

## 三釜与三千钟

这儿的曾子应是指曾参，孔子的弟子。据正史记载，曾子一生拒绝出仕做官，尽管齐、楚、晋都以高官厚禄聘请过，他均没有答应。曾在鲁国武城做过主管教育的官员，后来与子夏在晋国河西一带搞教育和理论研究，学界称之为"西河学派"。庄子讲的这个事情在史书上也无从考证，但寓意和指向却很明确。

曾子再次做官时心理上有一个明显的变化，长叹：上次做官时，双亲还健在，领三釜的俸禄就非常高兴了，赡养双亲可以无忧啊。现在做官，虽然有三千钟的俸禄，吃不完也用不完，心里却感到很悲伤。

初入官场与再入官场，中间有的百般经历和人生感触也再正常不过的，尤其曾子是个大孝子，对俸禄看得并不重。言外之意在于，父母在的时候，如果能过上这么好的生活，我心里会由衷地高兴和自豪；父母都不在了，即使出将入相，又有什么意思呢？

其他人不理解曾子这番话的意思，又不好直接问，便向孔子请教：像曾参这样的人，按说修养是非常高的，不也为世事俗务所忧心吗？不也有想不开的事情吗？不也是个自大狂吗？他们怀疑的其实是曾子的修为究竟是否名实相副的问题。

孔子："既已县矣。夫无所县者，可以有哀乎？彼视三釜、三千钟，如观雀蚊虻相过乎前也。""县",通"悬",指牵绊、挂碍。其大意是：他肯定会受俗事之累，否则怎么会感到悲哀呢？但是，他对于俸禄是三釜还是三千钟还真是不会在意的，这些玩意儿在他眼里都像是雀鸟、蚊虫飞过一样。

故事到这就戛然而止了。孔子这句话究竟是什么意思呢？曾子这个人有人情味，讲孝道，对于钱财等身外之物视若浮云。这也隐隐指出，人生之于世，肯定会有所忧虑、牵绊和挂碍的，究竟因何而起，才是问题的关键，才是区别一个人的标准，并不是有修行有所成就的人忧虑、牵绊和挂碍都不对；人是有感情有思想的，再怎么修炼，也修炼不成树木、石头之类的，做不到对什么都无动于衷。这是修炼者的注意事项，也是很多修炼者的误区，否则就走火入魔了。比如，对什么都不动心，那么做人干什么呢？分明就是"活死人"。

## 颜成子游的修行

颜成子游，与孔子的弟子子游不是一个人。颜成子游跟着东郭子綦修行，修行九年后汇报体会并请教疑窦："自吾闻子之言，一年而野，二年而从，三年而通，四年而物，五年而来，六年而鬼入，七年而天成，八年而不知死、不知生，九年而大妙。"其大意指，我听了你的理论去修炼，汇报一下修行体会。"一年而野"，"野"字什么意思？与"文"对应，指不讲究。最直观的，当时经常讲野人，与国人相对应，指没什么教养的人。这句是说，第一年就去除了头脑中的种种成见，恢复到了最原初、最朴实的状态。"二年而从"，"从"是随从、随和的意思。一般来讲，越是学习修炼就越有自己的意志主张，道家可不主张这个，主张随遇而安，这句是说第二年就随和了，到了什么场合都能很好地融入，遇到什么人都能很好地交流。"三年而通"，"通"即贯通、通达。万事万物之间并不是孤立的，而有一个贯通联系，这句是说第三年时即思想贯通，通达于万事万物。"四年而物"，"物"即齐物，与万物和谐相融。人吧，一般是有中心和主宰意识的。但这句是说，第四年时，觉得自己不过是万物之中的一个，并不显眼和突出，将自己看得没那么重，将万物看得也没那么轻。"五年而来"，"来"即归依，归附。这句是说，修炼到第五年时，人人都感知到了不凡的气场，纷纷前来依附。"六年而鬼入"，当时人们认为，人身死而成鬼，人有魂魄，身死了，魂魄反而更自由。这句是说，第六年对于魂魄有了深刻的认知，觉得内在有明显不依赖于肉体的存在。"七年而天成"，即因天而成或顺天而成，对于天地万物、人情世事都很通透，因而方方面面都有大成。"八年而不知生、不知死"，不是真不知，而是领悟到了生死，从而置生死于度外，不再去纠结这个事情。如何活？如何不死？这是困扰人类两个最根本性的问题。这句是说，了悟生死，全然不计，顺其自然吧，该怎么样就怎么样，不受其困扰迷惑。

仔细想想，世间的万事万物无论从宏观上来看，还是从微观上来看，都是浩瀚无尽的，实在是太过奇妙了。比如，草的生长，人的形成，时间的流逝，空间的变迁，等等。至于思想认识，也正如牛顿所说：把简单的事情看复杂，会有新的领域；把复杂的事情看简单，会有新的定理。感受到了生命之玄，才是摸到并打开了奥妙之门户。佛家也这么强调"妙"。比如，有妙轻安。就是说，体味到了一个"妙"字，人生才会飘逸和安定，才是真正意义上的境界。

以下这段有两种观点：一种意见是单独成文的，与上文无关；另一种意见是颜成子游所说的话。对之，本书作者倾向于后一种，其整体文风很连贯，没有断裂处，单独来看反而有点儿怪。

**生有为，死也。**

颜成子游的人生领悟和人生真谛，生命用来做什么的问题：如果觉得活着是用来忙忙碌碌的，那不是很确切。活着其实是为死而活、向死而去的。种种迹象表明，人的一生从过程看真是一个个幻景组成的，当这一刻变成下一刻，这一刻在哪里呢？已然触及不到了，成了一个个幻影。从结果来看，所有努力最后似乎都建立在沙滩上，时间的潮水一冲就会了无痕迹、复归原状，像什么都没发生过一样。此即海德格尔所说的向死而生，看着死亡，再来决定该做什么与不该做什么。

**劝公以其私，死也有自也；而生阳也，无自也。**

本句指：应该奉劝诸公不要有什么自我和私心，死亡就是为诸如自我、私心而设的；面对死亡，自我、私心之类的，是否显得太过渺小、卑微和可悲呢？活着吧，应该如阳光一般坦荡的，无须计较考虑太多的东西，像天地间的任何存在一样，这样才没有一个"我"字，才不会为死亡所嘲讽。

颜成子游同样是站在人必有一死的角度思考问题的，看似虚无，其实却有很积极、很广阔、很硬扎的东西，即不要太沉迷于任何过于自我、过于钻营的东西，到头来就会发现很乏味，比如，为了点名气，把自己以及思想扭曲去迎合，以期获得鲜花和掌声，可到头来呢？一个死字全抹去了，全格式化了，还有什么可炫耀的呢？因此，对待任何事，都要有个平和自然的态度，无须过于较劲较真。

**而果然乎？恶乎其所适？恶乎其所不适？**

本句指：是否是这样的道理？我所说的这些道理哪些合适；哪些不合适；这一切并没有定论，只会引发更多的思考和疑问。

**天有历数，地有人据，吾恶乎求之？**

本句指：天上有日月星辰等标示历数的东西，地上有人的安居之所，我还有什么不满足呢，或者说还有什么更多的要求呢。

**莫知其所终，若之何其无命也？莫知其所始，若之何其有命也？**

本句指：天地时空的终点在哪，我们根本就不知道，怎么能说没有命数呢？分明就主宰不了嘛；天地时空的起点又在哪呢？谁知道呢？果真有命数，是谁所创立的呢？很宏观的思维，直白点说，即开天辟地由何人所为？

目的何在？说不清楚吧，既然说不清楚，那么一切存在就既有其必然性，又有其偶然性，命数的成分，但又不全是，也有命数决定不了的。

**有以相应也，若之何其无鬼邪？无以相应也，若之何其有鬼邪？**

本句指：天地自然、万事万物，之所以成为目前这个样子，相互之间有着千丝万缕的联系，往往是牵一发而动全身，一个极细小的事情就可能引起连锁反应。这之间有鬼神在主宰吗？有些情况明显与鬼神无关，比如，一棵树的成长，人对日月星辰的感应；有些情况根本就解释不了，比如，风雨雷电等现象，以及人与人的心灵感应，尤其是梦境，等等。当时诸多解释不了的东西都归之于鬼神，因此"鬼神"就指无法解释或说不清楚的事情。

颜成子游的这段话很有意思，前面言之凿凿地讲了很多感性和理性的东西，最后又是一连串的疑问。这个揭示了人类认识的特点与误区。要感性，否则太乏味，但感性得过了，又非常之含糊；要理性，否则太玄奥，但理性得过了，又非常之枯燥。感性与理性之外，还有没有第三种态度？或者说，感性与理性之间似乎有个平衡的问题。颜成子游指的就是这个，一切归于神秘论，也太不负责任了；一切言之凿凿，又过于武断了，这种度如何把握，也是需要极其注意的问题。今天这个问题仍然存在，比如科学与人文的关系，如果科学主宰人文，一切必然是冷冰冰的；如果人文主导科学，辨识度就会很成问题，很难去理解和把握的。

讲到这，我们就清楚了颜成子游修炼的并不是成就，而是一种巧妙的思维。我们呢？如何来看待这个世界？要的是成就还是一种不尽妙有的感觉？理清了这个问题，才是真正自由与解放的前提吧。寓言存在的价值与意义也在这里，可以巧妙地通过小故事讲清很难说清的理论问题。

## 影子与影子的影子

罔两与影子的对话。"景"，通"影"，指影子；"罔两"，指影子外圈的虚光，也可以说是影子的影子。"罔两"与"魍魉"相通，前者是阳界的；后者是阴界的。

罔两问影子："若向也俯而今也仰，向也括而今也被发；向也坐而今也起；向也行而今也止：何也？"其大意指，你怎么没个定型与常态呢？一会俯着，一会仰着；一会束着头发，一会又披着头发；一会站着，一会坐着；一会行进，一会又停下来。这是做什么呢？什么原因造成的？

罔两提出的这个问题很有意思，相当于影子与人之间的对话，也相当于思想与情感之间的对话，还相当于此人与他人之间的对话。这么去想，这个问题就清楚了，也会产生琢磨不穷的意趣。人又为何会一会要这样，一会要那样？再扩大到全体，同样是人，这帮人怎么会有这种主张、那种主张呢？人为什么有那么多讲究呢？而且冲突往往相互抵触而无法调和。这个问题相当大，没法回答。围绕这么大的问题写文章，估计会枯燥异常，但庄子通过影子之口用了几个比喻就讲得很形象了。

影子答的话较长，我们一句句来看。"搜搜也，奚稍问也！予有而不知其所以。"其大意指，我这些行为吧，哪有什么目的呢。本来就是这个样子罢了，根本就不需要疑问和探究的。说实话，我也不知道其中的原委和道理。这个很直观，人有时就是静静地坐一坐或走一走，没有任何道理和意义可言。但从整体来看，一言一行都是有其意义的。况且，何以这么做，影子是做不了主的，而是由人的意志决定的；其实很多人根本就没有意志，也是被动或无心在做一些事的。如果要这么一级级、一层层问下去，最后同样是无解的一个无限循环。

接着就是对自我的思索与定位了。"予，蜩甲也？蛇蜕也？似之而非也。"其大意指，我是蝉壳、蛇蜕一样的存在，与蝉与蛇的本体很像，甚至曾经是一体的，但却并不是本体。那么，本体是什么呢？尤其对于人而言，什么是本体，是起决定性作用的那个呢？按照科学的原理，将身体一点点剖开搜索，那个起决定性的情感与思想似乎根本就不存在，反而肉体是真实的。玄妙深奥的东西出现了吧，想想就成但不要过于深入。

**火与日，吾屯也；阴与夜，吾代也。**

其大意指：有火光与太阳时，我就显露出来了；阴天或夜里，我就消失了。人的情感与思想如何显露与作用呢？大概也是这么回事。比如，走在陌生的人流中，无论你有如何高深的思想和激烈的情感，谁知道呢？但在一个熟悉的群体里，思想与情感的一丝波动都会被人察觉到。

**彼吾所以有待邪？而况乎以无有待者乎！**

其大意指：本体和一切有形的东西是我所依赖的吗？可能吧，又似乎不是，我好像不依赖于任何东西吧。比如，一个人死了，影子还在呀；同理，一个人死了，其情感与思想也在，甚至可能是长存永在的。这其中的关系就复杂了，什么依赖什么？比如肉体与思想的关系说得清吗？

**彼来则我与之来，彼往则我与之往，彼强阳则我与之强阳。强阳者，又何以有问乎！**

其大意指：不管怎么，本体来我就跟着来，本体往我则跟着往，本体徜徉我就跟着徜徉，本体做事我就跟着做事。作一个影子就好，怎么会有那么多问题呢？

"何以有问"讲得真好。提问是人类引以为荣的东西，能提出问题，能解决问题，甚至能创造问题，是多大的能耐啊。但在庄子看来，这其实是很无趣的，不过是自我戏剧、自我折腾而已。说白了，人呀，就是自己逗自己玩，还逗得煞有其事，严肃认真，不亦乐乎。究其实质，不过被一切左右着行走坐卧、哭笑哀乐，有着影子的一生。

# 阳子见老子

阳子居往南到沛地去，老子西游至秦地，两人约好了在途中见面，后来在梁地碰面了。阳子居，就是杨朱，此人的事情《列子》一书中提及最多，这则《列子》中也有。

杨朱对这次会面很重视，早早就到了并安排好了住处。但一见面，老子看了杨朱一眼就仰天长叹：起初觉得你孺子可教，现在看来根本就不行。一听这话，杨子就蒙了，完全一头雾水，但面对老子，因而什么话也没说出口，跟着老子到了客店里。进了门，又是打水又是递毛巾的。

等老子洗完，杨朱便恭恭敬敬地将鞋子脱在外面，"膝行"至老子跟前问：弟子一直想请教，见夫子赶路辛苦没敢开口。这会闲了，想请教下，夫子见面时所说的话是什么意思。

老子说："而睢(suī)睢盱(xū)盱，而谁与居？大白若辱，盛德若不足。"这些都是《道德经》中的话。其大意指，方才在路上，见你一副趾高气扬、盛气凌人的样子，这样的人谁还愿意和你相处呢？最纯洁的人身上也会有不足之处，最有德性的人也有觉得有不足之处。老子的意思是：做人要低调谦虚点。阳子居的悟性很高，一听脸色就变了："敬闻命矣。"其意为：受教了，我会牢记先生的话并做好的。

阳子居大名在外，来的时候，客店伙计将他迎进去，店老板亲自安排住处，老板娘亲自送来毛巾梳子等，客人们纷纷将主位让出来，炉边烤火的人也将最好的地方让出来。阳子居返回来，就像换了一个人，变得很随意了，客人们都纷纷与他争席。

这个故事很清楚，这个人已然飘忽于物外。

# 捌　外　物

## 外于物

"外物"即身外之物，不光指的是物质，泛指除自身以外的一切人、一切事、一切因果联系。外物，实际上是外于物的意思。这个外是作动词说的，指排斥、置于"物"外之意。所谓外物，本来就在身外，何以进驻人们的心中，完全掌控并主导了人，使人为之喜、为之怒、为之欢、为之悲，甚至为之狂呢？好没道理啊。

**外物不可必，故龙逢诛，比干戮，箕子狂，恶来死，桀、纣亡。**

这个"必"指什么？必然性？也有说是指标准的。有这么一句老话："事有必至，理有固然。"对比起来看，觉得"外物不可必"有两层意思：其一，外物就是外物，不能作为死板教条来看待。不过，如果这么解，则与下文联系不起来。其二，很多事情有其必然性，是不可避免的。为了支持这个观点，庄子举了六个人的例子，都是三代时期的人与事：龙逢，夏桀的臣子，因直言进谏不避祸而被杀；比干，商纣王的叔父，被剖心；箕子，商纣王的叔父，装疯以避死，据说后来逃亡到了朝鲜，现代的朝鲜人奉其为先祖，建有宗庙；恶来，纣王身边的弄臣，被武王所杀；夏桀、商纣，不懂外物不可必的道理，人亡政息了。这句话是对于历史的感慨，忠也被杀，直也不容，恶也是死，暴还是亡，可见很多事情并不以个人的意志为转移的。这些人想死或想疯吗？一点也不想，可不同的人、不同的原因，却导致了种种不好的结果。所以说，有些事情是必然而不以人的意志为转移和变更的。

**人主莫不欲其臣之忠，而忠未必信，故伍员流于江，苌弘死于蜀，藏其血，三年而化为碧。**

其大意指：君王都想自己的臣子忠心，一味忠心也未必就能见容于君王。伍子胥对楚国忠心，楚国要杀之，被迫辗转逃亡到吴国；对吴国吴王忠心，一样被赐剑自尽。苌弘忠心吧，却被流放于蜀国，自杀而死，其血三年而化为碧色。

读到这个感觉，庄子是在选取一些极端的事例提炼一个定理，与牛顿的思维相一致。关于历史的是是非非，中间的事情太过曲折，同一件事，往往能提取出意思完全相反的定则来。这是很正常的事情，而非要清是非，就显得很无趣了，这也是庄子的高明之处。

**人亲莫不欲其子之孝，而孝未必爱，故孝己忧而曾参悲。**

其大意指：父母都希望孩子们孝顺，但孝顺的孩子，父母未必都喜欢，父母似乎更喜欢有出息的。比如曾参，小时候由于过分老实，经常被父母打骂。

**木与木相摩则然，金与火相守则流。**

其大意指：木头与木头急速摩擦会生出火来，金属接触到火会熔化，五行之间相生相克的关系就这么神奇。

**"阴阳错行，则天地大绖（hài），于是乎有雷有霆，水中有火，乃焚大槐。"**

其大意指：阴阳之说当时非常盛行。古人认为，阴阳错乱就会天翻地覆、山河巨变，会导致电闪雷鸣，从而水中产生了火，烧坏了大树。这个句子说得很清楚，正常的逻辑吧，是木生火、火克金、水克火，但水中却生火，可见是阴阳错位、天地动怒了。这个现象今天很好解释，古人不可能有今天这么直观的理解。这也提示我们，对于同一件事，一个时代有一代人的看法，一个时代有一个时代的理解程度。

**有甚忧两陷而无所逃，螴（chén）蜳（dūn）不得成，心若县于天地之间，慰暋沉屯。**

"螴蜳"，指什么不清楚，应该是某种或某些小虫子，但这里指：惊恐慌乱而首尾不相顾。这句玄虚而抽象：由于对很多历史现象和自然现象不理解不清楚，很多人经常深陷其中，左也不是、右也不是，很是纠结，终日惴惴不安。人的心也飘飘忽忽的，如同悬挂于天地之间，忧愁烦闷，没有个沉稳的落点。这大概也是人寻求彼岸与归宿的原因吧。

**"利害相摩，生火甚多，众人焚和，月固不胜火，于是乎有偾（tuí）然而道尽。"**

其大意指：人的一生，总是在不停地盘算利害，因而总是着急上火的，焚毁了心里原有的中和清平之气。人吧，原本就很脆弱，哪能经得起内心之火、欲望之火的焚烧，于是乎，就真的像一截蜡烛、一截木头一样，通过不息地燃烧来求取一些东西。但大多数人终其一生还是两手空空、一无所有。

古人说的精气神积蓄、整理和修炼，道理也是这样的。精气神充盈丰沛并调理和顺的人，才是真正健全的人。至于之外的那些忠奸正邪，其实完全不必理会。这就是道家认定和奉行的东西，是道家对忠孝、是非等观念的看法。其实，清楚了这点又能怎样呢？对于绝大多数人来说，必然受主流观念的主导与裹挟。

## 涸泽之鱼

庄子的一生很穷困，他经常吃了上顿没下顿。一次无粮下锅了，去监河侯（即近似今天水管站站长之类的官员）家借点钱粮。

监河侯说："好，我快要收取赋税了，等收上来借你三百金，可以吗？"这很可能是托辞。想必是因为庄子经常借钱借粮，而且只借不还，所以人家不想借，又不想得罪人，才说了这句话。

一听这话，庄子就生气了。庄子思维敏捷，即使生气了，还能立马说个故事：我昨天来的路上，见到车辙中有一只鲋(fù)鱼（即鲫鱼），便上前问："鱼呀，你到这个地方来做什么呢？"鲋鱼说："我是东海水域的大臣，困在这个地方了，想借你一斗水保命。"我对鲋鱼说："好，你等着，我这就去游说吴王和越王，引来西江之水迎接你归海，可以吗？"听了这话，鲋鱼张口就骂："我失去了赖以生存的水，生命危在旦夕，这会一斗或一升水就可以活命。照你这个说法办，等引来江水搭救，我早成鱼市上的死鱼了。"

庄子聪明且机智，说得形象生动又憨态可掬。钱粮到底借到没有，我们不确定，但有一点是肯定的，庄子并没有冻饿而死。再说了，庄子吧，脸皮够厚，借人钱粮都这么振振有词、理直气壮，这样的人肯定不会饿死的。

## 任公子垂钓

任国的公子想钓大鱼，用了巨型鱼钩和粗大绳索，以五十头阉牛作鱼饵。他的钓法如何呢？蹲在会稽山上，将钓竿伸入东海。阿基米德说：给我一个支点，我能够撬动地球。任公子这架势近似于此，钓了一年，却什么也没钓着。突然有一天，有大鱼咬钩了。

这条鱼大到什么程度呢？与《庄子·内篇·逍遥游》中鲲的大小差不多。原文为："扬而奋鬐(qí)，白波若山，海水震荡，声侔(móu)鬼神，惮赫千里。"这是说，这条鱼在水里挣扎，扬须奋鳍，巨浪如天，海水震荡，声若鬼神，千里震惊。

钓到后，任公子将这条鱼制成鱼干，晾晒鱼时，从浙江东边一直铺展到了苍梧山的北面，也就是湖南宁远一带。当然，很多人都吃到了这条鱼。也因此，后世那些才疏学浅、道听途说之辈，对此都很吃惊。庄子的意思是：这世间神奇的事多了，人掌握多少呢？因而他们多是大惊小怪之辈。

庄子其实是拿钓鱼说事的，最后有这么句话：像普通渔夫那样，用小竿细线的，在小沟小溪里，能钓到的不过是普通小鱼罢了，想钓到大鱼可能吗？同理，专注于细枝末节的学说，可以去追求夸奖和名声，但想悟得真正的大道，也是不可能的。原因很简单，格局不够。比如，为了求表扬而写文章，能写到什么程度呢？也正因此，不理解任公子这种风度气概的人，在这世间又能活成什么样子呢？无非是蝇营狗苟罢了。

我们经常说格局，其实说的哪是什么格局呢，不过是方法策略而已。格局没法说的，好像也不是说出来的，一个人心大就是大，狭小的心想大也大不起来。

庄子这个故事，多少有点聊斋的味道。后来的《世说新语》《搜神记》《玄怪录》《聊斋志异》《子不语》等，估计都是受庄子的影响而写的。


## 儒家盗墓贼

这则故事有严重的讽刺意味儿，极其辛辣，但骂人不吐一个脏字。两个或两个以上儒生，以《诗》《礼》为工具去盗墓。大儒在上面放风，小儒在墓中行窃。天快亮时，大儒与小儒有几句对白，非常有意思。

**大儒胪传曰："东方作矣，事之何若？"**

天都快亮了，怎么样，贵重值钱的东西弄到了手没有？

小儒在墓中答："未解裙襦（rú），口中有珠。"衣服都还没有解下来呢，口中还有珠子。对盗墓贼来说，随葬品、佩饰等很重要，口中的珠子更值钱。

**《诗》固有之曰："青青之麦，生于陵陂（bēi）。生不布施，死何含珠为！"接其鬓，压其顪（huì），儒以金椎控其颐，徐别其颊，无伤口中珠。**

这话大体的意思是：进度太慢，大儒着急了；发现了珠子很珍贵，须小心。于是大儒引用了《诗经》中的一句话来提示小儒，青青的麦子，长在山坡上，活着时不注重布施积德，死了含个珠子有什么用呢？并指点取珠子的方法：抓住头发固定好脑袋，按住下巴，用锤子轻敲面颊，慢慢掰开嘴巴，珠子就取出来了。

这个故事是什么意思呢？大概有这么几点：其一是儒家言必称古，所奉行的思想、所推崇的事情，都是古人的思想，其行为做派与盗墓者没什么分别，都是靠死人吃饭的；其二是儒生迂腐教条，说求形式，连盗墓都用这么文绉绉的字眼，都是诗经中的，而且说得很是工整对仗；其三是儒生就是嘴上的功夫，实际办事能力太差，盗个墓笨手笨脚的不利索，快天亮了，连个衣服都脱不下来，还能办成什么大事呢。最大的讽刺则是：以仁义礼乐为宗旨的儒家，居然成了一群盗墓贼！

儒生引用的"诗"，并非是《诗经》中的，但确是当时的诗。"删诗书"，孔子干过。当然，也正因为孔子整理删定过，诗三百才得以保存。

## 老莱子的教诲

老莱子，春秋时期楚国的著名隐士。一天，他的一名弟子外出打柴遇到了孔子，觉得不寻常，返回后就向老莱子说起了这个事：今天外出打柴遇到了一个奇怪的人，上身长而下身短，佝偻着背，耳朵贴在脑后，相貌不凡，看眼神似乎有经营四海的志向，也不知道是个什么人？

老莱子一听：这肯定是孔丘，赶快请过来吧。

孔子来后，老莱子对孔子说：孔丘呀，去除你身上的矜持行为，以及你脸上挂着的聪明相，才能真正修成君子。

孔子一听这话郑重后退行礼，很忧心地请教：像我这个样子，德业还能够进步吗？

老莱子说了一大段话："夫不忍一世之伤而骜万世之患，抑固窭（jù）邪，亡其略弗及邪？"其大意指，一个人吧（暗指孔子），不能忍受一世的委屈，老是想出头露面做点事，这真的是建功立业吗？我看呀，倒很可能是留下万世的祸患。非要这么做，是固守志向呢？还是眼光心智本身就有问题呢？道家的人就是这样，不主张没事找事地到处做事。而孔子，则怀有济世的抱负，总想把社会建设成理想中的样子；因为郁郁不得志，忧愁烦闷了一生。对此，老莱子的看法是：看看世上所谓建功立业的事，是真好呢？还是自找麻烦呢？是予人以幸福？还是瞎折腾人呢？是真聪明？还是真糊涂呢？

**惠以欢为骛，终身之丑，中民之行进焉耳。**

有点实惠，自个就高兴得不得了，并时时处处引以为傲，对于有道有德之士来说，这是禁忌，是会终身感到耻辱的事。一般人的努力方向都这样，并满足于此。但你孔子吧，也沉溺于这个，简直太要不得了。

**相引以名，相结以隐。与其誉尧而非桀，不如两忘而闭其所誉。**

相互吹捧着成名，相互违心地结交，这是老莱子极其看不上的。这种情况现实中比比皆是，你好我好，各取所需嘛。但直言说破、不留情面似乎也不好，四面树敌，在现实中则寸步难行。因此老莱子的观点，与其像世人一样去赞誉尧而非议桀，倒不如物我两忘，不谈毁誉。

**反无非伤也，动无非邪也。圣人踌躇以兴事，以每成功。奈何哉，其载焉终矜尔！**

逆着来一定是会造成伤害的，无论逆的是什么。人吧，无论采取什么样的举动都是歪门邪道，换句话说，人要去做事，肯定要有点手段，方法手段非正义非正当的多。这也是李宗吾大说"厚黑"的原因，仔细想想，还真就是这么回事。"圣人"——这个圣人指道家圣人，只有在退无可退、迫不得已的时候才出来做点事，因此每做必成。道家圣人们一般都什么时候出来？做的都是什么事呢？乱世和紧要关头，出来是扶危定倾的。最后一句是老莱子的诘问：孔丘呀，道理如此清楚，你为什么却非要为了奉行自己的一套放不下呢？非要用你认为对的去匡正天下呢？结果怎么样是清楚的，仅成名而已，倒也为世人留下了一些饱受争议的原则，有人夸，有人骂；有人持守，有人唾弃。

这个故事很可能是虚拟的，庄子编造了与孔子相关的很多事，但所说的道理是货真价实的。

## 宋元君释梦

宋元君即宋国国君宋元公，好猜忌，在位期间引发并平定了"华氏之乱"。对于宋元公的评价，左丘明的看法为"无信多私"，司马迁的意见为："元公毋信"，可见是一个不怎么样的君主。所以庄子作了这样的编造，即其人连做梦都是这么个德行。这实质是有点政治色彩的灰色段子。

一次，宋元君半夜梦到一个披头散发的人在寝室边门探头探脑、自言自语："我来自宰路的深潭，原本是作为清江的使者到河伯那里办事的，谁料中途被渔夫余且抓住了。"这明显是托梦求救。

元君醒来后，让人占卜了一下，卜者说：这是只神龟。

元君问：有没有个叫余且的渔夫呢？

手下人答：有这个人。

元君便下令召见余且。

第二天，余且来了。

元君便问：你这几天打鱼都打到什么了？

余且答：网到了一只背径五尺的白龟。

元君便让余且将乌龟献上来。

见到乌龟后，元君先是想杀了这只龟，后来又想放生，犹豫不决，便让卜者占卜，杀了乌龟是吉兆。于是，元君就将这只龟杀了，用来占卜，一共用了七十二次，每次都很灵验，没有失算过。

孔子听了这个事情后说：这只神龟不神嘛，只知其一，不知其二，能够托梦于元君，将自己从余且的网中救出来，却没有算到自己会被杀，且会被钻烧七十二次。这样看来，智慧也有困惑的时候，神灵也有无力办到的事情啊。即使有至高无上的智慧，也无法与众人的心智相抗衡。

接着孔子说了几句格言："鱼不畏网，而畏鹈(tí)鹕(hú)。去小知而大知明，去善而自善矣。婴儿生无石师而能言，与能言者处也。"鱼不怕渔网，却怕鹈鹕，其实渔网比吃鱼的水鸟可怕得多。这就提示我们，摒弃小聪明才能拥有大智慧，不去有意为善才是真善。婴儿生下来之所以慢慢就会说话了，并不是有什么高明的老师，只是因为和大人们在一起，常听大人们说话的缘故。

这个故事的道理已经足够透彻：机关算尽太聪明，反误了卿卿性命。总之，有时不算才好，不去计较才好。算计嘛，是数学，而生活明显不是数字公式能够推导出来的，因而总有你算计不到的东西。

## 无用之用

惠子与庄子都是聪明人，经常在一起辩论。

这两人的辩论非比寻常，不是在研讨问题，而是看谁看问题更为准确。

一天，惠子对庄子说：你说的都是些无用的话、无用的理论啊！

直观地看，庄子说的这些既不能强国，又不能富家，显得很是无用。

庄子回了句："知无用而始可与言用矣。夫地非不广且大也，人之所用容足耳，然则厕足而垫之，致黄泉，人尚有用乎？"庄子的意思是：知道无用的道理，才可以探讨有用的问题，并可以更好地去发挥作用，这就是无用之用。你看，大地是多么的广大，人站在这只占到两脚的位置，将除站立点之外的其他地方都挖掉，只剩下站立点和黄泉，这样大地对人还有用吗？"

惠子：这样就无用了。

庄子：什么叫无用之为用，明白了吧？

别看就这么短短几句，其内涵却很丰富。"无用之用"的理论不是一下能说清的，其中意会的成分偏多。从中可以看出这么几点：其一是有用或没用因人而异，不是所有人有饭吃、有衣穿就行，有的人还要追逐风景；其二是有用或没用有个范围的问题。比如，住在水边的人与住在大漠的人，对于沙子和水的态度是不同的；其三是有用或没用还有个价值观的问题，有人觉得钱最有用，有人觉得健康最有用，还有人觉得自由最有用。

庄子的态度，有用或没用不必讨论，自己的心知即可，没有那么多无用无关的事，活着会很没意思。人的生命并不总是指向目的、意义与价值的，也有大量无所事事的时候，大量无目的无意义的事情，将这些事情和闲暇都去掉，这一生成什么了，还活不活呢！

# 庄子论游

### 人有能游，且得不游乎？人而不能游，且得游乎？

从字面上看，一个人如果能悠游自适，到哪里都能游于物外，如果不能悠游自适，到哪又能游于物外呢？人世遨游也一样，神思悠游的人，无论处于什么环境中，都是悠然自得的；神思不悠游的人，无论处于什么环境中都是愁眉苦脸的。生活也一样，懂得生活且会生活的人，在什么样的条件下都生活得很好；不懂且不会生活的，住在金山银山上估计也不见其乐。

### 夫流遁之志，决绝之行，噫，其非至知厚德之任与！

任由思想与精神纵横驰骋而不加任何管束，行为毅然决然没有任何顾忌，噫，这是多高的境界啊，也只有一种人可以做到——什么样的人？"至知厚德"的人，有极高智慧以及完全顺从天地之道的人。这里的"德"可不是后世所说的道德、品行的意思，而是指遵循道的程度。从庄子的这句来看，应该是"至知厚德"集于一身，才能享有无限自由和绝对的精湛。这一段也可视为是对"逍遥游"的诠释。一个大学者的主要观点，并不在一个地方、一篇文章里，而是反反复复从不同角度、不同层次去诠释的。

### 覆坠而不反，火驰而不顾，

有了至知厚德，才可以真正义无反顾，虽然偶尔意气行事也可以做到如此，往往内心有反复和反悔；或者换句话说，只有至知厚德者，才会千万次跌倒而不回头，像火一样往前去烧而决不退后。水由于地势的关系，还有倒流的时候。火则完全不同，烧过的地方不会再烧回来。何其细微的差别，庄子都注意到了，可见其思想之敏锐。

**虽相与为君臣，时也，易世而无以相贱。**

人人都像庄子说的这般洒脱决绝，怕是不能够的。人伦之中，要顾忌的东西很多，比如君臣父子关系等，这是儒家最为强调的。庄子对此的看法是，我们虽然确实有君臣关系，都是暂时的、一世的，有些甚至是由时势造成的，经不起推敲。以千年万世的眼光来看，这个不算什么。改朝换代了，谁是君谁是臣呢？下一世或千秋万代后，谁是君谁是臣呢？这个观念确实很有道家风格，不是一般人能够做到的；即使领会了，也做不到。

**故曰至人不留行焉。**

什么是"至人"？庄子说过："至人无己"，"至人"，即纯粹的人，没有自我的意识，甚至没有人的意识，与大自然的岩石草木一样，保持自然而然的状态最好，何必非要成为某种类型的人或样子呢？

**夫尊古而卑今，学者之流也。**

厚古薄今是吵吵嚷嚷的书生之见。古代真的完美无瑕吗？当下真的一无是处吗？这种现象有个时间与观念的双重过滤问题。看古代，人们往往只看好的东西；看当下，人们往往只看坏的部分，因此反差就很大了，实则一个时代有一个时代的美好，也有一个时代的弊病。

**且以狶(xī)韦氏之流观今之世，夫孰能不波？**

狶韦氏，远古帝王的称号。庄子的意思是：如果以最为远古的时代来衡量今天，民风确实变了，事情确实很是繁琐，任何人可能都会感到问题很多。

**唯至人乃能游于世而不僻，顺人而不失己。**

但世道就是这样的世道，谁又能让时代退回到豨韦氏时代呢？这就是改变自己还是改造时代的问题了。按照现代理论，缓慢改进时代，及时调整自己，改造社会与时代一定是从改变自己着手的。庄子的观点是，只有至人即纯粹的人，才能如鱼得水地顺应时代而并不觉得违和，同时随和于世人，而又不迷失其中全然湮没了自己。

**彼教不学，承意不彼。**

这句是说至人的，说的是主动与被动的问题。道家的观念是，对于天地自然，要绝对顺从；而对于人道人世的东西，一定要警惕。要注意去潜移默化地影响感化他人，而不被他人所影响所感化；要尊重他人的意愿，但不能为他人的意愿所左右。

**目彻为明，耳彻为聪，鼻彻为颤，口彻为甘，心彻为知，知彻为德。**

这个"彻"指通彻、透彻，有点绝对和最高级的意思。这句的字面意思是说，眼睛亮到极点才是明，耳朵聪到极点才是聪，嗅觉敏锐到极点才是颤，味感到了极点才是甘，心里通透得像镜子似的才算是智慧，智慧到了极点才是德行。想表达的意思也很清楚，触觉是感觉的基础，种种触觉是忠实而原始的，是什么样子就是什么样子，但综合后的感觉却不是这样的，往往带来误判和错觉。只有到达一个极致，感觉才是准确的，而不会陷入混沌。这个原理与盲人摸象有点类似，只有将种种意见综合起来的判定才是正确的。庄子说的这个，其实也是一个全局观，一个人听力、视力、嗅觉、味觉都没有问题，但对一个事情的判断却经常出问题，何以如此呢？智慧不够，缺乏一个整体观。

**凡道不欲壅，壅则哽，哽而不止则跈（jiàn），跈则众害生。**

人对道的认识也是如此，不能在任何环节上出现堵塞，堵塞了就是梗阻不通；梗阻不通，就会出现矛盾抵触；认识和行为上矛盾抵触了，就会出现问题、形成灾害。普通人很少在意这些，而治国理政者必须理清这些。从国家层面来看，没有任何一项政策出台，会百利而无一害，肯定是有利有弊的，只不过是当前还是长远、是局部还是全局、是利大还是弊大的权衡问题。因此，看问题一定要长远而全面，不能埋下大而无法纠改的祸患，以至于造成浩劫性灾难。这种事历史上很多，所以庄子在提醒我们。

**物之有知者恃息，其不殷，非天之罪。**

人与万物，凡是有知觉的都会有个气息，这个气息如果不旺盛，与上天没有关系，就是自己的问题，不能怪罪于天。这个气息所代表的实际是生命力，上天生人和万物时，生命力都是一样的，元气都很充沛，但人与万物的元气也是有限的，生命力也会变衰弱，主因在于其自身。

**天之穿之，日夜无降，人则顾塞其窦。**

古人认为，人身先天有"九窍"，口、鼻、眼、耳、便门等，这些原本都是通畅的；而后天由于疾病等原因就梗阻不通了。

**胞有重阆，心有天游。**

这句说"空"的。"胞"不是细胞，而是腔体，比如口腔、胸腔、腹腔、盆腔等，这句是说人的腔体内并非满实满载的，而是有很多空间，可以利于气息游走。《黄帝内经》有奇经八脉的说法，这些经脉是气息贯通的，并不单指血液流动的血管。这是说肉体的。那么，心灵呢？也存在一样的道理，空虚了才有遨游的空间呀；心里装得满当当的，每一步都沉重不堪，哪能逍遥起来呢？我们经常说"一个人心思重"，就是这个意思。

**室无空虚，则妇姑勃豀(xī)；心无天游，则六凿相攘。**

这个比喻很形象，一家人吧，住所很狭小，媳妇婆婆天天磕磕碰碰的事情就会很多；家里很宽敞，甚至不住在一处，矛盾相对会小一些。一个人的内心不宽大，眼耳鼻舌身意这六根就会经常抵触，对看到的不满意，对听到的不高兴，总之看鼻子不是鼻子，看眼睛不是眼睛。心眼小嘛，看什么都有问题。心大了，什么都好。

**大林丘山之善于人也，亦神者不胜。**

深林高山之所以人人都喜欢，就是因为高大无边，即使是神都无法穷尽，更别说卑微的人了。人对于高山深林，只有向往的份；真到了高山深林之中，恐怕只有惊叹的份。人的承载承受力是有限度的，过大了，往往会因不堪承受而出现问题。诸如智慧、思想也一样，多而无度，则会出现精神问题。

**德溢乎名，名溢乎暴；**

修德的副产品是名声，或者说修德之人的大忌是好名。鸟爱惜羽毛，有德的人爱惜名声，自然而然、情理之中的事。一只鸟太漂亮了，容易被人抓走观看；人也一样，名声太大，其实却把自己暴露于众目睽睽之下，一举一动被人关注。这是一种满足，其实也是一种受虐的病态。

**谋稽乎誸(xián)，知出乎争；柴生乎守官，事果乎众宜。**

一个计谋的成效如何，只有在危急中才能得到检验，管用就是好计谋，不管用就是馊主意。智慧从哪来的呢？因争斗而来。没有争斗人就不会去琢磨乱七八糟的事；争斗频繁了，兵法就诞生了，兵法就是很厉害的智谋。"柴"是闭塞的意思，闭塞产生于保守。处理政务必须要适应大多数的诉求，求取最大公约数，无论是在革命、改革还是日常管理中都是非常管用的，因此历来是施政的基本原则。"少数服从多数"就是应这一原则而生的。

**春雨日时，草木怒生，铫(yáo)耨(nòu)于是乎始修，草木之倒植者过半而不知其然。**

这句是说生命力的，也可以理解为因果。春天雨水及时而调和，草木就会很茂盛。这种情况下，就要注意维修除草的工具了。《周易·坤卦》初爻"履霜，坚冰至"也是类似的意思，是说踩到霜，就知道冰封雪裹的冬天就要到来了。春雨依时，就要做好除草的准备了。

**静然可以补病，眦(zì)搣(miè)可以休老，宁可以止遽。**

静默有益于养病，这个道理无须细说，反之，心浮气躁、着急上火则易生病。按摩眼角可以防止衰老，防止鱼尾纹之类的倒是真的。庄子这段像是格言警句集，方方面面都有。宁静可以平息急躁，后来诸葛亮有"宁静致远"的说法，也是道家的精髓要义。

**虽然，若是劳者之务也，佚者之所未尝过而问焉。**

庄子就是庄子，如果按这个思路说下去，就成心灵鸡汤了。这句的转折比较关键，即以上这些道理吧，虽然都说得很朴实很管用，但都是劳碌者所重视的，真正安逸的人根本就不会理会这些东西。真正的"佚者"想什么、做什么呢？他们是顺天而为，席地而生，旷达而不羁。

**圣人之所以骇(hài)天下，神人未尝过而问焉；贤人所以骇世，圣人未尝过而问焉；君子所以骇国，贤人未尝过而问焉；小人所以合时，君子未尝过而问焉。**

圣人总想着干一些惊世骇俗的事，神人就不在乎这个，因此说"神人无功"。贤人总想着一鸣惊人、脱颖而出，而圣人不想这个，圣人想的是做点大事，名只是副产品。君子呢？眼界范围就相对狭小了，并没有天下观，只想为本国或者为赏识自己的国君做点事。贤人可不是这样，贤人是胸怀天下的，没有国家民族意识。一般人呢？无论做什么总要首先考虑时机是否合适。农业社会，人的劳作休息与四时高度吻合才有效；违背四时的付出都是白忙活，因此时机适合就做，不适合就不做。而君子并不在意四时、时机之类的，有个明确信念的，经常是明知不可为而为之。

从这句也可以看出，庄子眼中人的层级顺序：小人，君子，贤人，圣人，神人。这点与儒家完全不同，儒家的努力到君子、贤人就打住了，对于圣人、神人完全是膜拜仰望。而道的观念是，人经过修炼可以成为神人。这里还要注意一点，"小人"的意思与今天说的完全不同，指的是如工蚁、工蜂一样的普通人。

## 孝的弊端

宋国演门有个死了父亲或母亲的人，由于过度悲伤而形容枯槁、憔悴不堪，邻里都说此人好，传到国君耳朵里，也认为此人是大孝子，便封为官员。这下可好，这么个导向一立起，这个地方的人双亲去世后，都想尽办法作践自己的身体，因此无端死了许多人。

庄子的这句话想说明什么呢？明面上看，也是针对儒家久丧之礼的。据《论语》中记载，孔子曾说过类似的话，"夫三年之丧，天下之丧也"，同时说父母去世，内心的悲伤最重要；内心不悲伤，与禽兽何异。庄子、墨家都反对这个，反对的理由却各有不同。墨家的看法是，厚葬久丧不利于民生，财富都埋入土里了，死者家人的时间与健康都耗费在守丧上了。庄子的看法则更简洁，生寄死归有什么好伤心的，与其假惺惺地哭给人看，倒不如自己好好活着。

这里还有一个导向与榜样的弊端。一个出发点原本很好的事，到后面就变质变味了，会将做好事变成"求求你表扬我"式的事情。个别人这么做拦不住，但不应成为一个国家或社会的倡导和倾向。

# 让王之窘

这段很像是《庄子·杂篇·让王》一文的内容。尧将天子之位让给许由，许由不愿意，便偷偷躲起来了。汤将天子之位让给务光，务光竟然发怒了。纪他听说了这件事，就带领弟子隐居在河边，随时准备跳河，引得诸侯们都来慰问。三年后，申徒狄果然就因为此事而跳河了。这些事前面都说过。人与人的差别何其之大，别以为天子谁都想做，宁愿死而不愿做的大有人在。也正因此，别总是用自己的是非义利观去推测他人，将心比心这个做法对于一般人或许行得通，对于决绝的人，根本就是风马牛不相及的事，这些人完全在想象意料之外。比如，什么是理想？什么是幸福？如果你满街问去，答案一定会让人感到吃惊。这就是人，不可貌相的人，不可一概而论的人，不可笼而统之的人，以肉体也以精神、以物质也以思想存在的人。

# 得鱼而忘荃

"得鱼忘荃"的注脚，与"过河拆桥"类似。"荃"，通"筌"，就是一头大一头尖的竹篓子，鱼游进去就出不来了。当然，这句是说人而不是说鱼的。其意思是：人吧，经常是抓到了鱼，就忘了筌；过了河，就忘了桥；得到兔子，就忘记了夹子。如果按照这个逻辑下去，就是四平八稳的一句，毫不惊奇。通过这个逻辑，庄子想推导出什么呢？语言是表达意思的吧，但人们往往"得意而忘言"，即很多感觉是无法以语言来表述的。这仍不是庄子的思想限度，庄子的眼光与思想在哪里呢？懂得一个或所有意思，全然忘记了语言文字，不是更高明吗？那么，我到哪里去找忘言的人并与之探讨交流呢？这个逻辑再引申一步，人们都有这样的感叹：人不好，不够完善；生活不好，不够满意。那么问题便来了，最好、最完善、最满意的是什么呢？

还是人与人间的生活吗？

这个逻辑真的厉害，可以看出三点：其一是庄子拥有高度会意的人生。文字表现只是其思想情感的冰山一角，其人还有更庞大更精湛之处，被埋没着，需要去发现和探究。其二是庄子也是有大寂寞的，颇有"微斯人，吾谁与归"的感觉。什么叫孤绝？这就是。其三是有个成语叫"得意忘形"，现代人的解释是贬义，是说一个人忘乎所以，不知道天高地厚了。事实上，原意与"得意忘言"是一个意思，思想精神到了一种境界，就真的不知道也不在乎此身何身、此人何人了。

# 玖 则 阳

## 则阳游仕

本篇标题按照当时惯例，取自文中前两个字。"则阳"，姓彭名阳，字则阳，鲁国人，应该是位儒生，只是不知是实有其人，还是庄子杜撰的。

则阳游于楚国。这个"游"与孔子周游天下的游是一个意思，与旅游、游玩没关系；其有三层含义：一是游学，二是游仕，三是游说。一般来说，游肯定是有目的的，而且目的不单一，则阳到楚国是从事游说、游仕的。楚国官员夷节向楚王推荐则阳，楚王并不想见，夷节便回来了。当时，游走于天下列国的士子非常之多，多与政治抱负有关，需要有人引荐，夷节就是引荐则阳的人。韩非子自己也是个游仕的人，却非常厌恶这些人，称其为"五蠹"之一。

则阳不甘心，便找楚国贤人王果说：夫子为什么不向楚王推荐推荐我呢？

王果：我在楚王面前说话没什么分量，估计楚王不会听的，这方面我不如公阅休。你为什么不去找他呢？

则阳：公阅休是什么人，何以没听说过呢？

王果：公阅休这个人吧，冬天则捉鳖于江中，夏天则隐居入山林，过路人问起，他经常会说，这就是我家。

可以看出，公阅休明显是一个以天地为屋宇的隐者。王果之所以用"公阅休"这个名字，其实是谐音，意思是等先生安逸欣悦于休闲的状态再说吧。直白点说，王果根本没有推荐他的意思，而是含蓄地说，等你则阳懂得生命的真谛再谈这件事吧。

当然，为了点醒则阳，王果说了一大段话：夷节推荐都不管用，更何况是我呢？向楚王荐人，我是不如夷节的。夷节为人，德行不怎么样，但方法智慧却很有一套。其人虽然没有什么原则底线，但搞交际却是神乎其神的，而且长期沉溺于富贵名利场中。说实话，他并非以良好的德行去帮助人，被他帮助简直就是一种耻辱。这点就跟商鞅变法，想见秦孝公，接受阉人景监的引荐一样，为世人所诟病。

关于其中的道理，王果说："夫冻者假衣于春，喝(yē)者反冬乎冷风。"其大意为，受冻的人不去找衣服，而是盼着春天会来；中暑的人不知道去吹点凉风，却想着赶快进入冬天。意思是你则阳的方法明显不对头，违反常识了。楚王这个人吧，是非常尊贵而严酷的，对于有罪责的人，像老虎一样。

### 非夫佞人正德，其孰能桡(náo)焉！

这话很有意思，是说像楚王这么威严的人，身边只有两种人：一类是"佞人"，即善于上下逢迎的人；另一类是"正德"，即有道有德的高士。历史也充分证明了这点，帝王们宠爱或喜爱的还真就是以这两类人居多。当然，不同的帝王、不同的时代，有个此消彼长的问题；但总体看来，这两类人在帝王们身边一直都未缺过。还有个情况，帝王们身边佞人扎堆的时候，无论宫廷还是民间，风气都会很差，世道都会很乱；有德之士多一些的话，虽然事情可能也不少，但起码有一个勃勃向上的生气。

### 故圣人，其穷也使家人忘其贫，其达也使王公忘爵禄而化卑；

注意这个"圣人"的层级问题。这句的意思也较清楚：圣人处世，无论什么时候都是从容不迫的，穷困的时候，家人不以为其穷困；通达的时候，即使是王公也不以爵高禄厚自傲，不敢有丝毫怠慢。这就是"穷不馁，达不骄"，一种很高的修养。

### 其于物也与之为娱矣，其于人也乐物之通而保己焉。

圣人们对于万物，总能和谐相处，保持了一种良好的关系，对于常人呢？形形色色，各种各样的人，也都是这么个态度，倡导大家相安无事地相处但又不丧失自己的本性。这里的重点是"没好恶、无是非"。后来，出于大一统、一致性的要求才高扬起是非好恶的大旗。

**故或不言而饮人以和，与人并立而使人化父子之宜。**

因此，圣人就是那种头顶有无形光环的人，是有无声感召力的人，一言不发就可以使人内心平和、朴素和睦，和他在一起的人也都会受到其情绪感染，从而使父子等合宜相处。文中说的"父子之宜"是人伦大道，虽然只侧重于人伦的一个基本面，涵盖的不光是关系的问题，还有责任、义务种种。

**彼其乎归居，而一闲其所施。**

这是"无为"的思想，圣人能使人们各安其居，却像闲人一个什么事也没做一样。这点是"自然而然不生事才是大然"的意思，即无论这作为那作为，而不无事生非才是最大的作为。这看似什么也没做，但功效却最好，比天天瞎折腾要明智深远得多。

**其于人心者，若是其远也。故曰待公阅休。**

王果的意思很清楚，这就是圣人与俗人的差别，也是让"公阅休"引荐你则阳的原因。实则本意是：不要折腾生事了，连基本的形势都看不清，基本的道理都不明白，根本就迂腐不通，还见什么楚王呢。

## 圣人是什么人？

这是一段抽象的理论，须得一句句地看。"圣人达绸缪，周尽一体矣，而不知其然，性也。"所谓的圣人，对于世间种种矛盾纠葛都是了然于心，也全面了解万事万物混同一体这个现状。但对于究竟何以会形成这个状况，就不清楚了。说到底，这是事情的本性原理等使然的。也就是说，有些事情只有怎么样，没有为什么。之所以这样说，是因为圣人总想凭自己的智慧、意志做一些事情，来指导规范人与万事万物，岂不知有些东西是改变不了的，任其自然最好。

**复命摇作，而以天为师，人则从而命之也。**

圣人的一举一动都是效法天地的，因此人们称其为圣人。"以天为师"这个说法，道家是很强调的。儒家的说法则是"天地君亲师"，分了五个层级。道家的跨度则很大，什么都可以师法学习、借鉴参考，并不限于人。所以，儒家的师承很清楚，但道家的师承并不清楚。

**忧乎知，而所行恒无几时，其有止也若之何！**

人们（尤其是圣人们）经常为智慧而忧心，总觉得智慧不够，因而总是拼命学习充实自己。其实绝大多数人所学的都偏向于实用主义。时代变了，条件变了，所学也就过期作废了。比如，技术性的东西就是这样，今天会操作这个机器，过几天升级一种新机器，又要重新学习了。庄子的意思是：这么学下去，学无止境，不是个事吧。那么怎么办呢？得学点放之四海、行之万世而皆准的东西。

**生而美者，人与之鉴，不告则不知其美于人也。**

智慧是内在的事，没法用尺子来量，谈起来不容易。庄子以浅显的美为例说明这一问题。一个人吧，长得很漂亮，他人就递来一面镜子，但如果没有任何人称赞或发表意见，这个人也并不知道自己究竟有多美。智慧也是这样的，一个人的智慧究竟到了什么样的程度，如果没有任何参照和比较，也是显示不出来的。

**若知之，若不知之，若闻之，若不闻之，其可喜也终无已，人之好之亦无已，性也。**

这是个让人安之若素的问题。庄子的意思是：不智慧、不知道才好。一个人吧，有多智慧、多漂亮，他人知道也好，不知道也好；听说过也好，没听说过也好；没名气也好，名气大也好，其实都没关系。也就是说，他人的意见，并不影响或妨碍这个人本身的智慧和漂亮程度。如果能达到这种安之若素的境界，他人肯定会对此感到惊奇的，人的天性本是如此，也应该如此。实际上，人们却是一味外求。设想一下，一般人在人群中，总是通过种种方法、举动、意图来凸显自己，而有这么一个人即使是最完美的一个，丝毫没有想凸显的意思，这个人不令人着迷吗？他肯定就是谜一样的存在。

**圣人之爱人也，人与之名，不告则不知其爱人也。**

此即仁者爱人的说法，意思是说，圣人们关爱他人，其实出于本性，人们称其为圣人，但说不出具体原因来，大多是人云亦云。圣人也不会太在意关爱人这件事的，很自然的事嘛，有什么好强调的。

**若知之，若不知之，若闻之，若不闻之，其爱人也终无已，人之安之亦无已，性也。**

他人知道也好，不知道也好；听说过也好，没听说过也好，圣人仁者们始终是关爱他人而毫不自私的。当然，人们对于被关爱也是安之若素的。两个安之若素，同样是出于人的天性。

庄子这番话实际上仍是"无为"的意思和道理，无差别，无意识，人与万事万物自然而然再好不过了，何必非要分个三六九等呢。

**旧国旧都，望之畅然。虽使丘陵草木之缗（mín），入之者十九，犹之畅然，况见见闻闻者也，以十仞之台县众间者也！**

祖国和故乡，远远望去就心情舒畅；即使被丘陵草木等遮蔽了十之八九，心情依然是舒畅的。更何况是置身其中，见到了想见的、听到了想听的，这种激动和喜悦的心情是可想而知的，就像是站于十仞高台之上，受人的景仰膜拜一样，有种超拔的感觉，相当于佛家所说的"无上甚微妙法"，开始需要用心去体会，体会到了就无须再动心用心了。

这句总的意思是对道家至高至深的领悟的结果与境界，接着举了两个例子。

**冉相氏得其环中以随成，与物无终无始，无几无时。**

冉相氏，传说中的上古高人。冉相氏领悟了道的真谛而有大成，因此与万事万物一体而无始无终、无几无时。也就是体味到了宇宙的浩瀚与无限，于是投身其中，作为一个链环、一个循环的数字而存在。博尔赫斯受这种思想影响至为深重，写过很多类似的东西。这种思维是很迷人的，但深陷其中可能会领略到极致，也可能会陷入全面的虚无。

**日与物化者，一不化者也。阖尝舍之！**

与万事万物一体变化的，其实内心才有恒一不变的东西，一刻也未曾舍弃，就是"纵浪大化中，不喜亦不惧"的意思。而天天想改天换地、编排万物的，其实经常陷入虚无之中，从来也没有内心坚定不移的东西。内在这个东西就是核心。对于道家高人而言，这个核心就是对心的提纯。后世走形变样了，成了炼丹之类的东西。炼丹也很形象地揭示了这个"核心"。我们天天说核心，核心的原初意义就是这个。

**夫师天而不得师天，与物皆殉，其以为事也若之何？**

那些说效法于天的，实际上并未真正效法于天，甚至完全背离天地之道，而是在万物之中沉陷并殉身。事情到了这个地步，又该如何呢？这种事与愿违的情况其实是大量存在的，想要幸福，反而深受迷惑；想做学问，反而掉进了字眼里；郑重其事地活着，反而可笑死板至极。

**夫圣人未始有天，未始有人，未始有始，未始有物，与世偕行而不替，所行之备而不洫，其合之也若之何？**

这就是真正的圣人了，他不拘泥于任何事物，并不以天为根本，也不以人为根本，甚至所有言行就没有一个开始和原点，也不依赖于任何事物，与万事万物一道起落浮沉，并不自居或代表其中的任何一个，也正因此，其行为是完备而没有任何瑕疵，也不会败坏废弛，天人合一，谁也奈何不得。这就跟绝顶的武林高手一样，手中没剑，什么都是剑；也没什么招法套路，出手就是万法归宗，真有孤独九剑式的境界，谁也奈何不了。这种程度，是一种升华的哲学思维或哲学观。

还有一个例子"汤得其司御门尹登恒为之傅之"。这里的意思是：汤任用负责驾车、看门者为师。笔者认为，这个"登恒"应该是两个人登、恒。汤还以厨师出身的伊尹为师，说明汤用人不拘一格、不论出身。

**从师而不囿，得其随成。**

也就是"吾爱吾师，吾更爱真理"的意思。虽然汤以"登恒"为师，但并不完全拘泥于二人所教的这些东西，因而学有所成。可见汤这个人的胸襟眼界，真是以造化为师的。

**为之司其名，之名嬴法，得其两见。**

汤拜"登恒"为师其实是名义上的，礼贤下士的意义更大一些。实际的情况是，他们只是名义上的老师，汤也赢得了个好名声。这种情况历史上很多，最典型的比如燕昭王礼遇郭隗为师的事。郭隗这个人治国理政、带兵打仗的本事实质并不大，但象征性地重用会形成良好的导向，乐毅、剧辛等真正的贤臣就出现了。汤此举也是这个情况，后来便招来了很多有真本事、大本事的人。

**仲尼之尽虑，为之傅之。**

孔子殚精竭虑，想辅佐天下君王有所作为，且很是执着。世外高人容成氏却说："除日无岁，无内无外。"这种态度就很洒脱，连时间年岁都忽略不计了，活到地老天荒、无人无我、无天无地、无是无非、无外无内。这是什么样的存在呢？概括起来就一个"玄"字，道家追求的至高无上的境界正是这个。两相对比，玄妙也就出来了。孔子的理想抱负很大，极力想以自己的儒学思想来治平天下的，结果怎么样呢？只是教了一大帮学生而已。而类似容成氏这些高人呢？什么也不想做，什么也没做，却真的将人的意义与境界扩展至无限，想想都是一件无尽玄妙的事。


## 魏惠王的难题

《庄子》讲：魏惠王与齐威王二人缔结盟约，后来齐威王背盟，魏惠王很生气，想派人去刺杀齐威王。背盟大概指"桂陵""马陵"之战后的和平盟约。这两战魏国损失严重，太子被俘，主帅殒命，死伤惨重，折了元气。齐国连赢两场之后根本没有将魏国当回事。这种事在当时屡见不鲜。

魏国将军公孙衍，此人有些本事，号称"犀首"，听到这件事后觉得很不光彩，便对魏惠王说：魏王您是一国之君，却以匹夫的方式来报仇，这样做不好吧。请给我二十万军队，我替国君去出这口恶气，攻取其城池，掳掠其人口、牛羊、财物等，让齐君内心焦躁坐立不安，然后再攻占其国家。打败桂陵、马陵之战的主将田忌，抓到后用鞭子抽打，打断他的脊梁。

魏国季子听到公孙衍的说法后，便对魏惠王说：辛辛苦苦筑起十仞之高城，刚刚建好，又将其全部毁坏，筑城的人就会非常伤心。现如今，我们与齐国已经七年无战事了，这个局面来之不易，这是成就王业的根基。现在因为这点事而兴兵讨伐、大动干戈，真对魏国有益吗？公孙衍，这是想成就一己之名而搞乱魏国，他的话不能听呀。

华子听到季子的话，也很不满意，便对魏惠王说：主张讨伐齐国的人，是乱魏之人；主张不讨伐的，也是乱魏之人。说这两人都是乱魏之人的，也是添乱的人。

华子的意思，国君应该有点主见吧。

历史上经常出现这种情况，国家大事，人多嘴杂，意见往往相左，各有各的道理，也不乏和稀泥的，关键看君王如何决断。好谋而无断，就会贻事误国。魏惠王就是这样一个人，魏国就是在其手中日益衰落的，国都也从安邑迁到了大梁，魏惠王也就成了梁惠王。

对于公孙衍、季子、华子的意见，魏惠王没主意：究竟该怎么办才好？

华子说：按正确的方法行事就好。

惠子听说后，也有自己的看法，便推荐戴晋人游说魏王。

戴晋人对魏王说：有种叫蜗牛的东西，国君知道吧？

魏王：知道。

戴晋人：蜗牛的左角上有个国家，叫触氏国；右角上有个国家，叫蛮氏国。两个国家经常因争夺地盘而发生战争，死伤数百万。追击败军需要十五天才能返回各自的驻地。

魏王一听：呵，你这不是编故事吗？蜗牛角上哪有什么国家哟。

戴晋人：那我就为国君说点实在的吧。国君以为上下四方有穷尽吗？

魏王答：当然无穷了。

戴晋人：人的智慧、心神能够游走于无穷之中，相对这个，肉体所能到达的地方，不是渺小得若有若无吗？

魏王：嗯，确实是这么回事。

戴晋人：人的踪迹所能到达的地方有个魏国，魏国有个大梁城，大梁城有个梁王，相对于上下四方的无穷，这个魏国难道不像是蜗牛触角上的蛮氏国吗？魏王您难道不像是蛮氏国君吗？

魏王一想：还真是这么个意思。

说到这，戴晋人就告辞出宫了，魏王则陷入了沉思之中，神情恍然若失。

这个时候，惠子来晋见魏王。见到惠子，魏王说：戴晋人是个了不起的大人物，圣人也没有他高明。

惠子说:"夫吹管也,犹有嗃(xiāo)也;吹剑首者,映(xuè)而已矣。尧舜,人之所誉也;道尧舜于戴晋人之前,譬犹一映也。"这句的意思是:吹起管乐,声音会非常响亮;而去吹剑首,声音则会非常微弱。诸如尧、舜吧,人人都是满口高度赞誉的,尧、舜受人赞誉的情形对于这个戴晋人来说,那是非常微弱的。

故事到这就结束了,实质是入世与出世、局部与全局的问题。从战国形势来看,齐魏之争该采取什么行动,紧迫而势在必行,这是战术层面的问题;从万世看,顺其自然,该怎么样就怎么样,才是根本问题。后来的结果是清楚的,魏、齐两国全被秦国灭了。两千多年后的今天,我们看这段历史,真就如戴晋人所说,完全是当故事看的,真像是蜗牛角上两个国家玩打仗一样,既生动有趣又毫无意义。

那么问题来了,对于当时及现世治国理政而言,什么才是最重要的呢?全局还是一域?万世还是一时?没有固定的答案,每个人看问题的角度不同,采取的做法也就不同,便会有不同的演绎。历史大篇幅书写的正是这个,而并不指向终极。指向和探究终极的,或许也只可能是思想。

## 市南宜僚

孔子去楚国,借宿于一个叫蚁丘的山区的一户卖浆人家。邻家一户人的夫妇和仆人们登上屋顶观察孔子的为人。见此情形,子路问:"这些人聚集在那高处做什么呢?"

孔子答:"是圣人仆也。是自埋于民,自藏于畔。其声销,其志无穷,其口虽言,其心未尝言,方且与世违,而心不屑与之俱。是陆沉者也,是其市南宜僚邪?"其意思是:这些人应该是近乎圣人一类的,也就是今天的圣徒吧。他们隐匿于民间,蛰伏于田园,销声匿迹,但心志却悠游万物。他们平时虽然也与人交流说话,但所说并非心声,他们的内心是坚定而神圣的,常人无法触及。原因很简单,他们对于世俗有个人的看法,才将自己的心隐藏起来,以便于更好地维护。这种大隐于市的人该不会是市南宜僚吧。

子路一听，想去请来见见孔子。孔子说："别去，他知道我认识并懂得他，知道我到了楚国。定然以为楚王会重用我，恐怕会觉得我是个巧言令色的佞人吧。这些人，对于花言巧语的人根本不予理睬，还想亲近与他本人交流，想都别想了。这会，他应该已经离开了。"子路不信，前去其家，果然已经空无一人了。

市南宜僚大约是住在市场南侧的宜僚，究竟是个什么人，姓什么或做什么，史书没有记载。从这则故事来看，庄子所热衷和推崇的，似乎都是人类中的个例和极致。正是这样人的存在，人类的穹顶才至高无限，而不只是一个茅草屋顶。

## 长梧封人

长梧封人，即长梧领地的领主，还有一种说法，此地的戍边人。子牢，孔子的学生，具体情况不详。子牢做地方官为政水平一般般。长梧封人劝导说："你呀，为政不能鲁莽，治理民众不能过于草率。过去我种庄稼时，耕作粗疏鲁莽，收获也寥寥无几。后来，我改变了方式，及时除草，深耕细作，而收成非常可观，我一年到头都能吃得饱饱的，不缺粮食。"

按说这话很委婉，没什么错。庄子听说这件事后，对于养生也产生了一些看法："今人之治其形，理其心，多有似封人之所谓，遁其天，离其性，灭其情，亡其神，以众为。"人们都修身养性，结果却像封人所说的走了歪道，不顾天性，偏离本性，压抑感情，丧失精神，似乎都是如此，还想让他人学习效仿，这样做会有严重的问题呀。

**故卤莽其性者，欲恶之孽，为性萑(huán)苇；蒹葭始萌，以扶吾形，寻擢(zhuó)吾性；**

这种粗枝大叶的鲁莽做派，这种不好的习惯，就像萑苇、蒹葭等杂草萌生时一样，听之任之而不除，就会蔓延至我们的身体，毁灭我们的本性。

**并溃漏发，不择所出，漂疽疥痈，内热溲膏是也。**

等到溃疡、崩漏等症状显现发作时，脓疮疥癣等就会遍及全身，而且内火很重，还会出现其他生理上的毛病。这种程度就很糟糕了，内外都出了问题，一个人还有救吗？庄子说的"遁其天，离其性，灭其情，亡其神"等现象后世非常普遍，比如宋儒的"去人欲，存天理"，殊不知人欲就是天理，连这个都不清楚，强行去搞一些东西，真就成了削足适履。

# 柏矩求道

柏矩跟着老子求学，感到学得差不多了，便说：我想到天下游历游历，长长见识。

说实话，修道、做工夫是很枯燥的，因此很多宗教为了增强趣味，设计了很多仪式。而道家似乎从来就不注重什么仪式，因而在诸多宗教中，留下的痕迹最少。道家不是道教，道教与道家完全不是一回事儿。前者是先秦的学派，后者是汉朝创立的民间信仰。

老子说：算了吧，天下到处都是一个样子。

柏矩既然动了心思，哪能劝阻得了，非要到处去转转，老子也就答应了。柏矩这个人估计长期居于一隅，没见过什么世面，因此看到什么都有强烈的反应。

柏矩来到齐国，看到一个曝尸示众的犯人，便上前将尸体解下，脱下自己的衣服盖上号啕大哭，并发了一大段牢骚："子乎！子乎！天下有大灾，子独先离之。曰：'莫为盗，莫为杀人？'"你啊你，天下的灾祸，怎么独独被你给碰到了。俗话说不要为盗，不要杀人。你不但死了，而且死得很难看。在老子的理论体系中，世界就该是一副小国寡民的样子，各家各户平和相处，老死不相往来，一副清平世相。事实上，天下太过残酷，看到这些柏矩所受的教育、所持的观念被全然颠覆了。

**荣辱立，然后睹所病；货财聚，然后睹所争。**

荣辱标准立起来了，就知道民众在忧心什么了；财富聚集起来了，就知道民众在争抢什么。其核心是说，通过人们的荣辱观、财富观，就知道问题所在和争斗起因了。世间无非就这么点事，还有什么呢？因此，历朝历代对于什么是荣、什么是辱，都有明显的导向，对于财富取得的正当性也有明显的界定。事实上，这些标准和导向颠倒紊乱的时候居多，所以必须有严刑酷法监督着，即便这样还经常生事生乱呢。

**今立人之所病，聚人之所争，穷困人之身使无休时，欲无至此，得乎！**

到这就清楚了，柏矩先生并非只是看到被处死的人就情绪失控，而是对一路的经历，早就不满意、有想法了。整个天下确立的荣辱标准其实违反人性，以人们所诟病的为荣，以人们所推崇的为耻，将财富集中在少数人手里，鼓励人们去争，或者干脆聚众争抢财富，对于人的身体、精神施以重重枷锁。如此混乱的状态，想要制止天下的纷争，怎么可能呢？分明就是抱薪救火。

**古之君人者，以得为在民，以失为在己；以正为在民，以枉为在己；故一形有失其形者，退而自责。**

古代那些治理民众的君王可不是这样，有了获得与功劳即归于民众，有了过失和错误就自己来承担；正确的归于民众，谬误的归于自己。出现一个失误，非正常死了一个人，管理者首先自我反省。因而，这才会有一个正确而良好的导向，才能形成良好的导向和风气。

**今则不然，匿为物而愚不识，大为难而罪不敢，重为任而罚不胜，远其涂而诛不至。**

现如今（即庄子生活的战国时代）截然相反，大搞暗箱操作和愚民政策，什么都是私下进行的，究竟这个结果是如何得来的，谁也不清楚，反而去责备民众过于愚昧，什么也不懂。至于出台的政策规定等，则是专门刁难人的。制度措施的指导思想的出发点并不是想搞好什么事情，而是为难人，做不到就要处罚岂不是故意刁难。所下达的任务、设立的指标，根本无法完成，并且予以严厉责罚；将行程也定得很远很苛刻，达不到的就要重责严惩。此种情形似乎与齐国关系不大，倒很像是在说秦国的事，颇有借东说西、指桑骂槐的意思。

**民知力竭，则以伪继之。**

在这样的立法指导思想下，民众即使穷尽智慧和力气也无法应对，只好随意糊弄、疲于应付了，实在不行，天下很大嘛，可以拍拍屁股走人。

**日出多伪，士民安取不伪！**

每天都是弄虚作假、相互应付的事，国家上上下下，无论士人还是民众就都持这种虚伪的作风。关于这个"伪"字，在当时，最主要的意思是"人为"二字，即不自然，是在人的意志意愿下另搞的一套，不及根本，多是表面文章。

**夫力不足则伪，知不足则欺，财不足则盗。盗窃之行，于谁责而可乎?**

能力不足自然会出现弄虚作假，智慧不足自然会出现相互欺诈，财用不足自然会出现偷盗，并在有了偷盗之行就简单判处粗暴处死，实际上，谁真正应该对此负责呢? 柏矩抱着痛哭的处死者，应该是因偷盗而被处死的。

面对人生问题，诸如生老病死，佛陀觉得无能为力，而出世解脱。面对社会问题，老子的弟子也伤心地叩问。事实上，解决的进程极其缓慢，代价也极其巨大，而且新问题层出不穷，并没有终极解决的一天，永远是在路上，除非人类全然毁灭。这大概也是老子出关隐遁的原因吧，眼不见心不烦，事不知神不伤。

事实上，人是有局限性的，时代也是有局限性的，处于一个什么样的认识阶段、一个什么样的进程，就面临什么样的问题，而要解决这些问题，需要认知，也需要时间，否则大谈问题的解决之道是毫无意义的。

## 蘧伯玉的修为

蘧伯玉，春秋末期卫国的大夫，有贤名。孔子周游列国走投无路之际，曾数次投奔蘧伯玉。孔子因此称赞他是真正的君子。

此篇是说蘧伯玉的，"蘧伯玉行年六十而六十化，未尝不始于是之而卒诎之以非也"。这句意思是：蘧伯玉活了六十岁，思想并未定型，一直处于发展之中。其实他的思想不是未定型，而是外人根本捉摸不透、认识不了，因而这样评价。总之吧，这个人，对一开始自己认定的东西，到后来都否定了。

### 未知今之所谓是之非五十九非也！

这里有揣测的语气，其意思是：不知道六十岁时蘧伯玉的是，是否是前五十九年的非呢？庄子谈及孔子时，也说过类似的话。人间之事，同一件事的是非一定是在是与非之间跳动的。这就是二元论，比如性善论与性恶论。

### 万物有乎生而莫见其根，有乎出而莫见其门。

天地万物的出现与发展太奇特了，一定有个根源，却看不到；一定有个路径门户的，却遍寻不着。这个根、这个门，就是道，也就是原理与规律是看不见摸不着的。

### 人皆尊其知之所知，而莫知恃其知之所不知而后知，可不谓大疑乎！

这里有两层意思：第一层，人们都知道并依赖自己所知的，而不知道也不依赖于自己所未知的，而且也不会去探究。第二层，人人沉溺在自己固有的一套观念里，除此之外一无所知，甚至也不想知道和去接受。在文化领域中，这个现象最为普遍，都认为自己是正确的，而认为其他是异端、另类。也正因此，不同文化之间敌意对峙得多，虽然有"和合共存""求同存异""美美与共"的观念在，事实上，很多矛盾仍是无法调和的。《庄子·内篇·齐物论》的"齐"就是因此而发的。

**已乎已乎！且无所逃。此所谓然与然乎！**

庄子的态度是，是非之事是有无尽妙的东西，算了吧，算了吧，人性与现状如此，是根本无法避免的。这不过是表述见解之一种，具体是"然"还是"所以然"，就不去纠结了，纯理性的探究是没有结果的。的确，很多事情是说不清的，也不必说清的，注意到即可，比如，一个人的是非，或者整个社会的是非。真正的定性肯定在人或事灭亡之后，但也是极其粗线条的，并不能涵盖所有。

## 奇怪的卫灵公

孔子到了卫国，与三位史官大弢、伯常骞、狶（xī）韦探讨了一个问题：对卫灵公的看法。《谥法》对"灵"的解释为："不勤成名曰灵，死而志成曰灵，死见神能曰灵，乱而不损曰灵，好祭鬼怪曰灵，极知鬼神曰灵。"历史上，以"灵"为谥号的帝王都是些"神人"。

孔子说："夫卫灵公饮酒湛乐，不听国家之政；田猎毕弋（yì），不应诸侯之际；其所以为灵公者何邪？"

卫灵公这个人吧，没完没了地饮酒作乐，不理国家政事；经常猎禽捕兽，不注意国家外交，正因为如此，才称为其灵公吧？

大弢说：是这个原因吧。

伯常骞的说法不同："夫灵公有妻三人，同滥而浴。史鳅（qiū）奉御而进所，搏币而扶翼。其慢若彼之甚也，见贤人若此其肃也，是其所以为灵公也。"

卫灵公与三个夫人一同沐浴。而史鳝前来送东西时，灵公却恭恭敬敬地接过。灵公这个人奇怪吧，与后宫女人们在一起时很淫逸，见到贤人又非常恭敬，因此才称其灵公吧。

狶韦说："夫灵公也死，卜葬于故墓不吉，卜葬于沙丘而吉。掘之数仞，得石椁焉，洗而视之，有铭焉，曰：'不冯其子，灵公夺而里之。'夫灵公之为灵也久矣，之二人何足以识之！"其意思是：在卫灵公死后下葬时，经占卜，埋入原先准备好的墓中不吉利，埋在沙丘才吉利。于是，便在沙丘为其修墓，挖了数丈深，挖出一具石棺，上面有铭文"不冯其子，灵公夺而里之"。这里是指，不靠子孙，子孙守不住此墓的，必为灵公所侵占。由此可见，灵公确实很厉害，又岂是你们所知所说的那样。

这个事情有点《搜神记》《子不语》般的意味了，起码说明一点，卫灵公确实不同寻常。

## 少知与大公调

少知与大公调是庄子虚拟的两个人物，借此来探讨一些问题。

文中少知问大公调的第一个问题：什么是丘里之言？

当时，丘与里指基层社会组织。十家为一丘，二十家为一里。当然，这个各诸侯国不尽相同。如此看来，丘里之言指村里民众日常所说的话，还有一些牢骚之类的，多有民心。少知与大公调讨论的实质关乎基层治理从哪里着手？得重视丘里之人的意见心声吧。如此看来，少知的问题应该是："丘里之人有什么意见呢？"

大公实际指"太公"，指德高望重的人。他对于什么是丘里之言的说法说了这么几句："丘里者，合十姓百名而为风俗也，合异以为同，散同以为异。"所谓丘与里吧，是将不同的民众编在一起，其主要特征为："合异以为同，散同以为异"，即既有共性部分，又有个性部分，必须求同而存异。

**今指马之百体而不得马，而马系于前者，立其百体而谓之马也。**

丘里之人的诸多言论，缺乏全面综合的看法，而是像看一匹马一样，都是看到什么说什么，看到头的说头，看到尾的说尾，看到腿的说腿，并没有整体面貌。其实将种种意见看法综合起来，马的全貌就出来了。这里也有点盲人摸象的意思。

**是故丘山积卑而为高，江河合水而为大，大人合并而为公。**

这里是在忠告为政者，不能只看大问题不看小问题、只看全局不看局部。须知，高山都是由一块块石头堆积起来的，黄河、长江也都是由支流汇聚起来的，伟大的人物也是如此，综合了大家的正确意见才能真正天下为公。为统治者，觉得丘里这些地方人微言轻，是有问题的。

**是以自外入者，有主而不执；由中出者，有正而不距。**

"距"，通"拒"，指拒绝。这话仍然是对统治层而言的，收集上来的对种种外部意见建议，要充分吸收借鉴，不能以我为主、刚愎自用、自行其是；统治意志或者论政策规定在对外传输的过程中，虽然是正确的，但同样不能忽略他人的反馈。这是统治与管理核心的东西，并牵涉大多数人，而针对单一、单极的东西，如何能够长久呢？管理或统治必须考虑和兼顾到大多数人，尤其是最底层百姓的意见和需求。

**四时殊气，天不赐，故岁成；**

春夏秋冬各有各的季候与气象，无须上天特别恩赐，一年的序列也非常之清楚。这也是"春生，夏长，秋收，冬藏"八字的来源和所说的意思。

**五官殊职，君不私，故国治；**

五官各尽其责，君王没有私心，国家就会治理得很好。

**文武，大人不赐，故德备。**

文臣武将中有大才干才，无须特别的赏赐，他们的德行也会非常完备且坚定。

**万物殊理，道不私，故无名。**

支配主导万事万物的原理与规律不同，大道也无所偏，也没有办法去命名。比如，什么是道？它其实是很抽象的东西，是对一切原理与规律的概括总结。

**无名故无为，无为而无不为。**

大道吧，连个名称说法都没有，因此也就不需要人为去做什么事情了，任何事自然而然就好，不人为干预就是最好的作为。无为并不是什么都不做，而是不从人的意志出发去人为地随意干预。

**时有终始，世有变化。祸福淳淳，至有所拂者而有所宜；**

四时有始有终，时代不断发展变化，福与祸也是源源不断的，有的情况和现象对人来说是违逆的，有些则是适宜的，有顺也有逆。

**自殉殊面，有所正者有所差。**

这就是人的态度了。人吧，去追求或殉身于不同的东西，有的或有些时候可能是正确的，有的或有些时候则会出现偏差。

**比于大泽，百材皆度；观于大山，木石同坛。此之谓丘里之言。**

这些林林总总、相当驳杂的情况，就像是大泽一样，各种树木都有；也像是大山一样，草木石头堆在一起。这个就叫"丘里之言"。这里其实是在说人心的，那么多的人，其心思有共通之处，也有不同之处，大的方面是统一的，小的方面是有分歧的，但这并不会影响到和谐。至于如何对待和管理，道家的观念是顺其自然吧。

少知的第二个问题："将丘里之言称之为道，可以吗？或者说能全面包含其意吗？"

大公调说："不然。今计物之数，不止于万，而期曰万物者，以数之多者号而读之也。"其大意是：肯定不行，统计天下万物，又何止于万呢。之所以称之为万物不过是个概数而已，不是真只有万个而已。

**是故天地者，形之大者也；阴阳者，气之大者也；**

天地是那个时代人们所知的自然现象中最大的东西，再没有大过天地的东西了；阴阳是对气的总括，将一切气和气的一切现象都包含进去了。

**道者为之公。因其大以号而读之，则可也。已有之矣，乃将得比哉？**

道就是冥冥中主宰一切的，能概括这一切，人们却不知道叫它什么东西，就勉强用了"道"这个名字而已。之所以用，是因为这个现象大到没有比道字更恰当的说法了。道是指一切的，虽然包含一切，但用来指具体的每个东西，没有这个用法吧，也不恰当！什么都是道没错，但说道是一棵树、是一只蚂蚁，肯定有问题。

**则若以斯辩，譬犹狗马，其不及远矣。**

从这个道理来看，将丘里之言当作道，是将局部比作全体，就像说马与白马一样，所指范围是不同的。

少知的第三个问题："四方之内，六合之里，万物从哪里来的？或者说万物的源点源头在哪里？"

大公调说："阴阳相照，相盖相治，四时相代，相生相杀。"这里的文字真的很美，意会即可。怎么说呢？像面对一个精美的瓷器，非要解析用什么土制成，经历了什么样的工序和温度，就与美和艺术无关了。这也是理性的弊端，很理性地说一些事，说到最后往往连自己都会觉得无趣无味。大公调的意思很明显，源头在哪里没法说，都是无中生有的，主导生生不息的无非是阴阳四时，也就是机缘与条件了。换句话说，万物都因一定的机缘与条件而产生。

关于阴阳的关系与作用，大公调说了六个字：相照、相盖、相治，"照"，即相应；"盖"，通"害"，妨碍的意思；"治"，即补充。当然，词与词的意思并不完全对等，以一个词去完全解释另一个词，本身就有所疏漏；以一个现代词去解释一个古词，漏洞偏差肯定会有，只是大小的问题。这句话究其意思不外乎相辅相成、相生相克之类的。关于四时的关系与作用，也是六个字：相代、相生、相杀。这同样也不需要细究其意思，想想这几个字的玄妙即可。

**欲恶去就，于是桥起；**

"欲"与"恶"都是动因，"欲"与想促使结合，"厌"与"恶"促使分离。"桥起"指突然产生的一个连接。这句是说，因为欲与恶，于是就即时形成了一个个具体的现象。

**雌雄片合，于是庸有。**

雌雄相合，就孕育和产生了新的东西。

**安危相易，祸福相生，**

没有一成不变的事物，"安"会变为"危"，"危"会转为"安"；至于福祸相倚相生的事例，《周易》《道德经》《列子》等都说得太多了；需要注意的是，这句可不是说现象与结果的，而是说联系与因果的。

**缓急相摩，聚散以成。**

事情有急有缓、有聚有散，这就是大量时常态现象，如何看待对待，视具体情况而定，不能一概而论。

**此名实之可纪，精微之可志也。**

广泛的联系，因果的必然，因此万事万物之间，名称与实际的情形是可以认识的，其中的精微也是可以表述的。有个说法叫"道心惟微"，这是表征一种状态，可以无限去想，却很难用语言文字表述出来。

**随序之相理，桥运之相使，穷则反，终则始，此物之所有。**

顺随事物的原理去起承转合，顶点即是落点，终点即是起点，这是一切事物都固有的现象。

**言之所尽，知之所至，极物而已。**

这句是说人的认识目的的。人吧，谈了那么多理论，修了那么多智慧，想做的、指向的，无非是穷极万事万物之理罢了。也正因此，大多数理论都是就事论事而已，只停留在一个表面，忽略了事物背后主导的东西。

**睹道之人，不随其所废，不原其所起，此议之所止。**

真正懂得道的人是真正看清了因果关系的人，也是有大智慧的人，他不会去探究极限的，不去死磕于事物的终点，也不会较真于事物的源头，这是一切理论的界限。一个圆圈儿，首尾相连一体，哪是起点、哪是终点呢？找得出来吗？这句话真的厉害，指出了一个认识的原则性问题：一切理论性的东西，必须要有限定才得以成立，否则什么也不成立。说到最初与最终，就是一个"无"字，就是空空如也，但限定一个范围就不同了，无论讨论什么，都不能以终极目的全然取代了。

少知的第四个问题："季真之莫为，接子之或使，二家之议，孰正于其情，孰偏于其理？"季真和接子都是齐国稷下学宫的贤人。这句是说，季真的"莫为"学说与接子的"或使"学说，哪个符合实情，哪个偏于正理呢？这二人的学说并没有传世，究竟说什么不好推测，通常有两层解释：第一层是作原因说的，即形成世界现状的原因是什么。对之，"或使"是有因有果，"莫为"是无缘无故。这就衍生了第二层，对于这个世界，人们该采取什么态度。对之，"或使"即去干预、有作为；"莫为"即顺其自然，不去理会。

大公调说："鸡鸣狗吠，是人之所知；虽有大知，不能以言读其所自化，又不能以意其所将为。"这里打了个比喻，鸡鸣狗吠是人所共知的，但即使有大智慧的人也无法解读鸡鸣与狗吠的内容，根本不知道它们为什么叫、在叫什么。其实，读懂浅显动物语言的人是很多的，但完整地解读出来，达到翻译的水准，则寥寥无几了，甚至没有。人间的很多学说，其实与鸡鸣狗吠也差不多。

**斯而析之，精至于无伦，大至于不可围，**

精细地去研究鸡鸣犬吠，也是充满奥妙的，精至无与伦比则无法度量。鸡鸣犬吠如此，人间种种理论就更是如此了。

**或之使，莫之为，未免于物而终以为过。**

"或之使"与"莫之为"究竟说的是什么已经不可知了，但据庄子的意思，这二人的观点是极其浅陋的，也就到"物"这个层面而已，并没有触及本质。

**或使则实，莫为则虚。**

"或使"的观点过于实在和拘泥，"莫为"的观点过于形式和空虚。

**有名有实，是物之居；无名无实，在物之虚。**

对于宇宙万象、万事万物而言，从认识论的角度来说，有名有实、名实相符的，只是看得见、摸得着的实际实在的部分。无名无实，或者说看不见摸不着的，则是抽象而玄虚的部分，虽然不可见，但其作用功效的存在是确定无疑的，比如引力，又比如，偶然性与必然性，等等。相对于客观实际而言，抽象玄虚的东西更为庞大和神秘，简直就是冰山一角。

**可言可意，言而愈疏。**

抽象玄虚的东西很多都只可意会，无法用语言来表述，甚至人们调动全部的想象，根本就想象不到、感知不到。因此，说人们所能说出和想到的，越是言之凿凿，就越有可能离真相越远。言说，则自成一个空洞的言说体系。比如，思想虽然本质上是对世界以及生命现象的认识，有些符合实际，在更多的情况下，人的思想是奈何不得、进入不了的。从这个角度来看，人的思想也自成体系、自行运转、自有其特征，很多时候与外界并无什么干系。

**未生不可忌，已死不可徂。**

这是认识论或人的局限，虽然有是非好恶，但主观意志左右不了太多东西。比如生死，生死不只是生命，而是指事物的出现或消失，它们也并不以人的意志为转移。

**死生非远也，理不可睹。**

生死的道理离人不远吧，发生在每个人身上；也不光是生死，还有诸如来去，等等。现象很清楚，但其中的道理说得清楚能想明白吗？

**或之使，莫之为，疑之所假。**

"或使"与"莫为"学说，都是建立在假设之上的，或者说都是从一定条件出发的。这就是意识形态非常强调观点、立场等的原因，观点不同，看到的不同；立场不同，所信奉和坚持的自然不同。这个看到、信奉和坚持以复数形式出现，甚至是呈几何式增长时，其现实而紧迫的意义就出现了，尤其对于治国理政而言。

**吾观之本，其往无穷；吾求之末，其来无止；**

庄子的态度是：以我看来，观察一切的本源，无法穷尽；求索一切的终点，没有止境。

**无穷无止，言之无也，与物同理；**

面对无穷与无止，说点什么似乎都难免有虚妄而轻率的嫌疑。人类语言无法去表达和碰触，恐怕才是万事万物的自有之理吧。至于林林总总的观念，只是盲人摸象、各说各的。应该说，庄子的这个说法接近了本质，一切理论都是有个前提条件和限定范围的，无限去说，肯定不成立，也没有意思。

**或使莫为，言之本也，与物终始。**

说到底，"或使"也好，"莫为"也好，只是在言论层面的东西，或者只是言论的一种。之所以截然不同，是因为它们站立点和前提条件的不同。一种学说的成立必然设立了一个前提，并指向了一个目的，这就叫"与物始终"。正因为"与物始终"，所以肯定是带有局限性的。看看，统一言论必须从统一立场开始吧。还有一个说法是：一切思想性的东西，一开始就高度完成了，后人只是在不断融化稀释而已；一切科学性的东西，则是循序渐进地摸索，逐步逐项确立和完成的。思想性与科学性并无严格界限，这也是人类思想的双重性，也是思想存在矛盾的必然性。

**道不可有，有不可无。**

"道"是冥冥中主宰一切的未知力量，说到底就是原理与规律。虽然在古人看来它是威力无比、力量无限的，但也有其法则，并不能使"无"变成"有"，也不能使"有"变成"无"。比如，一个人、一棵树存在过就存在过，从地球上抹去了，从记录中消除了，事实上这个人与这棵树曾经存在过。相反，虚拟一份记录，即使再怎么形象生动，事实上这个人、这棵树仍然未存在过。

**道之为名，所假而行。**

名即对道的认识和概括。认识和概括原理与规律，必须借助于一定的条件，设定一定的前提，人们才能理解和接受。比如，对重力的认识，牛顿就是通过一个落地的苹果想到的。

**或使莫为，在物一曲，夫胡为于大方？**

"或使"与"莫为"，都仅仅指出一个局部、一个方面，怎么能说是能够涵盖全部的大道呢？仿佛一个人抓住了尾巴，另一个人抓住了鼻子，都说自己知道了整个大象的样子，都对，也都不对。

**言而足，则终日言而尽道；言而不足，则终日言而尽物。**

这句应该是说理论界的这种现象：话说得很好很满的，就好像整天说的就是大道；话说得不好不满的，就好像整天在谈具体的物质与事物。其实，真正指向最本质最终极的有没有呢？很难说；即使有，也就那么几条干净利索的东西，绝不会枝枝蔓蔓。

**道，物之极，言默不足以载。**

道是天地万物包括整个宇宙最根本的东西，无论是说与不说，都无法尽然表达和承载。

**非言非默，议有所极。**

这句话很有中式智慧，如何表述"道"呢？有所言说，有所沉默，该言说时言说，该沉默时沉默。有一点，论道议道是要设立端极范围的，否则谈什么都是不完全成立的。

"议有所极"，这是一条极其重要的理论原则。今天的科学思维就是这样的，无论谈什么，先将概念一致起来，先划定一个明确的范围，否则根本就没有达成共识的可能性。思想性的东西，即使去探究无限也必须这样，不可能通过一句话、一篇文章或一个理论就能阐明所有的终极真理。所说的，肯定是一个局部、一个方面，甚至是一个点而已。这就是庄子独特的视角，要理解庄子，需要频繁切换我们多个视角。

# 拾　徐无鬼

## 徐无鬼见魏武侯

徐无鬼，传说中的隐士，无史料记载，但历史上应该有类似的人；女商，魏武侯的近臣；魏武侯，魏国国君，非常好武好战好玩，魏国历史上挺有争议的一个国君。其作为，与文侯比差得远，与后来的惠王比，似乎又要强那么一点儿。

徐无鬼在女商的引荐下拜见了魏武侯。从下面内容来看，徐无鬼并无意出仕做官，见魏武侯的原因只是游说。见到徐无鬼，武侯以为是来谋差事的，便安慰说：先生辛苦了，受不了山林生活的清苦，才来见我的吧。

徐无鬼对魏武侯的这个说法很不认同，毫不客气来了句："我则劳于君，君有何劳于我！君将盈嗜欲，长好恶，则性命之情病矣；君将黜嗜欲，掔(qiān)好恶，则耳目病矣。我将劳君，君有何劳于我！"其大意指：国君您肯定是弄错了，我是专程来慰问您的，您有什么可慰劳我的。您想要满足欲望、助长好恶，这样会妨碍到生命之本和身体健康；如果您清除欲望、摈弃好恶，眼睛和耳朵恐怕会一时难以适应。我就是来帮助您解决这个问题的，自己并没有什么事情需要劳烦于国君的。

一听这话，魏武侯无语。过了片刻，徐无鬼便开始向魏武侯说起道来。这里内容较多，意思也非常抽象，我们一句句往下看。"尝语君吾相狗也。下之质，执饱而止，是狸德也；中之质，若视日；上之质，若亡其一。"徐无鬼不走寻常路，擅长相狗，肯定不仅仅相狗，医卜星占等也懂得不少。然后他说：我给国君说说我相狗的经验吧。最下等的狗，无论在什么情况下都是吃饱完事，这种情况只能称之为狸德。什么是狸德？狸在当时指猫，一生都在为一个"吃"字而奔走劳碌。中等的狗，懂得观察太阳的，或者每天会看看太阳，有什么志向不清楚，起码做了一个高深状。上等的狗，气定神闲，似乎根本就忽略了自己这个肉体的存在，高贵得一点也不像狗。

**吾相狗，又不若吾相马也。**

我相狗的本事远远不如我相马的本事大。关于相马，徐无鬼说了四句话、十六个字"直者中绳，曲者中钩，方者中矩，圆者中规"。这话是什么意思呢？比如"直者中绳"，马身上或马的奔走，哪些地方像绳子一样直呢？"中钩、中矩、中规"也一样，马的身上或马的奔走，又有哪些地方符合这些特点呢？很难说，读者只须理解其人相马很有一套即可。

**是国马也，而未若天下马也。**

"中绳、中钩、中规、中矩"的最多只能算是"国马"，还算不上天下马。这个好理解，比如美人，"国色"已经够厉害了，"冠绝天下"又是什么样的美呢？恐怕只可能出现在想象之中。

**天下马有成材，若恤（xù）若失，若丧其一。若是者，超轶绝尘，不知其所。**

天下马是天生之材，其气质若存若亡、若有若无，好像根本就不是一匹马。道家的人确实能侃，侃得也确实可圈可点，不是胡乱吹牛的。魏武侯喜欢捕猎，对狗与马是懂行道的，一听徐无鬼谈这个，乐得哈哈大笑。

这次会见就这么结束了。出了宫门，女商问徐无鬼："先生独何以说吾君乎？吾所以说吾君者，横说之则以《诗》《书》《礼》《乐》，从说则以《金板》《六弢》，奉事而大有功者不可为数，而吾君未尝启齿。今先生何以说吾君？使吾君说若此乎？"女商是近臣，天天陪着国君，想讨武侯高兴，便请教了这个问题：先生是怎么做到让国君开怀大笑的呢？为了使国君高兴，我可是费了大劲，横说诗书礼乐，纵论《金板》《六韬》，似乎并不怎么奏效。很多人游说君主效果很好，他们都立了大功、得了大好处，即使如此，国君也从未像今天这么高兴过。先生怎么做到的，赶快教教我。

徐无鬼就说了一句："吾直告之吾相狗马耳。"很直白了，没什么技巧，就是直截了当跟国君谈相狗相马这些事，武侯对这个颇有兴趣。

女商不相信：就这么简单？

徐无鬼又对女商说了段话："子不闻夫越之流人乎？去国数日，见其所知而喜；去国旬月，见所尝见于国中者喜；及期年也，见似人者而喜矣。"这句话的意思是：你没有听说过越国被流放到荒山野岭中的人的情况吗？离开故国数日，见到认识的人就很欢喜；离开个把月，见到同乡就很欢喜；离开一年以上，见到人就很欢喜。

### 不亦去人滋久，思人滋深乎？

不是常说离开故乡亲人越久，思念就越强烈吗！

### 夫逃虚空者，藜(lí)藋(diào)柱乎鼪(shēng)鼬(yòu)之径，良位其空，闻人足音跫(qióng)然而喜矣，又况乎昆弟亲戚之謦(qǐng)欬(kài)其侧者乎。久矣夫，莫以真人之言謦吾君之侧乎！

想想，那些身处荒野的逃亡者，天天在鼠兔丛生的乱草之中生活，艰难孤寂可想而知，听到人的脚步就会很高兴，更何况是亲人陪在身边说说笑笑呢？今天国君之所以高兴，大概是很久没有人用真诚朴实的情感与话语陪国君说话了吧。

类似情形在孔子身上也发生过。周游列国时，一次马吃了农民的庄稼被牵走了。以口才著称的子贡就去讨要，碰了一鼻子灰。马夫前去讨要，很快就将马牵回来了。其中的道理很清楚，即话语体系的问题，一个阶层有一个阶层的话语方式，另一个是情感认同的问题，处于一个层次的人，情感上起码要近些，更容易赢得对方心理上的认可。

具体到徐无鬼游说魏武侯，从中我们可以看出这么几层意思：其一是道家人物确实洒脱不羁，想起一出是一出，想跟君主们谈谈心，径直就去了；其二是国君也需要有人说说家常话，并非天天都想听想说什么经国济世的大话大事；其三是徐无鬼所谈的内容，魏武侯之所以高兴，很重要的一点是两人没有任何利害关系。一旦掺杂利害关系或上下级关系等，他们两人的对话的效果就绝不是这个样子。

魏武侯确实需要有这么一个人聊聊天。一次，徐无鬼又去见魏武侯。

武侯问：先生居于山林，吃野果，挖野菜，离开我有段时间了。现在老了，此次下山，是想酒肉味了吧，有什么见教以利于寡人和社稷的呢？

徐无鬼：无鬼生于贫贱，哪敢奢望国君的酒肉，我是来慰问您的。

武侯：啊？我有什么需要你慰问的？

徐无鬼：国君整日劳心受累的，我是来解决这个问题的。

武侯：此话怎说？

徐无鬼说了这么几句："天地之养也一，登高不可以为长，居下不可以为短。"其大意是：天不私覆，地不私载，天地对于人与万物的态度都一样，因此居于高处的不能觉得是自己高，居于低处的也不必觉得自己低。

**君独为万乘之主，以苦一国之民，以养耳目鼻口，夫神者不自许也。**

君王作为万乘之主，不关心一国民众疾苦，却一味沉溺于耳目鼻口之欲，神明的人是绝不会这么做的。

**夫神者，好和而恶奸。**

神明的人，会与万事万物和谐共处，而厌恶谋取一己之私利。

**夫奸，病也，故劳之。唯君所病之，何也？**

私欲太重是病，会产生危害，得治。因此我来慰问您。作为一国之君，为什么会患有重私利而轻民众这种病呢？

一听徐无鬼说到了要害处，武侯说："愿见先生很久了。我想为了彰显爱护百姓而施仁行义停止战争，这样做可以吗？"

徐无鬼的态度是：不可以。理由是："爱民，害民之始也。"一味地爱护民众，其实是害民众。道理很简单，一味地溺爱娇惯孩子，其实是害孩子。

**为义偃兵，造兵之本也。君自此为之，则殆不成。**

为仁义而停止战争，肯定会带来更大的战争。如果照这个思路下去，魏国恐怕就危险了。道理同样很简单，在大争之世，仁义这套做法肯定行不通，只会像宋襄公一样被动挨打，甚至亡国。

**凡成美，恶器也。**

想成就好名声，实质都是在作恶。这一句实质上讲目的与方法，国君以一己之意志设立一个高大上的目的（仁义），强迫全体人去实现，定然要动用种种谋略与权术。

**君虽为仁义，几且伪哉！**

国君您想推行仁义，不是典型的掩耳盗铃吗？

**形固造形，成固有伐，变固外战。**

有原形必有伪装，有了一个样子，肯定会有一个装样子的；有了点成就肯定会飘飘然骄傲自大；对于成就的维持与扩大肯定会引发来自外部的争战。再浅显不过的道理，都是对仁义而言的。

**君亦必无盛鹤列于丽谯之间，无徒骥于锱坛之宫，无藏逆于得，无以巧胜人，无以谋胜人，无以战胜人。**

国君也一样，不在盛大的城楼下陈列卫士，不在宫殿外设立骑兵和重甲，睡得安稳吗？有财宝就得有看护，一个小孩子拿着重宝经过闹市，必然被人惦记甚至抢走。这句还有一层解释：即使国君也不必在城楼下和宫殿外大量陈兵，不必总想着高人一头、胜人一筹吧。

"无藏逆于得"，即人本事再大，水平再高，也得含蓄点吧。剑再锋利，得入鞘吧，总是很张扬恐怕不是个事。

**无以巧胜人，无以谋胜人，无以战胜人。**

不以巧诈胜人，不以谋略胜人，不以武力胜人，这是最理想的状态，"仁者无敌"的说法应该就是这么来的。

**夫杀人之士民，兼人之土地，以养吾私与吾神者，其战不知孰善？胜之恶乎在？**

这是当时天下普遍的情形，杀死他国的官员和民众，兼并他国的土地，以满足自己的私欲私心，这样做有什么好处呢？这样沾满血腥的胜利真好吗？对于当时的乱象，魏武侯多次动用军队，搞得天下不宁，本国民众也苦不堪言。徐无鬼指的就是其中利弊，从根本上说，仁义似乎也不对，但全然动用武力似乎也解决不了问题。究竟该怎么办才好呢？徐无鬼说："君若勿已矣！修胸中之诚，以应天地之情而勿撄。"提倡魏武侯加强自身修养，君王嘛，肯定闲不得，总要做点事的，如果非要做点事，那么修养自己与天地之德相匹配恐怕最为紧迫，这样就不会骚扰和危害百姓了。

**夫民死已脱矣，君将恶乎用夫偃兵哉！**

百姓都安居乐业，日子过得和和美美的，哪用着得国君您紧张到天天使军队剑拔弩张地放不下呢？

徐无鬼这个说法虽然有一定道理，但也过于理想主义了，想做到非常之难，尤其对于一个国君而言，处于战局之中，不打又能怎么样呢？无非是等死。周天子对此都一筹莫展，更别说是一个诸侯国的国君了。至于修养，一个个体要达到一定的水平境界都是很难的，况且诸侯国国君想修为到能够影响整个天下偃兵息武，怎么可能呢？最务实管用的恐怕还是精武强兵，以战止战。

## 黄帝路遇少年

黄帝到具茨山中拜见高人大隗。

拜见的阵势很豪华，"方明为御，昌寓骖乘，张若、謵(xí)朋前马，昆阍、滑稽后车。"这个排列很有意思，同去了三辆马车。当时乘车，一车三人，黄帝最为尊贵在车子的左边，驾车的是方明，昌寓为车右。前车为张若謵朋，后车为昆阍、滑稽。一行到襄城郊野时，七个大人物便迷路了，荒郊野岭的，四处不见人影。

好不容易碰到一个放马少年，便上前问知不知道具茨山的位置。少年说：知道。

问及知不知道大隗这个人时，少年回答：知道。

黄帝打趣地来了句：年轻人不简单呀，不但知道具茨山，还知道大隗。知不知道如何治理天下呢？

少年：治理天下，与放马是一个道理，又有何难呢？不多事即可。我从小就在四方六合随意游荡。为什么这样？因为我曾患过"瞀(mào)病"（头晕目眩之症，可能近似今天的神经衰弱、癔症之类的疾病）。一个长者教我"若乘日之车而游于襄城之野"，即趁着大好时光，到襄城之野转悠转悠。现在我的病好点了，下一步，我还要神游到天地六合之外。治理天下与治病不一个道理吗？何必多做什么呢？转悠转悠就成了。

黄帝听少年说得有点意思，又问了句：治理天下虽然不是你要操心的事，但我确实要诚心地请教一下，能不能说详细说具体点呢？

少年便推辞不答了。黄帝又迫切地问了一遍，少年来了句："夫为天下者，亦奚以异乎牧马者哉！亦去其害马者而已矣！"这句话的意思很清楚，治理天下，与放马又有什么区别呢？去除妨碍和影响马儿们正常生活的事情，顺其自然不就好了嘛。

确实是高见，一听这话，黄帝就郑重地行礼，称少年为天师，遂告辞了。

这个故事，与神箭手养由基与卖油翁的事例很相像。看似一门传奇般的技艺，实质最基本的原理却很简单，找到并符合这个原理，事情就会顺顺利利，否则就会一团糟。这个原理，就是传说中的"道"。

以下是段议论，是对黄帝治理天下问题的延伸：人间的事情，以没事找事者居多。

**知士无思虑之变则不乐，辩士无谈说之序则不乐，察士无淩谇(suì)之事则不乐，皆囿于物者也。**

智慧的人以智慧为乐，不想点事情、思考点东西，就会不快乐。口才好、能言善辩的人则以谈论为乐，不说话，不辩论，就会很苦闷。明察秋毫的人呢？以见事为乐，对任何事物不去刨根究底就会很难受。这说明什么呢？诸如智士、辩士、察士等，都是有所依赖有所局限的，死死局限于这些东西，须臾也离不开；离开，就如鱼脱水一样，不知道该怎么活了，也活不下去。事实上，人与生活的意义要更广大多样，只是被一些俗事所囿所迷所误看不到别的罢了，这种情况就叫一叶障目。"囿于物"，就是这个意思，会游水且喜欢水的，就会被水所沉迷，其他万事万物都一样。也正因此，古人对于"智、辩、察"等向来都是很警惕的。"智、辩、察"究竟好不好，一个人究竟是智是愚、是辩是讷、是察是昏一时之间真的很难定论。其中还有个观点是，"智、辩、察"这些不能用过头了，一定要有个分寸尺度，所以才有"察见渊鱼者不祥，智料隐匿者有殃"的说法。

# 九种人才

"招世之士兴朝，中民之士荣官，筋力之士矜雅，勇敢之士奋患，兵革之士乐战，枯槁之士宿名，法律之士广治，礼乐之士敬容，仁义之士贵际。"其中提及了九种人才的作用。

其一，"招世之士兴朝"，善于吸引招徕人才的，会兴盛国家，他们善于识人用人，人才纷纷归附，朝廷自然气象万千。

其二，"中民之士荣官"，这个"中"不是"中间"的意思，而是"命中"的中，意思是做事合乎民众意愿、善于调和民间矛盾，这样的人才会显示出所设立的那个职位的重要性。这样去领导一个乡、一个部门，这个乡长、部门才硬气；否则，不重视民意，将事情搞得一塌糊涂，只会误民误国。

其三，"筋力之士矜雅"，这个"力"不光指力气，而是指能力。这句是说，能力强的人面对什么事情都从容不迫的；相反，能力不够呢？稍稍遇到点困难就会愁眉苦脸。

其四，"勇敢之士奋患"，英勇无畏的人是不惧怕什么祸患之类的，危难关头会挺身而出，足以起到中流砥柱的作用。有些人越是危局越是大义凛然，其实这也是天性，其他人学不来的。

其五，"兵革之士乐战"，战士生来上战场，善于打仗的英雄就喜欢驰骋疆场。

其六，"枯槁之士宿名"，这个"枯槁"不是身体有病，而是避世隐遁的高人异士，会有大大的名声。比如老子，一生真没有干过什么惊天动地的事，就是学问好、有思想，留传了《道德经》，最后云游四海去了，但声名极高。

其七，"法律之士广治"，精通法律，则善于做方方面面的事。注意，这个法律不是今天的法律一词，而是"法"与"律"，"法"泛指方法，"律"泛指"律条"，是说办事有思路、有办法、有措施。

其八，"礼乐之士敬容"，讲究礼乐的人更注重仪容仪表。礼节礼仪。

其九，"仁义之士贵际"，"仁者爱人""义者宜也"，仁与义都是社会群体生活中利他的品行，因此说，注重仁义的必然重视人际关系，对人与事都有个敬重的态度。

**农夫无草莱之事则不比，商贾无市井之事则不比，庶人有旦暮之业则劝，百工有器械之巧则壮。**

这句话说的是农工商的从业人员的特点。农夫，不从事耕作就不会安稳；商贾，行商坐贾，不搞点生意买卖，就不会安稳；庶人，天天有事做、有饭吃、有衣穿，才会努力进取；工匠，有精巧得力的工具就会事半功倍。每个阶层、每个行业该怎么管理，从中我们也可以看出点端倪。人人有事可做，是一个正常社会的模式，最高的境界就是安居乐业。相反，无事则生非，这也是很多社会不够和谐的主要原因。

**钱财不积则贪者忧，权势不尤则夸者悲。**

钱财与权势，是每个人都关注的重点问题，虽然仅仅一句话，但道理至为深刻。贪婪的人永远都在不止息地积累财富，什么时候都没个够。至于钱财怎么来的、怎么去用，他们则丝毫不去考虑。到这儿，关于钱财的三个根本性问题就出来了：钱财究竟是用来做什么的？多少是个够？该怎么去拥有？这些都是很大的问题，想一想就会对人有明显的启发。权势也是这个道理，喜欢权势的人，唯恐权势不大。关于权势，同样存在上述三个问题，而不同的是，权势还有一个最根本的问题：什么可以构成权势，或者说构成权势的是什么？大体可分为四种：一是官阶、职务等社会地位；二是钱财；三是能力；四是团结、集结。这些问题也很大很复杂，是人类社会的基本问题。

**势物之徒乐变。**

这句指出了革命与变革的核心动力，为什么变？权势与钱物的支配占有，不能总掌握在一个群体或少数人手中。可以说，人类社会的一切集体性大事件，归根结底，都是因为权势和财物而引发的。一无所有的无产者最"乐变"。这也揭示了社会防止暴力革命的基本途径，其主要有两方面：一方面是可控有序的主动改革；另一方面是人人有产，即人人安居乐业。说起来简单做起来很难。也正因此，安居乐业四个字一直是盛世的标准。

**遭时有所用，不能无为也。此皆顺比于岁，不物于易者也。**

如何获取钱财和权势？对于时机要充分地认识、掌握和利用，不能浪费时间、错失时机。这个道理，或者说其中的因果关系就像一年四季一样，抓住了就有收获，抓不住就白费了，万事万物都是这个道理。

**驰其形性，潜之万物，终身不反，悲夫！**

这句的意思显得很高远，也充分表明了作者的态度。对于入世而言，以上说了方方面面的楷模和方法。事实上，人与万物都是如此，各自有各自的优缺点及性情，各自有各自的追求目标，并深深局限束缚其中，难以获得解脱。对此，还有个说法是：每一天都在重复同一天，每个人都在模仿他人的一生。事与物也一个样子，真的是一件很悲哀的事。想想也确实如此，我们一天天、一代代，就这么辛苦、踏实、认真地活着，其实连究竟怎么回事都不清楚。

也有人认为，没有为什么，只有怎么样，不一定非要高明到什么程度，或者将事情看清到什么程度吧。

## 庄子与惠子之辩

庄子与惠子的辩论，倒不是要分出个胜负，而是作为一种灵魂交流的乐趣。

庄子问：一个射箭的人，无须瞄准，随意一射即中靶心。这样的人算善于射箭吧。按照这个逻辑，其实人人都可以成为像后羿那样的神箭手，这个说法成立吗？

惠子：当然成立。

庄子的第二个问题：放眼天下，并没有一致认可的是非标准，那么每个人各行其是，人人就都是尧舜了，这个说法成立吗？

惠子：也成立。

当时的思想确实蛮前卫的，人人高度自治的观念已经产生并得到认可；虽然只是口头上说说，但这个说法是很了不起的。

庄子再问：既然你承认人人都可成尧舜，现如今吧，天下的显学有儒、墨、杨、秉四家，再加上夫子您就五家了，相互争来论去的，究竟孰是孰非呢？

这个现象很有意思。细读诸子百家就知道，各家的学说，都对，也都不对。

这里的"杨"指杨朱，"秉"指公孙龙。

庄子又说：也或者，事情像鲁遽所说那样。有弟子对他说：我得了先生的真传，能够在冬天发火做饭、在夏天造出冰来！鲁遽批评：这有什么难的，不过是以阳气召来阳气，以阴气召来阴气罢了，只是神通，并非真正的道。什么是真正的道？鲁遽作了演示：调好两张瑟，一张放于堂屋，一张放于内室，弹拨其中的一张时，另一张也产生共鸣。将其中的一根弦再调整下，音律不合于五音中的任何一个，这样去弹，虽然每根弦都会发声，但根本就不成曲调。这是什么道理呢？不合于五音的这根弦，大概像是五音中的君王吧，起了主导作用，因而与谁也合不起来。

末了庄子来了句：你惠子的学说，恐怕就是如同鲁遽所说的这种情况吧。

以上可以看出两点：一方面神通是大多数学说致力追求的东西或副产品，想赢得人们的认可，最快捷的方式是示以神通，但神通并非目的，而是一种手段而已。另一方面为君王的含义，并非是单纯的领导与统帅，还有突出部分、差异性等意味。这样看来，庄子的意思就很清楚了：其他几家学说虽然吵吵，尚有共通的部分，而你惠子很牛，最为独特，与四家一点相同性也没有。既然调和也说服不了各家，何以会觉得比这四家高明呢？

惠子说：儒、墨、杨、秉四家，确实正在与我论战，言辞声浪激烈，一波甚于一波，但谁也说服不了谁，这种情况与鲁遽奏瑟的情况真的类似吧？

庄子没有直说，又给惠子说了两个故事。

第一个故事：齐国有个人将儿子送到宋国阉割作守门人。对儿子这么恶劣的态度。但当他捡到一只铜铃，却仔细小心地裹了又裹，怕碰坏了。后来，他想找回儿子，并没有到宋国去找，仅在齐国虚张声势找了一阵。这样的做法严重违背常理呀，但此人却做得出来，世间还有什么事，是这人做不出来的呢？

　　另一个故事：楚国有个人，蛮不讲理，住在别人家，却与主人争吵；无奈离开，半夜一个人坐船，又与船夫打架，船还没有离岸就结下了仇怨，恐怕前景堪忧吧。

　　庄子的意思很清楚，这两个人既不知好歹，也不识时务，言外之意，你惠子天天与人争来斗去的大概也是这么个情况吧，这其实是件很没意义的事。

　　庄子、惠子二人吵归吵，也蛮有乐趣的，而且在长期的争执中建立了深厚感情，称他们为一对哲思与灵魂好兄弟，一点儿也不为过。

　　一次，庄子送葬时经过惠子的坟墓。庄子对同行之人说了这么个故事：楚国郢都有个人很爱干净，鼻子上沾了苍蝇翅膀大点的白泥，就感到无法忍受，让匠人用斧头为他砍掉白泥。匠人运斤成风，斧起泥落，砍掉白泥，却没有伤到鼻子分毫。砍完，匠人面色如故，谈笑自如。宋元君听说此事，将匠人召来说："听说你用斧头很厉害，在我的鼻子上试试。"匠人答："过去我确实这么砍过，但自己搭档死后，就再也没这么做过了。"说完，庄子很落寞地来了句：自从惠子死后，我就再也没有与人辩论过了，并非没有对手，而是没有如此一点即破、心意相通的人了。庄子再怎么去谈，也没有什么乐趣。钟子期死而伯牙琴绝也是如此吧。

## 管仲荐隰(xí)朋

　　下面一则是关于齐桓公和管仲的事，在很多书里都可见到，只是细节稍有不同。

　　管仲病重，桓公前去探望，提了一个问题：仲父病得如此严重，我就不避讳了，您一旦有什么不测，国政该托付谁呢？

　　管仲反问：您想托付给谁？

　　桓公：鲍叔牙。

　　管仲的态度：不行。鲍叔为人过于廉洁率直，是个好人，但容不下人，不如自己的人根本就瞧不上；他人有点儿小小过失，就终生不忘。让他这么爱憎分明的人来治国，对上则约束国君，对下则违逆民众。如此这般，总是得罪君王和民众，这个国相能做长久吗？

桓公：那么谁适合胜任呢？

管仲：实在没有合适人选的话，我觉得隰朋就不错。其为人也，身居高位而不骄傲，心怀民众而不嫌弃，总是以黄帝的德行为榜样。

管仲接下来的几句很有远见，原话是："以德分人谓之圣，以财分人谓之贤。"这个定性简直太经典了，诸子们都说圣贤，什么是圣贤呢？众说纷纭，并没有个统一的标准。管子的这个说法倒是务实，有德行去影响他人的，就是圣人，有灵魂之光，具备影响力；将钱财布施他人的，就是贤人，有仁爱之心，具备普施性。这句话还可以反过来说，能施人以德、施人以财的，就是圣贤。佛家"大德""布施"等也有类似的意思。

**以贤临人，未有得人者也；以贤下人，未有不得人者也。**

即使圣贤也要谦虚，以圣贤自命的，难得人心；真圣贤是能够身处于人下的，这样会赢得人心。但凡高高在上的，即使是皇帝，人们也有疑惑不满之心，只是不敢表现出来而已。

**其于国有不闻也，其于家有不见也。勿已，则隰朋可。**

我们一说智慧、圣明的，就是什么都知道，什么都明察秋毫的人，这样的人其实是典型的书呆子。真正有领导风范的，能笼络人心的，一定是有所不闻、有所不见的人。君王、国相可以管无数人、无数事，有着极大的权势和影响力，明毫秋毫对于他人无疑是灾难性的。隰朋是齐国公室子弟，长期从事外交工作，做事则很有分寸，处理国事，有些事听到了也装作没听到；处理家事，有些事看到了也权当没看到，事事都要管，自己累，他人也烦。因此，管仲举荐隰朋为国相接班人是很高明的。

唐代张艺家族九世没有分家，家中有九百多口人，先后受到过隋文帝、唐太宗等人的敕书匾额等。唐高宗封禅时亲访其家，问其何以维持整个大家族时，张艺答了一个忍字，并写了一百个"忍"字的条幅献给高宗，"百忍堂"就是这么来的。庄子说的，管子说的，也就是这个意思。

## 吴王射猴

吴王泛舟游玩，并登上了一座猴山，猴子见到大队人马来了，便纷纷逃向深山。其中，一只猴子没有逃，不但没有逃，反而是上蹿下跳地在吴王面前讨巧卖乖。吴王便用箭射这只猴子，没想到这只猴子挺灵巧，一把就将箭接住了。吴王看猴子有些本事，便命随从们一起放箭，结果这只猴子被射死了。

吴王回头对跟随的好友颜不疑说：这只猴子，仗着灵巧傲视我，结果就是这个下场。要以此为戒啊，千万不要傲慢地对待他人。

返回后，颜不疑就拜贤人董梧为师，去骄色，弃玩乐，三年后国人大为称颂。

这则故事的道理很直白，一则伴君如伴虎，二则不能骄纵，方堪为长葆之道。

## 南伯子綦

一天，南伯子綦坐在案几旁，仰天叹息。

徒弟颜成子看到这种情形就问道：夫子是人间很了不起的人物，修行中形体样貌枯槁可以不去理会，内心真的能做到像死灰一样不为任何所动吗？

颜成子很聪明，知道南伯子綦有心事，才有这么一说。

南伯子綦："吾尝居山穴之中矣。当是时也，田禾一睹我，而齐国之众三贺之。"其大意指：当年我隐居在山洞中，齐太公田禾来见我一次，齐国的民众都要成群结队地来看。

**我必先之，彼故知之；我必卖之，彼故鬻之。**

之所以这样，肯定是我出了名，所以他们才知道也一定认为，因为我显露一下名望，所以要来沾点名气。

**若我而不有之，彼恶得而知之？若我而不卖之，彼恶得而鬻之？**

如果我没有名声，人家怎么会知道呢？如果我不想利用名声，他人又怎么会前来见我，并时时沾名钓誉呢？

**嗟乎！我悲人之自丧者，吾又悲夫悲人者，吾又悲夫悲人之悲者，其后而日远矣。**

可叹呀，我悲悯那些迷失自我的人，我又可怜那些可怜他人的人，我还可怜那些可怜者的可怜。从那以后，我日渐摒弃这种情绪了。

读佛道两家的理论，会有个明显的感觉：这些人嘴上说着绝对真理，行为上却与之矛盾，无法自圆其说。比如，老子主张不述不著，却写下了五千言《道德经》而名垂千古；主张绝圣弃智，却成了圣智的化身，岂不是天大的讽刺。南伯子綦也是这种情况，觉得天下事都是庸人自扰，想修炼到不为任何所动心的地步，其实心中很多念头时时浮泛。人就是人，想像石头一样怎么可能。理论也是如此，任何一种理论在一定条件下才成立，这个前提条件不存在时就不成立。也就是说，没有绝对真理能屹立于万事万物之外，任何已知的理论都是一个局部而不是全体。因此，很多理论姑且听之辨之，至于死心塌地地信奉某一种理论的说法，我们需要保持一定的警觉。

# 孔子适楚

　　孔子到了楚国，楚王宴请孔子，国相孙叔敖拿着酒杯在旁侍奉，市南宜僚致祝酒辞："古之人乎，于此言已！"这句祝酒辞很委婉：古人们在这种场合，都是要说点什么的，你孔子也说点什么吧！

　　孔子当然得开口说话了："丘也闻不言之言矣，未之尝言，于此乎言之。""不言之言"，即无须借助语言说出来的道理，才是最为高妙的。孔子的意思是说，我也算是听闻过一些高深道理的人，但从未说过，既然这么尊贵的人都在，不妨说上一说。

　　孔子说了什么呢？就一句话："市南宜僚弄丸而两家之难解；孙叔敖甘寝秉羽而郢人投兵。丘愿有喙三尺！"这话当然有点儿夸奖了。说了两个典故："市南宜僚弄丸而两家之难解……"。"市南宜僚"，即熊宜僚，楚国贵族，楚庄王时的著名杂耍人士。史载，楚庄王攻打宋国久攻不下，宜僚便在军阵前以丸为器具表演杂技，怎么个表演法不知道，估计技艺精湛，宋军都看呆了，楚军趁机掩杀并大败宋军。孔子说的这个典故相当复杂，只能长话短说了。"两家之难解"，一家指白公胜，另一家指令尹子西。白公胜即楚平王的孙子，太子建的儿子。当年，楚平王原本从秦国给儿子建娶亲，见秦女漂亮，便自个带秦女入洞房了。后来秦女生了儿子，便想废了太子建，立秦女生的儿子为太子。废太子，从杀太子傅开始，从而牵连到伍子胥一族，引起了多国的政坛动荡和兴盛败落。后来，太子建在郑国被杀，儿子白公胜若干年后辗转回到楚国，封在白地，史称"白公胜"。因为有父亲这段委屈的历史，胜公总觉得楚国王位应该是自己的，总想起兵谋反。谋反要人才吧，有人向他推荐熊宜僚。宜僚并不想参与，白公胜将剑架在宜僚脖子上威胁，宜僚也拒不同意。这两个宜僚可能并非同一个人，中间差着辈分呢。子西，楚国令尹，姓熊名申，字子西，楚平王的庶子，在楚国政坛也是呼风唤雨的人物，后被白公胜所杀。因熊宜僚未参与谋反，间接导致了子西之死，所以孔子这么说的。

**孙叔敖甘寝秉羽而郢人投兵。**

孙叔敖很出名，史料传说也比较多。总之，这个人很有本事，相当于管仲，只是办事实务得太厉害，没有留下什么理论著作而已。"甘寝秉羽"是说天天摇着扇子睡大觉，轻轻松松就将楚国一个万乘大国治理得很好，谁也不敢进犯，楚国也无须武装用兵。

**丘愿有喙三尺！**

两种说法，一种是孔子认为楚国君臣都如此之厉害，自己没什么可说的；另一种是这个场合能说什么呢？无非是用三寸之舌肯定和夸奖楚国楚人的功绩而已，两重意思并不矛盾。

这个故事是编的，其中人物很多根本就不是一个时代的，庄子不过是拿这个说事，揭示一些道理而已。

**彼之谓不道之道，此之谓不言之辩。**

以下都是庄子对上述情况的评价。"彼之谓不道之道"，是指市南宜僚与孙叔敖的，没有用常规的方法去做事，事情就做得很好。市南宜僚与孙叔敖两个人确实非同寻常。一个战阵中不是奋勇杀敌，而是玩杂耍，但起了关键性作用，仗打赢了；另一个身为国相，并没有日理万机，有点无为而治的意思。"此之谓不言之辩"，是指孔子的，楚国君臣很能干嘛，事实都摆着呢？无须再说什么。类似"不道之道""不言之辩""无用之用"等是很中国化的东西，得仔细琢磨才能理解。

**故德总乎道之所一，而言休乎知之所不知，至矣。**

这句话的意思也很深奥。"德"，即人之德，归于道，也就是归于天地自然的原理与规律，才是真正的统一、归一。最高明的理论呢，唯有达到智慧所不能到达的境界，才算是至高无上的。

**道之所一者，德不能同也。知之所不能知者，辩不能举也。**

最高最深最全的道，任何德行都是无法匹配的。道是客观的抽象的，德是对于人而言的，一个人德行再高，能全然与天地自然相配吗？智慧也一样，很多至高无上的智慧，只能用心去体会，言语是无法表达的。这就是只可意会而不可言传。读书想事往往有这么两个体会：一个是一些事想着很简单，用语言表述出来试试，很难说清楚；即使表述出来了，也有太多歧义。另一个是学术化的术语与表达，通常外人很难看懂。这个现象说明什么呢？即这种界定与表述是有明显局限性的。实则，无论什么道理，人人都该轻轻松松掌握才是。也正因此，理论的一味艰深，道家佛家都是很反对的。

**名若儒、墨而凶矣。**

这句话是说学说与声名之危的。儒家说仁说义的，一心为人；墨家摩顶放踵，以利天下。既然是为大家好，且两者都很尊崇君主，何以其中很多人没有好下场呢？

**故海不辞东流，大之至也。圣人并包天地，泽及天下，而不知其谁氏。**

大海不辞细流而成其大，是著名的谚语箴言。真正的圣人呢？包容万事万物且泽及天下，而民众并不知道这个人的存在。庄子的意思是：以德施人谓之圣，也就是说，圣人对于人的浸润，是潜移默化、润物无声的。

**是故生无爵，死无谥，实不聚，名不立，此之谓大人。**

这个大人可不是世俗所说的官员。而是大写的人，伟大的人。有德行、有修养、有作为，却生而无爵、生而无谥，既没有得到实惠，也没有获取名声。这不是"大人"，而是至人、神人了。对于世俗中人而言，做点事，有些物质性回报，有个好名声也没错，完全是正当的。

**狗不以善吠为良，人不以善言为贤，而况为大乎！**

喜欢叫善于叫的未必是好狗的标准，人也一样，喜欢说话善于说话的也不是好人的标准。立志做一个伟大的人，绝不能沉溺于言说之中，靠言说来成就，肯定成就不了，言说能成就的，只是一个善言者。

**夫为大不足以为大，而况为德乎！**

这是一个逻辑悖论，其意思是：想法是一回事，结果是一回事，想成为一个伟人与能成为一个伟人之间是有莫大距离的。同理，想成为一个有德之人与有德之人之间也是如此。从中也可以看出，庄子明显受到名家的影响，在一些说法与逻辑上，与名家言论如出一辙。从这儿也可以看出，现存《庄子》一书绝不是一个人所著，思想驳杂，前后并不统一，而且，编排上存在一些明显差错问题。

**夫大备矣，莫若天地，**

最伟大的，莫过于天地。所以老子说："人法地，地法天，天法道，道法自然。"

**然奚求焉，而大备矣？**

天地追求的目标是什么，又是怎么做到至大的。没见怎么追求努力，就成就了至大。

**知大备者，无求，无失，无弃，不以物易己也。**

以此可知，人想做到至大，要做到三无：无所追求，无所失去，无所放弃，保持自然而然，这其实就是传说中的天地精神，不刻意、不偏颇、不自我。作为天地自然中的一个，自然而然即可。"不以物易己"，不因外物而改变自我。事实上，大多数情况正好相反，人们往往将物质性的东西作为目标，而不断改变自我去适应外物，忘却了初心。

**反己而不穷，循古而不摩，大人之诚。**

人如何会穷？没钱没物会身穷，没官没职会志穷，懂得返归自身内心、遵循天地精神则道不穷，道不穷则有无穷见无穷闻无穷知，也就是自成世界、高度自治，不依赖于任何外物。"循古而不摩"，即古人有厚古薄今的传统。这句是说，循环古道古风古制就不会有层出不穷、眼花缭乱的东西出现。庄子的意思是：做到"反己与循古"，才能成就伟大的本性。这个说法今天并不会完全被认同，一成不变是没有意义的，世界与人类，有些东西在变，有些则是不变的，在变中不变，在不变中变，才会永无穷尽。

## 九方歅相人

楚人南郭子綦，《列子》一书中也说到这个人。他有八个儿子，一天请相面师九方歅(yīn)看看八个儿子哪个最有福气。

九方歅看后：梱(kǔn)最有福气。

子綦惊喜地问：有福到什么程度呢？

九方歅：梱吧，这辈子将与国君一起吃饭。

似乎是出将入相的节奏，子綦一听眼泪就下来了：我的儿子怎么会到这种地步呢？

九方歅："夫与国君同食，泽及三族，而况父母乎！今夫子闻之而泣，是御福也。子则祥矣，父则不祥。"其意为：梱与国君一起吃饭，必然泽及三族，父母至亲肯定会跟着享福的。你听到这个消息却泣而泪下，怕是享受不上了。看来孩子有福，父亲却没有福气呀。

子綦一听九方歅这句话就不高兴了，说了挺长一番话："歅，汝何足以识之。而梱祥邪？尽于酒肉，入于鼻口矣，而何足以知其所自来！"这里的意思是：我的家人有福没福，岂是你九方歅所能知道和预测的事。梱哪有什么福气哟，喝酒吃肉，不过是口舌之福，又哪里知道从而何来呢？

**吾未尝为牧而牂（zāng）生于奥，未尝好田而鹑生于宎（yǎo），若勿怪，何邪？**

偶然意外很多，我不曾放牧，一天家里却来了一只羊，不喜欢打猎，一天家里却出现了鹌鹑。这都不算怪事，哪还有什么怪事呢？言外之意，这些偶然与意外你九方歅能算得到吗？

**吾所与吾子游者，游于天地。吾与之邀乐于天，吾与之邀食于地；**

我和我的儿子这辈子吧，游于天地之间，靠天地吃饭穿衣，潇洒快活，纵横不羁，其乐无穷。

**吾不与之为事，不与之为谋，不与之为怪；**

我与儿子不去计较谋划什么，也不标新立异搞一些新东西。

**吾与之乘天地之诚而不以物与之相撄，吾与之一委蛇而不与之为事所宜。**

我们一片赤诚地生活在天地之间，并不因外物而相互争夺什么，一心遵循天地之道而不无事生非。

**今也然有世俗之偿焉！凡有怪征者，必有怪行，殆乎，非我与吾子之罪，几天与之也！吾是以泣也。**

真如你所预测，这个事情也太不符合常理了。凡有奇怪的征候必有怪异的行为，这实在是太可怕了。如果真是这样的结果就不是我与儿子们的罪过了，大约是上天所降的罪吧。因此，我才哭泣的。

由此来看，这个子綦也算是精通因果的高人。没过多长时间，梱出使燕国，路上遇到劫匪，想将梱当奴隶卖了，又怕其逃跑，便砍掉了他的脚，卖到齐国。恰巧被齐国人渠公所买，果然一辈子食肉而终。这个儿子的福，子綦一点也没有享上。

这个故事是说命有定数与命运无常的，大的无可避免，细节却难于通晓。

## 两个隐士

这是两个隐士的故事。尧想将天下交给许由管理，许由觉得脏了自己的耳朵，曾到河边洗耳。正巧被巢父遇到，巢父觉得许由过于做作，弄脏了河水，便牵着牛到上游饮水去了。关于这个故事，张承志写过一篇文章《清洁的精神》。其实，许由这些人的精神已经不是普通意义上的清洁了，简直可称得上有"洁癖"了。庄子多次说过许由的事，这是其中一则：

一天，齧(niè)缺遇到急匆匆赶路的许由，便问：你这是要到哪去呀？

许由：正躲避尧呢！

齧缺：为什么躲呢？

许由说：尧实在是太烦人了，非要将天下交由我来管理，我愁得没办法，只好躲起来了。尧老头吧，努力勤勉在天下推行仁爱，这样下去恐怕是要被天下人所耻笑的。

**后世其人与人相食与！夫民不难聚也，爱之则亲，利之则至，誉之则劝，致其所恶则散。**

许由这么说的理由是：说什么仁爱呀，世间人吃人的事多了，以前有，现在有，将来也有，岂是说仁所能解决的问题。人吧，其实不难笼络，爱他们，他们就会亲近亲附你；有利，则一定会前来投靠；表扬与鼓励他们，他们就会勤奋上进；做其厌恶的事，他们就会离散。

道理如此简单，只须对症下药就是，需要繁琐的理论吗？许由说的很有道理，对社会管理真正起效的只可能是几条简单的原则而已。

**爱利出乎仁义，捐仁义者寡，利仁义者众。**

这句很实在，可谓是说出了仁义的实质。人的本性便是趋利避害，实际情况是，真正对他人行仁施义的少，而打着仁义的旗号从他人处获利的多。中国古代社会的模式，有个说法是"阳儒阴法"，很形象地注解了庄子的这个观点。

**夫仁义之行，唯且无诚，且假乎禽贪者器。**

这么来看，张口闭口说仁行义的，其诚心应受到质疑，很多人也只是将之视为自己贪婪的工具罢了。真正的奉行仁义者，极其重视礼的形式，在很大程度上说，礼其实是神形兼备的。

**是以一人之断利制天下，譬之犹一覕也。**

"覕"同"瞥"。这句大意为：凡是想将个人意图施加于整个天下的人，其实都是心怀成见偏见的。也就是说，其见事的程度连坐井观天都谈不上，眼光极其狭隘。

**夫尧知贤人之利天下也，而不知其贼天下也，夫唯外乎贤者知之矣。**

尧呢？就是持有这样偏见的人。只知道任用贤人可以利于天下，却不知道贤人也有害于天下。事实确实如此，天下多少人多少事，天下的治理绝不能仅仅奉行哪条原则，也不是某个类型的人所能搞好的，需要方方面面的人。用好人能人治世，其成效很明显，但问题隐患也很明显。庄子说，这个道理，诸如贤能人等并不清楚，只有贤人以外的人才清楚。注意，这个贤人以外的人，是具有自主意识的，明确知道自身定位，且具有宏阔眼光，能够看出问题本质的人。

# 五类人

庄子在这一节说了五种类型的人。后来韩非子的"五蠹"之说很可能就源于庄子的这个说法。

**有暖姝者，有濡需者，有卷娄者。**

先说了三种类型的人，仅从字面理解这个比较费劲。"暖姝者"，大意指自我感觉良好的人；"濡需者"，大意指得过且过者；卷娄者，大意指辛苦劳碌者，主要指只埋头拉车，而不抬头看路者。

**所谓暖姝者，学一先生之言，则暖暖姝姝而私自说也，自以为足矣，而未知未始有物也，**

所谓暖姝者，即从一位先生处学了些理论，就沾沾自喜，沉溺于这个学说之中，自娱自乐，自美自适，被一种观点见识所囿。这种情况现在也很普遍。比如，医生眼里只有健康人与病人，军人眼里只有敌人与朋友，商人眼里只有有利可图的与无利可图的人，法官眼里只有犯罪的人与未犯罪的人，等等。行业的细分与专攻没错，但现代给予一个人更精准社会定位的同时，也将这个人限定死了，使其有更多的局限性，而忽略且看不见人的整体。庄子的意思是：这些人只看到了自己这套东西，连时空无限的边都没沾到，却自以为自己的全部就是巅峰。

**濡需者，豕虱是也，择疏鬣（liè）长毛，自以为广宫大囿，奎蹄曲隈（wēi），乳间股脚，自以为安室利处，不知屠者之一旦鼓臂布草操烟火，而己与豕俱焦也。此以域进，此以域退。**

苟且偷生、得过且过者呢？像猪身上的虱子一样，生长在猪毛稀疏处。

在虱子眼里，猪身上这么个地方与帝王的宫殿一样广大和美好。虱子也有生长在猪的乳房、两腿之间和弯曲处的，在虱子看来，这些地方也都是安稳华美的乐园。虱子们就一天天地生活在这里，却不知道也不担心屠夫一旦准备宰杀这头猪时，只需点一把火、烧一锅水，自己的好日子就到头了，小命也就玩完了。虱子就这样没心没肺地活着，不知不觉地死去。这样是好还是不好呢？很难说，但确实是虱子的生存状况。从某种角度来看，人亦是如此。

**卷娄者，舜也。羊肉不慕蚁，蚁慕羊肉，羊肉羶（shān）也。舜有羶行，百姓悦之，故三徙成都，至邓之虚而十有万家。尧闻舜之贤，举之童土之地，曰冀得其来之泽。舜举乎童土之地，年齿长矣，聪明衰矣，而不得休归，**

卷娄者，即辛苦劳碌以至于累到身体佝偻的，舜就是这种人。怎么形容呢？羊肉不喜欢蚂蚁，但蚂蚁却喜欢羊肉；因此，羊肉是羶腥的，舜也是一身羶腥，百姓们都很喜欢，像蚂蚁喜欢羊肉一样喜欢。舜曾经多次迁移都城，无论迁到哪里，绝大多数百姓都拖家带口跟着，最后迁到邓墟时，追随的有十余万家。尧听闻舜的贤能后，想让舜来代替自己管理天下。就将舜放到一片荒地来考验他，并叮嘱说："希望你能恩泽天下百姓。"想想一个人在不毛之地、白手起家，既能养活自己，还能恩泽百姓，无论智慧、能力肯定没有问题，绝对有资格管理整个天下。于是乎，舜在这片荒地里辛勤劳作，年龄大了、牙齿掉了、思维迟钝了，却依然得不到休息。庄子的意思很明显，何苦如此呢？后来，大禹就是以舜为榜样的，为天下，为民众，鞠躬尽瘁，死而后已。这确实是一种伟大而罕见的利他精神，而道家对此则是抵制的。

**是以神人恶众至，众至则不比，不比则不利也。**

什么是"神人"？神人飘然物外，自由自在的，厌恶身边经常围着一大帮人。周围一帮人围着，七嘴八舌、叽叽喳喳，对于修身养性没什么好处，一个有正常思维的人，天天与一堆人在一起，耳濡目染，也会受到环境的影响。也正因此，即使是佛与仙，也都会找一个地方围起来，或干脆避入山中林中，自成一统。因为人没有比较，心理更容易保持平衡，精神更容易保持稳定。

**故无所甚亲，无所甚疏，抱德炀和以顺天下，此谓真人。**

什么是"真人"呢？他是秉持袒露真性情的人，有本色的意思。真人效法天地，无偏无私，不会刻意亲近什么，也不会刻意远离什么，抱持遵循道的德行，与万事万物平和相处。真人，即不戴面具，不遵循契约的人。按照现代社会理论，每个人都是遵循一定社会契约的，自觉或不自觉地扮演着一些角色。真人则不需要这么做。也正因此，真人是道家、道教的修炼目标之一。作为真人的四字标准：玄同万物。此话何解？意识到天地自然、自身与万物和种种无尽妙处，从而沉浸其中、自得其乐，这个境界确实高远。

**于蚁弃知，于鱼得计，于羊弃意。**

这句话稍有一些费解，联系上文意思还是清楚的。仍然说的是真人，不需要像蚂蚁一样用智慧去觅食，不需要像羊一样以一身膻腥吸引或拒绝什么。而是如鱼在水一样，优哉游哉，不亦乐乎。

**以目视目，以耳听耳，以心复心。**

不强求，不作非分之想，眼睛能看见就看见，看不见就看不见；耳朵听到什么就是什么，听不到就听不到；心呢？想其所想，不想其所不想；动即动，不动即不动。别小看这点，其实要做到却很难。对于一般人而言，总想看点、听点、感受点新奇刺激的东西，否则日子就会索然无味。我们今天常说什么"诗和远方"，哪里是远方呢？对远方的人来说，当下的立足点不也是远方？之所以说"诗和远方"，不过是很多人眼、耳、心灵已经非常淡漠迟钝，想寻求陌生的刺激而已。实则，道不远人，诗意也并不在什么远方，就在眼里耳里心里。心里有诗与远方，哪里都是心灵的居所。

**若然者，其平也绳，其变也循。**

做到以上几点，达到以上境界，其人内心与精神就会非常平衡。说的是平衡，而不是平静。平静就像湖面一样，随便一片叶子、石子都能打破，这是铁律，即使"真人""神人"也无法避免。"真人""神人"的平复以及适应能力很强，无论动荡还是静止，内心始终是平衡的，不会因问题倾斜而出现失衡。其内心与精神并不是一成不变的，也处于变化之中，但这个变化并不是心性不定与心神不宁，而是遵循天地自然规律的。具体方法，《黄帝内经》在谈及春夏秋冬四时的作息与养生时有过相关论述。

**古之真人，以天待之，不以人入天。**

这句是总结性的，上古的"真人"，大体就是这个样子，遵循天时，并非以天道自居。这个是根本性的态度问题，一个人有些智慧，一定要清楚自己是因智慧受益的，并非自己就是智慧的化身。对于天道就更是如此了，"真人"遵循了天道而已，从来就不会天真到认为自己就是天道的化身。

**古之真人也，得之也生，失之也死；得之也死，失之也生。**

前一句是说肉体的，真人也是肉体凡胎，得到了生命就好好活，失掉了生命就彻底地死，并不想什么肉体的万万年。"得之也死，失之也生"是指精神层面的，获得根本性的领悟，常心就死了，不会像寻常人一样日日劳碌奔忙；身死了而精神还在，甚至永存，也就是老子所说的："死而不亡。"

**药也，其实堇(jǐn)，桔梗也，鸡雍(yōng)也，豕零也，是时为帝者也，何可胜言！**

这句话是感慨性的比喻：人在世间如何个活法？林林总总的理论观点实在太多了，究竟哪个好哪个坏，该统一于哪样，是没法下定论的。就像药一样，乌头可入药，桔梗可入药，鸡头草可以入药，猪苓也可入药。这些药吧，作用各不相同，治什么病用什么药，能说哪个药好与不好吗？细究起来，其中的学问大了，不是一家之言、一个是非之说所能概括的。这里的"帝者"，指起主导作用的，与《黄帝内经》中的"当值"是一个意思。

## 庄子谈史

这里是庄子对于历史的感叹。"句践也以甲楯三千栖于会稽，唯种也能知亡之所以存，唯种也不知其身之所以愁。"勾践为夫差所败时，仅剩三千兵马退守会稽山。这种危难的关头，勾践抹脖子的心都有了。只有大夫文种很有主见，挺身献计保存了勾践和越国，最后灭了吴国。文种给勾践的灭吴强国之策有九条：其一是尊天地，事鬼神；其二是重财帛，以遗其君；其三是贵籴粟缟，以空其邦；其四是遗之美好，以劳其志；其五是遗之以巧匠，使起宫室高台，尽其财，疲其力；其六是遗其谀臣，使之易伐；其七是强其谏臣，使之自杀；其八是家富而备器；其九是坚厉甲兵，以承其弊。这九条就是复兴强国的"宝典"。在历史的危难关头，弱势一方只要遵循这九条，就一定能够化险为夷、反客为主，百试不爽。文种经国济世的本事之高，可见一斑。勾践复兴成功后，范蠡萌生隐退之念，曾劝文种一起走，文种不愿意，结果有了兔死狗烹、鸟尽弓藏的典故。后来，勾践忌惮文种才高："先生教我的灭吴九条，仅用了三条，吴国被灭了，其他六条还在你身上，我实在是放不下心呐。"于是赐死文种。庄子看到了文种的局限性，能看清并主导国家的兴亡，却把握不了自身的生死。历史上很多高人看得透、算得出国家兴衰存亡和他人的命运，对于自身的前途却茫然无知，这也是人在事中迷之一种吧。

**故曰：鸱**(chī)**目有所适，鹤胫有所节，解之也悲。**

"鸱"，即猫头鹰。这句有两层意思：第一层意思是：万事万物各有各的局限。因此，猫头鹰的眼睛最适应晚上，鹤的腿则细而长，但要改变这个情况让猫头鹰的眼睛适应白天，让鹤的腿短而粗，恐怕二者都不愿意，绝对是悲剧性的。还有一层意思，猫头鹰的眼睛很厉害，晚上都能看到；鹤的腿很长，非常之优雅，好处显而易见，但细想起来，也有悲哀的一面，毕竟猫头鹰的眼睛白天不好用，鹤的腿太长却不够结实和便捷。

**故曰：风之过河也有损焉；日之过河也有损焉。请只风与日相与守河，而河以为未始其撄也，恃源而往者也。**

这句话说的是物理现象，风吹，会使河水减少；日晒同样会使河水减少。风吹日晒相互作用，河水一直处于损耗之中，河中之水之所以没有减少，是因为源头有水流源源不断地补充进来，因而即使风吹日晒之下，河水其实并没有日益减少。

**故水之守土也审，影之守人也审，物之守物也审。**

水对于土的态度就非常之审慎，土可以阻碍水，土也是岸的构成部分，才有巍峨的高岸，才有汹涌澎湃的潮流。影子对人的态度也很审慎，没有人就没有人的影子。万物对万物的态度也一样，中间任何一环的断裂缺失，其产生的结果可能都是灾难性的。一样东西缺失了，并不仅仅是这样东西缺失了，带来的可能是其他关联的东西一并灭绝。生活中的万事也是这样，一种事物改变或消失，会像多米诺骨牌一样，引发连锁反应，因此一代人均有某些独特的生活方式与记忆。想想英国诗人约翰·多恩的诗《没有谁是一座孤岛》，与庄子的"物之守物也审"，其中实则有很大的共通部分。

**故目之于明也殆，耳之于聪也殆，心之于殉也殆。凡能其于府也殆，殆之成也不给改。**

这句话是说限度的，即眼睛有其可见的范围，而过分追求好视力、追求明亮，其实是很危险的。巨大的光明人能适应得了吗？适应光明了，还适应黑暗吗？耳朵的听力亦是如此，人们虽然向往千里眼、顺风耳，但千里眼、顺风耳也将很多东西搞得很是乏味了。心也是如此，过度思虑，或者全知全能，不更加空虚寂寞吗？全知全能是彻头彻尾的大孤独，只有一个人孤零零地感知到了所有，无法分享，无从交流，未必是件幸事。因此老子提倡"弃圣绝智"，古人说"难得糊涂"。有时候，无知无觉地做一个寻常人，普普通通、安安生生地活一辈子，真的是一种莫大的幸福。

如果过分追求诸如"聪明""圣智"这些东西，超脱超出他人过多，就会在内心滋生种种深层次的危险。这种危险是来自内部的，一旦形成，想去都去不掉。庄子说的这个有"高处不胜寒"的意思，但比这个说法要高深得多。比如，一个聪明绝顶、精于算计的人的危险来自哪里呢？这种根深蒂固的性格容易改变吗？恐怕很难，且一定是致命的。

**祸之长也兹萃，其反也缘功，其果也待久。**

危机与隐患是一回事，真实发生是一回事。危机是潜伏于四周的，隐患是无时无处不在的，正确地应对调控则未必会有祸难灾殃等，如果坐视不理、任其发展，一定会有不好的结果。这句是说，祸根是不断滋长的，没有显现是因为有意无意杀死或屏息了危机；显现则有一个长期的积累过程，很多人其实是在坐等祸成。祸根的开花结果需要太多的东西，任意抹去其中任意一项条件，就可能会消除或推迟祸事的到来。这个也就是佛家说的通过因来改变果。

**而人以为己宝，不亦悲乎！**

一般人只看到、只注视结果，因结果喜而喜，或悲而悲，却没看到也不重视形成果的因由。比如，成功的喜悦、失败的气馁，重点真的不在显而易见的结果，而在悄无声息的过程。道家的理论则是对过程精微与奥妙的提示与指出。

**故有亡国戮民无已，不知问是也。**

正因为人们重果而轻因，所以往往到了国家衰亡、民众遭受屠戮的地步，只知道悲叹，连什么原因都不清楚，反而是怪这个怨那个。比如，说崇祯"有道无国"，果真是如此吗？如果将此人的帝位往前移几位，断不至于亡国，仅此而已。崇祯的眼界胸怀还真没到扶危定倾的程度，只是对病疴有态度以及抢救性的举措罢了，其"疗法"根本就没有对上病症。

**故足之于地也践，虽践，恃其所不蹍(niǎn)，而后善博也；**

这句话显得很抽象，是从常人很难察觉到的视角提出的。庄子这句话是什么意思呢？人脚下所踩的土地是非常之少的，虽然少，但正是因为双脚之外土地的存在，人才能够到达一个又一个的远方。如果仅脚下这块土地就知足了，人还是人吗？

**人之知也少，虽少，恃其所不知，而后知天之所谓也。**

相对来说，一个人的知识、智慧是有限的；即使非常之努力，一生能够掌握的学识也是极其有限的。虽然如此，他凭借着未知心向着未知领域不断的挺进和探索，可以一天天睿智起来、广大起来、深厚起来。

**知大一，知大阴，知大目，知大均，知大方，知大信，知大定，至矣。**

《庄子·内篇·养生主》有云："生也有涯，而知也无涯。以有涯随无涯，殆矣"，即人的生命是有限的，而知识是无限的，将有限的生命投入无限的知识中去，是一件挺危险的事。读书时要注意，世间的很多现象与理论其实是矛盾，学者与作家的很多观点往往也有自相矛盾的地方。不能抽取其中一个观点说事，也不能将其中矛盾看作不通。整体来看，世界有阴有阳，智慧有明有暗，万物有利有害，无论说哪一端、执哪一头，从现象整体来看也并不会矛盾。人的智慧就更是如此了。庄子说，未知与智慧有没有一个尽头，终极与至高点何在呢？关于这个，我们听到的最多的说法恐怕是四个字"学无止境"，庄子明明白白指出，求知与智慧是有止境的，至于七个方面："大一、大阴、大目、大均、大方、大信、大定。"看到"七大"，一系列问题就来了：其一是"七大"具体是什么呢？庄子没有明说，这就牵扯到概念统一的问题。事实上，读古书，每个人都有自己的理解，特别是对于这些信息含量非常大的字眼，并没有也不可能有一本共同认可的字典或词典，完全看个人的修为和理解程度。无论哪个人的学说，都是一家之言，都是盲人摸象式的，有对的地方，也一定有偏颇之处，但整体观好、综合能力强的人，也有相对接近的说法。其二是"至"的境界，须"七大"皆备呢？还是感悟到其中任何一项就算达到了"至"的境界呢？这个真的很难说。细致地看，七个方面是相通的，感知到了一个，对其他的会有通感，但想在七个方面都出类拔萃，确实是千百年未必有一人。其三是该如何来理解"七大"呢？《周易·坤卦》六二爻辞"直方大，不习无不利"，庄子的"七大"与这个"直方大"的说法有什么关系呢？综合地看，似乎是人对浩瀚时空的感知。"七大"这些字眼古人常说，笔者在这儿尽可能地扩张延展一下，算是分享见解之一种吧。

### 大一通之。

"七大"均系偏正结构，"大"是形容词性，起修饰作用，这里应该是宏观的意思。"大我"的"大"是什么意思，这里的"大"就是什么意思，似乎有感，却很难说出来。这"七大"实则是概括整个宇宙的。"大一"即天地自然、万事万物形成组合的这个和谐统一的格局。用郭沫若的话说，这"一切的一，一的一切"是什么呢？是什么将一切的一切统一成一体的呢？也就是道家常说的"道"，对于这点，老子说过，"有物混成，先天地生"，即不知道该怎么称呼，就称为"道""大"，其实是指冥冥中主导一切的原理与规律。其实，从哲学层面来看，也只有规律能将一切统一起来。

### 大阴解之。

注意，在春秋战国时期，"大"与"太"基本是一个字，意思一样。"大阴"或者说"太阴"是什么意思呢？与大阳对应，指至阴至柔的东西，主导生发的，后世也称太乙。比如水，进入人、动植物的体内后就变得截然不同。其本身汇聚的程度，也形态各异。这里的意思是：人的内在要沉静，要有承载的无限容量，这样才能理解包容万事万物。

**大目视之。**

这句是说不能一叶障目并囿于一己之见，要看到人外人、山外山、天外天。研究道家理论，看不到无限与浩瀚，就无须再读了，不会有什么结果的。这个"大目"也就是我们今天常说的大视野，既明察秋毫，也放眼天下。庄子的意思则更奇特，有时候得用狗眼看世界，或用驴眼看世界。换个视角，就会有诸多新的发现。

**大均缘之。**

大均即平衡。这里指要懂得并有能力维持一个平衡。平衡才会和谐，和谐即文明的状态。不平衡，即使社会发展到任何阶段，其结果都是灾难性的，力量越大就越难以掌控。不注意平衡，也很容易形成一个单极化的东西，貌似强大，实则脆弱不堪，一定有其致命缺陷，如果被人找到并抓住，就会产生不可预期的后果了。

**大方体之。**

今天说的大方与庄子说的"大方"是有共通之处的。面对天地自然与万事万物，人应该泰然处之。这种关系最自然，躲躲闪闪、藏着掖着就会使情况和局面变得复杂。

**大信稽之。**

大信就是用所行来检验所言，用行动结果来检验一切真伪，用实践来检验一切真理。以此为根本标准核查稽考一切，效果一定会好得多。需要注意的是，不能过于理想化了，须知时代是有局限的，人是有局限的，不能以终极目标来圈点所有。

**大定持之。**

大定即太平无事。天地之间原本就没有什么事，日月起落，草木生长，禽兽奔走，随着人的出现以及智慧的出现与不断提升，情况就变得异常糟糕了。人，喜欢折腾事，但即使游戏也要有个度吧，太平无事、安宁稳当才是最根本的。

**尽有天，循有照，冥有枢，始有彼。**

这种思维逻辑与"水有源""事有因"的意思一致。"尽有天"，是说万事万物都有最天然最本质的东西。"循有照"是说一切的遵循都有个依据和参照的，这个依据参照绝不是凭空产生的，不单是人，动物植物也有参照。否则，树何以是树的样子，鸟何以是鸟的样子，又何以会有形形色色的人。"冥有枢"，"枢"是控制的开关。这三个字是说，冥冥中主导一切的力量似乎也有个"开关"，比如春夏秋冬四时，各有各的温湿度，像设定好的一样，有个常态的，绝不会异常到哪去。"始由彼"，即最初有个源头吧。否则，最初在哪里呢？就不能算作是最初吧。这点也可以理解为事物的两面性、矛盾论，比如说某天的天气热，只是相对的，相对于火炉还是要凉快多了。庄子谈这些的意思何在？他旨在提醒人们注意思维的视角与逻辑，更本质地去看问题，不要就事论事。这就启示我们，做实务时，要具体问题具体分析；但搞理论时，一定要有个玄学的高度，否则看问题是不全面的。当然，事情可以复杂去想，但不能复杂去做。

**则其解之也似不解之者，其知之也似不知之也，不知而后知之；**

最后这几句是绝绝对对像玄学一样高深莫测，解释起来也会像绕口令一样。

"则其解之也似不解之者"，简单点说，即天地间的矛盾问题是无处不在、无时不有的，看似解决了，实则没解决；旧的解决了，新的又产生了。庄子的这个说法，以今天的理论理解，就是否定之否定规律，其实从哲学角度来看，发展的过程就是矛盾问题不断解与不解的过程。

"其知之也似不知之也"，即知识的求取、智慧的提高也是这样的道理，似乎是知道懂得了，但真知道、真懂得吗？再深入一步回头省视时会发现，一天在否定一天，一个在否定一个，越是求知就越觉得自己无知。

"不知而后知之"，这里也涉及一个人的认识论问题。若问，人真的一无所知吗？似乎也知道很多根本性原理的，比如万有引力。这句话还可以视为求知的原则，将自己清空，才能获取新的东西；如果装得满当当的，且自以为是，还能听进去、装得下什么呢？

**其问之也，不可以有崖，而不可以无崖。**

"问"，即追问；"崖"，即边际、界限。想明白天地间这些道理，过于局限了不行，但漫无边际也不行。过于局限了则显得格局太小，那些细枝末节的东西，没有个整体观念；而漫无边际，则臻于虚无之境了，虚无缥缈得没有落点。这也是道家说"无"、佛家说"空"的原因；或者从另一个角度来看，这些人看到了无限，不产生这个论调才怪呢。还好，诸如老子、佛陀这些人的控制力不错；而一个常人，突然获取了大智慧，由于界限意识的缺失，尽管见解高深也往往会陷入疯癫之境。

**颉(xié)滑有实，古今不代，而不可以亏，则可不谓有大扬搉(què)乎！**

"颉滑"是指万事万物纷乱复杂的情形。"颉滑有实"的意思是：虽然纷乱，却自有其本质和秩序；虽然花哨，却有其原本的面目。这个古今的情况各不相同，不能一概而论，想要得出正确的认识，既要善于拨云见日，又不能有任何偏袒偏见。总之，让万事万物保持原本的样子才好，该怎么样就怎么样，不要人为去统一规划什么。其实，大同小不同才是世界最好的样子。从这也可以看出，大同的本意并存整齐划一，而指大和谐、大平衡。

**阖不亦问是已，奚惑然为！**

人们追问来追问去、求索来求索去，说了那么多的理论，有谁关注过这个，又有谁说出大道了，都是迷惑沉溺于一己一隅而已，看似明白，实则有大惑在身。在诸子百家中，道家的智慧最高。何以如此？因为道家的立意就是指向根本性终极性的哲学问题，划出了轮廓，理清了全局。

**以不惑解惑，复于不惑，是尚大不惑。**

这就是世间大多数理论的困局了，讲经者都还没搞清楚，就去给他人释疑解惑。昏惑不清的人，却自以为明白了一切，掌握着绝对真理，这是多么悲哀的事呀！庄子的这个说法，并非属于不可知论，而是指出了两条线：一个是上限，上限是无限的；另一个是下限，应该是以我为原点，而不是以我为中心。

# 拾壹　庚桑楚

## 庚桑楚在畏垒山

庚桑楚，复姓庚桑，名楚，曾在老子门下学艺并做杂役，独得老子真传。后来，这个人住在北边的畏垒山上，非常低调，家中奴仆有敢于炫耀智慧的就赶出去，婢妾们敢于标榜仁义的就让其远走他乡。只有忠厚老实的人才让其留在身边，并安排一些事情做，并将各种事情都处理得井井有条。庚桑楚到这个地方三年后，畏垒山周边一带的庄稼就大获丰收了。

从这件事可以看出：其一是老子学说在民间很有影响力，庚桑楚在老子门下时只是个弟子，到了畏垒山，已经有仆有妾，且任意驱逐和挑选，有点儿立门建派的意思。其二用人工挑选保持好苗的做法，不适合大规模种植；同理，用驱除法实施管理，只保留老实人的做法，不适合大的范围，最多到村这一级，这也是老子之所以强调小国寡民的原因，而范围大了，人多了，这套理论就不灵验了。其三是在农业社会，尤其是在自然村落的情况下，按时劳作，不去折腾，没有高赋税，那么解决民众温饱根本不成问题，先民们仅靠狩猎采集都能生活下去呢。社会越是发展，底层想维持一个基本的生活就会越困难。何以如此呢？这牵涉到维持仪式化运作的问题。譬如，两个青年男女，都有工作，结婚前自由自在的，凭借各自的收入过得很潇洒。可一旦结婚后，他们就会发现，这点收入简直捉襟见肘，严重不够用了，因此潇洒的好日子过去了。何以如此？婚姻作为个极世俗的仪式化的维持，需要很多资源。婚姻如此，社会也是如此，要维持婚姻，两个人就要辛苦打拼；而社会中呢？一部分人就要辛苦和忍耐。

因为庚桑楚和门人的到来，畏垒山一带发生了显著变化，民众看到也得到了实实在在的好处，便相互议论：这个庚桑子来了后，没见有什么大动静，庄稼却连年丰收。这个人应该是个圣人吧，我们何不"尸而祝之，社而稷之乎？""尸"，就是扮演受祭对象的活人，比如宗教界的天师、圣女之类的。看看，一个人稍稍做了点事、见了点成效，民众就感受到了，便想建个坛子，把庚桑楚作一个偶像供奉起来。

庚桑楚是个低调的人，一听这个消息就郁闷了，这绝非他想要的结果。任何理论操作得到的实际结果往往适得其反。这个问题很简单，主要在于没有充分考虑到操作与受众的因素。对此，弟子们不理解——被民众所拥护那是好事呀，夫子何以反倒不高兴，而是一副忧心忡忡的样子呢？

庚桑子解释道：有什么不理解的。"夫春气发而百草生，正得秋而万宝成。"这里的意思是：春季阳气上升，雨润万物，百草萌生，到了秋天就会果实累累。但春与秋又岂是无缘无故会形成如此现象的？这也是天道运行的规律之一呀！

**吾闻至人，尸居环堵之室，而百姓猖狂不知所如往。**

我听说，拥有至高境界的人，往往像死尸一样安静地居住在斗室之内；而民众呢？则像无头苍蝇一样纷乱，不知所由、不知所往。

**今以畏垒之细民，而窃窃焉欲俎豆予于贤人之间，我其杓（biāo）之人邪？吾是以不释于老聃之言。**

眼下畏垒山的民众想将我作为贤人一样供奉起来，我岂是追求出名挂号的人？我是不会忘记老子教诲的，如果被供奉起来，明显违背了初衷。

弟子们的劝导也很有意思："不然。夫寻常之沟，巨鱼无所还其体，而鲵鳅为之制；步仞之丘陵，巨兽无所隐其躯，而孽（niè）狐为之祥。"这里的意思是：大可不必理会吧，多大点事呢！一条小渠沟，大鱼想转身根本就不可能，却是小鱼们畅游的天下。几尺宽、数丈高的土丘，猛兽根本无处藏身，狐狸却觉得是个好地方。意思很明显，人与万物的所见所需不同，还是任其自然吧。

**且夫尊贤授能，先善与利，自古尧、舜以然，而况畏垒之民乎！夫子亦听矣！**

尊贤任能、与人为善、予人以利等等，尧舜都是如此行事，况且畏垒的百姓呢，夫子任其自然吧。这么个事，世俗都持这样的观念，甚至觉得是好事呢。

庚桑子不这么认为，反而较真了，认认真真给弟子们上了一课："小子来！夫函车之兽，介而离山，则不免于罔罟之患；吞舟之鱼，砀（dàng）而失水，则蚁能苦之。"他大概的意思是：你们就这么点敏锐和见识啊！小子，过来，给你好好说说。能吞下车子的野兽，离开了深山，则难免网罟之患；能吞下舟船的巨鱼呢？离开了水，小小蚂蚁都会来啃食的。这就是鱼不离渊、兽不离山的深刻道理了。

**故鸟兽不厌高，鱼鳖不厌深。夫全其形生之人，藏其身也，不厌深眇而已矣。**

因此，鸟兽从来不惧高处，鱼鳖从来不厌深处，越是远离人类就越是安全。想全生保身、绝对独立的人也是这个道理，一定不能厌恶深远。人有"眼耳鼻舌身意"六根，与外界交互密切，受到的影响就越大，依赖也越大，到了离不开的程度，就无法自主和独立了。想完整地保存自我，只有一个办法——远离人类，不只身体的远离，更要精神上的隐遁。

**且夫二子者，又何足以称扬哉！**

尧舜二人，后世人人称道，其实有什么好称颂的呢！

**是其于辩也，将妄凿垣墙而殖蓬蒿也；简发而栉，数米而炊，窃窃乎又何足以济世哉！**

他们所推崇的那套，完全是破坏性的，是将好好的墙垣毁坏而种植蓬蒿的行径，是穿衣戴帽束发的极浅表化形式化的东西，说得再难听点，是数米下锅的小里小气。如此又如何济世呢？

**举贤则民相轧，任知则民相盗。**

推举贤人吧，民众会相互倾轧，谁是贤人？任用智者吧，民众会相互作假，谁是智者？其中的道理很简单，人人都认为自己是贤人，有个位置，都觉得自己最有资格；有点好处，都觉得该自己享有。还有一点，真正智慧的人从来都觉得自己还差得很远；而没多少智慧的人，从来都觉得自己最为高明。

**之数物者，不足以厚民。**

这些管理办法，只不过是统计分配差不多而已，真造福民众，怕是远远不够。

**民之于利甚勤，子有杀父，臣有杀君，**

民众过分关注和追逐利益并非什么好事，得了点小利，可能吹捧你；失了点小利，就可能诅咒你。翻翻春秋战国的历史，因为点利益子杀其父、臣弑其君的事还少吗？古人云："正昼为盗，日中穴阫(pēi)"，即光天化日之下在偷盗在凿墙，明抢暗盗。

**吾语女：大乱之本，必生于尧、舜之间，其末存乎千世之后。**

人间根本性的毁坏，就是因为尧舜所倡导的圣智，以及世人对尧舜的效仿。大乱的流毒贻害无穷，一定会影响到千年万世之后。这个说法，与亚当、夏娃偷食了伊甸园里的智慧果一样，从此人间种种是非善恶一发不可收拾了，这是西方的逻辑。这些也与老庄的逻辑完全一致，正是因为人们推崇贤能，才将事情都搞乱了；如果没有什么贤能之说，人类都无是无非地活着，像动物植物一样多好。其实社会的发展自有其规律，不是哪种理论所能主导的；但任何一种理论都有所指向，老庄的理论则指向天地自然。如何理解这个呢？道家的说法很抽象，道家思想衍生出的道教的很多修炼方法倒是很形象的。比如，修炼到像植物一样，不动、不食、不语，每天晒晒太阳、吹吹风，喝点水，可以维持最本真的生命即可。但这种状态，与植物有什么分别呢？

**千世之后，其必有人与人相食者也。**

这一句是断言与预言。从一方面来说，如果如尧舜之时一样推崇能力与智慧，世间资源是有限的，而欲望是无限的，能力与智慧作为谋求占有资源、达成欲望的手段而存在，肯定会演绎得很精彩。庄子指的"人与人相食"，在古代历史中还真就是普遍而大量出现的。否则，何以有"民脂民膏"一词。

## 南荣趎问道

庚桑楚有个叫南荣趎（chú）的弟子，一天他正襟危坐向庚桑子请教：我的年龄已经很大了，要怎样才能修炼到夫子所说的那种境界呢？

庚桑子："全汝形，抱汝生，无使汝思虑营营。若此三年，则可以及此言矣。"其意思是：保护自己的健康，爱护自己的生命，之外的事情无须去劳心费力。如此三年，就达到了我所说的境界，这个并非什么难事。

南荣趎接着问："目之与形，吾不知其异也，而盲者不能自见；耳之与形，吾不知其异也，而聋者不能自闻；心之与形，吾不知其异也，而狂者不能自得。"其意思是：正常人的眼睛与盲人的眼睛仅仅从外形上看，是看不出有什么差异，盲人的眼睛却看不见；耳朵也是这样的道理，外形上虽无法分辨，有的能听见，有的却听不见；人心就更是如此了，生理结构上可能相差不大，有的心有节制，有的心却放纵得无法控制。

**形之与形亦辟矣，而物或间之邪？欲相求而不能相得？**

形与形按说是相通的，但有些中间是否存在一些东西隔挡着，使其不能相互了解呢？这句是说人与人的不同，看着长相相差不大，实则内心有天壤之别。

**今谓趎曰："全汝形，抱汝生，无使汝思虑营营。"趎勉闻道达耳矣！**

庚桑子教导南荣趎要"全汝形，抱汝生"，不要"思虑营营"。对于这种不咸不淡的话，南荣趎不过是勉强听进耳朵而已，并没有什么深切的领悟。我们对很多深刻有效道理也完全是这种态度，比如做个好人，也仅仅是听进耳朵罢了，实际上该做什么就做什么的，一言一行所遵循的，是完全不同的一套。

**庚桑子曰："辞尽矣，奔蜂不能化藿（huò）蠋（zhú），越鸡不能伏鹄卵，鲁鸡固能矣。鸡之与鸡，其德非不同也，有能与不能者，其才固有巨小也。今吾才小，不足以化子。子胡不南见老子！"**

庚桑子这话说得非常客气："土蜂不能孵化出虫子，越国的鸡不能孵化鹄鸟的卵，而鲁国的鸡却可以。你看，鸡与鸡形态品性并没有什么不同，但能力却截然不同，有的可以做到一些事情，有的则做不到。应该是我的才能太小，不足以开导教化你，你去见见老子吧，看看他能否解决你的问题。"

于是，南荣趎带着干粮，走了七天七夜到了老子的住处。

一见面，老子就问：你是从庚桑楚那来的吧？

南荣趎答：是。

老子接着问：你为什么带这么多人来呢？

这个问题够莫名其妙的，但寓意很深，是指南荣趎带着诸多乱七八糟的东西。心中隐藏着一支军队般动荡的力量，又如何能安静下来？

一听老子这个问题，南荣趎赶快回头向后看，以为真跟着什么人。

老子：你不懂我这话的意思了吧？

南荣趎低头沉思一番又仰头长叹："今者吾忘吾答，因失吾问。"这句意思是：眼下我既不知道该怎么回答，也不知道我该请教什么问题。可见，南荣趎陷入了茫然无措之中。

老子：此话怎说？

南荣趎："不知乎，人谓我朱愚；知乎，反愁我躯。"这是对知识智慧的态度问题：不知道吧，他人会说我愚蠢；知道且智慧吧，又会添诸多忧愁。

**不仁则害人，仁则反愁我身。**

不说仁吧，则会生出害人之心；仁爱吧，身心就要受到煎熬。

**不义则伤彼，义则反愁我己。**

不行义道吧，容易伤人；行义道吧，则个人心中总有放不下的东西。

**我安逃此而可？此三言者，趎之所患也，愿因楚而问之。**

这三者就是天天折磨我（南荣趎）的问题，我是希望凭着庚桑楚的引介来请教这些问题的。从这可以看出，南荣趎的问题相当典型，其实是纠结于矛盾论，也就是事物的两面性。这些社会生活中常说常见的智慧仁义等等，优点弊端都很鲜明，究竟该持什么态度，该把握到什么度呢，尤其是在当时各家争鸣的情况下。仔细想想，各有利弊，这些也并不是哪家对哪家错的问题。对此，南荣趎没想明白，也把握不准。标准太多，以至于没了标准；路太多，以至于无从选择。

**老子曰："向吾见若眉睫之间，吾因以得汝矣，今汝又言而信之。若规规然若丧父母，揭竿而求诸海也。女亡人哉，惘惘乎！汝欲反汝情性而无由入，可怜哉！"**

老子的意思是：你来时，从你的眉目之间，我就已经猜测到你所纠结的问题了；通过刚才你说的东西，我又得到了印证。这个问题大而复杂，你六神无主像失去了父母一样，又像是拿着一根竹竿在大海中探测一样。恐怕真是迷失了本性，才这般惘然吧。你想回归本性、安于内心而又不能够，实在是可怜啊。

南荣趎这种情况，现实中很多，尤其性格偏执的人。一般人埋头生活与实务，不去想很多问题倒也不错。最怕钻入牛角尖而无法回头的那种人，满脑子观念，满嘴辞令；说是很通达吧，其实脑子里一团乱麻，心中一锅糨糊，根本就不知所以。

老子准确点出了南荣趎的症状与因由。南荣趎就请求住下来，按照老子的教诲静心修炼一段时间后，仍然心绪未解，又去拜见老子。

老子说："汝自洒濯，孰哉郁郁乎！然而其中津津乎犹有恶也。"老子的意思是：你认真省视洗濯内心了吗？还是一副郁郁不乐的样子，仍然有纠结源源不断地流露而出啊。

### 夫外韄者不可繁而捉，将内揵；

"韄（hù）"，即束缚的意思；"揵（jiàn）"，即控制的意思，鬼谷子对之作过专门阐释。对人的外部的影响与束缚是非常之繁多的，不可能全部摈弃去除的，只有从内部解决这个问题，也就是内揵，即自我控制。世界的纷扰何其大，又何其多，岂是人所能左右的，但人总能调节自己的内心吧。道理虽如此，人心却往往比外部的世界更难把握。人与上帝立约容易，人如何与自己的内心建规立约呢？

### 内韄者不可缪而捉，将外揵。外内韄者，道德不能持，而况放道而行者乎！

同理，内心受到沾染，困惑而忐忑不安、迷茫不已，要想方设法多从外部加以干预，如转移注意力等。如果外有诱惑、内有困惑，有道有德者尚且难以把持，何况是初学悟道的人呢？老子的意思是：这是很正常的现象，修行有个过程的。佛家也说这个，有人顿悟，有人悟。顿悟的少，渐悟的多，这也符合质变与量变的原理。

南荣趎说："里人有病，里人问之，病者能言其病，然其病病者犹未病也。"这句的意思是：村里人有了病，邻居去探望，生病的人将自己的病情症状说出来，他人就清楚了。然而，也有些病人忌讳疾病，并不说出来，别人就无法了解他的病痛了。

**若趎之闻大道，譬犹饮药以加病也。趎愿闻卫生之经而已矣。**

"卫生"一词，与现代的词意相差很大。现代的"卫生"是名词，指干净的意思。古代的"卫生"一词是动宾结构，养护生性的意思。南荣趎这句是说，病人对病情的不同态度，就像我听闻大道一样，我的病很重，吃下猛药非但不利于康复，反而可能加重病情。像我目前这个情况，就不去听闻什么高深道理了，听听养生保健的道理就可以了。

老子曰："卫生之经，能抱一乎？能勿失乎？能无卜筮而知吉凶乎？能止乎？能已乎？能舍诸人而求诸己乎？能翛(xiāo)然乎？能侗(tóng)然乎？能儿子乎？"老子连发九个疑问，对修行养生之学提出了质疑，再怎么修炼，养生养得再好，也无法与原始天然的东西相比。

"能抱一乎。"什么是"抱一"呢？老子说"圣人抱一而为天下式"，就是身心合一。养生能够身心合一吗？不能。心里想健康，身体在生病；心里想振作，身体却乏力。二者经常不协调、不一致，肉体凡胎人，再怎么修炼，身心合一只是一种向往、只是一个说法，真正有几人能做到呢？所以修行的人们并非想身心合一，而是将灵魂抽离身体而去，做到不依赖于身体。事实证明，这个同样是不靠谱的。老子的意思是：掌握了养生理论，问题就全解决了吗？就能没有过失？就能未卜先知？就能让内心静如止水？就能排除一切干扰？就能不求人而仅依靠自己？就能悠闲安逸？就能辽阔无边？就能像婴儿了一样吗？能吗？这是一堆无法也无从回答的问题。虽然是人类的问题，但却只能是问题，注定无解。唯一的办法就是不去想。那么，如何做到不想呢？无为，顺其自然。

"能勿失乎？"身体与精神真能长葆吗？不能。身体是有使用年限的，死而不亡者虽然是一种精神，但也仅有少数人才可享有的，与大多数人压根儿就没关系。

"能无卜筮而知吉凶乎？"不能。能够不借助卜筮之类的就知道吉凶吗？老子这句实质是对卜筮的质疑，也是对利害之心的质疑。

"能止乎？"不能。想让人谨守本分，不可能。精神一旦生发就似乎是一副野蛮生长的架势，一发不可收拾，偶然的束缚与制约，也是要拼尽全力的。想要使人适可而止，简直是奢望。

"能已乎？"不借助外力，可以休眠肉体、关闭思想吗？不可能。想想，人的大脑里每每浮泛汹涌的都是些什么，就知道老子何以持如此斩钉截铁的态度。

"能舍诸人而求诸已乎？"能不与他人发生任何关系，全然遗世独立吗？不能吧。人终归是一种群居的社会性动物。

"能翛然乎？"能洒脱到无所牵挂、无所羁绊吗？不能，天地苍茫，人潮熙攘，常人又哪能跳出利欲尘网呢！

"能侗然乎？"能明朗敞亮无一丝阴影，或者对一切一无所知，与外界浑然一体，没有一丝执念吗？不能。

"能儿子乎？"能一生像个婴儿一样天真无邪吗？不能。老子说的"专气致柔能婴儿乎？"就是指这个问题。

"九"是概数，也是最大的阳数。以这个数字来指出"不能"是什么意思呢？明显是局限与困境，人无论身体还是精神都面对诸多无法突围的困境、无法突破的局限。对此一定要正视，一定要认命，绝不是想怎么样就可以怎么样的。如果任由自由意志和思想意识乱飞，这世界指不定成什么样子了？人类要坦然面对自身的局限和不完美。

**儿子终日嗥（háo）而嗌（yì）不嗄（shà），和之至也；终日握而手不挽（yì），共其德也；终日视而目不瞬（shùn），偏不在外也。**

这是对婴儿特别之处的概括：第一，小孩整天哭，且嗓门很大，但嗓子并没有嘶哑，是因为"和之至"，即天性如此、自然如此，哭就是小孩的语言。大人就不行了，如果天天这么哭，既伤身也伤心，人是根本经受不住的。第二，小孩子天天拳头握得很紧，抓什么东西也是用尽全力，但其本意并非想去抓住什么，是天性使然。老子在《道德经》中用了"握固"一词来表述这个举动。第三，小孩子的眼神很专注，经常瞪着一样东西长久地看，这是因为没有什么外物能引起他特别的注意。老子提倡人像婴儿一样，但又说明，这种状态无论怎么努力都是达不到的。

**行不知所之，居不知所为，与物委蛇而同其波。是卫生之经已。**

这句话的意思就很玄奥了，它指出了人与事物的无意义。为做事而做事，没有什么目的性；静止在一个地方也是一样的，没有什么意义；随遇而安、随波逐流，就是"卫生之道"。看看，这些论述明显远远超出了今人所谓的"养生"范畴。如果以现代理论来划分，老子的这个说法其实是哲学，解决的是"我是谁、从何而来、到何处去"的问题。老子认为，人活着嘛，就像河水一样，该往哪流就往哪流，该急则急，该缓则缓，并没有一个定数和模式。

南荣趎问：这就是至人的境界吗？

老子答："非也。是乃所谓冰解冻释者……"老子的意思是：不是，这个情况不过是像冰雪融化一样，是自然而然的状态。也就是说，这个状态只是释疑解惑的状态。

**夫至人者，相与交食乎地而交乐乎天，不以人物利害相撄，不相与为怪，不相与为谋，不相与为事，翛然而往，侗然而来，是谓卫生之经已。**

庄子讲"至人"的内容很多，其中诸说法略有不同，但指向都非常清楚。概括起来为六条：其一是"相与交食乎地而交乐乎天"。至人从样貌和生活方式看，其实是很普通的，与他人一样取食于地、受乐于天，并没有什么出众和特殊的地方。其二是"不以人物利害相撄"。至人有一个稳固的内心，不会因他人、外物、利害等而自乱其心。这是与普通人最根本的区别，一般人对于他人的看法很重视，很容易受外界的诱惑，也几乎天天在盘算着利害，"至人"不在乎这些。这个状态，后来简化为"不以物喜，不以己悲"。其三是"不相与为怪"，不相互搞一些奇谈怪论或奇言异形的东西。无论是语言艺术还是行为艺术，其实是为引发关注而生的。其四是"不相与为谋"，即不与他人去谋划一些事情。其五是"不相与为事"，即天下本无事，庸人自扰之，因此要自然而然地活着，不生事找事。其六是"翛然而往，侗然而来"。自由自在地来去，像风一样，没有任何目的，不抱任何意义，活着就是活着。庄子说，这六条也是"卫生之经"。很明显，这比前一段又精进了一层。

南荣越问：这种程度算"至"的境界吗？

老子答：还不算。我告诉过你了，人能像婴儿一样吗？

老子的意思很明确，至是一种状态，想全然达到婴儿的状态，根本就不可能，不过是心向往之罢了，无意识才是最高的。

接着，老子说了这么一句："儿子动不知所为，行不知所之，身若槁木之枝而心若死灰。若是者，祸亦不至，福亦不来。祸福无有，恶有人灾也！"这里的意思是：看看婴儿吧，一举一动，根本就是毫无目的，而常人的一言一行则有着明确的目的；婴儿在做什么，自己并不清楚，事后也没有记忆，常人能做到吗？仅从这个程度上来说，婴儿的身体就像干枯的树枝一样，心灵就像死灰一样，而常人的思想情感则激烈而活泛，因此看什么都是是是非非的，时刻都是忧心忡忡的。像婴儿一样，才真是"祸亦不至，福亦不来"。注意这个视角与思维，是说像婴儿一样无知无觉，根本就不会有福祸的概念，并不是说压根就没有福祸；没有关于福祸的任何观念，就没有灾殃。比如，小孩子病了，被虫子咬了，或者被人从父母身边抱走了，他自己都不会知道。老庄的想法不错，但这种逻辑是很成问题的，现实中这个前提是不存在也不成立的。成人心中都是满满当当的念想与欲求，又如何恢复到婴儿的状态呢？越是想恢复，就越会多想；越是多想，情况就愈加复杂。也正因此，人最好的态度是：受应有的局限，做有限的事情，说不那么绝对的话，去过相对舒适放松的生活。这些才是一个确切而易于达成的目标，而不是用一个至高无上的东西来约束一切。

道家理论讲究一个"至"字，纯粹是一种逻辑和玄想，极抽象，之所以难懂，是因为用语言很难概括和阐释，确实精妙之极。

# 天民与天子

**宇泰者定，发乎天光。发乎天光者，人见其人。人有修者，乃今有恒。有恒者，人舍之，天助之。人之所舍，谓之天民；天之所助，谓之天子。**

这是非常抽象的一段话。何谓天民与天子？后世泛指民众和帝王，而庄子的说法明显不同。"宇泰者定，发乎天光"有两层意思："宇"，指空间，字面意思，一个稳如泰山一样，有天然的光芒，会吸引人，也会指引人。其引申义为，一个修定的人，会发出光芒。

"发乎天光者，人见其人。"这个光芒可不是用眼睛可以看到的，完全是用心才能感受到的。比如，皇帝的微服私访呢？几人认得出、感受得到？道理就是这样，思想者走在人群中一定是"人见其人"的。这个"人见其人"是人不见其人的意思。有修为的人的外部，并没有什么光可言。这也提示我们，有修为的人无须标榜自己；反之，一切吸引眼球的做法，说明其人修为远远不够。

"人有修者，乃今有恒。"人去修习，才会有"恒"的品质；不修，就真是草芥般的存在。这是人与动物植物的区别。

"有恒者，人舍之，天助之。"这个"舍"不是舍弃的意思，恰好相反，是留的意思。修行到具有"恒"的品质与境界的人，人们就会向往，上天就会帮助。须知"恒"的重要性，诸如忠、诚、信都指向"恒"。"恒"有两层意思：其一是稳定；其二是长期，长期不变才能称之为"恒"。

"人之所舍，谓之天民"人们所向往的，就是天民。大家都归心于这个人，这个人就是天民。

"天之所助，谓之天子。"上天帮助的人，就是天子，而并不是皇帝的意思。上天之所以帮助天子，是因为这个人做事时时处处顺从于天道。

庄子这几句说的是空间、时间与人的辩证关系，说的天民、天子的概念是品德方面的，后世则成了统治与被统治者的代名词，可见道家思想的影响力确实是深入中国文化骨髓的。

读《庄子》还须注意一点，忽略其中一些名词，才能探触其本质。这些名词仅仅是庄子用来表述某种状态的，甚至是生编硬造的。其实，隔着两千多年的时间，后人如果一味深挖每个字词的意思，一定是不得法的。思想性、情感性的很多东西，古今相通，沿着思想与情感去探寻一个个源头，而一味地纠结于字词，在一个错别字或错误的编排上耗时费劲，没有太大的意义。

## 学者、行者、辩者

在今天，三者是名词，指思想者、行动者和诡辩者。庄子在此强调的则是学、行、辩三件事，"者"只是之乎者也的语助词。

**学者，学其所不能学也；行者，行其所不能行也；辩者，辩其所不能辩也。**

这里的学、行、辩，庄子是作动词用的，对其进行解释。学是什么意思呢？学习不懂或不会的东西；行是做什么呢？执行难以做到的事情；辩识什么呢？辩无法去辩的东西。学无止境、行无穷时、辩无尽头，大部分人都是这么认为且这么做的。

**知止乎其所不能知，至矣；**

关于学习求知，庄子认为要适可而止，能学懂掌握的事情学学即可，这就已经是"至"的境界了。注意，读诸子书一定不要将其中一个观点单独提出来孤立地说。庄子并不是在否定学习，而是说不要为学习而不学习，而且对具体的个人而言，学习肯定存在着不能接受、不能突破的局限，清楚这点就是极高的境界了。没有懂与通的可能性，大可不必将一生耗进去。以今天的理论来看，针对庄子的观点，可以提出这么一个问题：一个人不去学，怎么知道可以学懂什么，以及学不懂什么呢？其实清楚一点即可，做任何事情都有个天赋的问题，没有这个天赋，再怎么学也到不了很高的境界。

**若有不即是者，天钧败之。**

做任何事情都有局限，一个人并非有无限可能，而是有极限的。如果一个人自己不清楚这种局限，连这个基本判断都没有，反而觉得自己无所不能，非要去写史诗，或要搞理论物理研究，结果只会是一个悲剧性的笑柄。

**备物将以形，藏不虞以生心，敬中以达彼。**

这里在说因果逻辑，一些必需的物质物品是用来充实形体的。"虞"，即虑。心中无忧无虑，心力就旺盛，心神就安宁；相反，心中忧虑很多，一定会让人心力交瘁的。对万事万物有个敬畏之态、敬畏之心，才能更好地对待和认识它们。

**若是而万恶至者，皆天也，而非人也，不足以滑成，不可内于灵台。**

"灵台"，安放灵魂之处，说白了就是人的内心。如果做到了庄子所说的以上三点，这个人的修为已经是很高了。在这种情况下，如果仍有灾祸厄运降临，就是天祸，而并非自己的原因。果真出现这种情况，也大可不必质疑已有的东西和已走过的路，更不可记挂于心。不光是学习修业，任何事情都是如此。方法路径没错，继续往前走就是。这中间即使有点问题，也不是本身出了问题，而是外因造成的。如果因为出点问题，就把方向与努力全部废弃，就不再敢甚至不再想去做任何事了，就是因噎废食了。

**灵台者，有持而不知其所持而不可持者也。**

人的内心定然要有所坚持的，但人们往往并不清楚所坚持的究竟该不该坚持下去。这个是常态，人们经常不知所以、心存疑虑，深感迷茫，方向不清。

**不见其诚己而发，每发而不当，业入而不舍，每更为失。**

这是说受内在与外因影响，并非诚心地由衷地生发，亦即不是发自心底的肯定不恰当，违心去做，即使有成效，内心也不会安宁。

**为不善乎显明之中者，人得而诛之；为不善乎幽间之中者，鬼得而诛之。**

这话是劝诫行善的，说得很直白。明目张胆作恶的，人人得而诛之；悄无声息作恶的，鬼得而诛之。如何不被人鬼所诛呢？为善。

**明乎人，明乎鬼者，然后能独行。**

"子不语怪力乱神"，墨子却是崇鬼的。庄子也是这种观念，说人要明白人间的事，还要清楚鬼界的事。阴阳两界都清楚了，才能在世间超脱独行。清楚阳事而不清楚阴事，就是儒学，就是好人之学，做人可以，做事会有瑕疵；清楚阴事不清楚阳事，就是神鬼，也就是谋略兵法之学，做事可以，做人会有差距。两样都清楚了，就是鬼神莫挡之才，就具有惊神驱鬼之力，可以独步于天下。

**券内者，行乎无名；券外者，志乎期费。**

"券"在当时一般是两半或两份，合在一起对得上才有效。"券"即符合、契同的意思。这话也说很清楚，合于内心的事做起来往往不一定合于外。外事外物与内心往往相反。合于外人外物的事，做起来就很费劲。比如在各行各业各领域想做到好乃至最好，就很费时费事，且未必合于内心。

**行乎无名者，唯庸有光；志乎期费者，唯贾（gǔ）人也。**

一个人行事不求声名的，即使平常，也富有光芒；一个人做事总是算计时间花销成本而谋利的，就是个纯粹的商人了。

**人见其跂（qǐ），犹之魁然。**

"跂"，即踮起脚尖，寓意人翘首以待的东西。这句话是说，人人都在追求自己翘首以盼的东西，并没有看出有什么不对，而是泰然自若的样子，一生一世，生生世世，像鸟雀虫蚁一样。

**与物穷者，物入焉；与物且者，其身之不能容，焉能容人！**

沉溺于外物，因物而喜，因物而悲，外物也会全面侵占他的内心，从而人也逐渐被物化了。完全被外物所左右，有时连身体都容不下。庄子的意思是：这样的人连自己的自身都容忍不了，哪里还容得下他人呢。

**不能容人者无亲，无亲者尽人。**

不能容人，就没有人会亲近；没有人亲近，就成孤家寡人了。人世间一切处于巅峰者无不如此，帝王、圣人有真正意义上的亲友吗？

**兵莫憯（cǎn）于志，镆铘为下。**

"兵"寓意能力，在这里指修为。对于一个人而言，诸如能力、权力不能凌驾于意志之上，即意志管制得了能力，那么即使有莫邪在手，也不以为意的。

**寇莫大于阴阳，无所逃于天地之间。**

人与万事万物再怎么厉害，再聪明睿智，再至高无上，能对付得了"阴阳"吗？权力无限、著作等身，在天地眼里无非是蝼蚁尘芥般的存在。放眼天下，谁是"阴阳"的对手呢？谁又能逃出天地、逃出人间呢？

**非阴阳贼之，心则使之也。**

其实，真正能伤害到一个人的并非"阴阳"，而是他的内心。"阴阳"对一切人的态度都一样。但人呢？虽然他们外形基本一致，由于内心不同，其人便截然不同。

关于学、行、辩，庄子在此篇中说的这些内容看着杂乱，实则逻辑严密，该学什么，不该学什么，能学到什么程度；该做什么，不该做什么，能做到什么程度；该辩什么，不该辩什么，能辩到什么程度，都说得够清楚。

庄子是一个试图将理说到最本质的人，因而语言是否能全然表现而出是一个问题，经常陷入自相矛盾又是另一个问题。

## 分与备、成与毁

**道通其分也，其成也，毁也。**

道，即原理与规律，有大有小、有总有分，但大小总分之间是密切联系、环环相扣的。道成就一件事的同时也毁坏一件事。

**所恶乎分者，其分也以备；**

这是对原理与规律总分现象的态度，甚至是以无限分割的态度来对待问题。正因为可以无限细分，所以人没法全面认识把握问题，故而易心生厌恶。对于种种原理机理，我们也经常厌恶得不得了，害得人没完没了地去学，且学不完、学不通、学不透。但正因为这些细小方面的存在，世界才得以完备，否则一个单极的东西是很乏味的。

**所以恶乎备者，其有以备。**

原理与规律无穷无尽，对于完备齐全的追求就是没有尽头的。人们无限去求全，哪里有尽头呢？人生没有，社会没有，世界也没有，归根结底，认识论会使人坠于迷雾之中。

**故出而不反，见其鬼；**

最直观地说，如果一个人的认识只出而不返，只对外部世界的万事万物感兴趣，忽略了自己的内心，他将沦入危殆之境。

**出而得，是谓得死。**

来自外部世界的种种收获中，最大最醒目的无疑是死道。或者说，人只知道从外部获取，而不懂得施予和经营自己的内心，也是死路一条。

**灭而有实，鬼之一也。**

灭是火被掩盖或熄灭，泛指灵光湮灭。这句话是说，一个人的本性灭失了，徒具形骸，也是鬼之一种。这个鬼是问题的意思，而且不是一般的问题，是事关阴阳的大问题。

**以有形者象无形者而定矣，**

这是认识的方向与原则，正确的认识是从有形到无形，通过认识有形而认识无形，也就是从现象到本质。有形的东西与无形的吻合，现象与本质吻合，才是确定无疑的。

**出无本，入无窍。有实而无乎处，有长而无乎本剽。有所出而无窍者有实。**

这里在说道的特性，即它从哪生发的，似乎并没有一个源头；从哪赋予万事万物以特性的，也并没有一个可以进入的门径与孔洞。比如，人的性格是如何被赋予的，看不出一点端倪来。道吧，实实在在发挥着作用，却并不在什么具体的地方；思想灵魂也是这样，遍寻身体不到。道很长，无始无终的，理不出个头绪来。那么道究竟是什么东西呢？灵魂又是什么东西呢？它明明产生了，是实实在在存在的，明显能感知到的，却无法找到，也不见能注入的孔洞。

**有实而无乎处者，宇也；**

有实实在在的东西却不知道在什么地方，说的是空间，也就是被称为六合的上下与四方。

**有长而无本剽者，宙也。**

很长而无端的，就是时间。这就是古人对于时空的认识，很有意思。

**有乎生，有乎死；有乎出，有乎入，**

时空之中，人与万事万物有生有死、有出有入，新陈代谢，生生不息。

**入出而无见其形，是谓天门。**

生死出入等也很怪，从何而来，向何而去呢？说不清楚，因此可将来源称为"天门"。

**天门者，无有也，**

天门究竟在哪里，根本就不知道，只是推理出来的，肯定有这么个所在吧。

**万物出乎无有。**

如此看，万事万物皆出自"无有"，是从无到有，无中生有。

**有不能以有为有，必出乎无有，而无有一无有。圣人藏乎是。**

这句看似绕口，实则逻辑严密。"有"的、存在的，不能因为"有"、因为存在而洋洋自得。需清楚一点，"有"是从"无"中来的，而不是从来就"有"的。没有呢？就是没有，清楚了这个才是知其然更知其所以然。洞悉这种思维逻辑的人即为圣人。

这段说法，后来都被道教继承了，衍生出诸多法说。

**古之人，其知有所至矣。**

这句话也有厚古薄今的意味。这句话的大意是：古代的人的认知与智慧是到达了至高至上的境界。

**恶乎至？有以为未始有物者，至矣，尽矣，弗可以加矣。**

这是什么境界呢？这句话的大意是：认为空无一物就是世界的最源头，不可能再往前推溯了，宇宙原本空无一物。

**其次以为有物矣，将以生为丧也，以死为反也，是以分已。**

后来有人认为宇宙的源头是有东西的，这个理论认为产生其实是丧失，死亡才是返回本源。后世生寄死归就是这种观念。其原因很简单，生短暂而飘忽不定，死才是恒久。生，认识却不尽；死，则是不尽本身，这个说法很耐人琢磨。如果说持"无有"观点的是一元论，那么这个观点就是二元论了。

**其次曰始无有，既而有生，生俄而死；以无有为首，以生为体，以死为尻；**

还有一种观点认为，开始没有，后来无中生有，但产生的一切东西一定会死去和消失。这个观念，以"无有"为源头，以生为体，以死为尾。这个认识比较活泛而多元。

**孰知有无死生之一守者，吾与之为友。**

庄子倾向于这种观念，因此说，谁抱持"无、生、死"这种观念，谁就是我的朋友。"无到生、生到死"，是说"无、生、死"是一体的，是三段论，是不可分割的，构成一个完整的循环。

**是三者虽异，公族也。昭景也，著戴也；甲氏也，著封也；非一也。**

庄子的一个比喻，意思是"无、生、死"三者虽然看起来不同，实质上是一回事，就像一家子一样，比如楚国的昭氏、景氏、屈氏，看似三家，实则一体，是一体分出三家而已。现实中，因为权势、封地的缘故，这三家又有所不同。

庄子的这个比喻很有意思，比如，一个人、一棵树都是这么回事，原本是无，后来有就出现了，享受一段活着的生机后，最后归于死亡，这也是基本的原理与规律。而且，这也阐述清楚了个体与整体的辩证关系。

## 移除黑痣

什么叫"移是"？"移"，即移走、铲除；"是"，即这个东西。移走或铲除一些看着不顺眼的东西，或者以自我意愿来重新编排一些东西或调整一下秩序，都出于人的自我意志、价值观念和审美等。庄子认为，这种做法是欠妥的。

这段就更复杂晦涩了。"有生黶（yǎn）也，披然曰移是。尝言移是，非所言也。""黶"，指脸上的黑痣。有个人脸上生了个黑痣，很生气地说，让黑痣这么个讨厌的东西赶快离开。脸上的黑痣是天生的，而且究竟是美是丑很难说，一味嫌弃恐怕不是个事。

这句还有个断句法："有生，黶也，披然曰移是。"其意截然不同了，但也更通畅。其大意是：有些生命、有些人，在我们看来，就如同黑痣般的存在。比如，我们对待苍蝇，对待罪犯，就像看到黑痣一样，令人厌恶。生活中，对待一些人，甚至对待自己也不乏这种态度，很想将看着刺眼的东西全部清除掉。庄子说，这种想法要不得，这种论调更不恰当。不但庄子这么说，诸子百家都这么说，求同存异嘛。如果要求整齐划一的，不容异己，不容不合心意的一切，世界会成什么样子？

**虽然，不可知者也**。

一个人或一样东西，是否真是黑痣或污点般的存在很难说。苍蝇蚊子、豺狼虎豹，也存在之中，它们也须正视和接纳的。古人敬畏天地，天地造物能错吗？错的只可能是人的是非观念。

**腊者之有膍**(pí)**胲**(gāi)**，可散而不可散也；**

"腊"，指腊祭，是重大祭祀，献祭时多用全牛。"膍"，指牛肚等脏器，古人不吃这个；"胲"，指牛蹄，古人同样不吃。这里的意思是：腊祭须用全牛的，因为牛肚牛蹄之类的没有用，就干脆不要吗？肯定不行，缺少了这些，就不能算是全牛全牲的献祭。

**观室者周于寝庙，又适其偃焉**。

庄子在这又来了个比喻，即一个人有资格观瞻周朝的宫殿，一定会产生如神附体般的神圣感庄严感。参观完呢？也要去上厕所，又大煞风景吧。常住周王朝宫殿的人，也是这样的。能说充满庄重感的地方就不需要厕所吗？能说通神的人就无须排泄了？因此，庄子才会说"道在屎溺"。

**为是举移是**。

参考以上例子，下令清除某种东西的时候，还是慎重的为好，三思而后行之。

**请尝言移是：是以生为本，以知为师，因以乘是非**。

"移是"在世间非常之多。庄子的看法是：类似黑痣、污点之类的自然存在，哪能除得尽呢。比如，世间只有好人，没有坏人；只有益虫，没有害虫，可能吗？因此，要正视善待客观存在的一切生命。但生活中最常态的正是是与非这种非此即彼的思维。

**果有名实，因以己为质，使人以为己节，因以死偿节。**

人类社会之所以是是非非无穷无尽，就是因为每个人都以自我为中心。用自己的好恶去衡量他人，给他人制定出操守、殉节的标准等，不可笑吗？比如周公、儒家，就设计了很多穿衣戴帽的要求。这个不能说不好，也是利于群体生活的，但不能因此将全人类都圈禁了。

**若然者，以用为知，以不用为愚；以彻为名，以穷为辱。**

持"移是"观念的人，都是讲求实用的利己主义者，以有用为智慧，以无用为愚蠢；以通达为荣耀，以穷困为屈辱。有用与无用，哪个更好更值得推崇效仿呢？完全是价值取向的问题。

**移是，今之人也，是蜩与学鸠同于同也。**

庄子的意思是：当下的社会中持"移是"观的人非常之多，都想将他人改造、同化和统一了。对于无法统一驯服的态度，非常像是《庄子·内篇·逍遥游》中蜩与学鸠讥笑鹏的那种态度一样，是非常无知的，只看到他人的不同，却看不到自己的局限。

## 观念的解放

以上说了种种观念之累，那么观念该如何解放呢？

**蹍市人之足，则辞以放骜，兄则以妪，大亲则已矣。**

在街面上不留神踩了他人的脚，则赶快连连道歉；踩了兄长的脚，则什么也不必说，做个鬼脸事情就过去了；踩了父母的脚，可能无须任何表示，笑一笑就结了。这是常情常态，无非如此。

针对这个现象，庄子得出了自己的看法："故曰，至礼有不人，至义不物，至知不谋，至仁无亲，至信辟金。"最高的礼仪就是无须见外，最高的义不分你我，最高的智慧不需要去谋划，最高的仁没有私亲，最高的信任无须用金玉般贵重的东西作为媒介。这个与无言之言、无声之声的说法是一致的。格外提倡一件事，肯定是不自然的。但想做到这个"至"的、能做到这个"至"的，注定是极少数，对于绝大多数人还是要有一个鲜明的导向和标准来予以约束。

**彻志之勃，解心之谬，去德之累，达道之塞。**

这四句说的其实是人的解放，是对世俗价值观的根本性否定。"彻志之勃"，消除勃发的意志。"解心之谬"，天天心浮气躁地计较纠缠，其实解脱了多好。"去德之累"，摆脱对道的遵循。这四条说起来容易，做起来则非常之难，去做个闲散而无所事事的人，远远比做一个圣人要难得多。立志去做圣人，鼓励赞扬的人多；立志做个游手好闲的人，责骂非议声一片。也就是说，进取其实并不难，选择退守和放弃才需要极其强大的内心。

**贵、富、显、严、名、利六者，勃志也；**

"勃志"，即志向勃勃，立志并致力于富、贵、显、严、名、利六种东西，其中"显"是显赫的意思，"严"是威严的意思。

**容、动、色、理、气、意六者，谬心也；**

"谬心"，即心陷入容、动、色、理、气、意六种歧路或深渊之中，无法自行校正或解脱。这些字一字一意，在古代有明确的界定和解释，用今天的词汇解释古词有时未必妥当。但自古人心变化不大，将心比心，如此方可理解古人。

**恶、欲、喜、怒、哀、乐六者，累德也。**

"累德"，就是被恶、欲、喜、怒、哀、乐六者所主导和左右。

**去、就、取、与、知、能六者，塞道也。**

修天地之道的障碍，无非进与退、取与舍、智与能六种东西，理清了这个理，修道也就一片通途了。

**此四六者不荡胸中则正，正则静，静则明，明则虚，虚则无为而无不为也。**

这四个方面、二十四种情形不在胸中动荡，一个人的内在就会很平正。"正则静，静则明，明则虚"，儒家也说"正心"，但之后的说法就不同了。儒家"正心"后是修齐治平，道家"正心"后则清静明虚。一个人保持内心的空旷，也就是让心空着，不被种种想法事务塞得满当当的，就是"无为而无不为"的境界，也就是随遇而安、随波逐流，才真能泛若不系之舟。


## 道与德

**道者，德之钦也；生者，德之光也；性者，生之质也。**

"道""德""生"三者的辩证关系。"钦"，从金从欠，有点手起刀落的意思，没有商量探讨的余地，比如钦命。什么是"道"前面反复说过，泛指一切原理与规律，德则是人对于道的认识与遵循。

"生者，德之光也"，即生命呢，是德的光芒。这个"德"是借鉴天地自然之德的人德。因为有了德行，生命才有了光辉光芒；因为有很高的德行，才可能点亮心灯、散射光芒、照亮他人，甚至形成普照之态。没有这个"德"字，人就是虫蚁鸟兽般的存在，只为活着而活着，也还不错，但绝不是大写的人的样子。因此，《三字经》说："三光者，天地人"，并不是人真会发光，而是德可光照他人。

"性者，生之质也"，即天性、本性、人性、物性等等，是本质性的东西。比如人性，虽然说不上是什么，但与鸟性、兽性应该是有明显区别的。也就是说，一切活着的东西，都有其本性，认识把握好这个，是涉及人性根本的问题。

**性之动，谓之为，为之伪，谓之失。**

这节文字是递进关系，层层深入的。人性是有方向的，有先天因素、后天影响，按照本性去做一些事，就是作为。人，不会像植物一样，生下来就固定在一个地方，静止不动；也不像动物一样，居无定所。人是处于变化之中的，今天做点这事，明天干点那事，所做这些事，就是所谓的作为。分析一下人们所做的事，包括所谓的事业、作为、功勋之说，虚浮夸饰的多。人们做的很多事情，往往与内心及本性相背，很多时候是被动去做很多事的。如果这样行事，人难免会失去本性和初心。比如，赚钱的目的是想生活过得好一些。结果呢？一生累死累活，只知道拼命赚钱，这样真的好吗？按照道家的思维，这个问题可以继续深究下去，需不需要赚钱呢？怎样活更自由？更能体现生命的目的、实现生命的价值？不拼命，不努力，不去折腾事行不行？简单一点，闲散一点，不更好吗？佛家以及西方的犬儒主义也有类似的思维方向与逻辑。

**知者，接也；知者，谟（mó）也：**

"谟"，即谋。这句话，智慧怎么来的，又作用于什么呢？其形成即一个"接"字，智慧来自于与万事万物的沟通对接；其运作就是"谋"。

**知者之所不知，犹睨（nì）也。**

庄子的意思是：人求知的局限性就像是斜着眼睛看东西一样，只看到一个方向、一个方面，根本就没有看清全局全貌，却自以为清楚看到全部。当然，一个人的认识很有限，再怎么努力，对这个世界以及时空的认识无非是窥豹一斑。

**动以不得已之谓德，动无非我之谓治，名相反而实相顺也。**

一举一动不是从自己的意志出发的，而是遵循天地自然和人情事理，这种情形才可以称之为真正的德。任凭一己之智慧大呼小叫、颐指气使，哪有什么德可言呢？相反，做事与立德完全不同，去做事，一桩桩、一件件都要认真负责地办，才能办好。庄子的意思是：立德要时时处处要无我，做事时时处处则要有个"我"字，须自律和节制才好，不能瞎做、乱做，什么都做。看看，立德与做事的原理与方法是相反的，其实也是内在统一的。做事要有德，不能只考虑自我是个大前提；做事想出成效，还须亲自去做，还须把握好度，不能指望自然而然就会达到理想的样子。

## 名实之说

**羿工乎中微而拙乎使人无己誉。**

这段是说名实之辨。后羿是著名的神箭手，技艺神乎其神，能够远距离射中极其细微的东西，这是他的特长。但他对于外界的赞誉却毫无办法，想不让人赞誉、想对赞誉无动于衷，都做不到。

**圣人工乎天而拙乎人。**

圣人善于行天道，对于人世俗务却稍显愚笨。比如大科学家，天文地理无所不通，但出门办点事、买点东西可能会相当笨拙，有些甚至连生活都不能自理。这就是庄子的优劣二分法。没有十全十美的人与物，有优必有劣，往往是优劣集于一体的。

**夫工乎天而俍（liáng）乎人者，唯全人能之。**

这里又出现了一个"全人"的概念，也就是得道的圣人，只在理论中成立，事实上是没有的。世间的很多事情也是如此，只在理论上成立，现实中不存在的。庄子的意思是：有没有这么一个人，既精通天文，又娴熟人事，能文能武。这样的人来领导世人、指导天下，岂不是顺顺当当、一劳永逸！事实上这样的"全人"真存在吗？

**唯虫能虫，唯虫能天。**

人的智慧很高、能力很强、想法很多，想成为花鸟虫鱼，就是不想踏踏实实做好自己。在这世间，也只有虫子遵循自己的天性，踏踏实实地安于虫子的生死方式。至于人，一会想飞；一会想跑；一会想隐身……一点也不安分，很爱折腾。

**全人恶天？恶人之天？而况吾天乎人乎！**

得道之人呢，厌恶一切原理与规律，尤其厌恶人间诸多的讲究做派，但这样岂不是连自己都否定了？庄子说得很清楚，即面对时空的无止境，人类在无止境地折腾着，煞有其事的，其实都是装模作样。这个逻辑其实就一句：人为地去模仿自然，再怎么模仿也是人为的，自然岂是能模仿出来的？

**一雀适羿，羿必得之，威也；**

后羿以善射著称，即使一只麻雀处于射程之内，也会拉弓放箭射杀。何以如此，他逞本事、显威风嘛。射箭是后羿的长处，因而嗜杀也就成了他严重的性格缺陷。那么更高明的思想与做法是什么呢？

**以天下为之笼，则雀无所逃。**

将整个天下视作笼子，鸟还能飞到哪去呢？这种认识，像后羿这种人是理解不到的。

**是故汤以胞人笼伊尹，秦穆公以五羊之皮笼百里奚。**

汤和秦穆公的眼界高、胸怀大，知道要治国治世绝不是一个人能忙得过来的。汤和秦穆公分别以知遇笼络住了伊尹、百里奚，一个取得了天下，一个成就了霸业。

**是故非以其所好笼之而可得者，无有也。**

如何笼络一个人尤其是大才呢？一般的方式肯定不行，必然要投其所好。对于人才而言，一身的本事，想的是识货的人，要的是展示的舞台。翻翻历史，无非如此，于是就有一个词"知遇"，还有一个说法"士为知己者死"。

**介者拸（chǐ）画，外非誉也；**

"介者"，指被砍了一只脚的人。这句是说，一个被处以重刑而失去了脚的人，是不会注意装饰打扮的，因为再怎么装饰打扮也不可能得到赞美，他人一看就知道他因犯罪受到过处罚。

**胥靡登高而不惧，遗死生也。**

"胥靡"，即囚徒，犯重刑的人。重刑犯即使站在悬崖边上也不会畏惧，已经对一切失去希望，已然将生死置之度外了，大不了一死，正好解脱。

**夫复谒不馈而忘人，忘人，因以为天人矣。**

这句话侧重于谈境界，并提出了一个"天人"的概念。一般人呢，恩仇必报，即使无力去报，也必然是记挂于心。天人不同，根本就没有恩仇这种概念，善恶之类的都不会记在心上。庄子还有个说法"神人无功"。

**故敬之而不喜，侮之而不怒者，唯同乎天和者为然。**

天人吧，尊敬他，他也不会欢喜；侮辱他，他也不会愤怒，其精神与苍天相和谐，根本就不会在意他人的意见和看法。

**出怒不怒，则怒出于不怒矣；出为无为，则为出于无为矣。**

本身已经出离愤怒了，却一点也不表现出来，他人也察觉不到，这种自制力很厉害，这种怒就叫怒出于无怒；做了些事，有了些成绩，却并不是有心去做的，这种情况就叫为出于无为，也就是无心之为，无心插柳之举。

**欲静则平气，欲神则顺心，**

想真正安静下来，就要心平气和；想神清首先要顺心。如果不顺心、不平和，如何能神清思静呢？

**有为也。欲当则缘于不得已。不得已之类的，圣人之道。**

如果想做事恰当，就不要有意为之，而应顺其自然、无心为之，像是不得已而为之一样。这个不得已之道，与水相似，随形就势，随物赋形。因此，"不得已"就是道家的圣人之道。

# 拾贰　知北游

## 一个聪明人

这篇极其清晰，类似理解庄子世界的指北针。

"知北游"，指"知"这个人北游。"知"，通"智"，可以视为氏，可以视为名姓，与智叟一样，只是个称呼而已，也可以理解为聪明人。一个聪明人北游到玄水，登上了隐弅（fèn）山，遇到一个叫"无为谓"的人。注意，这一系列的人名、地名等都是有深意的。"无为谓"，可以理解为持无为之说的道家人物。

聪明人见了道家无为者，就是三个连珠炮式的问题："何思何虑则知道？何处何服则安道？何从何道则得道？"其意为，怎么才能悟道，如何才能安于道，通过什么途径、达到什么标准才算是得道。

问题相当之大。面对这三个问题，无为谓都没有回答，不是不想回答，而是答不上来。

聪明人没有得到答案，返回白水的南岸，登上狐阕山，遇到了狂屈，便将问无为谓的三个问题又抛给了狂屈。

狂屈说：这些问题我清楚，马上就告诉你。

狂屈心中是清楚的，但用语言表述时，又欲言又止了，不知道该怎么表述才恰当。

聪明人未得到答案，返回黄帝的住处，向黄帝请教这三个问题。

黄帝张口就答："无思无虑始知道，无处无服始安道，无从无道始得道。"黄帝的意思是：无思无虑才能悟道，道就在自然之中，犯不着绞尽脑汁去想去悟；不做任何事、不居于事务才算是安于道，也就是没有人为因素的意思；没有途径、方法、谋略之类的才算是得道。黄帝的这个回答在通行理论中相当经典，中国的诸多典籍中充斥着类似说法和句子。

聪明人继续问：你说的这些，我都明白，可有人不明白呀，这可如何是好，究竟谁对呢？这就涉及道家的主张了，真正悟道安于道、得道的人，从来就不显山不露水。如此，即使真懂、真悟、真安于道，谁人又知道呢？聪明人的意思是：看看这世间，清楚道的就你我二人，其他人无论修道的，还是未修道的都是糊涂蛋，一问三不知，都不知道是在修什么呢？

黄帝："彼无为谓真是也，狂屈似之，我与汝终不近也。"这一句的意思是：你说的恰恰是错的，像我们这么高谈阔论道的人，其实根本就不懂道，真正悟道、安道、得道的其实是他们，无为谓才是真正懂得，狂屈也很接近了，他们对道的认知与遵循已经远远超越了一般性的思想和语言层面，而我们对道的认识仅仅到思想和语言层面，像我们这样的，恐怕永远也不会得道。黄帝的意思是：一个满脑子疑问、满嘴说辞的人真知道、安道、得道了吗？恐怕没有。真正对道有妙悟的人应该像石头一样，根本无暇想这些问题。

**夫知者不言，言者不知，故圣人行不言之教。**

真正懂得道的人是不言不语的，他们心领神会的根本没法用语言来表述。也就是说，真正的道与语言无关，也无法用语言来表述。能够表述的并非真正的道。信口说道的人对道可能有点粗浅的认识，但绝不会上升到更深的层次。道家推崇的理论是终极意义上的，而不是语言问题。因此就有"圣人行不言之教"的说法，对此，老子、释迦牟尼等都是如此，主张用心领悟而不述不著，充分理解了世界的神奇。一切语言表述只是理论、只是基于文字的艺术，并不是最高的美，不是维持世界运作的根本动因，也不是奥秘与玄妙所在。论说，只是文字表述，只是一种工具。

**道不可致，德不可至。**

道是规律，德是对道的遵循，真正的道不可取得，真正的德也只能是无限接近，无法达到。原因很简单，规律根本就看不见摸不到。万有引力，你怎么握得住呢？也就是说，德的修养只能是在路上，没有抵达和终止之日。

**仁可为也，义可亏也，礼相伪也。**

道家对意义的破击够狠，前面说了道与德的高不可攀，相对于道与德，儒家的仁、义、礼的要求则更低一些，因为仁可以刻意去做，义也没有个标准，礼也并非出自于内心的自觉，而是后天培养出来的，这些既可以真心实意，也可以虚饰和伪装。

**故曰："失道而后德，失德而后仁，失仁而后义，失义而后礼。"**

这几句是老子《道德经》中的话：最顶端的是道，也就是根本性原理与规律，是指导世界与万事万物的；其次是德，德是依赖于道的，没有道，德就是无源之水、无本之木；再次是仁，仁者爱人，与万事万物无关，只是人类社会的契约性的规则与规律；接着才是义，仁爱是一个普遍的东西，义则是一种个性化的东西，或者说是实用层面的东西，无法强迫人们统一接受；最末是礼，纯粹是表层的言语姿态或仪式。

**礼者，道之华而乱之首也。**

礼是道的末端表象的东西，是造成混乱的根源。道是用来遵循的，礼是用来讲究的。关于礼，一个地方一种样式，而且相互不容，形形色色，不一而足，甚至屡屡引发各种争端。

**故曰：为道者日损，损之又损之，以至于无为。无为而无不为也。**

人生入世是不断做加法，甚至恨不得用乘法，好了还想好，唯恐不够，什么都是多多益善。修道呢，则是做减法，将外在的、不相干的一点点剔除，直到到达生命的内核本质。道家是一种至简主义，其最后的状态是什么呢？无为。也就是像水一样，不主动去做什么，随着形势或急或缓最后归于大海。无为，可不是什么都不做，而是随形就势，安于被动，该冲则冲，该流则流，该止则止。

**今已为物也，欲复归根，不亦难乎！其易也，其唯大人乎！**

世人的普遍做法恰恰相反，并不是回归内心、坚守本性，而是沉溺于外物，这样想回归根本，想得出根本性认识，怎么可能？人临死都还想做官发财，因此悟道得道行道安道之难。不过说难也不难，"大人"轻易就能做到。你看，又出了个"大人"的称谓。儒家有"大人之学"，道家的"大人"之说，虽然用的是同一个词，但内涵截然不同。儒家想成为顶天立地的大写的人，而道家指的则是具备天地精神的人，像草木与石头一样。道家精神自给自足，自成世界，无须与外界交际交流，"独与天地精神往来"。

**生也死之徒，死也生之始，孰知其纪！**

生是死的延伸，死是生的开始，谁也不掌握其中的规则。对于个体肉体而言，生即无中生有，死即有化为无。至于精神呢？又有两种情况：对于寻常人而言，精神是随肉体灭亡的；对于有修为的人而言，其精神恐怕会传承到人类全然灭绝的那天。对于生物来说，生生死死则是新陈代谢的过程，不断接续与转化。

**人之生，气之聚也；聚则为生，散则为死。**

这是庄子对肉体活着的看法，气在人在，气无人亡。《黄帝内经》对气阐释得比较清楚。

**若死生为徒，吾又何患！**

这种态度很豁达，即生死是必然的常态，安享生之乐、死之美即可。一般人不同却总担心死的问题，临死时对活着又放不下。其实有什么好担心的呢？活则顺其自然，死则了无牵念，才是最好的态度。

**故万物一也，**

因为诸如生死现象的存在，人与万物才和谐地成为一个整体，这个现象归结成"一"，可见古人的高度概括力。但要解释清这个"一"，则不那么简要，可以无限去细分，而且还要注意千丝万缕的联系，牵涉到各个学科领域的问题，并非任何一种学说所能解释清楚的。

**是其所美者为神奇，其所恶者为臭腐；臭腐复化为神奇，神奇复化为臭腐。**

人所赞美的，会以为神奇；人所厌恶的，会以为腐臭。事实上，神奇与腐臭这二者是相对的，且是可以转化的，比如花朵化为尘泥等。

**故曰："通天下一气耳。"圣人故贵一。**

所以说：贯通天下的是一个气字，气在就生；气不存则死，人与万物等一切有生命体概莫能外。前一个"一"是数词，后一个"一"是名词，指统一观，即通过生死美丑集于一体这个现象，从而拥有更全面更本质的认识。

## 大　美

这段话可以孤立地看，也可以看作是上段的结论。文笔非常之美，道理也非常清晰明白，称之为中国文化中最高最美的部分一点也不为过。

**天地有大美而不言，四时有明法而不议，万物有成理而不说。**

这种话没有翻译的必要。"言"有两种形式，一个是说，一个是写，都是人类范畴中的东西。这个美的标准着实暧昧。诸如山水云天这些大美的东西，其自身言说过什么了吗？得意过吗？"人法地，地法天"，人要借鉴效法天地间的大美，做到无言、慎言，才出境界。当然，人就是人，他的局限性很明显。"四时",即春夏秋冬对于中国传统农业生产的指导作用巨大,什么时候该做什么,二十四节气说得很清楚,其间的道理无须细说。万物自有其原理与规律性的东西,研究不尽。而对之有兴趣的人则不断去研究这呀那的,总结出了很多有用的经验,也干了很多有成效的事,因此,人们认为自己是万物的主宰,高高在上。实则,人与万物是个什么样的关系,又应该是什么样的关系呢!

**圣人者,原天地之美而达万物之理。**

"原",动词,即溯源的意思;"达",即通达。只有圣人才能本源地看出天地之美,通达万物之理。

**是故至人无为,大圣不作,观于天地之谓也。**

因此圣人多持无为的态度,大圣人更是不提倡不推崇任何东西,而是效法天地,顺应自然。

**今彼神明至精,与彼百化,物已死生方圆,莫知其根也,**

冥冥中主宰一切的力量,至神至明至精,将万事万物和谐为一体。万物呢?生生死死中存在无穷无尽之理,谁也没法全然说清楚。

**扁然而万物自古以固存。**

道使万物翩然而生,自古以来就是如此。

**六合为巨,未离其内;**

空间够大吧,但它的一切都包含在道内。

**秋豪为小,待之成体。**

秋毫虽然很小吧,也是道的成分之一。

**天下莫不沉浮，终身不故；**

天下一切沉沉浮浮的，处于不断的发展变化之中，并非固定不变。

**阴阳四时运行，各得其序。**

阴阳四时有序运行是冥冥之中的法则。

**惛(hùn)然若亡而存，油然不形而神，万物畜而不知。此之谓本根，可以观于天矣。**

道，昏昏然然的，看不见也摸不着，似有似无；并没有一个特别的具体形态，无比神奇。万物源于道而生，除了人之外，其他物种可能并不知道，至少没系统表述过道。因此《道德经》才说，"有物混成，先天地生，寂兮寥兮""绵绵若存""为天地根"等等。想认识和了解道，就要善于观察天地万物；懂得道，对天地万物才会有崭新的认识。

## 缺牙巴之歌

齧缺指缺牙巴，他向被衣请教关于道的问题，具体什么问题没有在文中提及。

被衣说了这么几句："若正汝形，一汝视，天和将至。"其意为，端正形体，专注视角，天然的和谐就会到来。

**摄汝知，一汝度，神将来舍。**

收起智慧，始终如一，神明就会回归至你的内心。

**德将为汝美，道将为汝居，汝瞳焉如新生之犊，而无求其故。**

能做到上述情况，德就将使你完美，道就会永驻你的内心，你的眼神、心地就会像初生的牛犊那样天真纯澈，之所以如此就是因为无所求。

被衣说的这几点修道的做法，端正形体、收起智慧、专注神思等，后来被道教定位为"呆若木鸡"，就是说像木鸡一样才是进入道的途径。这话有一定的道理，但并不全然如此。

话没说完，齧缺就睡着了。老师讲课，学生却睡着了，是个很严重的问题。记得吧，宰予午睡，孔子批评他："朽木不可雕也。"但被衣是道家，觉得齧缺睡着，是完全符合他所教之内容的，因此高高兴兴唱了首歌离开了。

其歌的内容为："形若槁骸，心若死灰，真其实知，不以故自持。媒媒晦晦，无心而不可与谋。彼何人哉！"修道的境界正是如此：形体像枯骨一样，心如死灰一样，达到这种程度，才是真正懂道的人，从而不沉溺于自见种种。一个人吧，能够看上去懵懵懂懂，且于世无功利之心，这是个什么样的人呢？恐怕是传说中的世外高人吧。


## 身体是谁的？

舜问丞说：道可以获得并拥有吗？

丞答：你的身体都不是你自己的，或者都不由你自己掌控，又如何能获得和拥有道呢？

舜：我的身体都不属于我的，那么是谁的呢？

丞说了这么段话：形体是天地赋予你的。生命也并非是你的，同样是天地赋予这个形体的。

**性命非汝有，是天地之委顺也；**

你的性格与兴趣、爱好等等，同样不是你的，是天地赐予的。

**子孙非汝有，是天地之委蜕也。**

同理子孙也不是你的，是天地所安排的。

丞的回答不是诡辩，事情确实如此，我们跟一只虫子、一棵小草一样，都是天地间微不足道的一分子。诸如生死兴衰确实不由人自己掌控，也不为自己所有，都被冥冥中的未知力量所主宰。

**故行不知所往，处不知所持，食不知所味。**

所以，按照天地的规律，人讲究那么多做什么呢？最好的状态是，"行不知所往"，对于"从哪里来、到哪里去"这些问题哲学一问再问，但有究竟和结果吗？"处不知所持"，对于住在哪里，有什么讲究、待遇等等，根本就不关心不考虑。

以天地的眼光看呢？各种各样的讲究与坚持，简直可怜，真是不知所以，更不必说什么所以然。

**天地之强阳气也，又胡可得而有邪！**

以上这些，都是天地间强大到不可有丝毫更改变动的气象，又如何能够得到和持有呢？感受到了天地间气象之浩大，因此才会去望气、修气、炼气吧。

## 生与死

一天，孔子请教老子：今日闲来无事，想请教请教您关于至道的看法。

老子洋洋洒洒说了一大堆："汝齐戒，疏瀹(yuè)而心，澡雪而精神，掊击而知。""齐（繁体字为"齊"）"，即为"斋"。这里是说需要诚心斋戒，疏通内心，清洗精神，抛弃内心已有的成见。"澡雪精神"后来成了成语。雪，洁净而沁凉，站在雪里，无论感官还是内心都会有一个感动和镇定的双重作用。柳宗元的《江雪》就更会带来这种复杂的体验。

**夫道，窅(yǎo)然难言哉！**

道，很难甚至无法用语言来形容的。道是原理与规律，最高的规律是任何语言也表述不出来的。例如，阿根廷诗人博尔赫斯曾写过，国王建造了一个美丽的花园，一个诗人参观后只吟咏了一句诗就将这座花园的美吟咏尽了。这从理论上成立，甚至是极其巧妙的。但这句诗是什么呢？任谁也猜不出写不出的。笔者认为，或许这句诗根本就不存在。

**将为汝言其崖略。夫昭昭生于冥冥，有伦生于无形，精神生于道，形本生于精，而万物以形相生。**

老子说，我约略给你说说道吧，眼前清楚的一切，究其源头，其实是产生于冥冥之中的；也就是说，一切有形的东西，其实是产生于无形的。精神亦是生于道的，即形成于某种原理与规律。具体来说，万物之间也有着千丝万缕的联系，因而就形成了现在这个样子。这种纯粹的理论显得相当抽象，是一个人内心的感知与想法，用语言表达出来就已经很勉强很困难了，隔着两千多年时光去理解，词义已经衰变异化，很难准确理解其中的奥义，只能是看到什么算什么，理解到什么程度算什么程度。

**故九窍者胎生，八窍者卵生。**

古人认为，人与兽类身体上有九窍，诸如禽类则只有八窍。其实从科学角度来看，这个说法不准确。

**其来无迹，其往无崖，无门无房，四达之皇皇也。**

生发、支配、形成种种生命现象的道，来无痕迹，去无涯际，也并没有固定的门径住所，但却是四通八达、无处不有、无所不在。

**邀于此者，四肢强，思虑恂达，耳目聪明；**

明白领悟了道，人就会身体健康，思虑通达，耳聪目明。这点我们在日常生活中也可以感受得到，通达时神清气爽，只是这种状态难以维持，很容易受到外界的影响。

**其用心不劳，其应物无方。天不得不高，地不得不广，日月不得不行，万物不得不昌，此其道与！**

人吧，干点稍微难点的事就很劳神费力了；道指导整个宇宙，虽用心却不劳累，对于万物的作用也没有固定的套路。一切都要遵循道，天很高吧，没有道如何能高；地够广吧，没有道如何会广；日月没有道的支配就不会很好地运行，万物没有道的安排就不会繁荣昌盛。这就是道。

**且夫博之不必知，辩之不必慧，圣人以断之矣。**

道是如此的广大神奇，人这点认识算什么呢？再怎么广博，对于道而言，也未必是真智慧，再怎么聪颖通达也算不得什么，圣人就是如此，根本就不将智慧当一回事。

**若夫益之而不加益，损之而不加损者，圣人之所保也。**

圣人所追求的是永恒，它增加却看不出增加，减少同样看不出减少，即无所增、无所减的东西，也就是放之四海而皆准的真理。比如，对于大海大山而言，增减一瓢水、一锹土，完全可以忽略不计。圣人们追求的就是这种东西。

**渊渊乎其若海，巍巍乎其终则复始也，运量万物而不匮，则君子之道，彼其外与！**

道吧，渊博如海，巍峨如山，周而复始地运行，承载并成就万物，却没有穷尽。君子们所谈的道，并不是真正的道。比如，儒家谈的做人做事、穿衣戴帽的那套，相对于天地精神，确实是窘迫而可怜的。

**万物皆往资焉而不匮，此其道与！**

万物与人的生发成长，要从道中获取能量，道是一点也不匮乏的。这其中已经有点儿能量守恒的意味，从中我们确实可以看出，古人对于天地自然的研究与思索是充满了哲思的。

以下由物及人，视角一段段收回，返回到了原点，由宇宙意识回到生命现象。

**中国有人焉，非阴非阳，处于天地之间，直且为人，将反于宗。**

从一种内省的视角来看，外在的世界在道的支配下是如此广大、神奇而和谐，那么人该怎么活呢？或者说对于这个世界人应该持什么态度呢？老子的看法是，审视自己的内心才是最恰当的做法，人处于天地之间，活在某个地方，不阴不阳，无所偏倚，外视于道，内省于心，从而保持一个自立自治、自给自足的状态。这里的"宗"，笔者认为有原点、初心、承袭等多种意思。

**自本观之，生者，暗（yīn）醷（yì）物也。**

以最本质的眼光看，所谓活着的生命，不过是会动能发声的东西罢了。

**虽有寿夭，相去几何？须臾之说也，奚足以为尧、桀之是非！**

虽然寿命有长有短，但相形永恒，其实差别不大；不过就是须臾之间的命，哪有资格评判尧桀的是与非呢？因此，做任何事情都郑重到煞有其事本身就是一种荒谬；调皮到玩世不恭更是荒诞。

**果蓏（luǒ）有理，人伦虽难，所以相齿。**

植物与植物之间的纹理、长相等差别非常明显，人与人之间的关系非常复杂，无法这么直观地判断和定位。因此，与其提倡君臣、父子、夫妻等人伦道义，倒不如按照年龄尊老爱幼的直截了当。

**圣人遭之而不违，过之而不守。**

圣人遭遇困境从不选择逃避，遇到非议也不偏执，不会固执己见。

**调而应之，德也；偶而应之，道也。帝之所兴，王之所起也。**

什么是"德"？感应到道的存在并严格遵循它，如回响对于声音、影子对于本体一样。什么是道？就是原理与规律的自然和谐，没有一丝人为的东西。道与德二者的意义极其重大，是帝之所兴、王之所起。也就是说，成就帝王之业，首先要遵循道与德。

**人生天地之间，若白驹之过郤，忽然而已。**

这句话很有诗意，没有什么可解释的。庄子，这个经常吃了上顿没下顿的人，能安于这种思索，确实很神奇，说明他绝对有足够强大的精神力量的。

**注然勃然，莫不出焉；油然漻然，莫不入焉。**

这一句还是说生命现象的，即被注入了生命，就有勃勃生机，就出现在这世间了；被收走了生命，就像云烟一样飘忽消退了。被收去哪里呢？收纳于死亡之中，概莫能外。

**已化而生，又化而死，生物哀之，人类悲之。**

这一句指出了一切生命都有两次大的变化：第一次变化是无中生有，即拥有了生命；第二次变化是有归于无，即生命消失了。万物为此而哀伤，人类因此而悲哀。生死，人生中最为重大的事情，迷一样的存在，根本捉摸不透，眼光与心思却时不时地掠来掠去。即使类似庄子这种淡漠生死的人，对于生命现象，也是充满关注的。

**解其天弢(tāo)，堕其天袠(zhì)，纷乎宛乎，魂魄将往，乃身从之，乃大归乎！**

"弢"，即弓袋；"袠"，即书皮，引申为皮囊。解除了这个躯壳，扔下了这副皮囊，魂魄如风中之絮纷纷扬扬的会去往哪里呢？这句话是探讨身体与魂魄关系的，即没有了身体，魂魄何以寄托？庄子认为，最理想的方式是魂魄去往哪里，身体都紧紧跟上才是最终最好的归宿。这个过于理想化的问题也就出现了，魂魄想飞想游想穿越无限，身体跟得上吗？身体要呼吸要吃饭要喝水，因而人们觉得身体简直就是个累赘。后世修道，人除了安顿整理提纯精气神外，很重要的一点是修身，戒除饮食。

**不形之形，形之不形，是人之所同知也，非将至之所务也，此众人之所同论也。**

从无形到有形，又从有形到无形的生命现象，是人所共知并津津乐道的，但并非大家都想坚守和遵循。人人都有个长生不老的梦，退而求其次，也有个保持生理完整，无病无痛无难无灾的意思。现实就是现实，根本不可撼动，尤其是诸如生老病死的问题。人们却纷纷纠结于这个，并屡屡挑战这个，结果就是大家看到的结果，相当于没有结果，无非是围绕生死折腾了很多事，只是一些有名堂，一些没名堂而已。

**彼至则不论，论则不至；**

洞悉真谛的人对于生死缄口不论，论来辩去的都是半吊子。

**明见无值，辩不若默；道不可闻，闻不若塞。此之谓大得。**

这句说的是态度，即道是抽象的，根本就看不见摸不着，不在显而易见的任何地方，明显能看到的绝非真正意义上的道，因此与其对之滔滔不绝，还不如缄默不语。同理，道是听不到的，能够听到的也并非真正的道，因此听到不如听不到。比如，关于人生、生死等理论，人群众多的地方，就拥有形形色色的时髦说辞，一旦到了偏远得近乎与世隔绝的地方，一字不识的人的看法才真正给人震撼和教育，而且一定是颠覆式的。庄子的意思是：能够领会并做到"辩不若默、闻不若塞"，即为对道的"大得"。

## 道在屎溺

一天，东郭子问庄子：你天天道来道去的，所谓的道，在什么地方呢？这话有点抬杠的意味，类似于说：你说有个万有引力，拿来我看看，它是什么形状？大小长短如何？什么颜色？

庄子很客观地答了句："无所不在。"原理与规律肯定是无所不在、无时不有的。

对于这个答案，东郭子并不满意：总得有个大概的地方，这样人们才好观察、理解和认识吧。

庄子："在蝼蚁。"的确，通过观察蝼蚁，人们可以得出关于道的感悟和认识。

东郭子：道不是非常高大上的东西吗？怎么会如此卑下呢？

庄子："在稊(tí)稗。"道在野草杂草那里。

东郭子：怎么越说越卑下了？

庄子："在瓦甓。"这明显是让东郭子自己体味去，后世禅宗的机锋也类似这样。

东郭子：怎么越说越邪乎？越说越不着调了？

庄子扔出了一句更绝的："在屎溺。""道在屎尿"是很经典的一个说法，道不就是这么点事吗？举一反三，触类旁通，就能领悟道，非要问出个所以然来，不执拗不烦人吗？

听到庄子"在屎溺(niào)"的说法，东郭子沉默不语了。

其中的可能性很多：可能觉得庄子在调侃自己，因而不高兴了；也可能真有所悟，陷入了沉思；还可能觉得庄子根本就是个不着调的人，不想理睬了。

见东郭子不吭气，庄子换了一种口气接着说："夫子之问也，固不及质。正获之问于监市履狶也，每下愈况。"正获，官名，即司正、司获。庄子的意思是：你这么个问法很成问题，根本就触及不到道的本质。就像司正、司获问及市场监管人员如何鉴定猪的肥瘦一样，提出的办法是用脚踩，越往下踩便越能感觉到其肥瘦。如果验猪用这个办法可以的话，那么踩猪头是不行的，而踩在猪屁股上或许能得出其肥瘦来。

**汝唯莫必，无乎逃物。至道若是，大言亦然。**

道是空洞而抽象的，而你问得过于绝对了。道附于万事万物，问道一定要与具体问题相结合，否则，问不出个所以然来。道是这个样子，不能大而全，要言之有物才好。

**周、遍、咸三者，异名同实，其指一也。**

"周、遍、咸"，在当时是涵盖全部的意思。庄子的意思，这三者吧，虽然说法不同，但指的其实是一回事，有点儿今天所说的高、大、全。你东郭子问的问题就是"周、遍、咸"式的，即太宽泛了，所以没法回答。

**尝相与游乎无何有之宫，同合而论，无所终穷乎！**

"无何有之宫"，虚空的道境，或者一无所有、没有尽头之所在。这句话是说，想了解什么是道，先去动用全部的神思想想"无何有之宫"这么个所在吧，虽然貌似一无所有，实则一切理论都包含其中，而且无始无终、没有尽头。比如，想想时间与空间，究竟是什么呢？想得出来吗？但一切都包含在其中了。

**尝相与无为乎！澹而静乎！漠而清乎！调而闲乎！**

感到了无尽时空，再看看我们活着的现状，就有一个鲜明观照和准确定位了，心也就会广大和空旷起来，从而不去以自我为中心，听凭意志去主宰任何事情；而是非常安静地享受生命，漠然而清静，调和而悠闲。这是多么妙趣横生呀！

**寥已吾志，无往焉而不知其所至，去而来而不知其所止，**

庄子的志向在虚无辽阔之中是无所依附的，这点与常人不同。常人须有个依附才会踏实安心，庄子的心却是在天地间飘荡游荡的，漫无目的，不知所往，不知所来，不知所止。王维"行到水穷处，坐看云起时"的描写，差可拟之。

**吾已往来焉而不知其所终；彷徨乎冯闳(hóng)，大知入焉而不知其所穷。**

人生于世间就是这样，没有目的，没有规划，随波逐流，随遇而安，并没有一个尽头。彷徨于辽阔的虚无之境，即使是富有大智慧，仍然无法穷尽一切。越是智慧高越是觉得自己无知，越是无知者越是觉得自己不可一世。人生在世需要智慧，但很多事情是智慧无力解决的，比如情感恐怕不是智慧所能全然约束与控制的。

**物物者与物无际，而物有际者，所谓物际者也；**

"物物"动宾结构；"物物者"，指形成万物的造物者。这句话是说：形成万物的这个道，并不像具体的物品一样，是可见可辨的。万物吧，无论具体什么，都有其固有的特性与边际，这就是物的分界。而原理与规律之类的呢？就相当抽象了，不是这么直观浅显的，根本就无边无界，因此认识论提倡人们透过现象看本质。

**不际之际，际之不际者也。**

道的抽象如何界定和形容呢？准确地说是没有界限的界限吧，这个界限无法进行界定。比如，人与物的界限差异很清楚，造化之力作用于不同物

体的差异又在哪里呢？说得清吗？生长机理对于不同物种的差异又在哪里
呢？说得清楚吗？同样是春天，对于不同物种却是不同的春天。那么，到底
有几个春天呢？

**谓盈虚衰杀，彼为盈虚非盈虚，彼为衰杀非衰杀，彼为本末非本末，
彼为积散非积散也。**

总之，道的存在，使得世间万物充满"盈虚衰杀"。"盈"，即充盈，
"虚"，即空虚；"衰"，即衰亡；"杀"，即肃杀。"盈虚衰杀"四者
又相互转化，并非一成不变。因而看似盈或虚的东西，实则不盈不虚，看似
衰杀的实则是一个新的起点和开始。这一点很好理解，"月盈则亏，日中则
昃"，新陈代谢，生死相继。其中还有一层意思，万事万物的"盈虚衰杀"
是由于道的作用，继而生成了这些截然不同的现象。


## 老龙吉死了

妸(ē)荷甘与神农一起拜在老龙吉门下修道，这三人都是虚拟的人物。
一个大白天，神农紧闭门窗，趴在桌子上睡着了。
中午时妸荷甘推门进来说：老龙吉死了！
应该是真死了。
神农听到后并未核实这一情况，立即扶着桌子站了起来，扔下拐杖哈
哈大笑地说：上天知道我怪僻浅陋、荒诞不经，不可教化，因而让老龙吉死
了。很可惜呀，先生没有留下启发我的理论就这么死了。
弇(yǎn)堈(gāng)前来吊唁时，听到神农这番话后说了以下几句："夫体
道者，天下之君子所系焉。今于道，秋豪之端万分未得处一焉，而犹知藏其
狂言而死，又况夫体道者乎！"其大意为，真正悟道是天下君子们都心系和
追求的。老龙吉对于悟道吧，连秋毫末端的万分之一都还没掌握，却懂得默
默去死，并不留下什么惊世骇俗的言论，更何况是真正悟道得道的人呢？弇

坬这话说得很委婉，也很客气：你们跟着老龙吉修道，老龙吉这个人吧，对于道掌握得不多，也不深，唯独谦虚是货真价实的。

**视之无形，听之无声，于人之论者，谓之冥冥，所以论道而非道也。**

真正的道，看不见也摸不得，视之无形，听之无声。人们嘴里论来论去的道是什么呢？不过是用人类语言去形容道罢了，看似振振有词，其实完全不得要领。也就是说，论道的人所论的与道无关。这个更好理解，关于生命的论说与活着有关吗？关系真的不大。

## 无穷、无为与无始

泰清向无穷请教关于道的问题：你知道什么是道吗？

无穷：不知道，不懂这玩意儿。

泰清便用这个问题去问无为，无为答：我知道。

泰清问：你懂道，有什么定数吗？

无为：有。

泰清：道有什么样的定数呢？

无为："吾知道之可以贵，可以贱，可以约，可以散，此吾所以知道之数也。"这里的意思是：道吧，虽然看不见摸不着，但有时显得很高贵，有时却很低贱；有时集中在一起，有时又是散淡的。因此，我觉得应该有个衡量的指标吧。这里的数，应该是量化的意思。也就是说，认识和掌握道，或许有个量化的问题。

泰清将这个情况给无始说了一遍，并问道：如果道真的像无穷、无为的说法，那无穷所说的不知与无为所说的知，两人究竟谁对谁错呢？

无始答："不知深矣，知之浅矣；弗知内矣，知之外矣。"这里的意思是：关于道，不知者深刻，知者浅薄。不知，是深入到了道的内部；所谓知道，不过是浮于表面罢了。

听了无始回答，泰清仰天而叹："弗知乃知乎，知乃不知乎！孰知不知之知？"这里的意思是：说不知道者实则是真懂、真知道，而说知道者实则是真不懂、真不知道，那么谁又懂得不知之知呢？"不知之知"这个说法很好，是说这个人对道心领神会，用语言、理论却说不出来。那么，心领神会的这部分谁会懂呢？佛道两家为什么说一个"悟"字，道理就在这里，有些理论是无法通过语言来表述和言传的，需要自己去身体力行。

无穷、无为、无始三人，就修道水准来看，无穷的最为高深，无为次之，无始更次。因此，无始说了这么段话："道不可闻，闻而非也；道不可见，见而非也；道不可言，言而非也！"这种话，《庄子》一书中出现过很多次，是借不同人之口说出来的。真正的道，不可闻，不可见，不可言，能闻能见能言的绝非真正的道，理论而已。

**知形形之不形乎！道不当名。**

赋予一样事物形体的东西是无形的，是道；因此，道是没法命名的。这种理论实际是对《道德经》的阐释。道，不是产生并作用于一事一物，而是在万事万物中，并非实际的东西。

**有问道而应之者，不知道也；虽问道者，亦未闻道。道无问，问无应。无问问之，是问穷也；无应应之，是无内也。**

回答道的问题的人，实则就不懂道；将道作为问题去问的人，也是对道一无所知的。真正的道不需要问或不能问，也无法回答。不需要或不能问的，或者说不是问题的问题却偏要去问，等于自问；不需要回答的却对答如流，肯定触及不到实质。

以今天的理论来看，"道"涉及三个层面：一是道本身，即原理与规律本身，一种抽象的存在；二是道之德，即对道的认识、理解、把握与遵循；三是道理，即关于道的理论。老庄的意思是：道是道，德是德，理是理，是风马牛不相及的东西，理与德是不能替代道的。这就陷入了一个悖论，道可以被认识被言说吗？肯定可以，只是说的是否全面和正确罢了。这世间没有不能言说的事物，只是言论对于事物本身有无意义，恐怕才是问题之所在。

**以无内待问穷，若是者，外不观乎宇宙，内不知乎大初，是以不过乎昆仑，不游乎太虚。**

以空洞无质之言去应对一个更加空洞的问题，这就是纯粹空洞的理论了。外在对于宇宙时空根本就不掌握；内在则根本就不知其背后的规律。因此，对于道论来论去的人，既见不到山外之山，更进入不了道之虚境。

上述与聪明人北游的内容、逻辑几乎完全一致。

# 无有先生

光曜向无有请教了一个问题：先生您究竟是有呢？还是没有呢？

这个问题为：你这个以"无有"为代号的生命，究竟是存在还是不存在呢？存在的话，上一秒在哪里，下一秒在哪里，这一秒在哪里？由此来看，人不过是诸多瞬间构成的点而已，真的是切切实实存在的吗？而且，究竟是以肉体方式存在，还是以精神方式存在呢？这个问题相当复杂。一般宗教到这个地方就打住了，而佛、道两家则在深究这一问题，因而发现了"空"和"无"。

这个话以纯逻辑表示：没有究竟是有还是没有？说其有吧，其实什么也没有；说其没有吧，其实没有也是有，也是一种存在。

对于光曜的问题，无有一声不吭。

光曜如同对着空气发问一样，便仔细端详无有的形体容貌，同样是空空一片，什么也看不见，什么也看不出来："终日视之而不见，听之而不闻，搏之而不得也。"

这种情况就是传说中的面对无物之阵，没有谁理会，没有谁回应，人对思想的叩问只能听到空洞的回声。面对这个，有人振奋，有人颓废，有人感悟，有人伤怀。

面对无物之阵，光曜又有什么感受呢？

**至矣，其孰能至此乎！予能有无矣，而未能无无也；及为无有矣，何从至此哉！**

绝了，人吧，谁能修行到这种地步呢？人吧，有生有死，但并不能永远是不存在的状态啊。有生命有意识有思想，却想达到如同不存在一样的状态，用什么办法才能达到呢？佛家的"枯禅"有点这方面的意思。人的知觉、感觉、思维等是无法自主关闭的，如何能关掉呢？有眼睛却不去看，有耳朵却不去听，有思想却不去想，这样的境界是何其神妙呀！这样恐怕一定是少了诸多烦恼。因而，笔者认为道是一种思维，极其抽象，但并非不能理解。

## 做钩子的老工匠

"大马之捶钩者"，"大马"，即官职，掌管军事的大司马；"捶钩者"，制作钩子的工匠。这则故事是说：大司马手下有个做钩子的工匠，八十岁了，制作钩子的技艺非常精湛，分毫不差，算是大国工匠了。

一天，大司马问：你的技艺高超如此？是手艺巧呢？还是有什么上升到道层面的秘诀呢？

这里也是探讨道的，但却是不同的道了，这个道更倾向于方法技术层面。

工匠："臣有守也。臣之年二十而好捶钩，于物无视也，非钩无察也。"这个工匠能达到这种水准，肯定是有所坚持与坚守的。二十岁便喜欢上制作钩子，这么多年来，只专注于这件事，凡与此无关的根本就不重视。眼里心中只有钩子，因此才能做好这件事。这个道理也很简单：一生只做一件事，做不好才怪。

对此，庄子的看法是："是用之者，假不用者也以长得其用，而况乎无不用者乎！物孰不资焉！"这是实务依附于无用之道的典型事例，人的一生吧，面对的事情很多，头脑中浮泛的事情也很多。这个工匠呢？只将钩子视为有用有效的东西，而将其他视为无用或无效的，心思精力就全投入到钩子上面，因此就有了这么明显的成效。制作钩子的小小领域如此，天地之道就更是如此了。举一反三，专注的人去做任何事情，应该都有不凡的表现，这就是有用与无用的道理，更准确地说是无用化有用的道理。什么有用、什么无用不好说？但看起来一无所用的事情做到极致也绝对是一种大成就。

## 未有天地之前

冉求求教于孔子：没有天地之前的情况可以知道吗？（这是在问宇宙的源头是什么）

孔子答：可以，古代的情况和今天一样。

冉求对这个答案并不满意，但也没说什么，悄然退下了。

第二天，冉求拜见孔子时，依旧是这个问题：昨天，我请教夫子，没有天地之前的情况可以知道吗？夫子说可以知道，没有天地之前与现在一个样子。昨天听到这个回答是明白的，但昨晚想了一夜没想通，没有天地之前与现在怎么可能是一个样子呢？因此就糊涂了。请夫子好好阐释一番，究竟是否如此呢？

今天，关于宇宙的起源有种种假说、种种理论，也有不少争议。说明对冉求的这个问题仍然是认识不清、观点不一的，但有一点很清楚，时代在发展，万物在进化，古今肯定是不一样的。

对于冉求的疑惑，孔子来了句："昔之昭然也，神者先受之；今之昧然也，且又为不神者求邪！无古无今，无始无终。未有子孙而有孙子，可乎？"孔子的意思是：昨天你清楚，是因为从内心接受了我所说的；今天之所以疑惑，是因为受到外界影响有所动摇了。你看看，所有的事情都是无古无今的，若干年后，今也是古嘛；万事万物都是无始无终的，构成一个圆圈，哪是起点哪是终点，说得清吗？再说了，没有孙子哪有子孙呀！

孔子的意思很明了，人只能看到所能见的范围，只能想到所能想到的范围，就所见所想来看，天地万物似乎永恒不变。

冉求对此持什么态度呢？两个字：未对。

没有任何表示，明显是不满意，仍有迷惑在心的。

见此情况，孔子又说了几句："已矣，末应矣！不以生生死，不以死死生。死生有待邪？皆有所一体。"这句的意思是：罢了，罢了，你这个问题根本没法回答，也只能没有答案。现世中最直观的一点，活着的并不能使死去的复活，死去的也不能使活着的死去。如此来看，生与死是对立的吗？显然不是，而是一体的。既然生死一体，那么一切的存在和消亡也是一体的。

**有先天地生者物邪？物物者非物，物出不得先物也，犹其有物也。犹其有物也，无已！**

你问天地未出现之前有什么东西？应该没有任何东西，如果有东西，那么那个东西之前又是什么东西？也就是说，产生形成具体物质的并非是物，而是道。一定要追根溯源，物质的尽头一定不是任何物质。更直白点说，孔子的意思是：生之前是什么呢？死之后又是什么呢？有尽头吗？关于时空的源头不也是这么回事吗？前头的前头一定还有个前头的，哪有定论可说呢？唯一可以断定的是，有生于无，一定存在一个使天地万物产生的机理，而这个机理则是看不见摸不着的，根本无法用现有的理论或者以人的思想妄自揣测。

**圣人之爱人也终无已者，亦乃取于是者也。**

圣人正是看到了这点，因此关注点只放在仁爱他人之上，而并非悬停陷身于虚无缥缈之中，这也是取法于道的。这句话的意思是：不要去想乱七八糟的东西，踏踏实实地生活并与他人及万物和谐相处就已经很好了。

## 悲欢的旅馆

颜渊求教于孔子："回尝闻诸夫子曰：'无有所将，无有所迎。'回敢问其游。"他的意思是：我曾听老师说过"无有所将，无有所迎"，请问何以这么说呢？"无有所将，无有所迎"是孔子在什么时间什么地点说的，甚至是否说过，我们不得而知。可以肯定的是：在孔子生活的时期，并没有分出诸子百家来。大家你说你的，我说我的，所说的理论观点既有交集也有分歧。孔子说的这句是"不自我"的意思，即不要以一己之意志好恶去拥护支持这个，或反对或排斥那个，万事万物的存在自有道理。

孔子的说法是："古之人外化而内不化，今之人内化而外不化。"这是厚古薄今的态度了，古代的人吧，入世随意、入乡随俗，外在并不拘泥于什么，但内心是坚定不移的。然而，现如今的人呢？正好反过来了，心思飘忽不定，但外在却一套套的讲究，不敢有丝毫违背。这里说的人不是普通人，而是有一定学养的人。这番话也未必就是孔子师徒说的，很可能是庄子借孔子之口说的。

**与物化者，一不化者也。**

人与外物相处，或者说是在外部环境中，是需要作出调整变化的，但有一样东西是不能变的。什么不能变呢？内在。否则，人还是人吗？与禽兽何异！内在是人性的标识标准。生而为人，得有点人的样子吧，一味随外界万物去变，哪还有点人的样子呢？

**安化安不化？安与之相靡？必与之莫多。**

对人而言，什么能变、什么不能变呢？什么又与外物相抵触、相损害呢？这些都是问题。因此，人得有点内在的东西，不能过于依赖外事外物了。这个道理今天一样适用，或可能更加适用，更值得反思。总之，两千多年前的孔子告诫自己的弟子，须得警惕，对于外事外物种种，要保持一定的距离。今人是否也该如此呢？无论怎样有自主的认识，有内心的自觉，对人而言很不错，而不是在物质世界之中全面陷落。

**豨韦氏之囿、黄帝之圃、有虞氏之宫、汤武之室。**

注意囿、圃、宫、室的说法，什么叫春秋笔法、微言大义，这个就很典型，通过这四个字体现得淋漓尽致：在豨韦氏生活的时代，整个天下都是自然，人的内心也广大。这个情况世代递降减缩，到了黄帝时代，黄帝就圈禁起一个属于自己的花园了，你你我的成见分法也就出现了。虞舜时代，由于私有制的发展，就需要一个宫殿来体现权威了。到了汤武时期，武力盛行，仅仅有宫殿已然不行了，内室与外殿得严格分开，实施更加严密的保护。想想，住在宫室之中，时刻担忧着，需要卫士保护的，与住在囿圃之中，适意而闲散而颇具闲情逸致，是多么的不同。不仅心态的不同，生活方式、治国理政的方式恐怕也截然不同。政治领域，有些东西可能实用、可能进步，但不见得就好玩、就开明。

**君子之人，若儒墨者师，故以是非相䪠(jī)也，而况今之人乎！**

那些以君子自诩的人，比如儒家与墨家吧，相互攻击指责得很厉害，况且是一般人呢？理论与实际、口头说的与实际做的，似乎也不是一回事。始终如一的少，相出入的居多。因此，看一个人不能只听他怎么说，重点看他怎么做。对于一个理论也是如此，不看说得如何花里胡哨的，还是关注和考量实际情况是怎么回事的好。

**圣人处物不伤物。不伤物者，物亦不能伤也。唯无所伤者，为能与人相将迎。**

圣人与万物相处，并不想也不会伤害万物，比如，不想也不会将树砍来做家具，等等，不想也不会将鸟烤熟来吃，不想也不会将兽皮穿在身上，不想也不会将山削平或者让河流改道，等等。他们不去伤害万物，万物亦不会伤到人，比如，不去造车与船，就没有车祸，也不会落水，等等。他们不依赖万物，也就不会被万物所役使。道家这种思维，倡导回归自然，虽然绝对了一些，但颇有警示意义。只有相互无伤无妨，没有什么利益纠葛，相互之间的关系才真正和谐顺畅，这个是极其理想化的状态；而在现实中，尤其在人类社会中，实际上是不可能如此的。道家只强调人与自然看齐，却忽视了人本身就存在很多局限与特性，与自然毫不相干，甚至是抵触的。不相干且抵触，又如何效仿呢？这恐怕是更务实的问题。人非树，何以非要像树一样呢？人长着眼睛，为什么不能看呢？长着耳朵，为什么不能听呢？有感官的乐趣，为什么不能追逐声色犬马呢？有个度即可，全然禁止了真好吗？未必。活得像一块石头，对于常人而言是憋屈而乏味的，不如不活。

**山林与，皋壤与，使我欣欣然而乐与！**

诸如山林、原野等各种存在，让生活充满了诗意与乐趣。

**乐未毕也，哀又继之。哀乐之来，吾不能御，其去弗能止。**

人生短暂而无常，还没有乐够，悲哀就接踵而至了，比如病痛、死亡、失去等等。人生就是无措，悲伤与欢乐的来去根本不是人所能自主的。因此就有伤春悲秋的情怀了，有些人甚至郁郁一生。这种观念与佛家的相合，能否免除如此多的烦恼呢？

**悲夫，世人直为物逆旅耳！**

悲哀啊，从种种迹象来看，人活着只不过是悲欢途中的旅客罢了。这种"过客"思想，有积极的一面，也有消极的一面，总体来看，消极甚于积极。既然是短暂存在，认真努力什么呢？何不今朝有酒今朝醉，及时行乐，非得看那么远、管那么多做什么呢？

**夫知遇而不知所不遇，能能而不能所不能。**

人是局限性的，即一生见过有限的人，经历有限的事，所见所知所遇都是极其有限的，未见未知未遇才是更为庞大和精彩的部分。因而就有了"读万卷书，行万里路"的观念，实则是一种补偿心理，一种活通透的心态。每个人的能力才干不一样，能干什么很清楚，不能干的也很清楚。比如，人能像鸟一样飞吗？能像鱼一样游吗？能像兽一样凶猛吗？似乎都不能。于是乎，人的一系列发明创造就出来了。这就到头了吗？没有，一切根本就没有尽头，人的欲望与潜力是无限的，人类社会尤其如此。

**无知无能者，固人之所不免也。夫务免乎人之所不免者，岂不亦悲哉！**

人的无知与无能是很明显的，像短板一样醒目，这个须正视，谁也免除不了。但想完全避免这些事情，并且这样努力，岂不是一种悲哀吗？这里有两层意思：其一是庄子的本意，挺消极的，再怎么努力都是徒劳，一切都是建立在沙子上的，水一冲、风一刮就没了。其二是积极的，正因为有诸多的未知与不能，才前赴后继地不断摸索前行。这本身就是人类的命运与迭起的壮烈。

**至言去言，至为去为。**

这个，庄子反复在说，同样是说局限。人们说来说去的，也说不到点子上，更说不出至高至深之理，还不如闭口不说；人们干这干那的，到头都是瞎忙活，还不如什么都不做。猛的一看，确实有道理，但经不起推敲。那么人该怎么活呢？用眼耳鼻舌和头脑手脚等做什么呢？既然是上天给的，就一定有其存在的意义和道理，非要全然关闭，像不存在一样，岂不是太牵强、太绝对了些吗？人类的思考让上帝发笑，但人类不思考呢？上帝估计会大哭吧，这才是真正的大悲哀。"至言去言，至为去为"，佛家也存有这种逻辑，说"空"说"无"的，倡导不著不述，对人有个启示，倒也不必奉为至高无上的宝训。这些道理，不也是用语言文字表述出来的？很多事情，也不声不响地做着，比如活着。无论对整个人类社会还是个体而言，人究竟要活成什么样的问题，根本就不是问题。该怎么样就怎么样，多元就好，互不妨害就好，要抱着宽容与欣赏的心态面对自己未知的问题。

**齐知之，所知则浅矣！**

人想要知道或懂得所有的事情，或者说是知道或懂得所有事情，这种思想与观念是极其浅薄的。确实如此，人类早就意识到了"在路上"的状态，也有的确有"链环"意识。道家这种极致与纯理性的误区一样，有时让人觉得挺乏味的。这也不行那也不行，究竟该怎样才行，完全脱离了整个人类现实。既然如此，还是做个普通人并过普通的一生就好，大可不必神神叨叨，而做什么神人、至人。神人、至人不过是稍稍洒脱点罢了，并没有逾越人类而去。

# 拾叁　田子方

## 田子方的老师

田子方，名无择，字子方，魏国贤人，儒家弟子，魏文侯很敬重他，以师礼待之。魏文侯，姬姓，魏斯，魏国开国之君，非常有作为，任用西门豹、吴起、翟璜、魏成等贤能之人，师从子夏、田子方、段干木等儒家名士，内修德政，外治武功，使魏国迅速崛起。

一次，田子方陪魏文侯坐着聊天，田子方多次称赞谿工（魏国贤人）。

见田子方狠夸此人，文侯便问：谿工是你的老师吗？

田子方答：不是，只是我的同乡，他见人断事的见解都非常正确，因此令人佩服。

文侯：那么你没有老师吗？

田子方：有。

文侯：你的老师是谁呢？

田子方：东郭顺子（虚构的人名）。

文侯：怎么从来没听你提起过他，也没有称赞过他呢？

子方："其为人也真。人貌而天虚，缘而葆真，清而容物。物无道，正容以悟之，使人之意也消。无择何足以称之！"这句的意思是：他是个真人，相貌像普通人一样，内心却自然而谦和，随遇而安、顺遂外物却保持着内心的真实，清静无为而包容万物。对于无道的人，他会端正自己去启示感化，不将是非说来说去，能使人消除内心的偏见，我哪有资格议论他呀！

谈话结束后，田子方走了。文侯却因子方对东郭顺子的说法陷入了深思，一整天都没有说话。

文侯将旁边的臣子召来："远矣，全德之君子！始吾以圣知之言、仁义之行为至矣。"高远啊，东郭顺子这位全德的君子。起初我以为圣知之言、仁义之行是最高的境界。"圣知之言、仁义之行"，指通常所说所听的圣智的言论与仁义的行为，都是儒家所提倡的。没想到，还有比圣智仁义更高明的。这种言论很像是《道德经》的注脚，老子最反对圣智仁义之类的观点。

**吾闻子方之师，吾形解而不欲动，口钳而不欲言。吾所学者，直土埂耳！夫魏真为我累耳！**

我听到田子方说他的老师，就"形解而不欲动，口钳而不欲言"，就不想妄动妄谈任何人与事了。用东郭顺子的做派来衡量，我以前所学的只是泥土枯草而已，魏国真是拖累我，或者说是我拖累了魏国呀。

"文"是谥号，"经纬天地曰文，道德博闻曰文，学勤好问曰文，慈惠爱民曰文，愍民惠礼曰文，锡民爵位曰文"，自古以来盖棺定论为"文"的帝王都是相当不错的，这个魏文侯确也名副其实。因此，文侯听了关于东郭顺子的情况后，才有深刻的反思与这么由衷的感叹。

# 目击而道存

温伯雪子，复姓温伯，字雪子，楚国怀道之人。可能是虚拟的，也可能当时真有这么个人物。温伯雪子前往齐国去，途经鲁国住店时，鲁国当地的人便想拜见他。

温伯雪子态度很坚决：不见！我听人说，中原一带的君子非常讲究礼仪这套浅表的东西，实质上并不真正了解人的内心，因此不想见。

温伯雪子到齐国办事返回时，还住在鲁国的客店里，这个人又想见他。

温伯雪子说：去的时候要见我，来的时候还想见我，一定是有所见教吧。

于是，就出来见了那个鲁国人。见了之后，双方谈的什么一字未提，温伯雪子的态度就三个字"入而叹"。进了客店房间，他不住地叹息。

第二天，又见了这个鲁国人，态度一样，仍是"入而叹"。

温伯雪子的随从忍不住问：夫子何以每次见这个鲁国人都是入而叹息呢？

温伯雪子说：我早就说过了，中原这一带的君子吧，讲究礼仪而不解人心，事实果真如此。这个人来见我，完全就是这套，一进一退都规规矩矩、彬彬有礼，一举一动都煞有其事。他给我提谏言时像儿子一样谦恭，教导我时又像父亲一样倨傲，因此我才连连叹息。

大概温伯雪子是当时的闻人，孔子也来拜见了。二人相见的场景非常奇特，双方一言不发，只是见了见。

出来后，子路不解地问：夫子一直想见温伯雪子，这次见了，却何以一言不发呢？

孔子说："若夫人者，目击而道存矣，亦不可以容声矣！"这句的意思是：这个温伯雪子吧，一看就知道是个得道的高人，见这样的人用不着说任何话。

这则故事很有深意，只是寥寥几句，对于穿衣戴帽的礼仪说得非常清楚。虽然没有明说，却也指出了孔子的高明。高层次的交流不需要任何言语，心领神会即可。

## 见与忘

一天，颜回向孔子感慨了几句："夫子步亦步，夫子趋亦趋，夫子驰亦驰，夫子奔逸绝尘，而回瞠若乎后矣！"其意思是：这么多年一直追随先生，先生漫步时我也漫步，先生快走时我也快走，先生飞跑时我也跟着跑，但先生奔跑如飞，我根本就跟不上，只有干瞪眼的份。

孔子：回呀，说这番话是什么意思呢？

颜回：我说的是事实呀，平日里吧，先生走路，我也跟着走；先生说话，我也学着说；先生快走，我也跟着快走；先生辩论，我也跟着辩论；先生加速，我也跟着加速；先生论道，我也跟着论道。结果是先生绝尘而去，我辈却只能望而兴叹。这里寓意为，形体上亦步亦趋地跟着先生，思想内心却没有跟上，方才明白觉得人与人的区别根本就不在显而易见的外形上，而在于思想与内心。

颜回接着说："夫子不言而信，不比而周，无器而民滔乎前，而不知所以然而已矣。"这几句的意思是：夫子不说话就能取信于人，毫无偏私且包容，没有权势而民众纷纷拥戴，其中的道理我并没有想明白呀。

能够这么说，颜回心中明镜似的。

听了颜回的话，孔子说了这么几句："恶！可不察与！夫哀莫大于心死，而人死亦次之。"嗯，这可是要认真研究的啊。最大的悲哀莫过于心死，其次才是人真的死了。

**日出东方而入于西极，万物莫不比方，有目有趾者，待是而后成功。**

这几句的文辞非常美——仰观天空，太阳出于东方而落于西方；俯视大地，万物无不追逐着太阳，有眼有脚的人，更是依靠太阳、参照太阳，持之以恒才能取得成功。

**是出则存，是入则亡。万物亦然，有待也而死，有待也而生。**

这里承接上一句，人间的事情是怎么追随太阳的呢？日出而作，日入而息。更深远地说，太阳出现时，生命就存在了；太阳消失时，生命就灭亡了。万物皆因天道而存，因天道而亡，一点差池意外都没有。

**吾一受其成形，而不化以待尽；**

孔子说：生而为人，就应该踏踏实实地做好这个人，"既来之，则安之"。生而为人，不想做人的非常多，比如，有眼耳鼻舌身意，却觉得负累；生为人身，却想脱壳而去；还有一味将着眼点放在来生、天国上的。比对这些，孔子的意思就显现了，做人起码要正视和直面人生吧。

**效物而动，日夜无隙，而不知其所终；**

根据环境变化和外物影响去做事情，时时刻刻都应如此，而不去考虑何时结束。的确，生之于世，我们都是如此，时刻都在已知或未知力量的指引下作出响应、采取行动，对于终结却是很抵触的，甚至极度回避。

**薰然其成形，知命不能规乎其前，丘以是日徂。**

人包括一切生命都是自然萌生成形的，生命中遇到的很多事也是这样，遇到什么就是什么，并不能提前预知、防范和规避什么，所以每天都毫不停息地奔走着。这就是我们常说的，有钱难买"早知道"。因为不知道，人生走了很多弯路的，社会发展同样走了不少弯路。回头再看看，可更改调整的东西是大量的，时间已然不允许了。因此"早知道"就成了口头禅，成了生存与生活的逻辑之一。如何才能"早知道"，才能活得更高效呢？卜筮、看相、算命就产生了，无非是人们对于吉凶祸福想要有及早的知悉和准备。

**吾终身与汝交一臂而失之，可不哀与？**

这句打了个比方：因为相遇相识，我与你颜回才能以师徒好友的身份，天天坐而论道，并有诸多交集；而如果此生我们压根就不认识，该是怎样的遗憾与悲哀呀！其实，也不会有任何遗憾和悲哀，因为不知道错失错过了什么，又会有什么感触呢？

**女殆著乎吾所以著也。**

这就有个转折了，我们之间的交往，你只看到了我身上显性的一面。这也告诉我们，一个人对于另一个人，不可能尽知全貌，不可能，也没有必要，只能是见其所见、不见其所不见。

**彼已尽矣，而女求之以为有，是求马于唐肆也。**

这句话道得很深，无法从字面上来理解。人身上有显性的东西，一个人认识另一个，基本是从显性方面来认识的。但人身上显性的东西的表面性，与内在并不一致；比如，看到一个人高兴或难过时，说不定那个高兴与难过劲早就过去了，也可能脸上明明在笑，心里却是难过的；表面上看着很哀伤，其实是暗自高兴的。孔子的意思是：你颜回看到我的这些情况都是表面现象，有些早已成为过去式了。你却还在琢磨专注于这个。这个做法，就像马市散场后才来买马一样，明显是不恰当的。

**吾服女也甚忘；女服吾也甚忘。**

"服"的意思比较复杂，大意指活着的状态、全部的言行，有驯顺的意思。这句是说，虽然我们关系如此密切，甚至引为知己，但我活着的状态和所有言行，你肯定有很多注意不到和忽略的；你活着的状态和全部言行，我也有很多注意不到和忽略的。或者说，很多年后，一个人能记着的关于另一个人的言行是非常之少的，大量的已然淡忘。实则，淡忘再正常不过了，主动地忘才好，没有羁绊和负累。这句的核心意思是：我们对于双方活着的状态吧，其实没有必要太过注意和计较，应该有个豁达的心态，核心意思是"相忘于江湖"。

**虽然，女奚患焉！虽忘乎故吾，吾有不忘者存。**

即使如此，你也无须担忧。虽然肯定会忽略或遗忘我过去的很多东西，但也有一些是长存不忘的。从这里可以看出，人都是以自我为中心的，对于他人的关注与研究，总是有局限的；也就是说，一个再怎么了不起的人，我们怎么可能完全认识呢？再说了，也没有这个必要嘛。一个人对于其他人，知道需要知道的东西就可以了，至于其他的，不知道可能更好，也并不影响什么。世间的事情大多就是这样，很多事情不知道没关系，知道了就像欣赏到了一片绝美的景色一样，外在见识与内心的丰富程度是截然不同的。

孔子的意思是：你颜回只看到了我身上显性的光鲜的一面，真实的我你则未看到或者忽略了。对于这些显而易见的东西，还是不去注意或忘记的好。人与人之间，彼此只须关注灵魂，或者干脆相忘。这里需要特别注意个"忘"字，庄子很推崇的状态。普通人觉得善忘不好，但庄子以为"忘"是一种最高的状态。将很多事、很多人乃至自己都忘掉，岂不是安然自得吗？但这个"忘"说着容易，真做起来却最难，想忘的，反而是忘不掉的；从这个意义上来说，"忘"实则成了强调与提醒。

## 木头人

一次，孔子去见老子。老子刚刚洗完头，正披散着头发晾晒，一动不动的样子好像木头一样。当时，孔子也就不便惊扰，只是静静地在一旁候着。过了一会儿，老子头发晾干了，也有动静了，孔子便上前拜见老子，他好奇地问："是我眼睛花了，还是真实情况就是如此呢？刚才先生站在那里，形容枯槁，像一截木头一样。似乎是离开了人世，超脱了万物而独立于世界之外？"

老子："吾游心于物之初。"他的意思是：刚才呀，我的心正悠游于万物初始时的虚空道境。

孔子不解地问：什么意思？

老子说了这么几句："心困焉而不能知，口辟焉而不能言。"其意为：心中困顿无法确切感知，也寻找不出确切的语言来表述。人生中这种情况并不少见，很多东西是懵懵懂懂的，无法确知；很多东西似乎清清楚楚却无法言说。

**尝为汝议乎其将：至阴肃肃，至阳赫赫。肃肃出乎天，赫赫发乎地，**

老子说，我就试着给你说个大概吧，能否领会，就看你自己了。天地之间，至阴的必然肃肃，至阳的必然赫赫。肃肃与赫赫是两种状态，肃肃者来自于天，赫赫者发于地。这里看似说反了，其实没有任何问题，有个词叫肃杀，与五行中的金相关，与四时的秋有关，就是来自于天的。至于赫赫，地上的一草一木出土后都是昭然赫赫的，因而是生发于地的。我们看阴阳的机理似乎就这样，土地给予万物的作用是极活泼的，所以称为赫赫；上天给予万物的作用则是极其严格的，因此称为肃肃。

**两者交通成和而物生焉，或为之纪而莫见其形。**

天地之气交合产生了万物，这两种阴阳之气好像支配着一切，但却没有任何形迹，是不可见的。

**消息满虚，一晦一明；日改月化，日有所为，而莫见其功。**

"消"，指消逝；"息"，指增长，不是今天的消息之意。《周易》的"十二辟卦"也叫"消息卦"，就是阴爻与阳爻增与减、消与长的意思。"满"与"虚"，指盈与亏。这句是说：天地间的事情都是阴阳一体、正反相承的，比如消与息、盈与亏、明与暗，等等，日改月化，每天都有新的变化，有的是量变，有的是质变，人往往察觉不到，也不知是谁的手笔。

**生有所乎萌，死有所乎归，始终相反乎无端，而莫知乎其所穷。**

生发，一定有个来由；死亡，一定有个归宿；从整体上来看，生生死死无始无终，并不能找到起点与终点。

**非是也，且孰为之宗！**

除了掌控天地人与万事万物的这一切，还有谁能称得上主宰呢？老子的意思是：天地间的事非常之神奇，仔细体味就是了，很多事情并不是用来搞清楚的，也搞不清楚。

孔子问：那么，刚才你说的游心于物之初是什么意思呢？

老子答："夫得是，至美至乐也。得至美而游乎至乐，谓之至人。"这两句的意思是：懂得游心之道，就会体味世界与人生的至美与至乐。能够悠游于至美至乐之境的，就算至人了。这个"游"就是无忧无虑的"逍遥游"；这个"至"即大美与真乐，是内心的高度自觉，不依赖于外物的感觉。然而需要注意的是，能够当得起"至"的，绝非普通人，一定是少之又少的悟道之人。真达到了这样的境界，也全然是个体的事，他人是无法理解与分享的；因此在他人眼里，"至"倒真不是一个值得羡慕的状态，而是一种大孤绝、大寂寞。

孔子："愿闻其方。"其意为：很想听听，具体怎么才能做到。

老子："草食之兽不疾易薮；水生之虫不疾易水。"这句的意思是：食草的动物，不怕变换草地，到哪里都是吃草；生活在水里的小虫子，也不怕变换水域，到哪里都很容易适应的。这是说寻常普通生物的，言外之意即不讲究适应性才强大；讲究来讲究去，则没法活。

**行小变而不失其大常也，喜怒哀乐不入于胸次。**

这句话说的是食草者、游水者等的生物之常理。它们之所以适应性强，活得很好，是因为既从容于小的变动也保持着大的常态，不因自身好恶和喜怒哀乐等情绪性的东西而改变习性，才安稳而顺遂。

**夫天下也者，万物之所一也。**

所谓天下，并非一个空间概念，而是万物和谐融洽的集合，其中的寓意很多，最直观的一条是"和而不同"。

**得其所一而同焉，则四支百体将为尘垢，而死生终始将为昼夜而莫之能滑，而况得丧祸福之所介乎！**

能够悟到天下同一的道理，并自觉遵循这个"一"，融入这个"一"，即使是躯体化为尘埃，也不过是像昼夜一样的寻常事罢了。以这样的态度看待生死，就会坦然、淡然而不受任何影响，更何况得失祸福更是影响不到。

**弃隶者若弃泥涂，知身贵于隶也，**

生之于世，哪个人不是奴仆，不是诸事缠身呢？即使贵为帝王，不也有囚徒的一面吗！人吧，能够将自己的奴隶、囚徒身份看清，并寻求解脱、主动抛弃，就是莫大的功德了。对于人而言，独立与自由是比其他任何东西都可贵的。认识到这个才会有视钱财如粪土、弃名节如敝帚的行为。

**贵在于我而不失于变。**

轻视外物的可贵之处在于，无论如何变而不离其宗，也就是不失自我，始终保持独立与自由。这个独立与自由无须任何修饰，不能加上意志精神之类的，否则意志就又走到老庄的反面了。人的独立与自由，就像树与石头的独立与自由一样，并不绝对地安于一个局限，发枝散叶或岿然不动，这恐怕才是大境界、真境界，而不是树非要长得比天高、石头非要比铁还硬一样。

**且万化而未始有极也，夫孰足以患心！已为道者解乎此。**

宇宙本身就无穷无尽，宇宙间万物的变化同样无始无终，因为一丁点小事就积郁于心，甚至视为大患，怎么能行呢？怎么能说是懂得并遵循道呢？关于这一点，修道的人是了解并懂得的。其实，道的意义不仅仅是主宰万物，还在于使人从容悠闲地活着。

听到这里，孔子由衷地赞叹道："夫子德配天地，而犹假至言以修心；古之君子，孰能脱焉！"他的意思是：夫子啊，你的修养堪与天地相配，却非常之谦虚，尚且借助关于"至"的言论来修养身心。古代的君子们，大概都具有这样的好德行吧。

老子："不然。夫水之于汋（zhuó）也，无为而才自然矣。至人之于德也，不修而物不能离焉。"他的意思是：不是这样的，德行就像水在地下喷涌和流动一样是自然而然的，哪需要特别的修行呢。至人的德行也是这样的，根本无须这样修那样修，顺遂于万物，万物就会顺遂于至人。

**若天之自高，地之自厚，日月之自明，夫何修焉！**

天之高是自然而然的，地之厚同样是自然而然的，日月的明亮也是自然而然的，其中没有一丝牵强的东西。这些天地间最著称的，最高、最厚、最亮的东西是修来的吗？是能够修来的吗？恐怕不是，也不能吧。人呢？为什么总想修这修那的，总想着最高最深最大最亮之类的呢？

听了老子这番话，孔子出来后对颜回说：真是长见识了！我孔丘之于道吧，就好像是醋瓮酱缸里的小虫子一样，如果没有老子揭盖般的一番启示，哪里会看到天地的广大呢！

## 杀 儒

鲁哀公，姓姬，名将，春秋时期鲁国的第二十六任君主，也就是敬重孔子并迎回鲁国的那位诸侯国王。尽管他想有所作为，无奈"三桓"势力太大，想请越国出兵援助，受到"三桓"攻击，死于归国途中。鲁哀公为何没有作为，从以下这则故事可见端倪，即他是典型的有想法却没有办法的人，行事拖泥带水，不够果断和干练，最后酿成了悲剧，因而谥为"哀"。

一次，庄子拜见鲁哀公（这件事是虚拟的，这两人不是一个时代人，见不着的）时说的很多人很多事情都是如此，因此重在看义理即可，考证其是否荒谬或合理就完全没有必要了。

哀公说：我鲁国多儒士，与先生同道的并不多。

言外之意，你庄子跑鲁国来做什么呢，又没有同道之人。

庄子说：在我看来，鲁国并非是多儒士，而是太缺少儒士了。

哀公不解地问：放眼鲁国，举国都是穿儒服的，怎么能说儒士很少呢？

庄子说了这么段话："周闻之：儒者冠圜（yuán）冠者知天时，履句屦（jù）者知地形，缓佩玦者，事至而断。"据我所知，儒生吧，戴圆帽子的懂天时，穿方鞋子的懂地理，所戴玉玦用五色绳子穿系的行为果断。用今人的眼光来看，这个显然是形式主义，全是华而不实的东西。

**君子有其道者，未必为其服也；为其服者，未必知其道也。**

君子吧，掌握某一专业或道行的，未必穿某种特定的服装；穿某种衣服的，也未必就是这个专业或道行的人。庄子的意思已经是够清楚了，即称职的官员未必都会着官服，着官服的未必都是称职的官员。

**公固以为不然，何不号于国中曰："无此道而为此服者，其罪死！"**

国君你根本就没有意识到这个问题。这样吧，你干脆下一道命令：凡不通儒道、不是儒生却着儒服者，处以死罪，一律杀掉。而后，你再看看会出现什么情形。

哀公照做，一道命令下去，五天后，鲁国街面上没有穿儒服的了。唯独一个男子穿着儒服，在朝门外侍立。哀公便召这个人询问国事，果然名副其实、对答如流。

庄子长叹：现在看来，鲁国真正的儒士就这么一个，多吗？

这则故事虽短，可以解读出的东西却非常之多，大体有这么几点：第一，庄子的思想在当时以及历史上正统士人的眼里，是荒诞不经的昏话。但以今人的眼光来看，其"无用之用"理论扩展到全人类的精神领域，即扩展了什么是人、如何活着等问题。在当时能理解领会其精神的，也就算是真正的儒士了。因此，庄子经常编一些关于孔子和儒生的故事，看似在编派孔子，实则是一种对话交流，更准确地说是思想争鸣。第二，一个行当但凡有点名气，一定不乏浑水摸鱼、滥竽充数的人。哀公看重儒士，鲁国便满街都是儒士。这点在任何时代都一样，主事者当明辨真伪。第三，穿衣戴帽这套不过是文化的表面，而如果将这个当正事抓，肯定是舍本逐末的。

## 百里奚养牛

**百里奚爵禄不入于心，故饭牛而牛肥，使秦穆公忘其贱，与之政也。**

这个典故的具体细节在史书中已经写得很清楚了，在此不作赘述。百里奚在秦穆公时曾任相国。百里奚这个人行事很有远见，做事心无旁骛。做事只专注于事，而不是做给人看，并不根据人们的意见决定该怎么做。正因为百里奚做事不计名利得失，只埋头办事情，在养牛时能将牛喂得很肥壮，后来受到了秦穆公的赏识，治国理政也很有政绩与口碑。对于百里奚这个人，孟子有"百里奚举于市"的赞誉，民间也有"百里奚，五羊皮"的说法，青年学子们应该仔细读读，足以励志。

**有虞氏死生不入于心，故足以动人。**

"有虞氏"即舜，是个大孝子，父亲、继母和弟弟象三番五次想加害于他，舜每次脱险后都不记恨，因而受到了尧的赏识，将女儿嫁给他，并禅让天下。这则我们耳熟能详的故事，庄子也没有过多展开，放在这仅仅则为一个注脚，尽管不是很协调。

## 宋元君画画

宋元君要画一幅山川巨图，画师们都到了。国君画画，估计很多官员也都到场了，纷纷靠上前来，润笔的润笔，研墨的研墨，实在没事做的，在旁边捧个场。但有一个画师姗姗来迟，进来转了一圈后，没有任何表示就走了。这个画师的行为，立即引起宋元君的不满和注意，派人去看这个画师在做什么。

派出去的人回报说：这个画师光着膀子在床上坐着，无所事事。

宋元君一听说：好啊，这才是真正的画师。

很牵强很费解的一个故事。

国君画画有人逢迎，有人未予理睬。

未予理睬的人，国君虽然不快，但不能显得气量太小，因此随口夸了一句。

事实上，从国君派人专门探查这件事就可以看出，这个宋元君是个心胸很窄、疑心很重的人，最终将内政外交搞得乱哄哄的，误国误人。

## 无心钓鱼的钓鱼人

周文王姬昌到"臧"（虚构的地名）视查民情，见一老年男子正在钓鱼。这个钓鱼人很奇怪，与其他钓鱼人完全不同，在钓鱼似乎根本就无心钓鱼，只是做做样子罢了。

与渔父交谈后，文王想重用此人全权负责西岐事务，又恐怕渔父出身低微、来路不明，父兄和大臣们会反对；想不用此人，又觉得可能会失去一位大才贤人而惋惜。于是乎，就玩了点政治手腕。一天早上召集大夫们说：昨晚我做了一个梦，梦到一位贤士，肤色很黑，留有长髯，骑着一匹杂色的马，马的半边蹄子是朱红色的。这个骑马人边跑边对我喊："寓而政于臧丈人，庶几乎民有瘳(chōu)乎！"这句的意思是：让臧地那个老丈人来管理国政，国家民众就有救了。

古人重梦，以为梦是鬼神所托，有重大寓意，因而大夫们均精通解梦。

听文王这么一说，诸大夫们就说：梦中的这个人不就是先君嘛。

文王：既然如此，就赶快占卜是吉是凶。

诸大夫的态度：既然是先君之命，就不要再怀疑了，又有什么好占卜的呢？照做就是。

于是，迎回钓鱼人授以国政。钓鱼人任国相后，也没有烧三把火之类的新举动，而是"典法无更，偏令无出"，还是遵照执行西岐的各项法令，并没有什么新的招法。

三年以后，文王巡视国内时却惊奇地发现，国情民风发生了根本性的变化："则列士坏植散群，长官者不成德，斔斛不敢入于四竟。""斔(yǔ)"，即一种量器，六斛四斗为一斔。这句的意思是：过去扎堆的朋党集团悄然离散了；各级官员履职尽责，而不另搞一套以成就自己的声名；他国度量衡等器物也没有流于国内私自乱用的。

**列士坏植散群，则尚同也；长官者不成德，则同务也，斔斛不敢入于四竟，则诸侯无二心也。**

士大夫阶层不结党营私，则说明有共同的事业追求，上下同其心；官员们无私德问题，则说明大家都投身于国家事业；他国的度量衡没有流入，说明与诸侯们的关系很和谐，没有争斗或拆台的。

文王大悦，尊此人为太师，自己谦恭地站在下首问政："政可以及天下乎？"文王的意思是：如此治国理政的方式可以推行到整个天下吗？须知，文王只是个诸侯，一项政令能否推行天下，是一个诸侯所要操心的事吗？上面有天子呢。从这明显可以看出，文王对天下是有想法的。

对于文王的问话，此人不置可否，没有应答，当夜这个人就悄然逃遁了，再也没有出现过。我们知道，历史上受文王赏识的钓鱼人就是姜子牙，帮助西岐推翻殷商，取得天下。很显然，这是调侃姜子牙的。

那么，至于这个钓鱼人真实与否等诸多问题，我们其实大可不必关心。庄子的看法是，文王、姜子牙的行为纯属没事找事、多此一举，如果不推翻殷商，何来周朝？如果没有周朝夺取政权这套，何来春秋战国的纷然大争？不只道家，儒家也有这个观点。其中的逻辑很清楚：文王没带好头，教唆儿子依恃武力夺取了他人的政权；到头来呢？自己子孙的政权也在他人虎视眈眈中岌岌可危。

对于这个事情，颜回问孔子：文王的德行似乎没有超凡入圣吧，任用这个钓鱼人为什么还要假托做梦呢？

孔子的回答很有意思："默，汝无言！夫文王尽之也，而又何论刺焉！彼直以循斯须也。"他的意思是：闭口，这种事不得可妄言，文王那么尽善尽美的一个圣人，为何要私下怀疑讽刺他呢？他只不过是做了件顺水推舟、顺应时势的事罢了。

事实的确如此，文王是注重实务的，从目的出发，从追求最佳效果出发，做了应该做的事情。如果总是计较于方法手段的正当性，就成呆头鹅了，能干成什么事情呢？比如，打打杀杀不好吧，敌人强盗都打杀到家里来了，用酒肉招待、用仁义感化，行吗？无须过于拘泥，因此，那些也都是顺应天意民心的事。

## 无心之射

这个故事在《列子》一书中也有记载，几乎是原封不动地搬来的。

列子的箭法很高，一天为伯昏无人（虚构的人名）表演连射的技艺。肘部放着一碗水拉弓速射三箭，在射出的第二支箭还未飞到箭靶时，第三支已经上弦待发了。自始至终，列子身体保持纹丝不动，像一具雕像一样。

按说，这一技艺已经算得上出神入化了，伯昏无人却不以为然：你这是有心之射，并非无心之射。这样，我们两人登上高山，站在崖边的危石上，下临百仞之渊，看看你还能不能做到这样轻松自如且箭无虚发。

于是，二人上了一座高山，伯昏无人站在崖边危石上，面临百仞之渊，脚三分之二分落在石之外，招呼列子一块站上去。到了石头上，列子吓得伏地不起，紧张得汗水从头直淌到了脚后跟上。

见此情形，伯昏无人说："夫至人者，上窥青天，下潜黄泉，挥斥八极，神气不变。今汝怵（chù）然有恂（xún）目之志，尔于中也殆矣夫！"这句的意思是：至人即使上到天上，潜入黄泉，纵横八方，也是神色不变的。今天我们才站到这个地方，你就吓成这个样子了，想射中恐怕很难了。

庄子的言外之意为：你列子的修养功夫还有精进的空间呢？天外有天，人外有人。小子，还是继续潜心修习，莫四处炫耀吧！

## 三起三落

孙叔敖，一个传奇人物，曾任楚国令尹，能力很强，功业很高，为人则很低调。在诸多文学艺术作品中，其典型形象都是一个老人，实际上其人只活了三十八岁。

肩吾问孙叔敖：你三次任令尹而没有一丝傲色，三次去职而没有一丝忧虑。对此，我很是怀疑，以为你是装出来的。现在看你的眉目之间确实是坦然清澈的，没有任何藏着掖着的样子。请问，你是怎么做到三起三落而不动心的呢？

孙叔敖说："吾何以过人哉！吾以其来不可却也，其去不可止也。吾以为得失之非我也，而无忧色而已矣。"他的意思是：我哪里有什么过人之处啊，我以为吧，诸如升迁贬谪这样的事情根本就不是我能决定和左右的，因而事情来了就来了，没办法推辞；去了就去了，没办法阻止。既然得与失都由不得我，就顺其自然了，有什么好得意好忧心的呢？

**我何以过人哉！且不知其在彼乎，其在我乎？其在彼邪？亡乎我。在我邪？亡乎彼。**

我哪有什么过人之处啊！相反，我根本就搞不清楚，一个人情绪的变化应该系挂于职务升降这个事呢？还是与任何外物无关，纯粹是内心的事？既然如此，如果在于职务上的升降，压根就与我无关；如果纯粹是内心的事，就与职务升降无关，如此一来，何喜何忧呢？

**踌躇，方将四顾，何暇至乎人贵人贱哉！**

吧，现在肩上有担子，手中有事情，有些是要踌躇而细心思虑的，要兼顾各方而认真办理的，哪有时间想诸如贵贱这些事呢！

短三句话，孙叔敖的形象就很是高大丰满了。完全可以看出，这是个具八，是个纯粹的人，是个埋头认真做事而不计较得失的人。这样的人，历史上并不多，但都是令人肃然起敬的人。

对于孙叔敖，孔子的评价是："古之真人，知者不得说，美人不得滥，盗人不得劫，伏戏、黄帝不得友。"他的意思是：古代的那些真人吧，做人很是纯粹和通透，很有主见，也非常独立，常人眼中的智慧者说服不了，美人诱惑不了，强盗要挟不了，甚至伏羲、黄帝无法以之为友，可见这些人是多么遗世独立。

**死生亦大矣，而无变乎己，况爵禄乎！**

生死对于人而言是大事吧，这些人根本就等闲视之，不为所动，更何况是爵禄这些琐事，他们怎么可能放在心上呢？

**若然者，其神经乎大山而无介，入乎渊泉而不濡，处卑细而不惫，充满天地，既以与人，己愈有。**

这样的人，其精神才是真正意义上的天地精神，可以轻松穿过大山而没有任何阻碍，可以随意入于深渊而不会沾湿，地位卑下而不颓废，充塞于天地之间，把他的全部无私地给予他人，自己反而是愈加丰富。

什么是大写的"人"？这就是；什么是天地精神，这就是。其中有两个说法：一个是"卑细而不惫"，与儒家"君子固穷"的意思有类似之处。做到这一点，是需要有一颗强大的内心的；也只有内心强大到一定程度，才可以坦然面对任何俗世中不好的甚至是负面的事。另一个是"既以与人，己愈有"，给予他人的越多，自己就越多。注意，并不是给予他人一碗水，自己要大于一碗水的意思。而是说，给予他人一碗水，就是对一个人的爱心；给予天下人一碗水，就是心怀天下的大爱。给予他人一点微光，心中是光明的；给予天下以光明，就是日月星辰般的存在。其中的意味很难用语言来表述。

## 存或亡

凡，古代国名，地处今河南省辉县一带，灭亡于春秋中期。凡国是小国，艰难求生于诸侯夹缝之中。

一次，楚王与凡君一起谈事，楚王的左右根本就没有将凡君放在眼里，也跟着插话，一会工夫，关于"灭凡""凡亡"等就说了好几遍。

对此，凡君认为："凡之亡也，不足以丧吾存。夫'凡之亡不足以丧吾存'，则楚之存不足以存存。由是观之，则凡未始亡而楚未始存也。"凡君的意思是：即使凡国亡了，也无法抹去凡国曾存在这么一个事实。同理，既然凡国的灭亡，影响不到凡国的存在；那么，楚国当前的存在与强大，恐怕也并不能保证永远就这么强大和存在吧。这样看来，是否也可以这么理解呢？凡国不曾灭亡，楚国也不曾存在。明显有点儿诡辩，偷换了概念。谈及凡国时，凡君存亡的意思是指地理空间上的，而不是政权；谈及楚国时的存亡时，凡君用的概念又是时间上的。说法很是微妙。凡君的逻辑：既然都有一死，那么，活过的就是活过的，死了的就是死了的，大家彼此彼此嘛，如此强势做什么呢？但这个说法也仅仅是说法，历史有个终极目标，也有个所处阶段的问题，对于具体人、具体事、具体国家而言，更是如此。今天来看，楚国与凡国的存在确实是这么回事，亡了的未必亡，存在的未必存。但在当时那么一个历史阶段，绝对存在一个兴衰强弱的问题。

凡君作为一个小国的国君，抱着这种态度，以这样的逻辑回击强国的威胁，看似很聪明睿智，实则是做国君的很不称职。以这样的方式治理国家，不弱不亡才怪呢。

# 拾肆　山　木

## 树与鹅

按照张岱《自为墓志铭》的说法，生而为人，生之于世，人人都是有所爱好的："极爱繁华，好精舍，好美婢，好娈童，好鲜衣，好美食，好骏马，好华灯，好烟火，好梨园，好鼓吹，好古董，好花鸟，兼以茶淫橘虐，书蠹诗魔……"张岱对于上述无有不好，我们每个人也各有所好。而世事俗务因此就有有用与无用之分了。有助于实现爱好的，就有用；无助于实现爱好的，就无用。这是人间的事，其中有着很多的启示启发。庄子则根本就跳出这些，其心胸见识超然太多。张岱也有悠游置身于贵贱、贫富、文武、谄骄、强弱、名利、智愚之外的意思。古往今来，真正能置身世外的又有几人呢？庄子是名副其实的一个。想想，人就这百十来斤，由成分相同的物质所构成；但同样物质构成的人，却又何其不同，简直有着天渊之别。

一日，庄子在山中碰到一棵枝繁叶茂的大树。伐木者只伐取旁边的树木，并不动这棵树。庄子好奇地上前问：何以不伐这棵大树呢？

伐木者："无所可用。"（这棵树虽大，但不成材，毫无用处。）

听了这话，庄子感慨：这棵树，因为不成材而长寿，而终其天年，实在是令人深思啊！

庄子出了山，住在朋友家。朋友非常高兴，让儿子杀鹅招待。

儿子请示：两只鹅，一只会叫，一只不会叫，杀哪只呢？

主人答：杀不会叫那只！

两个故事对比，就更是意味深长了。

一路跟随的弟子就问庄子：昨日山中的大树，因为不成材而终其天年；今天主人家的鹅，因为不成材而死。先生想做一个什么样的人呢？

这确实是个问题，庄子强调"无用之用"，树无用而活，禽无用而死，看来事情并不简单，不能绝对化呀！

庄子笑着讲了这么一段话："周将处乎材与不材之间。材与不材之间，似之而非也，故未免乎累。"其意思是：我呀，想处于成材与不成材之间。究竟成材还是不成材呢？高不成低不就的，肯定免不了世俗之累。其实，这么一个问题哪能有什么标准答案呢，而且关于活着的问题是相当复杂的，哪能一概而论呢！

这句之后，庄子话锋一转："若夫乘道德而浮游则不然，无誉无訾(zǐ)，一龙一蛇，与时俱化，而无肯专为。"其意思是：最好的做法，遵道守德，浮游于世而不染一丝尘泥，无誉无毁，能屈能伸，若龙若蛇，与时俱化，而并不固守拘泥于某处或某个执念。

庄子这几句话很有智慧，其中这几点对后世影响极其之大：

其一是"浮游而不然"。即始终保持在生活的表面，不深入沉溺于任何东西，也就没有任何羁绊。最简单的道理，不去爱任何东西，就不会为任何东西所动。

其二是"与时俱化"。今天所讲的"与时俱进"，就是从庄子这来的。"化"字比"进"字要灵活自在得多，"进"是有明确方向的，是向前的；而"化"呢？万变而无端，颇有神龙见首不见尾的意思。

其三是"无肯专为"。生命的目的是什么？或者说生命有目的有意义吗？庄子将一切目的意义的说辞都否定了，活着就是活着本身，并没有特定的目的与意义。至于普遍认同的目的与意义，只是外界赋予或自己沾染的，抖落这些，人才能获得大自由大自在。这种理论是西方近现代哲学、文学中才大量出现的思潮，其实早在两千多年前，庄子就明确提出了。

**一上一下，以和为量，浮游乎万物之祖，**

我们的老祖宗注意到了阴阳对立的现象，因而基本是持二元论的，庄子也是。虽然持二元论，但他并没有二者必居其一，对万事万物的态度也并不明朗。强调的仍是采取浮游之态，上下进退之间，并没有个坚定不移的东西，而是"以和为量"，即以与所遭逢的人事物保持和谐的关系为衡量标准。这样才能获取一个高瞻远瞩的视角，无论看什么都是清清楚楚的。

### 物物而不物于物，则胡可得而累邪！

这种句式前面已出现过，"物物"是最常见的动宾结构，前一个是动词，后一个是名词，以物为物、驾驭万物的意思。这句是说，人是有智慧的，要以物为物，而不能被物所役使和控制。庄子的意思很明确，如果被物所役使，就是舍本逐末，必成生命的负累。因此，倡导人们保持清醒的认识。墨子的观点正好相反：人都是好名好利好富贵好财货的，这样驾驭控制人就很容易了，喜欢名的，用名来拴住；喜欢财的，用财来控制；喜欢地位的，用地位来牵系。还有管不好、管不了的人吗？很明显，道家的人物墨家约束不了。

### 此神农、黄帝之法则也。

庄子讲，神农、黄帝时代的部落氏族时期，人们就没有沉陷于物质之中。那么，人是什么时候沦陷于物的呢？私有制出现的时候。原始社会以狩猎采集为主，生产力极其低下，人口数量也不多，部落奉行平均分配勉强够，因此这方面矛盾不大。进入农业社会，随着生产力的提升，大量剩余产品出现，如何分配剩余这部分，就成了重要问题，从而也改变了权力的性质，将服务于公众事业的部落首领变为了主宰再分配的天子国君。国家的雏形出现了，事情也变得复杂起来。这也是老子强调"小国寡民"的原因之一，但老子只看到了问题的弊端，而解决之道并不得法。须知，人类社会是阶段式发展的，并没有个终极社会模式。任何阶段都有其局限和弊端，生于哪个阶段就要承受哪个阶段的局限与弊端，虽然也有致力于调整变革的意识，但往往是滞后而不彻底的。这是历史的必然，没有哪种社会模式能够逾越。说白了，没有一劳永逸的解决之道，任何纯粹的理想主义都是虚妄的。

**若夫万物之情，人伦之传则不然。合则离，成则毁，廉则挫，尊则议，有为则亏，贤则谋，不肖则欺，**

人类社会与自然万物，或者说人的意志与自然之道并不相合，往往是相左的。因此就有了很多乱象：

"合则离"，庄子讲的这几种都是大的历史现象，这句是说"合久必分，分久必合"，分合现象同样是由社会基本矛盾形成的，与人的欲望不无关系。

"成则毁"，有阳就有阴，有生就有死，有成就有毁。一样东西再怎么好，并不是一成不变的，肯定有衰落灭亡之时，只是时间长短的问题而已。

"廉则挫"，廉指正直，与老子所讲的"强而梲（zhuō）之，不可长保"（见老子《道德经》）一样的逻辑，刚则易折，直则易弯。

"尊则议"，尊贵扬显的，必然为人所关注和非议。这个很好理解，与今天的明星一样，越是名气大，人们的关注议论就越多；一个一文不名的人，谁会注意和理识呢？

"有为则亏"，什么都不做，就不会有错；事情做得多、做得大，错误就越大越多。从长远去看，尤其如此。比如，工业的发展一度是唯一的指标，随着环境问题的显现，才有了适度与综合的观念。

"贤则谋"，"木秀于林，风必摧之"，贤能的肯定会被算计，因为这个贤能可能挡他人求财谋官的道，或者干脆看着不顺眼，就可能动歪主意、邪心思。

"不肖则欺"，一个很不像样的人，谁都想上前打一拳、踢一脚，一个弱国、乱国尤其如此。

上面这七个方面的辩证关系，都是人类的基本问题和重大问题，古今中外一切理论都是围绕这个展开。春秋战国时期的诸子百家尤其如此，但只有道家提倡跳出事外看问题。

关于自己或人的无用，张岱的《自为墓志铭》中还有这么一段话："学书不成，学剑不成，学节义不成，学文章不成，学仙学佛，学农学圃俱不成……"虽然世人对此称呼很难听，败家子、废物等种种，但对照这七个方面认真想想，"无为"恐怕绝不是一无所成这么简单，其中也有深见。

**胡可得而必乎哉！悲夫！弟子志之，其唯道德之乡乎！**

其大意为：做事都有两面性，谁能义正辞严地一味讲求是是非非呢？简直是太幼稚太肤浅了。如果埋头事中无法脱身，才是真的可悲呀。弟子们，你们要牢记，种种理论都必有明显弊端，根本就无法自圆其说，而且会将问题搞得很复杂。唯独认识、掌握和遵循基本的规律原理才是明智的。

## 建德之国

市南宜僚，姓熊名宜楚，楚国贤人，住在市南，因此称市南宜僚。《庄子》多次讲过此人，究竟是一个还是多个，很难说。庄子用这个名字，应该与诸如东郭先生、南郭先生之类的相似吧，不确切，是拿其说事的。庄子用孔子这个名字也是如此。

一天，市南宜僚拜见鲁侯，见鲁侯面有忧色，便问："君有忧色，何也？"

鲁侯答：我认真地学先王之道，勤恳地修先君之业，既敬鬼又尊贤，做事身体力行，不敢有片刻的疏忽懈怠，但国家的祸患还是很多，故此忧心。

鲁国长期君弱臣强、内忧外患的，这个君侯真不好做。

市宜僚开导了这么几句：仅仅忧心能免除祸患吗？国君这个做法实在是太不明智了。你看那些漂亮的狐狸与富有花纹的豹子，它们的活法是：栖于山林，伏于岩穴，这是静；夜行而昼出，这是戒（警惕）；虽饥渴难忍，也绝不会大白天跑到江岸湖边寻找食物，这是定吧。即使如此地"静、戒、定"，如此地谨小慎微、惕厉警觉，仍免不了掉进罗网、中了机关。那么，它们有什么罪呢？它们的罪过无非是有一张人人羡慕的漂亮皮上衣。

**今鲁国独非君之皮邪？吾愿君刳（kū）形去皮，洒心去欲，而游于无人之野。**

这么来看，鲁国对你而言，就犹如狐狸和豹子的皮毛，是招惹祸患的根源。希望国君自觉去掉这张皮，涤荡内心，除去欲望，就会畅游于无人之境，就不会有这么多烦恼了！

从这可见，道家的看法与逻辑和佛教的非常相似。人的烦恼无非是因欲望而起，没有欲望不就没有烦恼了。然而，一个没有欲望的人，还是人吗？因此，"佛"从字面来看，实质是"非人"的意思。"道"则没这么彻底，修仙，做山中人。

**南越有邑焉，名为建德之国。其民愚而朴，少私而寡欲；知作而不知藏，与而不求其报；不知义之所适，不知礼之所将；猖狂妄行，乃蹈乎大方；其生可乐，其死可葬。吾愿君去国捐俗，与道相辅而行。**

南越有个名叫建德的小国。那里的民风非常之纯朴。纯朴到什么程度呢？市宜子用了这么几个说法：其一是"愚且朴"。这个愚是愚公之愚，而不是愚蠢。其二是"少私寡欲"。想法极其简单，不处处为我。其三是"知作而不知藏"。中国系农业社会，长期奉行"春生、夏长、秋收、冬藏"的，现代社会仍是这种思维。什么叫"知作不知藏"呢？并非字面意思的只知道耕作，不懂得储藏。实则是一种达观的生活方式，即干一天活享受一天。其四是"与而不求其报"。此处，即无论给予他人什么，根本不求回报，与我们奉行的"知恩图报"完全是两个概念。知与报的思维，发展到后来，连行善都是有目的的了，因此就出现了"求求你表扬我"式的逻辑，出现了"有心有善，虽善不赏"的理念。无论什么事，无意为之，才是最自然超然的一个境界。其五是"不知义之所适"。"义"，者宜也。义的存在，必然引发是与非之争。而建德人的字典里，根本就没有"义"这个字，也自然就没有是与非。其六是"不知礼之所将"。没有穿衣戴帽、举手作揖，哪有功夫讲究来讲究去。其七是"猖狂妄行，乃蹈乎大方"。此处即行事随心所欲，没有任何规矩约束，但符合大道，倒也大大方方。其八是"其生可乐，其死可葬"。此处即生则乐，死则葬，没有任何烦人的传统与承袭。

很明显，市南子讲的这个建德国类似传说中的"桃花源"。这种社会模式无疑存在过，但仅仅是极小范围内的，短期的存在，以封闭为主要特征。须知，人的思想情感极易受到外界沾染与影响，只有在小范围内封闭起来，才能维持一段时间。这种社会模式非常脆弱，稍有风吹草动，就会改弦易辙。市南子的意思是：国君不是想免除烦恼吗？赶快放下鲁国，去创建一个类似建德国的所在，这样就会与道同在同行，就不会有任何烦恼了。国君去国弃俗，遁入空门，自古以来做得最好最彻底的，就释迦牟尼一人吧，因此也就他敢说一句"天下地上，唯我独尊"。一个受到沾染、抱有成见的人，想清空一切，对里里外外进行重建，何其之难。对此，一般人也就是想想，享受享受思索的苦乐而已。

听了市南子的话，鲁侯说：那个建德国路远且险，途中山水阻隔，我无船无车的，根本就去不了，这可怎么办呢？

市南子说："君无形倨（jù），无留居，以为君舟车。"其意思是：放下君王的身份不就是车，远离现世享有的一切荣华富贵不就是船吗？行路渡河首先要解决车与船的问题，实质是方法路径的问题。如何去彼岸？根本就没有彼岸，彼岸就在心里，想到了就相通，自然就到了。

鲁侯："彼其道幽远而无人，吾谁与为邻？吾无粮，我无食，安得而至焉？"其意思是：到那里路途遥远、荒无人烟，谁来陪伴呢？而且，没有吃的，又怎么抵达呢？

明显就是畏难的托词，一个国君能放下一切，一心向道，简直是无法想象的。

市南子说："少君之费，寡君之欲，虽无粮而乃足。"贵为国君，九牛一毛就够了。但这种修行、这种上路的方式根本就不是钱财食物的事。减少每天的开支，淡化心中的欲望，即使无粮无食，千山万水也不过须臾光阴。市南子讲得很清楚，即去除一切烦忧的修行与外界无关，完全是内心的事，"静、戒、定"三力就是越山过水的修行。道家讲的"静、戒、定"，佛教讲的"戒、定、慧"，其间有诸多相通之处。

**君其涉于江而浮于海，望之而不见其崖，愈往而不知其所穷。送君者皆自崖而反，君自此远矣！**

这几句有点儿"昨夜西风凋碧树，独上高楼，望尽天涯路"的境界了。修行吧，在路上吧，会有这么一个阶段，你涉于江、浮于海上，四顾茫然，无穷无尽。连当初送你的人也不见了，天地间仅你一人而已。过了这个大孤独的境界，就会有高山大河的眼界与胸怀。

**故有人者累，见有于人者忧。故尧非有人，非见有于人也。**

手下有人要去管束，就一定会受累；同理，处于他人手下，被他人所管束，就难免犯愁。因此，圣明的尧不想去管他人，也不想被他人所管，将天下交给舜后就不知其所终。

**吾愿去君之累，除君之忧，而独与道游于大莫之国。**

我衷心希望你能减除劳苦和担忧，独自悠游于天地自然之道和无边无际之境。

**方舟而济于河，有虚船来触舟，虽有惼(biān)心之人不怒。有一人在其上，则呼张歙(xī)之。一呼而不闻，再呼而不闻，于是三呼邪，则必以恶声随之。**

如何享受无人之境呢？市南子打了个比方，即如同泛舟河上，假如有一只无人操纵的空船撞上来，一定不会发怒，即使脾气很坏的人也不会发怒。根本就没人，跟谁发脾气呢？假如撞击的船上有人，就一定会大声喊叫让他停下来；第一声对方没听到，就会喊第二声、第三声，甚至还要破口大骂。

**向也不怒而今也怒，向也虚而今也实。人能虚己以游世，其孰能害之！**

市南子的意思是：刚才不发怒，现在却发怒了。为什么呢？刚才撞来的船上无人，现在撞来的船上有人。同样的道理，人如果能够把自己当作不存在一样而浮游于世，这样谁还能妨碍伤害到呢？

市南子所说的"虚己而游世"才是真正的大自由大自如，真正的逍遥游。


## 募捐铸编钟

募捐这个事说来简单，是自觉自愿的，翻翻历史，其实强行或变形摊派的多，民众多有看法和怨气。卫国官员北宫奢想为卫灵公铸造一套编钟，或者卫灵公想让北宫奢铸造一套编钟，但一分钱也没有下拨。北宫奢便在城门外筑坛，以募捐的形式筹集资金铸钟。仅仅三个月时间，一套编钟就铸成了。

铸钟需要大量的铜，当时的人铜金不分，而这些都属于贵重金属。铸一套编钟，国库不掏一分钱，三个月时间即铸成，确实是个奇迹。

王子庆忌好奇地问北宫奢：这么快捷高效地办成了这件事，有什么诀窍呢？

北宫奢："一之间，无敢设也。奢闻之：'既雕既琢，复归于朴。'"其意思是：我什么诀窍也没有。我听说，雕琢等艺术的高明之处在于返璞归真，也就是好玉不动刀的意思，与其雕来琢去倒不如不事雕琢。因而，"侗乎其无识，傥(tǎng)乎其怠疑"。对于筹集资金这件事的态度很直白，没有任何弯弯绕，也没有动用任何方法手段，一切都是公开进行的，就是为卫君铸钟。铸钟有维护国家正统的意义，大家看着办，从而打消了一切疑虑戒心。


**萃乎芒乎，其送往而迎来。来者勿禁，往者勿止；**

募捐是完全自愿的，有钱出钱，有料出料，有粮出粮，有工出工，总之什么都行，来者不拒，去者不留，没有任何强迫为难的做法。

**从其强梁，随其曲傅，因其自穷。故朝夕赋敛而毫毛不挫，而况有大涂者乎！**

对于铸钟这件事，肯定也有持反对意见或不配合的，但大部分是理解支持的。无论反对的还是支持的，都须正确对待，最大限度地动员全国人力物力财力。因此，虽然钱财筹集得很顺利，铸钟进展得很快，但并没有人认为铸钟这件事对自己的利益有实质性的损害。

这件事告诉我们一个朴素的道理，没有技巧是最大的技巧，尤其对于人心而言。坦坦荡荡、大大方方地推进工作可能比任何奇谋妙计都更加奏效。至于北宫所讲的还有更高明的办法的说法，实则是谦虚之至了。最好最大的办法，就是不讲方法手段。看似在讲铸钟，实则在讲国家如何治理，人心如何凝聚。


# 东海之鸟


孔子周游列国，曾被陈、蔡两国民众误认作强盗，受到攻击与围困，七天没有吃上一顿热饭。当地一个姓任的老隐士前往慰问，一见孔子就感叹：先生这次受苦受难了，差点没命了吧！

这次事件确实险象环生。孔子老老实实地答：是。

任太公问：你不想死吧？

孔子答：是。

见孔子态度蛮诚恳的，任太公便给孔子讲了段理论："予尝言不死之道。东海有鸟焉，其名曰意怠。其为鸟也，翂（fēn）翂翐（zhì）翐，而似无能；引援而飞，迫胁而栖；进不敢为前，退不敢为后；食不敢先尝，必取其绪。"其意思是：我给你讲讲不死之道吧。东海有一种名叫意怠的鸟。这种鸟吧，飞得很缓慢，看似一副柔弱无力的样子；从来都混在鸟群之中被带着飞，栖于鸟群之中而不独栖；前进时不敢领头，撤退时也不会留在最后；吃东西时不敢抢先，都是吃别的鸟剩下的。

看到这，关于这只鸟的理论就清楚了。这是在讲老子"三宝"之一的"不敢为天下先"。民间所讲的"不当出头鸟"，恐怕就从这来的，典型的道家理论。我们看动物世界，一只动物落单是最危险的，即使强大如狮子，也可能受到野狗群的攻击，更何况是一只鸟。

任太公接着讲："是故其行列不斥，而外人卒不得害，是以免于患。"其意思是：正因为这只鸟行事做派非常低调，所以在鸟群中从来不会受到排挤，外人也无法加害，自然免除了很多祸患。其道理很简单，鸟也有个领头的吧，这个领头的可不是想当就能当的，为了当领头鸟要经过怎样的打斗呀，输了的往往意味着死，是会被驱赶出群体的。鸟尚且如此，人类社会就更残酷了。再则，喜欢出头的，容易引起注视，被枪打箭射，比如羽毛特别艳丽、形体特别出众的鸟，往往是猎人的首选目标。

**直木先伐，甘井先竭。**

长得很直很粗的好木材肯定会先被砍伐，甘甜的井水肯定会先枯竭。接着，就是教训孔子了："子其意者饰知以惊愚，修身以明污，昭昭乎如揭日月而行，故不免也。"其意思是：你孔子吧，以智慧著称，足以羞辱一切愚者，能不引起嫉妒吗？过于洁身自好，使他人都显得过于卑劣，能不惹人厌恶吗？与弟子们如此招摇地行走于列国之间，能不招致祸殃吗？

任太公这个说法挺有道理的：你孔子自认天下第一智慧人、天下第一仁爱人、天下第一礼仪人，那么，所有不如你的不都站在其对立面吗？他们有意无意设个绊子、挖个坑就是常态，因此你孔子在这世间的路，注定不会平坦。

**昔吾闻之大成之人曰："自伐者无功，功成者堕，名成者亏。"**

这句话来自老子《道德经》，意思很直白：自我夸耀的人没有功绩功业，事情有成功就必然有失败，声名显赫的人必然在某些方面有所损失。历史上、生活中有大量这类生动鲜活的事例。

### 孰能去功与名，而还与众人？

问天下，哪个人能够舍弃功名，而甘愿做一个默默无闻、一文不名的人呢？有这种想法者多，真正做到的寥寥无几。

### 道流而不明居，得行而不名处；

大道也就是主导一切的原理与规律吧，是处于流动中的，并不固定于显眼的地方。遵循大道的行为呢？也肯定是内化于心，不显山不露水的，不会处于声名显赫之地。

### 纯纯常常，乃比于狂。

人吧，并不是一鸣惊人、与众不同才好，安于朴朴实实、平平常常的，才是真正的智者。

### 削迹捐势，不为功名。

做事不图什么、不留痕迹，也不去追求什么权势、伸张什么个人意志，这才是真正意义上的不求功、不图名。

### 是故无责于人，人亦无责焉。至人不闻，子何喜哉？

能够做到无求无责于人，也不为他人所求所责，才是纯粹的人吧。看看，你孔子热衷和追求的都是些什么呢？太不上道了吧！

这番话讲得够狠也够清楚。孔子脾气好，态度也端正，听后由衷地说：讲得好呀！

于是庄子笔下的孔子"辞其交游，去其弟子，逃于大泽，衣裘褐，食杼(shù)栗，入兽不乱群，入鸟不乱行。鸟兽不恶，而况人乎！"其意思是：孔子便中止了游历，离开弟子，隐于大泽，穿兽皮草衣，吃野生果实，与鸟兽为伍，与人的关系就更和谐了，从此远离一切祸患，再也无灾无难。

当然，这个结果是庄子杜撰的，不失为一个好结局，但孔子做不到。历史上的孔子，到死都还怀着经国济世的抱负。从诸多关于孔子的故事也可以看出，其人的谦恭好学与"知其不可为而为之"确实是名副其实的。对于人世而言，这些也的确是高贵的品质。

## 玉璧与婴儿

孔子对于自己郁郁不得志这件事很是想不通，便向隐士子桑雽(hù)发牢骚：我很是郁闷，两次被鲁国驱逐；在宋国的树下讲学，树都被砍伐掉了；在卫国吧，车子停留之处的地皮都被铲掉了；在商周穷困潦倒，在陈、蔡两国边界被围困。我遇到类似的灾难这么多，连亲人至交都开始疏远了，弟子朋友更是纷纷离散，何以会这样呢？

子桑雽给孔子讲了一个故事：你听说过当年假国（虚构的小国）之人逃亡的故事吗？这个假国呀，被晋国所灭，有个叫林回的人逃跑时，原本携带一块价值千金的玉璧，途中遇到一个号哭的弃婴，便扔下玉璧，抱着婴儿逃亡。他人不解地问：舍璧而选择婴儿为什么呢？因为钱吗？一个婴儿才能值几个钱；因为累赘吗？婴儿比玉璧是更大的累赘啊。不顾千金玉璧，而抱着一个婴儿逃跑，是很让人想不通的事。林回的看法是：选择玉璧者是出于利的考虑，选择婴儿是人的天性。出于利益考虑时，遇有穷困、灾祸、忧虑、伤害等情况时，就会相互舍弃。也就是说，总是出于利益考虑，就不会那么坚定，权衡后一定是害取其轻、利取其重；而出于天性，无论遭遇什么都会不离不弃。轻易舍弃与不离不弃是两种截然不同的状态和品格，因此，"君子之交淡若水，小人之交甘若醴"。"淡若水"，相互渗透又平淡无依；"甘若醴"，则有个彼此的利益在其中。这里，子桑雽还讲了一条很重要的交往原则："彼无故以合者，则无故以离。"那些没有什么必然的原因、必然的联系却走到一起的人与物，也会很轻易地分开。这个原则，人与人、国与国之间都如此。比如，两个人之间没有任何交集与纽带，彼此就是可有可无的状态，保持陌生最好了，非要纠缠在一起，会很不自然的。

子桑雽这番话的意思很清楚，即你孔子一生经历这么多，要好好反思反思，去这么做的原因是什么？如果是出于利害考虑，那么调整的空间就很大；如果是出于天性，那么无论遭逢什么都应该坦然对待，发自心底的选择嘛，有什么可怀疑可动摇的呢！这番话讲得不错，孔子也听进去了，并由衷地接受了。于是"徐行翔佯而归，绝学捐书，弟子无挹于前，其爱益加进"，其意思为：孔子放弃游历，心地平和缓慢悠闲地回到了家中，终止讲学，扔掉书籍，遣散弟子们，再没有前呼后拥的现象，却比以前更加受人敬重。其道理很简单，留下的都是知己。

过了段时间，两人又碰面了，子桑雽对孔子讲了这句："舜之将死，真泠禹曰：汝戒之哉！形莫若缘，情莫若率；缘则不离，率则不劳；不离不劳，则不求文以待形；不求文以待形，固不待物。"其意思是：舜临死前嘱咐禹说：你要警惕并谨记啊，最好的行为莫若随缘，最好的情感不如率真。随缘则没有离散之念，率真则没有忧劳之苦。随缘嘛，聚与散都等闲视之；率真嘛，就不会瞎操心。一个人的心性到了"不离不劳"的程度，就不会去伪装和修饰。不虚伪不修饰，就不会对外物有任何依赖和需求，这才是真正意义上的独立，又有什么苦恼呢？子桑雽引用的是舜和禹的事，实质是讲最高管理之道的。道家认为，最高最好的管理之道都是放羊放牛式的，散养而任其自适其适，多少有点无政府状态的样子。

这个故事与前一个不同，尽管都是虚构的，但道理却没有一点水分。


## 腾　猿

庄子穿着补丁摞补丁的衣服，理了理腰带和鞋子就去拜见魏王。庄子不讲究的程度就足以说明其内心足够丰富和强大。

庄子在当世也算是鼎鼎大名的闻人了。魏王一看他这个穿着，便问："何先生之惫邪？""惫"，即困顿、窝囊的意思。魏王之意为，你怎么这么窝囊呢？

庄子答："贫也，非惫也。士有道德不能行，惫也；衣弊履穿，贫也，非惫也。此所谓非遭时也。"其意思是：不过是生活上贫穷了点，并没有窝囊啊。士人有道有德而不能推广，才是窝囊；至于衣服破了、鞋子漏风是因为穷没钱买，但精神是充盈的，有何窝囊呢？像我这样的，不过是生不逢时罢了。

庄子接着说："王独不见夫腾猿乎？其得楠梓豫章也，揽蔓其枝而王长其间，虽羿、蓬蒙不能眄(miǎn)睨(nì)也。"其意思是：魏王一定见过善于跳跃攀爬的猿猴吧，它们在大树上的时候，像君王一样自如，即使是后羿、蓬蒙这样的神射手也不敢轻视。

**及其得柘(zhè)棘枳(zhǐ)枸(gǒu)之间也，危行侧视，振动悼栗。此筋骨非有加急而不柔也，处势不便，未足以逞其能也。**

如果将猿猴放于荆棘丛中，它们则胆战心惊、小心翼翼的，一有晃动就吓得发抖。这并不是它们的筋骨和技艺有什么问题，而是所处的环境不同，没法施展才能罢了。

**今处昏上乱相之间，而欲无惫，奚可得邪？此比干之见剖心征也夫！**

我庄子就是这个情况，郁郁不得志的士人们也都是这个情况，处于昏乱的世道，想不窝囊不困顿怎么可能呢？这种情况，就是比干剖心的情况；这个世道，就是比干剖心的世道。我庄子贫穷如此，也算是一个例证吧。


## 聪明的燕子


孔子困于陈、蔡两国的短短七天时间，真的是大有文章可做、颇有道理可说，相关的寓言很多。庄子这则故事的文字很美："孔子穷于陈蔡之间，七日不火食，左据槁木，右击槁枝，而歌焱氏之风，有其具而无其数，有其声而无宫角。"这里的意思是：孔子困于陈蔡两国边境间，虽然七天没有开伙，但双手抓着两段木头敲击着，唱着神农氏时代的民歌。野外条件简陋，孔子的唱法也极具原生态，虽然有敲击声，却不合节拍；虽然哼唱着，也并不合于音律。

**木声与人声，犁然有当于人之心。**

当时的情况是，外有围攻，内无饭食，随时有性命之虞。然而在这样危急的情况下，孔子还能安闲地哼着歌，确实是一个极艺术化的场面，可以折射出内心的良好修为。因此，深深感染了弟子们。颜回也神情激动地看着孔子。孔子怕弟子们一时激动而情绪失控，便对颜回讲："回，无受天损易，无受人益难。无始而非卒也，人与天一也。夫今之歌者，其谁乎？""天损"，即天灾。他的意思是：回啊，生之于世，不受上天的损害容易，不受人之恩情是很难的。没有一个开始不意味着终结，从这点来看，人与天应该保持为一体。这样看，今天唱歌的人又是谁呢？其中透露着一种浓郁的听天命的意识。孔子这几句话讲得确实很好，但在这样一个情境下，颜回没有领会到夫子这番话的意思，便问："敢问无受天损易。"其意思是：敢问不受上天的损害容易是什么意思呢？

孔子答："饥渴寒暑，穷桎不行，天地之行也，运物之泄也，言与之偕逝之谓也。为人臣者，不敢去之。执臣之道犹若是，而况乎所以待天乎？"这句话的意思是：因自然灾害而引发的饥渴寒暑、困境穷途等，是上天运行中的必然，说之无益，顺从天命就是。为人臣子的，尚且不能违背君命。那么，人们对于天命就更是如此了。孔子的意思是：上天的自然灾害虽然不时发生，但却是人力无法抗拒的。而且，按照古人的理解，上天降灾是示警的，并不是有意针对谁。

颜回问："何谓无受人益难？"其意思是：不受人之恩惠很难，又是什么说法呢？

孔子答："始用四达，爵禄并至而不穷，物之所利，乃非己也，吾命其在外者也。君子不为盗，贤人不为窃，吾若取之，何哉？故曰：鸟莫知于鷾(yì)鸸(ér)，目之所不宜，不给视，虽落其实，弃之而走。其畏人也，而袭诸人间，社稷存焉尔！"其意思是：比如，仕途顺利有事可做，且爵重禄厚可以养尊处优；受万物恩惠，用度不穷，一切东西都并非自己原本所有，却是离不开缺不了的；看看世上，君子不为盗，贤人不为窃，这是主流倡导的吧，但我们所用的一切不都是窃取而来的吗？因此说，普通的鸟没有燕子聪明，燕子扫一眼就知道这个地方是否适宜筑窝；有时候，即使口中的食物掉了也不以为意，何以如此？安全受到威胁了。燕子怕人，但却生活于人境，因此还要在人们家中筑窝。这里，孔子的逻辑是，人对人间的种种并不满意，却还想热衷于做人，这个事又如何理解如何讲呢？

孔子这句话涉及两个意思：一个是"君子不为盗，贤人不为窃"。盗窃在今天是一个词，指偷。在当时，"不与而取谓之盗"，指依恃强力获取的，与抢类似；"窃"，则是在悄无声息暗中使用计谋手法得到的，包含偷，但显然比偷的范围大得多，窃取政权也叫"窃"。另一个是关于燕子的种种说法，其实孔子是以燕子自喻的，有智慧但仍不得已地辗转在人间。其逻辑是生而为人，又能怎么办呢？但孔子更包含着感恩的意思，生之于世，受君王、受父母、受朋友、受他人、受万物的恩惠，得常怀感恩之心才好。

颜回："何谓无始而非卒？"这一问中含有双重否定，其意为，没有一个开始不是跟终结连在一起的，此话怎讲呢？

孔子："化其万物而不知其禅之者，焉知其所终？焉知其所始？正而待之而已耳。"其意思是：万物无不处于变化之中，连其中的机理都看不出，又怎么懂得万物的终结与开始呢？我们应该正确看待一切的发展变化才是。按照《维摩诘经》的讲法，一切生命，一切事物，都是"亦生亦老亦灭"的。出生后，生命发展的一天天，在生长的同时也是在衰老，无不处于寂灭之中。这个讲法虽然有些抽象，但很客观，不难理解。那么如何看待呢？视角与心态至关重要，看到生就以生待之，就生机勃勃；看到老并以老待之，则颓废不堪；看到灭并以灭待之，则心如死灰。道家和佛家一些流派奉行的就是一个"灭"字。

颜回："何谓人与天一邪？"其意思是：什么叫人与天保持一体呢？

孔子："有人，天也；有天，亦天也。人之不能有天，性也。圣人晏然体逝而终矣！"其意思是：主宰人的，是天；主宰天的，也是天。人无法去支配天，这是由人的本性决定的。不能支配，只好顺应天意，圣人都是这么做的。孔子的这个逻辑其实是很务实很高明的，用今天的话来说即"不能改变，就去适应"。


## 螳螂捕蝉


庄子到雕陵栗园的树林中去玩，见到一只从南边飞来的巨型鹊鸟，翅翼有七尺宽，眼睛有一寸大。这只鸟飞行时差点撞到了庄子的额头，似乎并未发现庄子，又飞到园中、落在树上。

庄子很好奇：这是只什么鸟呢？翅膀大而飞不远，眼睛大而看不清楚。

于是乎，提起长袍快步赶上前去，拿起弹弓想射杀这只鸟。这时，见一蝉正蛰伏在一个枝头的荫凉里，一只螳螂在其身后，正举起前臂，准备捕捉这只蝉。再看，螳螂的后面，就是那只怪鸟，正准备捕捉螳螂，而浑然不顾身外的一切，也不知有人正举着弹弓瞄准自己。

庄子是多么聪明的人，见此情形，不禁内心发怵："噫！物固相累，二类相召也！"其意思是：万物都是相互牵连的，存在着诸多的利害关系。庄子发现的这个，其实就是今天的食物链，仔细琢磨这三个字，可以写出无数论文专著来。对此，庄子只用了八个字"物固相累，二类相召"，其大意为：万物之间一定存在一个固定的联系或关系，两个物种之间同样有利害关系。用今天的话说，万物像一个链子，中间环环相扣。

悟到了这个道理，庄子后背估计发冷了，他一定会想：自己的身后又站立着什么？又有什么随时准备发起攻击呢？庄子扔下弹弓离开了。这个时候，园子管理员以为庄子是小偷，一边骂一边追上前来。

回到家后，庄子闷闷不乐，接连三天都没有出门。

有个叫蔺且的弟子问：夫子最近为什么不出门呢？有心事？

庄子："吾守形而忘身，观于浊水而迷于清渊。"他的意思是：只顾着肤浅的东西，却忘记了整个身心；水浑的时候清楚，水清时反而迷茫了。言外之意，本末倒置会忽略深层次的东西。

**且吾闻诸夫子曰："入其俗，从其俗。"**

我听我的老师讲了一个观点：入乡随俗；即人要与环境相谐，不能过于自我。

接着庄子讲了最根本的原因："今吾游于雕陵而忘吾身，异鹊感吾颡，游于栗林而忘真，栗林虞人以吾为戮，吾所以不庭也。"他的意思是：那天我只顾着那只巨型鹊鸟，忘身忘真，忘乎所以，以至被主人辱骂，因此很不愉快。

想想，这个故事杀机四伏。庄子的隐忧最小，他都有性命之虞。如果蝉、螳螂、巨鹊等有所感知，恐怕是要倒吸几口凉气的。

## 美与丑

这个故事在《列子》中也有记载，即阳子去宋国，住于旅店之中。店主人有两个妾，一个很美，一个很丑。按理说，美的应该受到赞颂，丑的可能受到冷落。现实情况却恰恰相反，丑的受到尊敬，漂亮的却不被待见。

阳子询问其中的缘故。小伙计说："其美者自美，吾不知其美也；其恶者自恶，吾不知其恶也。"其大意为：美的自以为美，难免傲慢，因此他人不以为美，反生厌恶；丑的自以为丑，待人却谦和殷勤，因此很受人爱戴。

这话极富有哲理，阳子回头对弟子讲："行贤而去自贤之行，安往而不爱哉！"他的意思是：这话你们可要记住了，美丑是这个道理，贤与不肖也是这个道理，做好事而不图名，到哪不受欢迎呢？相反，事实是做了点好事，却以做好事做好人而自居，对他人瞧不上或指指点点的，难免遭人厌恶啊。

此篇所有故事的指向是呼吁人们回归自我、回归到山林中。这个自我与山林是本真之意，其实道家的修仙成道，就是要成为山林中人。

当代名家读古代名篇

人生天地之间，若白驹之过郤，忽然而已。

——《庄子·外篇·知北游》

# 《庄子》
# 倒着读 下

向以鲜　吴西峰

著

重庆出版集团 ❂ 重庆出版社

# 下卷 · 目录

# 拾伍　达　生

## 领悟生命

"达生"是典型的动宾短语；"达"，指通达；"生"，指生命，即要通达生命的奥秘。这个说起来简单，做起来难，体会容易，表述难。比如，哲学的三大基本问题：我是谁，从哪里来，到哪里去。目前，对此有标准答案吗？没有。《庄子·外篇·达生》一文中所提供的，是庄子式的视角和思维。开篇是一段洋洋洒洒的议论，也是提纲挈领的总结，很是犀利且睿智，须得一字一句地细看。

**达生之情者，不务生之所无以为；**

一个明了生命真谛的人，不去做没有必要的事情。不必要的事情是什么，因人而异。比如，弹琴或写诗吧，对于有些人可能是不可或缺的精神追求，根本就离不开；对于其他人则是可有可无。又比如，在《士兵突击》中，许三多说："要做有意义的事。"什么是有意义的事呢？一切意义都是被赋予和认定的，从本质上来说，一件事是否有意义很难说，个人认为，只要不妨碍到他人即可。

**达命之情者，不务知之所无奈何。**

"命"，即命运，指个人无法掌握的必然性与偶然性。人是有局限性的。必然的事情无法掌控，偶然的事情更无法掌控，这是多么悲哀的一件事啊！对此，庄子的理解是，清楚命运状况的人，不去做自己做不到的事情，不做或少做白日梦。以今天的理论来看，其实白日梦明显有宽慰人心的作用。如果有醒不了的好梦，做做倒也无妨。

**养形必先之以物，物有馀而形不养者有之矣；**

"形"，不仅仅指身体，而是指生命的基本所需，比如柴米油盐种种。这句是说，维持生命需要一些基本的东西，但庄子不提倡物质主义。比如，物质绰绰富余的时候，很苦恼甚至不想活的大有人在。何以如此呢？原因是多种多样的，显然人须注意到生命本质，对自己的定位及时作出调整和修正。

**有生必先无离形，形不离而生亡者有之矣。**

这话就更有智慧了，可见庄子对生命的领悟有多么透彻。"有的人活着，他已经死了，有些人死了，他还活着。"这个说法既有哲思又有诗意，恰如其分地揭示了客观存在的一些生命现象。

**生之来不能却，其去不能止。**

生命的出现和终结，同样不由人的意志所决定，来到这个世间，谁也无法拒绝；离之于世，谁也无法挽留。生活最大的问题就是不由自主。可能也正是这个原因，不自由的人却时时处处都想着尽可能多地主宰外物吧。

**悲夫！世之人以为养形足以存生，而养形果不足以存生，则世奚足为哉！**

人生的时时刻刻，都必须忍受这种天然的局限与被动，可悲吧！世人吧，都以为保养好这个形体就是保存自己的生命，很显然，生命就不单单是形体的事，更重要的是思想与精神，那么世人保养身体的这个做法又有什么值得称道的呢？关于这个，达芬奇在解剖人体之后，在生理方面纠正了很多错误的认识，同时也写下了发人深省的一句："我没有找到灵魂。"人的灵魂不在形体中，会在哪里呢？这个问题对于古人，是个问题；对于现代人，这同样是个问题。

**虽不足为而不可不为者，其为不免矣。**

保养身体，虽然不值得耗费大量心思与精力，但身体就如同负载过河的船一样，有点渗漏、损坏等状况就需赶快修补。也正因此，人类在生存层面耗费精力最多，这不是一个人的问题。多少代人为了温饱而挣扎努力啊！一个个具体的个体在诸如衣食住行方面耗费了多少呢？

**夫欲免为形者，莫如弃世。**

庄子认为，人们在维护形体所需的投入简直太高了，完全可以说人为形体所累。没有这个要吃要喝要休息的恼人玩意儿，人的思想精神完全可以做到老子所说的"不亡"吧。如何解决这个问题呢？庄子的答案是"弃世"，也就是出世。活在世间，就必然存在阶级、依附、攀比等种种不理智的行为。完全彻底地抛弃这些东西，似乎人才可以解脱。可事情哪有这么简单。人能放弃自己是人吗？如果可以，才真的没有问题；否则，作为一个社会人，就一定存在关乎人的种种问题，只是程度不同罢了。

**弃世则无累，无累则正平，正平则与彼更生，更生则几矣，**

庄子的逻辑是：人能够弃世，就不会有任何拖累；没有什么拖累，就能很从容地活着；从容地活着，就会与天地自然一起变化和更新，也就是享有天地精神；享有天地精神，才是最符合大道的活法。这个说法无疑很好，但过于理想化了。其实，石头树木最符合天地自然之道，人能做到一星半点吗？作为人，就得像人一样活着才好，该怎么样就怎么样，不必非要将生死悟清楚、将身心分清楚、将道理说清楚。有时候，只埋头走路才好。就这一点都很难做到，还谈何弃世呢？因此，庄子两千多年前的做派，现代任何一个人去做，都是极另类的，要冒着很大的风险和担负极大的压力，至于能否真正做到，更成问题。

**事奚足弃而生奚足遗？弃事则形不劳，遗生则精不亏。**

不想做的事完全可以置之不理，而活得不自在、不愉快该怎么办呢？不活了？非也，庄子的态度是事务是可以放弃的，世俗的观念也是可以放弃的。不去做实际的事务，身体就不会操劳；抛弃世俗之见，自由自在地活着，精神则会健全而饱满。与世俗相融需要遵守契约、戴上面具，这是对精神的桎梏和残害，免除了这些，人的精神就是舒展且洒脱的，堪与天地相匹配。

**夫形全精复，与天为一。**

一个人，形体健全，精神充盈，就是与天道的统一。庄子强调，健全地活着很重要，无论形体还是精神都要健全，否则，哪个方面出了问题，人都是有缺陷的。

**天地者，万物之父母也，合则成体，散则成始。**

天地如父母一样，是万物之源。天地相合，指种种条件相合就生成了万物的形体；天地分开，则是一切的起始。天地一切的源头在哪里呢？就是一个只能假设虚拟的问题。

**形精不亏，是谓能移；精而又精，反以相天。**

这句是说生命现象的，不单指人。就人来说，形体与精神两方面都没有任何缺陷，外在与内里都是健全完整的，这才是最好的天地化育。庄子的意思是：要尽可能地与天地相合，才能顺遂而精彩；一个生命精之又精，是对天道的精之又精，就会反过来辅助自身与外物达成天地之道。老子何以被后世尊崇？这是因为其理论确实有助于人们更美好更健全地活着，体味到生命的充盈和完整。

# 醉者坠车

据记载，关尹喜是老子的学生。关尹是职务，喜是名字。老子出关时，被这个叫喜的关长强留下，写下了五千余字的《道德经》。这说明什么呢？关尹喜是有眼光有修养的，如果仅仅是赳赳武夫一个，哪有这种觉悟和举动呢？关尹子继承了老子的衣钵。后来传给了壶子，壶子又传给了列子。

这里是虚拟了列子与关尹的一段对话。

列子向关尹喜请教了一个问题："至人潜行不窒，蹈火不热，行乎万物之上而不栗。请问何以至于此？"这句话的意思是：修行到至人的程度，就可以潜入水中而不窒息，蹈入火中而不感到热，飞行于万物之上而没有一丝恐惧。请教一下，这该怎么修炼呢？

关尹喜回答了这么一段："是纯气之守也，非知巧果敢之列。"他的意思是：这是由于修炼纯正之气的结果，与智慧、技巧、果断、勇敢没一点关系。然而现实是，后来道家道教之人的练气、气功之类的，多数是摆架子糊弄人的。极个别的人可能确实是将身体与精气神修到了一个极致。按照道家的理论，能够修炼到这个程度的人，一般都不显摆，也不传授，因此道家真正的精髓都已湮没失传。流传和盛行的要么是形式化的一套，要么是旁门左道，与真正的道家无关。不过类似于挂着道家的招牌，或用着道家执照而已，拿今天的话说：贴牌货，不正宗。

**居，予语女。凡有貌象声色者，皆物也，物与物何以相远？**

其大意为：来，坐下吧，我给你说说。凡是有面貌、形象、声音、颜色之类的都可以称之为物。也就是说，看得见摸得着的一切都是物，但物与物的差异非常之大。

**夫奚足以至乎先？是色而已。**

一个物种或一个人处于领先地位，仅仅是声色的原因吗？从表面上看，似乎是这样，但有更为本质的原因。比如，老虎、狮子厉害是因为体形大又有尖牙利爪。仅从体形看，相对于老虎、狮子，人就娇弱得多了，但人随时都可以将老虎、狮子给灭了。因此，看问题要看本质，不能只看表象。

**则物之造乎不形而止乎无所化，**

人与物存在无形的部分，比如思想、情感等；也存在有形的部分，比如体貌特征。无形的部分似乎是无穷无尽的，可以不断开发探索；有形的部分似乎是固定不变的。事实的确如此，现代理论研究得很清楚，思想有止境吗？情感有样式吗？形体的进化是极其缓慢的，短期内根本不会有什么变化。万物也是这样，产生于无形的道而中止于停止变化。这话也可以换个角度来看，无形的部分是创造力之源，可以源源不断地催生出很多东西；而事物一旦停止变化，则意味着终结与死亡。

**夫得是而穷之者，物焉得而止焉！**

懂得了这个道理，却仍然困顿窘迫的，很明显是无法理顺并驾驭万物的。万事万物于他而言，都会产生干扰和影响。关尹喜的意思很明显，即很多道理，人们都懂，但懂归懂，实际该怎么样还是怎么样，并没有质的变化。从这一点来看，懂而不会与懂而善用是两个很分明的层次。

**彼将处乎不淫之度，而藏乎无端之纪，游乎万物之所终始。**

这话说得很明白了，即至人就不像常人一样，至人是处于"不淫之度、无端之纪"的。什么叫"不淫之度"呢？"淫"，即是过度的意思；"不淫"，指凡事合规有度。什么又是"无端之纪"呢？这很抽象也很形象，并不是什么正规的有形的法纪、纪律，而是像大道一样，是无形的，是内心的自觉意识。具体该怎么遵守，也不是行走坐卧这套，同样是无形的。遵守什么，不遵守什么，并没有明确的标准和界线。一句话，即该怎么样就怎么样。做到了这两点，才能悠游于"万物之始终"。说白了，这样才能与万物同游。说得真好，让我们再默诵一遍："处乎不淫之度，而藏乎无端之纪，游乎万物之所始终。"但更重要的是，记住并践行它。

**壹其性，养其气，合其德，以通乎物之所造。**

对于这种话最好的理解方式是反过来看，即"性要壹，气要养，德要合"，这样才能与万物相通相谐。"壹其性"是说人的天性要维护，自性要统一，心性不定，就是基础动摇了。而"养其气"中，气是中性的，有各种各样的气，有人要养浩然之气，有人要养肃杀之气，有人要养淡泊之气。关尹喜说的"气"是自身带来的元气，浑厚而纯澈的，是生命的原动力。古人认为，这个元气，是一点点散失，而不是一点点增加的；缺少了气，人就会活得很窝囊；气没了，命也就没了。因而蓄气养气是非常之重要的。"合其德"，在《庄子》一书中反复被说过，那么什么是"德"呢？合于天地自然之道即为"德"。一个人吧，这三个方面做好了，心性稳定，气血充盈，合于大道，不就是与造化并驾齐驱了吗？

**夫若是者，其天守全，其神无郤(xì)，物奚自入焉！**

自修之人"壹性、养气、合德"，达到与造物一体的程度，其天性就是健全的，其精神就是无瑕的。一个人天性自然、精神无任何缺陷，外物外界的任何影响都不会轻易侵入，冥冥中似乎有神明在佑护。

**夫醉者之坠车，虽疾不死。**

比如，一个醉酒的人从快速行驶的车上摔下来，往往并不会摔死。其原因很简单，这个人虽然醉了，但自我保护的机能和意识还在。网络上曾报道一个醉酒的人在河中仰着漂了一夜，并未被淹死，可能就是这种情况。

**骨节与人同而犯害与人异，其神全也。**

关尹喜的看法是，这个乘车摔下而不死的醉汉，肌肉骨头等构造与他人一样，但摔下后受伤的程度却不同，因为其精神的自我保护机制全面启动了。

**乘亦不知也，坠亦不知也，死生惊惧不入乎其胸中，是故遻（è）物而不慴（shè）。**

"遻"，即侵犯、违逆的意思。这句是说，修炼至一定境界的人，与醉酒的人一样，乘车时并没有觉得是在乘车以及有什么危险，掉下来时也没有感觉到摔下来了。脑中根本就没有生死惊恐等意识，因而即使是遭遇什么险情也没有任何慌乱，只是下意识地进行自我保护而已。关尹喜说的这种情况还是比较常见的，在极度危险的情况下，人的头脑里一片空白，往往能够做到平常根本就无法做到的事情。比如，一口气爬上了一面陡峭的山，搬起平时搬不动的石头，打倒比自己强壮很多的人，等等。

**彼得全于酒而犹若是，而况得全于天乎？**

关尹喜的意思是：一个人在醉酒的情况下尚且能够如此，如果很好地保全自己的本性与精神呢？应该也是不可限量的。活着，我们都是在不断探索与扩展自己的极限，不断挖掘并激发自己的潜能。我们可以断定，这个极限很大，潜能也似乎是无限无量的。人的很多本领和能力就是这样来的，连自己也不敢相信，有些甚至完全超出了科学的解释。宗教中所谓的神通，很大程度上就指这个。

**圣人藏于天，故莫之能伤也。**

这句的意思是：圣人就更是如此了，已经修炼到了与天地万物相通的地步，所以外物根本就影响伤害不到他。有些人与动物打交道多了，对动物有一种天生的敏感和良好的沟通能力，即使置身于猛兽群中，也不会受到伤害。很多摄影师经常出没于狮群中，有时距离非常近，也不会受到攻击。而一旦内心恐惧或心怀恶意，动物们似乎也立刻能够感觉到，就会出现问题。

**复仇者不折镆干，虽有忮心者，不怨飘瓦，是以天下平均。**

"镆干"，即干将、莫邪，众所周知的复仇故事。这句是说，即使是复仇的人，也不会折断利剑。道理很简单，伤到我们的，是持剑的人，与剑有什么关系呢？即使心怀怨恨的人，也不会埋怨飘落的瓦片吧，风吹落或人扔过来的，瓦片其实是很"无辜"的。人人都怀有这样的心态，天下就太平无事了。何以如此呢？因果很清楚，祸患的根源也很清楚，就不会无中生有、妄生事端。

**故无攻战之乱，无杀戮之刑者，由此道也。**

那些没有战乱的时代，不倡导杀戮的人，都是遵循天道的缘故。这也是道家思想的精髓。大家都相安无事地活着多好，争抢什么呢？像特洛伊之战那样，为了一只金苹果或一个金发女子而发动一场长达13年之久的战争，连整个奥林匹克山的众神都参与了，杀人盈野，灭族屠城，至于吗？值得吗？或者设立残酷的刑罚，动不动就砍头断脚，有必要吗？没有更好的方法了吗？这就是我们文化中平和的珍贵的一部分。

**不开人之天，而开天之天。**

第一个"天"与第三个"天"字的意思相同，不是物理的天，而指冥冥中主宰的力量。第二个"天"指实实在在的天。这句是说，不要去无止境地开发人的主宰的力量与意志，而应该去探究和遵循上天冥冥主导一切的力量与意志。

**开天者德生，开人者贼生。**

这里是指上天的力量与意志是眷顾照耀天下苍生万物的，没有任何偏私；而如果对人的力量与意志不加控制约束，任由其发展，必然产生无尽的争斗和祸患，甚至为害天下、造成浩劫。历史或战争史已清楚地证明了这一点。

**不厌其天，不忽于人，民几乎以其真。**

不厌恶天道，也不忽略人性，保持平衡，则人人都可以全生而保真。否则，对天道不满意，总想着改天换地；对人也不尽情理，将人分为三六九等或工具化，问题就会成堆，后果就会很严重，而且往往是灾难性的。

## 老者粘蝉

这个故事也见于《列子》一书。孔子去楚国，经过一片树林，见一个佝偻的老者在用网子粘蝉，技艺很娴熟，好像用手捡蝉一样。这种粘蝉的工具很简单，用铁丝、竹子等扎一个比巴掌稍大点儿的圈，固定在竿子上。然后转动着将蜘蛛网均匀缠绕在圈上，就可以去粘蝉了。效率非常之高，一会儿工夫就能抓几十只。每天将旧丝去掉，换新的蛛丝即可。

孔子见这个老人粘蝉的技艺很高，就好奇地问：这么厉害，有粘蝉之道吗？愿闻其详。

老人说：也有点儿道在里面。练习了五六个月，粘两个泥丸在网子上不掉落，粘蝉就很少失手了；粘三个泥丸在网上不掉落，失手不会超过十分之一；粘五个泥丸不掉落，就跟捡蝉一样了。

老人还说："吾处身也，若厥株拘；吾执臂也，若槁木之枝。"捕蝉时要安静，不能还没出手就将蝉惊飞了。如何做的呢？身体像木桩子一样站定，手臂像枯枝一样不动。这样一来，"虽天地之大，万物之多，而唯蜩翼之知。吾不反不侧，不以万物易蜩之翼，何为而不得！"他的意思是：专心致志，心无旁骛，虽然天地广大，万物无数，但眼里心里只有蝉而没有其他任何事物，这样做，还有什么样的蝉粘不到呢？

老人说的，其实是做事之理，与卖油翁说的是一个道理。有工具技术，又有方式方法，还能倾注全部的精力，天下没有什么事是做不好的。

听了老人这话，孔子回头对弟子们说："用志不分，乃凝于神。其痀(jū)偻(lóu)丈人之谓乎！"总结老人的捕蝉之道，其实就八个字："用志不分，乃凝于神。"

## 驾船与赌博

一次，颜回请教孔子：一次我经过一处深渊，摆渡人撑船出神入化。我问他，驾船技术可以学吗？这个摆渡人答，可以，没有见过船的也可以学。我问他其中的道理在哪，摆渡人没说，敢问这是怎么回事呢？

孔子答："善游者数能，忘水也。"他的意思是：驾船吧，善于游泳的人数次才能学会，因为他根本就没将深水当回事。

**若乃夫没人之未尝见舟而便操之也，彼视渊若陵，视舟若履犹其车却也。**

至于会潜水的高人，即使没见过船也容易学会。什么道理呢？熟识水性、没见过船的人看深水如若无人之境一样，操舟像驾车一样，看待深水像高山一样，一定是万般小心的。

**覆却万方陈乎前而不得入其舍，恶往而不暇！**

懂驾车就会懂驾船，特别是遇到危险状况的时候，心中不慌乱，从从容容的，对险情更加重视，就更不会出任何问题。

**以瓦注者巧，以钩注者惮，以黄金注者殙(hūn)。**

这个道理就像赌博一样，用瓦片作赌注，人就会放得开，玩得很好；但如果以衣带上的玉钩、金钩之类的作赌注，人的心理负担就会很大；用黄金作赌注，就更容易昏头出错了。

**其巧一也，而有所矜，则重外也。凡外重者内拙。**

赌博的技巧没有什么变化，但因赌注的变化，人就有所顾忌、束手束脚了，这就是看重外物所致。看重外物，内心就会笨拙。驾船也是这样的道理，心无顾忌，就很容易。

## 老虎的点心

田开之，传说中的道家高人。周威公姬灶想学养生之术，便召来田开之请教：我听说祝肾精通养生之道，而你经常跟他一起交游修行，关于这个人你有什么看法呢？关于养生，他说过什么呢？

田开之：我不过是拿着扫帚给先生洒扫门庭，我哪能有什么看法呢？

威公：先生就不要谦虚了，我是诚心想请教的。

田开之：我听先生说，善于养生的，就像放羊一样，看哪只落在后面赶赶就可以了。

（用今天的理论看，大概是及时补短板的意思。）

威公：此话怎讲？

田开之说了两件事：第一件，鲁国有个叫单豹的人，是著名的养生专家，住在石洞里，饮用河水，不和他人生活在一起，七十岁了面色却像婴儿一样。保养这么好又有什么用呢？一次碰到一只饥饿的老虎，他竟被吃掉了。看看，保养得好却成了老虎的"点心"。第二件，有个叫张毅的人，则很重视人际交往，人缘也非常好，无论是高门大户，还是悬帘为门的穷人，没有不交往的，大家也都很喜欢他。这个张毅，四十多岁就得热病死了。你看，这个单豹注重内修，却被外部的老虎吃了；张毅注重外交，却被内部的热病夺去了性命。很显然，这两位都是忽略短板而没有及时补齐弱项所致。

　　这话是什么意思呢？养生这个事要以平常心来看待，不必过于迷恋。生命有个全局观的问题，一味地沉溺于哪个方面不见得是什么好事。

　　关于养生，孔子也说了这么一段话："无入而藏，无出而阳，柴立其中央。三者若得，其名必极。""无入而藏"，即作为人，要全面发展，凡事要有个度，没必要一味地低调潜藏；"无出而阳"，即没必要到处显摆张扬；"柴立其中央"，即像木头一样保持中立最好。孔子的意思是：过于低调不好，过于张扬也不好，折中才稳妥，能体味到这三点，且把持得很好，才会达到一个极致，才算是境界。

**　　夫畏涂者，十杀一人，则父子兄弟相戒也，必盛卒徒而后敢出焉，不亦知乎！**

　　人人都怕拦路抢劫的，即使十人中有一人被杀，父子兄弟之间也会相互告诫。如果外出，必然是多人结伴同行，这样做不是很聪明吗？

**　　人之所取畏者，衽（rèn）席之上，饮食之间，而不知为之戒者，过也！**

　　其实吧，最可怕的强盗不在路上，而在床第之上，在饮食之间，这些方面的问题人们根本就没有注意，也不以为意。在这些方面出现问题的，比在路上被强盗杀死的人要多得多吧，但似乎压根就没人当回事并认真对待过。这方面的错，才是真错、大错。这个思维就很高明了，死在床上的人远远比被强盗所杀的人多，但人们并不怕床而怕强盗，算是哪门子事呢？

　　孔子的意思很清楚，即有些是非对错显而易见，因此人人关注和防范；有些则是无形中的，谁也不当回事。事实上，无形中的与隐性的，远远比显性的危害大得多，却无人关注和防范，这才是问题之所在啊。威公也是这么回事，只知道养生的好处，只对养生感兴趣，但作为国家宗室之人，其他方面不注意，同样会出意想不到的问题，而抹去养生的功德。

# 猪生活

祝宗人，管理祭祀的人员；元端，祭祀时穿着的黑色礼服。有这么个故事：管理祭祀的人员，穿着黑色的祭服来到猪圈对猪说：你不要怕死！我喂养你三个月时间，然后戒十日、斋三日，铺上白茅草，将你的身体放在雕花的祭板上，你愿意吗？这句可能是当时祭祀前寻常而普遍的一句祷词。

庄子的态度是，真为猪打算，与其被隆重地宰杀后放在祭台上，真不如吃着糟糠在猪圈里打滚。这种逻辑，庄子在不同场合说过多次，比如楚国、魏国聘请他去做官时所说的故事，都是这个逻辑。

**自为谋，则苟生有轩冕之尊，死得于腞(zhuàn)楯(shǔn)之上、聚偻之中则为之。**

一个人为自己打算，通行的做法是，活着的时间，有轩冕之尊，也就是高车驷马、高官厚禄甚至是君王的待遇；死了吧，装入彩绘之棺，放在雕花的灵车上，搞一个隆重的葬礼，这个估计人人都想、都悦意。

**为彘谋则去之，自为谋则取之，所异彘者何也！**

庄子认为，人们为猪设计的这种生活，与为自己设计的生活样式，有什么区别呢。其实是一回事。众人并不在于活彻底、活自在、活快活的，而是活给人看的，所以活得很憋屈、很形式。不考虑也不顾忌他人的看法与想法，一个人会作何选择或会怎么活呢？肯定截然不同，但几人能够做到呢？

## 虚与委蛇

齐桓公到泽地打猎，管仲驾车，碰到了鬼。

桓公便拉着管仲的手问：仲父，你看到了什么没有？

管仲答：什么也没看到！

打猎返回后，桓公受惊生病了，几天没有见人。

齐国有个叫皇子告敖的贤士看了桓公的情形后说："公则自伤，鬼恶能伤公！夫忿滀（chù）之气，散而不反，则为不足；上而不下，则使人善怒；下而不上，则使人善忘；不上不下，中身当心，则为病。"他的意思是：国君这病是没病找病，无非是心病而已。鬼哪能伤到国君呢？一般来说，人的愤怒之气郁结于胸，发散了却不返回经络，就会显得很虚弱；气聚集在上部而不顺畅，人就容易发怒；气聚集于下部而不顺畅，就会使人健忘；气不上不下而居中攻心，人才会真的得病。皇子告敖的这番理论很有意思，想搞清这个需要研究《黄帝内经》。

很显然，桓公关心的不是什么医学理论，听后问了句：有鬼吗？

皇子告敖答："有。沈有履，灶有髻。户内之烦壤，雷霆处之；东北方之下者，倍阿鲑（wā）蛥（lóng）跃之；西北方之下者，则泆（yì）阳处之。水有罔象，丘有峷（shēn），山有夔，野有彷徨，泽有委蛇。"他的意思是：水中的鬼叫履，灶上的鬼叫髻；屋子里灰尘聚集的地方，藏有叫雷霆的鬼；院子东北角，叫倍阿和鲑蛥的鬼跳来跳去的；西北角，则有叫泆阳的鬼。水中的鬼叫罔象，丘陵的鬼叫峷，山中的鬼叫夔，野外的鬼叫彷徨，大泽的鬼叫委蛇。

一般来说，人死为鬼。从这番话可以看出，文中这个鬼的概念，是广义的鬼，与捣鬼的"鬼"意思相近，就是说一切不寻常的存在，都可以称为鬼。古代的鬼神，都是泛化的。

桓公是从大泽中见到鬼的，便问：委蛇什么样子？

皇子告敖："委蛇，其大如毂（gǔ），其长如辕，紫衣而朱冠。其为物也，恶闻雷车之声，则捧其首而立，见之者殆乎霸。"他的意思是：像蟒蛇一样，粗如车毂，长如车辕，穿紫衣，戴朱冠，长相非常丑陋，惧怕雷声和车声，遇有这两种情况就会抱头而立，不知所措。见到委蛇的人会成为霸主。

听到这，桓公哈哈大笑：我见到的就是这个，原来就是委蛇。

于是赶快坐起来整理好衣冠，什么病也没有了。

这个皇子告敖真是个侃家，一番话就将桓公的心病去了。

后来有个成语叫"虚与委蛇"，就从这来的，皇子告敖应付得很好，随便对付几句就达到了意外的效果。

## 呆若木鸡

周宣王聘请纪渻(shěng)子为自己训练斗鸡。过了十天，宣王问："训好了吗？"

纪渻子："未也，方虚骄而恃气。"他的意思是：没有，正骄气十足呢。

过了十天，宣王又问："训好了没有？"

纪渻子答："未也，犹应向景。""景"，通"影"，即对外界的一切还有反应，尤其见到鸡，总想冲上去分个高下。

又过了十天，宣王再次询问。

纪渻子："未也，犹疾视而盛气。"火候未到，还是一副盛气十足的样子。

又过了十日，宣王再问。

纪渻子："几矣，鸡虽有鸣者，已无变矣，望之似木鸡矣，其德全矣，异鸡无敢应者，反走矣。"这下差不多了，听到别的鸡叫，这只斗鸡已经不动声色了，看上去像只木鸡一样。这只鸡的精气神已经很完美了，站到斗鸡台上，就这个架势，其他鸡看一眼就会败落，一定没有敢来应战的。

这就是"呆若木鸡"一词的出处。

我们从故事中可以看到这么些东西来：其一，这个周宣王吧，好玩还性急，还算是善于用人的，历史上也基本是这么回事。用一个人去训练斗鸡如此，任用大夫官员们去治理天下应该也是如此。其二，训练一只顶级斗鸡，需要四十天时间，而且不是随意一只鸡都可以训练得出来的，训练中肯定是全程淘汰的。那么，培养人呢？难度就可想而知了。其三，这个顶级斗鸡呆若木鸡的架势也蛮有意思的。在道家理论中，修养最高的人也是这么回事，呆若泥人、木偶一样，身怀绝技而心不为任何所动，遇有比拼等，根本就无须出手，已然分出高下。古龙小说中这种场合很多，高手对决，都是眼神和定力的比拼，没有任何花哨招式的。《史记·刺客列传》里，那个赵国的盖聂就是这种类型，只是瞪了荆轲一眼，就将荆轲吓走了。至于世俗的修炼方法，虽然五花八门，但无论在什么场合，只要能够做到气定神闲的，通常来说都是高人。

## 涉过灵魂的瀑布

这个故事《列子》中也有记载，即孔子到吕梁瀑布游览，瀑布很高，颇为壮观，落差三十余仞，激流四十里，鼋鼍鱼鳖之类的都无法在其中游水。而一男子却站在瀑布之上准备往下跳。孔子以为此人想自杀，忙让弟子们顺水搭救。没想到这个人从瀑布跳下，顺水游了数百步就上岸了，披散着头发一路高歌。

孔子上前搭话：这么高的技艺，我以为是鬼呢，细看真是个人。请问游水有道吗？

道，此处是指诀窍、方法的意思。

此人回答说："亡，吾无道。吾始乎故，长乎性，成乎命。与齐俱入，与汨偕出，从水之道而不为私焉。此吾所以蹈之也。"这句的意思是：没有道，我哪有什么道啊！仅仅是"始乎故，长乎性，成乎命"而已。这九个字很有意思，各行各业都适用，尤其是对于学技艺的。"始乎故"，即不是一天两天，而是一直这样，长期的，习惯了；"长乎性"，即熟识水性，这跟驾车熟悉车马、打猎熟悉猎物一个道理；"成乎命"，即与水合一离不开了。到了水中之后呢？是随着水势上上下下、跌宕起伏的，并没有自我的意志在其中。因此，就没有任何危险可言了。

孔子好奇地问：什么是"始乎故，长乎性，成乎命"呢？

这个人的解释很通俗："吾生于陵而安于陵，故也；长于水而安于水，性也；不知吾所以然而然，命也。"这句的意思是：我生于斯、安于斯，也就习惯了；长在水边、玩在水里，就熟识水性了；从来就没有对这一切询问个所以然，仅认命顺命而已。

别小看游水者的这套说辞，在《列子》一书中，孔子是高度赞叹并让弟子们谨记的。想想，人生之于世，与游水其实是一个道理，何以活得不自在，不如意呢？处处有个"我"字与"私"字，凡事总想问个为什么，并没有做到"安于故，习于性，顺于命"。倘若做到了这三点，人在世间，不就如同鱼在水中一样，悠然而自得，何乐而不为呢？

这都是水边的启示和关于水的认识，是否就是"乐水者智"的来源呢？

## 木匠论道

梓人，管理木器制作的官员。镰（jù）锦，悬挂乐器的架子。这则故事说：鲁国有个叫庆的木工用木头制作了一个悬挂乐器的架子，制作工艺很高，架子做成后，看见的人都赞叹不绝，称其鬼斧神工之作。

鲁君见了也很好奇，便问：这是用什么办法做成的？

庆回答："臣，工人，何术之有！虽然，有一焉。臣将为镰，未尝敢以耗气也。必齐以静心。"他的意思是：我不过就是个木匠，哪有什么奇招妙法呢。不过，有这么一条，我决心制作这件木器前，不敢耗费任何神思精力，必然首先斋戒以静心。这就是我们今天所说的心理准备，斋戒说明对于这件事很重视，有个虔诚的态度。

**齐三日，而不敢怀庆赏爵禄；齐五日，不敢怀非誉巧拙；齐七日，**

**辄然忘吾有四枝形体也。**

斋戒到了三日，心就静下来了，去除了功利之心，不会想着因为做成这件木器而受到什么奖赏爵禄等。斋戒到了五日，就无视他人的看法了，摈弃一切荣辱之心，不会想着制作这件器具他人怎么看，是表扬还是批评。斋戒到了七天，就浑然忘记了一切，包括自己的身体。由此可见，庆绝对是个大匠，道行很深。斋戒这种形式，古人经常进行，一般来说，形式化的成分居多。真正斋戒的意义就是庆说的这些，是有明显境界的，这就跟写文章一样，先静心，将脑子里充斥、浮泛的乌七八糟的东西都剔除了，然后再动笔，就是崭新的一个模式。

**当是时也，无公朝，其巧专而外骨消；然后入山林，观天性，形躯至矣。然后成锦镶，然后加手焉；不然则已。**

斋戒过后就不去为其他事务分心了，而是全身心投入于这件事。之后，进入山林选取木材、加工制作。如果没有斋戒或斋戒没有获取这样的心境，是不会动手的。心不静、气不匀，制作出来的东西，必然是一般化的东西。

**则以天合天，器之所以疑神者，其是与！**

只有以个人的天性、木头的天然，加之制作的过程符合大道，三者相合为一，这样制作出来的东西才会被疑为神工，大概就是这么个情况吧。

庆所说的实质是精益求精、做事做到极致的这么个过程。说白了，就是用心做。以这种心态去做事，没有一丝的应付凑合，就没有什么办不成、做不好的。大艺术家更是如此，一旦投入艺术创造，就进入了浑然忘人忘我的境界。

庄子说的这些故事，并非空说理论。事实上，人的专心致志到什么程度，技艺修为就到了什么程度，这是成正比的。这也揭示了，我们想有好的作品，不能想着能换取什么、他人会怎么看等等，一门心思投入就是了。至于有什么结果，根本就不是作者所要考虑的。

# 东野稷驾车

东野稷的驾车技术非常高超，他觐见卫庄公想谋个差事。庄公听说此人技艺了得，便亲自乘车进行考校。东野稷驾车水平果然厉害，车子前进和后退的轨迹像画线一样直，左右转弯则像用圆规画圆一样。庄公很是惊叹，让他好好表演表演。

颜阖刚好路过碰到了，对庄公说：这个东野稷的马马上就会累垮了。

庄公觉得颜阖真扫兴，便没有理会。

不料过了一会，马果然累垮倒地了。

庄公很是惊奇地问颜阖：你是怎么知道这件事的？

颜阖答："很简单，马的力气已经用尽了，他却不知道让马休息，还是赶着狠跑，不累垮才怪。"

这个故事是什么意思呢？其实是两种思想的对比。东野稷是典型的技术思想，确实懂驾车，也只懂驾车，但他看不到更大更深的东西。颜阖呢，他不但精通驾车，而且还懂马，更懂得万事万物之理，因而对事情有很强的预见性，典型的战略思想。至于这两人哪个更全面便不言而喻了。历史上，类似颜阖这种预言家不少，很多是令人赞叹的。庄子提请人们，尤其是负有治国经邦之责的君王们一定要注意，不能为表面一些现象所迷惑，不能止步于事物的表面。

# 倕(chuí)的灵台

还是说工匠的事吧，一句句看："工倕旋而盖规矩，指与物化而不以心稽，故其灵台一而不桎。"这几句的意思是：一个叫倕的工匠，不借助任何工具，单用手画方与画圆，比用规矩画的还标准。之所以能够达到这一水准，因为他的手指与外物一起协调变化，并不需要心的参与，因而其心灵是高度如一的，没有任何掺杂和淤滞。

接着是庄子的一段议论，说了五种程度不同的适意：

**忘足，履之适也；**

忘记脚的存在，什么样的鞋子都是合适的。人吧，就是这样，穿什么样的鞋子越是讲究和在意的，就越是少有满意的。不讲究的呢，穿上什么心里都是坦然的。当然，这需要良好而强大的内心。

**忘要，带之适也；**

忘掉了腰，或者说忽略了腰的存在，用什么腰带都是合适与适意的，这个逻辑与上句一致。内心强大，拴一根草绳在腰上都挺好的。

**知忘是非，心之适也；**

智慧到忘记了所有是是非非，内心就会很适意，在什么样的环境里都会适应，这个感觉估计每个人都有。总在意是是非非的，自己很难受，他人也很难受，今天这个不对，明天那个不好，什么对什么好呢，在哪里能生活好呢。人们常说，"一年三百六十天，不在忙中在累中"，如此能活好吗？没有了是非多好，哪里不能很好生活呢？这种境界，还是大诗人陶渊明先生说得最妙："此中有真意，欲辨已忘言。"想要适意，先要学会忘。对于常人而言，更多的时候，忘并不是真忘，而是不在意、不计较。长此以往，就真的忘记是非美丑之类的，超脱寻常评判之境了。

**不内变，不外从，事会之适也；**

这个境界就更高深了，内心吧，恒定如一，没有任何变化，心如金石般坚硬；对外吧，也不依赖不顺从不取悦于任何事物，能做到这点，无论什么时候、无论遇到什么事，都是适应适意的。这一切说来容易，但做起来却难如登天。

**始乎适而未尝不适者，忘适之适也。**

前面这几句绕口令一样的话，从觉得适意开始，渐进修行，觉得没有任何不适了，就是传说中的"忘适之适"，即忘记或不在乎适意的适意，这就是高度的自觉自治了。这种逻辑道家常说，古人也常说，比如"不言之言""无为之为"。其意思是：到了一种不计舒适与否的境界，超脱了适意的感觉，才是最高的境界。拥有这样的境界即使在泥里打滚也是悠然自得、浑然不觉的。实质上是非人的境界了，自然界诸如石头草木之类的，就是这方面最佳的榜样，风任你吹，雨任你打，日任你晒，雪任你下，我自岿然不动，就是对亘古二字最好的注释与响应。

# 养鸟之法

有个叫孙休的人前来叩门，惊诧地向扁庆子请教一个问题："休居乡不见谓不修，临难不见谓不勇，然而田原不遇岁，事君不遇世，宾于乡里，逐于州部，则胡罪乎天哉？休恶遇此命也？"他的意思是：我孙休在乡里深居简出，不与人交往，也没有人认为我没有修养；遇有危难不挺身而出，更没有人认为我不勇敢。但是我无论做什么为何总是不如意呢？种田吧，遇不上好年景，收成很不好；做官吧，也不被国君赏识；在乡里受到排斥，在州部受到驱逐，我何以得罪于天呢？命运为什么如此艰难坎坷呢？

从这番说辞可以看出，孙休是个默默无闻、独善其身的人，在农业社会，尤其是在一个小环境里，这样的人肯定是不受待见的。

扁庆子说："子独不闻夫至人之自行邪？忘其肝胆，遗其耳目，芒然彷徨乎尘垢之外，逍遥乎无事之业，是谓为而不恃，长而不宰。"他的意思是：你难道没有听说过至人的行为操守吗？无怨无恕，不闻不见，游荡于茫茫尘世之外，逍遥自在无所事事，这就是老子所说的"为而不恃，长而不宰"。老子的这句是说天地之德的，做了很多事，但并不自恃与居功；生养了万物苍生，但并不随意宰杀。扁庆子的意思是：你孙休的修养还差得远呢。其实孙休是处于矛盾之地的，拥有矛盾之心的，那么在乎人家的意见做什么，忙活那么多事情做什么。真想清净自在，就要更彻底和豁达一些。

**今汝饰知以惊愚，修身以明污，昭昭乎若揭日月而行也。**

你这个人吧，有点显摆的意思，不断美饰你的智慧，让愚蠢的人都感到吃惊；修养自己的德行，让他人感到卑劣，却又想低调行事、不为人知，实则一言一行如同举着日月走路一样，再明显不过了。这点事情和心机，谁人不清楚呢？

**汝得全而形躯，具而九窍，无中道夭于聋盲跛蹇而比于人数，亦幸矣，又何暇乎天之怨哉！子往矣！**

你看，你的身体四肢是健全的，不残不缺的，也没有因为犯有罪责而堕于聋盲跛蹇，就已经很幸运了，那就知足吧，还天天怨天尤人地做什么呢？你回去吧，好自为之。

扁庆子这番话已经说得很清楚了，一个人不能求全责备，世界不是一个人的世界，而是天地万物共享的，如何能围着一个人转呢，如何能满足一个人的所有要求，时刻照顾迎合一个人的好恶呢。连这点悟性都没有，谈何修道悟道。

孙休离开后，扁庆子回到屋子里坐下，坐了会突然仰天长叹。

弟子不解地问：先生因何而叹呢？

扁庆子说：刚才那个孙休来问道，我给他说了至人之道，我怕他不理解反而陷于更深的迷惑之中啊！

扁庆子在想自己训斥孙休的话是否合适，恐怕是说得有些重了，是否会起到反面效果呢？

弟子答："不然。孙子之所言是邪？先生之所言非邪？非固不能惑是。孙子所言非邪？先生所言是邪？彼固惑而来矣，又奚罪焉！"他的意思是：不会的，假如孙休所说是对的，先生所说是错的，那么错的并不会影响到对的。假如孙休所说是错的，先生所说是对的，那么他来的时候就是迷惑不解的，与先生没有什么关系呀。

弟子这番话有诡辩的性质，明显是表面化的逻辑思维。

对此，扁庆子说了一个故事："不然。昔者有鸟止于鲁郊，鲁君说之，为具太牢以飨(xiǎng)之，奏九韶以乐之，鸟乃始忧悲眩视，不敢饮食。"扁庆子的意思是：话不能这么说，从前有只祥瑞之鸟落到了鲁国的郊外，鲁君非常喜欢，用最高的规格太牢祭来招待喂养，又是杀牛又是献酒的，而且让宫廷乐队演奏《九韶》的乐曲给这只鸟听。但这只鸟始终是战战兢兢的，不敢吃任何东西。道理很简单，压根就不能以此来对待一只鸟，给鸟献什么太牢、奏什么《九韶》呢。

**此之谓以己养养鸟也。若夫以鸟养养鸟者，宜栖之深林，浮之江湖，食之以委蛇，则安平陆而已矣。**

这就是典型的不考虑鸟的感受，而从自己的感觉喜好出发来养鸟，肯定是有问题的。以鸟的天性来看，它根本就不喜欢这些，而是想栖息于深林之中，浮游于江湖之上，吃着虫子鱼虾之类的，安于寻常的僻静之处，远离人类和天敌就算是过得很好了，而不是住在富丽堂皇的宫廷里。

**今休，款启寡闻之民也，吾告以至人之德，譬之若载鼷(xī)以车马，乐鷃(yàn)以钟鼓也，彼又恶能无惊乎哉！**

这个孙休吧，就跟这只鸟一样，是个孤陋寡闻的人，我却对他说至人之德。这不就像让小老鼠乘坐高车驷马，让小鸟听钟鼓之乐一样吗，又如何不会受到惊吓呢。

扁庆子的担忧是对的。完全符合《鬼谷子》中的一句话："非其人，勿与语。"这里的意思是：不是那样的人，给他说那样的话做什么呢？一个小学生，以大学生的方式去教育，肯定不恰当，极有可能会适得其反。

# 拾陆　至　乐

## 至乐的含义

此篇带有庄子自叙的性质，也可能是弟子或后世庄子学者记叙庄子的。

"至乐"的"至"字，可以理解为极致，也可以理解为纯粹；"乐"即快乐。道家的理论，都指向本质和极致，因此思维方式不拘一格，完全是发散式的。这种思维本身就自成世界，就是一种高端的乐趣。本文是问答式的，再以事例说明，文风极其活泼。

开宗明义就是六个问题：

其一，"天下有至乐无有哉？"即天下也就是世间，有没有一种极致的纯粹的快乐呢？人的快乐无不是乐中有忧的，这个至乐与佛教的"极乐"是一回事。一个人的一生如何才能只快乐不忧愁？

其二，"有可以活身者无有哉？"即有没有健康长生的秘诀呢？人从生下来，头顶就时刻盘旋着缺陷、病痛、灾难、祸殃等阴影，随时可能有性命之虞，能否免除一切缺陷、病痛、死亡、磨难之类的呢？这是所有出世、入世的理论都在思考并试图解答的问题。

其三，"今奚为奚据？"这是哲学的基本问题，也是意识形态的焦点问题。生命应该用来做什么，以及安于什么呢？随便想想都有无尽头绪，也没法作答。

其四，"奚避奚处？"即生命应该避免什么，又应该保持和坚守什么？

其五，"奚就奚去？"即生命应该追求什么、远离什么？

其六，"奚乐奚恶？"即生命应该喜欢什么、厌恶什么？

看似六个问题，其实更多的问题扑面而来，人世间的所有困惑都包含其中了，既是生命之问、忧乐之问，更是灵魂之问、价值之问。

庄子很高明，并没有直接回答这些问题。之所以提出，很可能只是为了启发每个人去思考。对于这些问题，无论怎么回答都是徒惹争议的，回答得越是斩钉截铁，可能引发的争议和讥笑就会越大越多。接着，庄子话锋一转，改为陈述的方式：

其一，"夫天下之所尊者，富、贵、寿、善也"。即天下人最尊崇的是什么？富、贵、寿、善，一字一意，各是各的意思，不难理解。

其二，"所乐者，身安厚味美服好色音声也"。即天下人最快乐的是什么？有个安身之所、有美味的饮食、有漂亮的衣服、有好看的东西、有悦耳的声音。

其三，"所下者，贫贱夭恶也"。即所卑视的，无非是贫穷、低贱、短命、丑恶。

其四，"所苦者，身不得安逸，口不得厚味，形不得美服，目不得好色，耳不得音声"。这里话说得够明白了，即人们所苦恼的，无非就是这些。

**若不得者，则大忧以惧，其为形也亦愚哉！**

所看重的东西如果得不到，就会非常之忧愁甚至惶惑不安。而庄子的看法是，为了这些表面化形式化的东西，使人焦虑愁苦至深，岂不是很愚蠢吗！

**夫富者，苦身疾作，多积财而不得尽用，其为形也亦外矣。**

看看那些富有的人，身体劳苦，辛勤工作，积累了很多财富却并不懂得享受，也没有享受到。这就是人们常说的：钱还没有花完，人没了。那么，这个所谓的财富与自己有什么关系呢，压根就无关。古代如此，现代同样是如此。拼死累活去赚钱，一分也舍不得花，要这个富何用呢？唯一的快乐大概就是为赚钱而赚钱吧。

**夫贵者，夜以继日，思虑善否，其为形也亦疏矣！**

"贵"，在当时指的是出身贵族或身处高位的人。这一句的意思是：这些人吧，操心的事非常之多，没日没夜地殚精竭虑，与生命的本质也是背离的。真忧心操劳如此，富贵与己有何益处呢？实在是伤身大于快意。

**人之生也，与忧俱生，寿者惛（hūn）惛，久忧不死，何苦也！其为形也亦远矣。**

人吧，从出生起，就烦忧不断。活到一把年纪了，仍然没有活明白，还想这盼那的，何其之苦，这样的人与人生都是本末倒置，也背弃了养生之道的。

接着就是对"名"的看法："烈士为天下见善矣，未足以活身。吾未知善之诚善邪，诚不善邪？若以为善矣，不足活身；以为不善矣，足以活人。"这句话的意思是：那些著名的烈士，天下人一致欣赏和追捧，可惜的是这些人都死了，空留个名声做什么呢？不知道这种活法是真好呢，还是有问题的？觉得好吧，保全不了性命，似乎只是以命换名而已；不好吧，牺牲了自己，保全了他人，从社会性群体性看，是利他的，值得大力倡导和推行。这里庄子的观点是，活着吧，得有身心一致的东西，自己觉得好才是真的好，自己觉得自在才是大自在。

**故曰：忠谏不听，蹲循勿争。**

这是句古话俗语，其意思是忠诚进谏不被采纳和听取，就站在一边闭口不说了。但有人偏偏不是这样的，比如伍子胥，忠谏而吴王不听，非要死谏，结果就真的被杀了；当然如果不死谏，也成不了、留不下千古美名。对此，庄子的疑问仍是一句："诚有善无有哉？"追求名声究竟是对是错、是好是坏呢？没有答案。

**今俗之所为与其所乐，吾又未知乐之果乐邪，果不乐邪？吾观夫俗之所乐，举群趣者，诚（kēng）诚然如将不得已，而皆曰乐者，吾未之乐也，亦未之不乐也。果有乐无有哉？吾以无为诚乐矣，又俗之所大苦也。**

很明显，庄子在观察思考一些现实问题：世俗所做的事情和所认为的快乐，我实在是搞不清楚，究竟是有意义的还是无意义的，究竟是快乐还是不快乐呢。须知，快乐与意义之类的都是主观的，甚至是外部赋予的。庄子讲，自己看到的现象是，世人认为快乐的事情就一窝蜂地去做，唯恐落后了；认为好的东西，就一窝蜂地去抢，唯恐手脚慢了。大家都觉得做这些事有意义、很快乐。对此，庄子却持保留意见——有些可能是真有意义、真快乐，有些则未必。如果非要给出一个明确的看法，庄子认为，世俗所谓的意义与快乐之类的都是虚假的东西，最多只能算苦中作乐，并非真正的快乐。事实确实如此，很多事情不得不如此，那么与其被动着不快乐，倒不如以主动的快乐的态度对待要好过一些。也正因此，这世间"强颜欢笑"的多，真正快乐的少；个人也是如此，一生中真正快乐的时光很少，装作快乐的时间倒是很多。

**故曰："至乐无乐，至誉无誉。"**

这就是道家的典型逻辑：真正意义上的快乐完全是内心的事，与外界无关，也无所谓快不快乐，心安理得地活着就好；最高的荣誉也是这样，完全跳出了世人的毁誉之外，内心也没有荣辱的意识，就是心平气和地活着。心安理得、心平气和讲起来很是轻松，真正做到有多难呢？相信每个人都是有体会的，稍稍梳理下，就是哲学层面的认识了。

**天下是非果未可定也。虽然，无为可以定是非。**

天下的是非也是这样的，是相对的，很难说得清孰是孰非。很多今天是的东西，明天或许会成为非；因此这一切其实就是不同角度的认识问题。庄子觉得吧，判断是非虽然如此之难，但"无为"二字完全可以解决这个问题。无为并不是什么都不做，而是做举手之劳、顺水推舟的事。这是种什么态度呢？这主要有四种情况或者说是境界：最高层次，对天地自然之道，即万事万物的规律原理等了然于胸，这样一来，什么事该做，什么事不该做，什么时机做什么等，都是清清楚楚的，有问题时拨拉一下，没问题时任其发展，这就是无为的最高境界。第二层次，世间的问题和矛盾成堆，根本就管不过来也顾不上，那么就冷眼旁观、任其发展吧。实在要做事，就做点趋势与结果很明朗的事。而不是去搞规划设计、贯彻落实、开花结果等漫长、艰难、费力却往往不讨好的事情。第三层次，处于无智无识无力的这么一个状态，最好的方式就是随波逐流撞大运，也坦然直面一切惨淡。读读余华的小说《活着》，就能很好地体味到这一点。第四层次，无智无识无力运气也很差，却还总想着去做些什么，这个就很凄惨了，人类悲剧情境亦多由此而来，比如法国作家雨果对人类抗争历程的反思。

"至乐活身"，即能够感到极致的纯粹的快乐，才是生命的本义与真义。"至乐"，应该不是什么高深的东西，而是极其简单的，比如感受到清风明月等，就有不尽的诗情画意。有这样的认识和感受，才是人生的真性情大境界，而并非拼死累活去赚钱做官之类的。

"唯无为几存"，即世间的事情吧，轰轰烈烈地演进，当时当世都是了不得的大事情，到了后世，全成了茶余饭后的谈资，全是戏。大浪淘沙，折腾事的都消隐了，唯有顺势而为踏实随性活着的最耐人寻味。这不是对意义的消解。虽有相当消极的东西，但并不是没有一点启示，相当于泼冷水的举动吧。

### 请尝试言之：天无为以之清，地无为以之宁，

老子曾说："天得一以清，地得一以宁。"其中"一"是道的意思，也就是规律，即天地遵循规律一切都有条不紊。庄子将"一"换成了"无为"，两者意思一致，上天与大地不瞎折腾，整个世界也就都清平了。

### 故两无为相合，万物皆化生。

天地都无为了，就会阴阳和合、风调雨顺，万物才会不断化生。天地总是出现巨变，万物与苍生就要遭受劫难了。

### 芒乎芴(hū)乎，而无从出乎！芴乎芒乎，而无有象乎！

这是个宏观视角的感叹，即"仰观宇宙之大，俯察品类之盛"，恍恍惚

惚、茫茫然然，既不知其源头，也看不到其终点，主导一切生发变化的力量也是冥然未知的。

**万物职职，皆从无为殖。**

万物各是各的样子，各遵循各的一套，都是从无为中来的。这个无为就是道，道不是具体的任何东西，也不见做什么，而一切都是水到渠成。这是道家的发现，因而也产生了人应该无为处世的观念。

**故曰："天地无为也而无不为也。"人也孰能得无为哉！**

前一句的意思是：正因为天地不自主地做什么，才成就了天地间的一切；天地如果各有各的意思，哪还有人类的份呢？庄子的这段话，很像是老子理论的启示与注脚。人吧，谁又能洞悉无为的奥妙呢？尤其在那么一个时代。实说话，读古书，为考据争来辩去的意义不大；而看其讲什么、讲得怎么样才应该是第一位的。否则，器识就成技艺，研究就成钻牛角尖了。


## 鼓盆而歌

庄子的妻子死了，惠子前往吊唁，只见庄子盘坐在地上，敲着盆子唱着歌。

这个做法简直是太惊世骇俗了。

惠子既不理解也看不下去，指责道："生活了一辈子的老伴，为你生儿育女的，现在老了、死了，你不哭倒也罢了，怎么能够鼓盆而歌呢？未免有失体统了吧！"

庄子并不同意："不然。是其始死也，我独何能无概然！察其始而本无生，非徒无生也而本无形；非徒无形也而本无气。"庄子的意思是：不是这样的，夫人刚死的时候，我也非常难过。但我仔细想了一下，她这个人原本就没有了，这个生命原本就不存在了；不仅没有生命，也没有形体；不仅没有形体，连一丝气息也没有了。

**杂乎芒芴之间，变而有气，气变而有形，形变而有生，今又变而之死，是相与为春秋冬夏四时行也。**

恍惚茫然之间，也就是种种必然和偶然的结果吧，就有了气，因为气而生出了形体，因形体而有了生命。现在吧，过了一辈子，又归于死亡了，这个过程与春夏秋冬四季轮换一样，是个必然的过程。

**人且偃然寝于巨室，而我嗷（jiào）嗷然随而哭之，自以为不通乎命，故止也。**

夫人死了，将安卧于广大无垠之中，而我呢，自认为还懂点生命之理，却在这里嗷嗷地哭，实在是大煞风景，因此就止住不哭了。

庄子倒推生命的过程所得出的看法，看似冷漠，其实是很有深意的：生命从无到有，又从有到无。生寄死归的，从这点来看，确实不值得过分难过。今天，这番表述、这种观念一点也不稀奇，在当时确实有惊世的意义。

## 高人谈病痛

支离叔与滑介叔一起到黄帝曾修行过的冥伯丘、昆仑山游览。其间，滑介叔的左肘生了一个瘤子，因而心情不好，烦躁不安。

支离叔见状问：你厌恶这个瘤子吗？

滑介叔答：没有，有什么可厌恶的。这具躯壳，不过是借来寄居的。寄住的躯壳长了个小小的瘤子，就像落了点灰尘一样微不足道。人的生死，就像昼与夜的轮回一样。我们来这里考察，就是为了发现天地和生命之理，现在这些机理的作用显现在我的身上，有什么好厌恶的呢？

前面一则故事是对待死亡的态度，这则是对待病痛的态度，不见得会使人彻底改观，但的确可以使人豁达起来。

# 骷髅对白

庄子到楚国去，见到了一具骷髅，它虽暴露于荒野，大体的形态却是完整的。关于这种情况，经书上有很多，《佛说父母恩重难报经》也是借骷髅说理的佛与道，两者之间的联系、说法何其微妙。

见到这具骷髅，庄子便用马鞭敲了敲，问了一连串问题：

其一，"夫子贪生失理而为此乎？"即先生是因为过于贪生，违反天理才落到这个地步的吗？暴尸荒野，无人收埋料理，在任何时代都被视为天谴，因此庄子才有此疑问。

其二，"将子有亡国之事、斧钺之诛而为此乎？"即是因为国家灭亡、遭受杀戮才落到这个地步的呢？当时是乱世，这种事很常见。

其三，"将子有不善之行，愧遗父母妻子之丑而为此乎？"即做了什么缺德亏心的事，愧对父母妻儿才成了这个样子呢？

其四，"将子有冻馁之患而为此乎？"即还是生活太过贫困，受冻挨饿，倒毙于此呢？

其五，"将子之春秋故及此乎？"即或者是寿终正寝恰好走到这个地方就死了呢？

庄子的一系列疑问是猜测性的，有身份之疑，也有因果之疑。

总之，这些是常人都会有的，都可以设想到的，也是世间的常态。

问完这些，庄子就拉过骷髅当作枕头睡着了。

用今天的话说，真是心大啊！能够如此作为的人，当然不是一般的人。

半夜梦中，骷髅便与庄子有了如下一番对话：

髑髅：白天你问问题的样子很像是一个能言善辩之士，但你所讲的无非都是活人之累，死了哪还有这些问题与事情呢？想听听关于死亡的说法吗？

庄子：想。

骷髅："死，无君于上，无臣于下，亦无四时之事，从然以天地为春秋，虽南面王乐，不能过也。"它说得很清楚，即死了都一样，上面没有君王天天要尊崇，下面也没有臣子天天要训斥，也无须关注春夏秋冬这点事，自由放纵地享受与天地一样的寿命；即使是贵为君王的快乐，也无法与死人相比。

庄子不信，便问了句：假如我让掌管生死的神，让你死而复生，重新长出肌肉，恢复人的样子，并让你回家和父母妻儿团聚，你愿意吗？

髑髅深皱眉头哭丧着脸说：我怎么能抛弃君王一样的快乐，而回到人间受苦和受煎熬呢？

这个是庄子的生死观——讲生之苦与死之乐。

没有必要去辩论其中的是与非。

《庄子·外篇·至乐》一文中，这段之后隔了几行，还有一段列子路遇髑髅的故事，我们一并提到这儿来说。一次列子外出，正在路边吃饭，见到一副数百年的髑髅，便揪了一枝野草指着髑髅讲了这么句话："唯予与汝知而未尝死，未尝生也。若果养乎？予果欢乎？"他的意思是：这世间吧，唯有我知道你未必是死了，而我也未必活着。你果真忧愁吗？我果真快乐吗？

就这么一则故事，故事本身没什么可讲的，但列子的说法却是耐人寻味的。常人在路边看到一骨髑髅，肯定会有一堆问题，比如，是什么人？有怎样的一生？如何死的？何以连个收埋的人都没有？但列子不这么看，列子的逻辑：你髑髅是一种形态的存在，我列子也是一种形态的存在；虽然是不同的形态，但仅就存在形态来看似乎是一回事。从某种程度上来说，二者都是存在都是事实，究竟哪个活着哪个死了却是很难说的，而我们用来作判断的生死仅仅是生理上的。从这点来讲，列子是超越生死和寻常判断标准的。髑髅与列子两种存在吧，谁忧愁谁快乐也是个问题，这就是我们常说的"生又何欢，死又何惧"，很深奥的理论。

# 孔子的担心

颜回到齐国去谋差事，孔子很不放心，面露忧色。

子贡下席后不解地问：颜回不就去齐国嘛，夫子何以如此忧心呢？

孔子说：问得好呀。过去管仲说过一句话，我非常赞同。

管仲说的哪句话呢？"褚（zhǔ）小者不可以怀大，绠（gěng）短者不可以汲深。""褚"，指衣橱；"绠"，指绳子。小衣橱装不了大衣服，短绳子够不到深井里的水。类似的话《易经·系辞》中也有，如："德薄而位尊，智小而谋大，力少而任重。"这一句指德行、能力与所要做的事情不相匹配。

**夫若是者，以为命有所成而形有所适也，夫不可损益。**

命运是有定数的，身体是有局限的，也就是资质禀赋的问题，一个人能做什么、能做成什么，都有一定的范围。

**吾恐回与齐侯言尧、舜、黄帝之道，而重以燧人、神农之言。**

因为齐侯是讲霸道的，最不喜欢儒家这套说辞，我怕颜回不得要领，总是跟齐侯谈尧、舜、黄帝时代那套治国理政的东西，以及燧人氏、神农氏说过的话。

**彼将内求于己而不得，不得则惑，人惑则死。**

齐侯听了这些肯定会反省自己，但肯定不会理解，不理解就有疑惑，大惑而不解就会苦闷而死。孔子讲的似乎是担心齐侯，其实就当时的社会形势来看，真正需要担心的恐怕是颜回的性命。游说君王时讲话稍有不当，就可能掉了脑袋。

**且女独不闻邪？昔者海鸟止于鲁郊，鲁侯御而觞之于庙，奏九韶以为乐，具太牢以为膳。鸟乃眩视忧悲，不敢食一脔(luán)，不敢饮一杯，三日而死。**

这只鸟前面已经出现过。这句的意思是说：你没有听说过吗？以前曾有一只从南海飞来的鸟落在鲁国的郊外，鲁侯将这只鸟供养在宗庙里，每天给鸟奏《九韶》之乐，用太牢祭喂养。鸟被吓得头晕眼花、忧戚满心，不敢吃一块肉，不敢喝一口酒，三天后就死了。

**此以己养养鸟也，非以鸟养养鸟也。夫以鸟养养鸟者，宜栖之深林，游之坛陆，浮之江湖，食之鳅鲦(tiáo)才，随行列而止，逶迤而处。**

这是典型的方法不当，是用善待自己的方法来养鸟，而并非以养鸟的方法来养鸟，不养死才怪了。以养鸟的方法来养鸟，就是让鸟栖身于密林深处，飞翔在天空中，漂游在江湖上，吃点小鱼小虾和虫子之类的，随着鸟群一样作息，自由自在地来来去去。

**彼唯人言之恶闻，奚以夫诙(náo)诙为乎！**

鸟怕人，怕听到人声，给鸟演奏《九韶》之乐，哪是什么享受哟，简直就是要命的噪声。

**《咸池》，《九韶》之乐，张之洞庭之野，鸟闻之而飞，兽闻之而走，鱼闻之而下入，人卒闻之，相与还而观之。**

假如将《咸池》《九韶》这些古乐搬到洞庭湖边去演奏，肯定是鸟听到就会飞走，兽听到就会逃跑，鱼听到就会下潜。当然，人们听到了，就会前来观看。

**鱼处水而生，人处水而死，彼必相与异，其好恶故异也。**

鱼生活在水里很自在，人在水里则会淹死，这就是彼此的差异，本质不同，好恶也不同，对同一件事物作出的反应也不同。

**故先圣不一其能，不同其事。名止于实，义设于适，是之谓条达而福持。**

这句话很重要，总的指求同存异是治国理政的根本，也是接人待物的原则。"不一其能，不同其事"，即说古代的圣人懂得个体差异、类别差异，因而对于能力并不要求一致，也不要求人们做同样的事情，或者做事达到一样的标准程度。正确的做法是什么呢？"名止于实"，即要名实统一，不能作图名挂号的形式主义的事情；"义者宜也"，即义也要适可而止，不能没个度，全然当成口号去喊，或者用来强求所有人。能够做到"不一其能、不同其事""名止于实，义设于适"，才是"条达而福持"，这是什么意思呢？通于情，才会达于理，也才是有福的。

孔子虽然讲得很委婉，但意思却很清楚：颜回这个人吧，自身要求很高，但做人做事不懂得变通，对人的要求也高，以这种态度去做事如何能让人放心呢？由此看，孔子的这个担忧不无道理。

# 生命进化史

这段虽然不长，但却是生命进化简史，得一句句的认真地来品读："种有几，得水则为㡭（jì）。"这是讲种子的，有些可以生发，有些则不会；换句话说，即种子有适合的条件就会发芽，其中最为关键的是水，有水生命就能继续。这里的种子指一切生命的根源。关于这个，纪德自传的标题为"如果种子不死"，其意思是：种子死了才会有新的生命，如果种子不死什么也不会有。水是一切生命之源，佛家也讲这个，有"地水风火"四大的说法，都与生命息息相关。

"得水土之际则为蛙蠙（pín）之衣"，即水中的微生物吧，遇有土也就是附在水边潮湿的土上，会形成蛤蟆衣一样的东西。蛤蟆衣，即像蛤蟆表皮一样的苔藓类。

"生于陵屯则为陵舄(xì)"，这句是说，苔藓类生命再往高地上发展，就是车前草之类的，种子或者说生命现象是从水中逐渐向陆地延伸的。

**陵舄得郁栖则为乌足。 乌足之根为蛴(qí)螬(cáo)，其叶为胡蝶。**

车前草死后腐烂，又会生出乌足草。乌足草的根会变成一种叫蛴螬的虫子，叶子会变成蝴蝶。车前草变乌足，与"化作春泥更护花"的原理一样，生命之间的很多成分与能量是互相转换的。这点，食物链显示得很清楚。比如，羊吃了草，壮实了，是否说明，一些草变成了羊身体的一部分呢？狼吃了羊壮大了，是否说明，一些羊变成了狼身体的部分呢？那么，狼与草又是什么关系呢？草是生在土里的，狼与土又是什么关系？狼的粪便又会成为草的肥料。这其中有明显的联系和循环，所谓的生生不息，大抵就指这个吧。至于乌足部分变虫子，部分变蝴蝶的事也很直观，虫子破茧而出化为蝴蝶。这种现象古人早就注意到了，虽然琢磨不出其中的原理，但对于这一变化过程的叙述却很有意思。比如虫草，是虫还是草呢？

**胡蝶胥也化而为虫，生于灶下，其状若脱，其名为鸲(qú)掇。**

蝴蝶会变为虫子，遇有火，就会蜕变为"鸲掇"。"鸲掇"，指什么不清楚，大概是蛾子之类的吧。庄子所指出的应该是蛹变为蛾等情况。

**鸲掇千日为鸟，其名为乾馀骨。**

鸲掇经过三年时间化身为鸟，名为山鹊。

**乾馀骨之沫为斯弥。斯弥为食醯(xī)。**

山鹊的唾沫会化为斯弥，斯弥化为醋虫，就是蛆虫。

**颐辂(lù)生乎食醯，黄軦(kuàng)生乎九猷(yóu)，瞀(mào)芮(ruì)生乎腐蠸(quán)。**

这句讲物种之间化生的情况。醋蛆变为颐辂，黄軦生于九猷，瞀芮生于腐蠸。这些名称分明指什么，人们的说法不一，且差异很大。我们大体上注意两层意思即可：其一是物种之间有互为依存的关系；其二是一个物种不同的生命周期有不同的形态和叫法。

**羊奚比乎不箰。久竹生青宁，青宁生程，程生马，**

羊奚草和不箰生长在一起，这种现象与虫草、阿苇菇的情况类似，它们都是相依相生的，一个出现问题，另一个也必然出现问题。从大的范围来看，食物链也是这样。久竹生青宁虫，也就是竹虫吧。青宁虫化生豹子，豹子化生马，这个情况从逻辑上没法推理，是其构成的基本元素大体一致吧，以现代科技来看，无非碳氢氧钙之类的化学元素。

**马生人，人又反入于机。**

马化生为人，人死后又复归自然。最直观的是，古代人死后腐化降解的过程，明显有虫子、植物之类的，时间久了甚至有很多矿物现象，比如古墓中一些矿物的结晶。

**万物皆出于机，皆入于机。**

这个"机"，就是机理，一切物种的生发与死亡，都是由冥冥中的机理运行所产生的结果。因此，一切生于"机"，死于"机"。这个"机"既包含有时间、时机，也包含有规律、原理等种种。总之，恰当的物种在恰当的时间、恰当的地点、恰当的条件下，就相互作用并产生了新的不可解释、难以思议的东西，很多今天的科学也解释不了。

庄子的这个观察分析细致入微，而且很多在今天看来有点荒诞不经，其实仍然包含着朴实的科学思想。

　　人真是非凡的存在吗？会成为天使？会在地上建成一个天国？可能吧，但笔者目前仍持怀疑态度，而且更大的可能性是，从广义来看，人类并不比蚁虫禽兽高明和美好多少。

# 拾柒 秋 水

## 诗意与眼界

这是《庄子》一书中非常重要的一文，当然也有人考证说不是庄子写的。

这篇名为"秋水"的文字，言辞华美，思想深邃，历朝历代推崇备至、备受赞誉，影响国人至深。这点恐怕不是虚拟的，也无须去考证。这篇文章，不知成就了多少诗意、成全了多少诗人呀。可以说，一部中国文化史，"秋水"二字是永恒鲜活的底图。不读文章，就想想这两个字，中国传统的诗画写意，几乎从来就没有离开过这两个字的范畴。

**秋水时至，百川灌河，泾流之大，两涘(sì)渚崖之间，不辩牛马。于是焉河伯欣然自喜，以天下之美为尽在己；顺流而东行，至于北海，东面而视，不见水端。于是焉河伯始旋其面目，望洋向若而叹曰……**

朗朗诵读下，就会发现中文之美之魂，意思很直白，任何形式的翻译都是饶舌或亵渎。

文字的画面感很强：秋雨时节，河水暴涨，数百条河流滚滚注入黄河，水面顿时宽阔起来，隔着河岸，已经看不清牛马了。见此情形，河伯欣然自喜，以为天下壮美无过于此，尽为自己所掌握。于是乎，顺流而下到了北海，向东望去，茫茫不见涯际，因而转过头向海神发表了自己的感慨。

**野语有之，曰"闻道百，以为莫己若"者。我之谓也。且夫我尝闻少仲尼之闻而轻伯夷之义者，始吾弗信；**

民间有句俗语：懂得了一些道理，就眼中无人，以为谁都不如自己。这句话说的就是我呀，实在是非常惭愧！曾经听说吧，这世间有人根本就不知道孔子的学问，也很是轻视伯夷的义举，刚开始还不信，现在信了。河伯这话是什么意思呢？开眼了，一切皆有可能。一个人的眼界与局限实在是太大了。

**今我睹子之难穷也，吾非至于子之门，则殆矣，吾长见笑于大方之家。**

今天，见到大海才算是知道了什么叫无穷尽。如果不是到了这里，恐怕就很危险了，会一直被真正懂得大道的人所笑话，还不明白怎么回事。"方家"一词，从这儿来的。

这里，北海神说了一大段，有些句子经典的程度，会流传到人类的尽头："井鼃（wā）不可以语于海者，拘于虚也；夏虫不可以语于冰者，笃于时也；曲士不可以语于道者，束于教也。"这些句子都说得很形象，是传说中的至理。井里的青蛙，一生都没出过井，给它说什么海呢？想破脑袋也想不出来的，之所以会如此，是受到井的局限。仅存活于夏天短短百十来天的虫子，给它说什么冰雪呀？再怎么说，也不知道冰雪是怎么回事的，之所以如此，是受到时间的限制，夏虫们根本就没有机会见到冰雪。同理，孤陋寡闻且偏执的人，给他说什么道呢？他就死认死守脑子里的东西，根本容不下其他的任何至理大道，之所以如此，是其所接受的教育与认知的局限所致。

**今尔出于崖涘，观于大海，乃知尔丑，尔将可与语大理矣。**

今天吧，你出了河，观于海，看到了差距和局限，说明悟性还不错，倒是可以与你一起谈谈大道了。

**天下之水，莫大于海，万川归之，不知何时止而不盈；尾闾泄之，不知何时已而不虚；春秋不变，水旱不知。**

天下的水最后都流到了海里，即使如此，也不知道什么时候才能装满。

海水也是一天天在往外排的，却丝毫没有减少的意思。无论多少年，大海就是这个样子；无论涝与旱，大海根本就不知道，也不在乎。真正的博大是什么？八个字："春秋不变，水旱不知。"一个人也是这样，能够做到来去无意、宠辱不惊，就绝绝对对堪称是有大境界了。

**此其过江河之流，不可为量数。**

大海之所以博大于江河，原因就是"不可量数"，海是无边无量的。其实，人的思想境界、精神境界之类的也是如此，只有到了不可量数的境界，恐怕才真的可以屹立到人类的尽头。当然，地球上活过多少人，能修到这个境界的屈指可数。

**而吾未尝以此自多者，自以比形于天地，而受气于阴阳，吾在于天地之间，犹小石、小木之在大山也。方存乎见少，又奚以自多！**

即使如此，我海神吧，也不敢以博大而自居，看看天地，才是更为博大的存在。同受于阴阳之气，海却是处于天地之间。天的笼罩、地的承载，使海看起来不过像小石头、小树木一样的存在。相形之下渺小如此，又岂能沾沾自喜呢？

**计四海之在天地之间也，不似礨(lěi)空之在大泽乎？计中国之在海内不似稊(tí)米之在太仓乎？号物之数谓之万，人处一焉；**

这句中所指的视野就很大了，完全是宇宙视野。你看，四海在天地之间的渺小程度，就好像蚁穴在大泽之中的微乎其微一样。这么看，中国在四海之内，不就像一粒米在大米仓中一样吗？万物亦如此，人不过是其中之一罢了。有什么可自我感觉良好、沾沾自喜的呢？这段话，对谪贬于海南的苏东坡影响至为深刻，几乎成为他在那儿活下去的精神支柱。

**人卒九州，谷食之所生，舟车之所通，人处一焉，此其比万物也，不似豪末之在于马体乎？**

人生活在九州之上，在生长粮食的土地，在舟车所行之处，不过是占据了一点点地方、不过是物种之一。人的生活理念、生活形态，也不过是其中之一。与万物相比，简直就如同马身上的一根毫毛一样而已。天天谈重大、重要之类的，不可笑吗？庄子这种说法，有点沧海一粟、九牛一毛的意思，也可以说这些成语都与庄子有关；民间说的这个"毛"字，都有个达观和不屑在其中。

**五帝之所连，三王之所争，仁人之所忧，任士之所劳，尽此矣。**

五帝相承，三王所争，仁人所忧，任士所劳，人间吧，无非这么点事。这句有两个视角：一个是从事情来看，人间的事无非"争、忧、劳"三字，相互都有关系，都在争、都在忧、都在忙，认真、踏实而投入，让人说什么好呢？另一个是从价值意义来看，这些个事情无非就这么个样子，没必要赋予更为沉重的意义，应该拨开挑明才是，这样才不至于活着太累太糊涂。

**伯夷辞之以为名，仲尼语之以为博，此其自多也，不似尔向之自多于水乎？**

伯夷这个人吧，是嫡长子，辞让国君、不食周粟等做派说辞无非是为了名而已；孔子这个人吧，周游列国、说这谈那的，不就为了显示其学问渊博吗？他们的自我感觉优越、沾沾自喜，不就是与你没见大海之前的情形一样吗？

听完海神的话，河伯问了这么一句："然则吾大天地而小豪末，可乎？"它的意思是：照这么看，那么我以天地为大、以毫末为小，这样子可以吗？

海神又说了一段："否。夫物量无穷，时无止，分无常，终始无故。"它的意思是：不行。万物吧，其数量没有穷尽，其存在的时间没有止息，其发展变化也并没有常规，无始无终的，何为大何为小是相对的，不是固化不变的。

**是故大知观于远近，故小而不寡，大而不多，知量无穷；**

因此，富有大智慧的人看问题很全面，既能看得很深远，也能看到近旁的细微处；所以虽然小也不以为少，虽然大也不以为多，很明确地知道万物的数量是无穷的，因而自身的思想境界等也没有穷尽。

**证向今故，故遥而不闷，掇而不跂，知时无止；**

大智慧的人博古通今，因而既不忽视遥远过去的东西，也不会仅抓住眼前的东西不放。智者吧，懂得时间作用于万物的种种机理，因而对于个人的行止进退等也把握得很有分寸。

**察乎盈虚，故得而不喜，失而不忧，知分之无常也；**

观察考察事情的盈虚增减，因此得而不喜，失而不忧，懂得发展进程、成长进步中不可控的因素。一个人、一种事物、一个国家的发展演变过程与阴阳四时紧紧相扣，比如生死、盛衰、兴亡等，不可避免，无可易改，而且永远处于一个周而复始的循环之中。这个循环并非一成不变，而是有进化、渐进等在其中，就有了"形而上""螺旋式上升"等说法和理论。庄子的这些认识，不是哲学是什么呢。其中既有古典理论，也不乏现代思维。以此来看，所谓的"现代"二字，并不是仅指时间要素，还有务实、前瞻、全面等多种意味，同样是积累出来的。很明显，这种意识古人也有。或者，话反过来说更为清楚，所谓的现代人的现代理论真"现代"吗？恐怕未必，从某种程度上来说，二千多年前这个叫庄子的人比我们现代人还前卫得多，甚至直到今天，我们也没有滋生出他那样的认识，没有超越他一生的做派。那么，什么又是现代呢？

现代诗歌的"现代"也是如此。法国哲学家福柯在《何为启蒙》一文中，是这样来看待现代性的："我自问，人们是否能把现代性看作是一种态度而不是历史的一个时期。我说的态度是指对于现时性的一种关系方式：一些人所作的自愿选择，一种思考和感觉的方式，一种行动、行为的方式。它既标志着属性也表现为一种使命。当然，它也有一点像希腊人叫做ethos（气质）的东西。"而通常被人们认为最早提出"现代性"一语的法国诗人波德莱尔，他本人就认为：在每一个古代画家身上，都能体现出一种现代性。因此，广义地说，任何时代的诗歌与艺术，都有其现代性的一面。对于《诗经》传统来说，屈原的作品是极具现代性的；对于南朝宫体诗来说，张若虚就是"现代"的，是一个彻底的叛逆者；同样，陈子昂绝对是初唐时代的"现代"诗人！

**明乎坦涂，故生而不说，死而不祸，知终始之不可故也。**

万事万物都有个起点和终点吗？或许有吧，但的确是阶段性的。很直观，比如人类的生与死，起点在哪，看不到；终点在哪，也看不出。但生死一直在上演着，似乎只是不间断地废弃和补充。因此，出生与活着并不是值得高兴的事，而死也大可不必视为祸事，不过是一个必然的过程，同时也是一个微不足道的局部。我们虽然追求永恒，实则以宇宙眼光看，并没有永恒这么回事。即使是宇宙，其实都是处于不断变化之中的。

**计人之所知，不若其所不知；其生之时，不若未生之时；以其至小，求穷其至大之域，是故迷乱而不能自得也。**

这句明显是解释《易经·坤卦》的"先迷，后得主"吧。对于很多事情，人只有经过了才知道，这个即经验之谈，很客观自然的东西。盘算一下，人类所知道的，远远没有不知道的多，因此说我们永远处于向未知挺进的路上。更明显的一点是，人所存活的时间，远远没有不存在的时间广大，这句足以破击一切意义与价值之说。世界上，论寿命、块头、力气、智慧等种种，人在哪个方面都不是最突出最优秀的，但人却总想着以渺小的存在、短暂的生命、有限的智慧，去探索甚至穷尽无限的时空，这显然是陷入迷惑的根本的原因。

**由此观之，又何以知毫末之足以定至细之倪？又何以知天地之足以穷至大之域？**

这句是总结性的：由此来看，我们又能定论什么是大什么是小呢？不仅仅大小如此，我们言之凿凿的是与非、美与丑等也是这个情况，究竟什么是正当的、什么是不正当的，其实完全不可以定论。海神这句的意义在于启示性、发散性的思维，提示人们应该尽可能多角度、更深入地去看待和理解万事万物，这样对事物的看法必然有所不同，内心也必然更坦然。

河伯再问："世之议者皆曰：'至精无形，至大不可围。'是信情乎？"这一句是，世人都说细小到极点就是无形，广大到极点就是无穷无尽，真是这个情况吗？

海神答："夫自细视大者不尽，自大视细者不明。"这一句是说视角和格局的，即以微观视角去判断大的东西，肯定不全面；以宏观视角去考察细微的东西，肯定粗枝大叶不细致。更形象点说，近视的看不远，远视的看不清眼前的东西。还有一层意思，有些局限可以克服，有些则是克服不了的。因此，想问题时，一定要考虑到局限的因素。虽然看不清，也一定要清楚山外有山、沙中有沙。只有具备这种思维，才会享受真正的乐趣。那个叫博尔赫斯的阿根廷老头，在他的书中处处可见此类思维，完全是列子、庄子式的思维。

**夫精，小之微也；垺（fú），大之殷也。故异便，此势之有也。**

"垺"，指外城城墙，形容大的事物。这句是说，精是小之又小乃至最小的东西；垺，则是大而又大的东西。大小的差异就这么来的，由于势的不同而形成的。

**夫精粗者，期于有形者也；无形者，数之所不能分也；不可围者，数之所不能穷也。**

这里谈的精与粗、大与小，仅仅是对于有形的事物而言的。对于无形的事物，又如何区分呢？比如，人的欢喜与悲伤，人的思想与精神，又如何能通过眼睛来衡量呢？无限的事物，是无法以数量来穷尽的。比如，一把沙子，看似有限，实则是数不清的，那么一河沙子呢？我们常说定性与定量分析，似乎是很科学的分析方法，其实在定性与定量分析之上，还有个抽象的无穷无尽的情形与思想，感知感受到这个，才是大境界大智慧。

**可以言论者，物之粗也；可以意致者，物之精也；言之所不能论，意之所不能察致者，不期精粗焉。**

这句说的是言论的局限，即不是什么都能够表述出来的。在学术研究领域，喜欢对一切都下个定义，事实上很多东西有定义吗？即使强行下了个定义，也是颇具争议的，谁认可和理识这套玩意儿？能够用语言表述、交谈的，都是万事万物中很粗浅的部分；能够用思想意识等体会到的，则是事物中精微奥妙的部分；言论无法表述，思想意识也察觉体会不到的，已不在人的认识范围之内了。

这世间有我们认识不了的事物或没有认识的事物吗？有，而且是大量存在的，这是大的方向。海神这里所谓的"言论"，不仅仅是语言文字，还有数学、音乐、美术等符号化的东西，以人的立场来看，有很多确实是至为精妙的。但庄子的意思是：这样还太粗浅了，那么他所谓的"天籁"又是什么呢？我们只有体味的份，根本没法来表述。庄子的思想也是如此，所传达和想说的意思也在文本之外。

对比佛、道两家的主要经典，也可以很直观地理解关于"言论"的问题。佛、道两家说的很多东西其实是一致的，起码本意是相通的。翻翻佛家典籍或者说中文版的佛经，概念术语成堆，读起来障碍很大，需专业人士解说才能明白个大概。相对来说，道家的典籍就直白多了，尤其是列子、庄子，以通俗的寓言性故事，就说清了很多深刻的道理。由此来看，同样的道理，如何表述也是个问题，既可以云里雾里无限深奥，也可以是直白易懂的大白话，甚至有时都无须说话，只一个眼神或动作就清楚了。

# 伟大的人

接着是庄子关于"大人"的一段论述。什么是"大人"先不管，而庄子对之设立了这么一些标准：

其一，"不出乎害人，不多仁恩"。既无害人之心，也不滥施恩惠。道家认为诸如仁呀恩的这些东西不宜太滥，过滥则容易搞乱世道人心；要像天地一样，该温暖时温暖，该寒冷时寒冷，不必一副老好人、和事佬的面孔。

其二，"动不为利，不贱门隶"。人生的动机不是出于牟利，交往、做事等都是这个样子；不轻视奴仆，没有任何功利性。

其三，"货财弗争，不多辞让"。不去争什么财货之类的，属于自己的也无须推让客气，毕竟"天予不取，反受其咎"。

其四，"事焉不借人，不多食乎力，不贱贪污"。做事靠自己，而不依赖他人，也不过分着力于衣食等生存层面的问题，也不鄙视世俗之人营营役役的贪鄙。人生在世，衣食住行，境界再高远也不能瞧不上这个。

其五，"行殊乎俗，不多辟异"。日常行为没必要和世俗保持一致，但又不过分邪曲怪僻。

其六，"为在从众，不贱佞谄"。说话办事不显山不露水地从众就好，也无须贱视阿谀奉承者，要有个体谅之心。

其七，"世之爵禄不足以为劝，戮耻不足以为辱"。不看重世间的爵位俸禄，也不为这点而动心而努力；杀戮和羞耻也等闲视之，并不以之为辱。

其八，"知是非之不可为分，细大之不可为倪"。深知是非其实不分，大小也是相对的，并没有严格的界限。

回过头来看，什么是"大人"呢？前述八个方面共同的指向是什么、可以归结为什么呢？

综合衡量，大体可以这么理解：其一是有原则的人，懂得并严格遵循做人做事的底线，有所藐视，有所敬畏，有所摈弃，有所坚守；其二是包容宽厚的人，容得下一切人一切事，不拒斥任何事物；其三是独立自主、个性分明的人，听从内心的召唤去行事，不顾忌其他任何东西，不受外界影响，不以他人的意志好恶而改变或转移；其四是富有智慧的人，对于万事万物了然于胸、清楚明白；其五是具有能力的人，不为衣食而忧，且能够应对裕如地做一些事，甚至是所谓的大事，对社会和历史产生一定的影响力。注意，必须同时符合这么些条件，而不是满足几项即可。放眼天下，同时满足这些条件的又有几人呢？那么概括起来，这个"大人"是什么样的人呢？用今天的话说，是大写的人、伟大的人。以这样的态度处世，又会是什么状态呢？这大体分两种情况：要么遗世而独立，要么入世而不羁。老子是前一种类型的代表，庄子是后一种类型的代表，确实无愧于一个"大"字。

**闻曰："道人不闻，至德不得，大人无己。"约分之至也。**

听说过有这么句话："道人不闻"，修道的人不追求名声；"至德不得"，与"上德不德"的意思一样，最高的德行是没有痕迹、不讲究什么德行的，一讲究层次就低了，佛家说的"不着相"也有类似的意思。更直观的理解：最高的招式是没有招式，最好的剑是无形无象的心剑。"大人无己"，庄子说过"至人无己，神人无功，圣人无名"，与这句的意思与逻辑完全一致，是说真正大写的人，是没有小我的。庄子的意思是：做到了这三点，才真正达到了一定的境界。

庄子说的这个人那个人的，并没有一个严格的界限和所指，不过是一个代词，是对一种活法的概括而已。这种活法究竟是什么，需要用心去体会，语言很难完全表述得出。也正因此，研究庄子，如果是沉溺于严格的定义式解析或定位，恐怕会舍本逐末、适得其反。

## "相对论"

说完这个，河伯又问了一个相当抽象的问题："若物之外，若物之内，恶至而倪贵贱？恶至而倪小大？"它的意思是：人与万物都有内外两面，这个内在与外在，又是如何区分贵与贱、大与小的呢？人与动物内外不一致的问题古人早就注意到了。比如《列子》一书中写过这样一个故事：一个奴仆，夜夜梦到自己做了国君，觉得活得很好；一个国君，夜夜梦到自己在做奴仆，状态很不好。列子算了一笔账，人生就那么长时间，将这两个人的一生计算一下，究竟谁是国君谁是奴仆其实很难说。道家的思维通常很有智慧，能潜到一切事物的内部，看到最本质的东西。

海神说了这么一段话："以道观之，物无贵贱；以物观之，自贵而相贱；以俗观之，贵贱不在己。"从道的立场来看，万物并没有个贵贱之分；从宇宙规律来看，人贵还是狗贵，花贵还是鸟贵，没法说清楚，食物链也是一个环环相扣的循环。所谓的贵贱，都是站在特定的人、特定的物的立场上搞出来的。比如，人自以为自己最为高等贵重，而其他物种都低贱；又根据所需，觉得黄金珠玉贵重而石头泥沙等低贱。又比如，老虎狮子也是这样，觉得可以吃的东西贵，不能吃的低贱。从世俗的观念来看，贵贱的标准谁也左右不了，变化很大的，需要时就贵，不需要时就贱。比如一碗饭，吃饱时就没啥用，快要饿死时就是救命的。再比如，一株有药用价值的草，长在山中就贱，出了山就是可以救命的东西，就可能是奇货可居，等等。关于贵贱的现象非常复杂，古人只用三句话就说清楚了。

**以差观之，因其所大而大之，则万物莫不大；因其所小而小之，则万物莫不小。**

万物之间是有差异的，形体上有个相对明显的大小。但仅靠目测和相对来说，既可以说一样东西大，也可以说一样东西小，主要看与什么作对比了。蚊子相对于细菌，就是巨大的存在；地球相对于宇宙，却如同沧海一粟。

**知天地之为稊米也，知毫末之为丘山也，则差数睹矣。**

懂得以上道理，视觉可以任意放大和缩小，既可以将天地视为米粒，也可以将毫末放大为山丘。通过放大与缩小，可以更好地理解差异与相对这些哲理。

**以功观之，因其所有而有之，则万物莫不有；因其所无而无之，则万物莫不无。**

从万物的功能，也就是有用无用的角度来看，因为其有用就认为有用，其无用就认为无用，不外乎这样。这种看法非常之普遍，尽管普遍的不一定正确，但却是几乎接近于真理的。"共识"二字就这么意义深远，是构成特定文化的基础。

**知东西之相反而不可以相无，则功分定矣。**

实则，地理上有东有西，是必然而不可或缺的。有用无用也是这样，有用之物有有用之用，无用之物有无用之用，这样更接近本质，能够更好地看待有用无用的问题。如果仅仅以有用无用来区别万事万物，活得就太过于功利和乏味了。

**以趣观之，因其所然而然之，则万物莫不然；因其所非而非之，则万物莫不非。**

"趣"，通"趋"。这句的意思是：从发展趋势来看，因为必然而然，就认为一定是这个样子；因为偶然而然，就认为事物都不可控。持有这种态度，往往会得出错误的判断，要么容易抱着经验主义形成思维定势而僵死，要么容易抱着不可知论浑浑噩噩、随波逐流。以现代理论来看，这个"趣"也可以理解为乐趣，做事有趣无趣也是一个重要指标，觉得有趣就做，觉得无趣就不去做，好像也不完全是这么回事。

**知尧、桀之自然而相非，则趣操睹矣。**

尧与桀的思想观念和治理方式是完全相反的，对比这个就懂得什么是大势趋向。事物吧，大小、功用、走向、趣味等，都很重要，且并不绝对，一定要以全面的眼光来看待和衡量，尤其是对于治国理政者，否则其所制定的政策容易出现偏颇。这个偏颇，往往可能将对整个国家、整个社会、整个人类造成时代性灾难、历史性悲剧。

**昔者尧、舜让而帝，之、哙让而绝；汤、武争而王，白公争而灭。由此观之，争让之礼，尧、桀之行，贵贱有时，未可以为常也。**

世间的事没有定论，证据与例证：同样是禅让，尧舜之间的禅让顺理成章、平稳过渡；燕王哙被权臣子之所逼，效仿古人禅让君位予子之，引起国人不满而内乱迭起，齐国出兵干涉，杀燕王哙，斩子之，灭了燕国。同样是兵争，商汤、周武以武力顺利取得天下，而楚国的白公起兵叛乱却因此而亡身。由此来看，帝王、诸侯之位，该靠禅让还是兵争取得，并没有个定数，得视具体形势和具体人而定。同理，行为与作为，是帝尧式的，还是夏桀式的，也没有个定则，要视具体情况而定，用显现的结果来衡量。贵与贱、好与坏等也是这样，并非固定不变的，而是相对的，分析判断往往很复杂，并不像表面的是与非那么简单明了。

**梁丽可以冲城，而不可以窒穴，言殊器也。**

"梁丽"，指可用作大梁的木头，军事上通常可以用作冲城器械。这句和以下几句都是谚语式的。这句是说：粗大的木头可以用来制作冲城车的撞木，但不能用来去堵塞一个小洞。每一件器物都是有明显用途的，不能乱用。

**骐骥骅骝一日而驰千里，捕鼠不如狸狌(shēng)，言殊技也；**

千里马吧，可日驰千里，但用来捕鼠却明显不如猫和黄鼠狼，这些都是性质用途不同使然。

**鸱鸺(xiū)夜撮蚤，察毫末，昼出瞋目而不见丘山，言殊性也。**

夜晚，猫头鹰的视力很好，火眼金晴，可以抓到跳蚤，但白天就是睁眼瞎了，看似睁得很大，实则连山丘这么大的事物都看不到。这也是事物的特性所致。

**故曰："盖师是而无非，师治而无乱乎？"是未明天地之理，万物之情者也；**

所以说：信奉真理，那么谬误就全然消除而不存在了吗？采取或遵循历史上好的方式方法来治理，就不会生事生乱了吗？庄子的意思是：不要以单一的、偏狭的、绝对的眼光来看问题办事情，这样会很危险，而且根本就不通天地之理与万物之性。其中需要注意的是，还有理想主义。理想的方式就一定会推导出理想的结果吗？恐怕未必，而且往往南辕北辙。何以如此呢？庄子的看法是，理想主义者，不明天地之理，不懂万物之情，过于教条和僵化。做事，方法正确结果就一定正确吗？未必，还有种种影响干扰的因素在其中。

**是犹师天而无地，师阴而无阳，其不可行明矣。**

只奉行自认为对的好的东西，就是单一思维，是有天而无地，有阴而无阳，明显就行不通。庄子这里也有理论与实践相统一的问题，起码来说，具体问题得具体对待、具体情况具体分析吧。

**然且语而不舍，非愚则诬也。**

人们常常抱持一个方面，以为有理想、有热情、有方向、有行动就够了，殊不知想成事，其实是综合因素的结果，治国理政也是如此。因而想法单纯且不知变通的人，不是愚蠢就是不诚实。愚蠢很好理解，迂腐嘛；不诚实，有愚弄他人的意思，是有意欺骗的，让人成为易于管理统治的人。

**帝王殊禅，三代殊继。差其时，逆其俗者，谓之篡夫；当其时，顺其俗者，谓之义之徒。**

帝王之间的承接，夏、商、周三代各不相同，有禅让取得的，有武力取得的，有权谋取得的，还有意外取得的，其中的原因也很复杂。总之，不察时机、不顺民意，即使隐秘地去谋取，也是谋权篡位，会承受万夫所指的。时机正确、合乎民意，万众则会欢呼叫好。

**默默乎河伯，女恶知贵贱之门，小大之家！**

沉默的河伯啊，你静静地想一想、理一理吧，就知道贵贱、大小等是怎么一回事了。

庄子的"相对论"，说得很彻底，对思想认识和价值观念，真正弄明白了，可能会带来一定的颠覆性。

## 河伯的问题

听到这，河伯的思想更加激动了，接连问三个问题："然则我何为乎，何不为乎？吾辞受趣舍，吾终奈何？"这是关于自我的困惑：听你这么一说，我更加糊涂了，我究竟该做什么、不该做什么呢？对于世间之种种，我究竟是该推辞还是接受、该进取还是舍弃呢？我该何去何从呀？

确实，道家的理论很玄，容易把人带入虚无之境而手足无措。

针对河伯的疑问，北海神说了这么一段："以道观之，何贵何贱，是谓反衍。"它的意思是：以大道来衡量，孰贵孰贱是无法定论的，要采取反向的视角进行反思，绝不能片面化。片面化地看问题想事情，真的就是"明足以察秋毫之末而不见舆薪"。道理很简单，只知道一个角度，只看到一个角度，视线以外即使有高山大河也一定是浑然不知的，也就是说，偏狭者的盲区往往很大、缺陷很多。

**无拘而志，与道大蹇。**

不能拘泥固守于一个方面，也就是佛家说的无执念。认定此生非要做什么或做成什么，就与大道相违背了。人，是自由自在、不可限量的，非要追逐于物且被物所役使，当然会很狭隘。

**何少何多，是谓谢施；**

追求物质性的东西，多少哪有个头呢？追求名位也一样，多高多大才能满足？诸如多少、高低、大小等是处于不停变化中的，像日升日落、月圆月缺一样，并没有个顶点、终点。看清了这点，就会有节制心，就知道该如何取舍了。

**无一而行，与道参差。**

这句旨在重复强调，人吧，一定不能一条道走到黑，多元多义多向才好，与大道一起浮浮沉沉才好。为什么有个词叫"人为"呢？就因为人过于相信并放纵自己的意志了，总想去移山填海、改天换地，就将天地间的很多东西搞乱了，不但扰乱了人类自身，还破坏了天地自然。

**严乎若国之有君，其无私德；繇(yōu)繇乎若祭之有社，其无私福；泛泛乎其若四方之无穷，其无所畛(zhěn)域。**

这句是说状态的，即人生之于世，严格严肃得要像国君一样，没有一点偏私；超脱洒脱得要像神灵一样，遍施福祉；宽厚包容得要像天地一样无穷无尽，能够接受容纳一切，而没有隔阂、偏见和界限。

**兼怀万物，其孰承翼？是谓无方。**

能够包容万事万物，是何等宽容博大的胸怀境界呀，这样庇护受益的是谁，又有多少呢？肯定是无限量的，这就叫没有偏向。我们常说"心底无私天地宽"，这么宽的天地里，林林总总的什么都有，心胸狭隘能容下什么人、什么事呢？

**万物一齐，孰短孰长？道无终始，物有死生，不恃其成。**

天地之间，万物是统一和谐的，哪个短哪个长、哪个好哪个坏，其实是无法定论的，想想即可。宇宙大道吧，无形无象，无始无终，但人与物却是有寿命有生死的，所以还是谦虚点的好，不要因一时的功绩作为等便洋洋得意、骄傲自满。

**一虚一满，不位乎其形。年不可举，时不可止。**

在道的作用下，世间万事万物，一会生一会死，一会亏一会充盈，并没有一个固定不变的形态，也不静止停留于任何形态。就连时间也是如此，比如年月吧，你并不能让其走得快一些；比如分秒吧，你并不能让其完全停下来、等上一会。这都是很抽象的自然现象，诸子百家都注意到了，也都有描述，要么感性，要么理性，唯独道家的描述最生动也最深刻。

**消息盈虚，终则有始。**

前面说过，"消息"的意思与今天截然不同。一字一意，"消"，指消退、平息的意思，如潮水一样，即退势；"息"，指生发、发展的意思，即涨势。这句是说，诸如消与息、盈与虚、生与死这些吧，是一刻不停地处于循环转换中的，有结束就有开始，有开始就有结束，一旦启动，就停不下来了，会一直循环下去，像无限循环的小数一样。

**是所以语大义之方，论万物之理也。**

以上这些说法，是通过抽象的自然现象，而论说大道要义、基本方法和万物之理的。从这里也可以看出万事万物之间的义理、方法、原则等等，确实很耐人琢磨。

**物之生也，若骤若驰，无动而不变，无时而不移。何为乎，何不为乎？夫固将自化。**

你看，万物一旦出现，就像进入了一个必然的过程，就会永不止息地运转下去，时时刻刻处于运动和变化之中的。这个变化与运动是有规律的，那么究竟应该做什么及不应该做什么呢？想想看，万事万物都自有其规律和秩序，用得着人去瞎折腾、瞎掺和吗？

河伯既好奇又很好学，好不容易碰到北海神这么博学的厉害角色，就将心中的疑问统统抛出来，接着问：你口口声声说的这个道的可贵之处在什么地方呢？

其言外之意是，看得见摸得着的东西才是切实管用、人人认可的，你说的这么个看不见摸不着的玩意儿，真有那么神奇吗？谁信呢？还有没有点更具说服力的东西呢！

北海神说："知道者必达于理，达于理者必明于权，明于权者不以物害己。"真正的得道之人一定是通达事理的，通达事理的一定是精于权衡的，精于权衡的人则不会因为外物而损害与妨碍到自己。庄子的意思已经够清楚了，即人总是要考虑利害吧，道的重要性就在于使人明于利害，进而趋利避害。

**至德者，火弗能热，水弗能溺，寒暑弗能害，禽兽弗能贼。**

精通道、遵循道的人，火烧不着，水淹不到，寒暑都侵害不到，禽兽也伤害不了。懂道理、明利害，就能远离一切祸害，知道火能伤人而正确用火，知道水能溺人就会合理地利用水或者远离水，同时防暑保温加强自我保护，这世间还有什么可以侵害到人的吗？

**非谓其薄之也，言察乎安危，宁于祸福，谨于去就，莫之能害也。**

这句是针对上句来说的，即并不是说水火寒暑禽兽这些东西不伤人，而是说智慧的人、悟道的人知道怎么做才是安全的、怎么做很危险，从而安于福祸之变，并谨慎于来与去、动与静，这样还有什么能够伤害到他呢？

**故曰："天在内，人在外，德在乎天。"**

因此说，天性是内在的固有的，人性是外在的且易受影响的，最高最好的德性就是安于天性。任由人性去伸张，世间就乱套了。对于人性，必须有个规范和制约。

**知天人之行，本乎天，位乎得，蹢(zhí)躅(zhú)而屈伸，反要而语极。**

懂得什么是天性、什么是人性，而以天性为本，以遵循天性为德，这样无论是进退屈伸都没有问题，就跟打仗一样，并不是一路冲锋的好，还有迂回、有后退、有防守。至于什么时间、什么地点该做什么，精通作战之道的人都是心知肚明的，人生之道也是这个道理。"反要而语极"，大意是说，人并不是向外活的，不是活给人看的，今天这么打扮，明天那么表态，后天逢迎地做点什么，等等，如果这么活就丧失了活着的本意了。活着，还有个内省的视角，有个回归的意识。回归哪里呢？归于天性，归于内心，归于自我和天地自然的和谐。

河伯的最后一个问题："何谓天？何谓人？"河伯的意思是：如果一切都在天性之中，那么人性也是在天性之中的。又该如何看待天性与人性的关系呢？天地自然嘛，人也是天地自然之一种，究竟该如何看待或向谁看齐呢？

关于这个问题，即使以今天的理论，也仍然很难解释明白。北海神的说法很智慧，也很有意思："牛马四足，是谓天；落马首，穿牛鼻，是谓人。""落"，通"络"。这句的大意是，牛马这些吧，生下来就有四条腿四只脚，这是自然天性，牛马的腿脚也是自由地在大地上奔跑的。但人很好事，为了自己方便，非要给马戴上辔头，非要给牛穿上鼻圈；这就是人性，完全不顾牛马的感受，而是以自我的意志和需要出发来想事情、做事情，是把人的意志强加于物。在其他方面，可以举一反三，由此来看，人不是这世间最自我的生物吗？北海神说理的这种逻辑与认识，真的是令人惊叹。

**故曰：无以人灭天，无以故灭命，无以得殉名。谨守而勿失，是谓反其真。**

因此说，不要以人性去改变或消灭天性，也不要因为自己需要就理直气壮地去伤天害理、取消他人或物种的性命。能够做到这点而不松动、不丧失，就是回归了最本真的性情。对于这点，看着说得轻巧容易，仔细想想，实则像天条一样遥不可及，在人间根本不可能实现。人，是热衷于改造、变革、革命的，以此为生，以此为乐，否则活什么呢？那么，问题又来了，究竟孰是孰非？庄子还是我们？也可能不是是与非的问题，但绝对有个美与丑在其中。不妨设想以庄子为美，这个世界会是什么样子，估计就会懂得什么是"大美"。如果总是从有用无用出发来衡量一切，无须奢谈多说什么，就这么回事了。

## 夔与蚿

这世间，这山望着那山高的情形非常普遍，实则各有各的长处与局限。对此，庄子说了这么一则故事：夔，独脚兽，传说中龙的一种；蚿，类似蜈蚣的多足虫。夔只有一只脚，就非常羡慕多足的蚿；蚿的脚实在是太多了，又羡慕没有脚的蛇。蛇因所受局限很大，又羡慕无处不在的风；风则羡慕眼睛，能看到不同的景色；眼睛又羡慕心，能够感觉到更多的东西，且有个外在的防护。人也是这样，贫穷的羡慕有钱有势的；有钱有势的，同样羡慕无所事事的人；健康的人，甚至有时渴望做个病人、废人，什么也不做才好。

夔对蚿说：我只有一只脚，蹦蹦跳跳的，走路很不方便。你有那么多的脚，一定很好玩吧？或者有另外一层意思：我仅有一只脚，支配起来都费劲，你的思想要支配那么多脚，烦不烦、累不累？

蚿答：不是这样的。你见过吐唾沫的人吧，大的如水珠，小的像雾状，什么形态都有，根本说不清楚。至于我这么多脚如何走路，完全是天性使然，我也不知道为什么会这样。

有个寓言故事，蚿蚿本来走得好好的，有好事者问蚿蚿："你走路先迈哪只、后迈哪只呢？"蚿蚿陷入了冥思苦想中，结果连路也不会走了。很多事情都是这样的，只有是什么，没有为什么，非要用脑子去纠结，用语言去界定，挺难为人的，也说不清楚。比如，什么是时间？已经是一个深奥的问题了。

回过头，蚿问蛇：我这么多脚在跑，你没有脚，我怎么远远没有你跑得快呢？

蛇答：天生就这个样子，哪能改变呢？我哪里用得上脚呢！

就这个问题，让生物学家回答，完全可以写论文的，普通人大多不会关心留意这个，也不会问这样的问题。庄子好像是无所事事的人，脑子里装了些什么？整天在思考琢磨些什么呢？

蛇问风：我努力地扭动脊柱、两肋和腹部，才能爬成这个样子，一会就很累了。而你轻飘飘的，一会就从北海吹到南海，一副若无其事的样子，究竟是怎么回事呢？

风答：我可以从北海呼呼地吹到南海，但人们既可以指我，也可以踩我，对此我毫无办法。即使如此，类似吹折大树、刮倒房屋这些事情，也只有我能做到。

风究竟是强，还是弱？就很难说了。

庄子的结论是："故以众小不胜为大胜也。为大胜者，唯圣人能之。"大与小、强与弱，是相对的，看似小弱的，实则有大强的一面，也可以取得大胜甚至是全胜。因此说，能够取得大胜全胜的，只有圣人。这话很有哲理，想想世间的事情，个人之间吧，身强力壮的打败身小力弱的，取胜似乎是顺理成章。但人数一旦几何式增长，成为复数，强大的一面就一定能打败弱小的一方吗？未必。有圣明的人指导运作，以少胜多、以弱胜强的现象也不在少数。孙膑指导田忌赛马就是这样的例子。问题该怎么看呢？并不是显而易见的大小强弱这么简单吧。

这段不同版本有不同内容，一些版本还有段关于目与心的内容。

# 孔子在匡地

这个故事在之前的文章中已多次提及，即孔子周游列国到了匡地，被当地人误以为是阳虎，因而受到围攻，陷入重围之中。对此，孔子并没有过分担心，反而是安静悠闲地弹着琴、唱着歌。子路最为率直，问孔子："都什么时候了，夫子还有心弦歌娱乐？"

孔子不慌不忙地给子路说了段道理："来，吾语女。我讳穷久矣，而不免，命也；求通久矣，而不得，时也。"孔子的意思是：来，我给你说说吧，我厌恶穷困潦倒已经很久了，但这一路仍没法摆脱穷困的境地，这就是命呀！我追求通达顺遂也很久了，但并没有实现，这就是时势使然吧！总之，今天的遭逢无非是时也命也，又有什么好担心忧虑的呢？顺其自然吧。

**当尧、舜而天下无穷人，非知得也；当桀、纣而天下无通人，非知失也，时势适然。**

孔子说的这个"穷人"，并不是单指生活上拮据的人，而是指事事不顺、志向未实现的人。尧、舜时代，天下何以没有生活不如意、志向未得伸张的人呢？生产力非常低下，人们全部的心思精力、全部的本领都使尽了，只是为了活下去，并没有其他的追求。而到了夏商时代，具体到孔子这个阶层的人想什么呢？执掌治国理政的权柄，实现自己的理想抱负，去强鲁国、尊周朝、行礼义等等，现实情况矛盾交织、利益冲突，很难靠言论礼义这套东西就能协调一致。除非通过力量的角逐，才能达到一个新的平衡，否则是没有办法解决的。因此，兵家、法家、墨家在当时受到了诸侯们的欢迎和重用，而实务能力较低的儒生不受待见则是很正常的事。因此孔子会说，尧、舜时代，天下人没有穷困潦倒，并非是因为智慧高超；桀、纣时代，天下没有通达的人，并非因为智慧缺失，完全是时代使然。生于桀、纣时代，是虎得趴着，是龙得蜷着，稍有动静唯有死路一条。从这儿看，孔子这个人很智慧的，对时也命也看得很透。

**夫水行不避蛟龙者，渔父之勇也；陆行不避兕（sì）虎者，猎夫之勇也；白刃交于前，视死若生者，烈士之勇也；知穷之有命，知通之有时，临大难而不惧者，圣人之勇也。**

这句说了四种不同程度的"勇"，走水路不怕蛟龙，是渔夫式的勇气；走陆路不怕猛兽，是猎人式的勇气；在刀光剑影中视死如归，是烈士式的勇气；懂得穷困有命、通达有时，面临大难而不惧，是圣人式的勇气。这种说法与"血勇、骨勇、气勇"很相似，即匹夫之勇、智士之勇的不同。

**由，处矣！吾命有所制矣！**

"由"是子路的名字。这句的意思是：由呀，你就安心等着吧，我的命运是由上天安排的，犯不着发愁。

故事后来是这样的，不一会儿，一个领兵的首领上前道歉：不好意思，搞错了，以为是阳虎，所以围攻你们；现在知道不是，立即撤了围，并特来致歉！

孔子，一生一言一行、随时随地都在教学示范，都是样本模范，其影响力也由此而来。

庄子，一个出世之人，对此也是欣赏尊崇的。

## 井底之蛙

公孙龙，战国时期赵国人，名家代表人物，长于诡辩。魏牟，魏国公子，也就是历史上的魏公子牟。

公孙龙与庄子论道时受到了奚落与调侃，心中不爽，便向魏牟倾诉："龙少学先王之道，长而明仁义之行；合同异，离坚白；然不然，可不可；困百家之知，穷众口之辩，吾自以为至达已。今吾闻庄子之言，汒焉异之。

不知论之不及与，知之弗若与？今吾无所开吾喙（huì），敢问其方。"这一段的意思是：我从小跟着先王学习治国理政之道，长大后又明晰仁义之理，精通很多道理。比如，懂得事物之间的相同之处，也懂得事物之间的相异性，而且洞悉二者之间的联系；懂得石头的质地坚硬与颜色洁白并不是一回事，而是两种不同的属性；知道事情并非表面看到的样子，必然中有偶然，可以中有不可，等等。但凡辩论能够使诸子百家相形见绌、无话可说，自以为达到登峰造极了；然而自从听了庄子的话后，内心无措而茫然，不清楚自己究竟是嘴上说不过庄子，还是智慧根本就赶不上？自从听了庄子的一番话后，就不想再开口谈论什么了，请问这是怎么回事呢？

从中可以看出两点：一个是诸子百家中，道家的智慧是最高的，这点毋庸置疑，能够将高深的理论以故事形式通俗地说出来；另一个是公孙龙还算有点悟性，知道庄子的厉害之处。

听了公孙龙的一番牢骚，公子牟先是伏在几案上一声叹息，继而又仰天大笑，说了下面这段话：你难道没有听说过井底之蛙吗？这个井底之蛙对东海之鳖说，我非常快乐啊，出来时在井台上跳来跳去，回去时在井边缺口的砖窝里休息休息。游水时，浅浅的水托着我的下巴和两腋；行走在泥里，井泥刚刚没过我的脚背。回头一看，水里的螃蟹、蝌蚪等，哪个比我强呢？我掌控着一井之水，享受着井中天地的快乐悠闲，这种生活，也算是极致了，你为什么不经常来看看我呢？井底蛙的意思很明白，自己是"井中之王"，想向东海鳖显摆显摆。

听了井底蛙的话，东海鳖就真来了，因地方实在太小，左脚还没迈进去，右膝就已经卡住下不去了。于是，慢慢地退回去，在井边给井底蛙说了说大海的情况："夫千里之远，不足以举其大；千仞之高，不足以极其深。"这几句的意思是：我所住的大海吧，以千里之远来计量，根本不足以显示其大；以千仞之高来衡量，也不足以显示其深。大禹时代，常发洪水，十年九涝，也看不出海水有所增加；商汤时，八年中有连续七年的大旱，而不见有什么减损。

**夫不为顷久推移，不以多少进退者，此亦东海之大乐也。**

关于大海，什么叫无边无际和有容乃大呢？大海吧，不因时间推移而改变，不因水量的多少而增减，这是我东海的大乐。听了东海鳖的话，井底蛙心惊不已，茫然若失。

魏牟对公孙龙说："且夫知不知是非之竟，而犹欲观于庄子之言，是犹使蚊负山，商蚷（jù）驰河也，必不胜任矣。"这一句的意思是：你的智慧吧，尚且不足以分清是非，还想领悟庄子所说的深意，犹如让蚊子背负起泰山，让马蚿虫渡过黄河一样，恐怕远远不能胜任吧。

**且夫知不知论极妙之言，而自适一时之利者，是非垍井之蛙与？**

以你的智慧，并不足以理解一些微妙的言论，至多不过是逞口舌之利罢了，不就如同这只井底之蛙吗？

**且彼方跐黄泉而登大皇，无南无北，奭（shì）然四解，沦于不测；无东无西，始于玄冥，反于大通。**

庄子这个人的思想吧，下入黄泉，上达云霄，不分南北，四通八达，无法猜度；不分东西，始于未知，归于通达，是宇宙间通彻的至理。

**子乃规规然而求之以察，索之以辩，是直用管窥天，用锥指地也，不亦小乎？子往矣！**

你用你的小聪明来探察至理，以口舌之辩来对待庄子之学，就像是用竹管窥天、用锥子测地一样，不是太小了吗？简直就不在一个层次，你还是回去吧。

最后，魏牟给公孙龙说了邯郸学步的典故。寿陵的少年到邯郸学习走路，没有学会，又忘了自己的步法，于是乎不会走路只好爬回家了。魏牟的意思是：庄子这些理论你就不要琢磨了，如果没琢磨好，又忘记了自己的一套，以后可怎么办呀？以什么为业为乐呢？

这番话听得公孙龙目瞪口呆的，于是灰溜溜地离开了。

## 庄子与乌龟

庄子在濮水边钓鱼时，楚王的两个使者到了，传达楚王的旨意：想将楚国的政务交给先生管理！

一般人听到这个消息估计会激动得不能自持，有官做了，而且是高官，厚禄也自不待言。

而庄子则动也没动，继续钓鱼，只是扭头对两个使者提了个问题：听说楚国有只神龟，死去三千年了。楚王将其用布包好，收在竹箱里，陈列于庙堂之上。这只乌龟吧，宁愿就这么成为一具枯骨而被人重视，还是愿意活得好好的，拖着尾巴爬在泥水里呢？

两位使者答：当然是愿意活着，拖着尾巴爬在泥水里了。

庄子说：嗯，那你们回去回禀楚王吧，我也愿意拖着尾巴，爬在泥水里。

这种达观是真达观，装不出来的。

## 猫头鹰及鹓鶵

这个故事《庄子》原书中提过很多次。惠施在梁国任国相，庄子去拜见惠子。

有人就对惠子说：这个庄子前来啊，来者不善啊，恐怕是想取代你这个相国吧。

惠子很是恐慌，派人在国内四处搜捕庄子，连续三天三夜都没有停下来。

庄子主动前去见惠子，说了这么则故事：南方有一种鸟，名叫鹓(yuān)鶵(chú)，即鸾凤一类的鸟。这种鸟从南海出发，飞往北海，非梧桐树不栖，非竹子的果实不吃，非醴泉不饮。一只猫头鹰得到了一只腐烂的老鼠，正好鹓鶵经过。猫头鹰就吓坏了，且很生气，仰头瞪着鹓鶵说："呀，想抢我的老鼠吗？"庄子看着惠子：眼下，你让人到处搜捕我的情形，很像是这只猫头鹰对着鹓鶵的态度呢！

是否有这么回事很难说，但世间确实不乏此类事情。

因此，庄子的这个故事，传了两千多年而不衰，而且还会继续传下去。

## 濠梁之辩

后来，庄子与惠子成了朋友。一天，二人同游于濠水桥上，见鱼儿在水中悠然来去。

庄子说：瞧，鱼儿游得多么从容自在，正在享受着身为鱼的快乐啊！

惠子是名家代表，长于辩论："子非鱼，安知鱼之乐？"他的意思是：你又不是鱼，怎么知道鱼快不快乐呢？

沿着这个逻辑，庄子说："子非我，安知我不知鱼之乐？"你又不是我，又怎么知道我是否懂得鱼之乐呢？

惠子确实长于辩论："我非子，固不知子矣；子固非鱼也，子之不知鱼之乐，全矣！"嗯，我不是你，当然不懂你；但你不是鱼，又怎么会懂鱼呢？这样说才没一丝毛病吧。

庄子说："请循其本。子曰'汝安知鱼乐'云者，既已知吾知之而问我。我知之濠上也。"这个逻辑需要重新理一下，你刚才问我怎么知道鱼之乐的吧？鱼与乐是你联系在一起的。你这样问就等于默认我已懂得鱼之乐，只是不清楚我从何得知罢了。那么，我现在就回答你，我是从濠水桥上看见并懂得鱼之乐的。

这里涉及两个问题：一个是客体状态的问题，比如濠水中的游鱼，究竟快不快乐，恐怕真是只有鱼最清楚了，这是科学的思维；另一个是主体认知的问题，人去看水中的游鱼，可以看到乐，可以看到愁，也可以无动于衷。究竟看到了什么，由心而定。

通过濠上观游鱼，庄子、惠子二人的性格也跃然纸上，显而易见，庄子是个性情中人；惠子呢，则是一个喜欢抬杠的人，大体就是这么回事。这其中还涉及辩证的逻辑问题，虽然是很经典著名的一个命题，其实也是逞口舌之利式的。比如，岸边走上一遭去观鱼，看到想到什么呢？与佛家风动旗动心动的说法类似，尽可以去看去想即可，这就是庄子式的洒脱。

《庄子·外篇·秋水》一文从河伯的大小之叹开始，到一条鱼的快乐与否结束。无论庄子怎么写怎么说，每个人每天所要面对和思考的，无非是诸如大与小、多与少、乐与忧等的权衡与算计。算计得无奈和愁苦时，不妨猛然抬头或扭身，看看那条以"秋水"命名的无尽长河，一下子可能就清爽和解脱了。可惜的是，这条长河并不是谁都能看到的。

# 拾捌　缮　性

## 修缮人性

"缮性"，修缮涵养人性，也就是修身养性的意思。

人性是什么？西方学界有这么个说法：人性终究是生物进化的结果。

这个说法有点意思，人性是生物进化的过程，也是这一过程所显现的结果。那么，人性就是阶段性的，就不够完善、需要修缮。如何修养？庄子开宗明义地谈了自己的观点："缮性于俗学，以求复其初；滑（gǔ）欲于俗思，以求致其明，谓之蔽蒙之民。"庄子的意思是：用世俗的学问来修养心性，以求恢复到最初的样貌状态；用世俗的思想来调节欲望，以达到心智的澄明，这些都是蒙蔽人的，完全不得其法。

何以如此呢？庄子向来都不从众，提倡保持本质而独立的东西。之所以这么说，是因为庄子认为："古之治道者，以恬养知。生而无以知为也，谓之以知养恬。知与恬交相养，而和理出其性。"庄子的意思是：古代那些修道的人，用恬淡来养护智慧，即先静下来，再去修习。人活着吧，不单纯依靠智慧去行事，要以智慧来涵养恬淡。智慧与恬淡相互涵养，就能调和出完善的心性。恬与智之间的逻辑很清楚，智慧不是时时处处对谁都可用的，越是智慧越应该恬淡自守；恬淡恬静才能使智慧沉淀下来，形成并固化为澄明的心性。

**夫德，和也；道，理也。**

什么是德？什么是道？这句话说得很清楚。读先秦诸子的书会给人一个感受：一个人所说的理论如何更好地理解，往往在另一个人的书里。也就是说，诸子们尽管在一些观点上争得不可开交，但本质是相通的，争的原因与盲人摸象一样，摸到的确实是大象，不过表述的是大象的不同部位而已，或者说限于自身的认知角度与程度，不够全面与深入而已。德是和，和于什么？和于道。道又是什么？原理与规律。认识了，就要遵循，才是道德；否则，知而不守，算不上有德。

**德无不容，仁也；道无不理，义也；**

修德到了广博包容、无所不容的程度，就是所谓的仁。仁者不只是爱人，是泛爱众、爱万物。大道化育一切，使一切都有条有理，就是义。"义者宜也"，"义"就是适宜的，适宜于一切的。

**义明而物亲，忠也；中纯实而反乎情，乐也；**

义理明确了，人与万事万物就会亲和，这就是忠。忠的本义是人与事物之间稳固的关系。内心纯朴敦实而表现于感情，就是乐；也就是说，快乐是发自内心的，而不是向外寻找或装出来的。而现如今，很多年轻人之所以空虚寂寞，总想从外部找点乐子来填补，大多是因为内心不够充实而已。

**信行容体而顺乎文，礼也；**

这是说外在形象的。诚信有行，一言一行、一举一动合乎自然的节仪，就是礼。读到这，觉得此篇不像是庄子风格，倒有浓郁的儒家风范。

**礼乐遍行，则天下乱矣。**

人们不去追求本质的道与德，却一味沉溺于诸如礼乐这些表面化的东西，天下就会因偏离正道而生乱，最核心的实质是人心迷乱了。

**彼正而蒙己德，德则不冒，冒则物必失其性也。**

人吧，总会被社会赋予种种这样那样的观念，很多甚至是相互冲突的。在这些林林总总的观念作用下，人人都自认为自己的最好最正宗，往往想施加于或影响到他人。于是乎，有人被蒙蔽，有人不情愿，就会失去本性而生乱。按照老庄哲学，婴儿状态其实再好不过了，即使面对一条蛇也没有惊惧之心。一个人随着年龄的增长，智慧或多或少也会有所提升，就会进入是非分明的社会，苦恼也会多起来了，这大大违背了庄子等哲人推崇的自然之道。

**古之人，在混芒之中，与一世而得淡漠焉。**

上古、太古之世，人们生于混沌蒙昧之中，举世之人都非常之淡漠。这种情况，通过观察动物世界即可推理出大概来。那个时代无所谓好坏，就是那么个样子。

**当是时也，阴阳和静，鬼神不扰，四时得节，万物不伤，群生不夭，人虽有知，无所用之，此之谓至一。当是时也，莫之为而常自然。**

按庄子的想法看法，那个时代吧，阴阳和合安静，鬼神不来扰乱，四季轮换分明，万物不受伤害，众生也没有夭折的。人吧，虽然有智慧，但也没有地方使用，因而是个极致纯粹的时代。在那个时代吧，一切都是自然而然的，一幅天堂牧歌般的图景。说实话，这种说法，完全是古人们推理和臆想出来的。地球上真存在过类似时代吗？人类社会真的有过这么一个时期吗？真的曾美好平和到这般情形？或许有，也是偶尔而短暂的，但常态的大量的是什么呢？纷乱与争斗，总之，是不如意者居多。

## 不断衰落的道德

**逮德下衰，及燧人、伏羲始为天下，是故顺而不一。**

德行的衰败，从什么时候开始？以什么为转折为标志呢？庄子认为，从社会治理开始，从等级社会出现开始。比如，燧人氏、伏羲氏以自己的思想意志治理天下，这样民心虽然表面顺从，实质却开始四分五裂了，这是历史的必然，也是人性的必然。

**德又下衰，及神农、黄帝始为天下，是故安而不顺。**

到了神农氏、黄帝执掌天下时，纷争大战就迭起了，就有了杀人盈野的记载。为了什么呢？地盘、利益之争。这个时候，还没有什么现代意义上的党派之争。直白点说，为了维护与扩大一些人的生存空间，就势必要压缩另一些人的空间，甚至靠消灭的手段，很原始也很血腥。庄子对这个时代的评价为"安而不顺"，动用武力的结果是使天下暂时安宁了，但暴力的因素却非常明显，人心并未真正顺服。

**德又下衰，及唐、虞始为天下，兴治化之流，澆（jiāo）淳散朴。**

古人将社会大体描述为三种模式：一是太平盛世，即传说中的黄金时代；二是升平之世，即向好向善发展的世道；三为衰世，问题很大，走下坡路，甚至酿成人类的浩劫。庄子的看法是，到了唐尧、虞舜这样的世道，人类就很讲究是是非非了，推行教化，大加治理，破坏了原本很纯朴的一些东西。其中的道理很简单：你推行的这套真好吗？谁人信服呢？不过是借助种种强硬手段让人屈服罢了。注意，民间意识形态的相互制约也是从这个时代开始的。从目前人类社会模式来看，意识形态大体分为两个阶段：一个是上对下的统一和监督制约，这是早期的；另一个是后世的道德意识的阶段，民间就有了相互的监督制约，上层根本无须事事都出面出手，民间有个自觉的机制和形态。

对于这种模式，庄子的评价是："离道以善，险德以行，然后去性而从于心。"典型的偏离基本原理与规律的人为的善，是带有危险性的行为和德性。比如，我们打着"为他人好"的名义，时时处处去规制约束他人，是真好还是另有企图呢？总之，这种东西是非常普遍的，最明显的作用和结果是，人们越来越偏离本性，而听任欲望私心泛滥横行。所谓的现代性、现代主义，其中最为突显的其实无非一个"我"字，是对于个体的发现、尊重和实现。关于这个，完全是好与坏、是与非之外的东西。

# 文与博

**心与心识，知而不足以定天下，然后附之以文，益之以博。**

人吧，心与心的相互认识和沟通，只是个体之间的行为，还不足以达到安定天下的效果。想要安定天下，必须有一个形式化的文饰，且必须足够广博。比如，对于四时的重要性，人心感知到了，但还不足以达成共识。共识就是形成文字的"春生、夏长、秋收、冬藏"八字，够文也够博，绝对具备指导并稳定天下的意义。老祖宗说的，"文章，经国济世之业"，也是这个意思，并不是说会写几篇文章就与经国济世有关了，这个文章是制度规范之意。这句话是说，制定大家一致认可的制度规范，去形成去散播大家一致认可的理论，才是与经国济世相关的。比如，一些政论性文章，绝不是语言文字的问题，而是实践做法的问题，不过以文字形式承载表现罢了，这些文字具备指导一个时代的功效。

**文灭质，博溺心，然后民始惑乱，无以反其性情而复其初。**

文的作用、博的意义是显然的，也是有限的，一定要有分寸。文得过了，完全成了形式化的东西；博得过了，连一点主见都没得，民众就会迷惑和纷乱，就没有办法回复到原初的本性。各种文化中一些不好的风气都是由此生发的，看似小问题，实则影响深远。比如，对于形式的过分诉求，就会离题万里、误入歧途。儒学由重视礼义而过分讲究形式，很多事情与做派最终僵化僵死于形式，就是这个原因。

**由是观之，世丧道矣，道丧世矣。世与道交相丧也，**

从上述情况来看，风气败坏而大道沦丧，大道沦丧而世风败坏，就是这么个情况，两者的作用是相互的，并不是任何单一作用的结果。比如，不重视原理与规律而浮于浅表，形式主义就会泛滥；过分讲究形式、看重表面，就会偏离大道、埋下隐患。

**道之人何由兴乎世，世亦何由兴乎道哉！**

真正有道的人如何在世间兴起重道悟道的风气呢？很难！真正有道的人清楚世俗的种种弊端，也知道一己的影响力非常有限，只得洁身自好，不想参与和理识。世俗之人、世俗之风，如何才能归于道、兴起道呢？天下之人何其之多，天下之国何其之多，各是各的一套，诸国不同政，诸民不同理，究竟孰是孰非都吵个没完，哪些还能殊途而同归交汇于大道之上呢？也正因此，无论宗教领域还是世俗统治都是目标引领法，用一个妙不可言的天国，用一个终极理想的社会模式，来统一和引领众人，现世如意的给予一个现世；现世不如意的，给予一个未来的美好图景。除此，别无他法他途。这个最简单也最管用，很好使。

# 古代的隐士

**道无以兴乎世，世无以兴乎道，虽圣人不在山林之中，其德隐矣。**

大道，也就是原理与规律吧，并不足以使社会和世道兴起；世道和社会也没有助益于天地自然之道。事实就是这样，人上一百，形形色色，就不是一个规律原理所能约束得住的。对于独立思想与自由意志而言，人甚至是想挣脱一切束缚的，立足于地，是做着遍飞于天、遨游于海的大梦，有人还真的做成了。也因此，道家所谓的圣明智慧的高人们，一般都隐居于山林之中，绝不会埋头专注于世间这点事，太烦人太闹腾了。他们收起德行的光辉，在人群之中并不起眼，看似凡夫俗子一个，实则他们的心中都有丘壑与江河的。即使穷居一隅，也有着毫无羁绊的海阔天空。这就是人，并不甘愿在道的限定之内，并不踏实于人的皮囊形体，并不是理论语言就能完全表述得清的。

**隐，故不自隐。**

圣人高士们之所以隐居，或隐藏起自己的能力与境界，是时代世俗使然，并不是他们的本意。既然解决改变不了任何事物，索性让一切都保持原样的好，各是各的命，各有各的路，各有各的活法。隐只是存在方式之一种。这个有点像春天，花任其开，水任其流，草任其长，鸟任其鸣，只悄悄然做那个承载一切的春天，就拥有了全部的盎然生机。在中国，道的境界很抽象，完全在文字之外，不能仅凭字眼字义就想了解它。对之，必须用心悟，除此别无他途。

**古之所谓隐士者，非伏其身而弗见也，非闭其言而不出也，非藏其知而不发也，时命大谬也。**

庄子的意思是：所知的古代那些所谓的隐士，并不是真正的隐士，真正的隐士根本就无名无姓，早就消亡得了无痕迹了，只留下了关于某种活法的揣测。留下名姓事迹的隐士是什么样子呢？他们并没有隐藏起来，全然消匿，而是有名有姓有行为做派的，只是有些怪僻罢了；他们也并不是一言不发，而是有述有著，且有诸多经典隽永、惊世骇俗之语；他们也并非将智慧本领等全然藏起来一点也不用，而是受不到重用大用，并没有出将入相等种种。究其原因，是他们与"时也命也"相背也。庄子所说的这种隐士，怎么看怎么像是儒家子弟入世不得意的口吻。后来，这段成了道家子弟的行动指南，不好的世道，偶尔出来"扶危定倾"就又隐匿了，并不长期在世俗中找不自在。

**当时命而大行乎天下，则反一无迹；不当时命而大穷乎天下，则深根宁极而待，此存身之道也。**

古人所说的"时也命也"，《易经》中就更多了，指的其实是时机与条件的问题。时机正确、条件符合，易于成事；时机不对、条件不够，想成事就要大费周折了，而且使尽浑身解数也未必能成。这个可不是迷信，比如一个人生在什么时代、什么家庭，这就是"时"与"命"。无论怎样，对现状要了解要看清吧，然后才是具体奋斗的目标和方法路径。连这个基本的前提都不清楚、不正视，就是浑浑噩噩、不知所以。这句是说，合于时、合于命，去做事，就会顺风顺水大行于天下，没有一点问题。不当之时、不当之命，去做事就会非常之艰难困窘。这个时候最好什么也不要做，"潜龙勿用"以待时待机再好不过了，这是存身之道。时机不当、命运不对，非要高歌猛进，往往事与愿违。

**古之存身者，不以辩饰知，不以知穷天下，不以知穷德，危然处其所而反其性，己又何为哉！**

古代那些修养高深、懂得存身之道的人，不以能言善辩展示智慧。辩论这玩意儿吧，确实是一项本事技能，但绝非大智慧，很多时候所争的，无非是口舌之利，既然如此，还辩个什么，争个什么呢？在相当程度上不过是鸡同鸭讲，各说各的。"不以知穷天下"，不因为自己智慧就睥睨天下、目中无人，以一个俯瞰的架势傲视一切、指手画脚。"不以知穷德"，当时的德指对道的领悟与遵循，这句指不玩小聪明、小技巧，而是按规律办事，遵循天地自然之道。做到这些，或者说不做这些，就可以超脱独立地处于天地之间且复归于本性。除此之外，夫复何求，还需要做些什么呢？不需要了。很明显，此篇的理论是在画线，画出的是做人做事的底线。人在世间确实是这么回事，定个如星辰般的须仰望的目标固然重要，对于每天具体的一言一行来说，其实戒惧敬畏更为重要和务实。

此篇的观念与庄子有诸多矛盾之处，《庄子》原书前后的一些文章中矛盾的观念也非常之多，这也是人们认为这本书并非庄子一人所著的原因。

# 得志与快乐

**道固不小行，德固不小识。小识伤德，小行伤道。**

道是根本性的，是全面的，是关乎全局的，所以小里小气的绝对不行，与道不相匹配；德也是一样，是对于道的认识和遵循，将德搞成穿衣戴帽、讲究形式这套东西，就有些本末倒置了。拿今天的理论说，这是说格局的，格局不够，小识小行、小里小气的，是有害于道也有损于德的。这个与孔子的"攻乎异端，斯害也已"一个意思。

**故曰：正己而已矣。乐全之谓得志。**

这句话的确很像儒家的观点，不像是庄子的风格，即人所要做的，就四个字"以道正己"，勉力即可，至于其他的，就无须过多操心了。能够做到如此纯粹，才是快乐的、健全的。这个说法有一定道理，原本意义上的人是什么？谁也说不清楚。因而，人就不断尝试着在"人"字前加很多定语，来修饰限定一个人，比如圣人、君子、工人、军人、学生等种种。而这句的指向很根本，按照天地自然之道，努力地端正自己就好，就是快乐的健全的，就很可能是代表全人类活着，而不是自私的。这一句非常有启发性，值得反复体味和揣摩。

**古之所谓得志者，非轩冕之谓也，谓其无以益其乐而已矣。**

"轩冕"，指高车高帽，即身份地位待遇的象征。古代所说的志得意满，并非是拥有高官厚禄的待遇，而是说一个人内心丰富充盈、安静祥和，外在的任何变化也影响不到其内心之乐。

**今之所谓得志者，轩冕之谓也。轩冕在身，非性命也，**

而今说一个人志得意满，是指一个人在现实生活中不仅获得高官厚禄，而且如鱼得水。庄子的意思是：高官厚禄固然不错，但并非事关人的本性本质。人的安身与立命，不能寄托于物质和外部，而应该是思想性、精神性等方面的，应该建立在内部。将安身与立命，建立在外部基础上，就很容易沉溺于寻欢作乐、寻求刺激，一旦满足不了就会又是牢骚怨言，又是空虚寂寞冷，整个人的状态就很难稳定了。这一点，是中国社会长期稳定的原因，是人们以渔樵耕读为乐的原因。简单的物质，丰富的生活，是与天地相始终的。现代社会，对物质的过多渴求，让人处于极度焦虑之中，这显然是缺失了一个主体意识的缘故。

**物之傥来，寄者也。寄之，其来不可圉，其去不可止。**

生命之外的一切东西，都是外物，就连生命也是如此，因为种种必然性与偶然性，才与人发生关系，很大程度上是临时相伴的，共生的关系。对于这些外物吧，要抱一个自然的态度，来时不可挡就不去挡，去时不可留就不去留，顺其自然就好；人只须坚持坚守并活出个会心可心的状态就好，与天地之道相会心，自己觉得可心。

**故不为轩冕肆志，不为穷约趋俗，其乐彼与此同，故无忧而已矣，**

人生的忧虑总是很多，总是千愁万绪的，如何才能无忧呢？就两条：一条是不将人生的目标和方向确定在身份地位和任何外物上。法家很明确，就是立志做大官干大事。儒家意见并不统一，而道家明显是反对的。另一条是不因穷困而在俗世中随波逐流，这点与儒家的"君子固穷"相类似，但道家没有儒家那般迂腐。这样的快乐就是发自心底的快乐了，没有丝毫掺杂，因而无忧无虑。

**今寄去则不乐，由之观之，虽乐，未尝不荒也。**

将人生快乐寄托于外物，拥有就高兴，失去就难过。如果是这个样子，快乐就是短暂的、一时的，愁苦才是恒久的常态的，人生苦难也因此而生。

故曰：丧己于物，失性于俗者，谓之倒置之民。

一个人丧失了自己，丧失了思想灵魂，全然沉溺于外物之中，失陷于世俗之中，人云亦云，起起伏伏，跌跌撞撞，活着是个什么状态呢？庄子的观点是：活反了。为人而活还是为物而活？活人还是活物呢？都是问题。当然，搞清这个问题很难，摆脱这个问题更是难上加难。

# 拾玖　刻　意

## 五种刻意的人

"刻意"一词在今天稍带贬意，指有意强行去做某事，且有做给人看的意思。在庄子这儿，"刻意"是动宾结构；"刻"，即雕刻的意思；"意"，即意志，是指有意识地去雕刻磨砺意志。庄子对此是持反对意见的。

开篇，庄子即说了五种典型的刻意人：

其一是山谷之士。"刻意尚行，离世异俗，高论怨诽，为亢而已矣。此山谷之士，非世之人，枯槁赴渊者之所好也。"此即隐居于山林之中的隐士，这类人的特点，特立独行，不入流俗，对世人世事牢骚满腹、非议不断，显得非常之骄傲清高，这类人都不是寻常人，而是怀有向死之心，形容枯槁、无心世事的。

其二是平世之士。"语仁义忠信，恭俭推让，为修而已矣。此平世之士，教诲之人，游居学者之所好也。"他们是太平之世的学者，以儒家见长。其特点为：出口即是仁义忠信之类的，主张恭俭推让，注意自身修养，这种人大多是从事教育的，或以教化他人为乐，一生主要游学做学问。

其三是朝廷之士。"语大功，立大名，礼君臣，正上下，为治而已矣。此朝廷之士，尊主强国之人，致功并兼者之所好也。"他们是贤能之人，这样的人是为天子君王而存在的，立志功名，报效君王，手握权柄，治理天下，寄身朝廷官府之中，具备尊主强国、致功兼国的本领与作为。在当时，兵家、法家、纵横家等，都是这种类型。

其四是江海之士。"就薮泽，处闲旷，钓鱼闲处，无为而已矣。此江海之士，避世之人，闲暇者之所好也。"此即闲云野鹤之士，也就是渔父之类的，隐姓埋名于草泽旷野之中，整日里打打柴、钓钓鱼，无所事事的，没有理想抱负，也不想去做什么事情，自由自在地享受闲暇时光，活得地老天荒的，好不快活。

其五是道引之士。即醉心于养生学的人，并非修道的。天天练气，呼吸吐纳天地万物之灵气，模仿禽兽的动作，其目的主要是为了延年益寿、多活些时日，彭祖就是这方面的典型代表。

庄子说了隐士、学者、能人、闲人、养生家这五种类型的人。那个时代是这个样子，这个时代还是这个样子。这些人都不是普通人，而是有自我意识和生命理论的人，很典型，也颇具影响力。庄子对这五种人的看法，如果世间没有这五种人，人们就会"无不忘也，无不有也"。这话有些抽象，也就是说，如果人们在世间没有任何类型、没有任何讲究，才是最为健全完善的，最接近于人的本质。何以这么说呢？庄子的原话为："澹然无极而众美从之。此天地之道，圣人之德也。"这是说天地之道、圣人之德的，看似非常之淡然，什么也不强求、什么也不在意，实则是无边无际、无穷无尽的，这才是人与万事万物所追求的极致。

放眼世间，流行的观念、类型等，又何止这些，各个阵营都满满当当的，就连去隐居也是赶集结社式的。庄子的意思是：如果将这些作为人生的本质本义，恐怕境界层次显小显低了一些，效仿天地，与天地相沟通，才是人们所应追求的终极理想。

## 如何不刻意？

那么，如何才能不刻意呢？

庄子对天地之道、圣人之德进行了具体的诠释，也间接地回答了如何做才是不刻意的。

第一，"故曰：夫恬淡寂漠、虚无无为，此天地之平而道德之质也。"天地之平准、道德之本质是什么呢？概括起来为八个字："恬惔寂寞、虚无无为。"这一句不难理解，天地的存在是很大的存在了，但却是不声不响、不事喧哗的；而且生养成就了万事万物，却似乎什么也没有做一样，不见开始，也没有个终结，让所有繁华短暂展示后，又全然消融于虚无之中。人呢？学了一点东西、有了一些成就，就骄傲躁动得不行，觉得世间已经盛放不下自己了，又是纵论千古，又是指点江山的，完全一副凌驾于时空万物之上的架势。其实呢？实在是渺小得太可怜，简直可以忽略不计；越是庄重认真，就越是显得可笑可悲。

第二，"故曰：圣人休休焉则平易矣，平易则恬惔矣。平易恬惔，则忧患不能入，邪气不能袭，故其德全而神不亏。"真正内心充盈、精神博大的圣人往往是低调异常的。因为效仿天地、自然而然，因此平和平易；平和平易，为人处世就显得非常之恬淡，因而"忧患不能入，邪气不能侵"。无论什么时间，无论面对什么，都是平心静气的，不会误入歧途或走上邪路，从而忧患深重，并热衷宣扬一些自以为正确的理论。这是古人推崇向往的修为境界，这个境界才是精气神健全完备的，人格没有任何缺失或缺陷。

第三，"故曰：圣人之生也天行，其死也物化；静而与阴同德，动而与阳同波；不为福先，不为祸始；感而后应，迫而后动，不得已而后起；去知与故，遁天之理。故无天灾，无物累，无人非，无鬼责。其生若浮，其死若休；不思虑，不豫谋；光矣而不耀，信矣而不期；其寝不梦，其觉无忧；其神纯粹，其魂不罢；虚无恬淡，乃合天德。"

这块内容较多，得一句句看。圣人"生也天行，死也物化"，这话说得真好，生是天生的，任由上天安排；至于死，人的死与万物的死完全是一回事，与物同化就好，像花、叶子一样，是降解消散、归于虚无的。这是很达观的态度，没有个地狱、审判的说法，一点也不折磨人、吓唬人，自有其光芒与静气，是中国文化的底蕴。

"静而与阴同德，动而与阳同波"，简单点说，静合于阴，动合于阳。阴阳的相辅相成是生发成就一切的，无时不有，无处不在，只有与阴阳同频共振，动静才是合宜的、有效的。

"不为福先，不为祸始"，这句也算是老子"不敢为天下先"的另一种表述。即不显山不露水地活在人群之中，不因福字而去争抢拼搏、奋勇争先，也不去人为制造"祸端"。因此，庄子提倡的这个很有深意。

"感而后应，迫而后动，不得已而后起"，这是"后发制人"式的逻辑，有感才去回应，无感无觉，瞎应什么呢？顺势而为，迫而后动，否则就是轻举妄动；做事也是这样的，不主动挑事找事，不无事生非，办事只有态势到了不做不行的地步才去做。这个貌似一种消极被动的态度，实则是水到渠成、因势利导的意思，是很高明的谋略。在《战国策》中，"郑伯克段于鄢"就是后应、后动、后起而全胜的例子，虽然深究起来，从道义上来说不那么光明，但手法手段是极其高明的。这句话深得老子的精髓，既是哲学，又是谋略，可安邦定国、行军打仗，也可安身立命、为人处世。

"去知与故，遁天之理"，去除智慧、经验、世故等种种，就依循天理才是最恰当的。当然，这个说的是大原则、大框架，面对实际情况还得有具体的东西，得具体分析才是。

"故无天灾，无物累，无人非，无鬼责"，做到上述几点，即天不降灾、物不牵累、人不非议、鬼不责难。"上天安排的最大"，无论做什么都合于天理，天、物、人、鬼又怎么会为难呢？

"其生若浮，其死若休"，"浮生"一词就是从这儿来的，修道的人活着吧，就像是浮在水上的不系舟一样，也如同《金刚经》所说的"如露如电，如梦幻泡影"。其死呢？像是休止一样，彻底地静止结束了，没有不舍、留恋、挣扎等，而是坦然面对和接受。这个态度，能够做到的人确实不多。

"不思虑，不豫谋"，不纠结于生死，不因生死这些问题而思虑预谋，从而耗费精力，甚至搞得很累。生死嘛，自然的事，该怎么样就怎么样，犯不着揪心与计较。

"光矣而不耀，信矣而不期"，这句话就显得很抽象了。有光芒但却不照耀，即无论对于外界的光芒，还是自身的光芒，抱着顺其自然的态度，有阴有阳嘛，不去主动追求处于光芒之下，或去照亮他人。这点相对于世俗及其他宗教的说法，就非常独特了；其他的都有接受光照并照亮他人的意思，而道家不说这个。道家的理论，"光"是客观存在，"耀"则有个主体或客观的意识。只直面客观，而舍弃主体或客体意识，才与天地的"生而不恃，为而不有，长而不宰"相吻合。相信而不期待同样是天地之理，有个必然性在其中，犯不着有意去期许任何不必然的人与事。从这也可以看出，道家思想也与农业社会相合。

**其寝不梦，其觉无忧；其神纯粹，其魂不罢；虚无恬淡，乃合天德。**

修道之人睡觉无梦、醒来无忧，精神非常纯粹，魂魄不会疲乏，一副虚无恬淡的样子，完全合于天德。无梦无忧之人，就不是世间人了，应该是天人吧。庄子也忧愁于柴米油盐、一日三餐，也会做梦的。因此说，这只是个最理想的状态而已，真这么去修，恐怕是路尚远、梦还长吧。

第四，"故曰：悲乐者，德之邪也；喜怒者，道之过；好恶者，德之失"。这句话与佛理相通，说不能有情绪上的变化，主张断"眼耳鼻舌身意"六根，去除"悲乐喜怒好恶"六情。庄子的意思是：悲与乐，是德行的偏邪；喜与怒，是道之失；好与恶，是德之失。诸如这些，失道又失德的，应该很好地调理和戒除，防止因情绪态度的偏差而引起生命状态出现偏差。情绪态度很重要，情绪态度不同，就有不同的人生。

**故心不忧乐，德之至也；一而不变，静之至也；无所于忤（wǔ），虚之至也；不与物交，惔之至也；无所于逆，粹之至也。**

心中没有丝毫忧与乐，是德的最高境界；专一而坚守不变，是静的极致；与天地、他人、万物等任何都不抵触，是虚的极致；不与外物产生联系、发生关系，是淡的极致；与任何都没有悖逆，是纯粹的极致。你看，庄子讲究在"德、静、虚、淡、粹"五个方面都做到极致，没有掺杂一点水分。这五个方面，与其他各家有相似、相交之处，有的说法一致，有的则不一致。从中可以看出，道家真的够特立独行的，想屹立于世外、物外，甚至是身外，纯粹成为一种精神性的存在。这点显然是肉体的人根本无法做到的，只能是程度不同地存在于人的精神层面。

第五，"故曰：形劳而不休则弊，精用而不已则劳，劳则竭。"这句的意思是：身体过于劳累得不到休息就会疲惫，精神思虑过度不注意节制就会劳累，过于劳累则容易引起衰竭。因此，无论形体还是精神，要劳逸结合，不能过度过量，否则就会出现"过劳死"。

**水之性，不杂则清，莫动则平，郁闭而不流，亦不能清，天德之象也。**

水的特性，没有杂质就是清澈的，不动的时候就是平静的；一味堵塞起来不让流动，会清吗？肯定不会，这是天道所赋予所决定的。庄子这话的意思是：无论做什么，道理一定要明白，方法一定要正确。何以正确？就是要合于自然规律。比如，想让水变清，就要去除其中的杂质，并非是让水不流动就会变清。人也是如此，形体与精神的通畅，是要劳逸结合的，一味劳作或一味安逸是解决不了问题的，反而会滋生出更多的问题。

第六，"故曰：纯粹而不杂，静一而不变，淡而无为，动而以天行，此养神之道也"。人要效法于天地自然中水火风等种种，做到"纯粹而不杂，静一而不变"，恬淡无为，一举一动必须符合天道，这才是修身养神之道。

## 精神的帝王

接着是举例：吴国、越国皆以宝剑闻名天下，这些剑一般都珍藏在匣子里不轻易使用，因为非常之珍贵。庄子说："精神四达并流，无所不极，上际于天，下蟠于地，化育万物，不可为象，其名为同帝。"这里的意思是：精神也如同宝剑一样，是需要涵养、闭藏的，不能轻易使用，否则容易受损。精神吧，是涣散的，四通八达、到处游荡，关不住也锁不上，很难控制。因而，人的神思无所不至，想想我们的脑子里每天装的都是些什么呢？上天下地、神神怪怪，总之万事万物都有。但精神究竟是什么呢？在身体里遍寻不着，并没有个具体的样子。对于人而言，这个无形无象的精神存在吧，如同帝王一样，又掌握操纵着人的一切。

如何看待并对待精神呢？庄子说："纯素之道，唯神是守。"这简直像内家拳的修炼秘笈一样。如何才能保持纯粹和朴素呢？就是将精神这个"天帝"守好了。"守而勿失，与神为一。一之精通，合于天伦。"守好精神的衡量指标是什么？即不能失去精神，不能感知不到精神的存在，也不能使精神紊乱。身体必须要与精神达到高度一致，称之为人的全部都要聚合于精神。形体与精神合而为一，才是符合天理的。精神要控制得了这个人，不能没精神，也不能精神涣散，从而形成一贯的、强大的存在，这样才是一个有精神的人。也就是我们常说的，要有精神力、意志力，一个人如此，一个集体同样如此。没精神就是行尸走肉，精神出现问题就是严重的病态。按照道家的观念，如此修炼，则人人自成体系、自成天地。

**野语有之曰："众人重利，廉士重名，贤士尚志，圣人贵精。"**

民间有个说法，普通人看重利益，廉洁的人看重名声，贤能的人崇尚志向，圣人珍视精神。因此说，"故素也者，谓其无所与杂也；纯也者，谓其不亏其神也。能体纯素，谓之真人"。对于精神而言，最重要的是两个字：一个"素"字，即本色、朴素，没有任何杂质；另一个是"纯"字，即单纯、纯粹，也有充盈、完善的意思，没有任何暗伤、损耗之类的。能够做到和体现出"纯"与"素"的，即传说中的真人，也就是单纯、健全、完善的人。这个不是起点，而是终极；不是低标准，而是最高标准。

到这会才发现，庄子认为这也不对那也不好，究竟什么对、什么好呢？除了一番抽象的说辞似乎也没有个所以然呀。有个说法，"学佛学解脱，修道修逍遥"，那么怎么样形容学佛修道的境界呢？一句话——身无羁绊，心无挂碍，大自在就好。所以我们看，有大悟的人，言行从来都是不拘一格的。任何学问都是如此，凡是非常讲究穿衣戴帽这套的，都是伪学问、浅层次的。

# 贰拾 天 运

## 庄子的"天问"

"天运",指天体的运行。庄子此文仰观天象、俯察地理,将无限宇宙意识置于其中。

开篇就是当时人们普遍关注的十三个问题,可以读作庄子的"天问":

其一,"天其运乎?"天体是一直处于运行状态的吗?古人很好奇,这个动力从何而来呢?何以如此规律?冥冥中一定有主导的力量。

其二,"地其处乎?"大地是静止不动的吗?否则江河湖海的流动、房子以及人的站立等都不会稳当。

其三,"日月其争于所乎?"日月是交替着在天上放射光芒吗?

其四,"孰主张是?"是谁安排了这一切,或者说这一切是谁的意志意思呢?

其五,"孰维纲是?"又是谁维系这一切的?这需要多大的力量、耐心与灵巧呀。

其六,"孰居无事推而行是?"谁无事可做,将这个升起来,将那个落下去?

其七,"意者其有机缄而不得已乎?"或者说,有某种机关在起作用,而关于天地的一切都是被动运行的?

其八,"意者其运转而不能自止邪?"或者是一切自行运转,但自身根本就停不下来,就像人们无法管束内心汹涌的思想与情感一样?

其九,"云者为雨乎?"云的存在是为了下雨吗?

其十,"雨者为云乎?"雨的存在是为了升腾为云吗?

其十一,"孰隆施是?"兴风作雨的又是谁呢?

其十二，"孰居无事淫乐而劝是？"谁整天无事可做，净做些行云施雨的勾当呢？

其十三，"风起北方，一西一东？有上彷徨。孰嘘吸是？孰居无事而披拂是？敢问何故？"风从北方刮起，一会往西，一会往东的，一会又在天上盘旋不停，是谁在吹气吸气呢？谁闲着没事扇着风在玩呢？

请问以上现象，都是什么原理，又都是什么原因造成的呢？

对于上述问题，人们心里历来是不踏实的，总有诸多疑问。即使在科学较发达的今天，上述很多问题，仍有诸多神秘不解之处，它们形成了很多千奇百怪的学科和理论，比如星相学、风水学、气象学等种种。

对此，作为巫师的巫咸解释说："天有六极五常，帝王顺之则治，逆之则凶。""六极"即东西南北上下，也称"六合"。"五常"即金木水火土，也称"五行"。这句是说，治国理政的帝王们，一定要懂得六极五常之理，并严格遵行，顺之则天下大治，逆之则天下大乱。

庄子问得很好，巫咸的解释却毫无闪光之处。

**九洛之事，治成德备，临照下土，天下戴之、此谓上皇。**

"九洛"，即《洛书》所记载的九种事项，今已失传。今天所谓的河图洛书，是极其抽象的，难以解读的。这句是说，按照《洛书》记载，将一切事项都办得井井有条，天下就会太平，帝王的德行就会完备，这样就会赐福施惠于民众，天下人就会衷心拥挤和爱戴，这就是传说中最高层次的帝王，通常称之为"上皇"。


# 虎狼之仁

宋国的太宰荡（太宰是官职，荡是名字），向庄子请教关于仁的问题。仁义之类的信条，儒家最为信奉推崇，而道家最为反感抵制。因而太宰荡问仁时，庄子就答了四个字："虎狼，仁也。"即虎狼也是仁爱的。

太宰荡完全理解不了：这话怎么说呢？仁是最高的德行呀，怎么会在虎狼身上呢？

庄子并没有长篇大论，提点式地说了八个字："父子相亲，何为不仁！"虎狼父子之间的亲密程度，一点也不亚于人，怎么就不是仁爱呢？言外之意很清楚，长篇大论高调宣扬地说什么仁呢？动物身上都有的一种极其稀松平常的东西，说来说去的不怕人家笑话吗？

太宰荡不甘心，再问：什么是至仁，也就是最高的仁呢？

太宰荡的意思，是想知道庄子对于仁与人伦的看法。

庄子还是没有正面回应，只说了四个字："至仁无亲。"这个"亲"字在当时主要指父母双亲。最高的仁不说父母亲情，算哪门子仁呢？

太宰荡就更不理解了，说了句："荡闻之，无亲则不爱，不爱则不孝。谓至仁不孝，可乎？"他的意思是：我听说，无亲则不爱，不爱则不孝，对父母不爱不孝，称为最高的仁，这么说恰当吗？

对此，庄子就展开了说："不然。夫至仁尚矣，孝固不足以言之。"他的意思是：你的理解太粗浅了，至仁的境界是很高深的，以孝来论这个问题根本就不完整。

**此非过孝之言也，不及孝之言也。**

至仁吧，并非是涵盖了孝的。也就是说，仁与孝根本就是两个概念，一个是面向公众的，一个是私人性质的，不可相提并论。道家的智慧很高，对于约定俗成的认识和做法，总有不同的看法，而且基本是曲径通幽式的，使人洞见一片新的天地。

**夫南行者至于郢，北面而不见冥山，是何也？则去之远也。**

比如，向南走到了楚国的郢都，向北就看不到冥山了。这是什么原因呢？距离太远。以孝谈仁也是这样，完全是南辕北辙。

**故曰：以敬孝易，以爱孝难；**

所以说：出自恭敬的孝顺容易做到，真正出于爱的孝顺则很难做到。这就是对父母的情感的本质问题了，算是很复杂的感情了，恭敬、感恩、爱等哪个比重更大一些呢？很难说得清。庄子的意思是：恭敬的比重明显大一些。

**以爱孝易，而忘亲难；**

以爱心去奉行孝容易，性情恬淡忘却双亲则很难。庄子的意思是：每个生命都是独立的，上一代对下一代、下一代对上一代都有些什么权利与义务呢？遵守世俗的观念做法容易，超脱并跳出世俗，不受这些观念俗规限制，与父母充分保持各自的独立生活很不容易。再往下看，庄子说的这个理论倒巧合于西方的某些伦理观念。

**忘亲易，使亲忘我难；**

庄子更进一步说，做儿女忘却双亲容易，想让双亲忘却儿女却很难。这个就很好理解了，我们对父母的关心，与父母对我们的关心，根本就不对等。父母恨不得把一切好的东西都给儿女，但儿女对父母绝对做不到这点，中国社会尤其如此。

**使亲忘我易，兼忘天下难；**

这些观念都是递进的、相对的。父母忘却儿女容易，但无视整个天下却很难。这个话倒过来说，似乎更合乎情理一些；也或者，当时的人们是这么个观念，可以舍弃儿女，但不能无视家国天下。尤其是在家族群居生活的时代，亲生骨肉或后生小辈的意义，远不像今天独生子女时代这般重要和重大。

**兼忘天下易，使天下兼忘我难。**

这句话又回到道家的本质上去了，即一个人吧，无视甚至不去理会整个天下很容易，但这么个特立独行的人让天下人无视且不去理会却很难。越是这么奇特的人，天下人就越是关注多议论多，甚至是不容你这个做派的，挑战了世间既定俗成的一切，动摇了道德观念底线，改变规则，是万万不行的。因此，对于特立独行的人，历来有三种办法：一是教化；二是消灭；三是视为疯子。庄子说问题就这样，从不单纯地就事论事，而是以联系的眼光究根问底的。从根本上来说，很多东西似乎都是一回事。诸如思想、精神、观念之类的，完全是长在一个根上的。

**夫德遗尧、舜而不为也，利泽施于万世，天下莫知也，岂直大息而言仁孝乎哉！**

得道的人才是真正有益于人类社会的，尧舜那样的德行则是得道之人所不屑的。他们贡献的是什么呢？不是给人以可见的利益，而是在内心、在根本上，给人以精神上的支柱、防线、形象之类的。庄子说的这个，就有大宗教或大宗教家的意思。一个天子、国君的影响力很大，却是有形的、有具体范围的。而诸如佛陀、基督等的影响力则是跨越种族、跨越国界的；这种影响力更深远、更具有稳定性，给人的是一个无形却超越于现实世界之上的世界，是人们乐于接受的和谐的世界。庄子说，比大宗教家层次更高的，是与天地相匹配等同的，是更自然更高远的所在，因而虽然泽及万世，但天下却并不以为意，有些甚至连知道都不知道。庄子的意思是：这种贡献岂是人世间所倡导的仁孝之类的所能比拟的，根本就不是一个层次的。

**夫孝悌仁义，忠信贞廉，此皆自勉以役其德者也，不足多也。**

诸如孝悌仁义、忠信贞廉之类的观念，不过是人们自己给自己设的一些规范和要求，是自找苦吃、自我束缚的东西，真值得赞扬、提倡和推崇吗？

**故曰：至贵，国爵并焉；至富，国财并焉；至愿，名誉并焉。是以道不渝。**

"富"与"贵"指什么，天下是有共识的，不外乎有权有钱，身处高位，富甲天下。什么最如意，也是有共识的，比如拥有大富大贵。但庄子的看法却完全不同，他认为，最高贵宝贵的，就是独立自处，与国家设立的爵位相并行，这样没有任何约束，才是真正意义上的高贵宝贵；所谓"素王""布衣卿相""自己的王"等，说的就是这个意思。什么是最富有的呢？并不是拥有富可敌国的财富，而是无论什么时候、什么情况下，内心都是充实的、富有的，这才是真正意义上的富有。不只是东方，西方也有这种理论。杰克·伦敦笔下就塑造了大量这样的人物，即使一无所有，也是一种富甲四海的状态，有完整的生命，有白天夜晚，有日月星辰，深深懂得并珍惜。人生富有如此，夫复何求呢？最高的如意是什么呢？并非名满天下、誉满乾坤，而是心情什么时候都是平静的，面对一切都是坦然的。能够做到自给自足、高度自治，而不依赖任何外物就能使生命处于一种饱满宁静的状态，就是与道合一而不渝。庄子说的这个影响力非常之大，李白、苏东坡等等，都有过类似的表述，是一种与世界并驾齐驱的状态，如同大道一般的存在。

# 黄帝论《咸池》

北门成向黄帝请教了一个问题："帝张咸池之乐于洞庭之野，吾始闻之惧，复闻之怠，卒闻之而惑，荡荡默默，乃不自得。"这里的意思是：陛下在洞庭之野奏《咸池》之乐，我听了以后有三种感触，即最开始感到惊惧，再听心情慢慢就舒缓了，听到最后又感到迷惑，精神恍恍惚惚的，完全无法掌控，这是怎么回事呢？

从北门的说法中，可以感受到音乐的力量，确实是具有魔力的，对于具有一定美学修养的人尤其如此。从这个问题来看，北门并不精通音律，也可能是《咸池》这首曲子太复杂了，给人的信息与感触非常多元。基本是由三个章节组成：首段铿锵严肃，引发人的敬畏感；中段舒缓，使人产生适意感；末段意蕴深远，使人出现迷惑感。现实中，人对于天地的感情是这样的。在中国文化中，道家风范是这样的，上古帝王的人格似乎也是这样的，望之俨然，即之也温，最后则是神龙见首不见尾的茫茫然。

对于北门的疑问，黄帝有一段很长的论述："汝殆其然哉！吾奏之以人，征之以天；行之以礼义，建之以大清。"这里的意思是：说明你进入状态了，基本算是听明白了的。这首曲子吧，虽然是由具体的人来演奏的，但韵律内涵来自上天，且辅以人间伦理礼义等，将天地之道贯穿始终，因而你有这种感觉和反应是很正常的。面对天地，人们通常的感觉也是这样，先是畏惧，其次是欣然，再次是不解。

**夫至乐者，先应之以人事，顺之以天理，行之以五德，应之以自然。然后调理四时，太和万物。**

最高妙的音乐吧，有六个特点：一是应于人心人事；二是顺应天道天理；三是和以五德五行；四是应于自然；五是与春夏秋冬四时相协调；六是与万事万物相和谐。

这种音乐演奏起来是什么情形呢？最开始吧，也有六个方面：其一是"四时迭起，万物循生"，即四季轮换，万物轮回，呈现出生生不息的状态。其二是"一盛一衰，文武伦经"，即有生有死，有盛有衰，文武相协。其三是"一清一浊，阴阳调和，流光其声"，即高低协调，阴阳调和，有声有色，乐曲中充满光影变幻。其四是"蛰虫始作，吾惊之以雷霆"，即如同惊蛰时惊醒的虫子们的初鸣一样，给人以无限震撼。其五是"其卒无尾，其始无首"，即结束时余音绕梁，三日不绝，开始时也察觉不到，呈现出无始无终的状态。其六是"一死一生，一偾一起，所常无穷，而一不可待，汝故惧也"，即一静一止、一声一响、一起一落，魅力无限，变化无穷，这就是你刚开始听时，感到"惧"的原因。

接着呢，"吾又奏之以阴阳之和，烛之以日月之明"。这就是第二段了，演奏的内容阴阳和合，让人如同感受到日月的光芒明亮一样。

**其声能短能长，能柔能刚，变化齐一，不主故常；**

声调也很柔和，长长短短、刚刚柔柔的，处于无尽的变化之中，并没有一个固定的套路与模式。

以下说的则是音乐的功效:"在谷满谷,在坑满坑。"音乐的美妙如果在山谷中,就会悠悠然充满山谷;如果在一个空间里,就会飘飘然充满这个空间;如果在人心里,同样会充满人心,因而是妙音无穷的。古印度的瑜伽修炼也是这样,非常重视和强调音乐的力量,分声瑜伽、身瑜伽、心瑜伽三大类。声瑜伽说的就是人们对声音的感应,确实有夺人心魂的功效。

**涂郄守神,以物为量。**

音乐既可以填充一切、感染一切,又有一个明确的主题与灵魂,因此就会惊天地、动鬼神、摄心魂。

**其声挥绰,其名高明。**

音乐之中,声音非常之高拔激越,光线非常之明亮高远,意境非常之空旷博大。

**是故鬼神守其幽,日月星辰行其纪。**

正因为空间很大,鬼神可以处于其中的幽暗之中,日月星辰也可以有序在其中运行不辍。好的音乐就是这样,包容了一切,人们从中可以体味感受到一切,从而灵魂精妙并博大起来。

**吾止之于有穷,流之于无止。**

乐曲有时戛然而止,但余音袅袅,止之有穷,流之无尽。

**予欲虑之而不能知也,望之而不能见也,逐之而不能及也。**

乐曲想表现的意思吧,若即若离的,思考吧,却总是不得要领、似懂非懂的;去看吧,似乎知道在什么地方,却是看不见的;去抓吧,似乎够到了,又遥不可及。说到底,音乐也是一种对生命生活的理解和表述,绝不会是一副一览无余的样子，因此是看不见、抓不住的，也无法尽知。

**傥然立于四虚之道，倚于槁梧而吟：目知穷乎所欲见，力屈乎所欲逐，吾既不及已夫！**

听音乐，有感觉却抓不住、领会不了，就像怅然若失地立于虚无之境，难免倚靠枯槁的梧桐木而感叹。梧桐是凤凰栖息的地方。枯死的梧桐呢？有悲凄的意思。感叹什么呢？音乐即使在眼前，却是眼睛和思想无法尽知尽见的，也是力量无法抓握的。这个样子、这种距离都无法掌握，算了吧。明显是一种情绪上的悲观消极，与很多诗歌表现的情感相似。

**形充空虚，乃至委蛇。汝委蛇，故怠。**

听了这个乐曲，内心感到空虚，却又把握不住，因而就持顺其自然、随波逐流、虚与委蛇的态度。因为被动应付，所以是消极懈怠的。

**吾又奏之以无怠之声，调之以自然之命。**

第三段，舒缓的节奏之后，又以快节奏来演奏，展示自然中生命迅即、无常的部分。

**故若混逐丛生，林乐而无形；布挥而不曳，幽昏而无声；**

曲调中混合了万物众生等诸多东西，但却调和得很好，和谐而没有突出任何，布散而毫不拖沓，有时幽咽而无声无息。

**动于无方，居于窈冥，或谓之死，或谓之生，或谓之实，或谓之荣。**

音乐嘛，充满了耳朵与内心，有时却不知声响动于何方，有时又是悄无声息的。予人的感触则很深，有时是生，有时是死，有时是果实，有时是花朵。魅力在于不确定性，如果是确定无疑的，还有什么魅力可言呢？

**行流散徙，不主常声。**

音乐就是这样，行云流水，风动云从般的，声调从来就不固定。

**世疑之，稽于圣人。圣也者，达于情而遂于命也。**

世人听到这种音乐，难免心生疑惑，便请教于圣人。所谓的圣人，就是通达于情、顺遂于命的得道之人。

**天机不张而五官皆备。此之谓天乐，无言而心说。**

音乐中是隐含天机的，天机虽然并非明确显现，但人的五官与内心都切实感受到了。这种音乐就叫"天乐"，虽然不见一言一语，但内心是愉悦的。

**故有焱氏为之颂曰："听之不闻其声，视之不见其形，充满天地，苞裹六极。"**

对于音乐，有焱氏（有人认为就是神农氏）有这么句论述：音乐简直太奇妙了，听而不闻其声，视而不见其形，但却充满天地包裹整个宇宙。事实上也确实如此，音乐无形无象，但听的人会在内心中有个画面，有个构建，甚至有立志决意的冲动。而且，不同的人去听感受也是有所出入的。

**汝欲听之而无接焉，而故惑也。**

这就是你听这首《咸池》时迷惑的原因。想听明白，但其中并没有个切实的东西，因此会有迷惑，很正常的事。

**乐也者，始于惧，惧故祟。**

这首乐曲吧，最开始会让人惊惧，正因为惊惧，所以才会有事鬼神一样的敬畏和崇敬。

**吾又次之以怠，怠故遁。**

中间呢？由于乐曲的舒缓，故而会让人心情放松。

**卒之于惑，惑故愚。**

再往后，音乐就高深了，包含的内容也非常之多，会让人迷惑，继而会陷入茫然无所知。

**愚故道，道可载而与之俱也。**

茫然无措，是最接近于大道的，也最便于领会大道。在音乐中领会了这点，处于大道的承载之上，而与道共存共进。

这是一段极其高妙的音乐理论。哪是什么音乐，简直就是宇宙、天地、人间之理，是一段美轮美奂的终极天籁。孔子听到美的音乐，何以回味无穷，三个月不知肉味，就是这个原因—— 一种高度的灵魂共鸣。


## 乐师眼中的孔子


孔子决定到卫国游历一番。对于这个事情，颜渊拿不准，便向鲁国乐师金请教：你认为夫子这个做法怎么样呢？

乐师金答：可惜呀，夫子要陷入困境了。

颜渊问：何以这么说呢？

乐师金的说法很长："夫刍狗之未陈也，盛以箧衍，巾以文绣，尸祝斋戒以将之。及其已陈也，行者践其首脊，苏者取而爨(cuàn)之而已。"类似的话前面出现过。这里的意思是：你看吧，那个祭祀用的草狗没摆设出来之前是非常受珍视的，放在筐子里，用绣花布盖着。祭祀人员斋戒沐浴后才敢去恭敬地捧出来。等到祭祀结束了，任人践踏，甚至会被人拿去烧火做饭。

**将复取而盛以箧衍，巾以文绣，游居寝卧其下，彼不得梦，必且数眯(mì)焉。**

祭祀用过的草狗，谁还会再把它收在筐子里，盖着绣花布呢？如果真这个样子放在寝室里，即使不做噩梦，恐怕心里也是不舒服的。

**今而夫子亦取先王已陈刍狗，聚弟子游居寝卧其下。**

现如今吧，你们的夫子走下鲁国政坛，就像祭坛上那个用过的草狗一样，被弟子们恭敬地拥戴着周游列国。

**故伐树于宋，削迹于卫，穷于商周，是非其梦邪？围于陈蔡之间，七日不火食，死生相与邻，是非其眯邪？**

在宋国的树下讲学，之后树都被人砍伐了；在卫国停车，停车之地的地皮都被铲掉了；周游于天下同样是屡屡受辱，这不就是噩梦一样吗？受到攻击，被围困于陈国蔡国之间，连续七日吃不上一口热食，与死神擦肩而过，不也倒霉到极点了吗？

**夫水行莫如用舟，而陆行莫如用车。以舟之可行于水也，而求推之于陆，则没世不行寻常。**

水上行进最好的工具没有比得上舟的，陆地行进最好的工具没有比得上车子的。眼下夫子的情况，就好比是将舟搬到了陆地之上，即使再怎么努力地往前划、往前推，能走多快、走多远呢？

**古今非水陆与？周鲁非舟车与？今蕲行周于鲁，是犹推舟于陆也。劳而无功，身必有殃。**

古与今，不就像水上与陆地？周和鲁，不就像舟和船？硬是想将古代周朝那套东西在鲁国推行，何异于在陆地行舟呢？这个做法，劳而无功是肯定的，自身也一定会遭殃的。乐师金说得很清楚，孔夫子明明就是目标远大，但方法严重不当，一定会陷于困窘之地的。

**彼未知夫无方之传，应物而不穷者也。**

孔夫子空有满腔的理想抱负，根本就不懂得方法论和灵活性，不懂得如何应对事物的无穷变化，因而办理不好具体的事务。

**且子独不见夫桔槔者乎？引之则俯，舍之则仰。彼，人之所引，非引人也，故俯仰而不得罪于人。**

你没有见过打水的桔槔吗？类似于杠杆的东西，人一拉就会下来，放开就会升上去，它就是个工具，是被人牵引的，而不是牵引人的，因此上上下下的，不会得罪任何人。其言外之意为：孔夫子呢，满脑子的主意，想让人这样，让人那样，须知他想牵引的这些人都是诸侯国君、大夫卿相，凭什么听你孔子指使呢？这种情况下还不知醒悟而自以为高明，不是惹人嫌吗？

**故夫三皇五帝之礼义法度，不矜于同，而矜于治。故譬三皇五帝之礼义法度，其犹柤(zhā)梨橘柚邪！其味相反而皆可于口。**

三皇五帝时代的礼义法度等等，可贵的不是相同、不是一个模式，而是切合实际且实在管用。就好像是柤梨橘柚之类的，虽然是味道不同的水果，但都非常之可口。孔夫子非要将天下搞成一个模式，到底是怎么想的呢？

**故礼义法度者，应时而变者也。今取猨狙而衣以周公之服，彼必龁(hé)啮挽裂，尽去而后慊(qiè)。观古今之异，犹猨狙之异乎周公也。**

礼义法度这些吧，应当根据时势和实际而设而变。如果给猴子穿上周公的衣服，猴子定然既烦又气，肯定会又撕又扯的，直到脱掉了才会觉得舒服。古今的差别也是这个道理，不能张冠李戴。认为古代的好，就把古代那套拿来套用，不就像给猴子穿衣服吗？好是好，恐怕只是你孔夫子认为好，他人却未必会接受。

**故西施病心而矉(pín)其里，其里之丑人见而美之，归亦捧心而矉其里。其里之富人见之，坚闭门而不出；贫人见之，挈妻子而去之走。彼知矉美，而不知矉之所以美。惜乎，而夫子其穷哉！**

东施效颦的故事，西施病了皱着眉头，抚着胸口，邻里都以为美。一个丑女也效仿西施的样子，结果呢？富人们都闭门不出，穷人们带着妻子及子女都躲到别处去了。可惜呀，夫子的做派就是如此，难免遭遇这种窘迫的境况。

类似这些典型的故事，每个时代、每天都在上演着。这就是理论与实际的分界，不是说有这样的道理，或者说这样的道理好，他人就会遵守或照做；理是理，事是事，复杂而有趣的现象，并非道呀理呀之类所能框住的。对于孔子的做派，乐师金说得够狠，但意思也很到位，不就是这么回事吗？

## 孔子的苦恼

孔子五十一岁时还没有悟道。关于自己的一生，孔子说："五十而知天命。"知天命又怎么没有悟道呢？一个活了五十一岁的人，对于道这玩意儿应该是有所了解和领悟的。以道家的观念看，活明白与年龄有关，更与观念有关，一辈子没活明白的大有人在。

五十一岁还没有悟道，孔子很是苦恼，便到南方的沛地去见老子。孔子已经名闻天下了，老子见到孔子也很意外，说：你怎么来了？你是北方的大贤人呀，应该悟道了吧？

孔子的谦虚好学是名副其实的，他老老实实回答：我没有悟道。

老子：先了解下，你是如何求道修道的？

孔子：先是学度数，也就是天文地理之类的，五年了还没有什么结果。

老子：还学过什么呢？

孔子：学过阴阳之术十二年，同样没有什么结果。

通过问与答，情况掌握得差不多了。

老子便说道："然，使道而可献，则人莫不献之于其君；使道而可进，则人莫不进之于其亲；使道而可以告人，则人莫不告其兄弟；使道而可以与人，则人莫不与其子孙。"老子的意思是：这就对了，如果道能够像礼物一样献出，那么人们都会争相将道献给君主；如果道能够像食物那样吃喝，人们一定会将其孝敬给父母；如果相互告诉一声即可掌握，那么兄弟之间传道就很简单了；如果道可以随意给人或传承，那么还有求道修道这一说吗？随意给就是了，最显然的，都传给儿孙成传家宝了。

老子这句说得很深刻。修道从来都是这么回事，东西可以随便给，但理论、知识、学问之类的则不行。不是说送几本书、几支笔就将文化也送去了。

**然而不可者，无佗也，中无主而不止，外无正而不行。**

道是一种抽象的存在，不能进献，不能转告，不能赠予。内在没有主见，道就一定不会留驻；对外呢，没有个正形，他人就不会认可，道也不可能推行，这是修道行道的原则之一。

**由中出者，不受于外，圣人不出；由外入者，无主于中，圣人不隐。**

纯粹属于内心的道，与外界无关，圣人会很好地保留于内心而不对外传布；外面传入的，不符合自己内心，圣人也不会将其放在心上。这是修道行道的原则之二，这点很重要，但很难处理，一般人都是因为处理不好内外的关系，因而深陷苦恼的苦海。什么都向外传递，他人不接受，还恼火得不行，这就是所谓的多情总被无情恼；外界的什么都接受，心里充塞着乱七八糟的东西，因此而意气难平，这就会风声鹤唳。老子说得很清楚，有些纯粹是内心的，在内心很好地保存即可，不必外传，佛道两家的"不著不述"就是基于此。同理，外界施加的一切，不是什么都接受，都放在心上的，该拒绝排斥的一定要拒之千里。

**名，公器也，不可多取。**

这个名，不仅仅指名声，更重要的是命令。在理论的初创阶段，命令一种事物、公布一项原理，就以为是自家的功劳。却不知这些是自然界原本就有的东西，是公共的，不能多取独占，否则，容易引起论争。学术界的论争就这么来的，现代学术界的论争也一样。道也是这样，有方方面面的道，对道的阐释就是命名，副产品则是名声，很多人对于道的发现、探讨和命名就是冲着名声而去的，并非真的关注什么道。因此老子说，名是公器，之所以出现这么个情况，不就是"争名""争鸣"而已。老子说的这句，现象虽然粗浅，道理却意味深长。

**仁义，先王之蘧庐也，止可以一宿而不可久处，觏(gòu)而多责。**

仁与义，不过是古圣先王们采用过的，不过像是旅店一样，住一晚就成了，长期居住是不恰当的，滞留其中出不出来，都会受人非议与责难。何以如此？人应该住在家里呀，长期住旅店不成问题吗？也就是说，仁义这套很表面、很形式化，偶尔说说就成了，当成大道大经来说，就一定有问题。时代发展到今天，穿衣吃饭也成了一门学问吧，有人说说、偶尔说说就是。人人说、天天说这个，就会偏离正道、误入歧途，其他方面也一样。

老子说名与仁义，实质都是对孔子的批评，是说其过于拘泥、沉溺于外在、形式的东西了，并没有看到本质和真义。

**古之至人，假道于仁，托宿于义，以游逍遥之虚，食于苟简之田，立于不贷之圃。**

古代的那些"至人"，对于仁就像借道一样，无非是路过；对于义就像住店一样，无非是借宿。他们呀，游于逍遥之境，谋食于最简单的营生，都是自给自足，是没有任何依赖的。"逍遥"二字，并不是飘到云天外，远离人世间，实则是内心逍遥便处处逍遥，这即是庄子提倡的极简主义，精神生活极其丰富，物质生活极其简约。言外之意，你孔子以仁义为旗，时时处处宣扬这些，而且生活上讲究得实在是过分了些，距至人的境界差得远着呢，又怎么可能真正悟道呢？

**逍遥，无为也；苟简，易养也；不贷，无出也。古者谓是采真之游。**

"逍遥"即无为，不是什么也不做干等着，而是做顺水推舟之类的事，不无事生非、没事找事。"苟简"，也就是物质上的至简、极简，能维持肉体的基本需求即可，这样就欲望少，容易达成，接近于西方的犬儒主义。"不贷"，即自给自足，不依赖于外在的世界，也就无须去求取什么，从而不会因外界的是是非非干扰影响到情绪心境。这一句的意思是：能够做到逍遥、苟简、不贷，就是传说中的"采真之游"，即真正意义上的活着，或者体现真性情的人世一游。

**以富为是者，不能让禄；以显为是者，不能让名；亲权者，不能与人柄。**

以富有为人生目标，或致力于追求富有的，就会为钱财所累，不懂得让与舍，只有一个争心在。以名声为人生目标，或致力于追求名声的，一定是抓住机会就显摆，不会放过任何出名挂号的机会，同样是只有个争胜之心。以权力为人生目标，或致力于追求权力者，绝不会将权柄授之于人，一定会牢牢抓在手里，使用得淋漓尽致，就更是争得你死我亡了。

**操之则栗，舍之则悲，而一无所鉴，以窥其所不休者，是天之戮民也。**

求富者、求名者、求权者们有一个共同的特征，手中握着想要的东西时，心里无时不是恐惧的，唯恐一不留神失去了；失去后，则内心悲伤忧戚。活了一辈子，他们的眼里只看到想要的东西，心里只装着想要的东西，对于其他的根本就无视，也不知道。这样的人的存在，不是明显有着巨大的缺陷吗？迷于一孔之中，错失了多少美与真？这些人吧，一定是受了上天的刑罚才如此的，实在是太狭隘太可怜了。

**怨、恩、取、与、谏、教、生、杀八者，正之器也，唯循大变无所湮者为能用之。**

埋怨、恩惠、取得、给与、进谏、教化、生存、死亡这八个方面，是校正人们行为的八种最常用的准则，可以校正他人，也可以校正自己。但真正会正确使用的寥寥无几，只有精通大道、顺应变化而没有任何障碍的人，才能够正确使用。这八个方面，孔子也经常说，也经常用。老子的意思是：这些你真用对了吗？基本的道都不清楚，还敢明目张胆地使用这些去正人正世，是否有点不自知、不自量呢？

**故曰：正者，正也。其心以为不然者，天门弗开矣。**

类似"正者，正也"这种话古人常说，即什么是正，"正"，就是正，横平竖直的，没有一点弯曲变形，始终是坦坦荡荡的。心术不正的人，上天是不会为他打开悟道之门的。老子这番话说得够清楚了，你孔子在世间求什么呢？求富、求名还是求权，自己想想。如果是求这些，又怎么可能悟道呢？路是错的，门怎么可能找得到？只有端正了修道之心，才有可能真正悟道。

## 犹 龙

一次，孔子到老子处大谈仁义。老子极不客气又教训了他一段："夫播糠眯(mǐ)目，则天地四方易位矣；蚊虻(méng)噆(zǎn)肤，则通昔不寐矣。"他的话很委婉，但意思很严厉：扬起的谷糠迷失了眼睛，东南西北都分不清了；蚊虫叮咬，整夜都睡不好觉。其言外之意是：你孔子目前就处于这么个状态，眼也迷了，觉也睡不踏实。

**夫仁义憯(cǎn)然，乃愤吾心，乱莫大焉。**

诸如仁义这些玩意儿吧，是摧残毒害人心人性的，对于社会的影响非常之大。世道世人之所以混乱如此，不就是这些说辞造成的吗？

**吾子使天下无失其朴，吾子亦放风而动，总德而立矣，又奚傑然若负建鼓而求亡子者邪？**

还是不要说仁说义的好，免得使天下失去质朴之性，坏了风气。你也应该像站立于风中一样，随风而动才是明智之举。道理很简单，顺应于天道，才是最大最好的德性。你不顺应天道也就罢了，何以尽做那些类似于敲着大鼓、召集逃亡之人的事呢？明明就不得法也违于时嘛，怎么能行得通呢？

**夫鹄不日浴而白，乌不日黔而黑。**

白色的鸟吧，不用天天洗也是白的；乌鸦吧，不用天天染也是黑的。人也是这样，本质是什么就是什么，靠仁义这些浅表化、修饰化的东西是伪装粉饰不了的。

**黑白之朴，不足以为辩；名誉之观，不足以为广。**

黑就是黑，白就是白，无须辩论也是如此。名和誉也是这样，是什么样就是什么样的，一味去宣扬去追逐又能怎么样呢？会广大崇高吗？不会的。

**泉涸，鱼相与处于陆，相呴（xǔ）以湿，相濡以沫，不如相忘于江湖。**

《庄子·内篇·大宗师》一文说过这个——一处泉水干涸了，鱼被困住相互吹着湿气，以唾沫滋润生命，倒不如遨游于江湖之中，根本就不认识的好。老子的意思是：仁义不就是那个湿气、唾沫之类的吗？真管用或能管多大用呢？根本的解决问题的方式，是归于江湖。人与人的关系很复杂，与其说仁说义的都活得不自在、很困顿，倒真不如相互忘记了，各自游于大江大海之中。至于如何归于江湖，修心，内心足够大，就是大江大河、就是海阔天空，就可以不受外界的束缚与困顿而享有恒久的逍遥游。

孔子见老子究竟见过几次，双方探讨了什么，都是不可考的事。《庄子》一书中有很多老子、孔子见面的场景与对话，有些可能确有其事，但大多应该是作者编排的。与《史记》中记载的相比照，逻辑却是一致的。

司马迁的《史记·老子韩非列传》中记载了这么一条：孔子去周朝见管理国家图书的老子，想请教关于礼的问题。老子不客气地说了这么段话："子所言者，其人与骨骸已朽矣，独其言在耳。且君子得其时则驾，不得其时则蓬累而行。吾闻之，良贾深藏若虚，君子盛德，容貌若愚。去子之骄气与多欲，态色与淫志，是皆无益于子之身。吾所以告子，若是而已。"

从司马迁《史记》的记载来看，孔子应该非常重视与老子的这次会面，事前做了大量准备，礼仪、态度、言辞等都是一套套的。但是，却惹得老子不高兴了。老子的意思是：你说的关于古礼的这些内容吧，都是过去式，定这些礼法的人都死八百多年了，留下了这套东西。这些玩意儿真适用于现在这个世道吗？得认真考量考量，不能全盘套用吧？什么是君子？君子应该懂得形势、把握时机，时机到了就抓而勿失，时机未到就蛰伏待机。我听说，真正好的商人，都不事张扬的；拥有大德的君子也一样，并非一副趾高气扬的样子，而是木讷谦虚、踏实朴拙的。今天一席话，对你的忠告有四点：其一是去骄气，不能总觉得高人一筹。其二是去多欲，不能想这想那的，想多了，纯粹是瞎想。其三是衣着态度无须这么假。这样做累不？其四是明明做不到的事情就不要去想、不要去做。想平天下？用什么来平？怎么平？还是先解决衣食问题再说吧。这四个方面，对人对己都是没有任何好处的，自个反省并勉励吧。

听了老子的话，孔子本人是什么态度呢？"鸟，吾知其能飞；鱼，吾知其能游；兽，吾知其能走。走者可以为网，游者可以为纶，飞者可以为矰。至于龙，吾不能知，其乘风云而上天？吾今见老子，其犹龙邪！"可见孔子的内心是受到强烈震撼并由衷敬佩的。

孔子的意思再清楚不过了：鸟吧，我知道其会飞；鱼吧，我知道其会游；兽吧，我知道其会跑。会跑的可以用网捉，会游的可以用线钓，会飞的可以用箭射。老子，就像龙一样，我根本就一无所知，实在是不知道该怎么办才好，恐怕会乘风云而登天吧。

# 批判尧舜

孔子见过老子返回后，连续几天一言不发。

弟子们问：夫子见了老聃，是用什么规劝他的呢？

孔子的回答与《史记》中记载的类似，但也有明显出入："吾乃今于是乎见龙！龙，合而成体，散而成章，乘乎云气而养乎阴阳。予口张而不能嗋(xié)，予又何规老聃哉？"这里的意思是：我见到了真正的龙呀，千变万化高深莫测的，合而成体，散而成章，乘着云气而顺从阴阳之变。我震惊得目瞪口呆，又有什么可以规劝教导老子的呢？

子贡问："然则人固有尸居而龙见，雷声而渊默，发动如天地者乎？赐亦可得而观乎？"他的意思是：真有这样的人吗？不动如尸，动如真龙，发声如雷霆，沉默似深渊，真的是如同天地一般浩大的存在？我可以见见吗？

于是乎，子贡便以孔子的名义去拜见老子。

子贡很年轻，比孔子小三十一岁。

老子坐在正堂上，见一个年轻人前来拜见，便轻声地问：我已经是个老人了，你有什么要劝诫或见教于我的呢？

子贡：三皇五帝治理天下的方法不同，但作为很大、声名很好，人们普遍认同赞誉，天下也就先生你一个人不认为他们是圣人，怎么个说法呢？愿闻其详。

老子：年轻人上前来，你先给我说说他们有什么不同吧。

子贡：尧传位给舜，舜传位给禹；禹以尽心尽力治水而闻名，汤则以兴兵伐桀而闻名；周文王生前并没有反对纣王，而周武王却是起兵讨伐的，这就是三皇五帝的不同吧。

很明显，子贡说的都是一些现象。也可能是在老子面前谦虚，想听听老子的意见，因而这么概略地说了几句。

老子召子贡上前，说了以下内容："黄帝之治天下，使民心一。民有其亲死不哭，而民不非也。"黄帝治理天下的时候，注意意识形态教育，使民众上下一心，无论何时何地都以公心为重，因而即使有人死了父母而不哭泣，也不会有人非议的，说明黄帝时代有公无私、大公无私。

**尧之治天下，使民心亲，民有为其亲杀其杀而民不非也。**

在尧治理天下时，注重血亲关系，提倡民众相亲、家人相亲。即使有人按亲疏程度区分丧服的等次，他人也不会非议的，就是事君以忠、奉亲以孝的观念。处于至高无上的地位，忠孝治天下由此而来。

**舜之治天下，使民心竞，民孕妇十月生子，子生五月而能言，不至乎孩而始谁，则人始有夭矣。**

舜治理天下时提倡荣誉、激发竞争，因此民心好胜，大家都多快好省、起早贪黑地努力进取。孕妇怀胎十月生子，生下后就抓紧教育，恨不得五个月就会说话，巴不得不会笑就能识人断物，这个时代就有人开始夭折了。何以如此呢？优胜劣汰，因为竞争社会关系紧张和残酷起来。人们一味去争，却看不到和，也不注重扶助和保护弱者。

**禹之治天下，使民心变，人有心而兵有顺，杀盗非杀人，自为种而天下耳，是以天下大骇，儒墨皆起。其作始有伦，而今乎妇女，何言哉！**

在大禹治理天下时，使民心多变，激发起了种种私心私欲，形成了人人为己的局面，即使去用兵争斗都是正当的，而且诛杀异己之心很盛，认为诛死盗贼天经地义，没有做任何反思、防范、教化与改造工作。这样，天下就四分五裂了，家、国、自我就显现出来了，各自割据一方、裂土而治，且各行一套，谁也不认同和服气谁。这样一来，天下人人自危，因而后来的儒、墨、法、兵、纵横等各种学说就如雨后春笋般生发并兴盛起来。刚开始吧，还各有章法和遵循，可现如今呢，简直就像妇女一样矫揉造作，还有什么可说的呢？

这是说社会变迁的，虽是我们这个民族早期的观念史，与整个人类的观念也是相通的，先公后私，再是争斗不休，有着深刻的道理和明显的脉络在其中。以今天的理论来看，社会之所以如此，并非是哪个人的问题。哪个人也没有这么大的影响力，实则是与生产力、生产方式有很大关系，所以并不能简单地归咎到某一个人身上。人类史上的那些巨人，真正能够靠一己之力扭转历史的车辕、阻挡历史的车轮，从而改变走向和进程的，能有几人呢？

**余语汝，三皇五帝之治天下，名曰治之，而乱莫甚焉。**

告诉你吧，三皇五帝这种治理天下的方式，名义上是社会发展、天下大治，实则是埋下了巨大的隐患、造成了极大的混乱呀。

**三皇之知，上悖日月之明，下睽山川之精，中堕四时之施，**

三皇的智慧吧，过于突出和强调自我意志了，净搞一些人为的东西，上悖于日月之明，下逆于山川之情，中背于四时之序。这就是说，完全违反天地自然和万事万物之理，另搞一套，犹不自知，反以为荣。

**其知憯于蛎(lì)虿(chài)之尾，鲜规之兽，莫得安其性命之情者，而犹自以为圣人，不可耻乎，其无耻也？**

这些所谓先贤圣王的智慧，毒如蛇牙蝎尾，毒害性极强，使人人都像野兽一样，不安于自身的性与命，而去争去斗去追求所谓的意义、价值和幸福明天、美好未来。事实真是这样吗？从生到死的路上，大量的人走向哪里呢？恐怕是走向战场、走向罪恶、走向困顿、走向迷惑吧。老子的意思是：大圣人都是领头人，这是要将人类带往哪里，要将人间变成什么呢？搞成这个样子，还称什么圣人？不可耻吗？简直就是无耻。正因为人间不够好，所以很多大宗教家才造出了天堂和地狱，使现实可以忍受，让未来充满希望。

老子的这个态度够严厉，说得也确实发人深省。

这个调子，在今天都挺另类的，何况那个时代！听了这话，子贡当然会惶恐不安，站都站不稳了。

## 用眼神或风怀孕

孔子向老子抱然："我研究《诗》《书》《礼》《易》《乐》《春秋》这些经书已经有些年头了，可以说是非常之精熟。我以此来游说七十二位国君，论说先王的治国之道，阐明周公、召公的业绩，但没有一个君王肯用我。难，实在是太难了，说服人难，说清道也难，一切真就这么难吗？

老子的态度："幸矣，子之不遇治世之君！夫六经，先王之陈迹也，岂其所以迹哉！今子之所言，犹迹也。夫迹，履之所出，而迹岂履哉！"很庆幸，你还没有碰到真正想有大作为的君王。老子的言外之意是：这是乱世，依什么来治国并没有统一的标准。如果是想有大作为的君土用你这套，就糟糕了。六经嘛，古代帝王们所用的东西，哪能作为现在治理的依据呢？你说的这些都是陈年旧事，就像旧的脚印一样，是以前的人们用鞋踩出来的。脚印就是脚印，又不是鞋，哪能拿来当鞋用呢，明显不恰当嘛。

**夫白鶂（yì）之相视，眸子不运而风化；虫，雄鸣于上风，雌应于下风而风化。类自为雌雄，故风化。**

"白鶂"，指一种水鸟。这种鸟，雌雄相对而视，眼珠子无须转动，仅用眼神就会怀孕。一种虫子，雄虫在上风处鸣叫，雌虫就会在下风处怀孕，根本就无须接触。其他物种受孕的情况各不相同，总之是有雌有雄就会受孕，具体什么方法途径，各是各的情况。其意思很清楚，即一把钥匙开一把锁，你孔子连最基本的情况都不清楚，拿着六经的钥匙就想开所有的锁，明智吗？

**性不可易，命不可变，时不可止，道不可壅。**

万物的本性不可改，命定的东西不能变，时间不会停下来，大道一直在运转也不能堵塞。这就是最大的现实，要搞准确看明白才行。不清楚这个去做事，就是典型的情况不明决心大，方向方法全错了，事情怎么会成呢？

**苟得于道，无自而不可；失焉者，无自而可。**

如果做事合于道，怎么做都会成功；不合于道，怎么努力都会失败。在古代农业社会，最直观的一点是，错过季节再去种农作物，能有什么收成呢？

听了这话，孔子连续三个月闭门不出、冥思苦想。

觉得有所成后，又去见老子："丘得之矣。乌鹊孺，鱼傅沫，细要者化，有弟而兄啼。久矣夫，丘不与化为人！不与化为人，安能化人。"孔子的意思是：我懂了。乌鸦喜鹊之类的是以卵孵化的。鱼是通过唾沫受孕的。土蜂抓到小虫子变成自己的孩子（实质是土蜂将虫子变成幼蜂的食物，古人以为虫子变成了幼蜂）。有了弟弟，哥哥就会伤心，有人争宠分财产嘛。孔子说，我埋头书本，不注意观念天地造化很久了，不懂得天地造化和实际情况，怎么能够教化人呢！

一听这话，老子点头赞扬：行呀，孔丘你算是真悟道了！

# 贰拾壹　天　道

## 圣人的镜子

这儿的"天"是一个抽象的存在，指冥冥中主宰掌控一切的力量，类似于"上帝"的意思，其中也包含客观的天。"道"，指原理与规律，也指自然力量运行起效的原则与方法等。

**天道运而无所积，故万物成。**

天道运行不息，因而万物得以生成，万物生成是种种因素的结果。以现代理论看，形成一个物种的条件非常之复杂，偶然性和必然性很多。因此，这儿的"天"确有西方"造物主"的意思，冥冥之中有这么个存在，成就了一切生物。

**帝道运而无所积，故天下归；**

帝就是天在人间的代表了，也是统治之道的最高体现者。人类吧，一般来说必须有个领袖或帝王，必须有管理之道，正因为帝王与管理之道的存在，天下才统一而归心。

**圣道运而无所积，故海内服。**

帝有强力的意思。"圣"的繁体字为"聖"，它是个会意字，从字面来看是"耳口王"，即理解力与表达力之王，可以理解一切、表述一切，能够沟通天地人，有真理和掌握真理的意思，也就是绝对正确之义，起着引导和表率的作用。简化后的汉字，很多精义都消失了。有圣道的存在，海内才真正臣服。只用权力去管，人心是不服的，人真正服气的只有圣。也正因此，"成圣"是学者们的最高理想，站在理解力、表达力的巅峰，确实很风光。但是成圣之路是艰难的，无上限的。

**明于天，通于圣，六通四辟于帝王之德者，其自为也，昧然无不静者矣。**

现在有这么一个人或一个群体，明于天道，通于圣道，对于帝王之术也了然于胸，不就是神明、偶像一样的存在了吗？这样的人入世做事，一定信手一挥，从者如云；这样的人出世呢，则悄无声息，安静如石。

**圣人之静也，非曰静也善，故静也；**

圣人的这种安静，并不是说安静好才有意安静的，而是自然而然就是那个样子，完全是自觉自发的，没有一丝刻意地做作。所以说，一个人装安静与真安静，根本就是两个人、两种心境。须知，有些东西是伪装不了的。

**万物无足以铙心者，故静也。**

圣人是怎么安静的呢？不因万事万物而困扰于心，于是就真安静了。这世间有不受事与物影响干扰的人吗？这个静的难度就可想而知了。

**水静则明烛须眉，平中准，大匠取法焉。**

水面平静时，能清楚地照出人的胡须眉毛。而且水平吧，是大匠们建造时的基本标准和工具。建筑工匠们的水平尺很简单，就一个木尺上带有一个水珠状的东西和刻度，平放着即知道水平的状况。

**水静犹明，而况精神？圣人之心静乎！天地之鉴也，万物之镜也。**

在庄子所处的时代，普通人家没有镜子，是以水为镜的，水面越是平静，就越是清澈，照人照物就越是清楚。通过观察这一自然现象，道家认为，人的内心、人的精神越是平静，就越是圣明；心静如水时，心里简直就是透亮的。圣人的心就非常之平静，可以映照出天地万物，因而圣人是天地万物的镜子。一般人就不行了，心里忐忑不安，什么也照不出来，什么也搞不清楚。

**夫虚静、恬淡、寂漠、无为者，天地之平而道德之至也，**

这一句较前一句就更进一步了——在道家看来，目标远大、努力进取、奋发有为的人，今天想这个明天想那个的人，道德水准并不高。这个道德可不是我们今天说的道德，而是与天地自然相符合的程度。道家认为，那些谦虚、安静、恬淡、寂寞、无为的人，才是真正与天地自然相合的，才在道德方面达到了极致。

**故帝王、圣人休焉。休则虚，虚则实，实则伦矣。**

因此真正的帝王、圣人们会始终保持在这个境界，合于天地自然，不折腾事的。正因为他们保持和坚守这种境界，因而内心是清虚的，世界也没有乱七八糟纷纷纭纭的事。正因为内心清虚，也才是充实的、丰沛的；相反，内心想法很多、躁动不安，世界又如何能安呢？肯定天天是与非、争与斗。内心清虚、精神充盈，才是稳定有序的状态。

**虚则静，静则动，动则得矣。**

从另一个角度来看，内心清虚，才会平静，平静了才会作出准确的判断，采取高效的行动，才易于达成目标并有所收获。相反，内心充塞着千奇百怪的东西，安静得下来吗？不安静，动什么、往哪里动都是问题，自身矛盾不解决，又如何有所得、有所获呢？

**静则无为，无为也则任事者责矣。**

这几句是层层递进的关系，逻辑非常之严密。内心安静了，就能够做到无为，无为才是真正掌权任事的人的第一状态和第一责任。否则，毛毛躁躁的，没事找事，往哪里去？基本的方向都不清楚；做什么，怎么做，基本的方法都不掌握，哪有点领头人的风范呢？

**无为则俞俞，俞俞者忧患不能处，年寿长矣。**

"俞"有愉的意思，也有长远、深远的意思。不无事生非，就心情愉悦闲适，就会走得自然、走得远，就会向上向好。做到无为，矛盾、问题、忧患等就少，寿命就长，这句对个人有效，对集体同样有效。

**夫虚静、恬淡、寂漠、无为者，万物之本也。**

因此，道家得出的结论为，清虚、安静、恬淡、寂寞、无为才是最根本的品性，也是天地自然、人与万物欣欣向荣、生生不息的根本。至于其他的德性，都是细枝末节的事。

**明此以南乡，尧之为君也；明此以北面，舜之为臣也。**

正是因为明白了这样的道理，尧才南面为君的，而且干得不错；也正是因为明白这个道理，舜才北面称臣的，且很称职。

**以此处上，帝王、天子之德也；以此处下，玄圣素王之道也。**

拥有清虚、安静、恬淡、寂寞、无为的德性而处于上位，就是帝王、天子之德；处于下位，就是圣人、素王之德，即无冕之王，孔子也因此被称为素王。

**以此退居而闲游，江海、山林之士服；以此进为而抚世，则功大名显而天下一也。**

以清虚、安静、恬淡、寂寞、无为的德性，处江湖之远，退隐而闲游，民间会认同服气；以这样的德性居庙堂之高，去做一些事，则会利在天下、功在千秋，因为考虑得更长远，更贴合于方方面面的实际。道家的逻辑，日子是一天天过的，人是一天天活的，千秋万载很长，慢慢来嘛。

**静而圣，动而王，无为也而尊，朴素而天下莫能与之争美。**

这句是说因果的，因为静而成圣，因为动而成王，因为无为而尊崇，任何一个方面都不是孤立的，而是由一个根上发枝散叶的。这个根就是"朴素"二字，这也是老子强调"见素抱朴"的意思。这种观念，上升为战略思想就是著名的"以其不争，故天下莫能与之争"。

**夫明白于天地之德者，此之谓大本大宗，与天和者也，所以均调天下，与人和者也。**

诸如清虚、安静、恬淡、寂寞、无为这些德性，并非是人凭空滋生出来的，其本身就是天地的大德；不是一般的德性，而是大本大宗，即遵循的根本和宗旨。只有具备这些德性，人才能与天地相合，才能安其居、乐其业、成其事。

**与人和者，谓之人乐；与天和者，谓之天乐。**

与人和，就享有人之乐，人也才会乐；与天和，就享有天之乐，乐也才是真乐大乐。这点颇有深意，即与人和、与天和，不是一个口号，不是喊出来挂在嘴上的，而是以最基本的德性作基础的。没有这个德性的基础，谈人和、天和没有任何意义。

**庄子曰："吾师乎，吾师乎！䪠（jī）万物而不为戾，泽及万世而不为仁，长于上古而不为寿，覆载天地、刻雕众形而不为巧，此之谓天乐。"**

主宰一切的道就是我的老师呀，而且连说了两遍，何以如此说呢？使万物死亡、凋零、毁坏，并没有人认为暴戾；泽及万物万世人们也不认为仁爱，这是多大多好的德性啊！道存在于何时呢？比人类所说的上古之类的要远古得多吧，谁也不以为它的寿命有多长；道主宰着天地、赋予万物以形貌，谁也不认为它是多么巧妙。道嘛，就是这么个存在，正视和认识即可，没有必要给予一个感情色彩的可与否。这就是所谓的天之乐，这个"天"是天然的意思，即天然的快乐，而不是人为的。

故曰："知天乐者，其生也天行，其死也物化。静而与阴同德，动而与阳同波。"

因此，懂得并遵行天然的快乐，其活着的一举一动，就是符合天道天性的；其死去吧，也是自然而然的，与万物同化。"天行"与"物化"，是生与死的最佳境界。"生而天行，死而物化"，也就是泰戈尔所说的："生如夏花之灿烂，死如秋叶之静美。"

具体如何做到与天而行、与物而化呢？就是要遵循天地之道、阴阳之理，静时与阴同德、动时与阳同波。最直观的说法是，静时如同坐于荫凉之下一样，动时如同阳光的投射一样。这点很抽象，理解为"静若处子，动若脱兔"即可。

故知天乐者，无天怨，无人非，无物累，无鬼责。

懂得这种天然之乐的人，会活得自在而从容，不会怨天也不会被天所怨，不会非议他人也不会被他人所非议，不会为外物所累，也无鬼神的责难。

故曰："其动也天，其静也地，一心定而王天下；其鬼不祟，其魂不疲，一心定而万物服。"

这样的人行动起来就像天体的运行一样，力量、坦荡而规律；静止下来就像大地一样，沉默、厚实而深沉，其心中安定安稳的程度堪称王者。懂得天然之乐的人，其身体不会患病，其精神不会疲乏，心里安定安稳而万物皆服。

**言以虚静推于天地，通于万物，此之谓天乐。天乐者，圣人之心以畜天下也。**

什么是天然之乐？核心是"虚静"二字，将虚与静的状态推广于天地、贯彻于万物，形成一个和谐圆融的状态就是天之乐。天与地本身就是虚与静的，认清这点，并维持好即可。这点与认识、实践、再认识、再实践的辩证唯物主义认识论的逻辑极为相似，但并不是人为地去改变天地，而是说保持天地原本的状态，就是其乐融融且无穷无尽的。

## 帝王的德行

**夫帝王之德，以天地为宗，以道德为主，以无为为常。**

什么是帝王之德？或者说是最高领导人的德行。随意想一下，不外乎睿智、果断、坚韧、包容等种种。道家的看法为，帝王之德有三个显著的特征：其一是以天地为根本，时时处处效法于天地；其二是以道德为主，道即原理与规律，德则认识和遵循原理与规律，说的颇有些实事求是的意思，即说话办事要认识和遵循于天地大道；其三是以无为为常态，保持常态才会和谐、才会持久。常态是什么呢？没有任何外力干扰的状态与模式。如何才能达成？道家认为，天地万物自有其秩序，无须人为去过多干预本身就是很好的模式。人一插手，什么都坏了；人不去插手干预，经过一段时间的发展，天地会达成一个自然的平衡。人一调节，就全乱套了。

**无为也，则用天下而有馀；有为也，则为天下用而不足。**

"无为"二字并不是什么都不做，而是不乱作为，只做顺势而为、水到渠成之事即可，这是需要很高修养和智慧的。这句是说，人不去胡乱作为，即使是去指导整个天下，都是从容不迫、非常富余的；如果胡乱作为，总是想整些事情，那么无论做什么都是捉襟见肘、劳碌不息、顾此失彼的，结果事情会一团糟，自己也搞得狼狈不堪。

**故古之人贵夫无为也。上无为也，下亦无为也，是下与上同德，**

因此，上古那些人非常尊崇无为之道，上面不去折腾事，下面也会安安静静的，因此上下同德。上面今天要求干这个，明天要求干那个，下面既不领会，也忙不过来，就会出现应付差事的情况，"上有政策，下有对策"就是这么来的。

**下与上同德则不臣。**

上下同德，就没有下级，没有下级就没有命令式管理，就不会应付那么多事，也就不会生事生乱。但弊端也很明显，下面可能就统不住，甚至不听招呼了。实行分封制的周朝就是最明显的例子，到了庄子所处的时代，哪个诸侯还自认为是周天子的臣子呢？

**下有为也，上亦有为也，是上与下同道，上与下同道则不主。**

下面有想法，想做些事；上面也有想法，想做些事，这个情况就是上与下同道，即一个方向，采取的方法路径也是一致的。出现这种情况，权威荡然无存，上面就不是帝王或领袖了。

**上必无为而用下，下必有为为天下用，此不易之道也。**

可见，道家虽然提倡无为，并不是什么都不做，而是一种战略思想，极为讲究方式方法的。做君王的，必须以无为的方式来统驭臣下；做臣子的，必须有所作为来为天下所用，这是千古不易的原则，必须严格遵守。

**故古之王天下者，知虽落天地，不自虑也；辩虽雕万物，不自说也；能虽穷海内，不自为也。**

古代那些帝王们，虽然智慧冠绝天下、包罗天地，但并不动用自己的智慧去思虑什么，更不为自己而思虑。他们富有辩才，虽然能说服一切，并不去言说或发表什么学说。这里的"辩"不只是能言善辩的意思，还有辨识事物的意思，也就是对万事万物的认识与命名，其中的意义明显而重大。对万事万物不去认识，事物就会保持原本的样子。一旦有了认识、产生了学说，无论正确还是错误的，以人类喜欢管控的性格，一定会对事物产生干预和影响。道家认为，更动易改了天地间原本的样貌状态，很不好，也很不应该。人的能力与力量虽然能够穷尽海内、移山倒海，但并不提倡去做这些事。改天换地式折腾的利弊如何呢？短期看、长远看，我们都看过了，到过一些深山中的矿区，看着大山满目疮痍的情形，完全是杀鸡取卵式的，真的由衷感慨：应该把这些山都封起来，变成无人区，让子孙后代们都知道山本来的样子。对于智慧、辩才、能力等，道家抱持的是"不自虑、不自说、不自为"的态度，就是想让天地保持原模原样，呈现自然发展的态势。人的聪明才智一参与，事实就全部变质变味。

**天不产而万物化，地不长而万物育，帝王无为而天下功。**

上天并不自己生产，而万物自行化育；大地也不自行生长，而产出了万物；同样道理，帝王无为，不去过度折腾就是对天下最大的功绩。上天空空如也，大地不过是泥巴沙石河流之类的，却成就了何其丰富的生命状态。帝王应反省借鉴这点，仅凭一己之意志评判与裁决整个天下，就一定会导致失衡的状态，局部的失衡会引发连锁反应，这也是人类社会、管理领域经常出现严重问题的原因。

**故曰：莫神于天，莫富于地，莫大于帝王。**

正因为天、地、帝王有这样的品性，所以说没有比上天更神奇的，没有比大地更富有的，没有比帝王更博大伟大的。

**故曰：帝王之德配天地。此乘天地，驰万物，而用人群之道也。**

因此说，所谓帝王者，其德行一定要能够匹配天地，否则就是尸位素餐不称职的。帝王的德行与天地相匹配，才有资格，也才会驾驭天地、支配万物以及统治人们。这是人间最根本的治理之道，不依这个道就一定会引发众多问题。

# 人间五末

**本在于上，末在于下；要在于主，详在于臣。**

这句谈的是君臣和上下级的关系，天子是根本，臣民是枝节；纲要靠君王主导，具体靠臣子实施。今天，我们仍是这样的基本理念，社会架构模式也是按这个来的。

**三军五兵之运，德之末也。**

动用军队与武力，这是德之细末，即没有办法的办法，在正常情况下，不应该动用的。常态地、主要地依靠军队和武力，一定是德行上有重大缺陷。

**赏罚利害，五刑之辟，教之末也。**

法家所说的赏罚利害，五刑的制定和运用等，是教化中最次等的。

**礼法度数，刑名比详，治之末也。**

诸如礼仪法度、名实规制等，不过是治理手段、治理方式中最不值一提的东西。

**钟鼓之音，羽旄之容，乐之末也。**

诸如钟鼓的声音、舞蹈的仪容装饰等，不过是音乐中最末等的。

**哭泣衰绖，隆杀之服，哀之末也。**

葬礼上的哭泣守孝，丧服丧礼，不过是哀悼中最末等的。

你看，庄子将国家社会生活中通常我们认为最为庄重且重大的军事、刑法、治理、音乐、葬礼等全部否定了——不是一般的否定，而是颠覆式否定。庄子不仅仅这么说，确实也是这么做的。通常，人们对社会生活的否定，往往是态度层面的，最多到意识形态层面。而庄子不同，他对天地自然全面全貌全景式的解析，就让我们看到了最为精彩、奥妙、永恒的部分，从而自觉过滤和忽略了穿衣戴帽、装模作样的部分，直达生命的核心，并获取前所未有的宁静与壮阔。这，恐怕就是庄子存在的最大意义。

**此五末者，须精神之运，心术之动，然后从之者也。**

庄子说，以上最常见的，人们关于军事、刑法、治理、音乐、葬礼等活动形式，都不是自然而然的，而是人们耗费精神、动用心术甚至是一些手段搞出来的，而且越搞越盛，并辅以强力去落实，然后才得以普及和遵循。庄子的意思，人们真正需要认识和遵循的是大道，而不是这些玩意儿。想想这个，就知道庄子的高明之处。

**末学者，古人有之，而非所以先也。**

类似社会各个领域这些穿衣戴帽形式化的东西，古代就有，各个学派千万不要以为是自己的创新创意而大肆宣扬，结果就越搞越起劲，在方方面面搞出了一套又一套讲究得极为过分，又实在是可怜可笑的东西。

**君先而臣从，父先而子从，兄先而弟从，长先而少从，男先而女从，夫先而妇从。**

这是揭示一切形式和讲究是怎么来的，最自然直观的状态，君王怎么做臣子会跟从，父亲怎么做儿子会跟从，兄长做什么弟弟会跟从，长者做什么年轻人会跟从，男人做什么女人会跟从，丈夫做什么妻子会跟从。一切讲究、礼仪、形式等也就是这么来的，固定沿袭并不断有新的花样，就成了今天的样子。

**夫尊卑先后，天地之行也，故圣人取象焉。**

万物并非平等一致的，有个尊卑、先后、高下等在其中，即使作为食物链来看，也是有层级的，人类社会更无须说。这个现象是天地自然间的正常现象，圣人看到并掌握了，因此对于天地自然、人与万物有个正确认识和很好的驾驭。对于《庄子·内篇·齐物论》一文，不少学者将"齐"解释为平等，从何谈起呢？有平等可言吗？不过是处于一个相对平衡、和谐的状态的罢了。

**天尊地卑，神明之位也；春夏先，秋冬后，四时之序也；万物化作，萌区有状，盛衰之杀，变化之流也。**

相对来说，天尊而地卑，这点是冥冥中主宰一切的神明所赋予的。春夏在前、秋冬在后，四季有是明显秩序的。这句强调的是秩序，春夏秋冬一个接着一个，春之后不是秋，也不会倒过来变成冬秋夏春。万物的生化也是这个道理，条件具备了，先是萌发生长，再是由盛而衰、从生到死，这是一切生命演变的顺序，没有能够例外的，就像河水总是从高处流到低处一样。

**夫天地至神矣，而有尊卑先后之序，而况人道乎！**

天地最为神圣，仍然存在尊卑先后的次序，人类社会就更是如此了，肯定有个结构模式。想达到稳定的状态，就要人人各安其位、各乐其业，这是历朝历代意识形态教育的核心。人人都追求好与更好的，都想更加优越。因此，向上向好的通道、人人均等的机会不断在扩大，即使如此，绝对公平也是明显不存在、不现实的，一个时代、一个阶段肯定有其必然的结构与局限。以绝对理想化的眼光来看待社会，以绝对理想化的模式来设计社会，都会造成严重问题。现实与理想之间的矛盾，往往是无解的，更多的需要时间来解决，这一过程是不可能压缩或跃过的。

**宗庙尚亲，朝廷尚尊，乡党尚齿，行事尚贤，大道之序也。**

"亲亲尊尊"这套，完全是周公子所倡导的，真怀疑这段是儒家的理论。宗庙是供奉祖宗的，最为崇尚的，自然是血缘关系的一脉相承。这个"亲"字在当时，主要指父母双亲，孝的思想由此产生。朝廷崇尚的则是尊卑有序，对于地位高的人一定要有崇敬之心，忠的思想由此产生。乡党邻里之间，彼此既没有血缘关系，也没有上下级关系，该尊崇什么或以谁为首呢？年龄大的人。敬老的传统由此而来，称谓中的"某老"在一个范围内一定是举足轻重、一言九鼎的。办具体事务，该尊崇或信奉谁呢？贤能的人，也就是有德性有能力办好这件事的人。在这个时候，如果还说亲戚关系，说地位权势，说年龄资历等等，那都是不成的。比如打仗，有这个本事就有，没有就没有，不是关系好就行，不是地位高就行，也不是年龄大就行的。

千万别小看"尚亲，尚尊，尚齿，尚贤"这几点，这是社会人伦最根本性的东西，相当于社会关系的基本原则，人类社会内部关系就是由此确定的。军队的《内务条令》界定军人的相互关系，也是基于此的。

**语道而非其序者，非其道也。**

什么是道？诸子百家都在说，说的五花八门各不相同。有宏观的，有微观的；有总体的，有局部的；有政治的、军事的、经济的、文化的种种。从这句也可以看出，所谓道，指的其实是根本的原理、规律。这句是说，各门各派都说自己的道，都认为自己的道最正宗最正确。实则呢？符合实际情况的才是真正的道，与实际情况不符，算什么道呢？当然，这句的本意稍有些狭隘，意思是与"尚亲，尚尊，尚齿，尚贤"这些思想趋同的，才是真正的道。

**语道而非其道者，安取道哉！**

这句是针对当时各门各派之间的相互争议、攻击而言的，即都在说道，都在说自己的道，说来说去的，却非议指责真正的道，算什么求道呢？又算什么正道呢？是取法于道吗？完全名实不符啊。

**是故古之明大道者，先明天而道德次之，道德已明而仁义次之，仁义已明而分守次之，分守已明而形名次之，形名已明而因任次之，因任已明而原省次之，原省已明而是非次之，是非已明而赏罚次之，**

这句是说道的原理、作用和适用范围等。古代那些明于大道的人是如何修炼的呢？首先明了天地自然的秩序，然后才滋生了人类社会所谓的"道"与"德"。清楚了"道"与"德"，即认识规律、遵循规律，其次才是仁义这套，也就是说，仁义的范围就小得多了。对于人类社会而言，清楚了仁义这套，其次就是各自职责，包括权利、义务等种种。职责如何厘清呢？用名与实，即名分与实际，这个含义很多，有职业分工，比如工、农、商、学、兵等等，名称不同，阶层不同，持业就不同；也有对物种类别的定义，比如有用无用的东西、害虫益虫等种种；名实还有理论与实际相一致的问题，有统一思想观念的作用，比如对同一个东西的称呼，往往是不同的，以谁的为准呢？对于同一事物的认识，往往是不同的，该采纳谁的呢？人类社会的很多理论，往往并不是谁正确就采纳谁的，而是谁更有话语权谁说了算。

"形名已明而因任次之。"形与名，即理论问题理清了，就要区分明确具体任务了。

"因任已明而原省次之。"任务分工明确了，就要认真加以考察。考察人，胜不胜任；考察事，如此切分是否合理。

"原省已明而是非次之。"检查考核的标准明确了，效果自然就出来了。这个人办事能力怎么样，这件事所办的成效如何，就都出来了。如何考察很麻烦，但结果很简单，不是一个"是"字，就是一个"非"字。想推导出这个结果，并且确定无误，其实是件相当不容易的事。

"是非已明而赏罚次之。"是与非清楚了，如何赏罚就明确了，也要跟上。对于做事而言，是非不分、赏罚不明，靠什么来推进落实、保证成效呢？

**赏罚已明而愚知处宜，贵贱履位，仁贤不肖袭情，必分其能，必由其名。**

赏与罚非常明确，智者与愚者才能区分开来、各得其所；尊贵与卑贱也才各得其位，不会出现混乱的情况，仁者贤者与不像样子的人的情形也就清楚了。因此，做事一定要按照各自的能力来，按社会评价来，否则能不当任、名不副实，就会误事坏事。这里还有一层意思，什么是智、什么是愚，智愚的标准是什么？如何来衡量？诸如贵与贱、仁贤与不肖也一样存在这些问题。如何看待呢？其实一切的人、事都是混在一起的，根本无法区分得这么清清楚楚。比如一个人，在这个方面很有智慧，在另外的方面可能很愚蠢，那么如何鉴定贤愚呢？由此看来，这种二分法极不可能是庄子的观点，应该是儒家弟子们崇奉的东西，不清楚如何被编入《庄子》一书了。

**以此事上，以此畜下，以此治物，以此修身，**

这一句完全符合儒家的理论，其大意为：由道德而做事这套理论，既可以服务于君王，也可以对待下属；既可以办理事务，也可以修身养性，总之是有大用奇效的。

**知谋不用，必归其天，此之谓大平，治之至也。**

这句就有点道家风骨了。按照大道来做人做事，将一切算计谋略都收起来而不用，使一切都保持天然的状态，这就叫太平，是治理天下的极致。什么是太平盛世？就是风调雨顺、安居乐业、天下无事。

## 命名的意义

**故书曰："有形有名。"形名者，古人有之，而非所以先也。**

因此书中说"有形有名"，这个说法应该来自《尚书》一类的书。其意思很清楚，即天地间的万事万物，有其形必有其名，其中最为关键的是"名"。

对万事万物命名的意义极其重大，起码有这么四点：

其一是便于称呼，比如树何以称为树，羊何以称为羊，都以这个那个来称呼，说得清吗。《山海经》经常出现一句话"这种动物叫着他自己的名字"，指出了命名规则之一，按叫声命名，比如羊叫咩，狗叫汪，猫叫喵，牛叫哞等。

其二是分门别类，称呼中也包含着万事万物的纲目类属。比如猫科、啮齿类、哺乳纲等等，其中有一系列的理论。

其三是话语权，谁发现和命名的，谁来制定命名的规则。比如，官员的设立，官职名称是什么，设多少，职责分工如何。

其四是形与名、客观与主观相符的程度。比如，自称诗人却不会写诗，自称官员却没有任命，这些都是典型的形名不符。

因此，本节特别强调名的重要性，认为关于形与名，不是现在才有的，而是一直以来人们都致力于完善的一项事业。因此，哪家也不能垄断了，说自家命名的方法才是正当正确的，其他都应该废止，这个显然有问题。

**古之语大道者，五变而形名可举，九变而赏罚可言也。**

这是说研究探讨，以及建立学说、制度、规章等的严肃性的。古代那些通达大道的人，对于命名是极其重视的，绝不是张口就来，而是经过谨慎推敲研究才逐渐确定下来的。当时的数字大多是概数，这里说经过五次慎重推敲才可以确定形名的，经过九次反复实践才可以推行赏罚。绝不能乱命名、乱赏罚的。所说的其实是"化俗为法"的过程。比如，关于形名，长期以来，人们已经形成一致的看法了，突然要打破这个，另搞一套，非要将狗叫羊，将羊叫牛，这明显是不明智的，人们根本无法接受。命名如此，赏罚也是如此，一个人好好的，非要处罚；或者说犯了点小错，非要砍头，那么这套赏罚能够服众吗？长久得了吗？

**骤而语形名，不知其本也；骤而语赏罚，不知其始也。**

随口就进行命名或谈论形与名，就是不知根本，不懂利害的。比如，去了异地，一棵树或一种动物没见过，正确的态度应该是请教当地人吧。非要给这棵树、这种动物重新命名，不是招人厌恶和笑话吗？赏罚就更是如此了，是制度性的，涉及全部的人全部的事，能随意制定和变动吗？这个方面的随意就是不知来源、不知所以的，无知而无畏才什么都敢干。

**倒道而言，迕（wǔ）道而说者，人之所治也，安能治人！**

与道相悖相逆，却到处发表言论的，或者总是发表违背道的言论的，定然会为人所治，又有什么资格治人呢？怎么能够治人呢？比如，颠倒黑白、指鹿为马，人们真服气认可吗？这句也提示我们，违背常识、公理、民情这些，都是站在大众对立面的，无论是谁，无论在做什么，都是有问题、行不通的。

**骤而语形名赏罚，此有知治之具，非知治之道。**

动辄轻言形与名、赏与罚的，这样的人仅有治理的想法与举动而已，不过是轻举妄动，并非真正懂得治理之道的。这种情形非常常见。比如，关于如何治国理政，出门上街一趟，开车的，卖菜的，上学的，似乎都懂，都有自己的见解，且一套套的，似乎自己去干，定然是焕然一新的样子。事实呢？有没有机会不去说了，按照这种种说法真行吗？很可能是要闹笑话的。人类社会的制度模式，从走向脉络来看，确是将约定俗成的东西不断固定下来所形成的。

**可用于天下，不足以用天下。此之谓辩士，一曲之人也。**

通俗点说，可用但不可重用，可用来治理天下，但能力素质又有所欠缺的，须好好历练，这样的人就是"辩士"。虽然说起理论来头头是道，但却胸无全局、眼无大局，不过是持有一种带着偏见的理论，或戴着有色眼镜来看人断事，很容易一叶障目。在历史上，这个群体非常之庞大，以纯军事、纯经济、纯之又纯的眼光和方法去办事的，往往会埋下隐患，贻害无穷。

**礼法数度，形名比详，古人有之，此下之所以事上，非上之所以畜下也。**

再次强调，诸如礼法的"数度"、形名的"比详"这些，也就是一系列礼仪、法规、制度等设计、架构和名目等，古代就有了。这些很实用也很管用，是臣下来用侍奉君王之道，并非君王统驭臣下之道也。何以这么说？从当时国家与社会的形势来看，礼治、法治、名实这些东西吧，都是各门各派用来游说国君的辞令，与民间关系不大；大多是朝廷上讲究的东西，传达到民间就全变了。

## 舜的境界

这是一则关于治理天下的故事。

从前，舜向尧请教：你是如何用心治理天下的呢？

尧答："吾不敖无告，不废穷民，苦死者，嘉孺子而哀妇人，此吾所以用心已。"这里说了三条：其一是对求告无门的人不骄矜怠慢，无论什么样的人有诉求，都会受理；其二是对穷苦民众不坐视不管，会予以关心帮助；其三是爱护小孩，同情妇女。

尧治理天下没什么诀窍，虽然说了三点，其实质就一条：关注并帮助弱势群体，这是部落氏族社会优越性的体现。须知动物族群奉行的是弱肉强食法则。尧的做法，就是人类迥然有别于禽兽的优势所在，在当时一定会获得好感支持。

舜对此的看法：好是好，但还不够全面和完善。

尧是眼睛向下的，因而舜才这么说。

尧问：那该怎么办呢？

舜说："天德而出宁，日月照而四时行，若昼夜之有经，云行而雨施矣。"这是遵循天地自然之道的观念，按照天道行事，万事万物就会平和安宁。太阳东升西落、月亮阴晴圆缺，春夏秋冬就会有序运行，昼与夜就会正常交替，从而云行而雨施、风调而雨顺。不遵循天道，上天就会示以旱涝雹蝗、天崩地裂等警告。

尧听后感叹："胶胶扰扰乎！子，天之合也；我，人之合也。"我拘泥不化，过于纠缠枝节细末等琐事了。你才是真正的与天相合；我，不过是与人相合罢了。很显然，你的境界要高得多。

最后，是庄子的几句感悟："夫天地者，古之所大也，而黄帝、尧、舜之所共美也。故古之王天下者，奚为哉？天地而已矣！"他的意思是：天地，从开天辟地以来就是至大至伟的，黄帝、尧、舜这些伟大的帝王都以之为大为美。那么，帝王天子究竟应该如何做呢？没有什么特殊的诀窍吧，按照天地之德行事就没有任何问题。什么是天地之德？林林总总的说法很多，最著名的："不私载，不私覆""自强不息，厚德载物"。做到这几点，管理工作就一定能够做好。

## 星辰与群兽

孔子想西行去周王室，将自己所著的书藏于天子书库，以期成为正本而万世流传。

子路出了个主意：听说周王室主管书库的是老聃，目前退休在家闲居。夫子想藏书，不妨先找找这个老聃。

孔子一听，觉得主意不错，就去见老聃并说了想藏书的事，老聃不同意，一口就回绝了。

孔子不甘心，便将自己所著的"十二经"说给老聃听。孔子所著的十二经都有些什么，今天已不可知了，说法很多，争议也很大。

"十二经"内容太多，听孔子啰啰嗦嗦个没完，老子来了句：太啰嗦了，核心说什么呢？

孔子：仁义。

老子：请教一下，仁义是人之本性吗？

孔子答："然，君子不仁则不成，不义则不生。仁义，真人之性也，又将奚为矣？"当然是，君子不说仁义，何以称为并成为君子呢？因此说，仁义是人的本性。关于这点，还有其他的说法吗？

老子是多么智慧的人物，不紧不慢继续问：再请教一下，什么是仁义？

最智慧的人就是这样，自己不提现成的观点和答案，问到你理屈词穷，难以自圆其说而自觉反省。

孔子答："中心物恺，兼爱无私，此仁义之情也。"什么是仁？一部《论语》说了若干次，每处的说法都不同。因此，自从提出这个说法后，古人们争争吵吵两千多年了，到现在尚且没有个定论。按照这里的说法，仁义就八个字"中心物恺，兼爱无私"。"中心"，即合于心，也有说法是内心持正；"物恺"，即自自然然、坦坦荡荡。这八个字的大意是说：内心很端正，没有任何偏私，兼爱广博，胸怀万物。

听了这话，老子说："意，几乎后言！夫兼爱，不亦迂夫！无私焉，乃私也。"老子的意思是：噫，听得耳朵起茧的老话了，还兼爱呢？也太迂腐了吧。真正的无私，从来都是不言不语绝对不会声张的，比如天地，何曾倡导过仁与义？道家主张的是自然之道，无法用语言表述，姑且才命名为"道"的。

**夫子若欲使天下无失其牧乎？则天地固有常矣，日月固有明矣，星辰固有列矣，禽兽固有群矣，树木固有立矣。**

这句话的意思很明确了，即无论你的观点是什么，仁也好，义也好，说到底，无非是想将天下的秩序搞得井井有条吧！使"天下无失其牧"，确实是孔子终生不渝的理想。天下如何能井井有条呢？靠"仁义"二字真行吗？这些理论没出现以前，天地本来就固有其常态的秩序，日月光明，星辰分列，禽兽群居，树木丛生。人一出现，就将一切都打乱了，一会想这样，一会想那样，不尊重自然规律，任性胡来，事情坏就坏在这个地方了。

**夫子亦放德而行，遁道而趋，已至矣！又何偈偈乎揭仁义，若击鼓而求亡子焉！意，夫子乱人之性也！**

人类的问题坐大显现了，人们又手足无措，怎么办呢？各有各的一套说辞。其实呢，需要这么多理论吗？夫子只须依德而行、循道而进，就是最好的做派了。真有必要殚精竭虑说什么仁义？这个做法，极像是敲着大鼓去追捕逃亡的人，只会让人逃得更快更远、藏得更为隐蔽吧。夫子说这说那的，不过是扰乱了人的心性吧，说什么仁义是人的本性呢？人的本性是趋利避害的，与仁义有关吗？危难当头，当亲人与陌生人在一起时，人最自然的反应肯定是保护亲人，牺牲陌生人。仁义思想违背了这点，完全是反着来的，因此收效甚微。

## 老子的私生活

这是一则与老子私生活有关的事，极其珍贵的史料或线索。

"士成绮"（一个虚构的人名）这个名字有两个说法：一个是叫成绮的士；另一个是复姓士成，名绮。我们更倾向于前一种说法。

士成绮此人非常之细致，先是暗中对老子的情况进行了一番考察，然后见老子说："吾闻夫子圣人也，吾固不辞远道而来愿见，百舍重跰(jiǎn)而不敢息。今吾观子，非圣人也。鼠壤有馀蔬而弃妹之者，不仁也；生熟不尽于前，而积敛无崖。"他的意思是：我听说夫子是圣人，不辞远道特意来拜见，连续走了三五千里，脚上都走起茧了，还是不敢休息。来了之后，却挺失望的。之所以失望，有两条：一条是我在你家的老鼠洞周围，还见了不少剩饭剩菜，这个也太浪费了吧；另一条是你家里的食物太多了，生的熟的都吃不完，还在不停地囤积。

士成绮的言外之意：这么个样子竟称圣人，实在是令人不服，不仅不服，还有些心寒啊。

听了这话，老子连理都没理，士成绮尴尬地走了，反思了一夜，第二天又来见老子。

估计一夜辗转反侧未眠，一见面他就问了这么一句："昔者吾有刺于子，今吾心正郤矣，何故也？"他的意思是：昨天我讽刺了你一番，到现在心里都空落落的不舒服，是什么回事呢？或者说，昨天批评了夫子，至今心思过意不去，这是怎么回事呢？

老子什么人没见过，便说了这么一段话："夫巧知神圣之人，吾自以为脱焉。昔者子呼我牛也而谓之牛，呼我马也而谓之马。"老子是主张绝圣弃智的。这话是说，诸如巧妙、智慧、神圣这些吧，压根就与我没一点关系。你骂我是牛，就是牛好了；骂我是马，就是马好了，有什么关系呢？

老子已经修炼到了置身毁誉之外，这点虽然说难也不难，普通人可以做到，但有身份、地位、名望的人鲜有人做得到。

**苟有其实，人与之名而弗受，再受其殃。吾服也恒服，吾非以服有服。**

假如我真的是人们所认为和评价的那样，对于人们的种种评价却拒不接受，不是招惹事端和祸殃吗。人家说你是这个样子的人，你说不是，然后双方争吵，没意思，也没结果。吵着吵着，说不定就成了人家所说的那种人了，有意思吗？因此说，你说我是什么就是什么吧。这点没有一丝牵强，完全是发自心底的想法，是心悦诚服的。

听老子这么说，成绮就肃然起敬了。恭恭敬敬、小心翼翼地上前，郑重地请教了一个问题：如何获取这样的修养呢？

确实，能做到这点实在是了不得，成绮自然也想学。

老子说："而容崖然，而目冲然，而颡(sǎng)頯(kuí)然，而口阚(hǎn)然，而状义然。"老子说的这几句简直是相面之术：你这个人吧，面容傲慢，双目圆瞪，前额突出，嘴巴不停，一副凛然大义的样子。你看，老子昨天初见时口虽不言，但观察得够细致。

**似系马而止也，动而持，发也机，察而审，知巧而睹于泰，凡以为不信。边竟有人焉，其名为窃。**

你这个样子，就像是拴起来的野马，行事吧，一定非常自恃；脾气吧，一定是一触即发；心思吧，一定是认真而细致，自认为智慧绝顶因而自大圆滑，失去了淳朴的本性，对什么也不会轻信。类似你这样的人，边境上多的是，名字呢，就叫窃贼。

老子这话够狠也够清楚的——士成绮是一个典型的自认为智慧不凡的人。老子何以说他像边境上的窃贼呢？想想盗跖就明白了，这些人都是掠食者，为了避免被打击，经常聚集在边境上。这个国家驱赶，就跑到另一个国家去；那个国家驱逐，就跑到这个国家来，总之，不是踏踏实实谋生活的人。因此，也有学者推测，这个人很可能是当时的门客、侠客之类的（有一定道理）。

到这，这个故事就截然而止了，没有结果。没有结果就是结果，士成绮与老子，两个世界的人，不可能有什么根本性的交集。

## 人间的书籍

关于道的一段论述，谁说的不清楚，似乎是编排问题，不应该在这个地方。

**夫道，于大不终，于小不遗，故万物备。**

道吧，是无限包容的，无论多大的都会涵盖，无论多小的都不会遗漏，因而道之中，是万物齐备的。这句后来衍生出了"山不辞息壤故成其高，河不择细流故成其大"。一个人做学问也是如此，有大局，有细节，成就才会无限。至于做人的眼界也是这样，看到大局，才有一个全貌的俯瞰；看到细部，才有一个玄妙的把握。老子的《道德经》即是如此，视角既无限广大，像望远镜；又无限细微，像显微镜，因而其理论才得到众所一致的认可。其他各门各派的理论比较具体，是针对某个方面的，没有这么全面。

**广广乎其无不容也，渊渊乎其不可测也。**

道，广袤无垠，无所不容；渊博无限，深不可测。这个道，指原理与规律，指冥冥中主宰一切的力量。古人的看法，谁使日月轮转的？谁使种子发芽的呢？谁使天地有序和谐且品类繁盛的呢？应该有一种力量在主导，否则如何解释呢？

**形德仁义，神之末也，非至人孰能定之！**

世人不注重这个道，却大说刑法、德行、仁义这些玩意儿，不是舍本逐末吗？不是追求极致的人，不是懂得天地大道的人，谁又能理清这些呢？各门各派吵吵嚷嚷的，所谓根本本是一目了然的事，用得着吵吗？这都不清楚，面红耳赤起劲地沉湎于种种说辞，还自称圣智贤能之类的，不可笑吗？

**夫至人有世，不亦大乎，而不足以为之累。**

这些至人有掌握天下权柄的，难道事情还不够多、责任还不够大吗？即使这样，真正懂道的人去做，从来都是从容不迫、有条不紊的。而所谓的圣智贤能之类的呢？唾沫星子满天飞，都要吵到天上去了，去做点小事，恐怕却是一塌糊涂的。

**天下奋棅(bǐng)，而不与之偕，**

至人吧，天下人都争相使用他手中的权力，他也丝毫不在意。这是取法于道的直观体现。道不就是这样主宰一切，尽管人人都悟道、用道，道也没有任何排斥嘛。那么，为了点权力、学说之类的，天下之人何来那么大的排斥心呢？何以谁都看不上谁、谁都容不下谁呢？这个有点学问，就指责那个不对；那个有点权力，就废止关于这个的一切，实在是太过于昏乱和混乱了。

**审乎无假而不与利迁。**

至人明察万物而不依赖于任何事物，更不会为了一点利益而轻易动摇。道，明察一切而无所依赖，并没有与任何物种有个交易之类的，也不会因为点利益就变动自身的规则。反观人类，实在不堪一提，明察是明察，但依赖心依赖性是很强大的，离开很多东西便没法活；正因为需索很多，因而极其在乎一个"利"字。甚至，以"利"作为调整人间事物的标准和杠杆。其实，这也是没有办法的事，是人间的实情，是天地间普通的典型样式之一，需要正视。

**极物之真，能守其本，**

完全洞悉了万物之理、万物之性、万物之变等等，人就能掌握一切的根本。人所掌握的这个其实就是道，是原理与规律。

**故外天地，遗万物，而神未尝有所困也。**

人掌握了这个，就可以把天地置于一边，可以将万物遗弃，完全做到自给自足、自立自治，即使如此，精神也从来不会感到困惑倦怠。佛陀、基督、老子等何以有这样那样的神通，无非是掌握了天地自然之理。人何以知过去将来，在很大程度上，也是依据规律所作的推测，这就是修道的意义与乐趣。

**通乎道，合乎德，退仁义，宾礼乐，至人之心有所定矣！**

能做到通于道，合于德，无视仁义，摈弃礼乐，就算是至人，这样的人心里任何时候都是安定的，没有什么可以干扰、影响和动摇。

**世之所贵道者，书也。**

世人尊崇看重道，就将其写成书、刻成简、织成帛。书有很多种，其中就有对道的描述，也是人类对于天地自然和自身的理解与思索。

**书不过语，语有贵也。**

所谓的书，说到底不过是语言文字的编排，记载的东西之所以宝贵，自有其宝贵的原因。

**语之所贵者意也，意有所随。**

何以宝贵呢？那么多不同类型的书，真正宝贵的是书中所表述的意思。这个"随"字用得好，这里并不是说，书就是说明性的，忠实客观地记录就好；而是说，有时候想表达的东西是非常随性随意和灵动的，是想表现这么个状态，而文字与实际，根本就不对等，也不可能完全对等。

**意之所随者，不可以言传也，而世因贵言传书。**

这其中的玄妙，真是只可意会，不可言传的。语言文字只是一种符号，并不能完全表达人们内心种种，要不，就不会有音乐、绘画等种种艺术了。不可言传的部分该怎么传承，因为确实很困难，所以就有领悟一说。今天，我们知道，信息是可以传播的，知识也是可以传承的，但很多感觉根本没有办法说出来，也没法让他人通过几句话就完全理解并接受，这就是人的孤绝之处。在这个方面稍稍有些表现力的，都是世间所谓的大家。世人呢？因为倚重于语言文字，所以靠书来传承了很多东西；不可否认，其中还是有很多精华。

**世虽贵之，我犹不足贵也，为其贵非其贵也。**

道家的看法是，世人虽然以书为贵、万分珍惜，但我却觉得算不得贵，真正贵重的、大美的在山水之间，在内心深处，没法转换为语言文字，封存在书中的。最简单的，比如，对一朵漂亮的花心动，无论转换成什么样的文字，也只不过是白纸黑字的说明，他人看到这段文字可能完全无感无觉，甚至是反感。如何让他人更好理解呢？去看同样的花恐怕都不能够。同一个人，不同的心情、不同的年龄去看是不同的感觉；不同的人去看，也是不同的感觉。但总体而言，是存在一个通感的。道家的意思是：世人所看重尊崇的，其实并不是真正应该看重尊崇的东西。书，尤其如此。书的局限性很大，涉及两个东西，一个是作者的表现力，另一个是读者的解读力。作者著书时的强烈心情，在书中根本就平淡无奇，甚至是秘语，只在特定时候、对特定的人起作用。因此，老子倡导用心去感知体味这个世界，倡导"不著不述"。

**故视而可见者，形与色也；听而可闻者，名与声也。**

能够被看见的，是形状与颜色；能够被听到的，是名称与声音。诸如这些，与天地自然以及内心所感知到的微妙玄奥其实相去甚远。也正因此，书有很多种表达形式，其中有晦涩、另类的，可能是表达能力的问题，也可能是作者有意为之。从这可以看出，关于读书的问题也跟着来了：需要读书吗？读什么书好？读多少才算够？注意，这个读书与学历教育无关，那是生存的需要。这里说的读书，与生命生活状态息息相关。按照道家的看法，去看去听去感受，比读书更加丰富和有趣。

**悲夫，世人以形色名声为足以得彼之情！夫形色名声果不足以得彼之情，则知者不言，言者不知，而世岂识之哉！**

悲哀呀！世人都认为，仅从形色名声等方面，就可以了解万事万物的本质与情状。实则呢？仅凭形色名声这些，了解的仅仅是表面现象，根本不足以了解全貌和实质。世人似乎都这样，了解了一点就自以为有重大发现，就去宣扬、阐述并写在书里，其实根本就是似懂非懂。而真正懂的人感知到了浩瀚无垠，有个敬畏之心，觉得借助语言根本无法表达，因此就不敢妄言，表现得沉默不言。关于这点，世人又哪能知道呢？

确实，有些人看到了冰山浮出水面的一角，就开始感动和抒情了，这也是实情，是发声之一种；而鱼和极少数的人，看到和感知了冰山庞大的体积，反而无以言说了。因此说，谁是真正了解冰山的人呢？这就是道家的逻辑，逻辑上没有任何问题，明显能使人深沉和睿智起来。而问题是，语言文字就是语言文字，一种工具而已，非要忠实于传达的完全或完整，这个理想倒是很理想化的，但又怎么能够实现呢？关于语言文字，一个人能驾驭到什么程度就什么程度吧！

### 制作车轮的扁

关于思想无法传承这件事，庄子说了这么个故事：一天，齐桓公坐在堂上读书。

有个叫扁的工匠在堂下制作车轮，做着做着，这个工匠突然扔下锤子、凿子，走到堂上问桓公：敢问国君在读什么书呢？

桓公答：圣人之言。

扁问：写此书的圣人还活着吗？

桓公：早死了。

扁轮匠随口来了句："然则君之所读者，古人之糟粕已夫！"他的意思是：嗯，由此看来，你所读的书不过是古人的糟粕罢了。

一听这话，桓公就生气了：寡人读书，哪有你一个工匠插嘴的份。今天这个事情可要好好说道说道，说出个道理就算了，说不出个所以然来就治你死罪。

扁轮匠不慌不忙，说了这么几句："臣也以臣之事观之。斫轮，徐则甘而不固，疾则苦而不入，不徐不疾，得之于手而应于心，口不能言，有数存乎其间。"高深的道理我也说不出来，就以我做车轮来打个比方吧。做轮子吧，榫头与卯眼要合适，卯眼大了会松动不牢，榫头大了就装不进去，必须要大小刚刚合适才行。究竟怎么做才大小合适呢，我做车轮做了这么多年，虽然做起来得心应手，做的都很合适，明明有个经验和度数在其中的，但我却说不出来。

**臣不能以喻臣之子，臣之子亦不能受之于臣，是以行年七十而老斫轮。古之人与其不可传也死矣，然则君之所读者，古人之糟粕已夫！**

扁轮匠这句的意思是：我制作车轮的技艺这么精熟，但说不出个所以然，也无法传授给儿子，儿子也无法通过我的解说就能全然掌握。也正因此，我都七十岁了，还在制作车轮。就是说，做车轮，是要通过自己一点点摸索并积累经验才行。制作车轮如此，治国也是这样，古人已经死了，难道靠留下的这套说辞真能治国？恐怕不牢靠吧，因此我才说是糟粕。

故事到此就结束了，结局什么样不得而知。桓公从谏如流，估计听进去了。

以今天的理论来看，桓公的读书与扁轮匠的经验完全是两回事，制作车轮有一定经验之说，但更多的是动手能力和技巧积累；治国也需要一定的理论，但更多的是结合实际情况灵活处置、有效应对。两者之间的传承呢？制作车轮重在动手操作，治国有个沿袭传统的问题。理论与实践，在不同的领域有不同的侧重，不能绝对化了。应该说，扁轮匠说得有一定道理，也很有启发性，有志于此的须加以琢磨和体悟，但也不能全然将经验的传承否定和废除了。

庄子常常能从各种工匠的言行悟出大道理来，难道庄子的前世是一名工匠吗？

# 贰拾贰　天　地

## 对天地的基本认识

人类如何看待自然现象、借鉴自然规律呢？

庄子在这儿阐发的很多观点，对今人不仅仅是启发性的问题，更是有着颠覆性的意义。

庄子谈"天"与"道"很多，在今天这个时代，以语言形式来表述或解读，会存在一个最根本性的问题：该致力于语言还是致力于体现庄子的本意呢？致力于语言，是很花哨的东西；致力于本意，则很简单抽象了。说到底，庄子就是一个指出了极致与无限可能性，从而心性散漫的人，其人甚至是反对一切语言和说法的。但是，说清庄子的这些观念，必须借助于语言，且更须说清楚的是人、思想和语言的三重尴尬、三重考验与三重融合。

**天地虽大，其化均也；万物虽多，其治一也；人卒虽众，其主君也。**

天地虽大，化育万物却一视同仁，没有任何偏私，不私载也不私覆。万物虽然林林总总，非常之繁多，但治理之道都是相通的。人呢，虽然众多，但各国各集团的情形都一样，都有个领导。这个现象很有意思，说明什么呢？说明人是需要被管束的，人类社会是有一定组织架构的，或更进一步地说，即社会都是等级社会，不只是人类，动物界也是这个样子的，整个自然界亦是如此。

**君原于德而成于天，故曰：玄古之君天下，无为也，天德而已矣。**

君王治理天下依靠的是德，也就是对道的认识和遵循。因此说，远古的帝王们治理天下，靠的就是"无为"二字，顺天而治，顺势而为。原始的部落氏族社会，部落长、氏族长处理事务，确实是引导性的成分居多。但到了真正意义上的封建社会，尤其是春秋战国时期，君王个人的意志就很突出了。如此一来，社会治理的方式和手段也就变了，需要有强力去保证个人意志的施行，需要做统一意志的工作。这就不是"无为"所能解决的了，需要"有为"，即需要去做很多事情。于是乎社会治理由一件事引发连锁反应，整个社会便陷入了事务之中。庄子的根本态度是：这些事都是人为之事。人们常说，从事务中解脱出来，从事情中活出个人样来。事实上，怎么解脱、怎么活呢？有办法从根本上解决问题吗？

**以道观言，而天下之君正；**

道是基本的原理与规律，是做事必须遵循的根本。这个"观"不仅仅是看的意思，更有分析衡量、参考借鉴之意。用道来衡量言论，君王的行为做派就端正。天下的言论很多，这个这样说，那个那样说，对于同一件事，大夫官员们的意见也不一致，究竟该采纳谁的，这是需要决断能力的。如何来评价诸多的言论与意见呢？看是否合于道，符合的就是正确的，不符合的就是谬误的。

**以道观分，而君臣之义明；**

社会的间架结构中，君臣之义是大纲，君王该做什么，臣子该做什么，不明确就会生事生乱。如何来确定职分权责呢？依据道。比如，《管子·幼官篇》中就说，官员的设立与职责，要按照春夏秋冬四时来，《黄帝内经》中也有大量类似的说法。中国文化的阴阳、五行、八卦等，也都是合于天地之理的。

### 以道观能，而天下之官治；

如何任官呢？道家主要有如下两方面的考量：一个方面，那么多事，该怎么切分并设立相应的官职呢？另一个方面，委任的问题。任人唯亲一定有问题。问题是士阶层们各有各的本事，究竟该把什么样的人放到什么位置，同样需要用道来衡量。比如万物吧，适合做什么就做什么，人也一样。武官服饰上何以用兽，文官服饰上何以用禽，就是这个缘故，有些是主杀伐的，有些是主谏议的。

### 以道泛观，而万物之应备。

道是原理与规律，万事万物都有原理与规律，所以无论对于什么，无论做什么，都要用道来衡量，这样做事就圆满和完备。

### 故通于天地者，德也；

这句话没有主语，什么通于天地？人。人以什么来通于天地？智与德。道家认为，主要是德。德即对原理与规律认识和遵循的程度，也就是人与天地相合的程度。人，时时处处合于天地，才是大德；时时处处背于天地，有何德可言呢？

### 行于万物者，道也；

指导普施于万物的，就是道，是原理，是规律，所以需要人们去领悟和认识、掌握和遵循。

### 上治人者，事也；

这句揭示了统治的核心。上面用什么来统治下面呢？一个字"事"，有意识有目地安排一些事做。为了引导大家做好这些事，还要及时赋予这些事情以重大重要的意义。当然，人毕竟是有主体意识的，这就需要结合人们的欲望和兴趣来安排事。喜欢钱的，以利为目标；喜欢官职的，以位为目标……通过目标的定制，可以组织起更多的人，从而共同促进社会的发展与稳定。

**能有所艺者，技也。**

这一句说的是技术技艺层面的问题，即一个人在某个方面的能力之所以能够成为艺术，是因为其技术精湛到了一定的程度，打铁是这样的，手工制作是这样的，歌舞、写文章也是这样的。道家的理论有多高深，即使是到了今天，很多人仍沉迷其中，根本没意识到这些事关方向和根本的问题。

**技兼于事，事兼于义，义兼于德，德兼于道，道兼于天。**

这句是反过来看问题的，技术技艺是用来做具体事的。做事要讲究一个"义"字，这个"义"有两层意思：一个是适宜；另一个是利他，换位思考，替他人考虑，才能受到拥护和长久。义是德的内容之一，德有很多种，对于群体生活的人而言，利他是很重要的一种。德就是对道的认识和遵循；道则来自天，这个天不是自然的天，而是冥冥中掌握一切的力量。

**故曰：古之畜天下者，无欲而天下足，无为而万物化，渊静而百姓定。**

因此古代那样管理天下的人，并没有很多的欲望，天下就很富足，究其原因，是生产力极其低下，活下去不易，活着无非是生存层面的事。没有个人意志，不刻意去做什么，万物就得以很好地化育。后世人为干预以后，事情就乱套了，事情越来越多、越来越杂，完全陷进去出不来了，成了"事的人"。

**《记》曰："通于一而万事毕，无心得而鬼神服。"**

《学记》是古代的一本书，究竟是什么书，不清楚，估计已经失传了。但这句话说得很好，即通过"道"这个东西，悠悠万事就都了然于心。基本的原理与规律都懂，还有什么难事怪事想不通的呢？后一句是说，一个人无心于任何东西，就这么随意随性地活着，就不怕什么鬼鬼神神之类的了。能够做到这点，已然在"鬼神"的行列之中。

同样是说一个"道"字，老子说得很抽象，庄子却说得非常鲜活且通透。


## 藏金于山，藏珠于渊

接着引用了一些夫子的论述。哪位夫子？说法不一，有说老子的，有说庄子的，没有考证与争辩的必要，总之是道家高人说过的话。说了些什么？我们一句句往下看：

**夫子曰："夫道，覆载万物者也，洋洋乎大哉！君子不可以不刳(kū)心焉。"**

夫子说：道，一切原理与规律，万事万物都是在其作用下产生并发展的，因此说道覆载万物，既覆盖也承载，可谓是洋洋大观。事实上，道虽然起了这么大作用，有这么多效果，其实道本身是看不见摸不着的。所以，君子想真正认识道，就要彻底剔除内心的东西，才能完全一心向道；心中都被一个"我"字充满了，何来道可言呢？

接着谈了人类需要注意的十个方面：

其一，"无为为之之谓天"。这个"天"是天然的意思。我们看，上天从来没有刻意做什么事情吧，人为什么要刻意呢？做事顺势而为、水到渠成就好。没有必要按自己的意思去编排天地，这样会生出一连串的问题。

其二，"无为言之之谓德"。这个"德"是对道的认识与遵循，还是来自天地自然的，天地做了那么多事，有那么大的作用和贡献，说过一个字吗？人呢，却不是这样的，有时像母鸡生蛋一样，做了一点点事都要四处宣扬，甚至还没有做，就认为老子天下第一，这样的事天下似乎只有老子我一个人能做。这句的意思是：不去立言立学才是德行，说来论去的，其实多是偏见和无知之见。之所以说道家说的是哲学，从这些理论可以看出来，它是关于理论的理论，关于智慧的智慧，是指向最根本的。

其三，"爱人利物之谓仁"。什么是仁？《论语》让人越看越糊涂，道家一语就说清楚了，仁是一种利他利物的行为，与善类似。善更根本，从来都是因善而仁的，绝不会因仁而善，仁是可以伪装的。

其四，"不同同之之谓大"。求同存异，一样的东西、同类在一起和谐相处有什么稀奇的。不同的东西和谐圆融地处在一起才会成就真正的泱泱大势。比如海，是由不同的江河之水汇集成的。比如一个战斗集体，肯定也是由不同的人组成的。这种观念，就是费孝通先生说过的很著名的"三美"理论：各美其美，美人之美，美美与共。能做到这点，自然就是"大"了。

其五，"行不崖异之谓宽"。行为吧，不去搞标新立异的一套，才叫作宽，也才会宽大。人生如河，怎么宽大起来呢？投身主流吧。老是想以一己之力之智独自成河，将他人远远地抛在身后，注定就只是个独自起飞奔流的姿态。

其六，"有万不同之谓富"。"万不同"三个字是说万物差异性的。《庄子·内篇·齐物论》一文中，庄子还说过"吹万不同"。这句是说，一个社会也好，世界也好，万紫千红的才是真正的富有。

诸如天、德、仁、大、宽、富，各家有各家的说法和指向，但道家的最为广博，理解与领会了这些，人真的会骤然宽大起来，像河流流到了一个宽阔之处。


**故执德之谓纪，德成之谓立，循于道之谓备，不以物挫志之谓完。**

这一句是说效果的：

其七，"执德之谓纪"。"纪"是纲纪原则的意思。人类社会最爱说纲纪之类的，那么什么才是最根本的纲纪呢？"执德"，也就是遵循于道。

其八，"德成之谓立"。我们经常说立身、自立等，怎样才算是真正立起来呢？德有所成，也就是真正认识道、遵循道。

其九，"循于道之谓备"。"备"即完备。人们喜欢求全责备，那么如何做事才完备呢？完全遵循道，就会很完备。我们一直觉得，春秋战国的"道德"二字，在今天完全被误读误解了，最接近其本来意思的，应该是"实事求是"四个字。

其十，"不以物挫志之谓完"。"完"是完美、圆满的意思。人格怎样才完美圆满呢？不因为外物而改变志向，不因外物而产生挫败感。如果总是因外物而改变自己，从而影响心情，是有明显缺陷的。

**君子明于此十者，则韬乎其事心之大也，沛乎其为万物逝也。**

君子明于以上十个方面，心就会宽广起来，对于万事万物就有个包容，在这世间就会与万物同在且和谐圆融。

**若然者，藏金于山，藏珠于渊；**

能够做到以上十个方面，心会宽广大到什么程度呢？藏金于山，藏珠天渊，即将金子藏在山中，将珠宝藏于深渊，也就是拥有天下财富、富甲天下的意思。这个很厉害的，也很有诗意。比如，喜欢鸟不是关在笼子里，而是放在天空里；喜欢养动物，不是用绳子拴起来，而是放养于大地上，这是什么样的境界情怀呢？你看庄子经常吃了上顿没下顿，但内心世界真的很丰富，幕天席地的。相反，心胸眼界不够，人格就是萎靡困顿的。这是一种什么状态呢？经常把存的钱拿出来算算，把家中的东西盘点盘点。

**不利货财，不近贵富；不乐寿，不哀夭；不荣通，不丑穷；**

如果一个人心胸宽广了，会有什么样的特征呢？不贪图财货，不求取富贵；不因长寿而快乐，不因夭折而哀伤；不因通达而荣耀，不因穷困而难堪。很明显，这个人是了悟富贵、生死、穷达的。

**不拘一世之利以为己私分，不以王天下为己处显，显则明。**

不将普天下的好处都据为己有，不将称王天下作为一种追求。这一点，与寻常价值观截然不同。

"显则明"，即显摆就会炫耀；这是人的普遍心理，悟点道、做点事不是自己知道就行，而是想让大家、让更多的人、让千秋万世都知道。包括老庄，打心底里虽然不想显扬，但却是实实在在地扬名万世了。当然，这可不是他的本意，而是一个意外的结果。这也提示我们，去做学问也好，做事也好，应该抱着什么心态，不能为显扬而做事，但可以因事成而显扬。

**万物一府，死生同状。**

这是一种很达观的态度，即在这个世间，人并不特殊，万物其实是一样的，不分彼此，都以各自的方式而存在。生死也是这样的，不必过于在意，无非是一个必然的过程，也正因为死的必然，才成就了生生不息。

## 素　逝

夫子关于道及有道之人的一段论述。从这儿看，夫子明显指的是老子。

**夫道，渊乎其居也，滤(liú)乎其清也。**

道，既可以理解为冥冥中掌控一切的力量，也可以理解为原理与规律，这两者是一致的，并不矛盾。因为看不见摸不着，这个道显得挺神秘的，那么它究竟处于什么地方呢？深渊谜团一样，云笼雾罩的，但其作用却是非常直观直接的。比如，春天来了，一切的节奏与现象就都是春天的。

**金石不得无以鸣。故金石有声，不考不鸣。**

金属与石头等敲击起来是有声音的，这个声音从何而来呢？同样是道的作用的结果。没有原理与规律，怎么可能有声音呢？因此人们就认识到了，金石之所以会发出声音，是敲击的结果，不敲是不会发声的。

**万物孰能定之！**

金石的发声，只是道作用于金石的结果。其他万事万物的原理与规律，谁又能悉数掌握和确定呢？实在是太过于广大玄奥了。

**夫王德之人，素逝而耻通于事，立之本原而知通于神，故其德广。**

"素逝"这个词很生僻，"素"是纯朴的意思，"逝"即人生的流逝，两者合起来即以很单纯的态度去面对生命流逝的意思。这句是说，认识并遵循道者才是有境界的高人。这样的人面对生命抱持着很单纯的一个态度，而耻于深陷事务之中。正因为如此，其人对于事物的本质和道的原理与规律最为清楚，其思想、精神等也是通达如神明的，所以说，其人的德行是最为广大的。相反，被事务所纠缠，整天烦恼得不得了，又有何德性可言呢？不过是个事务或物质主义者而已。

**其心之出，有物采之。故形非道不生，生非德不明。**

拥有最高德性的人的心有所动，并且在言行上表现出来了，也大可不必惊奇，这一定是自然而然的，因物而产生的正常感应，而他绝不会被物所牵累。因此说，一切的生命状态、生命现象，都是缘于道而生的；对一切存在的明朗正确的认识，都是缘于德的。也就是说，没有道就没有一切，没有德就没有对一切的清晰明了的认识。

**存形穷生，立德明道，非王德者邪！**

保持好自己原本的形体以终生，完善自己的德行以明道，不就是王者的德性吗？这句话是很有启发意义的，形貌来自父母，来自天然，一个人对自己的形貌不满意，是多大的苦恼呢？在当时是丝毫没有办法的，只能靠调整心态来解决。即使科技发展的今天，去依靠整形整容，解决形貌方面的问题，也是苦恼良多的。对于道的本质认识，不能抱以颓废的态度，而是要立德的，这个德形象点说，是先在内部立起一个骨架，真正将精神撑起来。精神都立不住、站不起，还妄谈什么呢？在这世间定然是泥泞不堪的。

**荡荡乎，忽然出，勃然动，而万物从之乎！此谓王德之人。**

能够做到"存形穷生，立德明道"，就是拥有浩荡强劲的精神力生命力，任何事物或情形的出现或响动，其一举一动，对于万物都是有影响力的；尤其是关键时刻的振臂一挥，天下莫不响应。

**视乎冥冥，听乎无声。冥冥之中，独见晓焉；无声之中，独闻和焉。**

这句既是说道，也是说有道之人的。道就是如此，看不到形状，听不到声音，但冥冥之中，对于一切都是知晓的；无声之中，却懂得万事万物间的一个和字。有道之人也是如此，看起来普普通通、貌不惊人，也不见有什么高谈阔论。但幽微之上，却洞知一切；沉默之中，却通晓一切。这是什么样的境界呢？于无声处听惊雷。中国文化很核心的东西，一个人想要真正了解和掌握，一定要清楚道家这套才行。

**故深之又深，而能物焉；神之又神，而能精焉。**

还是说道与有道之人的，虽然深之又深，却能与万物很好地相处、对接；虽然神乎其神的，似乎是处于混沌状态，其实是精于一切的。人也是这样，看着一副迷迷糊糊睡不醒的样子，但却有着惊人的清醒的一面。

**故其与万物接也，至无而供其求，时骋而要其宿，大小、长短、修远。**

道即原理与规律，与万物有着密切关联，看似一无所有却能提供万物所需的一切，看似变动不居却是万物最终的归宿；万事万物，无论大小、长短、远近，无不在道之中。想做一个有道的人，也须符合这些标准。看似最没用的人，却是能量最大且有大用之人，因而历朝历代，道家人物都是盛世而隐、乱世而出，寥寥数语或可指点江山、扶危定倾的。

## 象罔求珠

黄帝到赤水的北面巡游，登上了昆仑山的某处峰顶，向南眺望了一番，返回后，才发现自己喜爱的玄珠丢了。

先是派"智"（虚构的人名）也就是聪明人、智者去找，没有找到；接着派离朱，即传说中视力最好且能够洞知一切的人去找，没有找到；接着派喫(chī)诟（虚构的人名），即能言善辩的人去找，仍没找到；最后派象罔去找。象罔（虚构的人名）是传说中的人，字面意思与"如来"相似，好像来了，又好像没来；好像有这么个人，又好像没有，总之谁也没见过，谁也说不清，类似虚构的，虚空的，虚无的人。结果，玄珠被象罔这个不清不楚的人找到了。

于是，黄帝感叹了一句："异哉，象罔乃可以得之乎？"他的意思是：奇异呀，丢失的东西被无形无象的人找到了。

这明显是个寓言故事。玄珠，这颗黑色的珠子，玄妙的珠子，象征什么呢？眼睛、魂魄、精神、心智道的真义？黄帝巡游天下一圈后，因所见所闻而陷于茫然无措中。怎么办？聪明智慧解决不了，眼光犀利解决不了，巧舌如簧解决不了。最后靠不了了之，靠虚空甚至虚无解决了。世间的事情就是这么回事，非要全然洞悉、全然看清、全然说出怎么可能，让万物保持其初始的样子，自己也保持本来的样子，不相妨碍地和谐共处，就是最好的状态。

# 许由的老师

尧的老师是许由，许由的老师是啮缺，啮缺的老师是王倪，王倪的老师是被衣（啮缺，王倪、被衣皆为虚构的人名）。

一天，尧问许由，也就是河边洗耳的那位：啮缺的德性可以做天子吗？如果可以，我让王倪去请他。

许由答："殆哉圾乎天下！啮缺之为人也，聪明睿知，给数以敏，其性过人，而又乃以人受天。"他的意思是：如果这样做就危险了，天下岌岌可危呀！啮缺这个人，聪明睿智，思想敏锐，天分过人，将天子之位交与他，可一定要考虑清楚了。

**彼审乎禁过，而不知过之所由生。**

啮缺对于过失错误等明察秋毫，且擅长纠治，但却不清楚过失、错误等产生的原因。列子曾引用过一句古话，"察见渊鱼者不祥"，其意思是：一个人连深渊中有几条鱼都看得清清楚楚，可不是一件好事，让这样犀利的一个人当领导，会出大问题的。

**与之配天乎？彼且乘人而无天，**

让他去做天子，他就会时时处处显示自己的意志和能耐，而根本不将天道自然等当一回事。

**方且本身而异形，方且尊知而火驰，方且为绪使，方且为物绲，方且四顾而物应，方且应众宜，方且与物化而未始有恒。夫何足以配天乎？**

啮缺这个人做事是什么风格呢？喜欢以自己的标准衡量匡范他人，总认为自己是对的，而他人都是异端；推崇聪明智慧，做什么事都火急火燎的；或者凭情绪做事情，或者为外物所影响和束缚；要么忙忙碌碌地陷于事务之中，要么去迎合讨好他人，总之是随波逐流的，看不到现象背后的根本，也抓不住本质，这样是不可持续的。这样的人，怎么能够做天子呢？历史上，天子太能干，太能折腾事未见得就是好事。比如汉武帝、乾隆等，文治武功的确实能闹腾，事实上却将整个帝国掏空了，身后留下的是一个快要散架的烂摊子。

**虽然，有族有祖，可以为众父，而不可以为众父父。**

这句就是许由对齧缺的评价了：其人既有宗族，又有部族，做个好的家族长没一点问题，但做天下共主却是不称职的。

**治，乱之率也，北面之祸也，南面之贼也。**

拼命去治理天下，看似很努力，实则是祸乱产生的根源，是臣子、部属们的灾难，是君王最大的祸害。比如隋炀帝，如果不去折腾那么多事，会兵败而身死吗？汉文帝刘恒之所以能当皇帝，就是因为忠厚老实，不喜欢折腾事，因此诸文臣武将平定诸吕之乱后商量来商量去，还是请他出来做皇帝比较好。

## 长寿、富有与多子

尧到华州（今陕西华县）去视察，华州的领导拍马屁说：啊，圣人，请让我为你祝愿，祝福圣人健康长寿，万寿无疆！

尧说：不要。

华州领导很执着，也很会见风使舵，赶快改口：祝愿圣人富有天下！

尧也拒绝了。

华州领导又来了句：那就祝愿圣人多子多福吧！

尧还是推辞了。

华地领导就不解地问：奇怪呀，长寿、富有、多子，是人人都想拥有的，唯独你却不想要，究竟是什么原因呢？

尧答："多男子则多惧，富则多事，寿则多辱。是三者，非所以养德也，故辞。"他的意思是：儿子多，操心的就多；财富多，事情就多；寿命长，困窘屈辱就多。这三样不是能够涵盖道德的东西，因此推辞不受。

应该说，尧说的这三条是很有道理的，不只是帝王家，寻常百姓也一样，民事纠纷多是这些事情闹出来的，但人吧，似乎就喜欢和热衷于沉溺享受于这些事情。无论怎样，尧作为天子，这种观念很不寻常，倒是与佛家"少欲知足"的说法类似，倒不是说不要活了，而是说想法少一些、事情就少一些，就能活得相对安稳一些。

对于尧的态度，华州领导的看法是："始也我以女为圣人邪，今然君子也。天生万民，必授之职。多男子而授之职，则何惧之有？富而使人分之，则何事之有？"他的意思是：起初吧，我以为你是个大圣人，现在看来最多算个君子而已。华州人这话很含蓄，没说俗人已经是很给尧面子了。上天生养万民，就各有各的职责。儿子多，各做各的事就是了，有什么好操心的；财富多到自己花不完，就与人分享嘛，有什么事呢？

**夫圣人，鹑居而鷇(kòu)食，鸟行而无彰，**

他的意思是：真正的圣人哪会挑挑拣拣的呢？一定是像鹌鹑一样随遇而居，像初生的小鸟一样不挑食的；圣人的出行也不干扰他人，不求声名等，就像鸟飞过天空一样，是不留痕迹的。说到这，圣人与君子的差别就很明显了，一个不讲究，一个很讲究。这里，庄子颇有借华州人之口编派调侃君子的意思。

**天下有道，则与物皆昌；天下无道，则修德就闲；**

他的意思是：天下有道，风调雨顺时，圣人就与万物一起享太平；天下无道，事情纷乱时，圣人就避世隐居、独善其身。另一方面，道家也强调

"盛世隐，乱世作"，即做点事，体现生命的能力与价值，是非常积极的一面。

**千岁厌世，去而上仙，乘彼白云，至于帝乡；**

因为清静无为，自然就长寿了。活上千年，就修炼成仙，乘着白云，去往天帝所在的地方。这话对后世道家道教影响很大，成了修行目标和方法路径。

**三患莫至，身常无殃，则何辱之有？**

华州人的意思是：长寿、富有、多子这三件事分明是好事嘛，有何祸患、灾殃和屈辱呢？

气鼓鼓地说完这番话，华州人就转头径直离开了，连个招呼都没打。

听了这番话，尧知道遇到高人了，便跟在后面喊：请等一下，我还有问题要请教呢？

华州人毫不客气地来了句："退已！"即回去吧，有什么好说的呢？

佛家有个说法："分别是识，无分别是智。"这也很形象地说明了此事所蕴含的道理。尧有识人断事之明，起了分别心，看出了事物之间的差异，这是很初级的状态。但领会差别并容忍顺遂差别，才是真正的大智慧，这方面显然尧没有做到，这就是华州人指责尧的意思。

## 请不要耽误我干活

尧治理天下时，伯成子高（传说中的隐士）被封为某地的诸侯。

后来，尧传位舜，舜传位禹，伯成子高便辞去诸侯，回家种田了。

禹觉得很奇怪，去见伯成子高，想问个究竟。

伯成子高正在耕田，大禹上前恭敬地问：过去尧在位时立你为诸侯，后来尧传位舜，舜又传位给我，而你却辞去诸侯回家耕田，这么做是何缘故呢？

很明显，这个伯成子高对时局政事有自己的想法和看法，甚至是极为不满的。

对于禹的问题，子高这么回答说："昔者尧治天下，不赏而民劝，不罚而民畏。今子赏罚而民且不仁，德自此衰，刑自此立，后世之乱自此始矣！夫子阖行邪？无落吾事！"他的意思是：过去尧治理天下时，无须赏赐，民众都非常勤勉良善；无须惩罚，民众都非常敬畏。现如今呢？你严加赏罚，民众相互之间却缺失仁爱，关系也不再和睦。这个世道吧，德行开始衰退，刑罚成为主流，后世的祸乱恐怕就从此开始了。你为何还不离开呢？请不要耽误我干活。说完这话，子高又埋头田间专心干活了，并没有抬头看大禹。

伯成子高与许由基本是一类人，性格够耿直，说话做事毫不掩饰。至于说得有没有道理、做得对不对，则是一个非常复杂的问题，争议不断。

## 最初的宇宙

在"泰初有无，无有无名"中，"泰"，通"太"，即最的意思；"泰初"即"太初"，最初的意思。这句是说，宇宙最初的时候，就是一个"无"的状态，什么也没有。从逻辑上说，宇宙最初的"无"是相当抽象的存在。虽说是"无"，也定然是有什么的，所以说"无"也是有，因此就有"无"与"有"的说法。这个"无"，只是人们想象不出，因而命名的状态，肯定是有东西的，即使真没有，也有个没有的状态。那么，有还是没有呢？如果有，有什么？如果没有，那又是什么？这句话具体到一个人就好理解了，一个一无所有的人也是有东西的，有什么？一无所有。宇宙最初"无"的状态，对于人类来说，根本就是不可想象不可知的，因而称之为"无"，即有种无以名状的东西。宇宙最初是什么，有什么？即使是现代人面对这一问题，也是无力回答的，任何理论说服力都不够，因而是一种处于理论之外的状态。宇宙大爆炸理论，貌似解释了这个问题，实则根本没有，大爆炸之前呢？之前的之前呢？

**一之所起，有一而未形。物得以生，谓之德；**

宇宙时空是处于持续演变中的，主宰与支配这种演变的是一种东西。这个"一"是看不见摸不着的，因而姑且称之为道，也就是原理与规律的意思。我们可以看到，老子的《道德经》其实都在《庄子》一书中稀释了，有个更形象的解释。

因为道，也就是原理与规律的作用，万物出现了。道，生出万物的这种情况，可以称之为德，道之德。由此看来，我们今天说的"道德"一词的含义是多么的狭隘呀，精髓尽失。

**未形者有分，且然无间，谓之命；**

由于道的机理，万物未出生未成形之前，职分、特征等就已然确定了。这种不可撼动不可易改的必然性就叫作命。比如，一只羊，在羊妈妈肚子里没见到的时候，其形状、特性、寿数、命运等基本就确定无疑了。虽然有变数，但大的方向框架是不变的。人也一样，尚未形成胚胎时，是男是女是高是矮是胖是瘦，生于什么家庭，什么性格，有什么成就等，同样是可以预测的。其中，有些东西可以通过后天努力改变，有些则是无法改变的，比如生老病死，这就叫命。这是科学理论，不是迷信或唯心的东西。对于认识论而言，唯物抵达不了的地方太多，只有通过思想与心才能准确捕捉和感知到。

**留动而生物，物成生理，谓之形；**

"留"，即静止的意思。道的一动一静就生成了万物。万物出现后各有其不同的形态，称之为形。比如风马牛等，都很直观。

**形体保神，各有仪则，谓之性。**

对于一切生物，也就是佛家说的"诸有情"而言，不但有个形体，还有个内在的精神。不同的物种，形体不同，精神也不同，各有各的样子，这个就称为性，天性的意思。比如老虎与老鼠、狮子与猴子，名称上仅一字之差，但天性相去甚远。比如，所有的人都叫人，但差别更大。

**性修反德，德至同于初。**

动植物是始终保持着天性的，上天生成和赋予什么就是什么。唯独人不同，总想依恃智慧去改变自己的天性，事实是人根本就不知道自己是什么、更不清楚自己想要什么、想成为什么样子，因而就活得乱七八糟，将人类社会与天地自然也搞得一团糟。因此道家说，人性修养的方向是合于天地自然之道，最高的德行是与天地自然最初的形态保持一致，也就是清静无为。这只是理想的状态，绝大多数人是做不到的，即使认识到了也很难做到。

**同乃虚，虚乃大。**

"同"是趋同的意思。与什么趋同呢？老庄的理论中绝不是与上级、官府、君王趋同，而是与天地自然趋同。"虚"不是空洞的意思，而是空旷辽阔的意思。人活着多狭隘多憋屈，一生很多时候很像是被绑架了一样。如何海阔天空呢？退一步、退一万步恐怕都不够，而是要主动自觉地与天地相趋同，拥有天地精神，人的天地就广大乃至无限。

**合喙鸣，喙鸣合，与天地为合。**

这一句的逻辑很严谨。怎么才算是与天地趋同相合呢？没有这么多言论学说和是是非非，说话就像鸟的鸣叫一样，表述的是最简单最原始的东西，高兴了叫两声就是。鸟鸣、狗吠可都是原原本本、不加修饰的，是合天地自然的。因而，人的发声什么时候达到鸟鸣、狗吠的境界了，就是真正的与天地相合了。庄子说"天籁"，何谓"天籁"？就是自然的天所产生和发出的自自然然的声音。至于人类发出的种种声音，即使最高妙的音乐，最多算是"人籁"而已，与天籁相去甚远。

**其合缗(mín)缗，若愚若昏，是谓玄德，同乎大顺。**

人类合于天地的状态并不是清楚明朗的，而是一个无法用语言来描述的状态，混沌一片，若愚若昏的；这才是人类最高的德性，拥有这样的德性，才能顺遂于天地自然。相反，耳聪目明、能言善辩的，沉溺于自我自见之中，哪能领略到天地之大美呢？

这段是观察天地自然和人类社会的结果，说得很准确也很有启发性。

## 对"坚白论"的批驳

孔子问老子：有人修道却似乎与道相悖，颠倒黑白，将可说成不可，将是说成不是。这些人能言善辩，提出了"坚白论"，目前很是流行，也拥有大批信徒。这样的人能称为圣人吗？

"坚白论"是名家理论，诡辩之术。正常来说，坚硬、洁白能够同存在于一块石头上，比如玉石、石英等。但名家的公孙龙认为不行，诡辩的理由有点像做数学题：石头就是石头，白石头就是白石头，硬石头就是硬石头，白不等于硬，分明就是完全不同的东西，不能扯到一起的。对此，公孙龙洋洋洒洒写了一篇论文，需要很大耐心才能读下去。公孙龙有著作传世，就叫《公孙龙子》，其中说的都是这些玩意儿，没有任何实质性内容。

对于名家理论，老子的看法是："是胥易技系，劳形怵心者也。"这里的意思是：不过是胥吏，也就是差役们玩三寸不烂之舌的技艺罢了，天天既劳累又惊心的。

**执留之狗成思，猿狙之便自山林来。**

这句话是很难听的，即狗能看家护院吧，因此总被一根绳子拴在门口；猴子聪明伶俐吧，因此被人从山林中抓来杂耍。持"坚白论"的可不都这样，不过是些雕虫小技。

**丘，予告若，而所不能闻与而所不能言，凡有首有趾、无心无耳者众，有形者与无形无状而皆存者尽无。**

孔丘呀，来，我告诉你一些你从未听过也说不出来的东西。一切生物，尤其是人，看似有头有脚的，实际上没脑没心、无眼无耳的多，并不是没长这些器官，而是虽然长着却都是摆设。老子说，人吧，能够将形体与内心、将人与天道很好地调和统一起来的，可能一个也没有。

这句话不难理解，人人都有头脑，但考虑事情的程度千差万别；人人都有眼耳，但即使处于同一环境中，看到听到的也不尽相同。再深刻点说，同样是人，却有着天壤之别。真正活出天人合一、身心合一的有几人呢？那么什么是天人合一、身心合一呢？大自在。这就是道家与佛家最大的不同了。佛家认为，一切烦恼都是由眼耳鼻舌身意所造成和招致的，因而倡导控制或关闭这些器官。而道家则认为，这些器官都是天生的，不仅不能关闭，还要尽量打开，并且使之合乎天性。人在天地宇宙中，佛家认为少听少看少想或不听不看不想，道家认为应该以天地方式去听去看去感受。佛家的观念好理解，难做到；道家的观念难理解，更难做到。

**其动止也，其死生也，其废起也，此又非其所以也。**

诸如感觉这些东西是很难控制的，有些看似启动了吧，却似乎又会停止；有些看似坏死没用了吧，却好好地长着；有些看似摆设，却又发挥着作用。其中的情况不一而足，不是人所能掌握的。设身处地地想，我们身上的器官就是如此。比如，有时不想听的时候，字字句句都往耳朵里钻；有时想听的时候，拼命侧着脑袋却未必能听到。比如，不想去想某事时，满脑子都是，想的时候，却想不起来；心也一样，想镇定时却猛跳，想跳动的时候却跳不起来了。别说在当时的情况下，到今天，这些现象还是解释不了。

**有治在人，忘乎物，忘乎天，其名为忘己；**

尽管各个器官如此难以掌握和控制，但人却总想着去掌握去管控，结果真掌握和控制了吗？恐怕未必。我们看全世界的各个宗教，倡导这样修那样修的，到底修的是什么呢？不就是对身心的掌控吗？想很好地约束住身心。老子认为，这方面就别费劲了，不可能的，管住自己的脑袋试试，并没有一个控制开关，也装不上。人所能做到的最高境界，就是忽略而忘记，忘记存在，忘记天性，就这么自然而然地，像石头草木一样，就达到"忘我"的状态了。这样的活着，最为从容和安稳，不会因任何人与事而忐忑不安、苦恼不已。说着就几个字，要做到就难了。

**忘己之人，是之谓入于天。**

能够做到忽略自己，而像石头草木般存在的人，才是真正臻于自然天性的。老子的退隐，就是这么回事，像沙消失于沙、水消失于水里，了无痕迹。


## 螳臂挡车

将闾葂(miǎn)、季彻都是虚构的人名。一天将闾葂向季彻说了这么一件事：不久前，鲁国国君向我咨询国事政务，关于鲁君该如何做，我推辞不过，提出了"恭俭"二字，即对臣属恭，提拔忠臣；用度节俭，体恤百姓，这样上下一心，臣民钦敬，不就解决问题了。

将闾葂说这件事的态度，文中未明说，可能是叙述有这么个事情，也可能是请教季彻给国君这么说对不对，还可能是炫耀自己是国君的座上客。

听将闾葂这么一说，季彻就呵呵地笑了："若夫子之言，于帝王之德，犹螳螂之怒臂以当车轶，则必不胜任矣！且若是，则其自为处危，其观台多物，将往投迹者众。"这句的意思是：夫子给国君说的这番话，对于帝王之德而言，犹如螳臂挡车，肯定是不适合的。如果鲁君真照你说的这样做，那处境就很危险了，一定有很多投机者前来投奔。

将闾葂听到这儿，很吃惊地问：什么意思？先生说的话，我完全听不懂呀，能不能说清楚点？

季彻说："大圣之治天下也，摇荡民心，使之成教易俗，举灭其贼心而皆进其独志。"这里的意思是：大圣人治理天下，依据民心纠结的事情、动摇的情况，而教化引导、改变风俗。这样做的作用和好处是什么呢？一方面，消除民众间对立和残害之心；另一方面，倡导民众自我管理，而不将一己之意思强加于人。"摇荡民心"的说法，如何理解呢？就像过筛子一样，一堆不同性质的东西原本混在一起，经筛子这么一筛，就糠是糠、米是米了。人心也是这样的，有个自然的分层分类，一摇荡情况就清楚了。人心的摇荡，是通过欲望和言行表现出来的。"成教易俗"，就是说诸如风俗、制度之类的，并不是上层人为地设计出自认为理想的一套，然后人人认领遵行，而是将民众约定俗成的东西不断固化下来，这样无须推行，人人心理上、生理上都是认同接受的。最早的社会模式就是这样，法制社会前的时代是靠什么来维系呢？传统和习惯性做法。法制社会就有个明显目标和框架设计了，这又是靠什么来推行呢？自觉自愿肯定不行，必须靠雷霆般的杀伐、强力手段来推动。比如"举灭其贼心而皆进其独志"，这个很微妙了——通过管理，在群体生活中，消除人的自私的不和谐的一面；在个体心志方面，则倡导人的精神独立。这两者并不矛盾，不是说追求独立了就与他人无法共处，人有个性独立的一面，还有社会生活中容人利他的一面，这就是现代西方理论中所说的自由与共容。

**若性之自为，而民不知其所由然。**

季彻赞扬这种无为而化的统治手法，其实是按照民众的本性去管理，而民众也并不觉得有什么束缚压力，不逆反不反抗，自然会很和谐。

**若然者，岂兄尧舜之教民，溟涬然弟之哉！欲同乎德而心居矣！**

如果领导与治理能达到这个水准，何须推崇尧舜这套呢？自己累得够呛，民众却并不买账，总有跳出来找事的。世人呢，似乎都一味追捧尧舜这套，又是仰望其德，又是心向往之的。仔细想想，根本就不是那么回事，还差得远呢。季彻的意思是：你给鲁君说的无非是尧舜那套玩意儿，一点也不新鲜。事实上，看问题过于表面和近视了，能不能深远一些呢？你让鲁君任用忠心的人，谁忠心呢？人真正忠心于什么呢？面对国君谁都是急着争着表忠心的。这个国君的时代结束了，那个国君上来，人们又是急着争着向新君表忠心，不就是这么回事吗？

类似这种理论，我们看看听听，有个豁然开朗的感觉就好。人类社会到底该怎么管？种种社会模式的更替是进步了还是一路倒退着？主流肯定是向前向上向好的，但也不乏弯曲、迂回、凝滞、倒退的情况。

道家的智慧很高，从这段话也可以领悟到智慧的四大作用：自足，广大，意趣，神圣。至于无感无觉、不生不灭等，基本是通玄的状态了。道家这种说法，完全是出尘脱俗、远离人世、没有人情味的。真正的人间是什么状态呢？当时的墨家、法家、管子等说得很中肯务实，基本上是围绕生与死、利与害、富与贵这些主题的现实存在。


# 机　心


子贡去了趟楚国，返回晋国途经汉水时，见河边有一位老人正在菜园中劳作。老人挖了条带隧道的井，抱着个大水罐从井里取水浇地，累得呼哧呼哧的，很费劲，效率却很低。

子贡看不下去了，便上前给老人出主意：老先生，有一种机械，一天能浇上百块田，很省力，效率却非常高，何不制作一个呢？

老头问：这个东西什么样子？怎么做的？

子贡答："用木头做成一个机械，大概的样子是后重前轻，可以将井里的水提取出来，非常便捷省力，这个机械就叫槔（读gāo，也就是杠杆）。"

老人听到这，面有怒色地说："吾闻之吾师，有机械者必有机事，有机事者必有机心。"这里的意思是：我听我的老师说，使用机械的做事必然也喜欢投机，喜欢投机取巧的必然充满心机。这话很有道理，做同样的事，人与人所采取的方式是截然不同的，即使是教育孩子、孝敬老人这样的事，也是这样的。至于采取什么样的方式则是由心态所决定的，总想投机取巧，对谁有个诚恳的态度呢？做事会踏实、为人会老实吗？定然不会。因为机巧而泯灭本性，就成了得不偿失的一件事。算计就是如此？人活一辈子，很多人天天都在算计，结果是什么呢？未见得活得多好，自己累得够呛，人格也是猥琐的。

实际上，这儿还隐含着道家对于科学文明，对于工具理论的反思。科技文明的确能给人类带来诸多便利和福祉，但同时也带来诸多灾难，有些甚至是毁灭性的。科技的进步对人类心灵的影响也至为深远，有些是正面的，但负面的也不少。

**机心存于胸中，则纯白不备；纯白不备，则神生不定，神生不定者，道之所不载也。吾非不知，羞而不为也。**

心中都是投机取巧的念头，人就不会纯朴；一个不纯朴的人，心神就摇摆不定，没有定型。这样的人，根本就不上道，也就是没走在正道上。你说的这种取水的机械，我并非不知道，只是不屑于使用罢了。现实中经常有类似的场景，与人聊天，有将生活诸事务规划得很清、算得很精的，谈上几句，就陷入尴尬的沉默了。倒不是说有多高明，而是让人感到：活着绝不是这个样子的，也不能这么活着，活成这个样子多累多乏味呀。人生，还是有一些秋水长天、地老天荒的好，还是有个慢悠悠的节奏好。快，快快去死；慢，慢慢去死，想想还是慢点的好，可以体味出更多的东西。如果都是数字公式一样的，通过计算方法直达目的，人生也确实显得太没有趣味了吧。

听了老人的训斥，子贡一脸愧色，沉默不语。

过了一会，老人问：你是什么人？做什么的？

子贡没好意思报自己的名字，而是回答："孔丘之徒也。"

老人又感叹了一番："子非夫博学以拟圣，於于以盖众，独弦哀歌以卖名声于天下者乎？汝方将忘汝神气，堕汝形骸，而庶几乎！而身之不能治，而何暇治天下乎！子往矣，无乏吾事。"老人的意思是：哦，不就是博学以圣人自喻，觉得处处在众人之上，天天自弹自唱自吹自擂地推销自我以求得名声的那类人吗？年轻人，放下这种自命不凡的神气，摆脱这种自大矫揉的作风，还有点趣味。这么个架势，连自身的问题都解决不好，凭什么去治理天下呢！你快走吧，不要妨碍我种菜。

子贡长相英俊、才华了得，是优秀的外交家、商人，也干成过一系列轰轰烈烈的大事。在一个种菜老人的眼里，却是如此的不堪，这个刺激简直是太大了。子贡因而脸色大变，垂头丧气地走了几十里，才慢慢缓过神来。

有弟子问：刚才那个老头是做什么的？何以夫子见了之后会变容失色，一整天都没有恢复过来呢？

子贡答："始吾以为天下一人耳，不知复有夫人也。"这里的意思是：今天我真是井底之蛙了——起初以为天下就夫子一个伟人，对其他人都视若不见，今天算是长见识了，世间竟然还有这样的人。从子贡这话可以看出，眼界问题很重要，眼界不够，人的局限会很大。人的见闻有限，没见过、不知道的东西多了，总是一副老子天下第一、无所不知无秘不晓的态度，真的就是井底之蛙了。待到见识广阔天空后，定然会有颠覆之感。俗语说，翻山过河后，再谈境界就是这个道理。不翻山不过河，哪知山外有山、河外有河呢？

**吾闻之夫子，事求可，功求成，用力少，见功多者，圣人之道。**

我一直听从谨记夫子的教诲，三思而后行，事情可行才去做，用功追求成效，以为用力少而功效大，就是圣人之道。子贡这点完全是入世做事的态度，不是孔圣人的全部，只是其中的一点。

**今徒不然。执道者德全，德全者形全，形全者神全。神全者圣人之道也。**

今天的情况却大相径庭。得道者遵循大道，德性才完善；德性完善，形象才完善；形象完善，精神才健全，精神健全才是真正的圣人之道。子贡领悟到的这点与平时信奉的完全不是一个层面的东西，他平时沉湎于具体的事务层面，而种菜老人所指出的，是哲学层面的东西，指向生活生命的根本。

**托生与民并行而不知其所之，汇乎淳备哉！**

道这种东西吧，与所有人有着密切的关系，但人似乎并未察觉到。虽茫茫然，但的确是淳朴完善之道。其意思很清楚：道时时处处作用于人，但并不显扬招摇，人甚至都察觉不到；其作用却重大而深远，让人更像是人，让人间更像是人间。

**功利机巧必忘夫人之心。若夫人者，非其志不之，非其心不为。**

类似种菜老人这样的，心中没有丝毫投机取巧之心，不是自己向往的地方不去，不是心中所想的事不做。不去与不为，说起来就是四个字，放眼天下，真正做到的又有几人呢？我们说过的违心的话、做过的违心的事、去过的不满意的地方还少吗？可以说，一生几乎失陷于言不由己、行不由己、身不由己之中。真正想说的不敢说，想做的不敢做，想去的地方也没时间去，一晃一辈子就过去了，想干的都没来得及，一生都处于不得已的境地而已。

**虽以天下誉之，得其所谓，謷（áo）然不顾；以天下非之，失其所谓，傥然不受。天下之非誉，无益损焉，是谓全德之人哉！**

类似种菜老人这样的，完全置身于世人的毁誉之外，全天下都来赞誉或称道其行为，他也完全不顾；全天下都来非议或指责其行为，他也不予理睬。诋毁与赞誉完全撼动不了，这样的人才是真正的拥有健全德性的人。这样的人其实与毁誉无关，完全按照自己的活法活着，而不是活给人看的。但这并不是"躺平"，"躺平"有种绝望在其中。绝大部分人其实是活给人看的，今天就更是如此，"直播""晾晒"心态就是最好的例证。以此来看，活给自己还是活给人看，是两种人、两种人生，究竟哪种好，如鱼在水，冷暖自知吧。这个没法以是或非来评判。

**我之谓风波之民。**

这是子贡自嘲的一句，相对于种菜老头那种"八风吹不动"的架势，我不过是个随风摇摆、随波逐流的人罢了。后世有个曲牌叫"定风波"，苏东坡有过精彩的一首，说的即是类似种菜老人的这种境界。特别是"一蓑烟雨任平生"这一句，琢磨品味下其中的大气淡然，确实很有味道。

回到鲁国后，子贡将种菜老人的情况报告给了孔子。孔子的看法："彼假修浑沌氏之术者也，识其一，不知其二；治其内，而不治其外。"这里的意思是：他是专注于修混沌之道的人，只知道大道，不知道其他的；只注重内心修行，不注重其他方面。

**夫明白入素，无为复朴，体性抱神，以游世俗之间者，汝将固惊邪？且浑沌氏之术，予与汝何足以识之哉！**

类似这些人吧，内心朴素，清静无为，抱守本性，涵养精神，遨游于世间，你见了能不吃惊吗？这样修道得道的人，你我怎么会认识并懂得呢！

孔子果然博学，是懂道家这套东西的，但他却做不到出世。这也并非什么缺点，明知不可为而为之，也是一种秉性了。

## 圣治、德人与神人

谆芒（虚构的人物）想东游大海，在东海之滨遇到了苑风（虚构的人物）。苑风问：你这是去哪里呀？

谆芒：大海。

苑风：去海上做什么？

谆芒："夫大壑之为物也，注焉而不满，酌焉而不竭，吾将游焉。"这里的意思是：大海吧，注也注不满，晒也晒不干，很是好奇，我去实地考察下实际情况。

苑风一听，觉得他应该是个高人，便问：你是考察大海呀，难道对治理海上的百姓没有兴趣吗？能否谈谈圣人治理的方法呢？

谆芒答："圣治乎？官施而不失其宜，拔举而不失其能，毕见其情事而行其所为，行言自为而天下化，手挠顾指，四方之民莫不俱至，此之谓圣治。"这里的意思是：圣人治理的方式嘛，颁布政令而不失时宜，什么时候该做什么就做什么；选拔人才而不失其能，有什么才能用在什么位置上；充分了解事物方方面面的情况，顺其自然去做；不干涉民间事务，倡导民众自我管理、社会自我发展。因此威信非常之高，动动手指民众莫不听令，这就是圣人之治，也就是原始状态下的一种相对自由松散的管理。

苑风：有德之人什么样子呢？

谆芒说："德人者，居无思，行无虑，不藏是非美恶。"这里的意思是：有德之人吧，静时不思考，动时不计谋，心中也不包藏是与非、美与丑之类的。

**四海之内共利之之谓悦，共给之之谓安；**

有德之人是心怀天下的，天下人都受益了，有德之人会感到喜悦；天下之人都富足了，有德之人会感到安乐。这个，分明是大教主般的博大胸怀。

**怊（chāo）乎若婴儿之失其母也，傥乎若行而失其道也。**

因此有德之人总是怅然若失，好像是离开了母亲孤独无依的孩子，茫然得又好像是迷路之人一样。何以如此？天下毕竟苦难多、苦人多，大家都在受苦，能独自一人安乐吗？这里有点佛家悲悯的思想。

**财用有馀而不知其所自来，饮食取足而不知其所从，此谓德人之容。**

有德之人的财物有余，却不知从何而来；饮食充足，却不知取自何处。意思是有德之人不为财物饮食等绞尽脑汁、打拼努力。

苑风：神人又是什么样子呢？

谆芒："上神乘光，与形灭亡，是谓照旷。"这里的意思是：上与神通，乘着光芒，形体全部消灭了，光辉明亮且广大无边。这个说法颇有点像佛家说的法身，指精神圆满，可以扩充到整个宇宙的各个角落。

**致命尽情，天地乐而万事销亡，万物复情，此之谓混冥。**

穷尽一切命数，通达万物之情，与天地同乐而没有任何事情能干扰和影响，像万物中的任何事物一样，既彻底又亘古，这个就叫作混冥。我们经常说追求永恒，其实永恒很简单，一块石头、一棵树可能就是相对的永恒。

谆芒说的情况，是说无论在精神上、肉体上，神人都已经与天地融为一体了，根本不显眼不突出，也不会为外物所动，像一粒石头、一棵小草一样，自自然然地生灭，本身就是亘古的样子。世间的人呢，想这样那样，想成为这个那个，其实思想全然冥灭屏蔽恐怕才是最理想的存在吧，人才会真正安分安稳安定。

结合《庄子·内篇·逍遥游》一文来看，这个叫谆芒的人与大而不当、毫无目的的鲲鹏实质是一回事。人世一遭，就是走走看看，除此别无目的，甚至就没有人世的概念，只有天地之精神。

## 秃而施髢之治

门无鬼与赤张满稽都是传说或虚拟的高人。二人观看了周武王的大军，便有了一番议论，也就是对武王伐纣的一些看法。

赤张满稽说：武王不及虞舜，因而天下才有了兵灾祸乱。

门无鬼的看法不同：天下太平时需要舜来治理，还是天下大乱后需要舜来治理呢？其言外之意是：天下真的需要治理吗？如果天下无事，根本就不需要治理，而天下有事都是治理搞出来的事，再通过治理去安定，不是多此一举吗？

对此，赤张满稽说：“天下均治之为愿，而何计以有虞氏为！有虞氏之药疡（yáng）也，秃而施髢（dì），病而求医！”这里的意思是：是啊，天下太平是民众的心愿，何须舜来出面治理呢？让舜来治理，就好比舜是医治秃头的，而去给秃子戴上假发。这哪里是医治，分明就是装装样子。

**孝子操药以修慈父，其色燋(qiáo)然，圣人羞之。**

有些事情是自然而然的，天子却要大力提倡，结果事情严重变味了。比如孝，原本再正常不过的事。结果呢？父亲病了，儿子就不吃不睡去给父亲煎药治病，装作很孝顺。发展到后来，父亲去世，儿子们守孝三年，恨不得跟着父亲一块死。这都是什么逻辑、什么做派啊，圣人们是以之为耻的，太假太作。

**至德之世，不尚贤，不使能，上如标枝，民如野鹿，**

这句话很是精练，即真正尊道重德的世道，根本不崇尚什么贤能，也不需要投机取巧做什么事，处于高位者，不过如普通的树枝一样。而民众呢，则像野鹿一样自由自在于山水之间。比如现代社会，何以普遍有一种不放心、不托底的焦虑感呢？原因是多方面的，最根本的还是导向问题，不遗余力地倡导大家去追求、去上进，追求什么呢？上进到哪里？有个终极吗？这样一来，人生不就成了一路狂奔，连体味的工夫都没有，能不焦虑上火吗？回头再琢磨这句"上如标枝，民如野鹿"，何其旷达神往的一个所在。当然，对大多数人而言，也仅仅是想想即可，转念接着跑吧，路还长，事还多，没有闲暇质疑。美国作家约翰·厄普代克的"兔子四部曲"，刻画的是20世纪中后期美国社会的中产阶级，第一部就叫《兔子，快跑》。这个绰号"兔子"的人跑什么呢？觉得乏味了，想脱离家庭、脱离社会、脱离束缚，于是开车离家出走了。想跑到哪里？又能跑到哪去呢？最后，还是老老实实回来了，并踏实于人生与生活之中，成为一个偶尔停下来向外张望的人。如果这个家伙读过庄子的书，张望时大概会念叨诸如"上如标枝，民如野鹿"这样的字句吧。

**端正而不知以为义，相爱而不知以为仁，实而不知以为忠，当而不知以为信，蠢动而相使，不以为赐。是故行而无迹，事而无传。**

在"上如标枝，民如野鹿"的时代，人们行为端正，并不懂什么是义；相亲相爱，并不懂什么是仁；诚实无欺，并不懂什么是忠；言行得当，并不懂什么是信；出于天性相互帮助，并不认为有恩赐感恩之类的。因此，做了好事不需要留名的，也不见有什么文字记载留传下来。新疆、西藏一些几乎与世隔绝的村庄，民风就是这般淳朴，很多人不识字、语言也不通，哪懂什么仁义礼智信之类的，但其所成就所呈现的却分明就是我们努力奋进中的理想社会的样式，除了物质生活稍差点，精神却是高度自给自足的。对此，我们是否真该反思点什么呢？或者说，我们能否认同老祖宗所说的这种社会模式，仅仅是说法和文字吗？"上如标枝，民如野鹿……行而无迹，事而无传"，这样的时代真的存在过，不知因何而失落了。人类热衷于考古，喜欢去深度发掘一个个与古人生活有关的场景，但一个时代失落的原因谁探讨过呢？有过令人信服的回答吗！

## 谀谄之惑

接着是几段议论。"孝子不谀其亲，忠臣不谄其君，臣、子之盛也。"这句的意思是：孝子不阿谀父母，忠臣不谄媚国君，能够做到这点，就是很好的臣与子了。这也经算是很高的要求，现实中能够做到的着实不多。

**亲之所言而然，所行而善，则世俗谓之不肖子；君之所言而然，所行而善，则世俗谓之不肖臣。**

时时处处阿谀奉承，认为父母、君王的言行都完全正确的，就是不肖子、不肖臣。"不肖"，即不像样子、不像话。这种理论与口吻，不像是道家观念。

**而未知此其必然邪？世俗之所谓然而然之，所谓善而善之，则不谓之道谀之人也！**

当然，这种评价是世俗的普遍的，但这里又有反思与质疑：这种道理和看法真对吗？世俗说好就真的好，说不好就真不好吗？其中牵扯到一个问题：一个人是什么样的人谁来决定？活得过得怎么样冷暖自知，但至于人怎么样很大程度上是他人说了算的，人云亦云的成分居多。这就有更深一层的问题了，即该如何看待他人的看法说法呢。

**然则俗故严于亲而尊于君邪？谓己道人则勃然作色，谓己谀人则怫然作色，**

这一句是关于世俗看法与基本道理的辨析——按照世俗的一般看法，世间还有比父母更可亲、比君王更可敬的人吗？阿谀奉承再正常不过了。但即使如此，说一个人奉承人，这个人会勃然大怒；说一个人拍马屁，这个人会很不高兴。实则呢，有些人不天天这个样子吗？逢迎奉承的还少吗？

**而终身道人也，终身谀人也。合譬饰辞聚众也，是终始本末不相坐。**

大多数人，终生都以虚言饰辞去讨好、奉承人，取媚于世人，一辈子也不会被人怪罪。也就是说，人们这样做完全可以，但说出来则肯定不行。那个人就是在拍马屁，一辈子就是个马屁精的，谁敢指出这点呢？惹急了会拼命的。不只阿谀奉承如此，世间很多事情都是这样，做得说不得。想想，从说与做的角度来看，世间的事无非四样：一是做得说不得；二是说得做不得；三是说得也做得；四是做不得也说不得。仔细琢磨这些，非常有意思。

**垂衣裳，设采色，动容貌，以媚一世，而不自谓道谀；与夫人之为徒，通是非，而不自谓众人也，愚之至也。**

人吧，一辈子讲究穿着、注重打扮，以取媚于世人，却从不认为自己有逢迎之心；本来就是个凡夫俗子，与他人一样，天天是是非非的，却自认为超凡脱俗，其实则愚蠢透顶。

**知其愚者，非大愚也；知其惑者，非不惑也。**

能够看到自身的局限与误区的，就不是真愚；心中知道有很多迷惑的，就不是什么大惑。

**大惑者，终身不解；大愚者，终身不灵。**

真正的大惑大愚，是终身也意识不到的。我们对于很多事就是这样，因习惯了故而意识不到存在什么问题，更别说什么调整了。而在那个时代，诸子百家就是通过类似的"胡思乱想"，不断扩大突破人的局限与界线，让"人"的内涵一天天丰富起来，这就是"解放"的含义。

**三人行而一人惑，所适者犹可致也，惑者少也；二人惑，则劳而不至，惑者胜也。**

孔子说："三人行必有我师焉，择其善者而从之，其不善者而改之。"庄子的态度角度完全不同：三人同行，其中一个人有迷惑，还是可以到达目的地或达成目标的，迷惑的人少嘛；其中两人有迷惑，问题就会成堆了，辛苦不说，目标与目的地谈不上了，糊涂的人超过了清醒的人，自然也成不了什么事。

**而今也以天下惑，予虽有祈向，不可得也，不亦悲乎！**

现如今呢，放眼望去整个天下都深陷迷惑之中，其中个别人虽然眼界高远、站高识广，对于往哪里去很清楚，但从整体上来看，人类绝不会到达一个美的所在。这不是很可悲吗？全世界的各大宗教、各个政治团体，分别为人类的未来描绘了很多不同的图景，但"美好"二字是共通的特征。何以到达不了呢？迷惑者太多了。

**大声不入于里耳，《折杨》、《皇荂(fū)》，则嗑(xiá)然而笑。**

《折杨》《皇荂》是当时流行的小曲。高雅的音乐，也就是我们今天所说的纯音乐、美声等，街头巷尾、田间地头的人是断然听不进去，也听不下去的。类似《折杨》《皇荂》这些小曲，听后倒是哈哈大笑，高兴得不得了。

**是故高言不止于众人之心，至言不出，俗言胜也。**

音乐是这样，言论也是这样，高深的言论在众人心里是无法扎根的。对于不能够接受的人，你跟他说什么呢？这样一来，对于真正的至理名言，道家的人是懒得去说的，久而久之，天下就为俗言俗理流行和主导了。

**以二缶钟惑，而所适不得矣。**

黄钟大吕是天下正声吧，用两片瓦缶随便那么敲击，就将钟吕之声破坏掉了。实则，破坏的不是音乐，而是审美。想想，一个时代不闻钟吕正声，而是瓦缶雷鸣，不正是孔子所说的"礼崩乐坏"吗？这段理论中崇礼之心很盛，应该不是老庄道家的调子。

**而今也以天下惑，予虽有祈向，其庸可得邪！知其不可得也而强之，又一惑也。**

眼下，整个天下都陷入迷惑，因此虽然明知要往何方而去、明知道该做什么，但怎么也做不好、去不了。明知其不可为而勉力为之，又是一大惑啊。其中的道理很简单，能说出这番理论的都是大宗教家级别的人物了，一定是悲悯众生、心怀天下的，怎么可能一人独自逍遥，而不顾他人呢？因此，在这世间，还是尽力而为着，能做什么就做点什么，能做到什么程度就做到什么程度。至于像屈原说的"我有迷魂招不得"，就太心灰意冷了。

**故莫若释之而不推。不推，谁其比忧？**

仅凭一己之力，想推也推不动，想扶也扶不起，索性丢下不管了。不管，也是心怀大忧、无人与共的。

**厉之人，夜半生其子，遽取火而视之，汲汲然唯恐其似己也。**

"厉"，通"疠"，即恶疮的意思。这里的意思是：浑身长疮的人，半夜得子，也非常之担心，将孩子生下来后取火点烛照一照，生怕长得像自己。论者之意是：大家别学我这样，问题想多了想深了，高不成低不就的，上，上不去，安，安不下，不上不下的，处于不生不死之地，很尴尬很难堪的。

问题想多了、想深了，从来都是矛盾，会让焦虑更多更大更深，而不会更加清醒和坚定。只有老人，活到一定程度，见多识广、时日不多了，才会有个真正旷达安静的态度。

这段话揭示了人与人最大的不同是观念的不同，换句话说，有什么样的观念，就有什么样的活法、什么样的人。我们看宗教的一些画、文人的山水画与普通人日常生活的画，是有明显区别的，何以如此呢？何以活得如此迥然不同，一切是理所当然的吗？是，也不是。所以，观念是个大问题。

## 取与舍

**百年之木，破为牺尊，青黄而文之，其断在沟中。**

一棵生长了百年的大树，被砍伐锯开制作成祭祀时摆设牺牲的案子，涂上青黄色的文饰。至于枝枝叶叶之类的，原本风风光光的，因为无用，则被抛在沟里。

**比牺尊于沟中之断，则美恶有间矣，其于失性一也。**

原本一体的大树，主干做成了几案，枝叶等弃于沟中，就已经很令人感慨了。世间的事物吧，因为美丑之分、有用无用之别，下场待遇也截然不同。但对于这棵大树而言，其有用无用的部分，有个共同点，都失去了生命、脱离了本性，成了完全不同的东西，一部分成了几案，一部分成了垃圾。

**跖与曾、史，行义有间矣，然其失性均也。**

由此庄子就大为感慨了——树是这样，人何尝不是这样。同样是人，简直是千差万别的。同一个时代，有盗跖这样的人，也有曾参这样的人，还有史鱼这样的人，虽然各有各的风范做派，但与树一样，都失去了本性。盗跖，即柳下惠的弟弟，因聚众为盗出名。曾参即孔子的弟子，写《大学》的那位，以好学著名。史鱼即卫国大夫子鱼，以"尸谏"著称，生前进谏，卫灵公不听，死前交代儿子将自己的尸体放在窗户下。卫灵公前来吊唁时见此情形很是诧异，得知情况后，立即接受了史鱼生前的谏言。

这里需要注意两点：一个是庄子对同一人有不同的评价，分散在不同的篇章里，须联系起来看，绝不能因为庄子随口说了一个人一句什么，就认定这是庄子全部的看法，或者认为那个人就是这样的人。读《庄子》如此，读其他书也一样。人是多面而善变的，不能做出千人一面、恒定如一的看法来。法国作家蒙田似乎也说过这个。另一个是人性究竟应该是什么样子呢？这个就更没法说了，各门各派说法看法不同，争论数千年了也没说清楚，看来根本就不是可以说清楚的。

庄子说，人失去本性的情形有五种：其一，"五色乱目，使目不明"。被青黄红白黑弄花了眼，看不清究竟了。按照佛家的说法，这个色字可不光是颜色的问题，还有很多假象、表面现象等，停留在这个层面，能看清什么呢。其二，"五声乱耳，使耳不聪"。"五声"，即宫商角徵羽，指音调。这里也并非分不清声调的意思，而是说人间的声音很多，尤其是这个这样说，那个那样说，该听谁的呢！往往是听得越多，越是耳根发麻、心意难决。其三，"五臭熏鼻，困惾（zōng）中颡（sǎng）"。"臭"，在古代指"膻熏香腥腐"五种气味。这里指，这些气味闻多了，会使人头晕脑涨的。其四，"五味浊口，使口厉爽"。酸辣甜苦咸五味吃多了，吃成重口味了。其五，"趣舍滑心，使性飞扬"。"趣"，通"取"，谓见利则取。这一句指取舍得失搅乱了心神，使自然之性挣执不息。

庄子说的这些，老子在《道德经》中也说过，两人对于色声味趣等的态度一致，都认为过多泛滥是有害的，是迷惑扰乱人心志的。不只道家持这个观点，佛家在消除这些方面与道家几乎一致。基督教、伊斯兰教等很多教义也有类似的观点。何以如此呢？人们注意到了感官对人的巨大影响力，从而倡导管制甚至是戒除感官快乐，从而减少外事外物的影响。这个问题似乎很小，其实是根本性的，涉及人活什么、为什么而活等问题，不因诸如色声味趣等而活，该怎么活呢？还有更高更有意义的生活吗？

**而杨、墨乃始离跂自以为得，非吾所谓得也。**

放眼天下，大行其道的杨朱与墨子的学说，也无非是自以为得、自认为对而已，在我庄子看来，也都是些浮表的东西，并没有指向根本。

**夫得者困，可以为得乎？则鸠鸮之在于笼也，亦可以为得矣。**

如果说囿于杨、墨的学说，就以为全然洞悉世界、社会与生命了，那真是如同蛙困于井底而不知、鸟困于鸟笼而不觉，有什么可称道呢？若干学说中，道家的智慧最高，确实算得上极有境界的，这一点也不夸张。

**且夫趣舍、声色以柴其内，皮弁**(biàn)**、鹬**(yù)**冠、搢**(jìn)**笏**(hù)**、绅修以约其外。内支盈于柴栅，外重缰**(mò)**缴**(zhuó)**，睆**(huǎn)**睆然在缰缴之中而自以为得，则是罪人交臂历指而虎豹在于囊槛，亦可以为得矣。**

这句的意思是：世俗之中，衡量一个成功者的标准是什么呢？头戴官帽、插着羽毛、身着朝服、手持笏板，一副衣冠楚楚的样子？内心呢？塞满了柴火油盐等算计和是是非非的观念。在这种情况下，按照庄子的看法，实则是像罪犯一样，身体被牢牢束缚着，灵魂被深深迷惑着，却依然不自知，一副趾高气扬、指点江山的样子，认为怀大才、有大德，不可笑吗？山中的虎豹们，很多不也这个样子！

庄子并非在质疑一切、否定一切，而是提示人们经常性地打量一下周身和周边，注意一下实情和现状，不能掉进井里了仍以为拥有全部的天地。

# 贰拾叁　在　宥

## 存在与宽容

"在"，即自在的意思；"宥"，即宽宥的意思。"在宥"指一个自由宽松的氛围。"在宥"与《论语》"里仁"的句式相近，"里仁"有里于仁的意思，"在宥"也有在于宥的意思，是说社会环境应该是宽厚包容的。这个观念也是从自然中得来的，天地对万物是什么态度呢？并不管得那么死、那么紧，也没有那么多的条条框框。那么，人对人何以有那么多要求和规矩呢？究竟是因为人太不自觉还是太好事了呢？想一想这个，起码对思想、精神有个松绑与拓展。"宥"这个字就非常有意思，屋子里或穹顶下，什么都有，什么都容得下，不能说是错误的、不好的就统统去除或消灭掉。以现代理论来看，这个标题也可以理解为"存在与宽容"或"原罪与宽恕"，与文中所说的内容甚为匹配。

**闻在宥天下，不闻治天下也。**

这话很有深意，即只听说过包容天下的，没有听说过能治好天下的。人，总是想按照自己的意思去编排和理解万物；沿着这一思维，强势的人总想着将自己的意志强加于其他人，世界因此而乱套。其中的教训实在是太深了，那么，人何以仍热衷于主导一切呢？还有没有点自知之明呢？庄子这句说得真好，一个和谐的集体，究竟是管理出来的，还是包容出来的呢？从自然的角度说，包容重于管理。

反思一下当时诸子百家的情况，儒家倡导人应适应管理，法家在制定法规，兵家则主张问题纠纷出现后采取强力应对措施。道家呢，则揭示了本质。

**在之也者，恐天下之淫其性也；宥之也者，恐天下之迁其德也。**

"淫"，是过度的意思。之所以强调"在"字，是怕天下人过度放纵自己的本性。"在"，即在场，指的是有一个自立意识，更有个范畴界定的，并非无处不在。这点与狭义自由的观念一致，自由不是什么都能干，而是以不妨碍他人为前提的。"宥"字呢？宽宥包容，也是怕扭曲改变了人们的德性。人的灵魂极具可塑性，怎么捏都行；但不能随意乱捏，捏不好，就将人捏成非人了。这点历史上很明显，有的时代想将人捏成匕首投枪，有的时代想将人捏成工蚁工蜂……这个捏就是塑造，目的性很强，而且人类社会这种居心叵测的时代居多，给人提供宽松环境的极少。

**天下不淫其性，不迁其德，有治天下者哉？**

天下人都不乱其性、不易其德，还用得着去治理甚至是管制吗？这种思想所指的是原始社会时的自然状态，类似自然放养的羊群。

**昔尧之治天下也，使天下欣欣焉人乐其性，是不恬也；桀之治天下也，使天下瘁(cuì)瘁焉人苦其性，是不愉也。**

尧是人人称善的吧，但庄子不这么看，而是对之持批判态度：过去尧治理天下时，将天下人的动力性情都激发出来了，人们个个很亢奋，时刻都处于一种运动式的亢奋状态下，这种情形很不正常，不够恬淡安静。从局部或一时来看，没有任何问题；而从全局来看，在历史上这代人甚至是数代人必然是要付出极大牺牲的。夏桀当政的时代问题就很明显了，使天下人疲于奔命、屈辱不堪，极其不快乐。如此，就更长久不了了。每天都过得很难受，谁还会跟你走呢？

**夫不恬不愉，非德也。非德也而可长久者，天下无之。**

庄子的意思是："尧之善"时代与"桀之恶"时代，都不是常态的，是不符合常情常理的。"非常态，必不久"，这样的模式又怎么可能长期维持呢？社会何以不断调整改革？皆因社会发展的规律如此。

**人大喜邪，毗于阳；大怒邪，毗于阴。**

按照阴阳理论，人大喜的时候，阳气就盛；大怒的时候，阴气就盛。

**阴阳并毗，四时不至，寒暑之和不成，其反伤人之形乎！**

对于自然而言，阴阳失调，春夏秋冬四时就会紊乱，冷热就会骤变，从而对人与万物带来灾难。

**使人喜怒失位，居处无常，思虑不自得，中道不成章，**

对于人而言，阴阳不调，喜怒无常，就会坐立不安、乱了分寸，办事也没个章法，容易半途而废。还有一点，阴阳不调则人容易生病，也容易伤及他人。说到底，皆因失衡，失衡就肯定会出现紊乱、发生问题。

**于是乎天下始乔诘卓鸷，而后有盗跖、曾、史之行。**

因为大喜大怒、阴阳失调，于是，有人乔装掩饰，有人凶猛超群，这样就有了类似于盗跖、曾子、史鱼等种种类型的人。人的行为受情绪影响很大，甚至受情绪、态度等所支配，因而对人对己对物抱以不同的态度，其实这就是我们所说的"三观"问题。

**故举天下以赏其善者不足，举天下以罚其恶者不给；故天下之大不足以赏罚。**

庄子的意思是：类似盗跖、曾子、史鱼等人，是一种极致极端的存在，根本就在毁誉之外。他们的善，即使用整个天下来赏赐也不够；他们的恶，即使用天下所有刑法来惩处同样是不为过的。屹立于天下的赏罚之外，是什么样的人格呢？庄子认为，这些人做人做事，无论善与恶，都实在是够闹腾的，地球都快要盛不下了。

**自三代以下者，匈匈焉，终以赏罚为事，彼何暇安其性命之情哉！**

这是庄子对历史的审视：夏、商、周三代以来，每个时代都吵吵嚷嚷着用赏罚来管理，也确实管用起效，老百姓的眼光都盯着赏罚而去，哪有心思安于本性呢！赏罚管理是最根本的管理之道，在当时，法家、墨家等都大谈过。庄子认为，你们不是大谈赏罚管理吗，看看把人都管成什么了，都赤裸裸地盯着赏罚而趋利避害，合适吗？

# 人的八个追求

接着说色识香味触法等对人的影响，或者说沉溺于眼耳鼻舌身意等感官的弊端，说了这么八个方面：

其一，"说明邪，是淫于色也"。"说"，通"悦"，这里的悦有沉迷的意思。"淫"，指过度、无度。喜欢眼睛的明亮去看风景看东西，就会沉溺于色。这个色泛指所能看到的一切，也就是佛家说的"色界"。

其二，"说聪邪，是淫于声也"。听觉聪敏，去听种种声音，就会耽溺于声音。

其三，"说仁邪，是乱于德也"。痴迷于仁爱之说，就将德性扭曲了。德本来是合于道的意思，这么一讲究，是是非非就出来了。"天地不仁"，才是广大神圣的所在；一说"仁"，就有所偏私，反而不大气了。

其四，"说义邪，是悖于理也"。沉迷于义，就与天地之理相违背。人们所说的义是有明显指向性的，而天地并无偏向。

其五，"说礼邪，是相于技也"。喜欢礼，就必然整天琢磨铺排举手作揖、跪拜行礼、制度规范等形式而繁琐的东西。

其六，"说乐邪，是相于淫也"。喜欢音乐，这儿所说的不是单纯地听个小曲这么简单，歌舞饮宴是一体的，必然天天莺歌燕舞的，久而久之，享乐主义、奢靡之风等都来了，就会荒淫无度。

其七，"说圣邪，是相于艺也"。想表现得很圣明就需要借助于神通了。世间种种的圣明，种种的神通，故弄玄虚的成分居多。

其八，"说知邪，是相于疵也"。喜欢求知，同样是弊端丛生的，最明显的一点是，自以为是，总觉得自己正确，而全世界都是错的；总觉得自己最高明，全世界都是傻子。所以说，求知有个明显矛盾和误区，由于所接受知识的不同，观念就不同；观念不同，就会产生对立对峙，争论争斗会成为常态。

**天下将安其性命之情，之八者，存可也，亡可也?**

真正想使天下安稳安心，这八个方面可以有、也可以无。有或提倡，是一种模式，就是目前社会种种形态和模式；没有或不提倡，是另一种模式，就是出世之人，比如道家老庄这种模式。有与没有、提倡不提倡，差别非常之大。

**天下将不安其性命之情，之八者，乃始脔(luán)卷狯(cāng)囊而乱天下也。**

放眼天下，人心之所以不安定不安稳，搞得乱哄哄的，就是因为这八种东西在作祟，有的提倡和号召，有的禁令和轻视。但有一点很明显，这八个方面可以使人放纵、沉溺、折腾、喧闹不止。但回过头来想一想，人不折腾这些折腾什么呢? 真像道家所说的那样活着，好像也很无趣。人生于世间，也就这么些事吧。沿着这个思维看，画痴、乐痴、学痴等各种痴就是庄子所说的这些原因造成的，而且过于沉溺，种种讲究就来了，花样也自然就多了。

**而天下乃始尊之惜之，甚矣天下之惑也!**

天下人只看到了"声色仁义礼乐圣智"等好处，从而尊崇敬惜、沉溺其中，其实正是这些构成了天下的大惑。对这一情况，却鲜有人反躬自省的。

**岂直过也而去之邪！乃齐戒以言之，跪坐以进之，鼓歌以余儛之，吾若是何哉！**

对于"声色仁义礼乐圣智"这些危害，人们并不是敏锐地意识到并予以去除，而是非常之虔诚的，到了什么程度呢？斋戒之后才敢谈话，恭敬备至地传授或接受，而且用歌舞来表现、传颂和赞美。对于这种情况又有什么办法呢？又能怎么办呢？

**故君子不得已而临莅天下，莫若无为。**

因此，一个真正的有智慧的君子，迫不得已接过天下的重担，最好的做法不是去折腾事，而是做到"无为"二字。"无为"不是不管不问，什么也不做，而是因势利导、顺势而为。

**无为也，而后安其性命之情。**

只有因势利导、顺势而为，不胡乱折腾，这样民众才会各归其性、各安其命，安居而乐业。

**故贵以身于为天下，则可以托天下；爱以身于为天下，则可以寄天下。**

这是由己及人的思维，指宽厚包容的态度。一个人只有珍视天下人的生命，才能把天下托付给他；只有真正爱护生命而为天下担当，才可以把天下交给他。道理再简单不过了，事情要交给一个有爱心、负责任的人才放心吧。交给一个无爱心、不负责的人，一定会坏事。

**故君子苟能无解其五藏，无擢其聪明，尸居而龙见，渊默而雷声，神动而天随，从容无为而万物炊累焉。吾又何暇治天下哉！**

"五藏"，即"五脏"（心肝脾肺肾）。这句是说，一个人很自知很自爱，不调动其五脏，也就是不劳心耗神地去做事情；不自恃耳聪目明，不去卖弄聪明才智；动静自如并合于天地，静时像摆设一样，动时像蛟龙一样；沉默时像深渊一样，发声时像雷鸣一样；一思一想、一举一动都合于天理，而不自作主张，强行硬施；从容无为的状态就像飘散于空中的炊烟一样。一个人活到了这种程度，还会想着治理天下吗？天下人都是这个样子，还需要治理吗？庄子认为，这个是人的最高境界，也是天下的最佳状态。当然，这个只在思想中或某个细微处存在，全局全貌绝不会是这个样子，尤其对于人类社会而言。

## 无撄人心

崔瞿向老子请教了一个问题："不治天下，安藏人心？"从语气上来看，这个问题是辩论质问性质的，大概是两人讨论如何治理天下。老子的观点是，天下不需要治理。崔瞿就想不通了：天下紧治慢治想尽办法治，都还乱糟糟的，如果不去治理，不是乱得没法收拾了吗？如何安定人心呢？

对于无为而治或不治，老子的理由是洋洋洒洒一大段，核心是探讨人心，这个人心其实是人性："女慎无撄人心。"老子的意思很明显，治什么呀？人心是治得了的吗？一定要慎重地对待人心，不能乱来。

接着是关于"人心"几个特征的概括：

其一，"排下而进上"。对于这一点有三种理解：一是受外力的作用，压抑时向下，激励时上进；二是对外界的态度，人是习惯眼睛往上看的，对低于自己的看不上、很排斥，对高于自己的则恭谨尊敬、一路追随；三是处于一个自然的状态下，环境怎么样人就怎么样，像水一样，地势低就往下流，温度高就往上升。在这句话中，这几种意思都有，不单纯指哪一种。

其二，"上下囚杀"。这句指管理作用下人心所持有或呈现的状态，就像个带壳的软体动物一样，外界给予的压力太大或感受到危险时，就缩回来；外界没有什么压力或危险时，就自然地向外舒张。这点与鱼在水里一个样子，左右上下快慢等都不定的，完全视外在情况和自身情绪而定。

其三，"淖约柔乎刚强"。这是指人心对于外界的反应，感觉好就是一副柔和的样子，感觉不好就会产生抵触与对立，会变得强硬。一个人究竟是柔弱还是刚强，很难说的，比如一个柔弱的母亲，在苦难与灾难之下，也是非常之坚强的。这里还有一层意思是：究竟是柔还是刚，多与外部环境及内心感受相关。

其四，"廉刿(guì)雕琢"。人心是柔软柔和的吗？其实是很尖刻的，总想去编排万物。"雕琢"一词很形象，完全是技术性的，是工匠思想，但人却总想着以这种思想去对待万事万物，包括身边的人。

其五，"其热焦火，其寒凝冰"。人心冷热、阴晴不定，一会冷一会热，一会笑脸一会怒气，变化多端，耐人琢磨。

其六，"其疾俯仰之间而再抚四海之外"。这句是说心无远近，看着人静静地坐在屋子里，而心呢？其实早已到了天之涯、山之巅、海之角了。

其七，"其居也渊而静；其动也县而天"。心的动静也是不得了的事，静起来吧，像深渊一样，即使满含杀机，也不会显露出来的；动起来吧，就是直达天际的态势，不达目的不罢休的，这点从李白以及豪放派的诗词中便可以看出来。

**偾(fèn)骄而不可系者，其唯人心乎！**

综上所述，人心莫测、变化万千，如何管呢？老子的意思是：人心就是这么敏感、复杂、浩瀚和动荡不安，料定得了吗？怎么管？老子是由己及人的，诸如老庄这些人怎么管？需要管吗？他们都是将一颗小小的心扩展到无边无界无量的人，谁人有资格管得了呢？

**昔者黄帝始以仁义撄人之心，尧、舜于是乎股无胈，胫无毛，以养天下之形，**

用仁义来绑缚与控制人心，是从黄帝时代开始的。到了尧、舜时代，他们为天下操劳到了大腿无肉、小腿无毛的程度，这还仅仅是肉体上的伤身劳形。那么，人的内心又焦虑到了何种地步呢？

**愁其五藏以为仁义，矜其血气以规法度。然犹有不胜也，**

尧、舜这些天子吧，整天愁入肺腑地行仁施义，呕心沥血地制定法规制度，即使到了寝食难安、鞠躬尽瘁的程度，也不见得就将人心管控到位了，不听招呼的、相继叛乱的大有人在。

**尧于是放讙(huān)兜于崇山，投三苗于三峗，流共工于幽都，此不胜天下也。夫施及三王而天下大骇矣。**

最典型的，莫过于尧时，纷争是很频繁很激烈的。于是，尧不得不通过部落战争，将讙兜（也称驩兜）流放到深山里，将三苗部落驱逐到三峗地区，将共工部落发配到幽州。正因为做了这些事情，实行铁腕铁血统治，因此黄帝、尧、舜才闻名于世，令人闻风丧胆。这就是典型的通过管理解决不了问题就通过武力来解决的例子。其实原始社会也有领主、领地之争的，只不过被古人无限美化了而已。

**下有桀、跖，上有曾、史，而儒、墨毕起。**

因为黄帝、尧、舜树立了榜样，后世就产生种种类型。最差劲的有夏桀、盗跖等，做得好的有曾子、史鱼等。儒家、墨家等学问也因此而起，是是非非，一套套的，不一而足。老子的意思是：这些都极不自然，反而是将事情无限复杂化了，才出现了下面这些不好的情况：

其一是"喜怒相疑"。人心如机，藏得很深，究竟是喜是怒？仔细揣摩去吧，表面根本看不出来，人是很喜欢装样子来掩饰心机的。

其二是"愚知相欺"。聪明人仗着智慧，算计愚蠢的人；愚蠢的人吃了亏，便也会采取种种手段予以回击。

其三是"善否相非"。善与恶、美与丑、是与非等观念相对立。对立是如何形成的？尤其是大范围的对立，与个人认知有关，与教育灌输的理念有密不可分的关系，这是意识形态的源起。

其四是"诞信相讥"。谎话与真话连篇，真真假假的根本就分不清楚。

正因为存在上述四个方面的问题，天下才衰落为纷纷扰扰的浊世。

**大德不同，而性命烂漫矣；**

同样是人，但由于教育经历的差别，基本的德性都不一致，因此就出现了五花八门、形形色色的众多流派。

**天下好知，而百姓求竭矣。**

天下人都好学求知，凡事都剖根究底。这个现象有正面的积极意义，也有负面的消极意义。正面的意义不说了，使人类从蒙昧走向文明。而负面意义呢，求知是为了什么呢？求知的路上误入歧途者居多、自以为是者居多、为学而学者居多，造成了诸多乱局与乱象。还有被"聪明误"的，不学还好，聪明反倒成为人心变坏和堕落的开始。

**于是乎釿(jīn)锯制焉，绳墨杀焉，椎凿决焉。**

因为立场、观念、意见等不一致，而对立与对峙，于是乎各种刑罚刑具出现了，罪名及量罪的标准也出现了，该杀该剐都清楚地陈列于时代与历史中，杀一儆百，以罚求治。

**天下脊脊大乱，罪在撄人心。**

短短这么几句话，教化、人心与刑罚三者的关系就很清楚了。教化紊乱了人心，从而又依靠刑罚去威慑制约人心，多么不得要领的一件事啊！一个"乱"字是不足以概括的，非得用大乱来形容才合适。

**故贤者伏处大山嵁(kān)岩之下，而万乘之君忧栗乎庙堂之上。**

老子、庄子所处的时代是大争之世，社会相当混乱。因为草菅人命、政变迭起，贤者隐居深山，君王忧于庙堂的事非常普遍。春秋时期，杀过多少贤相大才没法统计，但灭国三十六个、弑君五十二个确是有正史记载的。诸侯国之间的战争、高门望族之间的攻击兼并更是频繁。

**今世殊死者相枕也，桁(háng)杨者相推也，刑戮者相望也，而儒、墨乃始离跂攘臂乎桎梏之间。**

当时，非正常死亡的情况更是普遍，可以说是尸体摞着尸体，路有饿殍，获罪戴着枷锁刑具的人成行成串，受到肉刑的人随处可见。时人议论秦法时，秦国甚至出现了躯体完整的人算是很少见的可怕情形了。即使今天来推算一下秦国的人口与刑徒的比例，也可知当时这种说法一点也不夸张。老子的意思是：社会生态都恶化到了这种地步，儒家、墨家等才开始四处奔走、振臂鼓吹，会有效吗？

**意，甚矣哉！其无愧而不知耻也甚矣！**

这就是骂儒、墨两家的话了：唉，实在是太过分了，红唇白牙，满嘴喷沫，简直是恬不知耻啊！细想一下，各门各派说的东西太过单一，儒家说"仁义"，墨家说"兼爱、非攻、节俭"等等，对于治国治众而言，一定是综合因素综合方法才起效管用的，单纯任何一种说法是站不住、不成立的。比如，只说爱，只说和，置身于现实环境中，也就是只能说说而已，与现实完全不符。"道"与"德"的说法倒是颇有实事求是的意思，具体如何推行，老子虽然说得很概略，但视角够大够全也够深，兼顾了全面和长远。

**吾未知圣知之不为桁杨椄(jié)槢(xí)也，仁义之不为桎梏凿枘(ruì)也，焉知曾、史之不为桀、跖嚆(hāo)矢也！**

"桁杨"，即戴在脖子和脚上的刑具；"椄槢"，即榫卯结构的锁扣；"嚆矢"，即响箭，信号箭之类的。这句是说，世间推崇的所谓圣智、仁义之类的，不就如同枷锁之类的刑具吗？对于人来说，并非是解放解脱，而是管制与束缚。由此可以推知，历史上所谓的贤人能士干才们，很多不是成了统治阶层的帮手、吹鼓手之类的吗？

**故曰：绝圣弃知，而天下大治。**

这句话很有深意，完全摈弃圣智之类的，没有一点算计、方法之类的，天下不就一幅天堂牧歌的和平景象吗？拿今天的理论来看，怎么可能？老子这是要将人完全格式化的逻辑。人何以是这个样子呢？何以走到今天呢？这是有个明显因缘与因果的，对于这点，佛家说得最为高明——有因就有果。道家想通过全然消除因的方法来避免果，怎么可行呢？总有个因吧。否则，就成虚无论了。


# 广成子

黄帝做天子十九年时，政通人和，一派欣欣向荣的景象。

黄帝也乐得悠闲自在，听说广成子在空同山修炼有成，便去拜访，并请教了一个问题："我闻吾子达于至道，敢问至道之精。吾欲取天地之精，以佐五谷，以养民人；吾又欲官阴阳，以遂群生，为之奈何？"这里的意思是：我听说你通达至高无上的道，敢问其核心是什么？我想摄取天地之精华，以利于五谷的生长，用来养育广大民众。我还想掌握阴阳的变化，以满足万物，该怎么做呢？黄帝这个问题看似很大，实则想法很具体，有没有一个至高无上的方法可以轻轻松松就理顺一切事情，就像用万能钥匙能打开一切锁一样。

听到黄帝的问题，广成子说："而所欲问者，物之质也；而所欲官者，物之残也。自而治天下，云气不待族而雨，草木不待黄而落，日月之光益以荒矣，而佞人之心翦翦者，又奚足以语至道！"这里的意思是：你所想知道的，是宇宙的至理，是万事万物的本质；所想控制的，却是一些枝节细末的事情，两者相当矛盾啊。相当于一个人追求学问想成为博士，具体做事呢，却只想开个小店赚点钱。因此广成子就很有看法了：自从你治理天下以来，搞的都是很反常的现象，云气还没聚集就想要下雨，草木还没发黄就要凋零，以致日月之光越来越黯淡了。由此来看，你不过是个精于算计、目光短浅之辈罢了，有什么资格来询问至高无上的道呢？

听了广成子的话，黄帝心中惶惶然。回去以后，将政务交给他人。自己专门建造了一个房子，铺上祭祀用的白茅草，斋戒反省了三个月时间，又去见广成子。

广成子看到黄帝来了，躺在卧榻上并没有起身，黄帝恭恭敬敬跪行到榻前，郑重行礼后再次请教："治身奈何而可以长久？"黄帝悟道是有所得的，这次的问题不似上次那等大而空了，而是说如何能使生命更长久呢。

一听这话，广成子很有兴趣，起身说：嗯，这个问题问得好呀，来我给你说说吧。

接着就说了以下内容："至道之精，窈窈冥冥；至道之极，昏昏默默。"道家或者说老子说的道是什么？冥冥中主宰一切的力量，说白了，也就是原理与规律之类的。宇宙之间，总的原理、最高的原理，语言是没有办法来表述的，也不是理论能够解决的问题。因而对于原理、规律的精华与极致，广成子用了八个字"窈窈冥冥""昏昏默默"，浓缩为两个字就是"混沌"，若有若无说不清楚。这种表述方法与佛教中用"如来"表述佛号一样，似乎是来了，似乎是有，但究竟来了没有，有没有呢，无法给出一个清楚明白的答案。道也是这样，人们能说出一个局部，总结出一些技术性的定理，总的是什么，作用机理什么样的，存在于哪里，说得清吗？

**无视无听，抱神以静，形将自正。**

天地宇宙规律这些吧，听不到、看不见也摸不着。因此广成子说，对于道吧，就不要费劲去找寻了，那是看不到也听不到的。想感知和悟道，得保持精神的安静，肉体自然就端正了。人的一生，基本是忙死累活的，大多时候是处于疲于奔命、憔悴不堪、焦虑丛生的状态中的。绝大多数人虽然明明感知到了这个，明明很厌烦，但解决解脱不了。广成子的意思是：关闭感官，就可以安静下来，从而也使形体安顿下来。这个说法与佛家去除"六根清净"的说法相近。

**必静必清，无劳女形，无摇女精，乃可以长生。**

当时的社会生产力低下且动荡不安，人的寿命也很短，想拥有完整的一生是件很奢侈的事。比如，处于世俗之中，经常要参与劳役、战争等等，丢掉性命的概率非常高。如果一个人找个僻静的地方，靠狩猎采集为生，虽然日子清苦寂寞一些，倒不失为长寿之道。广成子指出的就是这个，找个地方清静下来，不要去掺和俗事，不去无端无谓地损耗精神，就有机会长生。为什么古代社会渔樵耕读多隐逸之人呢？或许就是这个原因吧。

**目无所见，耳无所闻，心无所知，女神将守形，形乃长生。**

人的情绪精神很容易受到外界的影响诱惑，铤而走险去做一些事情，往往会危及生命。广成子说，眼睛不去看，耳朵不去听，心思也不随意动用，就牢牢守着这具躯体和精神，才是健康长寿之道。

**慎女内，闭女外，多知为败。**

对于内在要小心谨慎，对于外在要关闭隔绝，知道得多懂得多其实并不是什么好事，往往会迷惑与干扰一个人。一些民风淳朴之处，开放或与外界接触，发现一个光怪陆离的世界后，其价值观念很快会颠覆坍塌，从而走向反面。

**我为女遂于大明之上矣，至彼至阳之原也；为女入于窈冥之门矣，至彼至阴之原也。**

思想是很强大的，完全可以形成一个与现实并驾齐驱的世界，甚至比现实要精彩曲折得多。这句是说，完全回归内心，不断修习冥想，人的思想会达到至阳或至阴这么一种境界。至阳是什么？人都有向外表现、向外寻求的欲望吧，可以理解为外界的任何也无法干扰撼动，心中永远是平静祥和艳阳高照的。至阴可以理解为内心高度自给自足，不表露出任何痕迹，也无须从外界寻求支撑寄托之类的。"之上""之门""之原"的说法，即方法、路径、门户、境界等。

### 天地有官，阴阳有藏，

这里有对内对外两种指向，天地自身有调节的功能，对外也有调节的功能，比如维持自身与生成万物；阴阳自身有转化闭藏的功能，对外也有个转化闭藏的功能，比如保持自身与生化万物。生活于大地上，按照人最直观的认识，天地、阴阳最为根本，是主导生死化易的。佛家说四种基本要素是"地水风火"，这个"地"与道家的"地"一致，风水也有阴阳的意思。

### 慎守女身，物将自壮。

这句话有劝谏的意思，不要总想着去管理他人、编排万物，谨慎地管好自身，万物会自然而然地生生不息，犯不着你去为一棵草的枯荣、一只羊的被食、一只虎豹的老死而动情或人为干预。人一参与，事情就全乱了，人所能做的最好最高最得体的事情就是管好自己。

### 我守其一以处其和，故我修身千二百岁矣，吾形未常衰。

我广成子一生就守了道这一样东西，因此始终与天地万物相和谐，没有任何问题嘛。现在我已经一千二百岁了，身体还健壮得很。广成子这一千二百岁是怎么算的不得而知。此人隐居深山，山中无甲子，寒尽不知年，究竟活多少岁了，谁也不清楚。即使说活了一万二千岁，在那个年代，也不乏相信的人。

听了这话，黄帝更是膜拜，赶快行礼说：你才是真正明了天道、达于天道的人呀！

受到黄帝的恭维，广成子又说了几句："彼其物无穷，而人皆以为有终；彼其物无测，而人皆以为有极。"万物是没有穷尽的，而人们普遍以为一切都会终结；万物是变幻莫测的，而人们普遍以为有个端极。其实呢，无论向后望或向前看都是无始无终的，哪有消亡和终结可言呢！

**得吾道者，上为皇而下为王；失吾道者，上见光而下为土。**

领会懂得了我所说的这些道理，上可为皇，下可为王；领略不到这个，这辈子就只好仰望光芒、脚踩泥土了。这里的皇与王，并非是天子帝王国君的意思，而是指自己的王。智慧福德不具备，领悟不了，就面朝黄土背朝天，只有在生死之地不息劳作了；或者偶尔还可抬头看看太阳、星星和月亮，也仅是偶尔看看，之后该干什么还将继续。

"今夫百昌皆生于土而反于土"，当然了，万物都是生于泥土，且必将归于泥土。既然生而为人，来这世上一遭，还是懂点道理、有点境界、精神阔远点的好点吧。

**故余将去女，入无穷之门，以游无极之野。**

嗯，我在此清修很多年没说话了，被你这么一打扰，说了这么多，实在不应该呀。现在，我想说的都说完了，也该换个地方，去那"无穷之门"，悠游"无极之野"了。广成子说的"无穷之门""无极之野"指的是什么？不是具体的时空，而是内心世界的广大无边，比如沉溺于做不完的梦中。这点，很多宗教和文学作品中都有描述，甚至成了一种哲学思维。

**吾与日月参光，吾与天地为常。当我，缗乎，远我，昏乎！人其尽死，而我独存乎！**

处于"无穷之门""无极之野"是什么情形呢？像日月一样光明，像天地一样恒久。有接近我的，我浑然不知；有远离我的，我毫不知晓。人都是会死的，但唯独我将长存。独立存在于一切之外，同时也在一切之里，不就是精神吗？但这里说的不是一般的精神，而是坦然于得失、悲喜、生死之上的精神。并非是无感无觉的，而是一种强大到自给自足的思想力。

广成子实际上也并未完全超脱，至少他心中还有一个"独存"的想法。

## 云将与鸿蒙

云将是庄子虚拟的人物。

这则故事是说：云将到东方游玩，经过一种名为扶摇的神树时，看到鸿蒙正在树上像鸟雀一样蹦蹦跳跳。鸿蒙，最初时掌管元气的神，人形。

对此，云将感到很好奇，便停下脚步问道：老人家是谁呀？这是做什么呢？多危险呀！

鸿蒙像老顽童一样，正在兴头上，边玩边说了句"玩！"

云将觉得这个老头不平凡，便说：我有个问题想请教下，不知有没有兴趣？

鸿蒙很干脆，就一个字：说！

云将的问题："天气不和，地气郁结，六气不调，四时不节。今我愿合六气之精以育群生，为之奈何？""六气"，即阴、阳、风、雨、晦、明。用今天的话说，天下极端恶劣天气实在是太多了，我想天下风调雨顺的，以养育万物，该怎么做呢？

鸿蒙一听就不高兴了，扭头就说：不知道！

三年后，云将东游到宋国的地盘，又遇到了鸿蒙。

云将一见大喜：这不就是三年前在树上跳来跳去那个老头吗？

便赶快上前行礼：老先生对我还有印象吧？我还有问题想请教于你呢！

鸿蒙不客气地来了句："浮游，不知所求，猖狂，不知所往。游者鞅掌，以观无妄。朕又何知！"其意思是：我这个人吧，无所事事的，浮游于世不知所求，无拘无束不知所往，就这么随意任性地观察天地万物，你的问题我又如何知道？如何解答得了呢？

云将：我们差不多，我也自认为是个狂人，云游天下，遍访高人，纷纷追随我的民众却很多；我没有办法制止民众的追随，也没有办法不让民众来效仿。对此，你是怎么看的呢？

云将是世间的大名人，像诸子游学一样，而鸿蒙才是真正的闲游。同样是游，两者却有本质的不同，两人也是截然不同的人。

鸿蒙说："乱天之经，逆物之情，玄天弗成；解兽之群，而鸟皆夜鸣；灾及草木，祸及止虫。意，治人之过也！"鸿蒙是说，无论人为地想做什么，都是扰乱上天之理，悖逆万物之情的，这样什么也做不成。比如，驱散野兽吧，会惊吓到鸟雀，以致整夜惊叫，草木也会跟着遭殃，连虫子都会跟着受灾，还瞎捣腾什么呢？鸿蒙这里指出了自然界浑然一体、连锁反应的情形。

云将：那我该做什么？怎么做呢？

鸿蒙：做什么都是有错有害的，什么也不做，静悄悄地归于本性再好不过了。

云将：能够遇到你是如此难得，还请指点开示一二！

见云将如此诚心，鸿蒙便说："意，心养！汝徒处无为，而物自化。"说什么呢，也就是两个字"养心"。什么也无须做，万物自有其秩序吧，用得着人去掺和摆布吗？比如，天异常冷或异常热，动植物以及整个自然界，自有应对之法，会随之作出调整，用得着人去瞎操心、瞎摆布吗？人呢，确实搞出了诸如反季节蔬菜、转基因食品这些东西，其初衷是什么呢？目的其实很自私，不外乎"为己"而已。这样搞的结果又是什么呢？好还是坏呢？恐怕很难说吧。人，养好自己的心，做好自己就行，不要总想着去主宰万物，万物会管好自己、自行生发的，一切自有其秩序。没有人类，这个世界对于鸟兽来说，无疑是更好的。

**堕尔形体，吐尔聪明，伦与物忘，大同乎涬（xìng）溟；**

忘掉你的形体，丢掉你的聪明，与万物浑然一体，与一切相和谐大同，不要自命不凡。

**解心释神，莫然无魂。**

人吧，即使是有知觉有魂魄，也不要思虑费神，不应有个"我"的意识并时时处处以自我为中心。人不过是大自然的一分子罢了，说什么主宰，谈什么灵长呢？

**万物云云，各复其根，各复其根而不知；**

至于如何对待万物呢，各保持各的样子，各复归各的根本，不要总想着按自己的意思去编排。最好是谁都不知道，不在意谁的存在的好，各自像大海中的游鱼一样。

**浑浑沌沌，终身不离；**

"浑浑沌沌"，即"物我两忘"的状态，终身都应该保持。也就是说，人就是人，总想超越另类、卓尔不群，道家思想是绝不赞同的，认为人应该与万物一样，与万物保持一致。

**若彼知之，乃是离之。**

人吧，一旦启动了智慧，说是探索究竟和本质，往往很可能适得其反、离题万里。越是思考思想，就越是离本质越远。最典型的是，比如，按自己的意志改造世界，真改造好了吗？站在千年万年、禽类兽类的立场上来打量，恐怕会得出截然不同的看法来。

**无问其名，无窥其情，物固自生。**

还是不要去追问这个那个的，也不要总想着去将一切都搞得清清楚楚、明明白白的，还是让万物保持原来的样子，不去碰触的好。

鸿蒙这番意思，再明白不过了。

云将听后说：你将真正的天道传授给我，指示我要低调并保持缄默。这是我一直在苦苦寻求的，直到今天才算是清楚了。

于是，郑重行礼辞行，便在人间彻底消失了。

这儿也可以约略体会出古人所说的"道不可闻，所闻非道"的意思。

真正的道、真正懂道的人，是不发一言、不事喧哗的，而我们却是在人间发声并喧哗着，并沉醉于自以为是的想象中。

## 世俗之人

**世俗之人，皆喜人之同乎己而恶人之异于己也。**

这是说世人的心理的，世俗之人吧，都喜欢与他人保持一致，而不喜欢他人唱反调、做相反的事。政治如此，个人亦是如此。

**同于己而欲之，异于己而不欲者，以出乎众为心也。**

想要他人同于自己，不想他人异于自己，很明显，这是出人头地的心态，总想着高人一头或高人一等，有一声百诺、一呼百应的效果。

**夫以出乎众为心者，曷常出乎众哉！因众以宁所闻，不如众技众矣。**

想出人头地的，真正做到出人头地了吗？比如，能够让他人一呼百应的，靠什么呢？换个环境、换个身份试试，还有如此的效果吗？或者打心底说，他人是否真的会一呼百应呢？实事求是地说，不反感就该庆幸了。

**而欲为人之国者，此揽乎三王之利而不见其患者也。**

同理，那些想治国理政的人也是如此，总想着有三皇五帝的成就，却看不到所引发的问题、所造成的隐患。治理，到底是利大还是弊大，这是个问题。道家看来，治理根本就是莫须有的事，兹百弊而无一利。

**此以人之国侥幸也，几何侥幸而不丧人之国乎！其存人之国也，无万分之一；而丧人之国也，一不成而万有馀丧矣。**

天下人吧，都梦想着成为一国之君或主政的卿相大夫之类的，显露几手治国理政的本事。事实上，真正的诸侯国君，名副其实的又有几人呢？人亡政息的倒是不在少数。侥幸成功的，不到万分之一；失败而丢权丧命的，倒是成千上万。庄子说的这点，就是三不朽中的"立功"，这涉及个人才能、运气以及他人等种种因素，缺了哪个都不成，因而难度极大，也因此立志醉心于此的，多数失望大于希望。

### 悲夫，有土者之不知也！

悲哀啊，那些真正的领主们却并不明白这样的道理，还天天居高临下、趾高气扬的，殊不知危险近在咫尺，如影随形。

### 夫有土者，有大物也。

拥有土地治权的人，拥有众多的资源。从某种程度上来说，甚至有支配万物的权力。不同的天空下，不同的领地里，有人诅咒上天，有人赞美上天，就是出于这个缘故。

### 有大物者，不可以物物。

"不可以物物"中的第一个"物"是动词，物役、奴役的意思；第二个"物"是名词，是个广义泛化的概念，泛指一切物质性的东西及其所包含的机理、规律、关系等等。意思是作为一方领主，管理一个国家，掌握和可以调动的资源很多，一般的物品可以随意动用，但事关原理与规律的东西是不能随意乱来的。比如国情，不按国情来，随意任性就要付出惨痛的代价。比如权欲很重，连太阳的东升西落、月亮的圆缺都想管，管得了吗？这样做往往是要坏事的。

### 而不物，故能物物。

这句话就有实事求是的意思了。对于治国而言，虽然有些东西是物质性的，但诸多的物质组合起来，意味意义就截然不同了。虽然是事物、东西，但绝对不能轻率地作为一般性物质来对待，这样才能更好地调配役使万物。其道理很简单，比如经济中资源的开发与配置，能随心所欲吗？只有按科学正确的规律来，才能发挥最高效能；一般性地看待与对待，很快会出问题，严重时甚至连调配的资格与机会都没有了。

**明乎物物者之非物也，岂独治天下百姓而已哉！**

这句的意思就很清楚了，即治国理政，可不是管人治人、管物分物这么简单的事，而是涉及对万事万物的态度与方法的。明白了这点，对于万事万物有个端正的态度，并能够审慎地处理，万事万物的意义就不是一事一物这么简单了。实则，一人一事一物都是世界的组成部分，是一个不可拆分的整体，必须抱以整体观，才能真正理顺搞好。看看，这个思维层次够高吧。

**出入六合，游乎九州，独往独来，是谓独有。**

我们经常说"独具""独有"，"独一家""独一份"就是这个意思，也就是见人所不见、知人所不知，属于你的世界就是别有洞天或无量无边的。这句是说，虽然通晓万事万物之理，但并不去掺和。而出入六合、游于九州，独来独往的，这才是真正意义上的独立与自觉。一般人呢，学了些技术或本事，总是急于向他人显露展示。只有到了独往独来于六合九州的地步，才是庄子所说的"逍遥游"，不只是"独有"，简直就是"独享"。

**独有之人，是谓至贵。**

人生拥有独有独享的境界，才是最为可贵的，否则求索什么呢？当然，独有之人，也是孤独的，有着刺骨的精湛与孤独。

# 天地之友

儒家说了个"大人之学",也就是大学,"在明明德,在亲民,在止于至善"。这个大人之学并非成人的学问,而是大写之"人"的学问。

道家庄子则提出了"大人之教",同样是大写的"人"的意思。"大人之教,若形之于影,声之于响,有问而应之,尽其所怀,为天下配。"伟大人物的教诲,并非喋喋不休地教这个说那个,而是像形体对于影子、声音对于回响一样,有疑问必有回应,且尽其所能,以此来对待整个天下。怎么理解呢?这种智慧与理论是指向本质的,具体而高效。形体一动影子就跟着动,有声音就有回响,世间的很多学问只是皮毛,像影子、回响一样,并未真正抓住本体或本质。

## 处乎无响,行乎无方。

虽然掌握着最本质的东西,但这样之人的行事方式都是不拘一格的,不制式、不套路,甚至是低调的,不事喧哗,也没有什么固定的路数。从这,也可以体味出一个"高"字,虽然是极世俗化的评价,也并非道家的追求目标,但在我们看来,这样的人给我们的印象就是一个"高"字,甚至还有"神"之类的。

## 挈汝适复之挠,以游无端;

虽然不声不响,但"大人们"也是作引领之态的,启示并引领整日忙忙碌碌的人们卸下包袱,无所事事遨游于时空的无边无际之中。以现代理论来解释,就是将人们从事务中解脱出来,不再凡事抱着有用无用的态度,而是去干点吟风弄月之类的事,一生倒也圆满闲适。总是谈有用,真就工具化了。

**出入无旁，与日无始；**

"出入无旁"是说没有分别心。人活着吧，整天是是非非、功名利禄的，到了一定高度，就没有分别心了。"存在的即是合理的"，不就是这样的逻辑吗？"与日无始"，即我们做什么事，都是一副只争朝夕的样子，紧赶慢赶的。其实仔细想想，这是往何方去呢？不是去取经，也不是去成佛，而是走在通往死亡的路上。既然如此，着什么急呢？慢悠悠走就是了，最好忘记时间、忘记年龄，不知今夕何年、此身何身。

**颂论形躯，合乎大同，**

一言一行、一举一动，都合乎"大同"。"大同"是什么呢？并非《礼记·礼运》中的人伦的"大同"，而是自然界最大的形态，即万事万物所共同构筑的这个世界，或时空中目前所呈现的这么个氛围。庄子的意思是：人要与万事万物浑然一体，不要总想着将万事万物按自己的意思——去重新排列组合，如此去做，大多都是人间的悲喜剧。

**大同而无己。无己，恶乎得有有！**

与万事万物趋于大同，就没有"自我"这个意识和概念；没有自我意识，就不会有得失有无这些。

**睹有者，昔之君子；睹无者，天地之友。**

生命很神奇，无中生有，有变为无。因此，我们对于"有无"的看法也不尽相同。有人重有，便看到了有；有人重无，便看到了无。庄子的意思是：看到并注重一切存在的，是过去的君子；看到并置身于无的，才是真正的"天地之友"。也只有"天地之友"，才能独与天地精神往来并独享自在。自古以来，能够称得上"天地之友"的能有几人呢？想想就成，就有无尽的玄妙。

## 天道与人道

接着说了十个概念或十种存在的形态：

其一，"贱而不可不任者，物也"。这里指的是：轻贱却不可不用的是物品。物品，无情无感的，依佛家的说法，属于"诸无情"，有用人们就喜欢，无用人们就不喜欢；稀少就价格昂贵，众多就非常便宜。

其二，"卑而不可不因者，民也"。这里指的是：卑下却不得不依靠的是民众。没有民众，国君、官员给谁做呢？这是等级社会的观念。

其三，"匿而不可不为者，事也"。这里指的是：细小繁多但不能不去做的是事情。无论是人的活着，还是任意一种生命存在，似乎都是陷入事务中的，被事务所固定和耗费。从很大程度上说，命是人的还是事的都很难说。

其四，"粗而不可不陈者，法也"。这里指的是：粗疏但却不能不公开施行的是法令制度。在法制社会里，法网越织越密，织到后来，人人都成蜘蛛了。社会发展到底是在限制人还是拓展人呢？这是个问题。须知，人性是无形的，随意赋形即可。因此，就有了意识的形态化。关于这点，西方有"性的人""法的人""思想的人"等种种说法。法国作家雨果认为：活着，人其实是在与自然、宗教、法制作斗争，或者是在自然、信仰和法制中辗转着。

其五，"远而不可不居者，义也"。这个"远"是相对于道而言的，是说义虽然远离天地大道，但人却不能不采用。"义"有两层意思：一个是"义者宜也"，指适合的，方法论范畴的；另一个是利他行为，相对于自私而言的，是价值观范畴的，群体生活需大力提倡。

其六，"亲而不可不广者，仁也"。这里指的是：仁吧，讲究亲疏但却不能不推广。这里的仁与传递、博爱等大致是一个意思，是一种大爱价值。有没有一个放之四海而皆准的价值呢？肯定有，不只西方在说，我们的老祖宗早就在大说特说了。

其七，"节而不可不积者，礼也"。这里指的是：礼吧，节制讲究却又不得不注意沿袭。虽然各国的礼有所不同，但意义与指向是相通的，礼通过一定的形式体现尊卑上下内外或同级的关系。人是思想的人、内在的人，这个很难辨识的，如何有个外在体现呢？特别是在群体生活中，基本的关系一定要理顺，就要通过礼来实现。否则，就会矛盾百出，乱作一团。

其八，"中而不可不高者，德也"。这里指的是：中和、符合于一切，却不得不仰视的，就是"德"。"德"，指对道的认识与遵循的程度。由此来看，德有实事求是的意思。"中"，指德与万事万物相符；"高"，指虽然德看似貌不惊人、不声不响的，但却是最为高超的存在与品性。无论从现实还是长远来看，只有符合万事万物和原理与规律，才和谐，才有出路，否则就是死路歧路。

其九，"一而不可不易者，道也"。这里指的是：至高无上、绝对统一，却又不得不随时变易的，就是道。道是什么？万事万物的原理与规律，即恒定不变，又时时处于变化之中，其微妙玄奥的程度，人的思想根本无法穷尽，因此会得出这么个看法。

其十，"神而不可不为者，天也"。神奇但不能不去作为的是天。这个天并非自然的天，而是冥冥中主宰一切的力量，是如同天帝般的存在。上天就是如此，看似什么都没做，实际该成的都成了。人也该借鉴于天，去做力所能及的事情。究竟哪些该做与哪些不该做，就是无为而无不为的意思了。

这几句是对诸如物、民、法、事、义、仁、礼、德、道、天等的定性，也隐隐揭示了其相互之间的关系，以及具体运用中的注意事项。需要注意的是由物及天这个方向，这是认识的方面，也就是说，认识天道是从一事一物开始的。接着就是做事的方向了，不能盯着一事一物，而要从遵循天道开始。

## "十不主义"

真正的圣人，守道则会秉持"十不主义"：

其一，"故圣人观于天而不助"。对于天的态度是观，而不是去助，即细致观察而不去帮倒忙。天不需要人这点智慧与力气的，相反，人应该充分学习借鉴上天之道，才能使人间更为和谐美好。

其二，"成于德而不累"。"德"，指合于原理与规律。事情因德，也就是合于原理与规律才会成功，才会水到渠成，而不会劳累。相反，违背了德，即原理与规律，事情就会越搞越复杂，累死了还做不好干不成。

其三，"出于道而不谋"。事情合乎原理与规律，需要什么谋划、计谋之类的吗？比如，春生、夏长、秋收、冬藏，需要谋划什么呢？农业社会一切都自然而然的，说到底也是合乎规律的。否则，该如何谋划呢？很多事情再怎么谋划结局都是定了的。

其四，"会于仁而不恃"。"仁"，是一种修养，是一种相互之间的有益的态度，大家也都因为仁才会更好地相处。但不能因为仁有效，就唯独依恃或寄希望于仁吧。说实话，一点也不可靠，提倡人们相亲相爱，就一定相亲相爱了？需要人们相亲相爱，就相亲相爱了？哪有这样的事。这点也是从天道中得出的，天与地不会偏私于任何人与物，而仁呢，亲亲疏疏的，每个人的理解不同，标准就很难把握了。

其五，"薄于义而不积"。"薄"与日薄西山的"薄"是一个意思，指迫近，接近。人要接近于义而不扎堆于义，这点也很难做到。利他，有些人能做到，有些则做不到，无法去强制的。因此，不能将全部的宝押在上面，不能寄希望于这个。

其六，"应于礼而不讳"。这里指的是：社会生活中，要讲究礼仪而不避讳。何以这样说呢？"礼"是讲究，"讳"是过分的讲究，"礼"都成了过分的讲究，很可能就走向反面、走上邪路。

其七，"接于事而不辞"。这话很形象，世间的很多事并非我们乐意去做的，人生一世，不得不做的事居多，违心的事居多，甚至可以说是人漂流于事上，一生是被事簇拥挟裹的一生。什么都不做，要么纯粹隐遁于世外，要么在世间就很是难受难堪。什么事也不想做，想怎么活？想活成什么样子呢？

其八，"齐于法而不乱"。法度最重要的是一个"齐"字，无论什么样的法度，但凡大家都严格遵守且用一把尺子去量长短，就不会有大的问题。

总的来说，中国的古法大多是化俗为法的，排除诸侯官员出言为法的情形，大多日常法不会太过于出格，是可以忍受的，是可以维持日常运转的，遵守了就不至于生乱。"王子犯法与庶民同罪"的思维就是由此而来的，一旦出现特殊的法外人，这个法很快就废弛了。

其九，"恃于民而不轻"。民众与蝼蚁，虽然单独看确实无足轻重，但集体的威力就很大了。因此，对于民众一定要有个端正的态度，不能看轻看淡了。

其十，"因于物而不去"。人就是肉体凡胎，是自然的一分子，只是因为思想才显得突出罢了。也就是说，人是严重依赖于物质的，全然排斥物质，这样修那样修的，真能修到不吃不喝、元神出壳吗？不过是程度上比一般人特别一些罢了。不依赖于肉体、不依赖于物质，没法活的；即使活，也是非人，佛与仙都是非人。当然，人于物是有依赖的，并不能全然禁绝。

以上也告诉我们一个道理：凡事不能绝对，一绝对就是神鬼之道，就与人道相去甚远。

**物者，莫足为也，而不可不为。**

这句话很微妙，也很有深意——依道家看，万物与人是同生共存的关系，但人总想着按自己的意志去编排万物，甚至总想着改天换地。人真有改变甚至灭绝万物的能力，可人的存在就是为了改变和毁灭吗？总之，这是一个很大很复杂的问题，有些东西必须去改变，有些则改变不得。

**不明于天者，不纯于德，**

"天"，既有冥冥中掌控一切力量的意思，也有天道自然的意思。如果不清楚天道的运行规律，没有一个宏观的思维，怎么可能有纯粹的德性呢？说白了，一个人能看到看清多大的世界，就是个什么格局的人，就有什么样的德性。

**不通于道者，无自而可；**

不通达其中的原理与规律，什么事也做不好。

**不明于道者，悲夫！何谓道？有天道，有人道。无为而尊者，天道也；有为而累者，人道也。**

连大道都不明白，是件很可悲的事。什么是道呢？分两种，总的统揽一切的，即是天道；人类社会，也自有人类社会管理与发展之道。天道的特征是什么呢？四个字"无为而尊"，看看上天，似乎是什么也没做，只是按规律运行，但万物都是仰仗依赖"天"的。人道呢？也就是从人间这点事中看出的端倪，概括起来也是四个字"有为而累"，想法很好，想做的事也很多，而且累得不行。

**主者，天道也；臣者，人道也。天道之与人道也，相去远矣，不可不察也。**

天道是主，人道是辅，天道与人道，有根本性的不同，是必须清楚掌握的。

西方广为传播和认同的理论，哲学家为王，也是思维管制之一种，与此相形，中国的道家要高远广大得多。读庄子的意趣就在这里，会使人如天空一天天高远广大起来，而不是每天就盯着一个天花板，盯着巴掌大的一块天。

以"不生不死"之身，活在"不生不死"之境，做个"不生不死"之人。

# 贰拾肆　胠　箧

## 小盗与大盗

木心有这么句话：汉代赋家，魏晋高士，唐代诗人，全从庄子来。嵇康、李白、苏轼，全是庄子思想，一直流到民国的鲁迅，骨子里都是庄子思想。石涛、八大山人，似信佛，也是庄子思想。即使到了今天，我们仔细琢磨一下，还真是这么回事，可见庄子思想对于国人旷远的影响力。如果不深学，不真知，恐怕连活着都欠点味道和意思。

"胠(qū)"，凡是与月有关的字都与人的身体有关，胠指弯着身子。"箧(qiè)"，箱子。胠箧，即弯着身子撬箱子的人或行为。

**将为胠箧、探囊、发匮之盗而为守备，则必摄缄縢(téng)，固扃(jiōng)镝(jué)，此世俗之所谓知也。**

想要防备撬箱子、掏口袋、开柜子等盗贼，就要做好扎紧绳索、加固闩锁等相应的防范工作。能够做到这点，就是世俗一致评判的聪明人了。

**然而巨盗至，则负匮、揭箧、担囊而趋，唯恐缄縢扃镝之不固也。**

以上只是对付小偷小摸的方法，如果是大盗呢？连箱子、袋子、柜子一块搬走，为了方便搬运，唯恐这些器具做得不结实。

**然则乡之所谓知者，不乃为大盗积者也？**

这样一来，前期费尽心思所做的加固工作究竟能否有效防盗呢？不正是为大盗做准备吗？到这就清楚了，庄子是说小聪明与大智慧的。

**故尝试论之，世俗之所谓知者，有不为大盗积者乎？所谓圣者，有不为大盗守者乎？"**

庄子从现象说到本质。他从防盗这件事推理：不妨想想，不止防盗这一个方面，世人公认的所谓聪明人，在很多方面所采取的应对措施，有哪一个不是为大盗做准备呢？更进一步说，世间所谓的圣人，有哪一个不是在为大盗创造财富呢？

为什么这么说呢？庄子举了三个事例。第一个，公元前379年，齐国"田氏代齐"的例子。"昔者齐国，邻邑相望，鸡狗之音相闻，罔罟（gǔ）之所布，耒耨（nòu）之所刺，方二千馀里。"齐国曾经是西周姜子牙的封地，由于治理得当，城市一座挨着一座，到战国后期时都还有七十余座。放眼望去，鸡犬之声相闻，一派清平景象。狩猎所及的区域，犁锄劳作的地方，方圆二千余里。

**阖四竟之内，所以立宗庙社稷，治邑屋州闾乡曲者，曷尝不法圣人哉？**

诸侯国中，齐国算是大国强国了吧，在东海之滨建立国家、设立政权，各个城市村庄上上下下无不尊姜氏为圣人，哪个不听从其教诲呢？

**然而田成子一旦杀齐君而盗其国。所盗者，岂独其国邪？**

田成子一朝杀齐君取而代之，窃取了齐国，一切成果不都成了田家的？人们又都尊奉田氏为圣人了。弄清这个，得叙述下历史背景，田成子是谁，又得从陈国说起。周武王的长女太姬，嫁给了妫满，公元前1046年封于陈国。公元前478年，楚惠王杀陈愍公灭了陈国。陈国历25代568年。陈国被灭，陈厉公妫跃之子妫完逃难到齐国任大夫，按当时的惯例，称为"陈完"，或因封地在田这个地方，也称为"田完"。作为陈国贵族，这个田完有着远大的志向与不错的家风。齐相晏子对此的看法："齐政卒归于田氏。田氏虽无大德，以公权私，有德于民，民爱之。"晏子的意思是：田氏极善于收买民心。据史书记载，田完的后人田桓子、田乞，大搞赈济活动，并非作秀而是货真价实的，经常是"大斗出，小斗进"，民众得到实惠后归之如流。齐简公时，田乞已经自立为相并把持政权，将姜氏国君架空成了傀儡。之后，田乞之子田成子的胆子更大，步子也更大，于公元前481年杀了不听话的齐简公，立简公的弟弟为君，即齐平公。公元前391年，田和废齐康公自立为君。公元前379年，齐康公死，姜氏就彻底退出了齐国的历史舞台。齐国的历史就有两段"姜齐政权"和"田齐政权"。"田氏代齐"的意义在于，完全打破了当时君权天授的成例，释放了不好的信号——只要有实力与民望，这个位子谁都可以来坐——从而揭开了大夫士族们火并及争夺君位的遮羞布，也成了春秋战国混战的导火线。

## 田氏代齐

"田氏代齐"也是著名的谋略之一，即非暴力取得政权的典范，历来对此津津乐道的人很多。当时，由于民众非常拥戴，齐国基本没大的反应；诸侯间只有些舆论说法，也没有他国干预的，就连周天子都默不作声了。对于"田氏代齐"，孔子则是非常愤慨，并多次强烈谴责，还请求鲁君出兵干预。庄子的态度完全不同，他看得很全面、深刻而高远：田氏代齐，仅仅是取而代之这么简单吗？仅仅是夺取了政权吗？恐怕不这么简单。

**并与其圣知之法而盗之。故田成子有乎盗贼之名，而身处尧舜之安，小国不敢非，大国不敢诛，十二世有齐国。则是不乃窃齐国并与其圣知之法，以守其盗贼之身乎？**

庄子认为，"田氏代齐"夺取的不仅仅是一个国家，连圣人所立的法度与智慧也一并践踏了，而且方方面面看起来都是顺理成章、非常正当的。也正因此，田氏虽然从本质上说与强盗并无二致，但这只是一些人的看法，更多的人是视其如尧舜的。因为田氏有胆有识，对于"代齐"这件事，小国不敢非议，大国不敢讨伐，而田氏传位十二世（正史记载的"田齐"共八世，庄子生活在齐威王、宣王的年代，可以推知此篇可能并非庄子所著）。因此，庄子一再说，田氏盗走的不仅是齐国，实质连正当性、圣智之名都盗走了，在历史上是镀金的，完全没有一点盗贼的意思。

第二个例子为："尝试论之，世俗之所谓至知者，有不为大盗积者乎？所谓至圣者，有不为大盗守者乎？何以知其然邪？昔者龙逢斩，比干剖，苌弘胣，子胥靡，故四子之贤，而身不免乎戮。"之所以说，拥有最高智慧的人都是为大盗做准备的，是因为很多最了不起的圣人最后都成了大盗，不只是田氏代齐的事例。关龙逢被斩头，比干被剜心，苌弘被逼自剖，伍子胥糜烂于江中，这些有才干的人尚且不能免于杀身之祸。看看，小盗人人得而罚之诛之，大盗谁有办法呢？这个观点，墨子也说过。

当时的观念，不与而取谓之盗，也就是说，每天照着的太阳、吸着的空气，都是人从天地间盗来的。庄子的意思，小毛贼都是没什么德性的，而窃国大盗呢，本事、名声都很大，都是以仁义圣智等作为旗号的。

第三个例子为：盗跖的手下问盗跖："盗亦有道乎？"这个"道"就是规则、原则，也有方法的意思。盗跖答：干什么没道呢？无道，什么也干不成的。对于大盗而言，有五种道，或者说要在五个方面做表率：一是"妄意室中之藏，圣也"。其意指，能够判断室中有没有宝物、有多少、藏在什么地方的，这叫作"圣"。二是"入先，勇也"。其意指，盗窃跟作战一样，要有带头人，敢于第一个带头进去的，这叫作"勇"。三是"出后，义也"。这点也与作战一样，出来时要殿后，同伙全部撤出了，自己才撤出的，这叫作"义"。四是"知可否，知也"。其意指，分析判断值不值得下手，或成功概率有多大的，这叫作"智"。五是"分均，仁也"。其意指，分配得很均匀，人人满意的，这叫作"仁"。

盗贼亦讲究"圣、勇、义、智、仁"五道。盗跖说的这个理论，无论做人还是做事、治国还是持家、黑道还是白道，同样适用。做到了，就能"做大做强"；做不到，就是小打小闹。盗跖还说，不具备这五点而能成为大盗，想都别想，天下根本就没有这种事。这个理论说得够精彩，水平也相当高。这也揭示了关于理论与行动的关系问题，只有理论没有行动，是空头理论；没有理论指导的行动，也是盲目的，属低层次的。理论与行动高度统一，且符合实际，就不容小觑了，即使是做点小事，也能做出个道行来。

**由是观之，善人不得圣人之道不立，跖不得圣人之道不行；**

从世道人心的种种情形来看，只做个无害化的好人，没有点远见卓识和能力本事是难以立住身、站住脚的。类似盗跖这样的人，没有几把刷子，不过是个小偷小摸而已，何以成为当时的天下巨盗呢？不就是因为拥有圣智的翅翼吗？

**天下之善人少而不善人多，则圣人之利天下也少而害天下也多。**

纵观天下，从来都是善良的人少而不善的人多。由此看来，所谓的圣人给天下的好处很少，但危害却很大。这里的"圣人"侧重于能力本事。能力本事大，做的事就大，造成的影响也大。庄子的意思是：放眼天下，所谓圣人做的这些事情造福很少，而祸害却很大，往往是为了点局部利益却贻害无穷、影响深远。

**故曰：唇竭则齿寒，鲁酒薄而邯郸围，圣人生而大盗起。**

唇亡齿寒与假道灭虢说的都是晋国借道虞国，灭了虢国、虞国的史事，是著名的谋略和政治事件之一。"鲁酒薄而邯郸围"也是战国时期的史事。楚宣王召集诸侯会盟，鲁恭王到晚了，且献的酒性味平淡，惹得楚王很不高兴，吓得恭王悄悄溜回国了，楚国便出兵攻打鲁国。魏国一直想出兵赵国，又怕被楚国抄了后路，见楚鲁交战，便趁机起兵攻打赵国。魏国的这个做法是谋略，也是投机。庄子的意思是：当时诸侯国之间类似的事情之所以非常普遍，就是因为圣人太多。没有圣人宣扬圣、勇、义、智、仁之类的，哪有这样的导向呢？哪会生出如此大规模的争战呢？

**掊（pǒu）击圣人，纵舍盗贼，而天下始治矣。**

因此，何以解决争端争战呢？打倒圣人，释放盗贼，天下就会消停和太平了。这点用现代理论说，即不唱高调，而倡导实务，天下就会消停了。何以如此呢？没人对政治感兴趣，人们都努力于生存、生活这个层面，还能有什么大事发生呢？

**夫川竭而谷虚，丘夷而渊实；圣人已死，则大盗不起，天下平而无故矣！圣人不死，大盗不止。**

河水枯竭，山谷就会随之空虚；夷平山丘，深渊就会被填满。这是说因果的。也正因此，如果世间压根就没有什么圣人，就不会有窃国大盗，天下也就太平无事了。如果天下圣人辈出，且很受人们尊奉吹捧，那么窃国大盗就会层出不穷。庄子说的这个，很像是对老子"小国寡民"的精深解读，但别有洞天。

**虽重圣人而治天下，则是重利盗跖也。**

如果重视圣智贤能之人，并授以权柄、治理天下，那么这个圣人就不是什么圣人，实则与盗跖没有什么分别了。因此，仅靠德性是干不了管理工作的，也绝对不能胜任治国理政的重担。德性成为一种形象、一个象征很是恰当；管理，是需要杀伐手段的，这些手段，与强盗所用的并无二致。

**为之斗斛以量之，则并与斗斛而窃之；为之权衡以称之，则并与权衡而窃之；为之符玺以信之，则并与符玺而窃之；为之仁义以矫之，则并与仁义而窃之。**

这里讲的是圣人窃取的途径与手段——让其掌管斗斛（容器）之类的，斗斛就是其窃取的工具；让其掌握权衡（称量工具）之类的，权衡就是其窃取的工具；让其掌管符玺之类的，符玺就是其窃取的工具；让其矫正仁义之类的，仁义就是其窃取的工具。这段说得够清楚，其实也很有现代意义——公器私用嘛。从私的角度来说，无论在哪个岗位，只要手中有权，就有公器私用的可能；从公的角度来说，只有掌握着某种权力，才可以借助这种权力在一定范围内造成影响。具体能造成多大影响，就要看掌权者的本事了。总之，权力就是把剑，握着的人野心越大、武功越高，产生的威力就越大，造成的后果也大。

**何以知其然邪？彼窃钩者诛，窃国者为诸侯，**

何以得出这样的看法呢？最直观的，窃取带钩（钩即带钩，挂在腰带上作为贵族身份的标识，有金玉等各种材质的，与身份直接挂钩）这种小玩意儿的，就要被处死；但窃取了国家政权，却光明正大地成了诸侯。同理，杀了一个人，就是杀人犯；杀了成千上万的人，反而成了领袖或英雄。

**诸侯之门而仁义存焉。则是非窃仁义圣知邪？故逐于大盗，揭诸侯，窃仁义并斗斛权衡符玺之利者，虽有轩冕之赏弗能劝，斧钺之威弗能禁。**

窃人之钩被诛，落下的是骂名；窃人之国成为诸侯，成就的则是千古英名，并且堂而皇之是仁义的化身。有人可能会问：东西物品可以偷，仁义如何偷呢？仁义不就是这么被偷的吗？所以，那些追随大盗想成为诸侯的人，通过什么来实现呢？肯定是通过掌握斗斛、权衡、符玺之类的权柄呀！怀有如此志向心思的人，给他什么样的高官厚禄也不会满足的，即使面对砍头、掉脑袋的危险也是无法阻止其造反篡位的。

**此重利盗跖而使不可禁者，是乃圣人之过也。**

善人无法立身，而类似盗跖这样的人获取重利，且这种现象流布天下、不可禁止，不就是圣人所致吗？没有圣人圣智圣言圣行，何以出现这种情况呢？人类充满着狼性，这点可不是一个人的看法，而是现代社会盛行的法则。

**故曰：鱼不可脱于渊，国之利器不可以示人。**

"鱼不可脱于渊"，是说大环境大气候的。鱼离不开水，人能遗世而独立吗？个别可以，但绝大多数是生活在群体之中的，受群体影响着，有着共同的感觉、共同的追求。大环境、大气候是这个样子，因此众人就是这个样子，不高也不低，就持着这种观念，就这么生活着；既有窃钩之行，也有窃国之心，这点是没有办法清除取缔的。那么，如何避免国家轻易被他人窃取呢？类似斗斛、权衡、符玺这些权柄利器，要牢牢抓在自己手中，不可以轻易交给他人。这就是"国之利器不可以示人"的意思。这句话单独抽出来，看似说保密的，实则有着这么深远、独特的一个背景。当然，在庄子眼中，还有一种利器比"国之利器"更厉害："彼圣人者，天下之利器也，非所以明天下也。"又出来个概念"天下之利器"，圣人是"天下之利器"，这个比"国之利器"更犀利。如果普通人是一把普通的生产工具，那么圣人，则是吹毛断发的利剑，一旦出鞘，就是亮瞎人眼、吓破人胆的节奏。

## 如何治理天下？

对于如何治理天下，庄子说了这么几点：

其一是"绝圣弃知，大盗乃止"。这里指，没有刀剑之类的，江湖上就不会腥风血雨了；即使闹点矛盾，不过是邻里发生点口角而已，而不会有在天下纵横驰骋、巧取豪夺的人。

其二是"擿(zhì)玉毁珠，小盗不起"。这里指，人们都不以珠玉为贵，这些玩意儿跟石头一样，堆在地上没人要，怎么会有窃取的人呢？我们这儿不要去质疑庄子说的是否会成为事实，而要想想其中的思维逻辑。

其三是"焚符破玺，而民朴鄙"。这里指，回归到原始社会，没有权杖、兵符、印信之类的，社会就简单多了，民众也就归于朴实了。

其四是"掊斗折衡，而民不争"。这里指，将诸如斗斛等容器和权衡等量器取缔了，人们还会斤斤计较吗？"以物易物"的时代有时会令人神往，因为算计的精细确实让人透不过气来，钱这玩意儿有时很烦琐啊。

其五是"殚残天下之圣法，而民始可与论议"。这里指，将天下所谓的金科玉律、戒律清规等都废除了，民众才能谈点心里话。否则有话不敢说呀，圣人的理论太多，记错了会受处罚，永远会被人笑话。再说，话语权都被垄断了，该说什么、不该说什么都规定好了，还有什么好说的。说出口的不过是表态而已。

其六是"擢乱六律，铄绝竽瑟，塞瞽旷之耳，而天下始人含其聪矣"。这里指，打乱高雅的音律，毁掉精美的乐器，堵住乐师们的耳朵，如此一来，天下人才能听到点自然的东西。否则，声音的制造与评判，都被乐师们控制了。

其七是"灭文章，散五采，胶离朱之目，而天下始人含其明矣"。这里指，消除了纹饰，散淡了五彩，把目光最为锐利的离朱的眼睛封起来，人们才会看到各自不同的精彩纷呈的世界。否则，用什么颜色、搞成什么样式，同样是被主导着的。这可不是普通的主导，说低点，是对审美的主导；说高点，是对意识形态的主导，如此就是个单色调的世界。

其八是"毁绝钩绳，而弃规矩，攦(lì)工倕(chuí)之指，而天下始人有其巧矣"。这里指，毁了钩绳，放弃了规矩，断了著名工匠倕（传说发明规与矩的人）的手指，天下人就不会热衷于制作一些奇巧的玩意儿了。这一点，道家与儒家的说法是基本相同的。

**故曰："大巧若拙。"**

真正的巧并不是超出众人的巧，而是有巧却并不显露出来。庄子的本意与老子相同，即根本就不需要巧，不需要就不会弄巧，就不会生出一系列问题来。

**削曾、史之行，钳杨、墨之口，攘弃仁义，而天下之德始玄同矣。**

去除曾参、史鱼这些为人称道的行为，封闭杨朱、墨子这种能言善辩之士的利口，摈弃仁义之说，天下人的德行才能一致起来。只要存在某一导向，就必然有对立的，也必然会出现纷争。

**彼人含其明，则天下不铄矣；**

这个是含而不露的意思。一个人眼光很锐利，却并不显露，天下人就不会惊异并致力于眼光犀利这件事。

**人含其聪，则天下不累矣；**

一个人听觉很敏锐而不展示，天下人就不会为听到什么而忧心了。

**人含其知，则天下不惑矣；**

一个人富有智慧，却并不到处言说，人们就不会迷惑困惑。

**人含其德，则天下不僻矣。**

人人隐匿起自己的德性不到处彰显，天下人的德行就不会有怪僻之处。

**彼曾、史、杨、墨、师旷、工倕、离朱，皆外立其德，而以爚乱天下者也，法之所无用也。**

曾子、史鱼、杨朱、墨子、师旷、工倕、离朱这些人吧，都是因为有太突出的东西，因而产生了异常的标准，搞乱了天下。人人都崇拜并效仿这些身上有突出特点并散发着异彩的人，价值观念才产生了混乱。如果没有这些，社会人心是不是要安定安稳得多呢？还要想想，对于人与人类社会而言，没有这些有没有可能呢？由此可见，圣人的圣与利器之利，都是有利有弊的。

## 淳朴与才智

庄子所说的那些众所周知、众口相传的古代以德性闻名的世道，包括容成氏、大庭氏、伯皇氏、中央氏、栗陆氏、骊畜氏、轩辕氏、赫胥氏、尊卢氏、祝融氏、伏牺氏、神农氏领政的时代，历史上到底有没有并不重要，庄子只不过也是借题说事而已。

**当是时也，民结绳而用之，甘其食，美其服，乐其俗，安其居，邻国相望，鸡狗之音相闻，民至老死而不相往来。**

这段话完全是《道德经》中的，其意思很清楚，只需注意一点即可，这种像桃花源一样的存在，其实是想象中的存在、纸页上的华美。事实上真的存在吗？在极小的范围、一定时间里或许吧，而在大的范围、长的时间内是不太可能存在的。关于这点，笔者在读《道德经》时有个感触，类似"小国寡民"的模式最大能维持到村镇一级，而且还要相对封闭才行，再大点的行政组织靠这套是绝对无效的，在信息开放的情况下同样无法维持。

**若此之时，则至治已。**

能达到这种程度，就是人类社会的巅峰，也就是传说中的黄金时代。当然，这仅是理论上的。

**今遂至使民延颈举踵，曰"某所有贤者"，赢粮而趣之，则内弃其亲而外去其主之事，足迹接乎诸侯之境，车轨结乎千里之外，则是上好知之过也。**

现如今的时代呢？人人都踮着脚尖、伸长脖子，甚至是绞尽脑汁去跟风追求一些所谓的贤人及其言行。带着干粮满天下求学游学的非常之多，都争着拜个名师，以图学点本事，有出人头地、荣华富贵的一天。这种游学的人呢，对内可以说是抛弃了亲人，对外可以说是背叛了国家和主人。他们的足迹遍布各诸侯国，车子也穿梭于天下列国，硬是在荒野中压出一条条路来了。造成这一情形的原因，说到底是导向问题，处于上位者，喜欢有智慧有本事的人，人们就纷纷去求取智慧与本事了。有了智慧与本事，才能成就类似"窃国"这样的壮举，否则就只有小打小闹、辗转生存的份了。

一般来说，理论的大忌是绝对，而往往一绝对，理就没法说了。老庄也说了很多绝对的理论，但看起来蛮通透蛮舒服；究其原因，就是他追根溯源，指出了事物的背面，告诉了你一个绝对的真实。这种棱角与全面，让人感受到事与理的不同，的确是很高明的一种思维。

**上诚好知而无道，则天下大乱矣。**

这个"知"指才智、本事。处于上位的人一味推崇本事而不说德性，天下就会大乱。关于这点，司马光说得好："有才无德，谓之小人。"这个"小人"，与诸子崇奉的"大人"相对，格局、境界等是完全不同的。

何以这么说呢？庄子认为，所谓才智，实则是工具化的一种东西，缺少灵魂且偏离本质。比如，"弓弩、毕弋、机变之知多，则鸟乱于上矣"，人类制造了诸如弓弩、网箭之类的智巧工具，首先遭殃的是鸟。又比如，"钩饵、罔罟、罾(zēng)笱(gǒu)之知多，则鱼乱于水矣"，人们发明了钩饵网篓等工具，河里的鱼就遭殃了。现代人发明了一些大型捕鱼设备，更是恨不得一网将江河湖海中的鱼捞尽了。恶果也很明显，近海还有鱼吗？曾经鱼虾成群的生态哪去了？再比如，"削格、罗落、罝(jū)罘(fú)之知多，则兽乱于泽矣"，人们搞出了陷阱、套索、夹子等捕兽工具，野兽们就遭殃了，甚至造成了很多物种的灭绝。本来呢，以力气论，人的先祖猿猴们在自然界并不占优势，在食物链中的地位也不高，是被猛兽们捕食的对象。但他们充分开发聪明才智、使用工具后，情形便截然不同了，人从自然界一跃而出，成了主宰和超然于一切之上的族群。这样一来，自然界的格局与规则，就全然改变了。庄子的意思是：人们动用聪明才智，仅仅发明了几个工具就破坏了游鱼鸟兽们的生存环境；在其他方面搞出的很多东西，将自身的关系、情况等也搞得更乱更复杂了。

**知诈渐毒、颉滑坚白、解垢同异之变多，则俗惑于辩矣。**

庄子所处的时代，因为智慧，诸子百家之学兴起，天下战乱。如何安定天下呢？各派有各派的说辞，道家认为天下之所以乱，究其根本是才智造成的。没有欺诈、虚伪、狡猾、"坚白"、诡辩、同异等理论，天下就安静了。各种理论说辞满天飞，世人就一定会受到影响、产生动摇。

**故天下每每大乱，罪在于好知。**

天下大的动荡乱局，往往是因为智慧造成的。没有智慧，人不过是自然界普通的一员，还会折腾这些事吗？道家的自然界是最纯粹的。

**故天下皆知求其所不知，而莫知求其所已知者；皆知非其所不善，而莫知非其所已善者，是以大乱。**

智慧是把双刃剑，天下人只看到了优点好处，没有看到弊端劣处；只知道去求知并试图淋漓尽致地发挥，却不懂得节制与分寸，就出现问题了。同理，天下人都知道有些东西很好，从而不断去追求更好、最好，却忽视了自然界本质本色的东西；实则不加修饰最好，外力不去干扰最好。因此，庄子指出，天下大乱是因为求知扬善造成的，不求知，不扬善，保持本质本色，世界才是平和安静的，人才会活出个地老天荒的感觉且丝毫察觉不到。

**故上悖日月之明，下烁山川之精，中堕四时之施，惴(zhuì)耎(ruǎn)之虫，肖翘之物，莫不失其性。**

这句话说得很形象，看看吧，因为有了点才智本事，人都成什么样子了？想这想那的，一切所谓的重大社会问题、心理问题等等，不就是如此产生的吗？

**自三代以下者是已。舍夫种种之氏而悦夫役役之佞；释夫恬淡无为而悦夫啍(zhūn)啍之意，啍啍已乱天下矣。**

"知乱天下"这种情况，不是当时当世才有的，夏、商、周三代以来就是，进入所谓的文明史就乱了。舍弃了原始时代的淳朴之风而追求才智之类的，放着恬淡无为的日子不过，非要喋喋不休地教诲教化。如此各说各的且喋喋不休，天下不就乱套了吗？乱天下者，人；乱人心者，智。不就是这么回事吗？

# 贰拾伍　马　蹄

"马蹄"就是马的蹄子。

"马，蹄可以践霜雪，毛可以御风寒"，即马是人类最早驯化的动物之一，在古代的作用举足轻重，与战争、日用、娱乐等密切联系，有着实用与审美双重意义，历来是人们歌颂的对象。比如，《诗经》中，描写马的诗句就非常之多，仅关于马的称谓就有五十多个，这是非常值得关注和研究的。即使在科技发展的今天，马在很大程度上已经逐步退出了交通工具的历史舞台，但人对于马，也有着复杂的情感，人们看到马时，会油然而生出激昂的情绪以及驰骋的欲望。庄子这句话是说，马蹄可以傲然于霜雪，皮毛可以防御风寒。庄子得出这种认识，是通过对比才得出的。人呢，赤脚赤身在霜雪风寒中会冻伤、生病，甚至会送命，但奇怪的是：肉体柔弱的人却主宰着身体强健的马。

何以如此？庄子说："龁（hé）草饮水，翘足而陆，此马之真性也。"这里的意思是：吃草饮水，在大地上撒撒欢，这是马的天性；也就是说，马一辈子最满足的就这三件事，有草吃，有水喝，有路跑。

**虽有义台、路寝，无所用之。**

虽然世间有楼台宫室之类的，但对于马来说，根本就没有用，因而也没有任何意义。本来吧，马在野外生活得好好的，但自从好事的人出现后，马的日子就很难过了。

**及至伯乐，曰："我善治马。"烧之，剔之，刻之，雒之，连之以羁絷（zhí），编之以皂栈，马之死者十二三矣；**

比如，出了个善于相马驯马的伯乐，高调宣扬说"我善治马"。于是，马被打上烙印，修剪鬃毛，钉上马掌，戴上笼头，圈养起来，套上缰绳，拴在槽上。这一系列的驯化显然与马的本性相悖，其间就有因不服驯而死去的马。庄子讲，这么来驯，马死的数量可占到十之二三。

**饥之，渴之，驰之，骤之，整之，齐之，前有橛饰之患，而后有鞭策之威，而马之死者已过半矣。**

为使马更加驯良，能够达到像人一样令行禁止的程度，驯的方式就非常严苛了：有意不给草吃、不给水喝，一会飞奔，一会骤停，还要做很多整齐划一的动作，且前有嚼子的约束，后有鞭子的威胁。这个驯法迫使一半的马会死掉。这一句更进一步指出，这个驯法驯出来的仅仅只是外形的马，内心已然与马无关。

**陶者曰："我善治埴（zhí）。圆者中规，方者中矩。"**

同理，制陶的工匠说：我善于制作陶坯，一些没有任何形状的泥土，经过我手，圆形的东西便合于规，方形的东西合于矩尺。

**匠人曰："我善治木，曲者中钩，直者应绳。"**

木匠说：我善于制作木器，弯曲的东西合乎曲尺的曲度，直的东西合乎墨线的直度。

**夫埴木之性，岂欲中规矩钩绳哉！**

这话说得很有意思，即泥土与木头想的是什么呢？并不是想着符合诸如规矩钩绳这些玩意儿吧。泥土，自然是散乱在大地上的好；木头，自然是想以树的方式活着的好。哪会想着成为某个物品呢？

**然且世世称之曰："伯乐善治马，而陶匠善治埴木。"此亦治天下者之过也。**

这就是好事的人类社会最根本性的问题了。历朝历代，世人都纷纷说：伯乐善驯马，陶工、木匠善于制作陶器和木器。这个说法真对吗？显然，是存在根本性错误的。

**吾意善治天下者不然。彼民有常性，织而衣，耕而食，是谓同德；**

庄子认为，真正善于治理天下者，绝不能是伯乐、陶工、木匠这种认识水准，更不能以驯马、治陶、做木器活的方式去治理天下。民众自有民众恒常的生活习性：纺织而有衣穿，耕种而有饭吃，这是天下人的共同之德。

**一而不党，命曰天放。**

民众为衣食而努力的这种天性，是共同的、一致的。人吧，就致力于衣食生存这个层面，没有是是非非之类的观念，就不会聚结党徒。这种状态，是最天然的。一旦出现了观念之争、党派异见等，问题就会接踵而至。

**故至德之世，其行填填，其视颠颠。**

"填填"，指脚步迟重的样子；"颠颠"，指人愚朴直率，快乐满足、无忧无虑。这句是说至德之世，即拥有或体现最高德性的世道，人们的行为都很简单，是围绕生存而努力的；眼光与心思都没有忧愁之类的，而是乐悠悠的。

**当是时也，山无蹊隧，泽无舟梁；万物群生，连属其乡；禽兽成群，草木遂长。**

至德之世不但人很单纯，方方面面也都很自然，山上没有道路、隧道之类的，水里没有舟船桥梁；万物同生共存于天地之间，没有划界而治的情况；禽兽散于草野之间，草木自然生长，一派和谐的景象。

**是故禽兽可系羁而游，鸟鹊之巢可攀援而窥。**

人也不是什么主宰，并无特殊之处，可以与禽兽一起游玩，也可以爬到鸟巢里去看看。一旦人自视为灵长，这种自然和谐的状态就不存在了。人自觉有别于禽兽，而且因为意义的赋予，自视有教养者绝不会去干攀爬窥视鸟窝这么无聊的事。

**夫至德之世，同与禽兽居，族与万物并，恶乎知君子小人哉！**

庄子的这个观念与儒、墨、法等迥然有别。其他几家认为，人要与禽兽划清界限，划得越彻底越能体现出人的高贵品格。但道家的观念恰恰相反，认为至德之世，并不是人类超然于一切之上，而是人与禽兽同生，族与万物并存，万物之间没有任何差距，人哪里需要区分什么君子小人呢？

**同乎无知，其德不离；同乎无欲，是谓素朴；素朴而民性得矣；**

智慧都在一个水准上，没有什么差异和突出部，其德性就不会有明显不同。智慧水平一致，欲望也就一致，想法极其简单，也很容易满足，这就叫"朴素"。"朴"是树木未经修剪的样子，"素"指白色。保持朴素，也就是保持民众的心性；朴素一旦被打破，民众的心性也就跟着乱了。故此，老子反复强调，"见素抱朴"。

**及至圣人，蹩(bié)躠(xiè)为仁，踶(zhì)跂(qǐ)为义，而天下始疑矣；**

等到后世出现了"圣人"，他们极力推行仁义以后，天下就进入了疑惑时代。这点与西方解读人类社会"吃禁果"开启智慧和争端的意义与模式完全一致。"圣人"就是那条蛇，或是撒旦，智慧就是心明眼亮后所起的分别心，问题就成堆出现了。人，究竟有没有能力解决自身的问题呢，这是个问题，是真正值得关注的问题。

**澶(dàn)漫为乐，摘僻为礼，而天下始分矣。**

随着社会的发展，紧接仁义之后，人们又沉溺于宴饮声乐，并制定出了种种繁琐的礼节，天下人就分为三六九等了。一个"礼"字，其实就是对等级的规范，处于什么等级，有什么样的待遇。谁人不想努力向上，处于金字塔尽可能高的位置呢？位置是有限的，人是很多的，欲望是无限的，如何解决这个矛盾，只有通过钩心斗角或暴力革命了。

**故纯朴不残，孰为牺尊？白玉不毁，孰为珪璋？道德不废，安取仁义？性情不离，安用礼乐？五色不乱，孰为文采？五声不乱，孰应六律？**

这算是非常有力的一组质问：完好的树木不去砍削，哪里会有什么酒器？洁白的玉石不去雕琢，哪里会有什么珪璋？天地之道不废，哪需要什么仁义？人们的性情不发生变化，哪需要什么礼乐？五色不交相错杂，哪需要什么文采？五音不相合相配，哪里会有什么音律？细想确实是这么回事，诸如牺尊、珪璋、仁义、礼乐、文采、六律这些东西是如何出现的呢？不就是人为地讲究出来的吗。最直观的比如茶道，喝个水嘛，哪有这么多繁琐的东西呢！

**夫残朴以为器，工匠之罪也；毁道德以为仁义，圣人之过也。**

毁坏好好的木石，制作成了一件件器物，是工匠的罪过；废弃天地大道而搞仁义这套，是圣人们的过错。庄子这套很有智慧，懂得这个逻辑，天地会一下子开阔起来。

**夫马陆居则食草饮水，喜则交颈相靡，怒则分背相踶。马知已此矣。**

马生活在陆地上，要吃草饮水；高兴时，脖子与身体相互摩擦以示亲近；发怒时，头各朝一方，后腿则踢上几脚。马的智慧就这些了，但也挺好挺满足的。

**夫加之以衡扼，齐之以月题，而马知介倪、阐扼、鸷曼、诡衔、窃辔。故马之知而能至盗者，伯乐之罪也。**

人就很好事了，给马套上辔头，把它架在车辕里，给它戴上种种饰品，马就会感到不舒服，会强烈反抗，甚至出现咬断缰绳、挣脱束缚等行为。看看，马原本在原野上生活得悠然自在，现在却凭空生出诸多事端来，不是好事之人惹出来的吗？不是伯乐们的罪过吗？

**夫赫胥氏之时，民居不知所为，行不知所之，含哺而熙，鼓腹而游，民能以此矣。**

其实民众也像马一样。赫胥氏当政的时代，即原始社会部落时期，民众安静地活着，无所事事的，并没有大事、意义之说，走路也没有方向之类的，因此，也不问"我是谁、从哪里来、到哪里去"，天天一边吃着东西，一边游走，抚着肚皮到处转悠，日子优哉游哉的。当时，民众的智慧就是这么回事，未见得就是什么坏事。

**及至圣人，屈折礼乐以匡天下之形，县跂仁义以慰天下之心，而民乃始踶跂好知，争归于利，不可止也。此亦圣人之过也。**

等到以聪明智慧著称的圣人出现后，他们制定出了一套拱手作揖、屈身下跪的礼仪，让人们照做；搞出了声音饮宴等种种讲究仪式，还推出了仁义之类的以统一人们的心志。从此，民众在方方面面开始竞争了，整日你高我低、我优你劣、我是你非的，对于知识智慧乐此不疲。更为严重的是，为了名与利，甚至不惜抛头颅、洒热血，而且愈演愈烈、不可遏制。造成这一现象不是圣人之过吗？开启民智，从蒙昧到启蒙，有人说好，有人说坏，肯定与否定之间，并没有一个标准的答案，需要自己去体味。对此，《周易》中有个说法"蒙以养正"。这句既揭示了启蒙的本意，即设立是非标准、做事原则、言行底线等；也充分说明，"蒙"的意义就在于这个标准、原则、模范之类的。然而，庄子将此全盘否定了。

无论哪一方如何讲，讲出了多大多重多真的理，总之，人就是这么回事，生活就是这样的生活，想改变，真的须从内心开始。立身做人，修仙成佛，都是这个原理，首先得从脚下看，从站立点看，稍不留神，就很容易上升为立场原则问题。

# 贰拾陆　骈　拇

"骈"，合并的意思；"拇"，脚的大拇指。"骈拇"，即脚的大拇指畸形，有增生，也就是俗称的脚蹼现象。庄子的意思是：很多事物与事情虽然是客观存在的，但并不正常，也没有什么用，就像多出来的趾蹼一样。

**骈拇枝指出乎性哉，而侈于德；**

"枝指"，指手指头多了一根，也就是常见的"六指（趾）"现象。脚趾手指出现增生畸形，确实是天生如此，但也确实是多余的没用的。

**附赘县疣(yóu)出乎形哉，而侈于性。**

庄子善于联系，在谈及六指（趾）现象时又立刻想到人身上类似黑痣、胎记、肉瘤这些玩意儿也是如此，确实是明明白白长在人身上的，但与人性无关，是可有可无的。如果没有这些，人可能更漂亮，也更健康。

**多方乎仁义而用之者，列于五藏哉，而非道德之正也。**

诸如仁义这些玩意儿，千方百计要推行的仁义之类的，确实出于人的五脏六腑之中，但并非本来就有的，而是后天产生的；因此，这些并不合于真正的道与德。

**是故骈于足者，连无用之肉也；枝于手者，树无用之指也；多方骈枝于五藏之情者，淫僻于仁义之行，而多方于聪明之用也。**

所以脚趾连在一起，只是多出了一块无用的肉而已；手上增生的，不过是一根无用的指头而已；在五脏六腑中并生、旁出的东西，比如仁义礼乐之类的过度过分的看法与行为，不就是对人的视力与听力的挑战吗？并非常态的，且危害很大。

**是故骈于明者，乱五色，淫文章，青黄黼(fǔ)黻(fú)之煌煌非乎？而离朱是已。**

眼睛超出常人者，见人所未见，并提出一些非分要求，建立一些怪异标准，这样一来，五色就会紊乱，纹饰就会是五花八门的，青黄白黑等颜色就不再是可以正常欣赏的东西了，而会使人炫目。"离朱"，即传说中视力最好的人，就是这方面的典型。这个很好理解，千里眼似的存在，会将人们的生活观念、生活模式等都改变了。

**多于聪者，乱五声，淫六律，金石丝竹黄钟大吕之声非乎？而师旷是已。**

听觉异常发达，或者在听觉方面有特殊才能者，会搞乱五声，使六律泛滥，于是乎金石丝竹之类的乐器所奏的黄钟大吕之类的，不就是这样形成的吗？乐师师旷不就是这样的人吗？

从以上可以看出，所谓绘画与音乐，所谓艺术与审美，是追求和讲究出来的。在常人眼里，有当然好，越多越好；在道家眼里，让人目不暇接、耳不暇听的，其实没有更好，平平淡淡活着就更清静。

**枝于仁者，擢德塞性以收名声，使天下簧鼓以奉不及之法非乎？而曾史是已。**

注意"枝"这个字，作为动词时有横生枝节的意思。庄子的意思是：活得不本质，横生仁义之类的枝节，标榜道德、闭塞人性以沽名钓誉，巧舌如簧地鼓吹天下人这么做那么做，去奉行一些刻意拔高的规矩，曾子、史鱼就是这类代表。这句话明摆着是针对儒家的。

**骈于辩者，累瓦结绳，窜句，游心于坚白同异之间，而敝跬誉无用之言非乎？而杨墨是已。**

能言善辩的人，种种说辞像堆叠的瓦、打结的绳子一样繁琐，牵强附会地沉溺于"坚白"、同异之辩，不是将才学与生命浪费在无用的说辞上吗？这方面的代表，就是杨朱、墨子之类的人。

**故此皆多骈旁枝之道，非天下之至正也。**

以上所说的文章、声乐、仁义、诡辩之类的，不就是像是连接的脚蹼、增生的六指（趾）一样的存在吗？并非天下之"至正"。天下之"至正"是什么呢？天地自然之道。而讲究出来的，超出正常范畴的，才是极端另类。

**彼正正者，不失其性命之情。**

最纯正、端正的，是不失天性天命的赋予。也就是说，天生的都是常态的，增生、畸形之类的都不是常态的。

**故合者不为骈，而枝者不为跂；长者不为有馀，短者不为不足。**

自然界中结合连接的东西很多，但绝不能像连接的骈拇一样；枝枝杈杈的东西也很多，但绝不能像增生的手指一样。长与短也要恰到好处，并不是越长越好，也不是越短越好，长而不多出来，短而不欠，才是最好的状态。自然进化就是这样的，一样东西的大小长短形态，并不是随意来的，而有其必然的道理与趋势在其中，是完全符合原理与规律的。

**是故凫胫虽短，续之则忧；鹤胫虽长，断之则悲。**

因此，鸭子的腿虽然短，但接上一截反而会使其很不舒服；鹤的腿虽然很长，但砍断一截就悲剧了。

**故性长非所断，性短非所续，无所去忧也。**

因此，一样东西还是保持自然状态的好，不要人为地去干预，做一些将长的截短、将短的拉长的事，这纯粹是无事生非地瞎折腾，与拔苗助长一样愚蠢。

**意仁义其非人情乎，彼仁人何其多忧也?**

仁与义，大概也并非是人原本的性情吧，那么所谓的仁人何以为人们不行仁义而忧心忡忡呢？原本人就不是仁与义的存在，就不是为仁与义而存在的。你所倡导的仁与义，人们不遵循不是很正常吗？极力推行个什么劲呢？推行不下去，还伤心难过得不行，又是牢骚满腹，又是捶胸顿足的，好没意思，也好不知趣。

**且夫骈于拇者，决之则泣；枝于手者，龁之则啼。**

两个脚趾长在一起，要割开，人会疼得直掉眼泪；将多出的手指咬掉，恐怕人也一样会号哭。搞掉畸形的东西如此之难，何以还要将正常的东西异化呢？别小看这句，想想大清的改朝换代就清楚了。清初，满人入关下剃发令，宁断头不剃发的大有人在；及至民国成立时下令剪辫子，宁可断头，不愿剪辫的同样大有人在，而且是同一种族的人。如何会出现这种反常的情况呢？庄子早在两千多年前就给出了答案，肉体有畸形，思想也是有畸形的，一旦畸形被认可接受，往往是以畸形为美的；一旦出现外力的更动，就必然出现要死要活的情形。

**二者或有馀于数，或不足于数，其于忧一也。**

出现这种畸形的情况，无论是多出了，还是缺少了，都是很让人忧心的。

**今世之仁人，蒿目而忧世之患；不仁之人，决性命之情而饕(tāo)贵富。**

这里，庄子讲得很有意思，有余的情况是什么呢？比如，所谓的仁人无中生有，非要满眼愁绪、满心忧患地为现时现世和千秋万世而忧患忧愁。而另一种情况就是不仁之人，怀一副纯粹的利害心，长着一双利害眼、利害耳，一切都围绕利害而动，不择手段地追求荣华富贵等种种。以自然观来看，这两者不都是违背天道的吗？

**故意仁义其非人情乎？自三代以下者，天下何其嚣嚣也。**

因此，仁义根本就不是人的本性，或者说，人的本性就无所谓"仁义"二字。夏、商、周三代以来，天下熙熙攘攘的人流追求的是什么呢？利益，以及观念不同的种种吵嚷。这些岂是仁义所能解决和扭转的。那么，人性是什么，讲仁行义还是趋利避害，情况一目了然。

**且夫待钩绳规矩而正者，是削其性者也；待绳约胶漆而固者，是侵其德者也；**

人为地制定一些标准去匡范人与万物，比如，想将虎豹都驯良，想将牛羊都养得肥壮，明显是不合适的。人呢，制定种种规矩准绳去规范这些，是违背并有害于万事万物本性的；人还想通过用绳子、胶漆之类加固的办法，来改变很多事物的现状，明显会破坏事物的原貌。比如，将石头雕刻成物件，将山和树涂绿，等等。

**屈折礼乐，呴(xǔ)俞仁义，以慰天下之心者，此失其常然也。**

俯身谦恭地推行礼乐，和颜悦色地推行仁义，来教化安抚天下的，也会使人偏离正道和常态。庄子就是如此，是一切非自然的价值观的破击者、颠覆者。

**天下有常然。常然者，曲者不以钩，直者不以绳，圆者不以规，方者不以矩，附离不以胶漆，约束不以缠索。**

天下事物都是有常态，有原本样子的。什么是常态和原本的样子呢？弯的并不合于钩，也无须刻意去弯曲；直的并不合于绳，也无须拉着绳子去校直；圆也是笼统的，并不像依着圆规画出来的一样；方的也不是方方正正的，也无须依矩去画；粘连在一起同样是自然的，无须用到胶漆之类的；万物都有个自我调控体系，根本无须用绳索来约束，其中的道理很清楚。在日常生活中，我们说一个东西圆或方，并非指严格依据科学的方与圆，而是大体的样子。同理，我们去做很多事，也没必要严苛到一丝不苟，真的是差不多即可。现实中，几乎人人都有被绑架被网罗的感觉，就是因为庄子所指出的这些玩意儿形成和产生的。

**故天下诱然皆生而不知其所以生，同焉皆得而不知其所以得。**

天下万物都是自然而生的，并不知道自己是什么原因产生的，不知道自己为什么是这个样子，也不关心这个问题。万物自得其所，都是这个样子生活的，也不问究竟。唯独人，尤其是好事的人，对于诸如"我是谁、从哪里来、到哪里去"以及"为什么、是什么、怎么办"等问题，念念不忘也纠缠不休，从而就将简单的事情无限复杂化了，还美其名曰哲学。

**故古今不二，不可亏也。**

以上道理从古至今都是一样的，是不能违背的。谁违背了，谁的生命状态就会出问题，就不会活得痛快而彻底。这就是人类产生诸多思想和心理问题的原因。

**则仁义又奚连连如胶漆纆索而游乎道德之间为哉，使天下惑也！**

人无知无觉地活着多好，哪用得着仁义之类的像胶漆绳索一样粘在或捆在身上呢？哪用得着人为地赋予意义、制定标准呢？人为弄出的这些东西，正是使人类困惑疑惑的源头呀。佛道两家所致力的就是这个，无感无知地活着，像石头草木一样恬淡和永恒。

**夫小惑易方，大惑易性。**

人类迷惑的普遍规律是：小的迷惑是迷失方向，搞不清往哪里去了，文雅点说即"不知去往何处""不知今夕何夕"之类的，当然，也可以理解为方式方法上的迷惑；大的迷惑则是迷失了本性，深陷"我是谁"式的困境出不来了，这是事关根本和本质的迷惑。"小惑易方，大惑易性"同时也指出了解决之道。如果有小的迷惑困惑，就要尝试着换个不同的方向、采用不同的方法来解决，这就如同苍蝇飞进瓶子里一样，乱撞一气就会出不来了；总盯着一个方向，就是死路一条。大的迷惑困惑，就不是说出去走走、换个环境所能解决的了，需要检视校正自己的心性，才有治愈的可能。

**何以知其然邪？自虞氏招仁义以挠天下也，天下莫不奔命于仁义，是非以仁义易其性与？**

何以会得出"小惑易方，大惑易性"这个看法呢？是因为自从虞舜在天下推行仁义以来，天下人就都围绕着仁义疲于奔命了。因此说，正是仁义让天下人迷失了本性。事实也确实如此，人的本源本性，无非是动物界的一员，受仁义这些思想的影响，走出了动物的族群，于是乎"往哪里去""我是谁"，就成了致命的问题。数千年来，人类仍没有一个满意的答案。

**故尝试论之，自三代以下者，天下莫不以物易其性矣。**

由仁义迷惑天下可以看出，夏、商、周三代以来，天下人没有不因外物而迷失本性的。

困惑迷失到什么程度呢？

**小人则以身殉利，士则以身殉名，大夫则以身殉家，圣人则以身殉天下。**

注意这个"殉"字，有舍身牺牲的意思。"小人"，在这里也没有贬意，指普通人。这句是说，普通人将整个生命投到了一个"利"字上；士阶层，有一定身份，受过一定的教育，有目标有遵循的，则将整个生命投入到了一个"名"字上；大夫是家族的掌门，则全身心投入到本家族的利益；圣人呢，这个圣人有大贤人的意思，更指天子君王们，则是为天下利益而操劳终生的。这话讲得更直白点就是，小人为利而生死，士阶层为名而生死，大夫为国家而生死，圣人为天下而生死。很明显，这是价值观的不同造成的。仁义赋予万事万物以不同的价值，作为认识主体的人心中就有个价值观了，一生必然陷于盘算、称量之中。

**故此数子者，事业不同，名声异号，其于伤性以身为殉，一也。**

小人、士、大夫、圣人这些不同阶层的人吧，价值观不同，一生所做的事情也不同，名声也不同，但有一点是相同的：都违背了自己的天性，去殉身于一些很无谓的事。那么，人该为什么而努力呢？道家的看法是，天然自然地活着，像石头一样最好不过了，秋水长天、地老天荒的，于己无损，于人无害会是多好的状态与境界呀！

为了说明这一问题，庄子举了两个事例：

第一个：一个人叫臧，一个人叫穀，放羊时都将羊弄丢了。问臧当时在干什么，臧说在读书思考；问穀在干什么，穀说在下棋娱乐。这两个人吧，当时所做的事情不同，但丢羊的结果是一致的。庄子的意思是说，一个人一生沉溺于读书，或沉溺于下棋，但忘记或丢失的是初心，即为什么出发的问题。忽略并偏离了本质，枝节细末就没有任何意思了，羊都丢了，还询问计较当时在干什么毫无意义。

第二个：伯夷反对周武王起兵伐纣，立誓不食周粟，饿死在首阳山上；盗跖是那时代有名的盗匪首领，轰轰烈烈一生，后来死在东陵。这两个人吧，死亡的原因虽然不同，但残害生命、伤及本性却是相同的。庄子的意思是：二人都将生命浪费在了一些没意义的事情上。这么来看，世人称赞伯夷、诋毁盗跖同样是没道理、没意义的，追根溯源，他们二人谁是君子、谁是小人，说得清吗？人们去评价一个人，也往往是从是否利他这个基点来考量和评价的，说到底还是"利害"二字，只是利于人还是利于己的区别。

**天下尽殉也。彼其所殉仁义也，则俗谓之君子；其所殉货财也，则俗谓之小人。**

天下人都在牺牲自己，都在为了一些事情而殉葬。为仁义而牺牲的，世人称之为君子；为财货而牺牲的，世人称之为小人。

**其殉一也，则有君子焉，有小人焉。若其残生损性，则盗跖亦伯夷已，又恶取君子小人于其间哉！**

无论为什么而死，其牺牲殉葬这件事是一致的，但评价有所不同，有的成了君子，有的成了小人。仅就牺牲生命、伤害本性这件事而言，盗跖与伯夷实质是一回事，又分什么君子与小人呢？人的生命的本质是什么？道家以为，是自然而然的产物，任何人为的强制、扭曲都是一种异化。

**且夫属其性乎仁义者，虽通如曾史，非吾所谓臧也；属其性于五味，虽通如俞儿，非吾所谓臧也；属其性乎五声，虽通如师旷，非吾所谓聪也；属其性乎五色，虽通如离朱，非吾所谓明也。**

这里，庄子的观点很明确，将本性定位于仁义的，即使通达如曾子、史鳅之类的，也并非是值得尊奉的；将本性定位于五味的，即使是像齐国俞儿那样的美食家，也不是值得推崇的；将本性定位于五声，即使技艺如师旷那样高超，又有什么值得一说呢；将本性定位于五色，即使眼光如离朱那样远视，也并不以为是眼光好。这明显说的是价值观，将生命投向或注入什么才更有价值呢？或者说生命需不需要与价值相挂钩呢？很难说。但有一点是肯定的，能够做到反对一切世俗的价值、意义之类的，需要有什么样的灵魂呢？以此看，老庄这些人确实有些神龙见首不见尾的意味。

**吾所谓臧者，非仁义之谓也，臧于其德而已矣；**

庄子讲，我所推崇的善、所认为的好，并不是所谓的仁义，而是保持好自己的"德"。这就很抽象了，按照古人的说法"德者，得也"，指对道的认识与遵循的程度。那么，对于世界的种种，人应该认识遵循到什么程度呢？是语言所能说清和表述的吗？这个理解起来就非常微妙了，也就一个"玄"字方能概括。

**吾所谓臧者，非所谓仁义之谓也，任其性命之情而已矣；**

这是一个排比句。我推崇的善、所认为的好，不是仁义之类的，而是顺应人的性情，有听任性情无拘无束、自由发展的意思。现代有个很文艺的说法"听从内心的召唤"，讲的就是这么回事，而不是服从与配合于外界的任何驱使或诱惑。至于能否做到及是否可行，则是另外的问题了。

**吾所谓聪者，非谓其闻彼也，自闻而已。**

我所谓的耳朵灵敏，并不是指能够听到外界的一切声音，而是指能听到听懂自己。这里庄子用了一个词"自闻"。转换为今天的话，意思最为接近的是听到听懂自己。这样问题又来了，怎样才算是听到听懂自己呢？自个体会去吧，这需要一定的悟性，需要时间与机缘去慢慢开悟。

**吾所谓明者，非谓其见彼也，自见而已矣。**

我所讲的眼光敏锐，并不是指看到外界的一切，而是指看见看懂自己。这里庄子用了"自见"一词，稍延伸下就清楚了，"自见"可不是自以为是，而是自己看见自己、自己照亮自己，比自知的意义大得多。

**夫不自见而见彼，不自得而得彼者，是得人之得而不自得其得者也，适人之适而不自适其适者也。**

一个人看不到、看不懂自己，只看到外界与他人，眼界是存在明显缺陷的。这样的人的心里，一定是只想得到一些可见的外物，而不懂"自得"二字的。什么是自得？就是能够满足并平衡自己的内在世界。否则，只靠外物来平衡和满足，会一直处于求索和激动之中。

　　"是得人之得而不自得其得者也"，即一个不懂自得的人，所得到的是世人一致看好认可的东西，而并不是安于自己内心真正想要的东西，也因此是一生不安的。比如，得了一些钱、一块地就满足激动得不行，并瞄准更大更好更多的东西，而并不清楚自己想要什么。我们究竟想要什么，这才是值得关注的大问题。还比如，活着怎样，一般人的感觉感受都是他人觉得我们过得好，就是最大的满足，庄子对此是予以否认的。

　　"适人之适而不自适其适者也"，这句说到底，即活给人看，而不是活出自己。活着吧，我们时时刻刻想去适应顺从强大的世俗，生活中充满着妥协与讲和。吃穿住行等种种，在很大程度上并非满足于生存所需，而是给人看的，是戴着面具、拿着道具、穿着戏装在表演，并不是内心觉得怎么舒适就怎么来的。看看，庄子体味传达了多么微妙的东西啊！庄子的天地不只是广大无边的问题，还有种种妙不可言的大道。

### 夫适人之适而不自适其适，虽盗跖与伯夷，是同为淫僻也。

　　世人基本都是如此，一味地去适应他人，而不是在适应自己。适应他人与适应自己，所走的路径、所采取的原则是截然不同的。适应他人，内部必然有个蜷缩，是伸展不开的。适应自己，必然有个对边界的不懈试探，会一点点广大起来。庄子的意思是：即使如伯夷、盗跖等人，看似活得或执着或洒脱，有个伟大和气概的意味在其中，其实，同样是活给他人看的，并没有活出自己；而且，也是存在过度和偏执，与人原本的性情并不相合。

### 余愧乎道德，是以上不敢为仁义之操，而下不敢为淫僻之行也。

　　庄子这话貌似很谦虚，在讲自己，实则是骂人的：我（更可能是我们，或你们、他们）实在是有愧于"道德"二字，因此上不敢坚持仁义之类的操守，下不敢有淫邪、怪僻之类的行为。庄子在坚持什么以及是怎么活的，书中已经写得很明白，即精神上无限博大自由，现实生活却无比清贫困窘。有时想想，人吧，退一步或转个身，就是截然不同的人了，就会拥有截然不同的一生。然而，莫名其妙地，人人都在表演、都在坚守、都深陷听看识悟之中。那么，该如何破局呢？这个局没法破，任何教义都是无法自圆其说的。这大概就是日本诗人寺内寿太郎那样说的原因吧："生而为人，我很抱歉。"

# 贰拾柒 应帝王

按照学界的说法，《庄子》一书只有"内篇"的七篇是庄子的作品，"外篇""杂篇"或为其弟子门人所作，也有后人伪作的说法，从文本来看，确实杂糅了一些儒家的观念主张，文风中体现得非常明显。读写完"杂篇""外篇"算是扫清外围了。读"内篇"首先需要注意的是逻辑与视角，"内七篇"是紧密联系的，这点从篇名就可以看出来：逍遥游、齐物论、养生主、人间世、德充符、大宗师、应帝王，明显是由远而近、由大而小、由空而实，将目光一点点收回，从无边无际的天海一点点落到了人间。但对于人间，庄子的态度很强硬，是毫不妥协的，反对任何形式的套路。从中也可以看出，庄子的天地虽广大无边，倒也不乏烟火味，只不过庄子的人间有些清冷却也不惧清冷罢了。这个，不是谁都可以理解和承受的。

## 不知道

啮缺向王倪请教问题，连问了四个问题，王倪都回答：不知道。

啮缺因此欢欣雀跃，高兴得跳起来了，觉得一定是自己的见解层次、理论水平和思想深度远远超过了王倪。

啮缺将这一情况告诉蒲衣子时，蒲衣子说："而乃今知之乎？有虞氏不及泰氏。有虞氏其犹藏仁以要人，亦得人矣，而未始出于非人。"他的意思是：你真的懂了吗？虞舜是远远赶不上伏羲氏的。舜以仁来教化统一人心，虽然也得到了人心，但并未超脱于万物的拖累。其言外之意是：舜智慧的程度也仅仅是搞定了人而已。

**泰氏其卧徐徐，其觉于于；一以己为马，一以己为牛；其知情信，其德甚真，而未始入于非人。**

而泰氏呢？睡觉时安安稳稳、高枕无忧，醒来时神清气爽、悠然自得。根本就不操心任何乱七八糟的事情和声名之类的，任由他人称呼自己为马或者是牛。由此来看，恐怕泰氏的智慧与性情才更为真实吧，确实是真人，从来就没有受到外界外物的丝毫牵累。

蒲衣子这话是什么意思呢？实质是打了个比方，将齧缺比作舜，将王倪比作泰氏。舜比泰氏高明吗？差得远呢！舜只懂得用仁去统一民心，泰氏根本就不为此而苦恼，任民众自由自在地生活。前者是将鸟养在笼子里的模式，后者是将鸟放归山林的模式，至于谁更高明，这是不言而喻的。蒲衣子的意思是：王倪已经到了毁誉声名之外，根本就不关心这世间的问题，因而懒得回答，你齧缺有什么好沾沾自喜呢？幼稚。

## 神坛下的鼷鼠

肩吾是日中始（虚构的人物）的弟子或朋友，去拜见楚国"凤歌笑孔丘"的大狂人接舆。

接舆问：日中始都给你说了些什么呢？

肩吾说："（日中始）告我：君人者以己出经式义度，人孰敢不听而化诸！"看来这个日中始是法家人物。这话是赤裸裸的强权：最高管理者，以及所有管人的人，按照自己的意志制定一些规范律条，谁敢不遵守呢？听话遵守就予以奖励，不听话不遵守就惩治或消灭。人都是趋利避害的，这一招准能制服。说实话，这招确实管用，历朝历代长期采用。

听了这话，接舆不高兴了，他说："是欺德也。其于治天下也，犹涉海凿河，而使蚊负山也。"这明摆着是大盗欺世的行径！这个治理天下的做法，就好像在海里凿河或让蚊子背山一样。道家的看法是，这样做是不可思议且不可能的。事实上，现实中很管用，运用得也很好。别的不想，只需想想"圣旨"在历史上的作用和分量就清楚了。

**夫圣人之治也，治外夫？正而后行，确乎能其事者而已矣。**

圣人治理天下，难道会致力于外在的东西吗？不会的。圣人一定是先正己，之后才让他人遵行的，是让人们根据自己的实际情况做事的。诸子屡屡提及"圣人"这个概念，究竟圣人的标准是什么，谁是圣人，各家的提法不尽相同。仅就儒、道两家而言，儒家的圣人指英明的天子，尧、舜、禹和商汤、周文王、周武王等都是。道家圣人则寥寥无几，都是传说中的人物，连黄帝也算不上的。那么，道家所说的这种圣人治理模式就很微妙了，实质是提倡"小国寡民"式的散养。难怪老庄会被指责为无政府主义，事实确实如此，他们反对一切形式的政府与统治。

**且鸟高飞以避矰（zēng）弋（yì）之害，鼷鼠深穴乎神丘之下以避熏凿之患，而曾二虫之无知！**

鸟会以高飞来躲避射来的箭，鼷鼠会在神坛下安穴以防止人们的挖掘和烟熏。接舆之所以这么说，与当时的天下形势密切相关。周朝已名存实亡，根本节制不了诸侯；诸侯国之间各自为政，稍严苛些，民众就会离开投奔他国，甚至待在"三不管"地带上过日子。因此，针对大量的逃民、流民，当时有诸多的招徕政策。接舆的意思很清楚，即民众是自由的，是有基本判断力的，你管得过于严了，爷自有去处，不陪你玩了。上有政策，下有对策。飞鸟与鼷鼠尚且懂得这个道理，人岂能不明白？"桃花源"的存在，就是这种思想的产物。

关于鼷鼠在神坛下安穴以避熏凿之患这个说法也很有意思。后来李斯写仓鼠那篇文章时，是否也来自《庄子》一书呢？极有可能如此。这一做法被引入人类社会，就不是一般层次的技术思想了，而是谋略，可以上升至战略层面的。

# 天根游殷山

天根（虚构的人物）去殷山南面游玩，来到蓼(liǎo)水边，碰到了一个无名无姓的人，但此人理论水平很高。天根便向这个无名氏请教如何治理天下。

无名氏说："去！汝鄙人也，何问之不豫也！予方将与造物者为人，厌，则又乘夫莽眇之鸟，以出六极之外，而游无何有之乡，以处圹(kuàng)埌(làng)之野。汝又何帠(yì)以治天下感予之心为？"看来这位无名氏的脾气不小，应该还没有修到上境，所以一开口就说：一边去，你真是个卑劣的人，如何会问如此让人不愉快的问题呢！实在是太厌烦了。我正想与造物为伍，乘着莽眇之鸟，飞到天地之外，悠游于缥缈无何有之乡，安身于圹埌之野。你为何会以治理天下这么令人讨厌的问题来乱我的心呢？

从以上可以看出，这个无名氏尚处于寻求修为之中，还未入境大成，恰恰碰到天根，因而被惹得不高兴了。其中，"莽眇之鸟""无何有之乡""圹埌之野"等说法，其实都是类似于乌托邦的存在。

当时交通信息不发达，又没有什么书籍，人们主要是通过言谈交流思想的。

好不容易碰到个高人，天根不甘心，继续追着问治理天下的问题。

无名氏不得已，只好说了这么一句："汝游心于淡，合气于漠，顺物自然而无容私焉，而天下治矣。"让你的心淡然起来，不要激动；让你的气散淡平静，不骤然聚集和起落，同时顺应事物的天性而不以一己之意志去支配什么，天下不就是好好的了吗？

无名氏说的这些是道家理论，最为相似的是佛家的说法："自净其心，自修自行。"道家认为想治理天下，不理外事；佛家呢，想成佛，不向外求——个人解决个人的问题，每个人都将自己的问题解决好了，还有什么问题呢？事实并非如此，人是参差不齐的，不是谁都有这个智慧和觉悟的。因而引领与普度，就是绝对必要的了。这即是佛陀、老庄这些人存在的意义。

从中也可以看出，佛教在中国大为流行兴盛的原因，应该是与中国道的思想极其相似和接近的，国人易于接受吧。

# 虎豹之文

阳子居，魏国人，姓阳名朱，字子居；也有种说法，阳子指杨朱。

阳子居很好学，去拜见老子，请教了一个问题："有人于此，向疾强梁，物彻疏明，学道不倦。如是者，可比明王乎？"他问的是，有这么个人，一向办事果敢利索，思想通透深刻，学习钻研不知疲倦。这个样子，可以和圣贤明君相比吗？阳子居所说的这个人似乎是他自己。

老子是多么智慧的人啊，当时也并没有点破，而是说："是于圣人也，胥易技系，劳形怵心者也。且也虎豹之文来田，猨狙之便、执嫠(lí)之狗来藉。如是者，可比明王乎？"老子的意思是：嗯，学问达到这种程度、这种境界，实属不易。但对于圣人来说，不过是雕虫小技罢了。就像一个小官吏，被一点小技艺所束缚，整天操心劳形，还不知所以。再说了，虎豹身上的皮毛够漂亮吧，不过招来了猎人而已；猴子够敏捷吧，狗能打猎吧，怎么样呢，都被拴了起来。诸如这些，能够和圣贤明君相比吗？

看看，老子的反应多灵敏，看似在说无关的事，其实句句都是对阳子居的告诫：本事再大，能力再高，还是低调点、收敛点为好，张扬能有什么好处呢？指手画脚、张牙舞爪的不定哪天会被圈禁起来呢！

阳子居何以自比明王呢？与"王侯将相，宁有种乎"的逻辑一致，不过不是想取代，而是一种质疑。等级社会，处于金字塔尖和权力之巅的明王是何等尊贵，岂容他人质疑和议论；就连孔子，也都极力维护这个。但通过学习思考，一些学者难免会产生质疑：仅就能力水平而论，我与明王差不多了吧，甚至可能比他们更厉害。事实果真还就是这样，但这话能说吗？即使在纷乱的春秋战国，敢这样说也是大逆不道的。这也是老子委婉劝诫的原因。你阳子居作为一个士，无非是工具性的存在，想挑战什么呢？含蓄点，不露出尖牙利齿说不定会长寿些、自在些，引起上层注意，恐怕日子就不好过了。

听了老子的话，阳子居脸色都变了，恭敬地再问："那么，明王如何治理天下呢？"

老子说：圣明君王的治理方式有这么三个突出特征：

其一，"功盖天下而似不自己，化贷万物而民弗恃"。这里指，建立了不世功勋，却好像与自己没关系一样；能够教化万物，却并不使民众对自己产生依赖。很明显，是天地日月般的态度，无私载，无私覆，无私誉，无私亲，只是做春天，让他人去做春花春水。这种胸怀境界就无限辽阔了，也就是"功成不必在我"的意思。

其二，"有莫举名，使物自喜"。"有莫举名"，即有实有名而不去宣扬提举，不搞个人崇拜，不树任何导向，而是任由人与万物自行发展。

其三，"立乎不测，而游于无有者也"。这里指，独立于神秘莫测之境，悠游于无有之地。这个有点儿抽象了，理解时须注意。想想什么是禅、什么是悟，其实就是内心豁然开朗的感觉，是对一切的了悟与解脱，就是佛家说的"自觉自悟、自明自了"。真正圣明的人活着是什么感觉，什么境界呢？极其之玄奥微妙，可意会而不可言说。庄子还说过"无何有之乡"，与"无有""乌有"差不多，不是说没有，而是说不知道在哪里、不知道如何到达，更不知道什么时候才够到达其所在，几乎等同于佛家所说的"彼岸"的意思。联系起来看，这儿的指向与境界清楚，即不依赖于任何外物，因而不会为外界所触动和影响；是一种内心超然洒脱的感觉，但无法去描绘和分享。其实，普通人的一生中，也屡有类似的体验与时刻，但非常之短暂，很难维系。而道家所谓的圣明的人，能够修炼并保持在这个境界。还有很重要的一点，即圣明的人清楚自己是谁及想要什么。普通人清楚吗？真清楚吗？

# 道之九渊

这则故事《列子》一书中也有，说法略有不同。

郑国有个很厉害的神巫叫季咸，达到了铁口断金的地步，他对于人的生死、存亡、祸福、寿夭等等，能够准确预言，神奇到可以精确推算年月旬日，洞知他人的一切。这个就很让人害怕了，难免让人怀疑是你神巫在搞鬼。因此，郑国人看到季咸都很害怕，远远地躲开了。

列子接触了一下这个季咸，很是钦佩，回去后在老师壶子面前夸耀称赞了一番："始吾以夫子之道为至矣，则又有至焉者矣。"开始我以为夫子您所修的道是至高无上的，现在看来还有更高明的呀！

壶子毫不客气地说，"吾与汝既其文，未既其实。而固得道与？"我教你的东西不过是皮毛而已，尚未触及真正的东西，你真的以为得道了吗？

**众雌而无雄，而又奚卵焉！**

一群雌鸡而没有雄鸡，又如何孵化出小鸡呢！壶子的意思是：自己就是那只唯一的雄鸡，一群雌鸡闹腾什么呢？

**而以道与世亢，必信，夫故使人得而相女。尝试与来，以予示之。**

一个人掌握了些技艺，必然想表现自己、取信于他人，遇到高手也会泄露了自己的底细。这样吧，你将他请来，我给你演示下什么是真正的道。

第一天，列子带着季咸来给壶子看相。

看完出来后，季咸说：唉，你的先生快死了，活不成了，不过是数十日的事了。我看到他所显露出的死相，面色如同死灰一般。

一听这话，列子就伤心了，泣涕沾襟地进入房间报告给壶子。

壶子不慌不忙地说："乡吾示之以地文，萌乎不震不正，是殆见吾杜德机也。尝又与来。"壶子的意思是：刚才，我向他展示的是地相，面如灰土，而且似动不动，生机凝滞。他看到我毫无生机，以为我快要死了，明天让他再来吧。

第二天，列子又带着季咸来见壶子。

看过壶子的面相出来后，季咸对列子说：庆幸呀，你的先生遇到了我，算是有救了。今天我看到他原本闭塞的生机已经萌动了。

列子将这话报告壶子后，壶子说："乡吾示之以天壤，名实不入，而机发于踵。是殆见吾善者机也。尝又与来。"壶子的意思是：今天，我向他展示的是天相，心有思虑，生机从脚底缓缓上升。因此他才看到了生机，明天让他再来吧！

第三天，季咸为壶子相面，出来后对列子说："子之先生不齐，吾无得而相焉。试齐，且复相之。"这个"齐"，是合乎某一标准的意思。这句是说：你的先生所显露的面相阴晴喜乐不定，不符合任何一种标准，我没办法相面。等到面相征兆明显且稳定了，我再来看吧。

列子将季咸的话告诉壶子后，壶子说："吾乡示之以太冲莫胜，是殆见吾衡气机也。"这个境界就相当高深了，指的是：刚才，我向他展示的是"太冲莫胜"。什么叫"太冲莫胜"呢？没法用语言来形容，大概是在虚空中飘忽不定、不着天不接地的一种状态吧。这样的外在是没有任何征兆的，季咸看不出什么征兆，所以也就没法作出判断了。

壶子接着说："鲵桓之审为渊，止水之审为渊，流水之审为渊。渊有九名，此处三焉。尝又与来。"这个渊即尼采所说的深渊，笔者甚至怀疑，尼采读过庄子的这则故事。壶子的意思是：深渊有九种形式，我给你说说世间可见的三种吧，鲸鱼悠游生活之地可称为渊，是第一种；水流注入并静止之地可称为渊，是第二种；流水漩涡处也可称为渊，是第三种。这三种都是可见的。心之渊、魂之渊呢？那些不可见、不可思的就不说了，你琢磨琢磨吧。这样，明天让他再来吧。说得这么复杂，其实可以归结为一句话："什么叫深不可测？懂了吧，我慢慢展示吧，这还不是最深的。"

到这，想顺便说说如何更好地理解诸如老庄等人的说法。有些说法看似很玄，实质是什么呢？用言词描述内心微妙的感觉。我们知道，有些感觉是无法描述和道出的。因此，沿着种种说法，尽可能放开、尽可能贴近地体悟就是了，如果一味盯着字面的意思，则往往会离题万里。须知，老庄是在说种种感觉，而不是纠缠于具体的说法与字词。禅宗六祖慧能在韶关曹侯村为一名居士说《大涅槃经》时，说得头头是道。居士拿经文给慧能看，慧能表示自己不识字。居士就惊骇了：一个不识字的人，能够将佛理佛法领悟到这种程度，这是个什么样的人呢？其实就是这么回事：活着的很多感觉并不在文字之中，甚至与文字无关，不过是借助文字这个相或壳来表述而已。

第四天，季咸又来为壶子相面，刚走进屋还未站稳，转身撒腿就跑，而且跑得飞快。壶子让列子赶快去追，硬是没追上。

列子返回报告说，"已灭矣，已失矣，吾弗及已。"这是很形象的一句，大意为：没影了，没影了，根本就追不上了。

出现这种情况，应该是壶子意料之中的事，因此他淡然说了这么一句："乡吾示之以未始出吾宗。吾与之虚而委蛇，不知其谁何，因以为弟靡，因以为波流，故逃也。"壶子的意思是：刚才，我向他展示的是玄妙莫测的万变不离其宗。我显示出虚无之相而顺其自然，他所看到的就飘飘摇摇了，像草之遇风则伏，像水之随波逐流，因而站立不稳就逃走了。

此次壶子究竟展示了一个什么状态谁也说不清楚，但传达给季咸的信息很清楚，大概是像站立于飓风之中、小船之上吧。他感知到了危险，自然就跑了。

**然后列子自以为未始学而归。三年不出，为其妻爨，食豕如食人，于事无与亲，**

受这件事的刺激，列子觉得自己修道还未入门，便踏踏实实跟着壶子修道，三年以来连门都没出。他做任何事情都非常之投入，替妻子去喂猪，认真程度就像接待人一样，而且，对于任何人任何事的态度都一样，没有一丝的分别心了。没有分别心，在佛家也是大成的先兆。

**雕琢复朴，块然独以其形立。**

人活着吧，总是有这样那样讲究的，自身总是有这样那样追求和精进的。列子将这些都废弃了，而复归于质朴的状态。质朴到什么程度呢？像一块石头、木头一样，无知无觉不声不响地活着。人生在世，总想着成为人上人。而道家的终极目标，不是要在万物中突显出来，而是成为沙中之沙、水中之水，这也是老庄所说的恍惚的状态吧，其实比恍惚更加孤绝。

**纷而封哉，一以是终。**

纷繁的世事全部被封闭隔绝在身外，不闻不问，不管不顾，就保持石头、草木般的样子终老一生。

# 无 为

接着一段议论是说无为的。无为，不是什么都不做，而是符合规律、顺应形势。理解"无为"首先要清楚一个"道"字，其次要理解一个"名"字。道是原理与规律，"名"这个字不单指名字，还指命名学、分类学、自然社会结构学，甚至包括一切理论，是认识论的基础。比如，石头何以叫石头，官府何以称官府，为什么不是另外的叫法呢？如果是另外的叫法，就是另外的理论了。这块说得较为抽象，一句句看：

**无为名尸，无为谋府，无为事任，无为知主。**

这四句既要整体看也要分开解，若只分开解就不知道在说什么，只整体看则过于笼统了。"无为名尸"中的"无为"，即不要去做的意思。这个分句是说人与价值观的，即活着吧，不要做一个有名有姓，甚至是有名声的承载者。换句话说，不能为了声名而活着。"无为谋府"，即生命，不要成为计谋谋略的载体容器。就是说，人吧，不能成为主意罐子，整天东一个主意，西一个主意的，好不烦人烦心。"无为事任"，即人也不能成为办事工具，一辈子都陷在事里了，活人呢，还是做事呢？无论活成了"砖"或"螺丝"，都有悖于生命的本意。"无为知主"，即人也不能成为求知的主体或智慧的主人。人是从自然界中来的，诸如智慧、知识这些都是双刃剑，并非人本来的属性，汲取与使用一定要有个度。

庄子这个理论虽然是两千多年前的，今天说来仍然尖锐得咄咄逼人。生命的价值追求，不能定位于"名""谋""事""知"这四件事上。这些不就是人仅有的骄傲和资本吗？将这些都彻底剥离了，人是什么呢，该怎么活呢？从这个逻辑，就可以看出庄子的犀利与通透，不是刀刀见血见肉，而是刀刀致命、刀刀刮骨的。庄子不单是无政府主义，简直就是无意义主义、无价值主义。当然，这也是庄子这个人存在的意义和价值。很多大人物吧，独辟蹊径，为人类走出了一条路。庄子这个人，则是为人类开疆拓土，使人广大无边起来，可以见到更大的天地。

**体尽无穷，而游无朕**。

这句话是为人的生命指方向的。"体"，指体味；"尽"，指全部；"朕"，指我。这句是说，用生命去体味那万事万物、天地自然、宇宙时空的无穷尽，才是大境界大趣味呀。这样的人生游历，才是传说中的逍遥游，这个逍遥游是无人无我的。这儿到底是什么意思呢？庄子的情怀是：作为一个小小的人游历于天地自然间，显然是远远不够的。人多大点？能活几年？能看多远听多远？能容下什么呢？必须得有鲲与鹏那样的体量、胸怀和魄力，才能洞见、懂得并享有这个世界的美。这个，人根本不配，我更不配。这也是佛家说"无人相""无我相"的意思，很多人理解狭隘了，以为没有"我"这个主体。实则完全是错的，没有这个主体意识，就无法自圆其说了。而是说，这个代表的"我"、体味的"我"、参与的"我"，还不够健全和完善，须像鲲鹏一样，才有能力有资格去领会，也才能更好更全面地领会。否则，人就是在原地打转，能领会什么呀？

**尽其所受乎天，而无见得，亦虚而已**。

以一个无尽博大、不带一丝成见的生命去感受一切，能多么广大就多广大，能多么自由就多么自由，能多么包容就多么包容。总之敞开自己，放下人的思维去感觉，不是单用眼、耳、鼻、知、身、意去感受，而是全身心去感受。"而无见得"，即这么去面对世界，所感到的是一无所见、一无所得、一无所有。这就对了，所看到的才是天地原本和最初的样子，是生命的真谛，无非一个"虚"字嘛。如果感受满实满载的，说明什么呢？说明心中充满着分别与是非，根本就不彻底、不纯粹、不到家。这就是庄子的世界。他人体会不了的原因在于，绝大多数人所看到的只是文字的华美。

书吧，正着读，倒着读的感觉是不同的。

具体到《庄子》一书，何以"逍遥游"呢？答案在"应帝王"里。

**至人之用心若镜，不将不迎，应而不藏，故能胜物而不伤。**

极致的人、纯粹的人的心像一面镜子，不是有色镜，而是忠实反映一切的，外界外物是什么样子就是什么样子，不去迎合迁就，也不去违反、悖逆。这个映射不是对人的，而是对天地自然的。而且，纯粹的心吧，映射事物，只映射不收藏。就一面镜子，可以映照出万物，却并不一概收藏起来，而是一尘不染。收藏，就有个出于是非好恶心的挑挑拣拣了。纯粹心没有分别，不会作出取舍。因此，这样的心能够与一切外物平和相处而不会受到任何影响和伤害。普通的心就做不到这个，是有分别的，有个价值判断在其中，总想着按自己的意思和能力摆布事物，总想着拒绝或得到一些东西。因此，必然是因物而喜、因物而悲的，或者说因得而喜、因失而悲的，所以在世间就很容易动心和受伤了。不动心就不受伤，这是个简单的逻辑，受用、管用也耐用。

## 浑沌之死

这个故事颇有《山海经》的气象。

南海之帝叫"倏"（虚构的帝王，音舒，读shū），快速的意思；北方之帝叫"忽"（虚构的帝王），飘忽不定的意思；中央之帝叫"浑沌"（虚构的帝王），即一团圆球状的东西。

一天，倏与忽一起到了浑沌的地盘上做客，浑沌很好地接待了他们。倏与忽就思量着怎样报答浑沌。这个浑沌最需要什么样的帮助呢？想来想去，人都有七窍，双眼用来看，双耳用来听，两个鼻孔用来呼吸，一张嘴巴用来吃饭。而中央之帝浑沌呢？竟然什么也没有，看不到美色，听不到音乐，吃不到美食，呼吸不到新鲜的空气，都不知道生活是什么样子，不是太遗憾了吗？于是乎，倏与忽合力，每天在浑沌的身上开一个孔。第七天，开完七个孔，浑沌就死了。

如果仅仅将这个故事理解为好心帮了倒忙，就太不解风情了。庄子这个寓言是说人性、说民风的。也以一个故事来说明吧。在一些极其偏远的深山里，散居着那么几户牧民或农人，民风非常之淳朴，但日子过得似乎有些艰难和清苦。外来的游客去后，受到最热情最隆重的款待，于是想着如何改善这里。修条路，发展养殖业、加工业之类的，最好再有点商业。于是乎，路真的修通了，厂房真的建起来了，也真有了商业，牧民也成了工人、经理之类的。不多久发现：淳朴的民风没了，无忧无虑的生活方式、生活状态也没了。那里的人们每天在做什么呢？一是没日没夜没命地劳作，想着扩大生产；二是天天盘算算计，数着票子，想着增加收入。外人再来，打量的眼神也不同了：都是商机，有利的高看几眼，无利的懒得理识，甚至看看能不能在其身上多赚几笔。好心之下，帮忙之下，人最初的淳朴与本分没了，产生了些商人，成为截然不同的人了。回到之前的正题，浑沌之死就不难理解了，倒不是肉体之殇，而是灵魂之死或人的变质。

通篇看完，文不对题，与帝王压根没关系，也无所谓应不应的。"应帝王"这个篇名，让儒家、法家、兵家来说，是有很多具体内容的，可以大做文章。对庄子来说，则成了一种指向、一种逻辑。何以如此呢？首先得明白庄子所说的"帝王"是什么。在庄子的世界里，一切都是帝王般的存在，大体分三个层次、三种境界，从低到高依次是：一是无知无觉的，比如石头、草木，类似于佛家说的"诸无情"。这个层次似帝似王，却没有这样的意识。二是有限知觉的。人类身上表现得最明显，虽有知觉智慧，实则是极其局限狭隘的，这样就产生了门派和阵营，也才起了纷争和争斗。人们都想称帝称王，也不论够不够格，即使真成了帝成了王，也是要大打问号的。三是知觉一切的，即冥冥中主导主宰一切的力量。虽然看不见摸不着，却是实实在在存在并起作用的，无法命名，因而以一个"道"字来标示。这个才是真正的"帝"、真正的"王"。

如此，"应"的意思也就出来了。

作为人，应于什么呢？应于物、应于人还是应于道呢？

庄子的答案应该是很清楚的。

# 贰拾捌　大宗师

## 大宗师有多大?

"大宗师"其中有三层意思:可以指天,也可以指道,还可以理解为通晓并遵循天与道的人。总之是达到极致的,格局无限的,有着无法揣摩、无可比拟的胸怀与气魄。按照《一代宗师》中的说法,武术修炼的三重境界为:见自己,见天地,见众生。这里必须先有自我意识,再有天地意识,最后返璞归真,即众生意识。其中的逻辑为:什么招最高明,无招之招;什么人堪称大宗师,无师之师。

**知天之所为,知人之所为者,至矣。**

一个人,懂得天机,懂得人性,懂得一切运行发展的机理,就到了巅峰与极致。这里的"知天"与"知人",不是抬头瞄一眼,即可看出天气;随便扫一眼,即可知职业、身份、吉凶、祸福等意思,而是从本质上了然一切,比如,天是什么,人是什么,其中的关系又是怎么回事。很明显,庄子说的这个,即人对世间的认识问题,人在世间的定位问题,也就是哲学问题。庄子这个人的哲学水准不用多说了,文采飞扬,思路清晰,目光深切,知解浩瀚。

**知天之所为者,天而生也;知人之所为者,以其知之所知,以养其知之所不知,终其天年而不中道夭者,是知之盛也。**

懂得天道天机,就知道上天如何生育万事万物了;懂得人道人性,就知道以自己的知识智慧去认识和探索自己所不知道的东西,从而一天天开阔博大起来。但人似乎并不是这样的，从无知走向智慧，不是更开阔更自由更幸福，往往似乎是更狭隘更束缚更不幸。何以这种反常的情况居多呢？庄子稍后会给出答案。他说，知识智慧这个玩意儿很管用，懂一些就可以极大地改善人的生存质量，最直观的，可以使人保全自己、颐养天年，享有完整的一生，享受健全的生命，而不至于早早夭折殒命。庄子的意思是：这是知识智慧最大的作用，不仅仅是作用于生存层面的，更有美好生活、完成生命的作用在其中。因此，千万不能将知识与智慧工具化，从而仅仅局限于某一层面。比如，用以去赚钱去整人，这就完全不得要领，甚至是偏离正道了。

**虽然，有患。夫知有所待而后当，其所待者特未定也。**

知识与智慧的优点好处很明显，问题也很突出。知识智慧的正确与否是尚待验证，需要一个验证的标准，但这个标准根本就无法确定。一个是涉及的范围太大，不好确定；一个是问题过于复杂，没法确定；再一个是情况处于不断的变化之中，标准没法恒定如一。比如，是非观念，随着范围的不同、对象的不同、时机的不同，标准就明显不同。

**庸讵知吾所谓天之非人乎？所谓人之非天乎？且有真人而后有真知。**

对于知识与智慧，庄子还注意到很重要的一点，天地自然有个标准，人有另一套标准，往往是不统一的。人与自然，谁的需要与标准更正确更正当呢？世界上，人自认智慧最高，自认为是主宰，因此就时时处处以我的立场来衡量匡范万物，所思所想所作所为真对吗？在道家看来，问题太多，甚至是大谬不然的。

那么，如何知道一个标准是符合天地自然之道的，还是人为的呢？究竟是人违背了天，还是天违背了人呢？这就需要由真正通晓一切的人来作出判断了。这个人，就是真人；这个人的智慧，就是真知。沿着真人真知，后面也就出来了个真理。现代唯物主义的观点是：实践是检验真理的唯一标准。这是指入世的。那么，出世呢？远离一切事务，用什么来检验不同的人内心的种种感受？或者需不需检验呢？真人真知，道家推崇，是本质层面的；真理，则是权威层面的东西。何谓真理，道家连自身都否定，根本就不承认这个。

大宗师有多大，有天那么大吗！

## 什么是真人？

那么，什么是真人，庄子在文中有细致入微的论述，并明确给出了这么几组标准：

第一组："古之真人，不逆寡，不雄成，不谟士。"注意，这里说的是古之真人。对于一个人而言，盖棺方才定论，活着没法定论，人是极其多面和善变的，谁知道活着会活成什么样子，所以对活着的人不能定论，即使定论也是阶段性的。"不逆寡"则显得很抽象，它有两层意思：一个是不干拔苗助长的事，即一个自然的事物存在不足或缺陷，也不要人为去干预；另一个是，认同大多数，也容忍极少数。前者是行为，后者是观念，两者并不矛盾。"不雄成"，即不高调去宣扬或夸耀成功，一件事看准了就看准了，办成了就办成了，天地办成了那么多那么大的事都悄无声息，人怎么能像母鸡一样，做点事就咯咯叫上一阵。"不谟士"中，"谟"，指谋划的意思。这句是说，不去谋划任何事情。人与动物一样，本来没那么多弯弯绕绕的，一动心思打主意，这个人就复杂了，所处环境也跟着复杂了。一个集体，想关系和谐、风气单纯，不动小心思，不用小主意即可，淳朴的民风就是这么来的。当然，实现这个很难。

**若然者，过而弗悔，当而不自得也；**

能做到以上三点，即使有了过错也不会悔恨连连，做事得当而不会沾沾自喜。

**若然者，登高不栗，入水不濡，入火不热。是知之能登假于道者也若此。**

这句的意思是：如果真的能做到这样，心胸就是极其开阔达观的，就会登高而不惧，入水而不湿，入火而不觉得热。这是智慧达到"道"的境界的人才能够做到的。所谓"登高不栗，入水不濡，入火不热"这些，并不是肉体真的不怕水火，而是说在任何危险危机面前都能面无惧色、等闲视之。这点与儒家说的"泰山崩于前而色不变"，以及佛家说的"不起心动念"基本是一样的境界。常人遇到点小事，会大惊小怪，真人遇到大事却像没看见一样，就是这么个状态。

第二组："古之真人，其寝不梦，其觉无忧，其食不甘，其息深深。""其寝不梦"是说睡觉不会做梦，这种情况我们偶尔也能体会到，睡得很深很沉，觉得并没睡多长时间，其实天已经大亮了。"其觉无忧"，即不因忧虑而失眠。现代社会，失眠是一种很可怕的顽症，而且没有好的医治办法。怎么办呢？修道吧，这玩意儿只能悟，学不来的。"其食不甘"，即不挑食，吃粗粮细粮，吃素吃肉都一个味道、一个样子，能吃就成，不挑剔和讲究味道。世间的人们，关于吃有两大问题：一个是缺少，没东西可吃；另一个是富余，营养过剩，吃出"三高"等各种毛病来。"其息深深"，这就有点内家修炼的意思了。一般人紧走两步、快跑几步，就累得气喘吁吁的。道家所说的真人的气息则很悠长，呼吸吐纳一口气可能一个时辰就过去了。有些闭气达人能闭气长达二十多分钟，他们是怎么做到的呢？违背了科学常识和生理学吗？并没有。"气"这个字，古代有"氣""炁"等不同说法。"氣"，即五谷生成之气；"炁"，即水化而成。虽然看不见摸不着，但古人注意到了，并根据人们呼吸的情况，产生了一个关于"气脉"的理论。《黄帝内经》中"奇经八脉"的说法就是如此。现代科学的结论是：人吸入的氧气会随着血液在体内流走。老祖宗们可不这么看：人体有十三条大的经脉，是阴阳之气所运行的通道，有诸多节点，某个环节出现问题，就会生出不同的病来，表现出不同的症状。这些病是因气而致，这个气是来自天地自然的。比如，《黄帝内经·素问·金匮真言论·第四》中有这么一句："东风生于春，病在肝，俞在颈项；南风生于夏，病在心，俞在胸肋；西风生于秋，病在肺，俞在肩背；北风生于冬，病在肾，俞在腰股；中央为土，病在脾，俞在脊。""俞"，即腧穴，为人身气血游行出入之处。这段话说得够清楚，人所吸的气是来自天地自然的，春风吹多了，会得肝病，颈部也容易出问题，夏天胸肋容易出现状况，秋天肩背容易出现状况，冬天腰股容易出现状况。这么说有没有什么科学道理？比如春天究竟是不是肝病的高发期等等。引用这段话，是想说明古人对气与健康养生的看法，并不是信口开河，而是经过细致周密的观察与总结后才提炼出来的。

**真人之息以踵，众人之息以喉。**

庄子说，一般人的气息也就到喉部，真人的气息可以到脚后跟。这是指真人气息之长，当时没有解剖学、生理学之类的，理论全凭想象推理得出。今天看来，庄子这话只能说是部分正确，人所吸入的空气中有些元素和作用确实能到达脚后跟。

**屈服者，其嗌(ài)言若哇。**

何以说一般人的气息到喉咙，真人的气息到脚后跟呢？是从观察到的现象中得知的。一般人与人辩论，说不过人家时，会气短心虚；如果是吵架吵输了，说不定会面如白蜡，引发急性心脑病之类的。真人呢，气息悠长，根本就不会争、不会吵，瞄一眼可能都觉得多余。庄子说了这么多，其实是说精神的，广大包容的精神。一个人的精气神好了，且无限包容，身心必然是健康的。

今天稍上点年纪的，敢吃什么呀？坐在桌子上研究清楚了才迟疑着动动筷子；上了点年纪的，能睡着觉、睡好觉的又有几个呢？注意，庄子说的并不是什么高大上的理论，而是说朴实做人的。山里的老农干一天活，回家大碗吃饭，上床倒头就睡，无非就是这个。庄子之所以说到这点，应该是诠释老子《道德经》中的一些观点吧。就是说，一个人越是讲究大，越是有问题的；什么讲究也没有，才是朴实的健康的。因此，真正的健全精神是什么呢？随遇而安。但是又有几人真能做到呢？

这就是道家的精神，是道家所提倡的东西。所以我们看，其他大宗教的人都衣冠严整、面相庄严，唯独真正的道家像丐帮一样，蓬头垢面、疯疯癫癫的，不修边幅也不拘虚节。

**其耆欲深者，其天机浅。**

这是揭示谜底性的一句，一个人想法越多、讲究越多，其天性就越是浅薄淡漠。相反，想法欲望越少（没有是不可能的），天性就越是充实丰厚。庄子说的这个天性，其实是精气神，也就是我们常说的元精元气元神之类的。原本就是结实的粗糙的健全的，随着教育灌输、观念的确立，慢慢就锈蚀、松动和损坏了。到死时，甚至不到死时，简直就成了一只腐朽的破船，又如何载着生命去往彼岸呢？

庄子所说的大宗师绝不是正襟危坐于堂上的大宗教家，而是以精神来衡量的，这个没法去辨别，可能是一个老农，也可能是一个乞丐。

从这段也可以看出庄子的路数与逻辑：拥有生命就要坚守并无限拓展生命。常人的逻辑是什么呢？进入现实就得遵守规则。一个面对的是生命，一个满眼都是现实，这就是庄子与常人根本的不同。

第三组的内容就非常之多了，下面我们一条条来解析：

**不知说生，不知恶死；**

"说"，通"悦"。这一句是说生死观的，即古之真人对于生死的态度很淡然，大有生亦何欢、死又何惧的意味。生死一体，是个时间段，有必然也有偶然。这个时间段是双重的：一个是生命本身时间的长短，另一个是所处的时期，两者都挺重要的。至于空间意义，远远没有时间意义这么关键。

**其出不欣，其入不距。**

其实，在同一时间段，这个世界不是一个人的，必然有个交集的问题，有些场景、有些事件，即使想躲都躲不开的，该采取什么态度呢？非要拧着来，非要去诅咒会很难受的。道家的看法是，坦然面对，出来不感到欣喜，进入也不拒绝，或者正好反过来。

**翛(xiāo)然而往，翛然而来而已矣。**

人是行走的，一生处于来来去去之中，这句是对待往来的态度，悠悠然，飘飘然吧。最好的注脚大概是"轻轻的我走了，正如我轻轻的来……我挥一挥衣袖，不带走一片云彩"。这句之所以人见人爱，就是因为扣动了人的心弦。无论生还是死，人都要受诸如重力、肉体、生活、情感、思想等重重困惑和拖累，什么都不去记挂该有多好，像高天流云一样，是多么惬意称心的一种状态。

**不忘其所始，不求其所终；**

这个就更高了。活着吧，人其实一直为死而担忧、为死而困扰，还有诸多的为什么、怎么办之类的。道家的态度就很好，虽然记得冥冥中有个开天辟地一样的开始，但并不去问询究竟，不一定事事都要有个结果定论。事实上，很多是没有的，是凭空消散的。最直观的，比如，昨天，以及我在哪里？这会有个存储寄放的所在吗？

**受而喜之，忘而复之。**

对于得失的态度，得之则喜，失之泰然，原本就没有，又归于没有的状态了而已，何其达观。这些看似简单，想做到任何一条其实都是难如登天的，很多人终其一生半条也做不到。

**是之谓不以心捐道，不以人助天。是之谓真人。**

能做到以上几点，就是将心完全付与了道，而且不人为地去干扰、更动天地自然的任何事物，这就是传说中的真人。说起来挺简单，做起来难上加难。

**若然者，其心志，其容寂，其颡(sǎng)頯(kuí)；**

"颡"，指脑门；"頯"，指额头。这句是说，能做到以上五点的人，其心志必然淳朴而单一，这也是极简主义的来源；其面色必然非常平静，不会喜怒无常、一惊一乍的；其相貌必然天庭饱满，绝不会是一副猥琐的样子，佛家的"庄严相"说的也是这个。

**凄然似秋，暖然似春，喜怒通四时，与物有宜而莫知其极。**

"凄然似秋"的说法与泰戈尔"死如秋叶之静美"何其相似。这句是说，凄然时像是秋天，温暖和煦时像是春天，喜怒哀乐合于四时，顺应万物，谁也不知道其法则与极限。

庄子前面说不动心不动情，后面又说喜怒之类的，矛盾不？我们细想一下，这其实不矛盾，人就是人，即使去掉乱七八糟的观念，全然退回自然界，也有个自然的喜怒。庄子的意思：喜，任其喜，怒，任其怒，自自然然地，像四季一样，并没有什么好或不对。

**故圣人之用兵也，亡国而不失人心；**

圣人也用兵，但用兵只是手段，不是目的；所以即使用兵亡了他人的国家，也不会失去人心的。这就类似于《孙子兵法》中的"攻心为上"，并不是真去打打杀杀的。这个说法，与道家不做事、不用谋略的说法似乎相矛盾。老庄理论体系中自相矛盾的地方很多，也很大，究其原因是：总想将理说到底，将事说到头。我们知道，一个以语言表述的理论，必然是在一定条件下才成立的，科学原理都是这样，更别说人文理论了。因此，无论怎样去说，越想说绝，就绝对是矛盾重重。其实，任何大的理论体系都有类似的矛盾，难以自圆其说。说来说去，说到最后不是荒谬，就是虚无。这是由人的局限所造成的，人就是人，再怎么修炼，成就再大，境界再高，也不过是一个加了定语的人，而并不是通过修炼就可以摇身一变为其他什么了。是人，就有人的局限，就不能求全责备，即使神人、圣人、真人等，本质上还是人。

**利泽施乎万世，不为爱人**。

圣人的作为与功绩利泽万世，初衷却不是因为爱人。那是因为什么呢？大概是想维持世间万事万物的平衡吧，而并不因为自己是人，就独独偏心偏向于人，而牺牲万物。这里可能还有一层隐含的意思，即人这个物种，简直太自私自利了，很懂得替自己谋划，经常弃外物于不顾，甚至踩着同类往上走。

## 圣人或别的人

**故乐通物，非圣人也**；

因此，不注意修炼涵养自己的心性，而一味外求的，绝非圣人。我们看，圣人与真人比起来，分明是低了一个层次的。圣人再往下，就是怀着种种目的、拥有不同能力的形形色色的常人了。

**有亲，非仁也**；

有偏爱，就算不得仁。"仁"，不只是爱人，还有爱物；不只是爱志同道合的人，还有对手敌人。否则，就不够广博和纯粹。

**天时，非贤也**；

伺机行事，就不是什么贤人了。目光不够长远，总盯着眼前具体事的成败而见机行事的，哪里能算上贤明呢？真正的贤人，是看见长远甚至是永恒，并为之负责的。贤人与真人的区别在于，真人对于类似事情，坐视不理并任其发展。

**利害不通，非君子也**；

不懂变通，只看到利而看不到害，只看到福而看不到祸，就算不得君子。真正的君子，是洞悉事物内在联系因果律的，这句是对老子"福祸相倚"的解读。

**行名失己，非士也；**

士阶层最重要的两个特点：一个是为名；另一个是行事有准则有底线。庄子强调了独立性，一个人没有自我，仅是工具般的存在，即使名声很大，做事也很有原则，也算不得真正的士。

**亡身不真，非役人也。**

不是真心服务算不得真正的仆役。现代社会，公务员自称"公仆"，最初大概也取自此吧？

**若狐不偕、务光、伯夷、叔齐、箕子、胥馀、纪他、申徒狄，是役人之役，适人之适，而不自适其适者也。**

这是人物评价。以上人物，要么是历史上鼎鼎大名的，要么是当世轰动一时的。狐不偕，尧时的大名人，尧想将天下让于他，他不接受，最终投河而死。务光，夏末商初时的大名人，汤伐桀前，曾请务光出谋划策，而务光对这件事有看法并拒绝参与。汤请务光推荐其他人，务光也沉默以对。汤赶走夏桀后，想让位给务光，务光觉得这是奇耻大辱，便负石而自沉于庐水。汤想将天下让给申徒狄，申徒狄也以为是污辱自己，投河而死。胥馀、纪他是什么人众说纷纭，史书上没有清晰的记载。伯夷、叔齐、箕子则几乎是家喻户晓的名士了，就不说了。这些人都是重名节甚于重生命的，庄子对这些人的看法是，这些人根本就算不得什么高士，不过是仆役的仆役罢了，即役于事、役于观念之人。这些人活着吧，只会使他人安适，而并不懂得珍惜生命以使自己适意地活着。

看看吧，真人之下，还有圣人、仁人、贤人、君子、士、役人等诸多层次的人。这点与儒家说的明显不同。孔子的说法是，有"小人、士人、君子、贤人、圣人"这几个层级。我们在哪个层次呢？一点争议也没有，按照道家的理论来看，一定是在"役人"的行列里，甚至都还远远不够格。

**古之真人，其状義而不朋，若不足而不承；**

这里指，古代那些真人，一个个活得一副高耸巍峨的样子，遗世独立，不结朋党。"若不足而不承"有两层意思：一个是物质方面的，真人们都是修道得道的，对于物质生活并不讲究。即使缺少很多东西也不以为意，不会去为这些东西上心并努力。另一个是精神方面的，好像一副郁郁寡欢的样子，欠缺很多东西，但并不着急去弥补什么。

**与乎其觚（gū）而不坚也，张乎其虚而不华也；邴邴乎其似喜乎！崔乎其不得已乎！滀（chù）乎进我色也，与乎止我德也；厉乎其似世乎！謷乎其未可制也；连乎其似好闭也，悗（mèn）乎忘其言也。**

"觚"，即有造型、有个性的酒器，引申为真人的性格。这句是说，真人非常有个性，但并不怪僻与固执，胸怀广博却并不浮华。一般来说，有点思想，有点见识的人大多会通过另类的性情来表现，但真人不会，因为这不符合一般性规律，也不是一般人可以揣测料定的。

接着是关于真人状态的一连串描述："邴邴乎其似喜乎"，即精神焕发似乎非常之欢喜；"崔乎其不得已乎"，即一举一动又好像不得已的样子，何以如此，顺从天地万物，而不以自己为尊；"滀乎进我色也"，即面色和蔼，使人易于亲近；"与乎止我德也"，即德行宽厚，使人易于接受；"厉乎其似世乎"，即心胸广大能够包容整个世间的一切；"謷乎其未可制也"，即神态高远傲然不受制约束缚；"连乎其似好闭也"，即无论遭逢什么都不动声色，好像没有任何感觉一样；"悗乎忘其言也"，即生性淡漠好像忘记了说话一样。这些方面整合起来是一个什么样的人呢？同样是只可意会不可言传的，没有办法刻画出一个准确的形象来。这也是真人的不可捉摸之处。若完全符合现时现世的标准，就不再是真人，而是俗人了。

**以刑为体，以礼为翼，以知为时，以德为循。**

这句话是从个人角度来说的。"刑"，通"形"。以肉身为载体，以礼为翅翼，以智慧为时机，以德性为遵循，这个"德"是对道的遵循。这话还可以从治国理政的角度来说，以刑法为体，以礼仪为翅翼，以智慧为时用，以有德为遵循，这个"德"就有实事求是的意思。按照后一种来说，就不像是道家思想，却像是儒家思想了。其实，仔细想想，《道德经》中就有很深的权谋与心机。庄子这块似乎是对老子思想的解读。

**以刑为体者，绰乎其杀也；**

将刑法作为治国之本，并不在于严苛的杀罚，而在于震慑作用，也就是杜甫诗句"苟能制侵陵，岂在多杀伤"中的意思。

**以礼为翼者，所以行于世也；**

以礼仪为翅膀，才能够行之于世间。人都袒露自己的本性而活，任由自己的本性驾驭而活，这个世界是什么样子就很难说了。人的意义有别于禽兽的地方，在于礼乐、契约等方面，不过是有些自觉，有些违心罢了。想和谐所有人，就得有一致认可的标准。最显而易见、易于接受的标准就是一个"礼"字。所以，常人交往也好，最高规格的元首级会晤也好，礼都是发挥着重大作用的。没有礼，没有任何形式感，这个会见恐怕会怒气冲冲、争争吵吵，很容易发生问题。

**以知为时者，不得已于事也；**

运用智慧去创造时机，是做事的必然要求；为了做成事，必须得拥有智慧、掌握时机。也有个说法是，圣即时之大者，最善于把握有利的时机。

**以德为循者，言其与有足者至于丘也，而人真以为勤行者也。**

以德性为遵循的，就像用双脚去登山一样；没有脚，如何登山呢？具备基本的条件才是最主要的，而一般人却认为，只要勤奋就行。真的行吗？差得远呢，比如，一件事的成功，仅凭努力、勤奋是远远不够的，还有基本条件的具备、方式方法的正确吧。很显然，与努力勤奋相比，这些更为根本。

**故其好之也一，其弗好之也一；**

这句是说，真人对待他人及万物的态度与太阳月亮对待万物的态度一样，是没有偏私的。真人也是人，也是有好恶的。对喜好的是这个态度；对不喜不好的也是同样的态度。这就不是全然的自觉了，有个强制的意思在其中，因此，真人是人，而不是神。

**其一也一，其不一也一。**

对于外人外事外物，与自己一样的，会一样看待；与自己不同的，也会一样看待。

**其一与天为徒，其不一与人为徒。天与人不相胜也，是之谓真人。**

对于外人外事外物一样看待，是与上天看齐；以不同的眼光来看待，是与人相看齐。真人呢？一半向天看齐，一半与人看齐，生而为人，却又不局限于人，而是很好地中和了天地自然之间的诸多事情，因而称之为真人。

即使庄子说得如此之细致，对真人是什么，是谁，也没法像军人、农民、科学家一样，一眼就能够辨别出来，并能下一个准确的定义。所谓真人，就是一种状态、一种境界，究竟是什么样的，恐怕每个人心中都有不同的看法与答案，就像什么是佛一样。

# 命与天

**死生，命也。其有夜旦之常，天也。**

道家对生死的态度很达观，庄子尤其如此。在他的眼里，生与死是必然命定的，就像白天和夜晚的相互交替一样，是上天最基本的规律之一。

**人之有所不得与，皆物之情也。**

人虽然智慧很高、本事很大，想做能做的事也非常之多，但天地时空中的很多事情，人是无法且不能够参与和更改的，这也是事物的基本规律之一。比如，人能改变生死吗？能参与日月的运行规律吗？人做的很多事情要么是旁观性的，要么是毫无意义的，却好像自己真的主宰了生死、融合了天地一样，煞有介事的，其实则不然。

**彼特以天为父，而身犹爱之，而况其卓乎！**

真正重道的人，将上天视若父亲，从而衷心爱戴，对于一个"道"字就更是如此了。道的存在，比天更为突出和广博。

**人特以有君为愈乎己，而身犹死之，而况其真乎！**

人们的观念里，君王是比自己更为高明的所在。所以，人们肯替君王而舍身赴死，更何况是对于道的真实存在，肯定更加敬畏和投入，简直就是肝脑涂地的一种状态。

庄子所说的这则，是对真人们看待生死和求道的看法。接着就是以大量典型的事例来说明生死以及求道的问题。

# 相忘于江湖

**泉涸，鱼相与处于陆，相呴以湿，相濡以沫，不如相忘于江湖。**

这句非常之经典，翻译过来就像白开水一样无味。知道怎么回事就成了：泉水干了，鱼们一块躺在地上奄奄一息，相互吐着唾沫维生。与其这个样子，不如谁都不认识谁，相忘于江河湖海之中自由快活。这话是关于鱼的寓言，其实是说人的。两个人或很多人在一起，组合成一个集体，很大程度上很难过，有时也很难受，包括一个国家也是。能否有这么个思维，打乱打散了，重新去排列组合，或者不去重组，每个个体都逍遥自在地活着。即使大家素不相识，甚至素未谋面，不也过得挺好？为何非要一起活受罪？当然，这是个非常复杂的社会问题，绝对不可能以这么简单的方法来解决。这个方法是不成立也不存在的。但完全可以这么来看。这么来看，所面对的问题就截然不同了。我们常说的成佛修仙之类的，说到底，其实是获取一种视角，获取一种相对广阔的自由空间，从而简化并和谐人与万物的关系。

关于人与人的交往，还有一个问题，一个人究竟认识结交多少人才是够与好呢？多好还是少好？这个问题想想就成了，它是完全因人而异的，有的一个人也过得挺好，有的拥有全世界也是郁郁寡欢的。有个大数据显示：一个正常人一生见过的人大约有二百万之多，打过招呼的大约有几万人，认识的有几千人，平时经常来往的有几百人，关系非常密切的也就几个人。

看到庄子这句，总想到福克纳的《我弥留之际》中本伦德一家，两口子和三子一女组成的家庭、所过的生活，实在是太过于典型和怪诞了，但还这么维持着，是出于其中每个人的本意，还是出于世俗的需要呢？我们真的需要一个这样的家、需要这样几个子女、需要相互之间这种种不伦不类的关系吗？关于我们活着的状态，概括为"处于不生不死之地，拥有不智不愚之身"恰当吗？

**与其誉尧而非桀也，不如两忘而化其道。**

庄子的意思很明显，即人怎么能把社会、国家、生活搞成这个样子。这个问题恐怕是解决不了的，这个局该怎么破呢？与其天天称赞尧而非议桀，倒不如将两者都忘掉，而唯独保持对天地自然之道的敬畏。人活着吧，何其多的是是与非非，搞得人人不堪其扰、不堪其烦、不堪其忧，似乎个个都想着：让我重活一次，一定活得比这辈子好；让我重活一遍，如果可以重新选择，一定不选这个地方，不选这样的人。有这样的认识，活到头一定还处于这样的认识，这就是一个死循环而已。再活一次，是非还是一样的是非，有小范围的，也有大范围的，还是一样会牵牵绊绊、跌跌撞撞的，过得很不自在。这个不是由心智所决定的，而是由人性所决定的。换句话说，人就是这么回事，别想着能活到天上去，或过出天上的生活来。

**夫大块载我以形，劳我以生，佚我以老，息我以死。**

"大块"指什么？与佛教"地水风火"四大类似，并不单独指什么，而是指构成人与万物生命最基本的要素。大块吧，负载承托着我的身体，使我去劳作，使我能够享受老年的安逸，使我死后能够得到休息。这几句是对人生最本质本色的描述了，白描，没有任何修饰。人活着不就是如此吗？拥有生命的一刻也就有了劳苦，劳苦的同时也有些许安逸，同时还有死的终极解脱，否则会活成什么样子就很难说了。这是天地自然予人的所有，而人很有意思或者说很没意思，自行设计了关于生死的很多东西，浓妆或淡抹，搞出了很多小动作，动了很多小心思，却在小花样里渐渐遗忘了最本质的东西。

**故善吾生者，乃所以善吾死也。**

将这句与孟子那句"吾善养我浩然之气"对比一下，就知道庄子这个人的宽大广博程度了。庄子这句，语气不同程度就不同。比如，我这个人，善于活着，所以也善于死去。看似陈述，其实比诗更像诗，是极其深刻的。比如，让我好好地活着，也让我好好地死去！祈使句，同样是诗，但远远没有第一句本质和深刻。再比如，那些能让我活得很好的，也正是能够让我很好死去的东西。主体不同了，俨然哲学般的认识。读庄子之所以其乐无穷，原因就在这里。

**夫藏舟于壑，藏山于泽，谓之固矣。**

这句是说境界的——将鸟养在天空里，将兽放在大地上的胸怀与逻辑。人生于世，经常藏这藏那的，藏钱财、藏物资、藏知识、藏本事、藏心思、藏智谋等等。这个"藏"有积蓄的意思，有些是本来就有的，有些是后天收纳的。这个"藏"字，与佛家的"藏"相似，所谓"无尽藏"。人吧，存了那么多东西，想一代代传下去，其实呢？不过像老鼠打洞收集存储粮食一样，不过就是给后人一个基本的生存技能而已。那些收藏呢？后来大多烟消云散了，没有什么意义，起码没有自己收藏时想象的意义那么重大吧。这就需要反思和开悟了，事实上绝大多数人真的没有。在某种程度上，人与那拉车的牛一样，埋头拉车的时候居多。庄子认为，人还是要有些眼光和胸怀的，要藏，就别藏这些小玩意儿，整出个将舟藏于壑、山藏于泽的气魄多好，也就全然出世了，不需要再去费脑筋、动心思，也才是长久永恒之计。

**然而夜半有力者负之而走，昧者不知也。**

尽管藏东藏西的，或许在某个半夜，力气大的人连藏东西的箱子、袋子一起搬走了，藏的人可能都还不知道呢。再或者说，藏了无数财富和本事，却被死神将小命收走了，还留下些什么呢？

**藏小大有宜，犹有所遁。**

这里有两层意思：一层是说将小的东西藏到大的之中，是适宜的，但并不是就万无一失了，也有遗失的可能。另一层意思是：在春生、夏长、秋收、冬藏的岁月轮回中，藏是人的本性与重要社会活动之一，尤其是在农业社会中。那么，究竟该藏什么，藏在哪里呢，回答这些问题是需要智慧的。

**若夫藏天下于天下而不得所遁，是恒物之大情也。**

藏的最高技巧与最大胸怀是什么呢？藏天下于天下，这才是使万物永恒而不至于遗失的唯一方法途径。而不是将天下藏在印玺、兵符上，将印玺、兵符藏在深宫里，这样是藏不住的。这个观点被历史一再证明，不需要多说什么。这一点予我们的启示是什么呢？将这一生寄托于何处，或者说将一生的拥有藏于何处。类似老庄的思维，不是留下一座城、一个家或者一部书之类的，而是活出最本质的样子，让人们去体味去反思。沿着这个思维，一滴水只有到了水之中，一抔土只有到了土之中，才是最为得体和适宜的。

佛道两家的理论逻辑：有眼睛、耳朵等，却好像没有眼睛和耳朵；是人，却要做到不像是人；存在着，却要像不存在一样。由此可以看出，这都是由于思想、感情所引发的，究竟该怎么活呢？怎么活才好呢？不见、不是、不存也是一种观念和态度，如此而已。


**特犯人之形，而犹喜之。**

生而为人，化身人的形体，就非常之高兴欣喜。佛家说"人身难得"，也确实是值得庆幸的。


**若人之形者，万化而未始有极也，其为乐可胜计邪？**

道家对于是否生而为人就较为淡漠了。这句话是说，其实人这个形体与生命吧，是处于变化中的，尚不定性或未完全定性。道家认为，天地自然之中，比人的秉性更完备，比人的形体更健全的生命多的是。人类社会这么乱，人这么柔弱，究竟比哪样强呀？那么，生而为人，有什么可庆幸的呢？如果人高度完美，需要修行之类的吗？


**故圣人将游于物之所不得遁而皆存。**

圣人生于天地之间，就有个很好的眼界胸怀，悠游于天地，顺应于万物，根本不会纠缠于得失，因此是一种很好的存在。而"存在"一词，对于很多常人来说，极有可能是一种负累，或者压根就感觉不到，这也是现代人通过种种努力去刷存在感的原因。

**善妖善老，善始善终，人犹效之，又况万物之所系而一化之所待乎！**

一个通达的人，活着时乐观随和，及至衰老，也能够坦然面对。这样的人，就是传说中善始善终的人，人人都争相效仿，更何况是对于与万物和谐俱化的圣人、真人呢？这里的意思是：如何处理人与人、人与万物的关系，是活着的最为直接最为复杂的问题，因为一般人都处理不好这个。因此，要向圣人、真人们学习借鉴。而圣人、真人，才是将生命提升提纯到了最高境界的人，他们的天空永远晴朗，他们的气息永远平和，他们的存在并不那么突出，却又是毋庸置疑的。

## 道与得道

关于道的特性，这一节古人根据天地自然的种种总结、揣摩、推理出来了这么几层意思：

其一，"夫道，有情有信，无为无形"。这里指，道是切实存在，可以印证的，但却看不见摸不着，并没有实在的形体与行为。比如太阳的东升西落，月亮的阴晴圆缺，是道的作用吧，有固定不变的规律可认识可遵循。但主导形成这个的道，却并没有一个实体，也不见有挺举、放下、遮掩、移除等动作，但太阳、月亮在道的作用下的规律却是真真切切的。

其二，"可传而不可受，可得而不可见"。这里指，道吧，明明可以体会到，也可以说给别人听，但没有办法像一个物品一样交给他人；道，人可以有所领会或有所获取，但却是看不到的。这就决定了道的传承也是极其艰难的。道家这里所说的道，与科学思维中的原理与规律是一回事。不妨想想，无论历史上还是现实中，一个人掌握了一些关于宇宙的根本原理和规律，自己心知肚明就够艰难了，想要毫无差错、无一遗漏地传达给弟子、学生们就是难上加难了。传承的过程中，肯定存在遗漏偏差，也肯定会有一些增生与异化，因此后来就越来越繁琐和庞杂了，其实根本性的就那么几条。

其三，"自本自根，未有天地，自古以固存"。这里指，道这个玩意儿吧，既然不是任何具体的东西，不是主导具体事物生发、演变、灭失的一种力量或因素，那么，道这个东西是先于物质而存在的，是一直就有并有效运行的。在没有天地之前，这个东西就存在着，并发生着作用。因此，老子说："有物混成，先天地生……吾不知其名，强字之曰'道'……"庄子的大量篇幅，甚至是所有篇幅，几乎都是对老子《道德经》的个性化注解，这点是非常明显的。

其四，"神鬼神帝，生天生地"。这个"神"是形容词，是说道的存在，比鬼神、帝王等要神奇神圣得多。一些鬼神现象都可以用道来解释，鬼神明白了悟且说得清一个"道"字吗？更为重要的一点是，天地也是因道而生的。这个"道"，分明是一切原理与规律的统称。

其五，"在太极之先而不为高，在六极之下而不为深，先天地生而不为久，长于上古而不为老"。这是说道的高深久长的，也就是尺寸长短、寿命几何的。道吧，比太极也就是最高的高还要高，这算最高了吗？不算，还有个无尽高的，像无限循环一样；道，处于六极之下，也就是东南西北上下这六个端极之下，但也不算最深的，还有更深的，没有个尽头；道，虽然是在天地之前就已经存在了，但这就是其源头吗，并不是，道的存在是无法用时间来衡量的；我们算算道的年龄，上古有什么可说的呢？关键问题是道存在了那么长时间，似乎是无所不在的，但作用功能一点也没有衰减的迹象，这点就很值得琢磨和玩味了。一个人随便从中悟点什么，都是不得了的事。牛顿揭示了三大定理，就几乎是现代物理学第一人。实际上说出来的，也是很浅显的道理。

关于得道用道的情形，庄子列举了这么几个："狶(xī)韦氏得之，以挈(qiè)天地。"这里指，传说中的狶韦氏悟了点道，就开辟了天与地。"伏戏氏得之，以袭气母。"这里指，伏羲氏得了道，就掌握了生命的气息之源。"维斗得之，终古不忒。""维斗"，即"北斗"；"忒"，即变化的意思。这里指，北斗星得了道，就获取了一个永恒的形态与位置；世人何以看重北斗星，就因为它特殊的形状和位置，从而也就成了永恒的象征。"日月得之，终古不息。"这里指，日月在道的作用下，始终运行不息，其背后的力量是何等强大呢！"勘坏得之，以袭昆仑。""勘坏"，指传说中的山神，因为得道，成了山神。"冯夷得之，以游大川。""冯夷"，指传说中的水神。因为得道，可以随意游走于天下的江河湖海。"肩吾得之，以处大山。""肩吾"，指泰山之神，因为得道，掌管了东岳泰山。"黄帝得之，以登云天。"这里指，黄帝得道后，飞升到了天上。"颛（zhuān）项（xū）得之，以处玄宫。""颛项"，即黄帝之孙，五帝之一，得道后，住进了玄宫。"玄宫"，可以理解为人间的王宫，也可以理解为天上神仙的住所。"禺（yù）强得之，立乎北极。""禺强"，即北海之神，人面兽身，因为得道，成为北海之神。"西王母得之，坐乎少广，莫知其始，莫知其终。"这里指，西王母得道，安居于少广山上，神秘莫测，人们既不知道其开始，也不知道其终结。事实上，成为传说本身就是魅力。"彭祖得之，上及有虞，下及五伯。""彭祖"，传说中最长寿的人，民间传说其活了八百多岁，即从虞舜之世活到了春秋时期，按时代跨度算来，远远不止。"傅说得之，以相武丁，奄有天下，乘东维，骑箕尾，而比于列星。""傅说"，即商代武丁时的贤臣，出身低贱，因得道而受到武丁常识，执掌整个天下，死后驾着东维星，骑着某个彗星到了天上，成了星宿。后人所说的"位列星班"，就是这个意思。

从以上可以看出，得道的方式，得道的效果，都是千奇百怪的，成仙成神成王成圣的都有。这也说明，这些人的得道仅仅是"窥道一斑"。全部的道，终其一生，一个人不可能掌握太多的。在那个时代能够指出这点，足见庄子的过人之处。

## 四种境界

女偊(yǔ)是男是女不清楚，总之驻颜有术，年纪很大了却还面若孩子一样，一点不见衰老。一个叫南伯子葵的人对此感到很好奇，便向女偊请教：你已经很年长了，何以面色像小孩子一样呢？

究其原因，可能是天生的，也可能是保养有道吧。

女偊说：我掌握了一定的道。

这个道就不是天地大道了，而指某一方面的具体方法与途径。

南伯子葵问：这个道可以学吗？

我们知道，道这玩意儿，所指的内容、所包含的因素很多，有些人学得来，有些人学不来；有些可以学，有些没法学。

女偊说：不，学不来的。

其理由则说了一大段："子非其人也。"这里的意思是：你不是可以修这种道的人，这就跟成佛修仙需要资质一样，不是谁都有这个悟性与机缘的。其意思是：你南伯子葵不具备这个资质。

**夫卜梁倚有圣人之才而无圣人之道，我有圣人之道而无圣人之才。吾欲以教之，庶几其果为圣人乎？不然，**

女偊这话的意思是：曾经有个叫卜梁倚的人也跟着我学道。他这个人呢，有圣人的才能，却没有领会圣人之道；而我这个人吧，掌握了圣人之道却没有圣人之才。我想教他修道悟道，想着他才能很高或许能够轻易掌握而成为圣人吧。事实证明，这根本就行不通。

这句话揭示了学习与资质的关系，有些人有资质，却不懂得该学什么，一身的资质就荒废了，像良田中未长庄稼而长满野草一样；有的人无资质，却明确知道自己想学什么，同样是学不成的。很差的田里能长出好庄稼吗？即使撒上好种子也够呛。

### 以圣人之道告圣人之才，亦易矣，吾犹守而告之，

从道理上来说，将圣人之道告诉怀有圣人之才的人，应该是件水到渠成的事。我便告诉了他圣人之道，出现了什么结果呢？"参日而后能外天下；已外天下矣，吾又守之，七日而后能外物；已外物矣，吾又守之，九日而后能外生；已外生矣，而后能朝彻；朝彻，而后能见独；见独，而后能无古今；无古今，而后能入于不死不生。"这句的意思是：修道三天后，他能将整个天下置之度外；达到这种程度后，我继续守着他，七天后他能够将一切外物置之度外；到此境界，我继续守着，九天后他能将生命置之度外。一个人，能够将天下、万物、生命置之度外，按说境界够高了，但在女偊看来却还远远不够。

在置之度外之上，女偊还提出了四种境界：

其一是"朝彻"。这个词的意思：只能揣摩和体会了，绝非名词解释能够理清的。"朝"，理解为转瞬即逝的时间，有点彻悟或顿悟的意思；理解为清晨，有些清爽明亮的意思。女偊所指应该诸意思都有吧，总之是进入了一个悠然之境。

其二是"见独"。"朝彻"之后才能"见独"。这个好理解些。独见天地，见人所未见，有独到的体味。

其三是"无古今"。可别小看这三个字，也不要以为仅仅是忽略了时间这么简单。一般人吧，一生受两大约束和影响：一个是潮流，一个是时代。而有这么一个人，根本无视现时现世的种种，而遗世独立、特立独行，称其为"非主流"也好，"另类"也好；这个无古无今的人，确实是够强悍够自立的，真的做到了内心的高度自治，做到了自给自足。否则，一个人何以无视身外的一切呢？

其四是"不生不死"。"无古今"之后就必然不生也不死。实则呢？这具肉体会生也会死，但精神完全没有这个概念。因为抓到了本质性的东西，所以能溯源到人类乃至整个天地自然的尽头。

女偊说修道的这几个步骤，与儒家的修齐治平其实是一回事，都是循序渐进的方法论，区别是两者的方向与目的不同。儒家的修为方法很明确，是

循序渐进的渐修。道家的修为方法是台阶式的还是可以跨越的呢？总之吧，女偶所指的种种状态从理论上可以想象得出，做起来就说不清道不明的。这恐怕也是女偶说南伯子葵修不了这个道的原因吧，真的不是难的问题，而是要从根本上改变很多东西。好比什么呢？人不以人的方式生活、行事和走路，而是要去做一座山或一朵云。

**杀生者不死，生生者不生。**

这句话是对道的描述——主宰死亡的自己不死，生发万物的自己不生，有些抽象却也不难理解。比如吧，传说中，主宰死亡的是阴间的阎王，阎王自己就不会死；阎王都死了，谁来掌管死这件事呢？同理，道灭绝了很多东西，自身却不会灭绝。生发也是一样的道理，一切都是缘于道而生成的，道也就是冥冥中主宰一切的力量，谁生出了道呢？没有谁，道一直存在，不会生也不会死。一个了悟了道的人，可以置于不生不死之地。

**其为物，无不将也，无不迎也，无不毁也，无不成也，其名为撄宁。**

这句话是指道对于万物的态度——去，无不相送；来，无不相迎；灭，无不毁灭；成，无不成就。这种状态，即使人间的帝王也做不到，如果非要有一个名字、一个说法的话，就叫撄宁吧。

**撄宁也者，撄而后成者也。**

"撄宁"是什么意思？先"撄"而后"宁"，有个因果关系在其中。"撄"从手，有个薅除的意思。将田里的杂草都薅除了，就只剩庄稼了；将心中纷纷扰扰的东西都薅除，自然就宁静了。

# 从怀疑到文字

南伯子葵一听，这玩意儿确实学不来，便换了个问题：你从哪里听到学到这些东西的呢？

女偊答："闻诸副墨之子，副墨之子闻诸洛诵之孙，洛诵之孙闻之瞻明，瞻明闻之聂许，聂许闻之需役，需役闻之於讴，於讴闻之玄冥，玄冥闻之参寥，参寥闻之疑始。"看似些人名，其实意思都是双关的，讲的道或知识的来龙去脉：

其一，"闻诸副墨之子"。"副墨之子"，指文字，即我是从文字中到看学到的。

其二，"副墨之子闻诸洛诵之孙"。"洛诵之孙"，即人们口头的交流背诵，当时书籍很少，很多学问是心口相传的。背书，就出于这个需要。我们看很多经典，其实都不是本人的原著，而是弟子们背诵出来的。比如佛经，佛祖一生只说不著，也没有什么记录，所有佛经都是阿难和弟子们背诵默记出来的，所以才处处都加上了"如是我闻"四字。中国的很多书籍也是如此，比如《今文尚书》，秦始皇焚书坑儒后就失传了，汉初伏生背诵了一部书出来，即是我们今天看到的样子。

其三，"洛诵之孙闻之瞻明"。"瞻明"，即所看到的，心口相传的东西从哪里来，看到的吧。

其四，"瞻明闻之聂许"。"聂许"，即听说的，人的视力范围有限，能亲眼所见的着实不多，所以很多东西其实是听来的。

其五，"聂许闻之需役"。"需役"，即实践。很多思想都是从实践中产生的，这简直就是科学思想了。

其六，"需役闻之於讴"。"於讴"，即歌谣。比如诗、谚语、儿歌等等，都与现实生活密切相关，也有个思想文化传承的意义在其中。小时候玩拍手、跳皮筋等游戏时，口中念念有词的东西，仔细想想信息量其实蛮大的。

其七，"於讴闻之玄冥"。歌谣从哪来的不好说，民间吧，玄冥混沌之中吧，谁创作的，根本就无法考证、说不清楚。玄冥，未知的意思吧。

其八，"玄冥闻之参寥"。"参"，即心中所悟；"寥"，即自然寂静空虚的状态。看着秋水长天，人心会生出种种感慨来，有感于心，发自于声，出口成诵，落笔成文，思想的脉络就理得很清了。

其九，"参寥闻之疑始"。"疑始"，即疑问的开始。起疑，按照佛家的佛法即起心动念，指好奇心之种种。人活着吧，遇到什么都有个好奇心，沿着好奇心一路参下去，就是艺术、文化之种种了。"怀疑一切"，说的正是这个意思。

庄子版的学问与理论的来源，说了这么多，说白了就这么几条：道是从疑惑中来的，且有很多表现形式、多个版本，理解与领会真正本源的道不是谁都能够做到的，既需要资质，也有个机缘的问题。

女偊之所以说南伯子葵修不了这个道，是因为南伯尚处于"疑始"阶段，距离"副墨之子"还有十万八千里要走，还有八十一难要度的。


## 安时处顺

这是关于生死的一段辨析。一天，子祀、子舆、子犁、子来四个人坐在一起讨论问题，提出了这么个看法或达成了这么个共识："孰能以无为首，以生为脊，以死为尻；孰知死生存亡之一体者，吾与之友矣。"这一句的意思是：哪个人能够把无为当作脑袋，把生命当作脊梁，将死当作尾，或者说谁能够将生死视为一体，我们就与他做朋友。

生死问题历来事大，是哲学的根本。如何看待生死，不外乎三种观念：一种是将生与死截然分开，以生为乐，以死为惧，一般人都持这个态度；一种是将生与死视为一体，觉得生寄死归，从而看淡生死，中国道家就是这个态度；还有一种是生命死了，可以换一种形式、换一个地方继续活，大多宗教持此态度。这四人崇奉的即生死一体观：从无开始，经过生，到达死，必然是这个样子，不光是人，生物都是这样的。以"无为—生—死"的过程来衡量，生命才是完整的，并不是说生命就是活着，对于无和死都无视。四人经讨论达成一致，挺会心和欣慰的，有英雄所见略同的感觉，也有惺惺相惜的意思。于是，相视而笑，引为莫逆之交。

不久子舆生病了，还挺严重的，佝偻着身子，显得非常之痛苦。子祀往前去探望，子舆昂扬地说了这么一句："伟哉！夫造物者将以予为此拘拘也！"子舆的意思是：伟大呀，造物者，让人佝偻成了这个样子！从这句看，这个子舆确实是个真人。

接着是庄子对此的一段论述："曲偻发背，上有五管，颐隐于齐，肩高于顶，句赘指天。阴阳之气有沴(lì)，其心闲而无事，胼(pián)蹁(xiān)而鉴于井，曰：'嗟乎！夫造物者，又将以予为此拘拘也。'"从病情看，子舆患病大概是颈椎、脊椎或腰椎出了问题。一个人腰背严重佝偻，脊梁向上，腮帮子快要挨着肚脐，肩膀高过头顶，病因是阴阳二气严重阻滞不通。对于如此严重的病情，子舆却像没事人一样，经常蹒跚着走到井边，看着井中的影子调侃："唉，伟大的造物者啊，你将我变成了这副模样！"

从子舆如此高调对待疾病和经常临井自照这两件事看，生病这件事绝对深深困扰着他，他只不过是装作若无其事罢了。

子祀关切地问：你厌恶这个病吗？

子舆说了这么段话："亡。予何恶！浸假而化予之左臂以为鸡，予因以求时夜；浸假而化予之右臂以为弹，予因以求鸮(xiāo)炙；浸假而化予之尻以为轮，以神为马，予因以乘之，岂更驾哉！"子舆的话说得很漂亮，也很大气：不厌恶，有什么可厌恶的！假如我的左臂变成了公鸡，我就用它来打鸣司晨；假如我的右臂化成了弹子，我就用它来打野鸟烤着吃；假如我的屁股变成车，精神化为马，我就乘着它去纵横驰骋，这样外出就不用再找车了。子舆这话说得豪气干云，颇有千古一人的意思。以上是激情洋溢的一面，对于病这个达观的态度，就够我辈仰视了。

接着是理性的几句："且夫得者时也，失者顺也。"坦然面对得失，得到便是天时，失去则顺应了。

**安时而处顺，哀乐不能入也，此古之所谓县解也；而不能自解者，物有结之。**

一个人能够做到安时并处顺，诸如高兴、哀伤这些就不能侵入内心。这就是古人所说的解除了"倒悬之苦"。什么是倒悬？人活着吧，整天忧这烦那，焦虑不堪，坐立不安，究其原因，这颗心似乎是倒挂起来了一样，让人很难受。人生，也是逆境困境居多，处处不如意不顺心，像倒挂着一样。

**且夫物不胜天久矣，吾又何恶焉！**

人与万物哪能与上天相抗衡呢？这个病吧，既然是上天赐予的，就坦然面对了，挣扎、抱怨、哀愁个什么劲呢？本能使然，用处不大。

不多久，子来也病了，喘气急促，眼看就就要死了，妻子站在一旁哭着抹眼泪。子犁前来探望，看到这种情况，叱责子来的妻子说："闭嘴，一边去，有什么好担心伤心的。"并靠着门对子来说："伟哉造化！又将奚以汝为？将奚以汝适？以汝为鼠肝乎？以汝为虫臂乎？"子犁的意思是：伟大的造化啊，想将你怎么样呢？想把你弄到哪去呢？想把你变成老鼠肝？想将你变成虫子的腿脚吗？意思是面对死亡，子来似乎有些胆怯恐惧了。

子来出说了这番话："父母于子，东西南北，唯命之从。阴阳于人，不翅于父母。彼近吾死而我不听，我则悍矣，彼何罪焉？"子来的意思是：儿子对于父母，不论东南西北，都是唯命是从的。生死对于人来说，不就是父母般的所在吗？上天让我死而我不遵循，就是我的蛮横了，上天又有什么过错呢？

**夫大块以载我以形，劳我以生，佚我以老，息我以死。故善吾生者，乃所以善吾死也。**

这话庄子反复在说：天地自然负载着我的形体，予我以生命去劳作，并赐我以年老，还可以让我在死亡中得到安息。因此，我有什么好遗憾的呢？不过是好好地活着，好好地死去而已。

**今之大冶铸金，金踊跃曰："我且必为镆铘！"大冶必以为不祥之金。**

子来幽默地举了个例子：现如今吧，有匠人冶金铸造物品，金属却在炉火中欢欣雀跃地说："一定要将我造成镆铘剑！"如此一来，这个工匠一定认为这块金属好事且不祥。这句话是说，人要顺其自然，不能太多事了。

接着子来打了一个比方："今一犯人之形，而曰：'人耳人耳'，夫造化者必以为不祥之人。"其意指，人吧，拥有了人的生命，就高兴地到处嚷嚷："我是人，我是人！"造物者如果有知，也肯定不喜欢这个人，会认为其不祥。

**今一以天地为大炉，以造化为大冶，恶乎往而不可哉！**

这话与子舆前面说的一样大气：天地不就是一个大熔炉，造化不就是一个工匠，我这样的生命，天地造化想怎么办就怎么办吧，想让到哪里就到哪里！说完，就悠悠然睡着了，过了一会又醒了过来。

学界都说这则故事是虚构的，其实未必，类似事情现实中是存在的。这就是道家对于死亡的态度。面对死亡，谁也无法做到坦然，尤其是人。但理论中、传说里是存在这么一种态度的。琢磨琢磨，倒挺有滋味。虽然琢磨之后我辈仍做不到这点，但生命里大概会增添些许不可见的英气与悠然吧。

## 三个道友

子桑户、孟子反、子琴张三个人（皆为虚构的人物）相互交好，但衡量约定的标准极不寻常。一般人交友，尤其谈得来、感情深的，大多是桃园三结义的架势和套路。而这三个人交友的缘由与约定却是这么句话："孰能相与于无相与，相为于无相为？孰能登天游雾，挠挑无极，相忘以生，无所穷终？"这几句话有点抽象，其中第一句"孰能相与于无相与"，即谁人能够做到相互结交却不是有心有意的，而是"无意"交往，也就是淡如水式的交往，即使十年八年不见面，一见即会心的那种，而不是说相互交往必然有个章程、约定、仪式之类的。第二句"相为于无相为"，即朋友之间要相互帮助，却又像不存在什么帮助一样。这个很好理解，朋友之间的交往没有任何目的性和功利性，完全无所求也无所施，这样的关系虽不寻常，但并不表示就没有。第三句"孰能登天游雾，挠挑无极，相忘以生，无所穷终"，这就是另外一层意思了，谁能登天遨游，抵达无极，忘记生命，领悟无始无终呢？这就是志趣高度相投了，不求别的，求个逍遥自在。这点是说，三人是因道而交友的，如果得道最好不过。所以凡事要以道为先，根本就无所谓友不友的。

有了以上共识，三人相见恨晚、相视而笑，成为莫逆之交，当然主要是心交神交了。

不久，子桑户死了。孔子听说后，"使子贡往侍事焉"。注意这几个字，很重要的，即派子贡前去主持丧葬之事。这句透露了一个重要信息，当时，儒家是可以主持婚丧之事来谋生的。子贡去后发现，丧礼现场根本没有一点悲哀的意思。只见孟子反、子琴张一人唱歌、一人弹琴，如在开演唱会一样。唱的内容："嗟来桑户乎！嗟来桑户乎！而已反其真，而我犹为人猗(yī)！"其大意为：桑户呀桑户，你已经返归本真，永远解脱了。而我们还在世间煎熬着做人，实在是遗憾呐！二人一唱一和的，好不热闹。

在子贡眼里，葬礼现场如此闹腾成何体统，便上前劝阻：对着尸体唱歌，符合哀悼礼俗吗？

子贡以善于外交著称，话说得也合情合理。

见子贡这个态度这么问话，二人相视一笑，反问：你懂什么叫丧葬礼俗！

说完不理会子贡，该怎么弹唱还继续怎么弹唱。

葬礼上出现这种情况着实很罕见，甚至绝无仅有。

子贡返回后将此事报告了孔子，并请教：这都是些什么人呀，尽搞些乱七八糟的，对着尸体弹琴唱歌，而且朋友死了也没有任何悲戚之色。实在是不可理喻，这都是些什么人呢？

对于子贡的抱然，孔子说："彼游方之外者也，而丘游方之内者也。外内不相及，而丘使女往吊之，丘则陋矣！""游方"一词来源于此，这俩字是什么意思呢？与"逍遥游"意思相近，指悠游于世外，方外。看来还是孔子见多识广，理解力也深刻，听子贡这么一说立即就明白了，这些人是悠游于世外之人，根本就不受世间种种约束，也与常人有着截然不同的内心世界。而我孔丘则是世俗之人，对于他们的境界接受不了，也做不到。唉，派你前去凭吊实是我过于孤陋寡闻了。

**彼方且与造物者为人，而游乎天地之一气。彼以生为附赘县疣，以死为决疣(huàn)溃痈。**

这些人吧，与造物者同在，与万物同在，悠游于天地之间，像气一样无拘无束、不可捉摸。他们将生看作是肉瘤、脓疮般的负累。而看待死呢？则像是脓疱挤破了一样，是解放解脱呀。

**夫若然者，又恶知死生先后之所在！**

如此看待生死的人，又哪里会在乎谁先死谁后死呢？所以，在死人面前弹琴唱歌就很正常了。

**假于异物，托于同体；忘其肝胆，遗其耳目；反复终始，不知端倪；芒然彷徨乎尘垢之外，逍遥乎无为之业。**

这是对子桑户、孟子反、子琴张三人精神境界的概括。关于"假于异物，托于同体"一句，想想陶渊明的"托体同山阿"就知道是什么意思了，也就知道陶大诗人在效仿谁了。一般人吧，是依赖于物质的，精神无处寄托，因而空虚者居多。类似子桑户、孟子反、子琴张这些世外高人吧，则无人我、物我等分别，对待他人与万物都是一个态度。关于"忘其肝胆，遗其耳目"一句，一般人很在意自己的身体，很重视自己的感官，而这些人根本不在乎这些，长什么样、哪个地方有问题等都不在乎的。关于"反复终始，不知端倪"一句，一般人生活大多讲究有规划、有规律，什么时间该干什么，都像四季一样分明。而这些高人根本就不理会这套，活着没有方向、没有目的，也不说方法策略之类的。以此，这些人的生活与精神也像一个无限循环或无限不循环的小数一样，无始无终的，他人根本不懂也捉摸不透。关于"芒然彷徨乎尘垢之外，逍遥乎无为之业"一句，普通人活着都有职有业的，而这些世外高人呢？荡然彷徨于世，整日无所事事，自逍遥，享清闲，岂是他人所能比拟的。

**彼又恶能愦(kuì)愦然为世俗之礼，以观众人之耳目哉！**

这样的人，又岂会遵守世间这些繁琐的礼节呢？肯定不会，他们有其内心不同的认知与自觉。

子贡听后好奇地又提了一个问题：这么来看，先生您对此又是什么态度呢？

孔子说："丘，天之戮民也。虽然，吾与汝共之。"其意思是：我，受上天惩罚的人。即使如此，我也想与你一起追求他们这些人的生活。从这句可以看出，孔子即使明明知道自己做不到，也是抱着心向往之的态度的。司马先生何以说自己对于孔子是"高山仰止，景行行止"，大概就是因为孔子这种谦卑的态度吧。

子贡再问：具体该如何去做呢？

孔子说："鱼相造乎水，人相造乎道。"其意思是：鱼因水而活着，所以争着入水，或者说见了水就很自觉地要投身其中。人因道而活着，对于道同样很自觉。

**相造乎水者，穿池而养给；相造乎道者，无事而生定。**

依水而活的，有个池子就可以很好地活着了；依道而活的，定然是无所事事、内心清静的。

**故曰，鱼相忘乎江湖，人相忘乎道术。**

鱼生活于江河湖海中相互忘记再好不过了，人自觉甚至是沉迷于道中忘乎所以同样再好不过，就没有一切心事烦恼之类的了。因此说，鱼还是相忘于江湖的好，人还是相忘于道术中的好，相互之间减少干扰影响，社会生活才更为安逸舒适吧。

听完这一段，子贡又提了个问题："敢问畸人。"子贡不愧为孔子的学生，确实做到了举一反三。"畸人"，非正常人，也就是对类似子桑户、孟子反、子琴张这些人的统称。这些人确实高、确实神，普通人理解不了，看到了就是"畸形人"了。

孔子答：这个"畸人"吧，其心志言行虽然与普通人不同，但却是与天道相合的。因此有这么句话："天之小人，人之君子；人之君子，天之小人也。"不遵循天道的人，人们往往称为君子；人称为君子的，往往不过是微不足道的小人。

儒家孔子最热衷于说君子小人，其实君子小人是一体的，是一个人。人，每个人，必然有君子的一面，也有小人的一面。如何衡量，关键看从谁从哪个角度来看了。


# 孔子谈死


众所周知，孔子通常是不谈死的，所谓"不知生，焉知死"。所以下面这段故事及孔子的言论，很可能出自庄子的虚构。

孟孙才，鲁国贤人，颇有道家风范，行为做派与子桑户、孟子反、子琴张类似，与常人迥然相异。

颜回不解地问孔子："孟孙才，其母死，哭泣无涕，中心不戚，居丧不哀。无是三者，以善处丧盖鲁国，固有无其实而得其名者乎？回壹怪之。"颜回的意思是：这个孟孙才真怪，他母亲死了，哭而无泪，心中不悲戚，守丧期间也没有表现出哀伤的样子。守丧吧，一般的常情常理丝毫不遵守，竟然以善于守丧、遵守孝道为国人所称颂，是不是沽名钓誉、名不副实之徒呢？对于这个人这种现象，我实在是非常之困惑。

孔子说："夫孟孙氏尽之矣，进于知矣，唯简之而不得，夫已有所简矣。"其意思是：孟孙才的这种守丧方式算是到家了。我们都受不了丧事繁琐礼仪，但碍于他人的看法，谁都没有办法去简化。从这点来看，孟孙氏做得很好，已经很简化了。

接着就是孔子对孟孙才的看法了："孟孙氏不知所以生，不知所以死，不知就先，不知就后。"孔子的意思是：孟孙才这个人的境界不一般呐，根本就不关心生的问题，因此也就不关心死的问题；其人也无谓于先与后、是与非等等，所以就不能用常理来衡量他。

**若化为物，以待其所不知之化已乎。**

孟孙才认为人死与物化其实是一样的，不过是转换了一个存在形式而已，有什么好悲伤呢？人所能做的，就是坦然面对和接受。悲戚忧伤、担惊受怕或哭天抹泪有什么用呢？

**且方将化，恶知不化哉？方将不化，恶知已化哉？**

况且，人的知觉智慧是有限的，即将变化，人又怎么能知道下一刻没有变数呢？又怎么知道会变成什么样子，会变好还是变坏呢？现在没有变化，谁又知道下一刻会发生什么变化？谁知道看起来没有变化的，实际上早就发生了变化，只是没有察觉而已。这个观点很有意思，其逻辑是非常巧妙和缜密的。对于未知，人不就是如此吗？可能出现的变化，没有明显征候时，谁知道已经起变化了？可能不会变化，但人也不放心呀，总感觉一直在变化着。

**吾特与汝，其梦未始觉者邪？**

相比于孟孙才来说，你我二人都是大梦未醒的人呀。"特"字是强调这种状态的。

**且彼有骇形而无损心，有旦宅而无情死。孟孙氏特觉，人哭亦哭，是自其所以乃。**

这个孟孙才认为，人的死，只是身体上的变化，精神魂魄之类的是不会有丝毫损伤的。面对死亡，不过是心理上一时的恐惧而已，真死了的人，还心存恐惧吗？恐怕不会吧。孟孙才这个人特别地自觉和清醒，处世淡然而顺遂，因此就有了这种表现。

**且也相与吾之耳矣，庸讵知吾所谓吾之乎？**

人人都说身体是自己的，其实真是自己的吗？有哪些东西可以掌控呢？可能一样也没有。生不是我的意志，死也不是我想要的，乱七八糟的想法更不知从何而来，理也理不清，按也按不住，除也除不了。而且，精神与身体往往相背。如此看来，什么是"我"？什么是"我的"呢？"我"与"我的"的含义和标准又是什么呢？说得清楚吗？

**且汝梦为鸟而厉乎天，梦为鱼而没于渊。**

人与我如此，现实与梦境也是如此。醒了一辈子，此生就是在清醒中度过的；睡了一辈子，此生即是在梦境度过的。而且梦境这个东西非常有意思，有时候梦见自己成为鸟飞在天上，有时候梦到自己成为鱼游在水里，究竟是真实的还是虚幻的？如果一辈子在做鱼与鸟的梦，此生岂非鱼与鸟？列子、庄子的类似思维，那个叫博尔赫斯的人领悟并借用后，一下子就名满天下了。其中，有太多妙不可言的东西。比如，一本无始无终的百科全书，没有首页，没有尾页，每次打开都是不同的内容。比如，一个人诞生自另一个人的梦境，依次延展下去，我们究竟来自并存在于现实，还是来自并存在于某个人的梦中呢？现实情况是，小时候每个人都有远大的梦，都有飞扬的激情，到了年长时，心思、目光、双脚就一点点收回了，慢慢就脚踏实地了，而且踏实得不能再踏实，即使外力去推去鞭策，都没有飞的冲动了，这恐怕才是心之将死吧。

**不识今之言者，其觉者乎，其梦者乎？造适不及笑，献笑不及排，**

从以上这些方面来看，现在正谈话的你我，究竟是醒着的，还是在梦中交谈呢？精神与心思就更是如此了，有很多事情，我们尚且来不及笑就已经翻篇了；等我们领悟了，笑出来的时候，早就事过境迁了。笑如此，其他感觉是否也是如此呢？与现实根本就不匹配、不同步。比如，我们绝望的时候，现实真有那么绝望吗？未必吧。也正因此，这个世界就有人笑有人哭了。从"亲戚或余悲，他人亦已歌"一句可看出，庄子所指出的这点，陶渊明算是领会到骨子里了。

**安排而去化，乃入于寥天一。**

这一句有点"纵浪大化中"的意思，即纠结于那么多破事做什么呢？顺应天地自然的变化，这个世界也任其自然、随他去吧，才不会影响到那个"我"字，才是真正进入了与道及时空合而为一的状态。

## 冥冥中的老师

意而子（虚构的人物）去拜见许由，想跟许由学道。

许由不乐意，又不好直接说，就问意而子：尧都教了你些什么呢？或者说，尧所教你的东西，你感到最为受益的是什么？

意而子答：尧教育我要躬行仁义，明言是非。

一听这话，许由就不客气了："而奚来为轵（zhǐ）？夫尧既已黥（qíng）汝以仁义，而劓（yì）汝以是非矣，汝将何以游夫遥荡恣睢转徙之涂乎？"许由的意思是：你既然躬行仁义、明辨是非，还来找我做什么呢？尧既然用"仁义"在你脸上刺了字，用是非割掉了你的鼻子，你还如何去逍遥不羁、去自由自在、去遨游于天地自然之间，探索种种端极、一览波澜广阔呢？许由的意思是：你都有那么多成见了，还来跟我学什么？这跟禅宗的公案一样：你这杯水都满了，如何能加入别的东西呢？

意而子还算谦虚，诚恳表示：即使如此，我还是想修道，去见识领会一个截然不同的新世界。

许由断然拒绝："不然。夫盲者无以与乎眉目颜色之好，瞽者无以与乎青黄黼黻之观。"其意指，你这个样子根本修不了道。其原因在于：盲人用什么看风景呢？眼睛看不到，如何分辨色彩？这话就有点骂人的口气，即你跟尧学的那套，完全将自己搞残废了，还修什么道？

意而子不甘心，辩解道："夫无庄之失其美，据梁之失其力，黄帝之亡其知，皆在炉捶之间耳，庸讵知夫造物者之不息我黥而补我劓，使我乘成以随先生邪？"其意指，也不见得吧，大美人无庄可以做到无视自己的美丽，大力士据梁可以做到忽略自己的神力，大智者黄帝可以忘掉和放下智慧，不都是因为修炼的结果吗？你怎么就一口断定造物者不会抹去我脸上被刺的字，不会修补好我被割掉的鼻子，从而让我跟着先生好好修道呢？

听到意而子这么一说，许由心情好多了，便解释说："噫！未可知也。我为汝言其大略：吾师乎！吾师乎！齑（jī）万物而不为义，泽及万世而不为仁，长于上古而不为老，覆载天地、刻雕众形而不为巧。此所游已。"其意指，唉，这个确实是不可知的。但我也给你说个大概吧。我们都在学习，都在修炼，都在受冥冥中一位未知的老师的指点教化。所获取的最根本的启示是什么呢？大体这么几条：

其一，"齑万物而不为义"。从根本上说，去调和万物并不是为了什么信义，是自然而然无意识地去做的，不为表现也不是怀着什么目的。

其二，"泽及万世而不为仁"。即使有恩泽万世的功绩，也并不觉得自己有多么仁爱要传递，这是借鉴了天地日月的情怀。

其三，"长于上古而不为老"。不是指肉体，而是精神，与老子说的"死而不亡曰寿"（见王弼注《道德经》第三十三章）是一个意思。天地精神不灭，因此人就不能以目的活着，要有广博的精神。

其四，"覆载天地、刻雕众形而不为巧"。人要活到什么程度才至为广大呢？不是被上天所覆、被大地所载，不是被万物所滋育，而是恰恰相反，才可以顶天立地、雕琢万物。

庄子的最后一句也很有意思，就四个字"此所游已"，即这就是你想遨游的天地！言外之意，去吧，做得到吗？满腹的仁义是非，又如何游呢？

# 坐 忘

庄子继续探讨仁义。

一天，颜回对孔子说：我的修为又精进了一层。

孔子：到什么程度了，说来听听。

颜回：我可以忽略或无视仁与义了。

孔子说：嗯，不错，很难得，但还不够。

颜回悟性很高，没有多问一字，回去接着修行了。

这要放在一般人身上，是非要打破砂锅问到底的。

不久，颜回又向孔子报告学习体会：我又有所收获了。

孔子：说来听听。

颜回：我忘掉了礼乐。

孔子还是一句："可矣，犹未也。"其意思是：是有进步，但还不够。

颜回什么也没说，回去接着悟。

几天后报告孔子：这回我真的有所悟了。

孔子：怎么个情况，说说吧。

颜回说了四个字："回坐忘矣。"

"坐忘"是什么意思？坐在那可以忘掉一切，这个就很厉害了。

一般人忘个事试试，越是想忘记，反而就越记得更清楚，这是常态。

对于颜回这种坐忘的境界，孔子就不了解了，惊奇地反问颜回：什么叫坐忘呢？

师徒二人确实很好学，不懂就问，且不耻下问。

说实话，这师徒二人亦师亦友，就性情散淡平和而言，颜回似乎还要高出孔子一些。

颜回答："堕(huī)肢体，黜(chù)聪明，离形去知，同于大通，此谓坐忘。"说了这么多，核心就三条：

其一是"堕肢体"。这也就是忽略这具肉体的存在，精神完全超脱于身体的控制，这是一般人极其苦恼且只能叹息与妥协的。

其二是"黜聪明"。此即将所谓的聪明智慧等一切琐事都抛之脑后、置之于不顾。

其三是"离形去知，同于大通"。做到了前两点，并不是说陷入了茫然无措。一些人也做到了前两点，但完全迷失沉陷了。而颜回的修行路径与指向很明确，脱离了肉体，放弃了智慧，不是不管不顾，而是与道及天地万物浑然一体，不突出也不刺眼了。

孔子听后立即就理解了，并长叹："同则无好也，化则无常也。而果其贤乎！丘也请从而后也。"其意指，与一切大同，则没有好恶；随造物而化，就不会执拗。你果然高明呀，今后我要向你学习并步你的后尘了。

## 若歌若哭

子舆、子桑二人是朋友。一次，绵绵阴雨一连下了十多天。子舆想，子桑这么穷，身体又不好，下了这么长时间的雨，屋子肯定又潮又冷，人肯定饥寒交迫，大概是病倒了吧。于是乎，带了些吃的去看望子桑。到子桑家门口的时候，听到子桑正在房里弹着琴："父邪？母邪？天乎？人乎？""若歌若哭"，好像是哭，又好像是唱歌。在现代人看来，这就是命运之叹了，有点"叫天天不应，叫地地不灵"的意思。可能因为真饿了，唱的声音很是微弱，完全不成调子。

子舆进屋后问："子之歌诗，何故若是？"他的意思是：吟诗唱歌，怎么成了这种样子、到了这种地步。平时是多么的放任不羁、慷慨激昂，因为一场雨，就一反常态像换了个人似的。

子桑说："吾思夫使我至此极者而弗得也。父母岂欲吾贫哉？天无私覆，地无私载，天地岂私贫我哉？求其为之者而不得也！然而至此极者，命也夫！"其意指，我正思来想去琢磨命运呢，我何以会落到今天这个地步呢？父母亲生我养我，难道是希望我落到连饭也吃不饱的地步？苍天无私地笼罩我、大地无私地承载我，难道是希望我穷困潦倒吗？为什么我会到了这个地步呢？想来想去想不明白。因此就想，之所以会有今天，大概都是命吧！解释不了的，想不通的，都归结为一个"命"字，这是很通行的做法了。要不，还能怎么样呢？

到此，《庄子·内篇·大宗师》一文的大意脉络应该非常清楚了。

庄子前面罗列了那么多高人，个个都有着无与伦比的高妙理论。可现实中过得怎么样呢？人还是要受这具肉身的拖累，生活还是困窘不堪的，人所能做的，只能是调整视角、放宽心态去看待相关的问题。

最后的这个子桑很像是庄子的现实自画像。其对命运的疑问，核心问题其实指向一点：人，究竟是怎么一种存在呢？最公允的说法，不是纯精神的，也不是纯物质的，二者间有个很好的平衡才好。无论向哪一侧倾斜，结果都是灾难性的。这就是庄子这个"大宗师"给予的启示。

在庄子罗列的高人中，谁才是真正的大宗师呢，或者说需要符合什么标准才是大宗师呢，我们只有自个体味了。

到了后世，人们可能觉得庄子的说法过于玄奥和捉摸不透，便将"宗"字简化掉了，只剩"大师"二字。也正因此，后世"大师"遍地，但几乎无人再有资格捡起一个"宗"字，也无人去认这个"宗"。何以如此？学不来也继承不了。

按照庄子的意思，大宗师不是一味地玄、一味地空，还是双脚着地的，还是免不了苦恼、脱不了人味。否则，算什么大宗师呢？

大宗师到底有多大？无穷大吗！

# 贰拾玖　德充符

## 以德充符

"德充符"三字是什么意思？"德"，指对道的遵循程度；"充"，是充实、充作、补充；"符"，指符节，比如兵符等，是勘验的物件。三个字组合在一起，即德可以充作符、补充符，或者可以充实符，说的实质是思想观念和方法路径之类的。鬼谷子经常用"符言"一词，其中有两层意思：一层是像兵符、符节一样的言论，指观念；另一层是管用高效的方法路径，甚至有秘法宝典之意。庄子认为，德也具备这样的功能。

## 一条腿的王骀

鲁国有个少了一条腿的人叫王骀(tái)，别看是个残疾人，其学问、声名却很高。在当时，他的学生几乎和孔子一样多。具体教什么不太清楚，应该是道家的一套理论。

常季，孔子的弟子，对此很不理解，向孔子请教："王骀，兀者也，从之游者与夫子中分鲁。立不教，坐不议，虚而往，实而归。固有不言之教，无形而心成者邪？是何人也？"其意指，王骀，不过是个少一条腿的人，但追随他的学生竟然与夫子您不相上下。而且其人教学的方法很是奇怪，站着时没见说学，坐着时没听见他发表什么高见，也不与学生探讨什么。然而，教学的效果似乎出奇地好，弟子们全都空虚而来、充实而归。难道真有什么"不言之教、无形心成"的事情吗？

这个王骀究竟是什么人呢？道家高人，靠德性悟性立身，教学方法与禅宗相似。这也解释清了佛教传入中国后，何以产生了一个禅宗，受道家影响何其深也。我们知道，儒家的教学方法是谆谆善诱式的言传身教，道家则完全没有教程定式，常季不理解也很正常。

仲尼还是有见识的："夫子，圣人也，丘也直后而未往耳。丘将以为师，而况不若丘者乎！奚假鲁国，丘将引天下而与从之。"这里，孔子也将王骀敬称为夫子，并视为圣人，声称自己也是远远落于王骀之后的，尚且需要向其虚心学习请教，其他人肯定更是要向王骀学习了。何止是鲁国人，全天下的人都应该去做他的学生。孔子这话不是调侃，而是态度极其诚恳的评价。

常季接着问：他是个残疾人，影响力竟然超过了先生，比起普通人，应该超出更多了。像这样的人，脑子里心里都装了些什么呢？有什么与众不同之处呢？

关于王骀的精神世界，孔子说了这么三条，一般人理解都成问题，做到更无从谈起了：

第一条，"死生亦大矣，而不得与之变"。这里指，在一般人眼里，生死是最大的事吧，而王骀根本就没将生死看在眼里、放在心上，完全是抛诸脑后的。

第二条，"虽天地覆坠，亦将不与之遗"。这里指，对于一般人而言，天地是大象吧，稍有点风吹草动，就会被影响波及生活和内心。而王骀，即使天塌地陷，也是漠然视之的。

第三条，"审乎无假而不与物迁，命物之化而守其宗也"。这里指，一般人活着，所依赖的、所离不开的人与事实在是太多了，须臾不能离开。而王骀生之于世，不依赖于任何外人外物，有一个高度自治且自给自足的内在世界。而且，他充分认识了事物的一切变化，从而有根本不变的遵循。这个遵循，这个"宗"，就是一个"道"字，即原理与规律的意思。

这三层意思够抽象的，常季根本理解不了，又问了句：此话怎么说呢？

孔子解释说："自其异者视之，肝胆楚越也；自其同者视之，万物皆一也。"这里指，从不同角度、以不同标准来衡量，所看到的东西、所下的结论就不同。比如，肝胆的距离够近吧，但从另一个角度来看，其实又是无限远的，就像楚国与越国一样遥远。而以一样的思维，从相同的角度来看，万物之间是不存在任何差异的。

**夫若然者，且不知耳目之所宜，而游心乎德之和。**

懂得了思维的角度、所站的立场这么个道理，就无须依靠眼睛和耳朵去接收、感受和分析、判断一切，仅需要用心就行了。即使是闭上眼睛、捂着耳朵，也有遨游于海阔天空的感觉；内心也就没有好看好听之类的追求与差异了，听到看到什么，或者听不到、看不到什么，都是和谐安静的。

**物视其所一而不见其所丧，视丧其足犹遗土也。**

修行到这样的境界，看待万物就会是同一个标准和态度，就会看到根本性的问题，从而不会有什么差异。具有这样境界的人，丢掉了一条腿又算什么呢，不过像抖落了脚上的一块泥巴一样。孔子的理解力确实了得，很多事情虽然做不到，但理解得非常透彻。

常季再问："彼为己，以其知得其心，以其心得其常心，物何为最之哉？"这个"为己"的意思不是为了自己，而是成为自己。比如，一个人如何成为自己呢？有外在形象，也有内在修养，本意是一个人何以成为一个人的意思。常季是说，王骀这个人吧，以其智慧来涵养自己的心，然后再以自己的心涵养整个人。如此简单的做法，他人何以追随？又何以调和万物呢？这个做法未免太轻松了吧。

孔子的回答很是高大上："人莫鉴于流水而鉴于止水。"由于当时没有镜子，人们大多是到河边看自己的样貌的。这句是说，人们为什么不以流动的水为镜子，而以静止的水为镜子呢？道理很简单，流动的水是照不出面目的。人，常常是以人为鉴的，绝大多数人像流水一样，心性不定，他人没法推崇仿效；而少数人，心如止水，稳如泰山，就能引起人们的无限崇敬。

**唯止能止众止。**

只有静止的事物才能使人静止下来。在现实中，我们不就是这样，被裹挟着，根本就不辨方向，也停不了。有那么个不随波逐流的人，自然就引起他人的好奇与重视了。

**受命于地，唯松柏独也，在冬夏青青。**

天生就生活在大地上的，应该以松柏为榜样，四季都郁郁葱葱的。

**受命于天，唯舜独也正。**

上天生而为人，就应该以尧舜等为榜样，成为统领万物之首。

**幸能正生，以正众生。**

任何一种生命，唯有自身正，才能起到示范引领作用，以正他人他物。否则，让人家看什么学什么呢？

**夫保始之征，不惧之实。勇士一人，雄入于九军。**

保持初心不改，就会有一个明显的征候，即无所畏惧。这样的人，就是名副其实的勇士了，雄赳赳、气昂昂地在千军万马之中，如同鹤立鸡群一般；只身一人，面对强敌，也敢于冲锋陷阵。

**将求名而能自要者，而犹若是，而况官天地，府万物，直寓六骸，象耳目，一知之所知，而心未尝死者乎！**

一个人为了扬名，从而自我勉励、奋发进取，尚且能够达到这个程度，更何况是胸怀天地、包容万物的人了！这些人吧，将身体作为客舍，将耳朵眼睛作为摆设，心中是通晓一切的，从来就没有生死等观念，更不会为死所困扰。

**彼且择日而登假，人则从是也。彼且何肯以物为事乎！**

"登假"，即"登遐"。这句是说，类似王骀这些人活着吧，不过是等着升天呢。所以，大家也都指望着攀龙附凤，追随的人多自然就很正常。说句实在话，虽然那么多人聚集在其门下，王骀之所以"立不教，坐不议"还有一个原因，就是根本没把这些人当回事。

以今天的理论来看，这个故事的说辞似乎很难自圆其说，算不上严谨。但正因为如此，耐琢磨可琢磨的空间就非常之大了。

## 一只脚的申徒嘉

郑国有个叫申徒嘉的人，只有一只脚，当时这样的情况一般是犯过罪、受过刑罚的人，与郑国鼎鼎大名的国相子产共同拜在伯昏无人门下。子产名叫公孙侨，是郑国贵族，公室子弟，觉得跟申徒嘉做同学，同进同出会很没面子。

一天，子产便对申徒嘉说：每天放学我们错开吧，要么我先走，你等一会；要么你先走，我等一会。

申徒嘉对此没有任何表示，但能投到伯昏无人门下，说明这个人绝非泛泛之辈。

第二天，两人听完课后，子产对申徒嘉说："我先出则子止，子先出则我止。今我将出，子可以止乎？其未邪？且子见执政而不违，子齐执政乎？"其意指，昨天说好了，我先走时，你要等一会；你先走时，我等一会。现在我有点事要先走，你可以稍等一会吗？而且，见到我这个执政大臣来上课，你也不知道回避一下，难道还想与我平起平坐吗？

申徒嘉不卑不亢地说了几句："先生之门，固有执政焉如此哉？子而说子之执政而后人者也？"由于子产是郑国公室子弟，因此申徒嘉用了"先生之门"四个字，这话也很不客气：先生的家族怎么会有你这样的国相呢？因为你是国相就想让他人都往后排吗？

**闻之曰："鉴明则尘垢不止，止则不明也。久与贤人处，则无过。"**

我听说，镜子非常明亮，就是因为上面没有灰尘，有灰尘就不明不亮了。长期与贤人相处也应该是这样的。

**今子之所取大者，先生也，而犹出言若是，不亦过乎！**

现在你胸怀远大的志向抱负，想学到高深的东西，于是投到了伯昏无人先生门下，但说话做事的这个风格，不过如此，不觉得很过分吗！

子产恼怒了：就你这样一个残废，还不配来教训我吧，装作一副圣人的样子来向我谏言，也不看看你的德行，有点自知之明好不好！

见此情状，申徒嘉说："自状其过，以不当亡者众；不状其过，以不当存者寡。"这话是说心理的，其意思是：一般人吧，反思反省自身存在的问题，总觉得处处都好，没有那么严重，不应当受到重的惩处，这样的人非常之多；承认自身存在严重问题，应该受到惩罚的人则少之又少。

**知不可奈何而安之若命，唯有德者能之。**

上一句是对个人而言的，这句是参照人与时空、社会的关系而来的。面对时空、面对自然、面对社会、面对命运，人所能获取的最大量最常态的感受即"无可奈何"四字。面对这一切，又能怎么办呢？想不通、改不了也动不得，只能是"无可奈何花落去，似曾相识燕归来"般地发发牢骚与感慨了。这也揭示了诗是什么，以及诗如何诞生等问题。诗是感觉感受感想，是在有所感的情况下自然而然形成的。申徒嘉说，一般人只能"无可奈何"。而能够做到"安之若素""安之若命"的有没有呢？有。因此，申徒嘉说，能够"安之若命"的，恐怕只有"有德者"能够做到吧。德是对道的认识与遵循，道是原理与规律，有德者是什么人也就清楚了，指懂得并安于一切的人。

**游于羿之彀（gòu）中，中央者，中地也，然而不中者，命也。**

有德者与常人的生存与心理状态如何理解呢？申徒嘉打了个比方：有德者，就像神箭手后羿一样，在其射程范围内，没有射不到、射不准的地方；一般人呢，则全凭运气，中了是瞎猫碰到死耗子，碰不到也是很正常的事。对于活着的种种现象，解释不通也理解不了，就只能归咎于一个"命"字。认命，从而服服帖帖，无可奈何。

**人以其全足笑吾不全足者众矣，我怫然而怒；而适先生之所，则废然而反。**

因为双脚健全而嘲笑我一只脚的人多了，我常常因此勃然大怒。现在先生也来嘲笑，先生贵为国相，我就不能发脾气了。而且之后无论什么人嘲笑，我也不会发脾气了。

**不知先生之洗我以善邪？**

总之就这么个情况吧，也不知道是先生以善言善行感化了我，还是我自己觉悟有了变化？申徒嘉这句说得极有水平，明明是子产的态度很恶劣，却这么委婉地一说，肯定会搞得子产不好意思。

**吾与夫子游十九年矣，而未尝知吾兀者也。今子与我游于形骸之内，而子索我于形骸之外，不亦过乎！**

我追随夫子游学十九年，夫子从来就没有在意我缺一只脚这个事，我也没有意识到或太在意这个事。自从你来了之后，这里的情形就变了，我与你是内在精神的交流；而你呢，因为有双脚，就处处排斥我这个只有一只脚的人，不是太过分了吗？

到此，两人的境界高下，一下子就有云泥之别。

子产以聪明著称，《史记·滑稽列传》中评论西门豹治邺有"子产治郑，民不能欺"的说法。可见其人脑子转得够快。听了申徒嘉这番话，子产登时面红耳赤，便满脸惭愧地说：我知道错了，请你别再往下说了！

申徒嘉的事情，我们该如何看待呢？一般来说，任何一个社会，违犯刑法，受到严惩之后，会被编入另册，会被人另眼相看，其人在社会上很难立足。即使社会进步到今天依然如此，一个刑余之人，很难做到振振有词、理直气壮，更别说与国相辩论了。这点在今天都是不可想象的。但在当时、在庄子笔下，类似的事则很普遍。说明什么呢？或者说庄子想表现什么呢？一个人违反了社会法则，被打击惩处，深入去反思，究竟是律法错了、社会错了，还是这个人的错？在普通人看来，这不成问题，没有意义。实则，其意义很大，且是振聋发聩式的问题，比如，制定刑法的正当性何在？是谁给予这种限制并惩治他人的权力的？这种限制与惩治完不完善？有没有改进提高的空间呢？被打击惩治的人还有没有尊严和活路呢？随便哪个，都是人类的大问题。

## 无趾的叔山

鲁国有个缺了一只脚的人叫叔山无趾（虚构的人物），一瘸一拐地去拜见孔子，想拜在其门下。

庄子接连描述了三个腿脚残疾的人：王骀、申徒嘉和叔山无趾。

从字里行间透露的信息来看，这些人都不是天生残疾，而是受肉刑"刖刑"所致；而且背景仍然是鲁国、郑国，这些地方也算是文明礼仪之邦了，仍然常见此种刑徒之人，可见当时酷刑是很泛滥的。

孔子对叔山无趾说："子不谨，前既犯患若是矣。虽今来，何及矣！"这里的意思是：看看，你也太不谨慎了，犯错受刑成了这个样子，现在才来学习，恐怕是来不及了吧。孔子的言外之意，不想收。

叔山无趾说了这么几句："吾唯不知务而轻用吾身，吾是以亡足。今吾来也，犹有尊足者存，吾是以务全之也。"这里的意思是：早年确实是因为我草率鲁莽、不识时务，而失去了一只脚。这次我来请教你，是有比双脚更尊贵更重要的东西需要认识和保全，并非是为了脚的事。叔山无趾的言外之意：不要老拿脚说事和搪塞。

**夫天无不覆，地无不载，吾以夫子为天地，安知夫子之犹若是也！**

世间的一切都为上天所覆盖，大地所承载，你夫子天天说效仿天地，我也以为夫子像天地一样博大包容，谁知道竟然是这个样子！

孔子一听，赶快道歉：是我孔丘过于浅薄了，快请进来，想多听听你的高见。

谁料叔山无趾很有个性，招呼也不打一个，扭头就走。

见此情况孔子便对弟子们说："弟子勉之！夫无趾，兀者也，犹务学以复补前行之恶，而况全德之人乎！"孔子的意思是：你们可要努力呀，叔山无趾，一个残疾人，尚且知道弥补以前的过错，身体健全的人就更应该如此啊！

之后，叔山无趾对老子说："孔丘与至人相比，恐怕还有差距吧？要不然他为什么经常来向您求教呢？孔子以好学、善辩等名扬天下，却并不清楚名声实质是枷锁般的存在。"

老子淡然一笑说：你为何不给他说清楚，生死实质是一体的，活在世间吧，有与没有、可与不可，其实从本质上说是没有差别的。这样一来，不就解除他的枷锁了吗？这样做可以吗？"道家理论之所以如此看淡生死，实质是看得非常之远，生命本来就起于无，最后又归于无，活着不过是个定不住、留不下的过程，有什么好看重的。从某种程度上来说，天天说永恒的人，远远没有一块石头永恒。

听了老子的话，叔山无趾说了六个字："天刑之，安可解！"他的意思是：上天安排的惩罚，哪能解得了哟，无解！人生很多事情真的是这样，根本就无解；很多事情，也不需要去理解与解释。能悟到这层，心态与生活会好太多。这话是什么意思呢？我叔山无趾只是身体受到了世俗刑罚之人，精神还有救，还是健全的。孔子及类似孔子这些人呢？则完全受到了上天的束缚和刑罚，比身体残缺更难补全啊！

## 才全而德不形者

鲁哀公，即请孔子回国的那位，对孔子的态度还是蛮不错的。

一天，哀公向孔子说了这么件事、这么个人：卫国有个相貌异常丑陋的人，名叫哀骀它（虚构的人物）。虽然相貌丑陋，但魅力无穷。男人和他相处，希望时时刻刻在一起，不忍离开；女人见了，都回家对父母说想嫁给他，不能做妻，做妾也行。类似这样的女子有数十个，而且人数还在不断增加。

哀公说的这个叫哀骀它的人很有意思，何以有这么大魅力呢？或者说何以美女似乎都要嫁给了"丑人"呢？这也揭示了一个很好的现象：丑陋的外表不怕，关键要有一颗温柔的心。

鲁哀公一个国君，对哀骀它的疑惑当然不是个人魅力，而是上升到了民心人望的高度："未尝有闻其唱者也，常和人而已矣。"这句揭示的是唱与和的关系，其字面意为：从来没听说过他这个人有什么极力倡导的东西，不过都是附和他人而已。何以有如此大的魅力呢？唱是主唱，和是和声，一个人只发和声，魅力竟然超过了主唱，这个现象确实是值得关注的。这儿也说明，鲁哀公这个人还有些敏锐性的。

**无君人之位以济乎人之死，无聚禄以望人之腹。又以恶骇天下，和而不唱，知不出乎四域，且而雌雄合乎前，是必有异乎人者也。**

这个哀骀它吧，不过是个普通人，并没有处于君王的高位可以救苦救难、扶危定倾，没有很多的钱财可以供养他人，而且相貌丑陋，也没听说有多高的才能智慧，但仅凭"和而不唱"这一点，就能够让男男女女亲附于他，一定是有与众不同之处吧。

**寡人召而观之，果以恶骇天下。与寡人处，不至以月数，而寡人有**

**意乎其为人也；不至乎期年，而寡人信之。国无宰，而寡人传国焉。**

我很好奇，便召见了他，果然是奇丑无比。然而和他相处了不到一个月，就觉得他这个人很了不起；相处了不到一年，对他就非常信任。正好国中缺少宰相，就想让他出任。

**闷然而后应，氾而若辞。**

哀骀它听到让自己任宰相后，就有点闷闷不乐了，委婉地予以推辞。

**寡人丑乎，卒授之国。无几何也，去寡人而行。寡人恤焉若有亡也，若无与乐是国也。是何人者也？**

寡人没有意识到问题的严重性，硬是授其以相国的权柄。没过多长时间，这个人就辞官而去了。他离开后，我心里一直空落落的，像丢了魂一样，一点也高兴不起来了。先生看，这个哀骀它是个什么人呢？

先不管这个哀骀它是个什么人，从鲁哀公的叙述中可以看出，两个人之间没有利益、感情、上下级等任何关系时，关系最好处，也最好维持。一旦掺杂点关系，相互之间的关系就变质变味了。鲁哀公请哀骀它入宫，最初只是陌生人或朋友关系，就相对好处些；一旦成为国相，就是上下级关系，有些话就不好说了，有些事就不好办了。这恐怕也是哀骀它离开的原因吧，其人心志也不在治国理政上。

对于鲁哀公的问题，孔子没有直接下结论，同样也说了一个人、一个故事：我曾出使楚国，路上遇到一群小猪围在死去的母猪身边吃奶。不一会儿，小猪又都哄然四散了。何以如此呢？大概是小猪发现母猪没有以之前的态度对待它们了，发现母猪没有生命体征、无奶可吃了。小猪喜欢它们的母亲，喜欢的并不是这个形体，而是构成母亲这一特征的东西。

孔子最后这句的原话："所爱其母者，非爱其形也，爱使其形者。"这句是说猪的，其实完全可以推而及人。这里的意思较抽象，以"我"为主体去理解：我们爱一个人，并不是爱这个人空洞的样子，爱的其实是构成这个人的全部，比如性格、教养、志趣、爱好等等。试想，如果这个人仅仅具有人的躯壳，内在却没有一点人的样子，我们会爱吗？会爱得起来吗？《庄子》一书中的理论，是两千多年前古人所说的话、所写的书，比现代一些理论，不知要精彩和经典多少倍呢。

孔子接着说："战而死者，其人之葬也不以翣(shà)资；刖者之屦(jù)，无为爱之，皆无其本矣。"其意指，战死的人，草草埋葬，甚至暴尸荒野，被兽食，被鸟啄，哪里还在乎有没有棺椁陪葬之类的。被施以刖刑砍了脚的人，哪里还在乎有没有鞋子或者鞋子好不好之类的。因为那个本都没有了，还有什么可讲究的呢？

**为天子之诸御：不爪翦，不穿耳；取妻者止于外，不得复使。**

人就是这样，讨人欢喜似乎不难做到，惹人讨厌倒是很容易的。比如，侍女们不剪指甲，不穿耳眼，已婚之人不顾念家庭等，都是让人不能接受的。

**形全犹足以为尔，而况全德之人乎！**

没有什么不良习惯，一个形体健全的人尚且不惹人反感，更何况是一个有德性的人了。

**今哀骀它未言而信，无功而亲，使人授己国，唯恐其不受也，是必才全而德不形者也。**

哀骀它此人之所以能够做到"未言而信，无功而亲"，甚至达到了可以让人授以国政的地步，这样的人必然是"才全而德不形者"。这话是什么意思呢？一个人不说话就能获取他人的信任，没有什么功绩就能为人所器重，这是个什么样的人呢？方方面面的才能都具备，但在德性上并不显露出来，也就是让人感到明亮，而并不觉得刺眼；让人感到温暖，而并不觉得灼热。这样的人给人就是如沐春风的感觉，他人如何能不感到亲近并接受呢？

哀公问：什么叫才全？

孔子回答："死生、存亡、穷达、贫富、贤与不肖、毁誉、饥渴、寒暑，是事之变，命之行也。"孔子的意思是：世间的事往往是相对的，死与生、存与亡、穷与达、贫与富、贤与不肖、毁与誉、饥与渴、寒与暑等等，诸如这些变化，都不是人所能主导的，是冥冥中的安排。

**日夜相代乎前，而知不能规乎其始者也。**

白天和黑夜不息地往复交替，明显是有征候有规律的，但以人们的智慧，却探索不到其源头。

**故不足以滑和，不可入于灵府。**

"滑"，即乱的意思。"灵府"，指承载灵魂之所在，按照古人的观念，一定在人体中某个地方。这句是说，即使人们并不清楚天地的源头也无关大碍，丝毫不影响人们的正常生活。也就是说，那些扰乱不到人们平和心性的，就绝不会进入到人们心里。这个原理很有意思——一些重大规律为什么人们不在意，没有发现或总结出来，就是这个原因；很多被忽略的东西才是根本性的，而能够扰乱人的，往往是一些枝节细末。比如，重力无时无刻不在作用于人，但无论知道不知道、懂得不懂得，其存在及原理机理，丝毫不影响人的正常生活。道也是如此，人们日用而不知。同理，有德（即认识并遵循道）的人更是如此，让人觉得舒适惬意，但同样说不出什么深刻的原因。

**使之和、豫、通而不失于兑，**

从字面上来看，这句是说，能够使一个人平和、安乐、通达，就会始终保持愉悦。我们知道，《周易》中有"豫卦"，也有"兑卦"。"雷地豫卦"是说顺应时势，便会通达；"兑"为"泽卦"，是说刚中柔外，便会亨通。从易理看，这句意思也非常清楚明白。

**使日夜无郤，而与物为春，是接而生时于心者也，是之谓才全。**

这话仔细琢磨一下，着实有深度——一个人无视时间，无论日日夜夜如何轮转，也不管过去了多少日日与夜夜，都能始终保持内心的春天，而且看什么、触及什么，都是一副春天的姿态。最重要的是，这种态度不是契约式的，不是伪装的，而是发自内心的自觉，这样的人叫"才全"。"才全"与我们理解的才能高、本事大完全不同，完全是一种对天地自然的感知与内化。

哀公再问："什么叫德不形？"一个人，内心有一个春天，却并不显露出来或亮给人看，大体如此吧，与自然界的春天一样。什么是春天呢？我们去描述和形容的，无非是春花、春水、春风等种种，并不是春天。春天，是隐遁无形的，没法表述的，是如同不存在的"存在"。孔子的解释："平者，水停之盛也。其可以为法也，内保之而外不荡也。"这一句的意思是：水在静止时，会形成一个平面，可以作为参照标准。那么，究竟是什么原因所致呢？水的内部保持静止，也没有任何外力使之动荡。

**德者，成和之修也。**

老子说"上善若水"即是如此，最高的德行，就像水一样，修养自己，保持平和。

**德不形者，物不能离也。**

一个人内心丰沛博大如此，却不向外表露显摆，万物就不会背离他。其道理很简单，这不是一个可以一眼望穿的人，而是一个明明觉得浩瀚如海的人，却又没有咄咄逼人之气，向外源源不断地发散着春天般的感觉，当然就会使人产生强烈的亲和感。

## 哀公的感叹

这是哀公与孔子的弟子闵子骞的一段对话。

闵子骞，名损，字子骞，孔子的高徒，以孝闻名，处事稳定。

　　孔子对他的评价是："夫人不言，言必有中。"（《论语·先进》）这里的意思是：不说则已，说到的事情必然做到，预料的事情必然说中。

　　哀公说："始也吾以南面而君天下，执民之纪而忧其死，吾自以为至通矣。今吾闻至人之言，恐吾无其实，轻用吾身而亡吾国。吾与孔丘，非君臣也，德友而已矣！"我刚任国君时，执行法纪时总是怕处死人，自以为最讲情面情理。听了孔夫子关于至人的一席话方才明白，我之所以左顾右盼、忧这愁那，不过是出于自己的政绩考虑的，是害怕搞不好亡了国呀。现在清楚了，一个心中装着春天的人，与他所接触的人都会站在春天里，还有什么好担忧的呢。我与孔夫子绝非君臣的关系，而是道德之友呀！

　　哀公这话说得够诚恳，事实上也确实是这么回事。哀公召回流亡的孔子，很想委以重任、有所作为，奈何鲁国公室掣肘太多、阻力太大，终于还只是师友、顾问而已，并没有能够重用孔子，但这件事也没有什么好遗憾的。

　　书中记载，哀公与孔子有诸多对话，荀子一书中专门有个《哀公篇》，集中收录了这类对话。其中，哀公说的类似的话倒不多，他基本都是被开导的对象。


## 残疾者的游说


　　**闉（yīn）跂支离无脤（shèn）说卫灵公，灵公说（yuè）之，而视全人：其脰（dòu）肩肩。**

　　"闉"，指弯曲、驼背的意思；"跂"，指脚跟踮着无法着地；"脤"，同"唇"。这句话是说，一个驼背、跛脚、露着牙齿的人，去游说卫灵公。按说这么个奇丑无比的人即使不会吓着人，也会让人不舒服的。但事实恰恰相反，卫灵公见到这个人后非常愉悦。灵公见完这个人再去看正常人，反倒觉得正常人脖子又细又长的，很不协调。

**瓮瓮(àng)大瘿(yǐng)说齐桓公，桓公说之，而视全人，其脰肩肩。**

"瓮瓮"，即瓦罐、瓦盆之类的；"瘿"，即颈部的瘤子。这句话是说，一个人脖子上长了个大瘤子，也可能是患有大脖子病之类的，去游说齐桓公。齐桓公非常喜欢，再去看其他人，反而觉得脖子又细又长不顺眼。

对这一现象，庄子的结论是："故德有所长，而形有所忘。"这一句的意思是：一个人的内心与形体是两回事，当一个人拥有完善健全的德行时，人们经常会忽略他的形体。

**人不忘其所忘，而忘其所不忘，此谓诚忘。**

人去看待他人，究竟应该看重什么呢？看重形体还是内心？人吧，如果看重不该看重的，而忽略了不该忽略的，就是典型的舍本逐末。

**故圣人有所游，而知为孽，约为胶，德为接，工为商。**

通过以上现象即可知道，圣人所悠游的境地，与常人不同，有四个明显特征：

其一，"知为孽"。一般人将智慧作为宝贝，而圣人根本就不把智慧当回事。当时，"孽子"一词，指庶出的子嗣，与嫡子比，不够尊贵，没有继承权。这句是说，圣人将智慧看得极为稀松平常。

其二，"约为胶"。"约"，指誓约。守约是诚的表现，因此一般人将守约看得很重，视其为珍贵的品质。圣人可不是这样，觉得约像胶水一样，是黏合剂般的，很不牢靠，并没有一个发自心底的自觉。

其三，"德为接"。一般人将"德"视为至高无上的东西，在接触、交往中故意显露好的一面。而圣人根本不在乎以什么样的形象示人，就是一个本真的形象，理解也好，不理解也好；接受也好，不接受也好，全然不管不顾的。

其四，"工为商"。"工"，即技巧，工于技艺的意思。工于技巧，在一般人看来很了不起。圣人可看不上这点，觉得技巧完全是做买卖式的算计，很是鄙陋浅薄。

**圣人不谋，恶用知？不斫，恶用胶？无丧，恶用德？不货，恶用商？**

这句说得很清楚——圣人不谋算什么，要智慧何用？圣人不断绝与他人及外物的联系，也不想靠上去粘着他人与外物，何用誓约的胶水呢？与人交接，不在乎得失毁誉，也用不着装模作样吧！不去置办买卖货物，就更用不着算计了。

**四者，天鬻也。**

"鬻"，通"育"，即养育饲育的意思。世人至为看重的知、约、德、工等四个方面，都是上天培植饲育的，是天之德、天之行，而非人之德、人之行。

**天鬻者，天食也。既受食于天，又恶用人！**

既然是上天培植饲育的，就任由上天折腾去。从根本上来说，人们的一切既然都是来自天，就别再搞诸如谋划、约定、形象、算计这些事，很累人，也很没意思。换个角度来看，人天天谋划、算计，会将自己搞得很累也很狼狈，还沉溺其中不亦乐乎的，真有意思吗？

**有人之形，无人之情。**

圣人吧，长得与普通人并无二致，但内心却与普通人有着根本性的不同，不能用常人常情常理来匡范。

**有人之形，故群于人；无人之情，故是非不得于身。**

因为长着一副人的样子，所以不得不生活在人群之中，与人接触并产生交集。没有人的情态，所以没有人们那么多的是是与非非。同样是人，存在天壤之别就是这个原因。

**眇乎小哉，所以属于人也！謷乎大哉，独成其天！**

按理说，圣人是拥有无限博大胸怀的，是具备天地精神的，但形体却是卑微而渺小的，不过是人类中的一员；同时，又是极其伟大的，与天地自然和万物融为一体。

## 形体与情感

这则故事是基于圣人之形之情而发的，有些诡辩性质。

一天，惠子问庄子：人本来就没有感情吗？

庄子：是的。

惠子：人没有感情，何以称之为人呢？

庄子说："道与之貌，天与之形，恶得不谓之人？"道给人以貌，天给人以形，为什么不能称为人呢？庄子巧妙地避开了"情"这个字，但这句话的意思实质是包含感情的。

惠子也很犀利：既然自称为人，怎么会没有感情呢？

庄子："是非吾所谓情也。吾所谓无情者，言人之不以好恶内伤其身，常因自然而不益生也。"其意指，你所说的感情，与我所说的根本不是一回事。我之所以说人没有感情，意思是说，人不因个人的好恶而伤害身体，遵循自然规律而不怀有延长寿命的非分之想。庄子的意思很明显，说无情是指更高层次上的，是超越了常情常理的。

惠子：不养生，怎么会有这个身体呢？该如何来保全呢？

庄子曰："道与之貌，天与之形，无以好恶内伤其身。今子外乎子之神，劳乎子之精，倚树而吟，据槁梧而瞑。天选子之形，子以坚白鸣。"其意指，人吧，道予以貌，天予以形，这本身就是最为和谐珍贵的，保存维护好即可，不要因为好恶随意伤害就好。看看你吧，不注意保持维护内在的天然的东西，却整天劳神费力、殚精竭虑地追逐外物。每天一出门，就发表高见、与人辩论，累得靠在树上都能睡着。想想看，上天给了你以生命，给了你一个好身体，你却用它来到处宣扬"坚白之论"，使之受到损害。其言外之意：你热衷的这套算怎么回事呢？真清楚生命的本质吗？谈什么人形人情呢？

此篇的主题非常集中，说了人的形体与思想，也就是外形与内在是截然不同的，既可以区分开来，也可以高度一致。庄子这种看问题的角度，指给人们一个全新的世界。这么去看，自己与这个世界就会变得不同，起码会将整个现实推至九尺以外，不再是一种障碍、牵绊和负累。

德与形，于人而言，该看重侧重于哪个呢？这就涉及"人"的概念、定义问题了。关于人是什么，各种学说的看法完全不同，道家重德不重形，而儒家则德形并重。从实用角度来看，儒家无疑更为踏实务实；以思想的经典精彩程度来论，道家高出很多，将人类的天花板无限拉高了。

# 叁拾　人间世

## 心　斋

"人间世"，即"人世间"，其中所说的都是人间的事，但所透射出的观念却是超越性的。

颜回拜见孔子，向孔子辞行。

孔子问：去哪里？

颜回：卫国。

孔子：到卫国做什么呢？

颜回答："回闻卫君，其年壮，其行独，轻用其国，而不见其过。"听说卫国国君年轻气盛、刚愎自用、独断专行、处事草率，动辄就胡乱处罚人，明明自身问题很大，却丝毫看不到。

**轻用民死，死者以国量乎泽若蕉，民其无如矣！**

滥用死刑，动不动就处死，举国上下，死者像枯木败草一样多，填满了池沼，民不聊生，日子过得非常艰难。

**回尝闻之夫子曰："治国去之，乱国就之，医门多疾。"愿以所闻思其则，庶几其国有瘳乎！**

我曾经听夫子说：治理得井然有序的国家可以放心离开，管理混乱的国家就要去帮着理一理，就好像是医生家门口总会聚集很多病人一样。因此，我此去是想践行夫子的教导和毕生所学，或许可以帮助救治这个国家吧。

应该说颜回去卫国的动机是很崇高的，救民于水火嘛。但对受到排挤被驱逐出国这一事件的影响，孔子还有一个观念，"危邦不居，乱邦不入"（见《论语·泰伯》），也就是后来孟子所说的，"君子不立于危墙之下"（见《孟子·尽心》）。因此，对于颜回的志向，孔子有很长一段论述，一句句往下看："嘻，若殆往而刑耳！夫道不欲杂，杂则多，多则扰，扰则忧，忧而不救。"孔子的意思是：呵，你去可能是以身试法，很危险的。道吧，不能掺杂，一旦掺杂头绪就非常之多；若头绪一多，人就会心中生乱，心中混乱就会滋生忧患，自己有忧患又如何拯救他人呢？孔子的意思够清楚，即卫国那么个形势，去了也是无济于事的，还是不要做无谓牺牲的好。

**古之至人，先存诸己，而后存诸人。所存于己者未定，何暇至于暴人之所行！**

古代那些悟道的至人，都是先保存自己，然后再帮助他人的。自身都难保，怎么去纠正暴君的行为呢？这就牵扯出一个逻辑了：先修道成佛，还是先救世度人？按照佛家的说法，牺牲自己，救人度人，就是成佛之道，基督教也奉行这个逻辑，儒家也有舍身成仁取义的思想。中国的道家比较务实，可不这样认为，一向倡导"智不危身"，即有本事救才去救，没这个本事白白搭上自家性命的事，做之何益呢？因此，道家的做派就是"盛世而隐，乱世而现"，练就了一身本事，没事时，任由去吧；有事时，出去拨拉顺了，立即抽身，决不纠缠。

**且若亦知夫德之所荡而知之所为出乎哉？德荡乎名，知出乎争。**

而且，你懂得道德是如何丧失的，智慧是如何产生的吗？德的丧失，是由于求取名声；智慧的产生，是因为争心争斗。

**名也者，相札也；知也者，争之器也。二者凶器，非所以尽行也。**

名吧，说到底不就是相互倾轧吗？看谁的名气更大，其中充满着太多不实的赞誉和荒谬的诋毁。智慧说到底是用来相互谋算争斗的。名与智，都是具备杀伤力的凶器，绝不可以竭尽全力地推行于世。孔子的意思够清楚，你颜回此去卫国说服卫君靠什么呢？无非两个方面：一个是名，凭借颜回的好名声去博得好感并取信于卫君；另一个是智，动用一切聪明才智达到目的。这两点真的可取可行吗？孔子表示怀疑，而且是严重怀疑。

**且德厚信矼（kòng），未达人气；名闻不争，未达人心。**

"矼"，即憨厚、实诚的意思。这句是说，一个人仅凭厚德与诚信，不足以取得人望；与世无争、默默无闻，不足以引起他人重视并记在心里。颜回就是这么一个人，德行很好且一副与世无争的样子，如何能引起卫君的重视呢？

**而强以仁义绳墨之言术暴人之前者，是以人恶有其美也，命之曰菑人。**

如果仅仅是强硬地以仁义法规这套去游说，等于是彰显自己的高尚，而指出他人之弊、揭他人之短，这种情况就有些贬低人的意思。

**菑人者，人必反菑之。若殆为人灾夫！**

诋毁贬低他人的，他人必然会采取应对措施。你一是一、二是二地去指责卫君的不是、揭卫君的短，恐怕凶多吉少吧。

**且苟为人悦贤而恶不肖，恶用而求有以异？**

假如卫君喜欢贤才，而厌恶不像样子的人，又哪里用得着你去出头劝谏呢？

**若唯无诏，王公必将乘人而斗其捷。**

此去卫国，你沉默寡言倒也罢了，如果乱说话，卫君一定会抓住机会惩治你，甚至置你于死地。

**而目将荧之，而色将平之，口将营之，容将形之，心且成之。**

真出现这种情况，你如何应对呢？卫君勃然大怒，要治你的罪会出现什么情况？到时，你恐怕是眼冒金星，但也不得不装作若无其事的样子，口中道歉连连，态度也非常之谦卑恭顺，情况无非是这个样子吧，还敢说什么硬话大话呢？

**是以火救火，以水救水，名之曰益多。**

这种劝谏君王的做法，不就是着火了以火去救，发水了以水去救吗？越救火势水势则越大，方法根本就不对路。

**顺始无穷，若殆以不信厚言，必死于暴人之前矣！**

劝谏君王是个什么情形呢？如果一开始就顺从，就会一直顺从，其间稍不顺从就会惹得君王生厌或暴怒，稍严重点性命就难保了。

**且昔者桀杀关龙逢，纣杀王子比干，是皆修其身，以下伛（yǔ）拊人之民，以下拂其上者也，故其君因其修以挤之。是好名者也。**

历史上，夏桀之所以杀关龙逢，商纣王之所以杀比干，就是关龙逢与比干二人，非常注重自身修养，屈尊俯就爱抚百姓，对上却违逆了君王。或者还有一层意思，臣子绕开君王一味地去讨好民众不是犯忌吗？因此，君王就因其品德过于高尚、民众过于爱戴，从而处死了他们。这两人之所以落了个死的下场，无非是好名而已。这话说得够直白，历史也确实给了两人崇高的声名。

**昔者尧攻丛、枝、胥敖，禹攻有扈，国为虚厉，身为刑戮。**

历史上，尧曾对丛、枝、胥敖等部落用兵，禹曾攻击过有扈部落，使这些部落变成废墟，国君身遭屠戮，一片生灵涂炭的惨象。

**其用兵不止，其求实无已，是皆求名实者也，而独不闻之乎？**

这些有名的天子何以屡屡发动战争呢？不外乎两个方面：一是利，抢地盘抢东西，有实实在在的好处；另一个是名，打赢了，征服了，千古英名。

**名实者，圣人之所不能胜也，而况若乎！虽然，若必有以也，尝以语我来。**

名与实这两样东西，圣人都避免不了诱惑，况且是你呢？即使如此，你想去游说卫君，想必是有所准备吧，不妨说说看。

颜回说："端而虚，勉而一，则可乎？""端而虚，勉而一"，即形象端庄且内心谦虚，勤勉努力且始终如一。颜回的性情通过这六个字也体现得非常饱满。颜回这么做并不自信，而是征求孔子的意见，询问是否合适。

孔子的态度很明确：不行，这个样子绝对不行。

具体原因孔子是这么说的："夫以阳为充孔扬，采色不定，常人之所不违，因案人之所感，以求容与其心，名之曰日渐之德不成，而况大德乎？"那个暴君蛮横无理、飞扬跋扈、喜怒无常，一味地压制他人的想法，而放纵自己的意志。这种只求顺从、不容违逆的君王，一般人谁敢违背他的意志呢？这样的君王平时连点小小的礼貌都没有，还会深明大义听进去你的一番空洞的大道理吗？

**将执而不化，外合而内不訾(zī)，其庸讵可乎，**

他顽固不化，表面赞同而内心拒绝，不知反省，你又该怎么办呢？

颜回说："然则我内直而外曲，成而上比。"他的意思是：我保持内心的正直，但方式方法稍稍圆滑灵活一些，而且多采纳一些历史上的成例去劝说。

颜回继续说："内直者，与天为徒。与天为徒者，知天子之与己，皆天之所子，而独以己言薪乎而人善之，薪乎而人不善之邪？"这几句的意思是：内心正直无私，就是向上天看齐。效仿并遵循于上天，就会深深懂得天子与我都是上天之子。这样，哪里还会希望自己的主张他人一定会赞同或一致反对呢？这句话稍有点绕，颜回的真实意思是说，自己从本意上顺应天道，方法上灵活处置，至于他人赞成还是反对，就不是自己所能绝对掌控的事了。

**若然者，人谓之童子，是之谓与天为徒。**

能够做到这个地步，即使他人认为我的做法天真幼稚，也是与上天保持一致的，从而没有任何遗憾。

**外曲者，与人为徒也。擎跽曲拳，人臣之礼也，人皆为之，吾敢不为邪？**

外表圆滑，处事灵活，是向世人看齐。即使去磕头作揖之类的，也是作为人臣所应具备的基本礼节。这些人人都做得很自如，我为什么就做不到呢？

**为人之所为者，人亦无疵焉，是之谓与人为徒。**

人家怎么做我就怎么做，人们就不会觉得有什么问题，这就是向世人看齐、与世人为伍。

**成而上比者，与古为徒。**

与历史上的典型成例相比较，引用一些古事古语，就是向古人看齐。

**其言虽教，谪(zhé)之实也，古之有也，非吾有也。**

以这个法子去劝谏、说教或批评，所说的都是古代的事，都是古人说的，即使说错了、说重了，也与我无关吧。

**若然者，虽直而不病，是之谓与古为徒。若是则可乎？**

像这个样子，既保持了自身的正直，又达到了目的，还保护了自己，就是向古人看齐。我这个样子做，可以吗？

颜回倒是懂些人情世故，懂得妥协与调和的方法论。从这段来看，真是做到了有理有利有节。有理，指援引成例成法；有利，指方式方法灵活，使用通行做法，从而达到目的；有节，指保持自身的正直。

孔子听到后仍然摇头：不行，这个样子还是不行呀！

孔子认为不行的理由如下："大多政法而不谍。虽固亦无罪，虽然，止是耳矣，夫胡可以及化！犹师心者也。"孔子的意思是：你所运用的招式技巧太多，过于花哨，就不够扎实稳当了。虽然可能管用起效、能够保护自己，但作用效果恐怕也就到此为止，并不能感化或劝谏卫君吧！这个想法，只是你自以为是、一厢情愿而已。

颜回听后老老实实地说：除此之外，我就没有什么办法了，夫子有什么好办法吗？

孔子说了一个字："斋。"

"斋"的意思相当抽象，《说文解字》中的解释是"戒洁"，以戒而洁。从表面看，这是一种特别的讲究和仪式；而经过深入分析，其实则是出于内心的庄重和恭敬，有自我反思、自我净化之意。孔子说："有而为之，其易邪？易之者，皞（hào）天不宜。"孔子的意思是：有意识或主动地想做一件事，真的很容易吗？觉得什么都是轻而易举的，是不符合上天之道的。

颜回问：我家里很穷，不饮酒不食肉数月，算不算是斋呢？

孔子答：算是斋，不过是祭祀之斋，并非心斋。

也就是说，你这个斋只是仪式化的讲究，不是实质性的；是身体之斋，并没有上升到心灵或灵魂层面。

颜回：敢问什么是心斋呢？

孔子说："若一志！无听之以耳而听之以心，无听之以心而听之以气。"孔子的意思是：要专心致志，对于自己和外在的世界，不要用耳朵去听，要以心去听，这是入门层次。更高一层则不要用心去听，而要用气去听。这是什么意思呢？眼见耳听，得到的只是现象，用心去想，才能领会真谛。领会了真谛，自然而然会返璞归真，而不再起心动念受外界风吹草动的影响。

**听止于耳，心止于符。**

听，不过是耳朵的功能，所听到的不过是声音而已；心呢，也会受限于种种现象。这一点很直观，我们的心该荡漾时荡漾，该激动时激动，该沮丧时沮丧，人根本就左右不了，人的大脑是很难控制心跳的。

**气也者，虚而待物者也。唯道集虚，**

气就很神奇了。在古代有两种形式的气：其一是"炁"，古人从水蒸发后消失的现象中认识到的。古人们觉得，这种东西充塞天地之间，也游走于人体内。孔子说的气，就是这个"炁"。古人认为，这个炁与精神攸关。其二是"氣"，由五谷而化生，也是人们从生活中认识的。古人认为，这个"氣"，与身体攸关。了解了气，这句的意思就很好理解了：气充满于我们认为空无所有的一切地方，也构成人的精气神。这才是最神奇最值得关注的。

"唯道集虚"，古人把他们所认识到的天地万物的种种原理与规律，称之为道。天地万物都是实体，看得见摸得着。而这个支配天地万物的道呢，则是看不见摸不着的，存在于无尽的虚空之中，像气一样。古人认为道与气一定有某种密切的联系，或者道与气一体，比如，一切生命的气与道是俱来的，有了气也就有了道，因此非常重视二者。古人觉得眼耳鼻舌身意等根本接近不了道，也探测不出道的本质；唯有气，与道同生共存，才是真正该重视和认识、了解和把握的。

**虚者，心斋也。**

什么叫心斋？就是用心去感受道之所在、道之所行。能够真正胜任这个的是"炁"。由于当时科学不发达，古人有化血为精、化精为气、化气为神的种种理论。

颜回的悟性很高，听孔子这么一说便明白了："回之未始得使，实自回也；得使之也，未始有回也，可谓虚乎？"这几句的意思是：没有听说心斋之前，觉得我颜回这个人是切实的存在，时时处处以我为主，想法也非常之多。领悟了心斋，觉得颜回这个人根本就不存在，我的主体意识没了，种种想法也荡然无存，这个可以称之为"虚"的境界吗？

孔子听了很高兴，评价就二个字："尽矣！"这里的意思是：很好，完全领会了，可以说是尽善尽美，没有一点偏差。

孔子接着对颜回说了一段很高深的理论："若能入游其樊而无感其名，入则鸣，不入则止。""樊"即人间的樊笼。这句是说：你颜回吧，生而为人，游于尘世樊笼却不为任何所动就很好。尘世呢，无所谓介入与不介入的。入世，随着大众和鸣没有什么不对；不入世，保持独立自主的一个状态则最好不过了。

**无门无毒，一宅而寓于不得已，则几矣。**

"毒"是毒害的意思。这句是说，一个人吧，不囿于门户之见，就不会受到毒害；囿于门户之见，无论持什么样的理论，都是偏见，都是受毒害至深的。任何观念不就是如此吗？持一种观念，其实是很可怕的，这也是政治使人意识形态化的原因。当然了，生而为人，活在这个世上，人天生是有诸多局限的，是要受种种限制和束缚的，这点任谁也避免不了。因此，一个人感知到了种种不得已，并能够泰然以对、安然处之，则是很接近于道的修养与境界。

**绝迹易，无行地难。**

人活着吧，不去走路容易，但走路而不留下任何脚印就非常之难了，甚至是不可能的。其逻辑是，生而为人，你不走路或不会走路可以，你走路却想脚不沾地是绝无可能的。这样来解读庄子，是否有人可能觉得完全背离或歪曲了庄子呢？对此，我们想想《道德经》中很多极具大智慧的说法就清楚了。

**为人使易以伪，为天使难以伪。**

做人吧，难免戴着面具、遵循契约，这些都有伪装的成分，但是人都是

这个样子，谁也免不了的。作为上天，就无须任何伪装了，阳光灿烂就阳光
灿烂，阴雨连绵就阴雨连绵。出于天性，人也想揭掉一切伪装、解脱一切束
缚。事实上，真正做到的人又有几个呢？

**闻以有翼飞者矣，未闻以无翼飞者也；**

只听说过有翅膀才能飞，没有听说无翅膀的也能飞。这话的意思也很实
事求是，但忽略了想象力与科学思维的结合。如果人类信奉这句，就永远也
不会上天登月了。先上去的是神话传说，继而就真的上去了。所以说，想象
力也是翅膀，也能够飞；梦也是翅膀之一种，同样能飞，且不受限制的。

**闻以有知知者矣，未闻以无知知者也。**

只听说过有智慧的人懂得一切，没有听说过无智慧的人懂得什么东西。
为了不懂得也不被懂得，道家往往选择去"不知不智"。

**瞻彼阕者，虚室生白，吉祥止止。**

这句话就明显是抒情了。虚室是茫茫宇宙中的一隅，一个局部。"生
白"，是说透亮、亮堂的感觉。本来茫茫宇宙浩瀚无垠，呈混沌迷雾状，何
以生白呢？因为人的智慧。"吉祥"则与人情、愿望等有关了。这句是说，
看那浩浩渺渺的宇宙，因了人的智慧，一隅光芒亮起，使人心也变得透亮，
这人间也就充满温暖了。想想，没有智慧，没有感情，这世界将是何等的冰
冷与黑暗呀！所以说，庄子不是一味出世的，也很懂得人情世故。再回到此
篇的标题，什么是人间世呢？由人的智慧之光与情感之暖构成的一个宜居的
所在。"虚室生白"，后来作为道行修造的一个境界、一个标准。

**夫且不止，是之谓坐驰。**

一个人修行到"虚室生白"的状态，还不只是透亮和幸福，而是可以
"坐驰"的。那么，什么又是"坐驰"呢？即坐在一个地方一动不动，也可

以神游六合八荒的，也就是小说、影视作品中常有的元神出窍之类的。

**夫徇耳目内通而外于心知，鬼神将来舍，而况人乎？**

假如耳目之类的不向外看、不向外听，而向内看、向内听，也就是去探索和认识自己，且完全独立于"心知"之外，这样"鬼神"就会到来，况且是人呢！字面看这一句，还很费解。如何理解？一个人的感官不受外界的诱惑，而专注于内省，且与心中所知所感保持独立、相互印证，能做到这点，就是"鬼神"之辈了，已经远远超越超脱于常人了。

**是万物之化也，禹、舜之所纽也，伏戏、几蘧之所行终，而况散焉者乎？**

上述就是万物化育之理，也是天地运行之道，是禹、舜等人治世的关键，是伏羲、几蘧等终身的信条，对于纷芸的众生就更是作用重大了。几蘧氏，也是传说中远古的帝王或部落长老。

这里，我们再回头梳理一遍，颜回不忍见卫国人民的苦难，不忍见人间如地狱般所在，想去拯救。孔子予以劝阻，劝阻的理由为：一个人守着心斋，活在内在的世界里最好不过，别总想着去改造外部世界。人尽可以控制和改造内部世界，但绝对无法全然按照一己之意志控制和改造外部世界，到时弄得不伦不类的，甚至惹祸上身。

不过，这儿的孔子已经不太像孔子，反而更像庄子，或者说，已经是一个庄子化的孔子。

## 叶公使齐

这个叶公子高，就是"好龙"的叶公，楚庄王的玄孙，名诸梁，字子高，被封于叶，史称叶公。

叶公将出使齐国，向孔子请教道：楚王此次委我以重任，但听说齐国人对于他国使臣表面敬重，实则内心轻慢，事情经常拖着不办。我这个人吧，性情疏淡，对于普通人都难以感化，更别提去游说诸侯了。此去齐国，对于楚王交代的任务，我很是忧心啊！先生常对我说："凡事若小若大，寡不道以欢成。事若不成，则必有人道之患；事若成，则必有阴阳之患。若成若不成而后无患者，唯有德者能之。""阴阳之患"，一般指生病，古人认为生病都是阴阳不调造成的。这段话的意思为：凡事无论大小，很多都是因为讨得对方的欢心才办成的。讨人欢心这个心既难又烦。事情如果办不成，必然要遭受惩罚；事情如果办成了，又会身心劳顿。办事吧，无论成功与否，都丝毫没有忧患，这个恐怕只有那些有道有德的人才能够做到。

人生之于世，都是要办具体事的。办事还真是如此，尽心尽力去办吧，违心累身居多；不努力去办吧，吃人家的饭，事办不好，吃饭都很成问题，还可能受罚。

叶公接着说：我这个人吧，平时生活上粗茶淡饭的，没有任何讲究，因此仆役们做饭端茶也就很随意了。但今天早上接受王命后压力倍增，虽然吃的是冷饭，喝的是凉茶，但体内还是燥热难受。楚王安排的事还没有着手，自己就着急上火、阴阳失调了。假如这件事没办好，必定不妙。看看，这么个事情，就有两重祸患，作为一个臣子，哪能承受得了呢，希望先生教我救我！

叶公说的这种现象，在现实生活中也非常典型和普遍——我们一生忙忙碌碌，实质上自己都不清楚在忙什么，总是觉得有很多事要干还没干，总是感到莫名的焦躁与疲惫。结果呢？正如叶公所说，事情还没开始办，身体就出问题了；或者事情没办好，健康还搭进去了。从这点来看，叶公请教的这个问题，不仅仅是办事和保养身体这么简单的事，而涉及很多根本性的事情。比如，这个事非办不可吗？

对于叶公的问题，孔子条分缕析地说了很长一段："天下有大戒二：其一，命也；其一，义也。"孔子的意思是：天下有两大原则，人生有两大戒条：一个是天命，说必然与偶然性的，有些是铁定不变的，有些是变数很大的，不以人的意志为转移，人根本就掌控不了，也解释不清，往往归咎于一个"命"字。另一个是义，古人说"义者，宜也"（《中庸》），这里说的是正当性的问题。做人，怎么样做最适宜最正当呢？做事，怎么样做最适宜最正当？有没有一点争议和问题呢？这两点是本质问题，至于其他的都是方式方法和技巧层面的问题。

**子之爱亲，命也，不可解于心；臣之事君，义也，无适而非君也，无所逃于天地之间；是之谓大戒。**

做子女的爱自己的父母，这是天性，是没办法解释的，想不爱都不可能；臣子侍奉君王，是最适宜最正当的，天经地义，也没有什么道理好说。无论到了什么时候，都不能没有君主，这是天地间的定则，没有办法改变。今天虽然少有君主这一称呼了，但行君主之实的，作为君王象征的，则依然存在。人是从自然界走出来的，无论到了什么时候，都得奉行这个，否则一定生乱，甚至是不可收拾的大乱。

**是以夫事其亲者，不择地而安之，孝之至也；夫事其君者，不择事而安之，忠之盛也；**

人们会尽力去侍奉父母，无论何时何地何种情况，都会尽最大努力让父母安居，这是最高的孝道。臣子服从于君王，无论做什么事情，首先一条就是要让君王放心安心，这是最高的忠诚。

**自事其心者，哀乐不易施乎前，知其不可奈何而安之若命，德之至也。**

修养自己的心，喜怒哀乐都不能影响和撼动，深深懂得世事的无可奈何，而将其当作命定的东西一样安然接受，这是最高的德。

这句话确实很有哲理，不像是孔子的风格。其实这真是庄子行事的格调：一个人的思想恢宏如此，在现实中呢？又实在是太过于渺小，什么也影响不了，什么也改变不了，所能做的事情也极其有限。与动植物相比，相形见绌的地方非常之多。对于这么个现状，人又该如何呢？所能做的，确实是一个"安"字，先安己后安人，世界不就清静和谐了。这恐怕就是庄子的逻辑。在这，不过是借孔子之口表述罢了。

**为人臣子者，固有所不得已，行事之情而忘其身，何暇至于悦生而恶死？夫子其行可矣！**

一般来说，社会都是金字塔结构，越是处于上层，自由度越大；越是处于下层，所受的约束就越多。当然，这只是一般性现象、一般性规律。事实上，对于每个个体、每个阶层来说，都有其自身的诸多言不由衷、行不由己之处。孔子的意思是：作臣子的，虽然有很多约束之下的不得已，但做事时，认定目标，一心尽忠，忘掉个人得失努力去做就好，哪里能一事当前先考虑个人的生死荣辱呢？孔子这个道理说得真好，我们的很多问题、很多病症就是这样，并不是因为做事所致，完全是自己想多了。

孔子说，我也听说过一些道理，说给你听听吧："凡交，近则必相靡以信，远则必忠之以言。"其意指，凡国与国之间的交往，邻近的必须采取行动取信于对方，远处的必须用语言辞令表达自己的诚意。

**言必或传之。夫传两喜两怒之言，天下之难者也。**

想取信于人，言语是一个重要的方式。一句话出口，一件公文出去，对方是有反应的，是会产生后果的，不是使对方欢喜，就是惹得对方发怒。所以说，说话是一件很难的事，需要慎之又慎。

**夫两喜必多溢美之言，两怒必多溢恶之言。**

这个"溢"字很有意思，指夸大。这句是说，使双方都欢喜的言辞，必然有夸大好处的成分；使双方发怒的言辞，必定有夸大坏处的成分。

**凡溢之类的妄，妄则其信之也莫，莫则传言者殃。**

凡是夸大的言辞，都是言过其实的，不实的东西居多。被拆穿后，双方都不会再相信对方了。不相信，中间传话的使者就要为难和遭殃。

**故法言曰："传其常情，无传其溢言，则几乎全。"**

"法言"，指既定的揭示规律性的格言。这句是说，作为使者出使国外，所传达的信息，所说的言辞要实事求是、符合实情，不能夸大不实，这样办事才细致周全。

**且以巧斗力者，始乎阳，常卒乎阴，大至则多奇巧；**

外交领域充满智巧实力的争斗，最初一般采用一些公开的方法，发展到后面，就一定是阴谋诡计之类的。道理很简单，一个人的阴谋诡计就会引发连锁的阴谋诡计。

**以礼饮酒者，始乎治，常卒乎乱，大至则多奇乐。**

国家外交采取饮宴礼仪等方式，刚开始都很好，其乐融融的，后面都会生乱，成了"酒无好酒，宴无好宴"，酒宴上能确定什么呢？无非取乐应付而已。

**凡事亦然，始乎谅，常卒乎鄙；其作始也简，其将毕也必巨。**

凡事似乎都是这样，一般都有个良好的开端，但结果往往是一团糟糕、离题万里的。还有个现象是，开始时事情都很简明扼要，运转也很顺畅，及至后来，就逐渐繁琐和艰难了。

**夫言者，风波也；行者，实丧也。**

言辞这玩意儿吧，就像风吹动水波一样，风停之后就会恢复原状，并没有什么损失，想怎么说都可以。而行动则要小心谨慎，稍有不慎，就是实实在在的损失和影响，严重时连命都不保。

**夫风波易以动，实丧易以危。**

风波容易将人吹动，指的是言语的煽动性；而损失则会产生实实在在的危机。

**故忿设无由，巧言偏辞。**

因此，有时候人的暴怒并不是有什么特别的原因，不过是人们巧言饰词的煽动罢了。这种情况生活中常有，每个人身上都有，听了一番话就生气得不得了，实际上，事实相去甚远，根本就不是这么回事。

**兽死不择音，气息茀（bó）然，于是并生心厉。**

将死的野兽也是这样，气息短促，勃然大怒，满怀伤咬之心，抓住什么就会咬什么。

**剋核大至，则必有不肖之心应之，而不知其然也。**

"剋核"，即苛刻的意思。一个人，待人处事过于苛刻，他人就会生出烦逆和应对之心，表面上说"是是是、好好好"，内心其实厌恶得不得了。而行事苛刻的人甚至还未察觉到，还不知道怎么回事。

**苟为不知其然也，孰知其所终！**

连怎么回事都搞不清楚，又怎么能掌握事情的走向和结局呢？

**故法言曰："无迁令，无劝成。"过度，益也。**

所以，有这样铁定的说法：

其一，"无迁令"。这里有两层意思：对君王而言，是说不要朝令夕改；对臣子而言，是说不能变通歪曲君王的命令。

其二，"无劝成"。此即凡事都有规律，强求不得，任其自然，因势利导最好，绝不要做拔苗助长的事。

其三，"过度，益也"。此即超过限度就是画蛇添足。

最后的结论："迁令"，"劝成"，"殆事"。即变通命令、拔苗助长等都会坏事，丝毫无助于成事。这是愿望与做法之间的差异，有好的愿望未必有好的结果，有好的方法，才有利于产生好的结果。

**美成在久，恶成不及改，可不慎与！**

成就一件美事、一种美好，需要方方面面持久不懈的努力。而恶事坏事呢，举手投足间就造成酿就了。所以说，凡事都要慎重，美事或恶事都须谨慎对待。

**且夫乘物以游心，托不得已以养中，至矣。**

"乘物"，指人生之于世，必然也必须依赖种种外物，比如天地万物等。"游心"，指人的内部有一个广阔无边的独立空间可以遨游。这句是说，人吧，既依赖于外物，又能够悠游于心。说到底，是在种种不得已中保持精气神，是被动中的主动，万变中的不变。懂得这点至关重要，才可以活得更为自如。能够达到这个程度，在不得已和无可奈何中安居而自如，就是人所能做的极致。这也是古人身处危难关头，还能沉着冷静、抚琴吟诗的原因。这倒真不是装的，而是发自内心的修养与自觉。

**何作为报也？莫若为致命，此其难者。**

这句有两层意思：其一是对叶公而言的，管他齐国什么态度，忠实地传达执行王命即可，这么做困难吗？其二，由此延展开来，一个人该怎么去活，哪有那么多讲究。顺其自然，自然而然地活就是了，做到这个困难吗？难，真难。人是有思想的，不胡思乱想是件很难的事。到这儿，那困扰我们的究竟是什么也就清楚了，不是外界的任何，而是我们自己的种种乱七八糟的想法。

这儿看似在说外交，实则指出了很多问题的本质。


# 形与心


颜阖，鲁国的儒家贤人。卫灵公，春秋时卫国第二十八位国君，性多疑且暴躁，在孔子眼里，他曾是历史上著名的无道之君，行事非常乖张怪僻。

蘧伯玉，卫国大夫，以贤能著称。

颜阖将要出任卫灵公太子的老师，也就是卫国的太子傅，心里不是太踏实，便向卫国大夫蘧伯玉请教了这么个问题："有人于此，其德天杀。与之为无方，则危吾国；与之为有方，则危吾身。其知适足以知人之过，而不知其所以过。若然者，吾奈之何？"他的意思是：有这么一个人，天性残忍，与他相处，如果不讲原则，会危及我的国家；如果很讲原则，就会危及个人的生命。这个人的智慧可以明晰地看清他人的过失，却看不清自身的过错。如果碰到这种情况，我该怎么办呢？其实，颜阖所说所忧的，可能就是卫灵公，也可能是太子。

蘧伯玉：这个问题问得真好！对此一定要警惕、要慎重，切实端正自己的态度呀！

接着他又说了一番理论："形莫若就，心莫若和。""就"，即迁就、附就的意思。这句是说，形乃身外之物，不需要那么多的讲究，最佳的状态是随遇而安。而心呢，还是要调和与和谐一些的才好。这个观点今天同样适用。一个人，身体方面非常之讲究，吃什么、穿什么、做什么等方面的禁忌很多，恐怕出趟门就成了活受罪。如此这般，一生能走多远，能见识多大的世界呢？一个人，内心讲究很多，是非好恶一大堆，见不得这个，容不下那个，不要说朋友，家人估计都会厌恶，还能有怎样精彩的一生呢？

**虽然，之二者有患。就不欲入，和不欲出。**

即使做到了"形就"与"心和"，也还是存在隐患的。"就"吧，不会真正依附于哪个，从而根本就不想深入或者说与任何事物保持更深的联系。"和"呢，因为与方方面面的关系保持得非常好，所以往往是不想离开和抽身的，自己不想，他人也不想。这句点明了道家高人出世的原因，也点明了这些人受人敬仰的原因。能做到"就"与"和"，其实非常之难；能够不将"就"与"和"作为目的、方法等，而纯粹是发自内心的自觉更是寥寥无几。

**形就而入，且为颠为灭，为崩为蹶；**

"形"说的是躯壳，这具躯壳如果过于俯就、依赖于他人他物，就会失去主体和中心。时时处处顺从于他人与外物，还有"我"吗？"我"都没有了，精气神也消失了，只剩下维持活着的欲望，还能算是真正意义上的人吗？活着活着，不是在活人了，不就是"为颠为灭、为崩为蹶"吗？那个人与"我"颠覆了、灭失了、崩溃了、坍塌了。因此，人一味地俯就，如奴隶般的存在，其后果就是这么严重。

**心和而出，且为声为名，为妖为孽。**

内心与外界的一切相调和与和谐，就是鬼神般的所在。这样的人很容易获得声名。因此，无论是自己的本意，还是他人的看法，都免不了"为声为名，为妖为孽"。为了声名故意这么做的吧？怎么会有这么奇怪的存在？这不是妖孽吗？

**彼且为婴儿，亦与之为婴儿；彼且为无町（tǐng）畦（qí），亦与之为无町畦；彼且为无崖，亦与之为无崖；达之，入于无疵。**

"町畦"，指田地的边界。这是教颜阖与人相处之道：认识非常明确，内心有所坚守，但一定要注意方式方法，简单粗暴是绝对不行的。对方像个孩子一样顽皮，你也像孩子一样跟着玩，能够打成一片才好；对方没有任何规矩，你也就不要有规矩了；对方无拘无束、无一禁忌，你也要无拘无束、无一禁忌。能够做到这点，双方才有默契协调的可能。这点都做不到，形成了对立，还怎么相处？更遑论影响、教化之类的，这一切岂不是空谈吗？

**汝不知夫螳螂乎？怒其臂以当车辙，不知其不胜任也，是其才之美者也。戒之，慎之，积伐而美者以犯之，几矣！**

你没有听说过螳螂吗？脾气很大，生起气来，举起双臂似乎要去阻拦车子一样。一点也不清楚以自己的身形力量，根本就挡不住，但螳螂却以为自己的才能很高、力量很大，无所不能。这方面一定要戒之慎之，假如因为自己积累了一些德行、练就了一些本事、具备了一些才能，就去轻视或看不起对方，就会非常之危险。须知，作为太子傅，教的可是未来的国君，想要教得好，那么处好关系是前提。如果两人关系紧张，还怎么教呢？颜阖清高的态度，引起了蘧伯玉的担心，因而不厌其烦地说了这些。

**汝不知夫养虎者乎？不敢以生物与之，为其杀之之怒也；**

你知道喂养老虎的人吗？他们不敢用活的东西喂老虎，怕老虎养成了捕杀活物的习惯而性情暴怒。

**不敢以全物与之，为其决之之怒也；**

他们也不敢以整个的动物喂养老虎，怕老虎见到这种动物就以为是食物，就想扑咬撕裂，从而发怒。

**时其饥饱，达其怒心。**

随时掌握老虎的饥饱状态，知道它什么时候会发怒。

**虎之与人异类，而媚养己者，顺也。故其杀者，逆也。**

虎与人虽然是异类，且老虎是那么残暴的一种动物，但对于喂养自己的人却摇头摆尾地讨好。这是什么原因呢？不就是最初时人顺着老虎的性情在饲养驯化吗？老虎之所以动了杀心，是因为悖逆了虎的性情。常言说："伴君如伴虎。"蘧伯玉说的这个道理是如何让老虎变得温顺、变为宠物。表面看来没什么，其实是非常厉害管用的谋略。

蘧伯玉接着说："夫爱马者，以筐盛矢，以蜄（shèn）盛溺。适有蚊虻仆缘，而拊之不时，则缺衔毁首碎胸。意有所至，而爱有所亡，可不慎邪！"他的意思是：那些非常爱马的人，用筐子来盛马粪，用大贝壳来盛马尿。正好有一群蚊子飞来，养马人打蚊子不及时，使马受惊发怒。于是，咬断了嚼子，撞毁了笼头，挣开了衔勒缰绳，马蹄踏碎了爱马者之胸骨跑了。原本喜爱马，结果却因马丢了性命，多么不尽如人意的一个结局。因此，对待诸如此类问题，能不谨慎吗？

对这一节，我们来从头梳理一下，螳螂自以为很厉害去挡车，结果其难可知；人们畏惧老虎，结果让老虎服服帖帖；喜欢马爱得太过分，结果让马跑了。担任太子傅的人绝对需要注意这个，教育自己的孩子同样需要注意这个。

蘧伯玉的这套说法，逻辑清楚且务实奏效。这既与其身份相关，也是理论与实践、最终目标与方法策略的统一，是一篇非常好的教育论、方法论。

注意此篇的大题目为"人间世"。

谁说庄子不懂人情世故？精着呢，人间可不就是这点事嘛？可不就得这么办才能办好办成吗？


## 不材者寿


有个叫石的匠人去齐国，到了曲辕一带，看到一棵被当地人当作社神的栎树，非常巨大。大到什么程度呢？"其大蔽数千牛，絜之百围；其高临山，十仞而后有枝；其可以舟者，旁十数。""围"，长度单位，两臂合抱为一围。树荫下可以容纳数千头牛，树干有上百丈粗，树比山还高，在高于山顶几丈之上的地方才发枝散叶，可以制作船的树枝就有数十条。

庄子喜欢写大的事物，类似于梵语的"摩诃"，如大鸟、大鱼、大树、大江、大河等，大到了大而无当。什么原因呢？心大。心大了才会有大的事物，心小能容纳得了什么呢？

因为此树异常之大，成了远近闻名的景观，前来参观瞻仰的人像赶集一样多。

石匠人是个木匠，按说见到了如此大的树，出于职业习惯应该认真打量一番才是。但他仅仅是扫了一眼便不管不顾地继续赶路了。

跟着的徒弟则意犹未尽，跑着追上石匠人问：自从我跟随夫子学习木匠这门手艺以来，还从来没有见过如此之大、如此之美的树。而你连看都不看一眼，只顾埋头赶路，究竟是什么原因呢？

石匠人说："已矣，勿言之矣！散木也。以为舟则沉，以为棺椁则速腐，以为器则速毁，以为门户则液樠（mán），以为柱则蠹（dù），是不材之木也。"匠人的意思是：算了吧，不要说了，这棵树是没用的散木（木质过于松软）。用来做船则很快会毁坏沉水，用来做棺木则很快便腐朽，做器物一点也不结实，很容易损坏；做门窗则密封不好，挡不住雨水；作柱子则容易招致虫蛀，全然不成材的木头，没有什么好看的。匠人的最后一句很深刻："无所可用，故能若是之寿。"正因为这棵树百无一用，因此才能长寿并长这么高大。

非洲有种桉树就是如此，长势很快也异常高大，但因为木质松软什么也做不成，只能当柴木烧。常见的泡桐树，也是这么个情形。而木质好的树，一般都长势缓慢，比如种种名贵的红木。大树吧，数百年、数千年的树基本会空心，除了观赏，不具备任何实用价值。但也正因为无用，才得以长寿，这话很有启发性。人是否也是如此呢？百无一用，无所事事的人，才能得天地之寿呢。整天瞎操心，忧心忡忡的人压力很大，健康很成问题，能长寿吗？

匠人回到家后，梦到栎树对自己说了这么段话："女将恶乎比予哉？若将比予于文木邪？"这句的意思是：栎树问匠人：你在将我和什么相比呢？和那些有用的树木相比吗？

**夫柤（zhā）梨橘柚果蓏（luǒ）之属，实熟则剥，剥则辱；大枝折，小枝泄。**

像山楂、梨子、橘子、柚子等可以结出果实之类的树木，果实熟了就会有人来采摘或有动物来啃食，采摘、啃食时树就会受到伤害。通常的情况是大枝折断，小枝扯掉。

**此以其能苦其生者也，故不终其天年而中道夭，自掊击于世俗者也。**

这是因为树木们自身的作用功能，而招致了伤害。因此，不能享其天年而中道夭折的居多。说到底，之所以是这样的结局，都是自己所造成的。

**物莫不若是。且予求无所可用久矣！几死，乃今得之，为予大用。**

万事万物无不是这个样子的。曾经很长一段时间，我也追求有用来着，几次差点死了。后来懂得了无用之道，便一天天无用起来了，这样才有大用，长长久久地保全了自己。

**使予也而有用，且得有此大也邪？且也若与予也皆物也，奈何哉其相物也？而几死之散人，又恶知散木！**

假如我也很有用，能活这么长时间，能长这么高大吗？从一定意义上来说，你我都不过是一个物种物件而已，为何以这样有用无用的眼光来看我呢？你这个将死的"散人"，又怎么会懂得我这株散木呢？

这就是无用之用方为大用的道理。道家"散人"的称谓，就是从庄子而来的。这个词说得很形象，其中包含了诸多深意，而最核心的就是闲散——心的闲散。能做到闲散，真不容易；真能做到，方才体味见识豁然开朗的格局。

石匠人醒来后，将这个梦说给弟子。弟子说："趣取无用，则为社何邪？"其意指，这棵树追求无用，又为什么做社树呢？这就是天机了，很多道家高人，包括老子，一个追求出世的人，何以被人追捧如此呢？其中的原因没法深说。他，他们，活成了一种象征。你可以活成一个有用的人或一棵有用的树，即极其有用，踏实而投入。你也可以活成一个无用的人或一棵无用的树，即什么用都没有，活得浩大而寂寞。

石匠人说："密！若无言！彼亦直寄焉，以为不知己者诟厉也。不为社者，且几有翦乎！"其意指，嘘，不要说了。只不过是寄托于社神罢了，反而招致不理解之人的讥讽与辱骂。假如不作社树，恐怕早就被人砍掉当柴烧了。因此，才以社树的形式出现。实际上，巨大的形状和气势，恰恰是社树所需要的——这未尝不是另一种无用之用。

**且也彼其所保与众异，而以义誉之，不亦远乎！**

这棵栎树保全自己的方法与众不同，你用常理揣测它，就离题太远了。这句也隐隐揭示了无用而常葆的秘诀，一个普通人，是被各方视为有用的，非要无用，就是离群索居式的叛逆，是不被倡导且不被容忍的。如何无用而常葆，就是作为一个摆设、一种象征了，这也是古人说"大隐隐于朝"的原因。乱且饥饿的年代，在民间无用，怎么可能得长久呢？

下面说了这则南伯子綦的故事，其意思是一样的。南伯子綦到商丘游玩，远远见到一棵大树，很是与众不同：一千辆驷车藏在下面，都可以被树荫遮住。南伯子綦感慨道：这是什么树呀？必定是好树好木材。但抬头细看，树枝卷曲，不能用作梁柱；再看其树根，大是够大，但四处开裂，纽结太多，也无法做成棺椁；舔其叶子，口舌就会溃烂；闻闻味道，会使人沉醉三天不醒。这么一看，南伯子綦算是看明白了："此果不材之木也，以至于此其大也。嗟乎神人，以此不材。"其意指，果然是不成材的树，怪不得会长这么大呢？唉，所谓的神人，应该就类似于这种不成材的树吧。什么是神人？庄子说："神人无功。"人生于世，都想做点什么、留点什么，而神人做与不做暂且不论，根本就不在乎有什么功绩。这样的人着实不多，但历史上隐隐有那么几个。从他们奉行的逻辑来看，更多的应该是在人类发展的长河中彻底寂灭了吧。

宋国荆氏这个地方，适宜种楸树、柏树和桑树。树长到一把、两把能握住时，会被砍掉作为拴猴子的木桩；长到三四围粗时，会被砍去作为房子的梁柱；长到七八围粗时，被富贵人家买去做棺材。因此，这个地方的树经常种经常砍，没有很长寿的。之所以"未终其天年而中道之夭于斧斤"之类的，就是因为这里的木材都非常有用。从这些树的现象来看，庄子想到了祭祀，祭祀河神时，之所以不用白额头的牛，不用鼻子上翻的猪及患有痔疮的人，就是因为这些动物与人是不祥不吉的。也正因此，这些牛、猪与人能够侥幸逃过一死。在神人看来，这是最为吉利吉祥的。从这里，我们也隐约可以看出人殉的情形。原话用了"适河"两个字，想想西门豹治邺就知道相关情形了。当然，也可能是用患有痔疮的人祭祀时不能到河边，但这个完全掌控不了，说不通。

## 畸形的支离疏

有个叫支离疏（虚构的人物）的人，天生畸形，长相非常之奇特：其一是"颐隐于脐"。"颐"，指下巴。这句是说下巴陷进了肚脐里，即该人严重伛偻。其二是"肩高于顶"，即肩膀比脖子高。其三是"会撮指天"。"会撮"，指发髻。这一句指该人的发髻朝着天上。其四是"五管在上"。"五管"，指腧穴，在背部，也是指向天的。其五是"两髀为胁"。"髀"，指大腿。这几句是说这个人短得好像没有身子，以大腿为两肋。这么个相貌奇特的人，有什么特长，以什么为生呢？"挫针治繲（jiè），足以糊口；鼓策播精，足以食十人。"这人的本事挺大，替人制作缝补衣服，养家糊口不成问题；卜卦算命，收入就更高了，足以养活十口人。

**上征武士，则支离攘臂而游于其间；上有大役，则支离以有常疾不受功。**

国家征召军人服役上战场时，支离疏大摇大摆地走过征兵处也无人理睬，更不担心被强制服役了；即使国家征集劳役，他也因为身体原因，而没有被征召。

**上与病者粟，则受三钟与十束薪。**

在国家慰问伤病残人员时，他每次都能领到三钟粮食、十束柴。

**夫支离其形者，犹足以养其身，终其天年，又况支离其德者乎！**

当时，战乱不断，健康的人能够享福善终者着实不多。而支离疏因为身体畸形，日子却过得优哉游哉的，快快乐乐过了一辈子。

这里特别需要注意的是这句："又况支离其德者乎！"一个人的身体残疾，尚且有这样的福分。那么，道德方向有残疾，支离不全的，是否也有天赐之福呢？这个逻辑很厉害，真的是怀疑一切。道家吧，反反复复强调"修德""全德"等观念，而庄子却大胆地提出德的残缺很可能是天赐之福。着实高明，这个质疑也是非常之大逆不道的，儒家断然做不到这点。

# 凤歌笑孔丘

孔子周游到了楚国，楚国狂人接舆得知孔子来了，便在孔子住所门前边转悠边唱歌："凤兮凤兮，何如德之衰也！来世不可待，往世不可追也。"他将孔子比作凤鸟，但意思很清楚，即凤鸟啊凤鸟，德行何以衰落沦丧到快要讨饭的地步呢？须知，来世不可期待，过去的世道也不可追回呀！这句中含有几层意思呢？孔子寄希望于未来，试图恢复过去的周治。不只孔子，一般人都这样，生于现在，却活给未来，也活给过去。接舆的看法却不同，未来，像一张不能兑现的支票，与你有关吗？过去，则是板上钉钉的事，是无法更改的。为了这些而努力奔波，不是徒劳吗？为了这些连人格尊严都弄没了，又是何苦呢？

**天下有道，圣人成焉；天下无道，圣人生焉；**

天下有道时，圣人才能去做点事并有所成就；天下无道，圣人也就是谋生存身而已。连这个基本的道理都不懂，处于这么个乱糟糟的世道却非想着做事成事，太不明智了吧。

**方今之时，仅免刑焉！**

现如今这个大争之世，一个人活着吧，能够免于刑罚就不错了，还奢望谋求什么呢？一切都是非分之想。

**福轻乎羽，莫之知载；祸重乎地，莫之知避。**

福分轻如羽毛，没有人知道如何获取；而祸患则重于大地，谁也不知道如何逃避。其意思很清楚——生之于世，不幸是远远大于幸运，灾难是远远多于幸福的。曾经有句流行的话说"不幸大于幸运的人生"，听着挺新奇的，其实老祖宗们早就说滥了。

**已乎已乎，临人以德！殆乎殆乎画地而趋！**

算了吧，算了吧，就别时时处处在人前显露什么德行了；危险啊，危险啊，在地上画个圈，自己先钻进去，不就是画地为牢吗？

**迷阳迷阳，无伤吾行！吾行郤曲，无伤吾足！**

"迷阳"，指多刺的草，类似于荆棘。这句是祈使句，是打比方说：孔子在地上画了圈站在其中，口中念念有词：荆棘呀荆棘，不要刺伤我！我一直小心谨慎，从没有逾越雷池，应该不会刺伤我的脚吧。这话很形象也很有意思：孔子一生小心谨慎，生怕有越轨触线之类的事。因此，接舆的这句嘲讽也够辛辣的：你孔子想做事又怕伤着，首鼠两端的，矛盾不？可笑不？"凤歌笑孔丘"，就是这么笑的，笑得潇洒而大气。而《东周列国志》中记载的《获麟歌》里，孔子对于打柴人因无知而打死麒麟却是一副泪涔涔的样子："唐虞世兮麟凤游，今非其时来何求，麟兮麟兮我心忧。"历史上，"凤歌笑孔丘"是一种态度、一种类型，《获麟歌》是另一种态度、另一种类型，都很典型，但活的程度和胸怀格局截然不同。

最后是庄子的一段结论："山木自寇也，膏火自煎也。桂可食，故伐之；漆可用，故割之。"这里的意思是：山中的树木，之所以被砍，是自招的；油膏，被人所点燃，是自招的，不都是因为有用嘛！桂皮因为可以食用，而被砍伐；漆树因为可以做漆，而被反复割伤，这些都是天经地义的。

**人皆知有用之用，而莫知无用之用也。**

人呀，眼里心里都是有用的事物，只知道有用之用，而不懂得无用之用。实际上，懂的人还是有的，比如庄子。庄子这个人真正厉害之处是强大到了高度自治，做到了完全自给自足，因而没有任何哀叹自怜相。

这就是庄子的《人间世》，开篇从肯定孔子说起，篇末又将孔子全盘否定了。肯定的是虚拟或虚构的孔子，否定的是现实而务实的孔子。用来否定孔子的，是畸形的人、无用的树，核心是四个字——无用之用。

类似庄子这种理论，普通人根本就做不到，不过想想也行。想想有些明知不可能实现的事情，似乎也并没有什么大的坏处。按庄子这个逻辑推理，即使一辈子就做了场好梦也好，分明就是大德大福呀，非要醒着挣扎着拼尽全力去做人做事有什么好呢？只是看不开而已。人间世也就这幅图景，看不开的满地都是，看开的则寥寥无几——孰是孰非、孰优孰劣呢？真就是如鱼在水的事，冷暖自知吧。

# 叁拾壹　养生主

## 知无涯

"养生主"，顾名思义是最善于养生的主。实质上，庄子所说观点、内容与我们现在理解的养生并无太多关系。庄子关心的核心问题，仍然是：生命是用来做什么的、该用来做什么。说到底，他其实说的是哲学的基本问题。

**吾生也有涯，而知也无涯。以有涯随无涯，殆已！**

求知，人们普遍追求的，有数不清的格言警句和励志故事。但庄子却一反常态，来了这么一句说辞：人的生命是有限的，而知识是无限的。将有限的生命投入到无限的求知中去，是件很危险也挺失败的事。

**已而为知者，殆而已矣！**

这句话中有两层意思：第一层，已经明白了这个道理，却还一味地去求知，就明显是飞蛾扑火般的行径。事实上，人生就是这样，自己做不了主的无可奈何的事情居多，不只是求知，很多事情明明心里很是反感，很想拒绝，却仍然是被簇拥着或裹挟着去做。第二层，通过种种努力，真成了一个所谓的智者或知识分子，悲剧就已然铸就了。其道理何在呢？一个人定型定见如此，不可悲吗？按照道家的说法，人是不可限量的，被框死了，还有什么意趣可言呢？

# 善与恶

**为善无近名，为恶无近刑；**

这一句是关于善恶的，这句话加一个"于"字，更为通顺："为善无近于名，为恶无近于刑。"这句是说，想通过善事善行得到人们的认可并建立起声名，这样的想法就不要有了。有目的地去做事一点也不好玩，还没做什么，内心的评判系统就随时在计较得失，会很烦很累。当善成为一种习惯、一种自觉，是否还有求名的意识呢？想使个人的善扩大为一致的认为，有广大的影响力，的的确确是滴水穿石的事，急不来的，也不能功利。不光行善，做任何事其实都是这样的道理。

"为恶无近刑"，即一个人有恶言恶行，喜欢做恶事，也没有什么不得了的，不要碰触底线即可。这个底线是，不要因恶而遭受刑罚。春秋战国时期，这个"刑"字很残酷，往往意味着肉刑，是不可纠正且不可逆的。这就是说动机与结果了，可以有恶的动机，不造成恶的结果就好。庄子这句不是随口乱说的，也不是在说大道理，而是深谙心理学的。他明明白白地知道，人们做点善事，最初大抵是做给人看的，是求求你关注我、表扬我的心态。人的心里充满着什么呢？打打杀杀的恶念。但法不诛心，法针对的是行为结果，因为即使心中有怎样的恶念，不付诸行动就没什么。我们看波德莱尔举世闻名的诗集《恶之花》都写了些什么呢，并没有什么大奸大恶，不过是些情绪化的宣泄而已。

这句话还有一层意思，是说因果的。一切学说都说因果，尤其是中国儒家，说善报恶报之类的。事实上，从世相上看，人们对此是充满怀疑的，而"为恶为福，善者有殃"似乎才是现实普遍存在的。那么，究竟该持善还是持恶呢？庄子指出的，就是这个。

# 养　生

**缘督以为经，可以保身，可以全生，可以养亲，可以尽年。**

这句话的关键是一个"督"字。何解？"督"在文言中的意思很多，有十多种吧，主要意思大体有四种：其一是督查，含督促、纠正等；其二是统领，官职；其三是督脉；其四是姓氏。此篇中字面的意思是督脉，引申义为主要的、统管的，也就是规律、趋势性的东西。督脉，按照《黄帝内经·素问·骨空论》中的说法，男女督脉的走向稍有不同，但大体是起于长强穴、止于龈交穴的，共有二十八个穴位。任督二脉，都是人体的大脉。

"缘督以为经"，字面意思是以督脉为经。"经"字从"丝"从"径"，即南北向的线，也就是织布时被固定的线。庄子这句是说，做人做事不能突破基本的规矩和限度，这样做好处很明显，可以保全身体，可以长葆生命，可以奉养双亲，可以安享天年。所说的内容看似相似，实则各有各的讲究。"保身"，是生理层面的；"全生"，是人格健全层面的；"奉双亲"，是资质素养层面的；"尽年"，是福德层面的。读古书，一定要注意细节，否则，笼而统之，就是字都认识，大意都知道，但绝不会有会意之感。

# 庖丁解牛

著名的庖丁解牛故事，在中国几乎是家喻户晓的经典。

文惠君即梁惠王，也就是魏惠王，其在位时间很长，魏国就是在此君手中一步步衰落的。在秦国的攻打下，不得已将国都从安邑迁到大梁，魏惠王也就史称梁惠王了。《孟子》一书专门有一篇是与此君有关的，篇名就叫"梁惠王"，因为他是个有故事的人，便见诸典籍。

鉴于原文很经典，必须引用并重温下，一句句看："庖丁为文惠君解牛，手之所触，肩之所倚，足之所履，膝之所踦(yǐ)，砉(huā)然向然，奏刀騞(huō)然，莫不中音，合于《桑林》之舞，乃中《经首》之会。"这一段的意思是：梁惠王的这个厨子（至于庖丁指丁姓的厨子，还是厨子本身，是无关大局的事），杀牛的水平很高，达到了艺术化的程度，在今天算是"杀牛达人"了。这个人杀牛时，无论动作还是声音，都是一气呵成的，没有任何多余的动作。手、肩、足、膝恰到好处，伴着刀锋划过皮肉的声音，使杀牛这一血腥残酷的现场，成了一个艺术表演的过程。而且，不是一般的通俗音乐现场，是宫廷雅乐的现场。《桑林》是商汤时的著名乐曲，《经首》是尧帝大乐《咸池》中的一章。一个厨子、屠夫，通过宰牛现场，让人们恍若身临其境地置身于古代帝王们的宫廷舞乐中，这是什么样的技艺呢？真是千古一绝啊！

梁惠王观看后很感动，评价也很高：好，真好！技术何以精湛如此呢？

庖丁解释说："臣之所好者道也，进乎技矣。始臣之解牛之时，所见无非全牛者；三年之后，未尝见全牛也。"这里须注意关键字，庖丁说：自己所爱好的并不是杀牛，而是一个"道"字。这个道即原理与规律，与诸子百家孜孜以求的道是一回事。一个厨子追求的同样是天地自然中最根本的原理与规律，于是乎，技艺就得以突飞猛进。如果仅限于杀牛这件事，一辈子顶多也就是个好屠夫而已。因此，刚刚入行杀牛时，他所看到的牛，与人们所见并无二致，无非是一头头完整的牛。但建立了原理与规律性思维三年后，他再看牛就不是一头头牛了，而是诸部位、诸环节的一个细致而复杂的组合。

**方今之时，臣以神遇而不以目视，官知止而神欲行。**

这是边杀牛、边悟道，十多年后的境地：现如今吧，宰牛全凭直觉了，眼睛都用不着了，感官停止而全凭心神在运行。这是传说中的"盲杀"吗？即使蒙起眼睛，也丝毫不碍事，该怎么运刀还怎么运刀，该是什么节奏与速度还是什么节奏与速度。

**依乎天理，批大郤，导大窾(kuǎn)，因其固然，**

"郤"，即缝隙；"窾"，即骨头间的空隙。这句是说刀的运行完全顺着牛的生理结构，走在筋肉的间隙里，在骨头关节的空虚处。

**技经肯綮(qìng)之未尝，而况大辄(gū)乎！**

"技"，通"枝"。"枝经肯綮"，指经脉接合部。宰牛的刀连经脉接合部都没有碰到，更别说大的骨头了。

**良庖岁更刀，割也；族庖月更刀，折也。今臣之刀十九年矣，所解数千牛矣，而刀刃若新发于硎(xíng)。**

好的厨师一年换一把刀，他们可以避开骨头，但必须用刀割断筋腱；一般的厨师月月都要换刀，他们用刀砍骨头，刀哪经得住用呢？我的刀用十九年了，解杀的牛有数千头之多，还像刚刚开刃时一样锋利，甚至磨都没磨过。庖丁的说法是不是有些吹牛，这个并不重要，即使有这样的疑惑，我们也不能纠结于此。读者需要关注的是，庄子通过这个故事意在揭示什么。

**彼节者有间，而刀刃者无厚，以无厚入有间，恢恢乎其于游刃必有余地矣。是以十九年而刀刃若新发于硎。**

庖丁解牛，游刃有余，成语一个接一个，可见庄子此人的不凡之处。想想，一个人随口说了一则故事或说了一句话，成了语言交流的通行模板和标准，这是何等的作为与贡献呢？之所以能够做到游刃有余，是因为牛的筋肉骨节之间是有缝隙的，刀刃却极其之薄，像没有厚度一样。筋肉骨节的缝隙，明显比刀要宽得多，以薄薄的刀片运行于宽宽的骨节缝隙之间，不就是游刃有余吗？这也是十九年用刀如新的原因。

**虽然，每至于族，吾见其难为，怵然为戒，视为止，行为迟，动刀甚微。谍(huò)然已解，如土委地。**

这是说凝神定气，即做事前的心理准备的。即使技艺到了如此高超的程度，每次宰牛前，庖丁都是严肃认真对待的，像宰杀第一头牛一样。尤其到了难以下刀的地方，一定是小心翼翼的，凝神屏息，动作极其缓慢柔和。等到全部分解完，骨肉筋腱等，就像崩塌的土堆一样四散在地上。

**提刀而立，为之而四顾，为之踌躇满志，善刀而藏之。**

这个时候，庖丁心中充满了成就感，举目四顾，踌躇满志，将刀擦拭干净并收藏好。踌躇满志，瞧，又一个流传千古的成语。

听了庖丁这番话，梁惠王感叹道：好啊！我听了你这一席话，知道如何养生了。

庖丁解牛与君王养生，这两件事是如何联系起来的呢？梁惠王说的"养生"二字又作何解呢？恐怕不仅仅是保养身体这么简单吧，而是深深懂得了做人与做事的道理。

更进一步说，即做纯粹的人，做纯粹的事。

## 独脚将军

宋国一位贤者复姓公文，名轩。他去拜见右师大人（右师是当时宋国的官职，师与军队有关，右师应该指右军统领之类的）。公文轩所拜见的这位右师大人，竟然只有一只脚。这个统领右军的人很可能曾受过刖刑，是位刑徒；当然，也可能是因为在战争中受伤而失去了一条腿。这两种情形都是可能的，当年孙膑就是以刑徒身份任齐国三军军师的。后世的独臂将军之类的也不少。即使如此，在当时也并不多见吧。因此，公文轩见到右师后惊叹道：您是什么人呢？怎么只有一只脚，天生的还是人为的？

右师回答得很有意思："天也，非人也。天之生是使独也，人之貌有与也。以是知其天也，非人也。"天生的，不是人为的。上天生下我就一只脚。有什么好惊奇的，上天生人是有标准样式的，但我这一只脚也是天生的，就排除了人为的因素了吧。

　　天生的独脚人有没有呢，也可能有，但实在是很少见的。很明显，这话有解释和维护自我尊严的意思，否则，不用绕圈子说这么多。这则故事又是什么意思呢？肯定不是在讨论人该有一只脚还是两只脚的问题，而是说人要善于突破种种定见和成见。约定俗成的种种观念真正确吗？一只脚不能做右师吗？谁规定的？其实，在很大程度上只是人们通行的认识罢了，与正确与否无关。逆向想想这些观念，或者说能够转到这些观念的背面，将发现一个更大的全新世界。这一点，现代哲学和科学理论已反复证实过，确实是存在的。

　　庄子突破和颠覆了诸多世俗观念。

## 草泽中的野鸡

**泽雉十步一啄，百步一饮，不蕲畜乎樊中。神虽王，不善也。**

　　这么孤零零的一句话，其字面意思为：生活在草泽中的野鸡，十步一啄食，百步一饮水，日子过得优哉游哉的，根本就不想活在鸟笼之中。庄子前面一直在说人，各种各样的普通人和神人，何以突然说到了野鸡呢？很可能是离家不远他经常看到野鸡，就对比了人与野鸡的生活。同在大地上、蓝天下，野鸡似乎比人要生活得简单快乐得多。由此也可以把握住庄子的思想脉络，很敏锐，也有些断崖式的转折。唯有如此，才是真正的诗人，才是真正能够理解万物的哲人。去赞美，仅仅是态度层面的；生出无可奈何之感，才是真正意义上的懂得。所以张爱玲曾说："因为懂得，所以慈悲。"这话更深层的意思其实是"因为是你，因为是我"，即你是这样的你，我就是这样的我。所以说，你我并不重要，万物才是真正应该关注的。其话外之音为：因为懂得，所以只能是这样的情况，并不是珍惜这么浮浅的理解。

　　庄子说："神虽王，不善也。"从表面看，是在说笼中鸟，关在笼子里被娇宠着，不愁吃不愁喝，日子极其优越，享有王一样的待遇，实则一点也不好，起码是不自由的。其实，还有一个反驳庄子的逻辑，即未曾见识，并不知道什么是自由，恐怕这种不自由的生活最好不过了。庄子这句看似在说鸟，实则是说人的，一个人即使贵为君王，也有诸多的限制及诸多的不自由；一个人修炼成神，更是会因碍于声名之类的而不自由了，比如佛祖的庄严相，能有丝毫的随意吗？而中国道家对于外在禁锢的突破最为彻底，根本就不在乎任何外在的形式与形象，哪怕是在泥里打滚，只要是天性的自然舒张伸展，就是最为会心得意的事。


# 哭给人看

老子在历史上一直是一个谜团，西出函谷关后，就不知所终了。

庄子此篇写到了老子的死，是史实还是杜撰，后人不得而知。

总之，老子的死不是关键，道家对于生死的态度才是值得关注的问题。

庄子说：老子死后，好友秦失（yì）前去吊唁，似哭非哭号了三声就起身离开了。

他的弟子问：你与老子不是好友吗？

秦失：是。

弟子：既然是好友，如此草率地吊丧，合适吗？（言外之意，似乎哭得很不像样呀！）

秦失说："然。始也吾以为其人也，而今非也。"这一句的意思是：是有点草率吧。起初呢，我觉得他是个得道的圣人，现在的看法有所更新了。

**向吾入而吊焉，有老者哭之如哭其子，少者哭之如哭其母。**

何以这么说呢？刚进去吊唁时，看见老年人在很伤心地哭，像失去了孩子似的；少年人也在哭，像失去了母亲一样。

**彼其所以会之，必有不蕲言而言，不蕲哭而哭者。**

如此一致的哭法，肯定不是发自于心、出于本意的。其中肯定有诸多不得已的成分，不想吊唁却不得不来，不想哭却不得不哭的人肯定居多。

秦失说的这点确是实情，民间有句话"在他人的灵前哭自家的冤屈"，说的就是这个意思。一个人死了，认识不认识的都跟着号啕大哭，正常吗？无须细想，其中装样子哭给人看的居多。

**是遁天倍情，忘其所受，古者谓之遁天之刑。**

老子死了，这些人哭得像死了亲人一样，明显是背于天性，有违常情的，根本就不是发自心底的想法和感情。古代将这种做派称之为天刑，即上天的惩罚，也就是假慈悲了，说小点，是哭给人看；说大点，是虚伪。深远地想，联系地想，问题挺严重的，甚至是横行泛滥于天下的。因此，秦失就有看法了。

**适来，夫子时也；适去，夫子顺也。**

这个"适"字是适合的意思。适合或该来的时候，老子应时而生，并活得好好的；适合或该去的时候，老子顺理而死，坦然而安静。

**安时而处顺，哀乐不能入也，古者谓是帝之县解**。

"县"，通"悬"。老子这个人吧，一生安时而处顺，既安于时，也安于地，还安于势，并且与方方面面的关系都挺和谐的；虽然有那么高深的智慧，但与各方都没有起任何冲突，这就叫"处顺"。其人呢，也不会轻易被世间的哀与乐影响到，更不要说让这些情感在心中长久居留了。这种境界，古代人们称作"上天解除了倒悬之苦"。到这，我们为什么活得不如意，焦躁、忧郁、烦闷等在人间蔓延的原因就清楚了。人们所认为的"是"，认为"是"与"正"相当的，真的"是"或真的"正"吗？人类很可能将一切都搞反了，像将自己倒挂着一样，日子能好过吗？秦失的意思够清楚，老子早就解脱了"倒悬之苦"，死了就更是解脱，哭个什么呢？心意到了就行了。

**指穷于为薪，火传也，不知其尽也。**

"指"，通"脂"，指脂膏。薪火相传的成语就是从这句来的，《列子》中也有类似的一句。这话是什么意思呢？老子说过"死而不亡曰寿"，其意思直白点说，即人死了，精神永存，就是万寿无疆。庄子这句是说：油脂燃烧尽了，而火种却传了下去，并没有穷尽的一天。如同老子一样，其人虽死，精神犹在，而且是永存的，这才是大道和本质，又有什么好哭的呢！

读到这儿，"养生"二字的意思应该很清楚了，与保养身体无关，而是涵养精神以贯通天地、包容万物。而"养生主"，就是修行并做到这点的人。由此更确定了一点，《庄子》一书就是《老子》的注释或随笔版。

# 叁拾贰　齐物论

## 齐于物

"齐物论"，可以说是《庄子》一书最为艰深难解的一文。

"齐物"究竟是什么意思呢？我们知道，儒家也说"齐"，具体说法是"齐家"。很明显，"齐家"的"齐"与"齐物"的"齐"的意思完全不同。"齐家"虽然也有对家的操持，但侧重于结果，是指要能够使家齐。它虽然有动词性，强调的主要是使家齐，但目的是达到一个"齐"的状态，有点儿倾向于偏正结构。"齐物"不同，是典型的动宾结构。"齐"的繁体字为"齊"，在古代与"斋"是通用的。人吧，能使家齐，但能使物齐吗？庄子所谓的"齐于物"绝不是以人的意志将万物弄齐整的意思，而是"斋于物"的意思。这里有个敬畏心在其中，没有丝毫去主宰或操持万物，从而实现个人意志的意思。按照道家的思想，其强调的是向物看齐，与物和谐圆融相处。如此，"齐家论"与"齐物论"的内容也就完全不同。"齐家"侧重于规则仪程及其注意事项；"齐物"则必然指出万物不为人知或容易被人所忽略的一面，更侧重于人的根本性的态度和认识。

## 人籁、地籁与天籁

第一则故事："南郭子綦隐几而坐，仰天而嘘，荅(tà)焉似丧其耦。"南郭子綦是什么人？楚昭王的庶弟，住在城南，按当时的习惯称为南郭子綦。此人历史上没什么记载，但从行为做派来看，虽为王族子弟，衣食无忧，倒并不养尊处优，反而足具道家风范，无所事事时喜欢琢磨一些稀奇古怪的现象，脑子里也都是类似的念头。"几"，即几案；"隐几"，指几案上就留了个脑袋，身体则蜷缩在几案一侧。"耦"，通"偶"，这里是指精神、魂魄之类的。这句是说：一天，这个南郭子綦趴在几案上，仰天嘘气，神情木然，像是丢了魂一样。

南郭子綦闲坐着，弟子颜成子游（姓颜名偃）侍立一旁，见此情形连问了三个问题："何居乎？形固可使如槁木，而心固可使如死灰乎？今之隐几者，非昔之隐几者也？"子游的意思是：夫子今天是个什么状态呢？人活着，身体固然可以像枯木一样，难道真能做到心如死灰吗？今天趴在几案前的先生，与往日的状态明显不同呀？

子綦："偃，不亦善乎，而问之也！今者吾丧我，汝知之乎？女闻人籁而未闻地籁，女闻地籁而不闻天籁夫！"他的意思是：偃，你这个问题问得真好，刚刚吧，我完全达到一种忘我的境界，你理解这种状态吗？你听过人籁，但没有听过地籁吧，或许听过地籁，但一定没有听过天籁吧！

子綦这句涉及了一种状态、三个概念。一种状态："吾丧我。"其字面意思是：我丧失了"我"，也就是失去自我的主体意识。人活着，感官时时刻刻都在发挥作用，思想中也随时浮泛着种种念头。感官易于管控，有明确的器官和开关的。头脑中的思想如何管控呢？并没有个开关之类的。这个问题就相当抽象了，各大宗教都论述过，而相对来说，佛、道两家的论述稍精彩一些，但也都有让人难解之处。

如何理解这个呢？子綦的意思也很明确，刚刚出神的那一会儿，完全摈弃或脱离了我的主体意识了。这是人人都有的经验和体会，只是维持时间的长短罢了。对于一般人，仅是刹那间的事；对于修行者，则会长期保持。

三个概念：人籁、地籁、天籁。"籁"字从"竹"，指竹制的管乐器，这里用的是引申义。人籁指人发出来的种种声音、韵律或音乐。地籁指大地上存在的种种自然声音、韵律或音乐。天籁指天然形成或存在于天地间的种种声音、韵律或音乐。"天籁"一词今天仍广泛使用，与庄子说的基本一致，是"此曲只应天上有，人间能得几回闻"的意思。

听子綦这么说，子游很谦虚，表示愿意听听其中的道理。

子綦的说法就有些抽象了："夫大块噫气，其名为风。"对于子綦说的内容，后人说法很多、争议也很大。这句中"夫"是发语词，无实际意思。后面八个字的关键字也很明显。第一个是"大块"。庄子说的"大块"是什么？有学者说是指大地，这么说虽有一定的道理，但并不全面。那么究竟该怎么理解呢？佛家说构成宇宙万物的基本元素是地、水、风、火，称之为"四大"；中国传统观念中的元素则有金、木、水、火、土五种。比较一下不难看出，二者极为接近。由此可知，这个"大块"，不仅仅限于地上，应该泛指天地间，甚至可以扩大到整个宇宙时空中去。第二个是"噫气"。"噫"是从口中吹出的，不仅仅指的是人之口，也包括宇宙之口。中国古人对于气的认识有两种现象、两种形态：一个是"氣"，相当于生命力，即指五谷在体内生成的生命力；另一个是"炁"，水化之气。子綦是说宇宙间存在一种气，流动起来就是人们所称的风。这一逻辑，与将宇宙万物的原理与规律称之为"道"是一致的。这里还需注意一点，如何命名和称呼只是字面的问题，如果只纠缠于字面的意思和理论，就体会不到子綦所说的精华所在。实则是指向茫茫无垠宇宙的尽头，是由一口气而起或由一股风而生，以至于品类繁盛、生生不息，这个即后面的说法"吹万不同"。

**是唯无作，作则万窍怒呺。**

古代没有科学仪器，对于气这个看不见摸不着的玩意儿是充满好奇和敬畏的，甚至认为是鬼神在作怪。气吧，不动的时候，根本就感受不到，可一旦动起来就是飓风，经过各种孔洞就会发出种种啸叫之声。这个啸叫，就是地籁、天籁之类的了，相形于人们用管乐器吹出的调子，根本就不是一个层次的问题。比如，一场风暴与一场演奏会，如何相比？

**而独不闻之翏(liù)翏乎？**

"翏翏"，指气与风在种种不同形态下的声音。这句的意思是：一般来说，能够引起人们注意的，都是显眼或悦耳或刺耳的种种。而气和风的形态与声音有多少种呢？人注意到多少，又能领会理解多少呢？人自身有诸多美好、狂野、神奇、微妙的东西，自然界、时空中有更多这样的东西，注意和认识到了这个，才是，也才会有更大的天地。

**山林之畏佳，大木百围之窍穴，似鼻，似口，似耳，似枅(jī)，似圈，似臼，似洼者，似污者。**

"畏佳"，即嵔崔，指高大的样子、参差的形态。"枅"，即横木上的方孔。这句是说，山中的树木大大小小、高高低低的，百人合抱的大树上的孔洞，有的像鼻子，有的像嘴，有的像耳朵，有的像罐子，有的像石臼，有的像水洼，有的像泥坑。

**激者、谡(xiāo)者、叱者、吸者、叫者、譹者、宎者，咬(yǎo)者，前者唱于而随者唱喁，泠风则小和，飘风则大和，厉风济则众窍为虚。**

"激"，指湍急的流水声；"谡"，指箭矢之声；"叱"，指怒声；"宎"，指沉吟声；"咬"，即嗟叹声。这句是说，风所形成的种种不同的声音，有的像激流，有的像飞箭，有的像怒吼，有的像吸气，有的像喊叫，有的像哭号，有的像沉吟，有的像嗟叹。而且，一场风暴发起，声音就绝不是单一的，而是多声部的汇集，由诸多的声音掺杂唱和在一起。微风时则小和，暴风时则大和，风停时则万籁静寂无声，不和。

**而独不见之调调，之刁刁乎？**

前面罗列了那么多，真正想说的其实是这点：一个人在风里，如果只注意到风，就太过于迟钝和浅表了。风中，有种种奇妙的自然现象和生命现象，远远比人自身要宏大、深邃、有趣得多。听风、听雨、观潮等等，就是这个意思。否则，就很无味了。以上说的是人的耳朵所能听到的，在人耳的听力之外，还有诸多声音，又该作何解呢？

庄子的意思或启示是，人要去体味种种形态与境界，不能以人自居，从而轻视或忽略这个世界更多的东西。事实上，天地自然之中与之外奇妙精妙多着呢，分明就是源源不断的。体会到了，人也就是不同的人，就沟通了鬼神与万物。

　　子游又问："地籁则众窍是已，人籁则比竹是已，敢问天籁。"地籁是风吹过大地上一切孔洞时所发出的声音，人籁是人吹奏丝竹管弦乐器所发出的声音。那么，什么才是天籁呢？

　　子綦答："夫吹万不同，而使其自已也。咸其自取，怒者其谁邪？"千万别小看这几句，貌似说法非常寻常，实则是风云激荡、气象万千。何以这么说呢？请注意，子綦似乎是在说声音，实则是说生命现象，说作响与动静的。"吹万不同"的意思，并不是风吹出了不同的声音，而是风吹出了千千万万种不同，吹出了万物的差异性。"万不同"，其实是指万物之间的差异，庄子强调的正是这种差异。同一场风吹过，却生发或产生了截然不同的东西。将鱼吹进了水里，就有了鱼的游；将鸟吹到了天上，就有了鸟的飞；将人吹到地上，就有了人的行走。鱼、鸟、人等种种样式，所发出的声响以及生活模式，又是多么的不同呀，这就是"吹万不同"！"吹"是动词，"万不同"都是"吹"的宾语。

　　"而使其自已也"，意思又有个转折。可见庄子此人的思想转变是多么的迅疾，向一个方向强劲行进的过程中，突然一个急刹车，就调头转向了。这里的关键字是"自已"，不是"自己"，已经的"已"，即自己能够管控自己，能够停下来，类似自愈、自抑，但含义比这些要大得多。在这里究竟是什么意思呢？风吹树叶、水面、尘埃等时，是风动而物动，风静而物静。这些事物，就是佛家说的"诸无情"，风吹化则"诸有情"。但对于动物，尤其是对于人时，情况又是完全不同的。风吹生了这些东西后，这些东西就不由风所主导了，而是自行繁衍生息，一天天、一代代生生不息，又能够自己随时停下来。当然，这个地方，也可以作"自己"说。气动风化而成的生命，尤其是人，有个明显的主体意识，有其特有的生存与发展规律，并不受气与风的绝对主导，而是自成体系、自主运转的。

　　"咸其自取，怒者其谁邪？"这一问的意思更精进了一层。从字面上来看，万种不同，看似自己成就了自己，自己保持自己的样式模式，那么促成这种现象的又是谁呢？很明显，不是风。风动气化而成后，使命就结束了。那么，主宰万物各自生生不息的动因又是谁呢？在科学不发展的时代，人们将之归结为一个"天"字，也就是冥冥中主导一切的力量。到这儿，天籁的意思也就清晰起来了：上天最美的声响，吹生与化生了千千万万种不同。庄子的思维很有节制，在那个时代，也只能提出一个哲学性的终极问题而已，然后便戛然而止。如同指出并推开了一扇门，展示了一个巨大存在和思考空间，等待后人去进一步探索和发现。

## 大知与小知

这是一段抽象论述，是对老子思想的进一步解读。

"大知闲闲，小知间间"中"闲闲"，指悠闲自如的状态；"间间"，指斤斤计较的状态。这一句的意思是：真正拥有大智慧的人是悠闲自如的，因为看清了最本质的东西；而有小聪明的人，则时刻陷于患得患失、是是非非的状态中，很忙，也很累。我们拥有大智慧还是小聪明呢？用"闲闲"与"间间"来衡量定位即可。如果"闲闲"，那么恭喜了，人生定然是登堂入室的状态；如果是"间间"，也犯不着愁苦，绝大多数人的一生就是这么过的，倒也正常。

**大言炎炎，小言詹詹。**

"炎炎"，指气势很盛、光大无边；"詹詹"，指啰啰嗦嗦、喋喋不休。根本性的言论重在影响力，日常性的言论则是体量的问题。须知，道家智慧很高，看到了最本质的东西，因此反对一切言论学说。道家之所以说一些事，其实是提示人们注意只可意会不可言传的部分，讲究的是心领神会。后来这点因为过于抽象，要求很高的悟性，在道家基本失传了。

**其寐也魂交，其觉也形开。**

因为思想观念、因为学说理论，人将自身搞得很累且很忙，睡着的时候，梦中的魂魄混乱不堪；醒来时，身心更是劳顿疲惫。

**与接为搆**(gòu)**，日以心斗。**

何以醒来与梦中都混乱劳顿呢？人以自我为中心，主体意识很强，自我意志很盛，说到底，是一个"私"字在作祟。接触到他人与万事万物时，明显存在种种想法，总想按自己的意志来主导、编排一切。人人都这样想，大多数人、大多时候也明明知道这么做有问题，但却无力解脱。所以，就让自己长期处于与自己的心、自己的思想相斗争内耗的状态中。因而精气神萎靡流泻，时时处于困顿窘迫的境地之中。

**缦者，窖者，密者。小恐惴惴，大恐缦缦。**

"缦"字从"丝"，是纠缠禁锢的意思，这里两字连用引申为惊恐失神的样子；"窖"，即深藏的意思；"密"，即周密、保密的意思。这句指人们普遍存在的三种最典型的心态：一是纠结；二是城府深；三是守密。人可不就是如此吗？唯恐心中乱七八糟的想法念头流泻出来、成为行动，从而贻害无穷。因此，就形成了诸如仁义礼智信等种种高端的东西。事实上，再怎么仁义礼智信的人，也只是一种严格的品行修炼而已，其内心没有混乱念头的浮泛吗？怎么可能？一定有的，只是没有流露表现出来而已，这也是"法不诛心"的原因。如果诛心，人人都该死，都不知死多少回了。人之道，说到底，就是猴子的衣冠道嘛。这三种心态又有什么样的表现呢？"小恐惴惴，大恐缦缦"，即小恐惧常在，惴惴不安的；大恐惧也时有，纠结缠裹的，甩不掉也避不开。

因为思想心思的存在，人的性情就飘忽不定，庄子列举了其中一些现象：

其一，"其发若机栝(guā)，其司是非之谓也"。有时人的思想与心思像离弦的利箭一样，射没射中，其表现即是是与非非。

其二，"其留如诅(zǔ)盟，其守胜之谓也"。有时一些思想、心思居留于心中隐而不说，好像遵守盟誓一样，这叫做以守取胜或后发制人。

其三，"其杀如秋冬，以言其日消也"。有时人动了杀机，就像秋风扫落叶和寒冬一样肃杀无情，最初时可能激烈而强劲，但随着时间的推移，会一点点削弱和消失。

其四,"其溺之所为之,不可使复之也"。有时人甚至会一生沉溺在自己的喜好及所作所为里,谁也没办法使之有丝毫的改变。

其五,"其厌也如缄,以言其老洫(xù)也,近死之心,莫使复阳也"。经历了一系列风雨飘摇、沧桑巨变和起落沉浮后,人会变得缄默不语,不喜欢甚至是厌恶去言说任何事了。出现这种情况,就说明这个人年已垂暮,接近死亡了,什么方法也不可能使其恢复容光焕发的状态了。

对于人一生的心态,庄子用了"发、留、杀、溺、厌"五个词来概括,确实够形象的。年少时,勃勃生机,就是生发与英发的状态;青年时代,精力过剩,总想争个你高我低,甚至使点雷霆般的杀伐手段;中年时,方方面面稳定下来,不想有丝毫更动;老年时,历经世事,惯看秋月春风,面对什么都能等闲视之、淡然以对,就等着尘埃落定了。

**喜怒哀乐,虑叹变热(zhé),姚佚启态。乐出虚,蒸成菌。日夜相代乎前,而莫知其所萌。**

"喜怒哀乐""虑叹变热""姚佚启态"指人生于世的十二种常见的情绪和状态。"喜怒哀乐"就不说了。"虑叹变热""姚佚启态",一字一意,"虑",指虑;"叹",指感慨;"变",指易变;"热",指惊慌;"姚",指轻浮;"佚",指安逸;"启",指放荡;"态",指做作。这十二种现象很是常见,一生之中,基本是人皆有之。

**已乎,已乎!旦暮得此,其所由以生乎!**

看看,人是多么复杂善变啊,除了五种心态,还有十二种心态;这还仅仅是列举了几个,具体情况比这还要复杂得多。所以庄子会有这么一句感慨:算了吧,算了吧,不去琢磨深究了。一个人无论早晚,只要明白了这样的道理,就知道所谓的思想、心思等都是怎么回事及怎么来的了。注意,这里有一个双重视角的问题:一个是对己而言的,不明白时无须苛刻或沮丧,时间到了人自然而然便会明白;另一个是向外的视角,对于他人,也不必规劝或看不惯，清楚了这些，还有什么好计较的呢？

**非彼无我，非我无所取。**

"非彼无我"的"彼"指前述的种种思想与想法，就是说，这些乱七八糟的不可控制的思想想法虽然令人很苦恼，也很烦人，但如果没有这些，人还是人吗？我还是我吗？同理，没有了人、没有了我，这些思想、想法同样是无从依附和体现的。很明显的辩证法，与佛家思想类似，相当现代的思维。

**是亦近矣，而不知其所为使。**

我们对于思想的认识也是这样，思想虽然就在我们头脑中，虽然距离我们非常之近，但在当时，即使智慧如庄子，对于思想、想法等产生的原理与机理等也是一头雾水，并不清楚是如何产生的，是什么在支配着我们。

**若有真宰，而特不得其眹(zhèn)。**

"眹"，即征兆、迹象。诸如种种思想、念头吧，一定有一个东西在主宰和控制。究竟是谁或是什么，并没有一个征兆和迹象。这也是及至现代的人们在体内遍寻思想与灵魂而不得的原因。

**可行己信，而不见其形，有情而无形。**

人的思想、想法等是可以指导行动的，是可以信任的，但并没有一个实体；是充满感情色彩的，却看不见也摸不着。比如，爱是一个什么东西，恨又是一个什么东西，可以捧在手里仔细端详和分析吗？不能，只能去感知和分辨。

**百骸、九窍、六藏、赅而存焉。**

这就是说肉体与思想情感的关系了。其意思是：人吧，有上百根骨头，有九窍，有六种内脏，诸如这些一般人都具备。但身体结构相似的人的区别却又非常之大。区别从何而生呢？庄子连提了七个经典问题：

其一，"吾谁与为亲？"一个人与谁最亲近呢？最喜欢谁呢？人与人各不相同。

其二，"汝皆说之乎？"一个人对于他人他物都会悦意而喜欢吗？并没有。其中的原理又是什么呢？关于这方面，法家论述得相对多一些。

其三，"其有私焉？"人们有没有特别偏爱的东西和私心呢？显然是有的。

其四，"如是皆有为臣妾乎？"人人都以自我为中心，这样一来，他人他物不都成了陪衬附属一样的东西了吗。人人都是如此，究竟谁陪衬谁、谁附属于谁呢？对于这方面，儒家有鲜明的主张论述。比如君王与臣子，只是势与位不同，除此之外，谁更高明更厉害更厚实，真的很难确定。

其五，"其臣妾不足以相治乎？"这句是说，人对于人的权力，谁该主宰谁呢？

其六，"其递相为君臣乎？"人间的主从、君臣关系又是如何形成的呢？是注定如此呢，还是人为的呢？庄子的思维层次很高，感悟也很深，所指都是根本性的问题。

其七，"其有真君存焉！"这句既是疑问，也是肯定，现实中可能一定有个主宰一切的东西吧。关于人类社会、人际关系，庄子的理论在当时绝对算前瞻性的，也足具颠覆性，甚至可以说是一种很危险的思维。

这里所说的"真君"，就是主导一切的总的东西，也就是老子所说的"道"的含义之一。后世的道教则将"真君"人格化了，搞成了与神与佛一样的了，这个真君那个真君的很多了，东西南北、天上地下处处都有。

**如求得其情与不得，无益损乎其真。**

诸如思想、念头这些东西吧，无论是否寻求掌握到了本质与究竟，都不会对实体与本真有什么样的增益或减损。这个观念更现代，各种学说与理论层出不穷，但技术性、态度性的居多，真正本质性的就那么几条。比如哲学，今人五花八门的理论，不过是一而再再而三地重复古人、前人而已，从根本上说，有什么新东西吗？

**一受其成形，不亡以待尽。**

这句又回到人自身这个主题了，其大意为，一旦生而为人，就会有人的意识，直到死亡才会消散耗尽，活着期间会一直保有，不会须臾脱离的。

如何理解庄子所说的这些呢？耳目之穷，岂天道之穷乎哉！一个人甚至全人类的所见所听所知所思是极其有限的，与天道相形，与整个宇宙时空相比，简直微不足道、谬误百出，但能看清这点的人似乎并不多。也正因此，人的世界就相当狭隘了。之所以狭隘，无非是囿于自己的所见所听所知所思，而忽略了外在的无边无际无数无量。庄子提示人们应注意的就是这个，只是提示，至于懂不懂，全看个人的悟性与造化。

**与物相刃相靡，其行尽如驰，而莫之能止，不亦悲乎！**

思想念头虽然依附在人身上，虽然不是一种客观存在，但所思所想所念的却与外物息息相关，不是想拉近，就是想排挤；不是想获得，就是想远离。思想念头这种与万物相互冲突又相互依存的关系实在是奇特，而且思想念头一旦启动起来就纵横驰骋，根本就停不下来，像永动机一样。思想是产生于人头脑中的，人都没有办法使其停下来，不是件很悲哀的事吗？

这篇文章，很像是当时的"思想论"。

**终身役役而不见其成功，苶(nié)然疲役而不知其所归，可不哀邪！**

"苶"，与蔫的意思相近，指萎靡不振。这一句的意思是：思想念头，像蚁群蜂群一样，时刻处于忙忙碌碌之中，却不见什么成就；萎靡不振、疲惫不堪，却不知该停靠在哪里，能不令人哀伤吗！庄子这里指出了情志病的病因，是因思想念头而感而惑的。

**人谓之不死，奚益？**

肉身会死，这是事实。但人们知道思想、精神是不死的，因而去追求这种不死的永恒，又有什么益处呢？这是终极的价值与意义之问。

**其形化，其心与之然，可不谓大哀乎！**

对于一般人或普通人而言，人死了，心也就不复存在了，这不是莫大的悲哀吗！

**人之生也，固若是芒乎？其我独芒，而人亦有不芒者乎？**

"芒"，通"茫"，指茫然。这句是说，人活着吧，因为思想、情感的存在，就是如此的茫然吗？或者说，只有一个人独自这么茫然，而其他的人却并不茫然。应该说，这种感觉不是庄子所独有的，而是人人皆有的，时或浮泛，有时异常之强烈。各大宗教何以向人汹涌地灌输种种观念、价值、意义之类的呢？就是为了克制、冲散人们的这种茫然感，从而获取活着的方向感、坚定感、目标感，否则整个社会必然非常涣散。换个角度来看，这个"芒"也可以理解为光芒，思想光芒，情感光芒，也就是说，人是自带光芒的。宗教里，修炼有成的人何以通体发光呢？这就有点亮普照、温暖眷顾的意思。光嘛，只要存在，即使不是主动去照，也会造福于他人的。思想、情感也是如此，一种有启发性的思想、友善的情感是自带光芒的，会起到一种辐射作用，他人与外物也感知得到；不友善的思想与情感，也是一样，他人外物也是有反应的。因此，可以说，是非善恶观就是这么来的。

**夫随其成心而师之，谁独且无师乎？奚必知代而自取者有之？愚者与有焉。**

"师心"一词就从这来的。"师心"是什么意思？活在世间，人人时时都是存在疑惑的，这就需要引领、需要作答了。以什么为引领呢？该相信谁的作答呢？学者，还是父母与老师呢？无论独独相信依赖哪个，似乎都有问题。作为拥有主体意识的人是否该相信和依靠自己呢？庄子这句就有这个意思：一个人吧，听从自己内心的召唤而行事，有没有问题呢？这里的心，是思想、情感、精神的意思。须知，人人都有心呀，人人内心都有一些不同的参照标准。事实果真如此，如果人人自有其价值判断标准，那么又何须智者、外界塞给我们种种标准呢？即使最愚蠢的人，也是有标准的。别小看庄子这番思辨，即使在现代哲学中都是非常流行的思维，但在当时就显得孤绝了。这恐怕也是后人指责庄子是无政府主义者的原因吧。仔细看看，庄子分明是在替全人类拓展天地——人的天地，精神的天地。也正因此，后世有个词叫"师心自用"，它是褒义还是贬义不好说，总之既有自以为是的意思，也有高度自觉的意思。

**未成乎心而有是非，是今日适越而昔至也。**

一个人想"师心"而自用，一个基本的前提是这个心是博大而健全的。否则，以一颗狭隘且充满偏见的心来判断是是非非就很不合适了，就像今天才动身去越国，而感觉昨天就已经到了一样，是严重的错觉。

**是以无有为有。无有为有，虽有神禹且不能知，吾独且奈何哉！**

没有一个健全博大的内心，却急于或热衷去判断是非，就是把没有当作有。明明就没有，却当作有，即使圣智如大禹也理解不了，我又能怎么办呢！把没有当作有，人就是这样，或者说大多数人都是这样；对于这样的人这样的现象是毫无办法的，谁也没有办法，只能眼睁睁看着，最初可能哭笑不得，看着看着就会看出荒谬感了。一个人的眼界思维是有限的，且极其有限，即使到了现在，像庄子这般广大的也同样寥寥无几。那么，一个人的眼界思维的局限就是一个人的全世界，就算在一个笼子里，也是被视为全世界的。这点，是喜剧，也是悲剧。

**夫言非吹也。言者有言，其所言者特未定也。**

有情感就有态度，不同的情感导致不同的态度；有思想就有言论，不同的思想导致不同的言论。世间林林总总的诸多言论学说又是怎么来的呢？庄子的看法是，肯定是有所思且有所感而发的，而不是风吹出来的。但有一点，发表言论的人所持的种种言论，并非是铁律定论，无非是一种态度、意见和看法而已，是一己之言，距离一家之言都差得远呢。

### 果有言邪，其未尝有言邪？

古人说"立言"，即所说的话得到广泛的认可与赞同，在时空中立得起来、立得下去。这个"言"不是言辞，而侧重于思想观念。这句是说，以非定论的眼光来看待一切言论，究竟存在能够立得起的思想观念，还是不存在能够立得起的思想观念呢？说白了，也就是所说的言辞有没有思想的问题。一个人一生会说很多话，究竟有多少是有思想含量的？究竟哪些人的话才有思想含量呢？

### 其以为异于鷇音，亦有辩乎，其无辩乎？

"鷇鸟"，指初生的小鸟。这句是说，很多人自以为很有思想，因而说起来滔滔不绝，实质上与初生的雏鸟说的话一样，不过是想要大鸟喂食或毫无意义的鸣叫而已。庄子这个说法是够绝也够辛辣的。其实，各个学派、各位学人自以为有思想便整天叽叽喳喳的，实则与雏鸟的鸣叫有什么区别呢？完全一回事嘛。一些鸣叫是为了谋食，一些是毫无意义的自娱自乐，又如何能放之四海而皆准呢？

我们写到这儿，再下笔时须自我好好检讨检视一番，似乎还真是这么回事。

荷兰学者约翰·赫伊津哈说过这么句话："任何思维的过程都像一只万花筒，一个美丽的对称形象在混乱无序的无数微粒中形成。"（见《游戏的人》一书）关于思想思维等种种，一般人看到的是各种各样的图形图样，而庄子提示我们注意的则是构成这些图形图样最基本的东西。

### 道恶乎隐而有真伪?

思想性的言论,特别是指出本质的,都包含有道,都是揭示了原理与规律的。实际上,言论何其多,真正含有道的有多少呢? 换句话说,现实中,根本性的原理与规律何以被重重蒙蔽,而有真有伪呢? 每天接触那么多言论,几乎都是以真理自居的。我们应该如何来辨别一个理论的真伪呢? 经典的哲学告诉我们:"实践是检验真理的唯一标准。"这句对实用性的显性的东西绝对正确和适用,用来检验科学理论也最为准确。但对于看似无用的、隐性的就不好使了,比如,用来检验一首诗、检验一个人的抒情。因为诗歌及其所表达的情感根本就与实践无关,自始至终完全是在主体内心进行的,这个方法一下子就失效了。

### 言恶乎隐而有是非?

与上述问题类似,言论何以被蒙蔽而产生了是非呢? 换句话说,人们天天"我是你非"的,究竟是不是这么回事呢? 这就有了立场角度和价值取向的问题了。人的立场变了,看问题的角度就变了,价值取向也就变了,是非的标准也会跟着改变。

### 道恶乎往而不存?

道去了哪里,我们不知道,因而很多人视而不见,甚至认为道是不存在的。认识原理与规律的道,不是谁都有这个洞察力和概括能力的。因此一个"道"字才异常神秘。今天,学术上的调查研究,无非是从种种现象和数据中找出规律性,说到底也是对道的研究。

### 言恶乎存而不可?

言论,尤其是真理性的,何以大量存在,却不被认可呢? 以历史的眼光来看,说出或坚持正确观点的人,是经常被压制的,付出的代价也非常之沉重,甚至是需要付出生命的代价。比如,种种处死的方式,最臭名昭著的,大概是火刑架吧，一度成了坚持者荣耀的象征。他们何以怕真理或正确观点的传播扩散呢？统治是一种方式，关乎利益分配，关乎社会稳定，因而就有了极力甚至血腥的维护。

**道隐于小成，言隐于荣华。**

这个"隐"是被动的，是被湮没、被蒙蔽的意思。我们知道，道泛指一切规律，有大规律，有小规律；有自然规律，有社会规律；有战略层面的，也有战术层面的。庄子说的是涉及终极价值的问题。比如道，人们该追求什么样的道呢？是追求自然之道，经商之道，还是做人之道呢？比如，对于言论，人又该追求什么呢？追求真理还是口齿伶俐、能言善辩，从而博取人们的激赏呢？庄子的意思是：就常态来看，对于道，还是以追求小成的多，一点点成就就使人近视或止步不前，从而对大道视而不见了；几句表扬，一点名声，就使人沉醉于辞令而忘记了终极真理。这点有什么好指责的吗？批评一个人不够高尚，从根子上说，很难站得住脚的。有人站在峰顶，以为自己最高；有人处于低谷，以为自己最低。实际上，两人站在一起高矮胖瘦差不多。根本的差别是，想站在哪里或站在哪里惬意的问题，说到底，还是观念问题。

**故有儒墨之是非，以是其所非而非其所是。**

从智慧层面来看，道家的理论更为根本，比现实务实的种种学说明显高远深刻一些。因此，庄子说，儒家和墨家的相互攻讦演绎了一系列的是非。两家的论争到了什么程度呢？完全无关事实，只剩下立场了——凡是敌人赞成的，我们都强烈反对；凡是敌人反对的，我们都强烈支持。从这也可以看出，所谓的大是大非，实质是立场问题，而不是其他问题。

**欲是其所非而非其所是，则莫若以明。**

庄子的意思是：不妨来个换位思考，与其去肯定对方所否定的、去否定对方所肯定的，倒不如安安静静、踏踏实实地搞清楚事实，究竟是怎么回事。一个摸到抓住了事实的人，就有内心的清醒自觉，就不会面红耳赤争论是非了。

对于这种清醒自觉，庄子用了四个字："莫若以明。"这个"明"字，就是禅宗说的"明镜"的"明"、"光明"的"明"。内心像镜子一样，可以如实映射一切，或者有源源不断的光芒射出，还能被什么所蒙蔽呢？当然，至于"非明镜"或"无明镜"的认识，则是另一个层次的问题，其着重强调的是不起分别心。

## 物与我

庄子所说的这段更抽象，完全是哲学。

**物无非彼，物无非是。**

万事万物都有两面性，可以称之为"彼"，也可以称之为"此"。这就跟方位一样，是相对的，我们定位一个方位为"东"，东边的东边则称初始的东边为"西"。有个很形象的说法：人的每次抉择都会使宇宙发生裂变，一个向左，一个向右。彼此，即"阴阳"理论。每个人，每件事，如同著名的莫比乌斯纸带，究竟是两个面还是一个面呢？全看理解的角度。

**自彼则不见，自知则知之。**

这一句说的是看问题的角度。在机械制图中，为了完整体现一个物件，有正视图、左视图、右视图、俯视图等。从各个角度来看，这个物件都是不一样的。这句是说，处在一个立场，以固定的角度看事物是不完整的，换个角度去看才会完整。

**故曰彼出于是，是亦因彼，彼是方生之说也。**

说白了，彼此其实是一个东西，我们称之为西的地方，更西边的人称之为东，就是这么回事。更进一步说，一个人被父亲称为儿子，被儿子称为父亲，但说来说去就是一个人。一个事物从出现起，就注定了存在彼此的两面性。从现代理论来看，远远不止两面，现实情况要复杂得多。但认识的逻辑是一致的，从彼此开始。

**虽然，方生方死，方死方生；**

这一句是说生与死、存在与消亡的。出生也是死亡的开始，存在也是消亡的开始；死亡则是新生的开始，消亡也是存在的继续。按照佛家的说法，人是分段生死的。科学理论也认为，细胞始终处于新陈代谢之中。生命现象就是这样，很像是无限循环的小数，就这么代代轮回着。可以称之为代代消亡，也可以称之为生生不息。如果非要从中抽取一条定理，则可以说，没有永恒存在的事物，只有永恒存在的规律。从永恒的角度来看，生也确实不是开始，死也真的不是结束。因而，有这么一种说法，所有人与所有物都是宇宙创世的参与者，且继续参与创世。这句话又是什么意思呢？我们与它们都是作为无限循环或不循环的小数中的一个数字而存在的，无论向前或向后，都无法断开或终结。

**方可方不可，方不可方可；**

人类的所有法律条规，基本是对具体事所作出的规定，即什么可以做、什么不可以做，或者该怎么做，不该怎么做。法律规定之类的没法规定人的内心，只能去规范具体的事。这个，就是法与德相结合的理论来源吧。什么是对的，可以做，什么是错的，不可以做，在每个国家、每个时代都不尽相同，有时甚至截然相反。如何看待和认识这个呢？庄子没有说谁对谁错、孰优孰劣，而是指出：随着地点的不同、时代的不同，原本正确的可能会错，原本可以做的就不能做了；原本错误的可能变得正确，原本不可以做的却可以做了。我们听到过这样一句话：有些理论五百年后可能是真理，但现在是极端错误的，甚至是反动的。

**因是因非，因非因是。**

理论来源的是是非非也是这样，以历史的眼光来看，古人遵循的"是"，今天我们或许以之为"非"；古人认为的"非"，我们则正奉之如圭臬。同理，我们今天所崇奉的"是"，后人是否会予以否定呢？我们今天所鞑伐的"非"，后人是否会捡起并郑重地供于殿堂呢？应该说，一切皆有可能。从终极意义上来说，什么能做，什么不能做，我们又该遵循什么呢，这是个无解的理论问题，甚至仅仅是个文学问题，完全没有进入具体政治实践的可能；一旦进入，必然是闹剧甚至悲剧。

**是以圣人不由而照之于天，亦因是也。**

正因为从终极来看，人与事物都是这么的模棱两可，所以圣明的人绝不会以是非为衡量标准，其遵循的是事物本质和本性。我们对于一件事物的基本判断，是听从通行的或他人的是是非非，还是从事实得出结论呢？从长远来看，是非不是决定性的，事实才是；但从现实来看，是非却是事关生死的。比如指鹿为马，类似事情与场合，历史和现实中都并不罕见。

**是亦彼也，彼亦是也。**

这句强调彼此一体的观念，不过是变换角度、方位后称呼的不同，实质是一样的。前面说过，比如同一个人，自称为"我"，他人则称为"你"。人如此，事物亦是如此。

**彼亦一是非，此亦一是非。果且有彼是乎哉，果且无彼是乎哉？**

实际中彼此却是分明的，站在彼的立场角度，有一套是非的标准；站在此的立场角度，又有另一套是非标准。彼此果真有区别吗？彼此果真无区别吗？有没有一个恒定不变的东西呢？庄子何以生出这么个观念，提出这么个疑问，也许是应当时的时代而发的。战国争雄，相互敌视，楚人敌视秦人，秦人敌视楚人。假设一下，一个楚人最初如果生于秦国，一个秦人最初如果生于楚国，会抱有什么样的是非观念呢？一定会完全调换的。那么，人们还要个是非干什么呢？所争的不是永世的是非，只是一时的是非而已。

**彼是莫得其偶，谓之道枢。**

如何正确认识彼此呢？二者原本是一体的，是手心手背的关系，以两面性来看就是传说中的"二分法"，是典型的实用思维。真正想认识，还是要将二者视为一体，将二者统一起来，不再对立，才能把握实质性问题，这才是道的关键。这里庄子用了"道枢"一词，即道的枢纽。该如何理解这句呢？一个时代对一个时代的取代，看似水火不相容的事，拉长拉远了看，实则是一体的、统一的，是一个完整的历史链条。

**枢始得其环中，以应无穷。**

以联系的眼光来看，其实一切"彼此"都是环环相扣的。两个环扣在一起，谁在谁之中呢？谁是彼，谁又是此，分得清吗？而无穷事物就像无穷的环一样。也就是说，宇宙之中，所有人、所有物、所有事都是相关联的，都是一个整体。"宇宙"一词不仅指时空，也有囊括全部的意思。那么，"宇宙"是一个人类词语，还是一切呢？

**是亦一无穷，非亦一无穷也。故曰莫若以明。**

从宇宙来看，我们所谓的是与非都是无穷尽的，与时代一样，都是一个接替一个的，有什么板上钉钉、言之凿凿的定论呢？因此说"莫若以明"，如何深谙是非也比不上通透地明白一切。看清这个，就没有是非了。这又会如何呢？大抵会出现两种情况：要么陷入虚无，要么享受奥妙。看到虚无的为世俗之人，以死否定了生，以消亡否定了存在，于是颓废不堪。享受奥妙的圣人，在生生不息、层出不穷之中，在不凡与渺小之间，于是透彻了、敬畏了，因而沉默、失声，甚至消隐。

**以指喻指之非指，不若以非指喻指之非指也；**

这句是对名家诡辩的破击。名家在辩论"大拇指不是指头"时，他们会认为"大"是一回事，"指头"是一回事，"大"与"指头"联系在一起又是截然不同的事了，与"指头"无关。庄子看不上这种刁钻的游戏式的思维，便来了句：与其说大拇指不是指头，倒不如用其他的东西来说明这个观点，起码清楚些，更容易懂吧。用什么来说明呢？指头这个名称是谁取的呢？不叫指头行不行呢？指头不过是人们通行惯用的称呼而已。从原理上来说，用其他的名称也行的。不过约定俗成的东西，变更起来会很难，出力不讨好。

**以马喻马之非马，不若以非马喻马之非马也。**

名家著名的诡辩论点"白马非马"，他们认为："白"是一回事，"马"是一回事，"白""马"合在一起，显然超出了"马"的范畴。诡辩的思维逻辑一般是错位法，看似巧妙，实则是挺没意思的。庄子的说法与说指头的观点类似：与其说"白马非马"，倒不如用其他的东西来证明这个观点。

**天地一指也，万物一马也。**

这句纯属庄子的感慨，其中有三层意思：第一层是说局限的，天地、万物很尴尬，无不在人的认识和局限之中。第二层是说综合的，说到底，天地就像一根指头一样，掌握了一根指头，也就掌握了天地；万物就像一匹马一样，掌握了一匹马，也就掌握了万物。第三层是作比喻用，这里的"指"与"马"是名词动用。并不是说天地就在指尖，万物不过一马，而是说，天地如此之大且无所不在，但不过是上下所指之间嘛。而"万物一马"的"马"指奔腾不息，指生命的气象与气势。当时人们形容一件事物，都是用自然界的种种形态直接比拟的，要么以人喻物、要么以物喻人，还有以物喻物、以人喻人。无论怎么比喻，其意思都很清楚，说明一个现象或道理。庄子说话气象很大，可能更倾向于第三层意思吧。

## 可与不可

**可乎可，不可乎不可。**

这句与老子《道德经》中"道可道，非常道；名可名，非常名"一句的逻辑有些类似。这句是什么意思呢？一个人、一件事吧，可以就是可以，不可以就是不可以；是就是是，不是就是不是。这就是现实的眼光了，而不是抽象的说法。从人类学的角度来说，一个人就是全人类；从现实来说，一个人就是一个人，张三就是张三，李四就是李四。从自然角度来看，人是从动物界走出来的，似乎没有什么事情不能干的，也确实什么事情都干过；但具体现实中呢，还是应当有敬畏，有很多事情不能干的，甚至不能去说。

**道行之而成，物谓之而然。**

这个"道"的意思就很小了，指道路，也指方法。道路都是人走出来的，办事的具体方法都是人开创出来的。万物如何称谓，都是人如此命名如此称呼的。

**恶乎然？然于然。**

为什么人叫人、马叫马、树叫树呢？没有为什么，就是这么回事。为什么世界成了今天这个样子？理由能说得清吗？也就是说，事实胜于理由。作为有思考能力的人，尽可能去追问追寻，但有一个基本的前提，必须看清并尊重事实。

**恶乎不然？不然于不然。**

一切为什么不是理想中的样子？小到一个东西的品相，大到一个国家的组成，再至人类社会的发展。理论上来说，一定还存在着诸多更完美更适宜更理想的方式。何以如此参差不齐且缓慢滞后，甚至是丑陋不堪呢？这就是事实，不完美就是不完美，即使理论上如何完美，也无补于事实的不完美。

**物固有所然，物固有所可。**

强调了"然""可"两个字。"然"指实际情况，"可"指趋势及可行性。这句是说：万事万物都有一个必然的状态，该怎么回事就怎么回事；万事万物的发展还有个成与否的问题，成就成，不成就不成。最浅显的，小羊可以长成大羊，但绝不会变成大树，尽管小羊可能喜欢吃树叶。

**无物不然，无物不可。**

"然"与"可"，共同指向必然性。这里以双重否定再次肯定万事万物皆有的必然性，条件成熟了，时机到了，必然成为那么一个事物，必然是那个样子，必然会有之后的种种发展变化。

**故为是举莛(tíng)与楹，厉与西施，恢恑(guǐ)憰(jué)怪，道通为一。**

"莛"，即草茎；"楹"，即柱子。这句是说，草茎与柱子、奇丑无比的人与美丽的西施，以及其他一切稀奇古怪的事情，从本质上说都是相通的，统一的。不但性质统一，命运也是统一的。这种眼光在当时那个大争之世着实独树一帜，极为罕见，也冠绝古今。

**其分也，成也；其成也，毁也。**

何以说万事万物本质上是相通的或统一的呢？从生发原理和发展规律来看就是如此，万事万物有分就有合、有成就有毁。比如，羊吃草，草的一些元素就构成了羊的部分；人吃羊，羊的一些元素又构成了人的部分；人死后化为泥土，又会促使草的苗壮成长，这不明显是一个循环吗？谁构成谁？谁在谁之中呢？再说清楚些，种子从树上脱离，变成两个甚至更多，是分离，也是生成；一棵树制作成物件，是成功也是毁坏，一件家具精美绝伦，一棵树却被毁了。从这一点来看，庄子的思想并非游移不定的，而是无限大也无限小、无限远也无限近的，这点确实值得借鉴。

**凡物无成与毁，复通为一。**

从替代转化来看，物与物、生命与生命真是你中有我，我中有你，循环不已，生生不息的这么个关系；无所谓成，也无所谓毁，是相衔接的一体。比如，生与死都是生命的部分和必然，那么说什么生什么死呢？接受并享有即可。诗意的说法是，一株草，也活在一个人的命里；一个人的命，与草何其相似。

**唯达者知通为一，为是不用，而寓诸庸。**

只有通达的人才理解并懂得万事万物相衔接且合为一个整体这么个状况。通达的人与一般人的区别还有什么呢？一般人凭经验以是是非非的态度对万事万物作出评判，内心充满自以为是。而通达的人不去评判，都了悟诸如成、住、坏、空等种种，还去评判什么呢？只在日常生活中接受、使用和享有。儒家说"庸"，庄子这里也说"庸"，这个"庸"可以理解为寻常的状态，也可以理解为日常使用。其原本的意思兼而有之，非常之奥妙，意思是认识规律也遵循规律，是大德至德。

**庸也者，用也；用也者，通也；通也者，得也；**

关于何为"庸"，这一句说得够清楚了。"庸"，即用；之所以能够坦然地用，是因为"通"；"通"，即为得；"得"者德也，德者"得"也。"得"是动词，获得真谛并内化于心、外化于行，就是德了。

**适得而几矣。**

得到适宜的，或者说恰如其分的德性，就是接近于"道"，也就掌握了原理与规律。

**因是已，已而不知其然，谓之道。**

什么又是"道"？"道"即原理与规律，今人一说就懂，古代这个字过于抽象，想理解何其困难。这句是说，尊重并遵循事实，这样做了却还不知道个所以然，这个无法进一步去探究和描述的东西就是道。道是原理与规律，已经到底到边了，没有办法去探究并用语言来表述。比如，什么是路？路就是路，走就是了，走得很好，但你无法搞清其究竟是什么、是怎样一种存在。"道"字就是这么回事，它规制支配着一切，却无法说出来。

## 朝三暮四

**劳神明为一，而不知其同也，谓之"朝三"。**

劳心费神才懂得万事万物是统一的一体的，却不明白实则是一回事，这种情况就叫作"朝三"，即知其然而不知其所以然，不懂得灵活变通。

**何谓"朝三"？狙（jū）公赋芧（xù），曰："朝三而暮四。"众狙皆怒。曰："然则朝四而暮三。"众狙皆悦。**

"芧"，即橡子。在庄子笔下，"朝三"其实是一种典型的知其然而不知其所以然的状态。为了更形象地说明，庄子说了个养猴人与猴子的故事，也就是成语"朝三暮四"的出典。随着时代的发展，这个词成了人们心性变幻不定的代名词，实际上当初庄子的原意是猴子们不知变通。故事大家都熟悉，养猴人给猴子发橡子，说早上分三个，晚上分四个。很明显早上少了，猴子们就不高兴不愿意了。养猴人便说，早上分四个，晚上分三个。猴子们一听早上明显多一个，都非常高兴。

这个故事的启示是什么呢？一方面，从猴子的角度来看，庄子是以猴喻人的，明显是指人的近视和短期行为，重眼前利益，而不看不计长远的。猴子的这种心态就是"今朝有酒今朝醉"，过好这一天、这一时，至于长远，不是我该考虑该负责的。另一方面,从养猴人的角度来看,有着高明、厉害且奏效的应对策略。人类社会的劳动、分配、地位等各个领域,几乎充满着这样的场景。实质上一生付出的辛劳与之前相比并没有任何变化,甚至可能会有所增加。

**名实未亏,而喜怒为用,亦因是也。**

这句话堪为警策,应该是庄子从历史与现实中得出来的。无论养猴人与猴子,还是管理者与被管理者,若干年来,名与实其实一点没变,只是做了点技术处理,就能高效操控猴子与民众的情绪并为我所用。这个做法算不得高明,尽管不高明,但却非常隐蔽而有效。这到底是什么原因呢?最应该深思的恐怕是猴子们,至于该思考什么以及会得出什么结论,就是每个个体的事了。这里,庄子只是指出了一种现象、一种存在而已,够震撼的。

# 两 行

**是以圣人和之以是非,而休乎天钧,是之谓两行。**

这就是圣人们不作任何是非评判,就能调和天地万物之间平衡的原因。细读历史,任何现实都是是非尖锐对立、善恶激烈对抗的,而圣人们从不参与这个,却能够做到自身顺遂而诸事和谐;他们看似什么也没做,却实现了最好的效果,这是何等高明的手段呀!其实,圣人们的秘诀就是没有任何秘诀,圣人们的手段就是没有任何手段,这就是"无为"二字的含义。正因为"无为",才能够"两行"。这里庄子又说了一个名词、一种状态——"两行"。它究竟是什么意思呢?其实是两方面的并行——一个是内心与外在的世界。我们知道,人与外界冲突很大、矛盾很多,绝大多数人,一生深陷其中难以解脱,而能做到庄子说的这点,其实就彻底解决了。他们是如何做到的呢?认识并遵循道。还有一个是人与自然的关系,人类社会的发展与自然抵触很大,对自然伤害很多,及至发现想弥补时,很多东西已然无法弥补了。而庄子早在两千多年前就指出了这个，足见他的智慧与眼光是何等深远。

我们看全世界的政治理念和各大宗教的教义无不如此，最核心的问题其实是关系问题，概括起来有如下四点：

其一，人与自身的关系。本质是肉体与精神的关系，佛家说得最多，建树最多。

其二，人与他人的关系。基督教说得多一些。

其三，人与管理层的关系。实质是突破律法、宗法及种种约定俗成的束缚问题。

其四，人与自然的关系。人是自然的一员，没有什么特殊的。这点道家最为看重，有很多精彩的阐释。

这四种基本关系对于一个人意味着生死、吉凶与祸福，理清至关重要。但想理清，也不是那么容易的事；真理清了，恐怕就能屹立于鬼神之上，而与整个人类并驾齐驱了。这一点，应该也是庄子说的"两行"的题中之义。人与世界各走各的，并行而不悖，谁也不会影响或干扰到谁。

人间的一切理论最终都是要回到地上、回到人本身的。即使说到天上、说得再怎么鬼鬼神神的，都还是要有个落脚点的。找到这个点，就不难认清和弄懂了。

一切世俗统治都在强化现实，强化现实对人喜怒哀乐的切肤之感；而各大宗教在淡化现实，淡化人对现实的感觉认知，从而降低现实对人的干预和影响。无论强化现实还是淡化现实，所采用的手法是相同的——用梦想，以梦想为目标，靠梦想来激励。但是，彼此的目的与效果，却是迥然不同的。

## 是与非

**古之人，其知有所至矣。**

这里的"古之人"是指古代悟道或有智慧的个别人或一些人，而不是全部。他们的智慧达到了"至"的境地，也就达到了极致。

**恶乎至？有以为未始有物者，至矣，尽矣，不可以加矣。**

达到了什么样的极致呢？他们提出宇宙或世界最初是一个没有任何东西的所在，相当于道家所说的"无"字，佛家所说的"空"，即天地不分的混沌状态。当然，这里还隐含有一层意思，即认识事物是从人拥有智慧开始的。最初应该不会什么也没有，只是没有命名、没有学说，也就相当于没有一样；那种状态，就是一个极致、一个尽头，是无法再往前探究的。应该说，智慧能达到这种程度的，确实都是了不起的人物。

**其次以为有物矣，而未始有封也。**

"封"，指边界、周界。其次的认识程度是，认为宇宙世界是存在东西的，但并没有一个界线和界定。这指的就是人类史之前之外的事。

**其次以为有封焉，而未始有是非也。**

第三种认识程度，认为事物之间有明显明确的界线，但没有是非。比如，一棵树就是一棵树，一条鱼就是一条鱼，无所谓对与错、好与坏、是与非。是非，是人的主观判断，主要是从人类自身的利益角度出发的，是基于有用无用得出的。

**是非之彰也，道之所以亏也。**

是非一旦彰显，人们就与大道有所出入了，即偏离了道这一根本的原理与规律。比如，两个国家之间相互的理论攻击，符合的是两国各自的利益，并不合于宇宙的根本规律。

**道之所以亏，爱之所以成。果且有成与亏乎哉，果且无成与亏乎哉？**

相对于自然世界，人类世界的事情就很难琢磨了，之所以偏向于是非而偏离于大道，之所以存在爱憎好恶之心，就是这么来的。这只是表面现象，庄子的层次明显比这高深得多。人类吧，亏损于道是一个事实，存在爱憎好恶也是一个事实。但对比人与人之间的爱憎好恶以及对道的亏损之处，事情就更说不清楚了。这个或这部分人喜好的，那个或那部分人憎恶；明明只存在一种大道，不同的人却得出不同的结论，作出不同的解释。于是，庄子感叹：人啊，果真存在一个爱憎标准与道德标准吗？果真不存在一个爱憎标准与道德标准吗？存在，是显然的；不统一，也是显然的。存在而不统一，甚至无法统一，那么这个衡量标准究竟有没有呢？究竟能不能设置呢？一大堆的问题。面对类似的问题，庄子很有慧眼，只列举现象，引发人的思考，而不作回答；因为不管什么样的答案都有问题，都是不完全的。

## 昭氏鼓琴

"有成与亏，故昭氏之鼓琴也；无成与亏，故昭氏之不鼓琴也。"昭氏，古代一位著名的琴师，水准不在伯牙之下。正因为人间的爱憎标准和道德标准不统一，所以昭氏就弹琴了。何以如此呢？这牵扯到音乐的由来，音乐肯定是有感而发的，昭氏也跌宕起伏于种种情绪和是非之中，才有了弹琴的想法和美妙的音乐；音乐所传达的，无非是他的内心。后来，修炼到了没有爱憎、没有是非，完全符合于大道的时候，昭氏就不弹琴了。何以如此？思想高度澄明，内心高度安静，无所思也无所感，不需要借助于琴声来表达任何东西。什么是"天人"？昭氏即是。人在人间，一定是遵循主流的是是非非的，而这个昭氏，已经到了不对俗事表态的地步。如斯者，世间又有几人呢？不是天人又是什么呢？一般人做得到吗？也就是说，昭氏弹琴并不是他喜欢弹琴。他弹琴的水平高，并不是他精于此道，只不过是活着的一种表现形式而已；如果有更高的形式时，就无须琴或音乐了。

这里还有个有意义的说辞与理解，因为觉得有意义有意思，就弹了；觉得没意义，就不弹奏了。但人不会毫无征兆和由来地走向虚无。弹与不弹，究其根本还是内心起了巨大的变化。

**昭文之鼓琴也，师旷之枝策也，惠子之据梧也，三子之知几乎皆其盛者也，故载之末年。**

这里举一反三，不单昭文弹琴是这个道理，师旷奏乐，惠子靠在梧桐树上发表高论都是这个道理。三个人的悟性都很高，都在一些方面达到了极致，因而其人其事广为人知，流传于世。

**唯其好之也，以异于彼；其好之也，欲以明之彼。**

这就是更深一层的意思了，即这三人也并不是最顶级的，还是有明显局限的。那么究竟有什么局限呢？三个人爱好不同，擅长的方面也不同，但都希望将自己的这种爱好、这种技艺传之于世、普及众生。这就是音乐家说音乐重要，哲学家说哲学重要，军事家说军事重要的原因。

**非所明而明之，故以坚白之昧终。**

对之，他人什么态度呢？未必喜欢弹琴、奏乐和辩论，非要人家喜欢并投入这个不是强人所难吗？因此说，昭文如果很在意很得意自己的琴艺，就是被琴所局限；师旷如果很在意很得意自己的乐技，就是被乐所困。还好这二人都因开悟而弃艺从道了。只有惠子始终没有悟到这个道，一生陷于诡辩里，被困被误了一辈子。

**而其子又以文之纶终，终身无成。**

而昭文的儿子则沉溺于琴技，一辈子除了弹琴也是一事无成的。从常人及现代人的眼光来看，这样不是挺好的吗？庄子提请人们注重的层次才是真正超现实超功利的，提请人们向远处、更远处看，向高处、更高去看，这样才能看到终极，否则不过是一个现实区间阶段性的目标而已。

**若是而可谓成乎？虽我亦成也。若是而不可谓成乎？物与我无成也。**

这就是由人及己的深度解析了。如果他们这个样子算是有成就，那么我庄子这个无所事事的人也是蛮有成就的；如果他们这个样子都不算有成就，那么我庄子也是没有什么成就的。这个比"行行出状元"的心态更高，是一个没有分别的心态。我们生之于世，无论做什么，都能做到一个极致就好，而具体做什么，并不是重点，重点是能够做到什么程度。更高一层的境界则是，懂得为什么这么做，且懂得何以不去做。一个人治国的本事很大，能够将国家治理好，与一个人养猪的本事很大，能够将猪养好实则是一回事。其实，神箭手养由基与卖油翁的故事所说的就是这样的道理。

**是故滑疑之耀，圣人之所图也。**

这儿的"图"字，很可能应该是"鄙"，否则意义就全反了。这句是说，正因为明白了上述道理，因而运用聪明、技巧之类的炫耀自己、博取声名，是圣明的人所鄙视的。这一点也可视为老子"绝圣弃智"的注脚。

**为是不用而寓诸庸，此之谓以明。**

这句是道家处世做人的基本原则，即虽然智慧绝顶，掌握一切原理与规律，但却不去动用丝毫，也不因此而轻视贬低这世界的任何行为，只是默默地遵循于天地自然之道和人类社会的日常习俗。庄子说，这种状态就叫"以明"。"以"，动词，即凭借的意思。实际上，说是"隐明"可能更加合适。

刀子极端锋利而不用，一个人极擅长游泳却不入水，这是与人性相悖的，也是形成人类大孤独大寂寞的原因。老庄说的这些境界看似平易，其实做起来是难于登天的。人向往远处高处，希望有翅膀能飞，日行千里；希望像石头一样、树一样，静默不语、岿然不动吗？像道家所推崇的这么活着，是完全没有声响没有痕迹的，那么又如何传播和践行这一理论呢？这是个重大的缺陷和矛盾。也正因此，后世的道家与道教，又有很多合于流俗的理论与做法，都是可以被理解和接受的。人嘛，无论做什么或不做什么，都不难理解，至于接不接受则是现实的问题。

# 有和无

**今且有言于此，不知其与是类乎，其与是不类乎？**

对于宇宙之理、天地大道、万事万物就这么些看法，不知道所言是否符合实际，也不知道是否有人持同样的观点，或者还有没有其他的说法。庄子这句话的核心意思是：很多事情自认为说到根子上了，而实际上却很难说。

**类与不类，相与为类，则与彼无以异矣。**

无论所说与事实是否相符，与他人所说是否相合，但只要是一种理论学说，彼此之间一定存在共通的地方，不可能偏离相背到哪去。这话的意思是说，万事万物之理实质是相通的，如果抓住的都是本质，又会有多大的差异呢？如果存在差异，肯定就会离题万里。

**虽然，请尝言之。有始也者，有未始有始也者，有未始有夫未始有始也者。**

绕口令又开始了，庄子尝试着说宇宙原理：万物的产生，总有个起始与开端吧；往前探究，也有个未起始的状态吧；再往前，还有个未起始之前的状态情形吧；再往前，是什么情形呢？很明显，今天去想世界万物的开端也是这样的，根本就没有尽头。人们用语言描述的开始真是开始吗？肯定不是，事物一定是无穷的，理论上存在一个始终，实际没有。向外向内的视角也是这样，因此《庄子·杂篇·天下》一文中有"至大无外，至小无内"的说法。比如，一毫米是有限的吗？从数学的角度来分析，其中的数字可以一直无限列举并细分下去，这就是芝诺悖论的核心意思。看看，这些道家高人整天在琢磨什么问题呢？在那个年代，完全是一种科学思维。

**有有也者，有无也者，有未始有无也者，有未始有夫未始有无也者。**

宇宙如此，万事万物也是如此，有产生和存在的状态，也有未产生未存在的状态，有未产生未存在之前的状态。就是说，按照万事万物之理，不能用简单的"有""无"来衡量，不能凭眼见耳听，轻易说一件事物的有无。其道理很简单：原本是"无"，"有"从何来？既然已有，为何又无呢？这其中的意趣真的是奥妙无穷且捉摸不透，就如同抓起一把沙要搞清数量一样，明明是有限的，但却数不清。阿根廷作家博尔赫斯用很多篇文章描写过类似的事物，有石子、书籍、楼梯、路、梦等种种。这种迷人的逻辑就是典型的道家思维。

**俄而有无矣，而未知有无之果孰有孰无也。**

当下吧，有些东西分明"有"，有些分明"无"，有些"无"中生"有"，有些"有"却变"无"。因此，断言一件事物的"有""无"就很困难了，究竟是"有"呢？还是"无"呢？哪个是真"有"，哪个又是真"无"呢？对于这些玄奥的问题，人也别多想，想多了容易导致正常的生活出问题，如果陷进去出不来更是会要命的。

**今我则已有谓矣，而未知吾所谓之其果有谓乎，其果无谓乎？**

关于宇宙天地，关于万事万物，关于始终、有无等等，庄子有一些说法和言论，但不清楚的是这番说辞究竟是我说的，或者不是我说的；是合于事实、有所效用，还是百无一用、随风而逝的。这句话与"蝴蝶梦中成为了庄子，还是庄子梦中成为了蝴蝶"是一样的逻辑。庄子的这番理论是一家独创呢，还是重复了古人；是有效用的，还是无谓的；庄子的理论如此，他人的理论学说是否也是这么回事呢？想想这世间的一切重要重大理论，有的则指导人类社会数十年，有的曾发挥效用数千年。诸如这些理论的存在，仅仅是价值效用的问题吗？须知这就是关于理论的最大现实。

# 大与小

**夫天下莫大于秋豪之末，而太山为小；莫寿乎殇子，而彭祖为夭。**

这便是庄子的"相对论"了。天下最小的是秋毫之末吧，即一根草、一根毛的粉末。但相对于宇宙，泰山也是极其渺小的，与秋毫之末毫无二致。早逝的婴儿算短命的吧，但与方生即死的事物比起来，这些婴儿也是长寿的。活了几百年的彭祖算长寿了吧，相对于江河湖海、石头树木等而言，最为长寿的彭祖，不过像个早夭的婴儿一样，生命简直太短暂了。庄子的这种视角与思维，是何等的深奥！真的大有"我站在风口浪尖，紧握住时空旋转"的感觉。

感悟到了这个，天地才是无限博大的，内心也是，精神更是。庄子的天地有多大呢？庄子说："天地与我并生，而万物与我为一。"与时间相始终，与空间相平齐，与万物相融合。这还是人吗？按寻常的观念衡量，明显不是！一个人，生出并抵达了这样的境界，我们该如何理解呢？他不是在替全人类开疆拓土吗？有如此资质如此作为的，古往今来又有几人呢？我们经常说要立志做大事，什么是大事？做什么样的大事呢？庄子这个"无所事事""胡思乱想"的人，这个经常无米下锅的人，仅一个"大"字根本就概括不了，那是无穷尽，是精彩绝伦、无与伦比的。

**既已为一矣，且得有言乎？既已谓之一矣，且得无言乎？**

既然领会到了这样的道理，已经合而为一了，还需要什么言论吗？还需要说什么吗？任说一个似乎都是多余的。现实中不乏这样的经验，我们与一个人相会心，相互默契时，相互的交流是不需要语言的。庄子做到了与宇宙天地、万事万物相会心，需要什么样的语言交流呢？庄子这个人的厉害之处在于迅即转身、多面思维。领会到了这样的道理，与一切合而为一了，还有什么不能说的？说什么恐怕都是风吹水流、花香鸟语般的天籁之音。

**一与言为二，二与一为三。**

与一切合一的状态，加上理论言辞，就不是一个东西了，就会产生新的天地。理论就是这样自成体系，与世界并驾齐驱的；人的内心也是这样，虽然认识了外在世界，同样是与外在世界并行不悖的。各有各的法则，各有各的状态模式。现实算一个，思想算一个，现实与思想的结合又算一个，就是三个东西了。而且，这个"三"在当时和此处都是概数。在理论的指导下，万事万物还可以源源不断地创新发展下去，会形成一个不可限量的世界。

**自此以往，巧历不能得，而况其凡乎！**

老子在《道德经》中说过"一生二，二生三，三生万物"，如按此逻辑发展下去，万事万物像细胞分裂一样，即使再怎么精于预测计算的人，也无法算出究竟会有什么样的结果，更何况是凡夫俗子。从这个角度来说，人人都是坐井观天式的，只是程度不同而已。

**故自无适有，以至于三，而况自有适有乎！无适焉，因是已！**

这句是对老子"一生二，二生三，三生万物"的理解与注解：天地宇宙、万事万物都是从无到有的，从一分裂为二，又发展为三的。从无到有是这么个过程，从有到有不就更加复杂多变了。对之，有全面、精确的认识吗？还是算了吧，到此为止、顺其自然最好不过了。

由此可得出两个启示：一个是认识与思想的节制，必须得有度，否则就失控了；另一个是除了总的原理与规律，也就是一个"道"字，真的存在放之四海而皆准，适用于一切人一切事的理论吗？仅庄子的这几句，就能让人思如潮涌。那么该如何平息呢？就三个字："因是已"。不妨向着庄子所说的那个"一"或"无"的方向看看。看不清，但内心有个明朗方向感的时候，乾坤就一下子空阔并清静了。

# 葆 光

**夫道未始有封，言未始有常，为是而有畛(zhěn)也。**

"畛"，即田间小道，这里指界限，也可理解为框架划分。说了那么多，庄子这里开始说道了。一切道理吧，说来说去，最终都要回到"道"这个字上。这句是说，道从来就没有什么界限或标志，看不见摸不着的东西哪有标志与界限呢？言论也是如此，并不是谁人谁家就掌握着真理；也并不是哪家所说的就是真理，必须奉为金科玉律。正是人类习惯是是非非、喜欢以"是"自居的特性，才形成了关于道的种种理论以及是非、门派等种种。

**请言其畛：有左有右，有伦有义，有分有辩，有竞有争，此之谓八德。**

这一句说了"道之八德"。前面说过，德是对道的认识与遵循程度。人是有不可突破的局限的，因此对于道的认识和把握反映到具体的实际中，就有了八种表现：

其一，"有左有右"。阴阳论、二分法的思维，人总是有所倾向和取舍的。

其二，"有伦有义"。"伦"，指伦理、秩序；"义"，指对于一般伦理秩序的突破。

其三，"有分有辩"。"辩"，通"辨"。万事万物之间是有明显区别的，也是需要去辨别与认识的。

其四，"有竞有争"。有明争，也有暗斗。

"道"这个字指总的原理与规律，对于具体人具体事具体物，各有各的原理与规律，要注意辨别。"八德"说的就是这个意思，这些现象也是世界的常态。

**六合之外，圣人存而不论；六合之内，圣人论而不议。**

"六合"，指空间的上下东西南北，也就是说，除站立点外，一切空间都包含了。"六合之外"，即人们认知领域之外，究竟存不存在空间呢？应该是有的，但没法去说，不是人类语言所能命名概括的。比如，定义为第几维，同样是个空洞的概念，需要进一步去论述，他人也不见得能够理解。"六合之内"呢，比如，天地自然等种种，圣人只客观表述，不掺杂自己的意见。

**《春秋》经世先王之志，圣人议而不辩。**

《春秋》，即天子诸侯史，记载古代先王的史书史迹，圣人评论但不去考证辨别。这个"辩"既有考证、鉴别的意思，也有伪装、掩饰的意思，即无论事实上是什么样的，圣人都只是客观记载而已，并不去文饰。看看，不论，不议，不辩，不是不能，而是有前提有限度的。

**故分也者，有不分也；辩也者，有不辩也。**

总之世间这些事吧，有分别之处，也有无分别之处；有可以辩论的地方，也有不可辩论之处。为什么这么说呢？"圣人怀之，众人辩之以相示也。故曰辩也者，有不见也。"圣人吧，认识得很透彻，心胸很广博，能够包容一切，而众人的心态却是千方百计地通过能言善辩来凸显自己。圣人的心态与境界，大多与常人的截然不同。前者看到、看清了一切，却好像没看到、没看清一样；而后者没看到也没看清，却自以为一切了然于胸。因此说，能言善辩者，或者喜欢去咄咄逼人地发表意见的人，实则是看不清也拎不清的，而真正看得清拎得清的人却懒得去说。

**夫大道不称，大辩不言，大仁不仁，大廉不嗛(qiān)，大勇不忮(zhì)。**

真正的大道是无须称道颂扬的，真正清醒理智的人是不用言语去争辩的，真正的仁其实显得像不仁一样。这就有个范围的区别，儒家所谓的"仁者爱人"，就是"小仁"；相对于这个，兼爱万物，才是"大仁"，兼爱万物的人对人也就很平和了，就显得不仁。真正的廉洁是无须任何谦让的。有些事可以谦让，有些则不能，比如廉洁。真正的勇者，不去伤害他人，也不玩弄什么手段。庄子说的这些是什么逻辑呢？一个事情坚持到底，似乎是走到了反面，那么，到那时事实还真就如此。因此事情都是一体两面、盛极而反的。

"道昭而不道"的意思是：道吧，根本就看不见摸不着，也不是语言所能描述的，能够用言语表述的又算什么真正的道呢？肯定是伪道。"言辩而不及"的意思是：世间的事太广博了，很多都是语言理论之外的，能够自圆其说的基本没有，任何理论都是经不起推敲质疑的，尤其经不起时空的质疑。所以，凡是言之凿凿的，都欠点意思。"仁常而不成"的意思是：仁吧，有了固定的标准，还算是仁吗？差远了。这也是孔子说这个不算仁、那个不算仁的原因，太单薄了。"廉清而不信"的意思是：一个人廉得没有一点人味了，还能取信于人吗？廉是对人的衡量，一定是基于人性的，廉到违背人性了，他人能不生疑吗？"勇忮而不成"的意思是：勇敢吧，却卖弄勇敢、恃勇欺人，还算是什么勇敢呢？这样的"勇"完全变质变味了。

**五者园而几向方矣。**

"园"，通"圆"，即圆通。这句是说，诸如道、辩、仁、廉、勇这些，是有志之士人皆谋求的，但一定得注意度的问题，否则就会适得其反，走到了背面，原本求圆，得到的却是方。

**故知止其所不知，至矣。**

对于人类来说，认识与智慧是有局限的，对于个人而言更是如此。懂得自己的局限，在自己的认知边界就打住了，对于自己根本就一无所知的领域三缄其口，就算是认识与智慧的极点了。并非不能去拓展认识与智慧，而是说要有所敬畏，要注意局限，因为总有人突破不了、认识不了的东西，以及智慧无法达到的地方。

**孰知不言之辩，不道之道？若有能知，此之谓天府。**

谁懂得并习惯于言语之辩、不言之辩呢？天地自然之间，原本吧，很多事情都是明摆着呢，不言自明，需要什么言语呢？需要用语言来挑明或强化吗？道也是如此，各门各派都急于用语言去表达、用理论去描述，谁人又懂得领会于心而不去说出来呢？谁明白了这样的道理，就算找到了上天的门道。"天府"一词是偏正结构，指一种最为核心关键的居所。找到天府，有登堂入室的意思，比登堂入室的境界更高。

**注焉而不满，酌焉而不竭，而不知其所由来，此之谓葆光。**

"葆光"有韬光养晦的意思，这个境界不难理解。什么东西注而不满、取而不竭呢？海洋。庄子的意思是说，常人都是稍注即满的，稍稍长了点本事易自满自大。而有没有这样的人呢？其内心与精神像汪洋大海一样，注而不满，用之不竭，而且谁也不清楚其中的缘由，这恐怕才是最为博大的精神吧。这种状态就叫"葆光"，长长久久地葆有光芒，思想与人性的光芒。这种状态远远超过了结实、厚实等种种品质。而我们知道，稍结实些，稍宽厚些，在人间都是一种令人肃然起敬的存在。能够做到葆光的人是怎样的一种存在呢？人们根本就看不到，也不理解，只有自己心领神会、独享精湛了。

# 十个太阳

尧曾经问舜了这么一个问题：我想讨伐宗、脍、胥敖这些部落，但临朝决议时又感到内心不安，这是什么缘故呢？（这话很可能是尧在考察舜。）

舜答："夫三子者，犹存乎蓬艾之间。若不释然，何哉？昔者十日并出，万物皆照，而况德之进乎日者乎？"舜的意思是：小部落实在是太小了，就像处于蓬草艾蒿之间一样默默无闻的，有什么不放心的呢？值得去兴兵讨伐吗？从前吧，天上曾出现了十个太阳，万物都受到太阳的照耀。况且，人的道德光辉要远远强于太阳吗？这里舜有隐含的意思没有直说，天上一个太阳最合适，天子如果像十个太阳一样，对于万物的关照过头了，也是大有问题的。

## 知道不知道

啮缺、王倪，皆为虚构的远古贤人，相传是尧的老师。一天，啮缺向王倪请教了一个问题："子知物之所同是乎？""同"，指相通、统一；"是"与实事求是的"是"意思一致，指正确的原理与规律之类的。从这个角度看，所谓的"是"，就是合于道的意思。这句是说，你知道万物统一于一个真理吗？

王倪答：我怎么会知道呢？

啮缺又问："子知子之所不知邪？"可能因为两个人相互很了解，所以啮缺会这么说：你怎么会不知道呢？你嘴上说不知道，其实心里清楚着呢。

王倪还是那句话："吾恶乎知之！"他的意思是：我怎么会知道呢。不过其语气就有所和缓了，颇有点自言自语的意思，而且目光一下子深远起来，并从内心调动了很多东西。王倪这个态度也说明，一个人越是掌握更多的东西，就越发感到自己的无知，从而谨言慎行。

啮缺："然则物无知邪？"他的意思是：照你这么说，万物就无法认识了吗？言外之意，聪明如你都不知道，谁人会知道和懂得呢。

王倪说：我真的不清楚，即使这样，我试着谈谈一些对万物的看法与理解吧。

王倪所谈的，是以下内容："庸讵知吾所谓知之非不知邪？庸讵知吾所谓不知之非知邪？"这完全是逆向思维：人人都觉得自己知道、自己懂得、自己掌握着真理。其实吧，谁人又知道自己所了解掌握和认为对的东西是否真对呢？很可能是错，很可能就一无所知。比如，日常生活中一些极其浅显的道理我们真懂真注意到了吗？并没有，我们沉迷在种种自认为对的观念里，或自以为是，或茫然无措。同理，我们觉得对于很多东西不懂不掌握，其实真的不懂不掌握吗？很难说，天地自然之理都是明明白白地摆着的呢，怎么可能连阴阳四时这点浅显的东西都看不到看不懂呢？王倪思考问题的角度与深度明显与常人不同，层次真的够深够彻底。

继而，王倪接连问了齧缺五种现象或问题：

其一，"民湿寝则腰疾偏死，鳅然乎哉？"这里指，人如果睡在潮湿的地方，就会患腰疾或半身不遂，而泥鳅会吗？泥鳅天天游在水里，并没有患病呀。同是生命，差距何以这么大呢？

其二，"木处则惴栗恂惧，猿猴然乎哉？"这里指，人上到高高的树枝会充满恐惧，猴子在树上也是这个样子吗？

其三，"三者孰知正处？"这里指，人、泥鳅、猴子，谁的生活方式才是正确的呢？该以谁的为标准呢？

其四，"民食刍豢(huàn)，麋鹿食荐，蝍蛆(jū)甘带，鸱(chī)鸦耆鼠，四者孰知正味？"这里指，人吃豢养的禽畜等，麋鹿吃草，蜈蚣吃蛇，猫头鹰吃老鼠。这四种食物哪种才是真正的美味呢？

其五，"猿猵(biān)狙以为雌，麋与鹿交，鳅与鱼游。毛嫱丽姬，人之所美也；鱼见之深入，鸟见之高飞，麋鹿见之决骤。四者孰知天下之正色哉？"这里指，猿与猴互为配偶，麋与鹿相互交配，泥鳅与鱼共游于水中。毛嫱与丽姬则是人们公认的大美人，但这两个美人吧，鱼见了会潜到水底，鸟见了会高高地飞远，麋鹿见了也会迅即地跑走。王倪觉得，鱼、鸟、麋、鹿这几种动物哪懂得天下的美色呀。关于这点，后世所谓的沉鱼落雁，其实有点儿扯，太牵强附会了。庄子借王倪之口说出的才是事实。动物们才不管你是什么样的美人，见到都会躲得远远的，像躲猎人一样，事实本来就是这样。

看看王倪所关注的问题以及角度，就会明白为何王倪说自己不知道，看来真不是谦虚的问题。其人脑中所想的都是这些奥秘，在当时是难以想象的，也确实解答不了。还有一点，有些浅显的道理，人们心中知道，但没法用语言表述出来。很多时候，一个大家约定俗成的做法是诉之于正式的书面语，字斟句酌的其实非常之艰难；即使形成文字，也不是很确切，并不能忠实地体现事实。王倪对很多事情充满了好奇，也充满了敬畏，回答说不了解，这个态度就是最好的态度。反之，自认为无所不知者，真的无所不知吗？

可以说，这些问题在当时都是无解的。因此王倪说："自我观之，仁义之端，是非之涂，樊然殽乱，吾恶能知其辩！"对于天地自然种种神奇的无法解释的现象，王倪有个看法：从人、鱼、鸟、鹿等种种情形来看，人制定的所谓仁义，所争论的种种是非，其实都是扯淡，其依据是什么呀？简直糟糕得不能再糟糕了。我王倪又岂能在扯淡上再增加扯淡、在糟糕中增加糟糕呢？博尔赫斯说："我又何必在无穷无尽的序列里增加一个象征呢？"这倒很是符合王倪的思维。

啮缺继续问："子不利害，则至人固不知利害乎？"这句的意思是：嗯，不错的态度，你不去言说是非利害，世间有没有人达到极致，真正懂得是非利害呢？即你说与不说是态度问题，究竟能不能懂、有没有人懂才是本质问题，也才是啮缺所关注的。

王倪说："至人神矣！大泽焚而不能热，河汉冱（hù）而不能寒，疾雷破山、飘风振海而不能惊。"这句的意思是：至人就很是神奇了——巨大的林泽燃烧起来，他也不觉得热；黄河汉水封冻了，他也不觉得冷；"疾雷破山、飘风振海"这说法真好，面对巨雷劈山、狂风倒海，他也无动于衷。倒不是肉体上无感无觉，而是清楚地知晓一切，因此不为所动。

**若然者，乘云气，骑日月，而游乎四海之外，死生无变于己，而况利害之端乎！**

至人这种存在明显在人的感知之外，并不在任何现实之中，在人们的想象里，只能是乘云驾雾，操纵日月，悠游于四海之内的未知领域。至人吧，已经超脱了生死，对于利害生死这些就更是不屑一顾了。

# 梦中人

瞿鹊子问长梧子（二人皆为虚构人物）："吾闻诸夫子：'圣人不从事于务，不就利，不违害，不喜求，不缘道，无谓有谓，有谓无谓，而游乎尘垢之外。'"这个"夫子"是谁？孔夫子。这句意思较多，总之是孔夫子对于道家圣人的评价：

其一，"圣人不从事于务"。其字面意思为，圣人不从事世俗事务。这么看，问题就接踵而至了，那么，圣人推崇或致力于什么呢？何谓圣人？何为俗务？从这句来看，圣人的心思境界要高深些，不停留在表面，不与生活发生关系，对人也没有什么兴趣。如此一来，这个问题就没有什么深浅了，先建立一个直觉吧。

其二，"不就利"。这里不是说不谋利，而是指不贪图利益，不将利益作为目的。

其三，"不违害"。这里指不避讳有害的东西。趋利避害皆为人之本性，但圣人却不是这样，不趋利也不避害。从更高的层次来说，圣人懂得规律本无害，无害何用违或避呢？

其四，"不喜求"。"喜"，这是指喜悦、欢喜，"不喜求"，即不根据自己的爱好去追求，换句话说，不仅仅追求自己喜欢的东西。

其五，"不缘道"。这个道指规矩规范，"不缘道"指为人处世不拘泥于规矩。

其六，"无谓有谓"。"谓"，指说话。圣人吧，有时候一言不发，却已经什么都说了。这就是佛学进入中国后，演化出禅宗的因由。禅宗，讲究不言之言，说到底都是中国的儒道文化。"无谓有谓"有如佛之"拈花一笑"。

其七，"有谓无谓"。有时候发言说话了，其实等于没说，很可能仅仅是应景式的"是是是""好好好"之类的。

其八，"而游乎尘垢之外"。圣人悠游于世外，根本就不掺和或不想掺和人间的事。尴尬地生就了人身，不得不与人有着无法割裂的联系，也就有了太宰治的《人间失格》中"生而为人，我很抱歉"的意识与意思。这样的人，是绝不能以现世现实的种种标准来衡量的。很明显，这里是儒家圣人对道家圣人的评判和看法。

瞿鹊子是什么态度呢？"夫子为以孟浪之言，而我以为妙道之行也。吾子以为奚若？"孔夫子认为，这种圣人的做派太过于轻率荒唐了，而我瞿鹊子却以为这种做派是非常精妙的。不知你怎么看呢？

长梧子说："是黄帝之所听荧也，而丘也何足以知之！"其意思是：这个问题实在是太难理解把握了，即使黄帝听了恐怕都会心生困惑，孔丘又怎么能知道呢？

**且女亦大早计，见卵而求时夜，见弹而求鸮炙。**

你对此的态度又显得太性急了，像是见到鸡蛋就想要得到报晓的公鸡，见到弹子就想到烤熟的鸟肉一样。

长梧子说话毫不客气，指责道，一个太无知，一个太性急，这类人又有何高见呢？"予尝为女妄言之，女以妄听之。"他的口气很严厉：我姑妄言之，你姑妄听之。

**奚旁日月，挟宇宙，为其吻合，置其滑涽，以隶相尊？**

圣人为什么能够做到依傍日月、怀抱宇宙，与天地万物合而为一，置是非昏乱于不顾，视尊卑贵贱以同样的眼光呢？想过没有？想明白没有？我们如何理解这个呢？按照佛道两家的理论，越是说空、越是谈玄，就越没有办法理解。具体到道家圣人，未必是这想法，但这种思维是一种理解之道。

**众人役役，圣人愚钝，参万岁而一成纯。**

你看世间，众人目标明确，整天忙碌不停；圣人呢，反而显得极为愚钝，没有一点精明睿智的意思。但众人忙乎一生忙了个什么呢？而圣人看上去似乎什么也没做，实则是参透了天地自然永恒的原理与规律，从而获取了最纯粹最本质最核心的东西。

**万物尽然，而以是相蕴。**

这是自然规律，不是只有人可以做到包容万物，万物之间其实都是这样环环相扣的。秋天包容得下所有秋天的事物，春天成就了春花春水。这就是诗心，我们强调要有诗和远方就是出于这个原因。但如果以为诗就是文绉绉的格律，就谬之千里了。何为诗心？天地心。这样说，绝不是大话空话。

### 予恶乎知说生之非惑邪！予恶乎知恶死之非弱丧而不知归者邪！

你的问题和疑惑那么大，其实呀，我又怎么会知道人们"以生为悦"不是一种困惑呢！同样不知道人们"以死为恶"并非柔弱，而是如同归去呀！长梧子这句话的表述虽然有点绕，但意思很清楚，说是自己也疑惑困惑，其实心中如明镜似的。

接着，长梧子说了丽姬的故事。丽姬，也称骊姬，春秋时骊戎国君之女，晋献公的妃子，晋君奚齐的生母。公元前672年，晋献公打败骊戎，骊戎国君将骊姬、少姬姐妹献给献公。骊姬美艳绝伦，深得献公宠爱，立为夫人，生子奚齐，少姬生卓子。为了立奚齐为储君，骊姬不断离间挑拨献公与申生、重耳、夷吾的感情，迫使太子申生自杀，公子重耳、夷吾逃亡，史称"骊姬之乱"。公元前651年，晋献公病危，嘱托大夫荀息主政，辅助奚齐继位。献公死后，荀息立奚齐继位，骊姬为太后。但丧礼中，里克杀死奚齐，荀息改立卓子为君。不久，里克又杀了卓子和骊姬，造成晋国长期内乱。《左传》记载：最初，晋献公想立骊姬为夫人，便用龟甲来占卜，结果不吉利；然后用蓍草来占筮，结果吉利。晋献公说："照占筮的结果办。"卜人说："占筮不灵验，龟卜很灵，不如照灵验的办。"晋献公未听卜人的话，把骊姬立为夫人。这段历史，在《东周列国志》中有完整的记载。

长梧子可不是说历史，而是在说道理：丽姬，艾地封人即艾地之主的女儿。由于是战败国作为礼物献给晋君的，刚到晋国时，痛哭流涕的很伤心。等到进了王宫，受到献公的专宠，过上了好日子，想起最初进宫的哭泣反而觉得不好意思了。

对于这种情况，长梧子的看法为："予恶乎知夫死者不悔其始之蕲生乎！"丽姬是这个心态。我们每个人其实都很相似。比如，对于死我们都很惧怕，我们又怎么知道死去的人不会后悔活得太久了！对于未知的东西，我们总是忧心忡忡的，其实哪里知道未知的情况要比现状好得多呢？早知如此，当初担心忧虑个什么呢？别以为长梧子在说普通寻常的道理。我们看整个人类，一代人替下一代甚至下二代忧心得不得了，事实上总体趋向是一代更比一代强。其中的原因，固然有上一代操心尽心的因素，更主要的是下一代的自觉与觉悟吧。

"梦饮酒者，旦而哭泣；梦哭泣者，旦而田猎。"接着就说到"梦"了，这也是庄子最重要的一个主题。其意思是：梦中饮酒的人，何等的放纵欢畅，但早上从梦中醒来为生活所迫，恐怕哭泣流泪的不乏其人；梦中伤心哭泣的人，可能醒来后，却是牵黄擎苍的田猎生活。注意，长梧子所说的可不是梦中好还是现实好的问题，而是着重指出：梦与现实，哪种存在更为真实；梦中景象是否一定为假的幻象；如果好梦不醒或噩梦不断，人的一辈子岂不就在这样一个个梦中虚度了。如果现实是真实的存在，那么何以有梦？梦又是怎么的一种存在呢？对此，为了平衡梦与现实，有个词叫梦想。今天我们说的梦想，不是白日做梦，也并非现实，而是向往和期盼的一种愿景。看看，这就是梦的意义。简体的"梦"字很美：林下之夕，林中的傍晚，何等缱绻诗意的状态，真的有一梦千年万年之感！果真一梦千年万年，人生所有的困惑在梦醒时就应该冰释了。庄子谈梦时，大有一语点醒梦中人的感觉。

**方其梦也，不知其梦也。**

其实，沟通与理解之间，语言文字是最好的媒介，但同时也是最大的障碍。这句是说，人在梦中的时候，是不知道自己在梦里的；只有醒了，才知道自己在梦里。有时醒来的怅然若失，足以让人回味一生。这就是梦的威力和魅力，它足以改变一些人一些事。于是，现实中"梦"这个说法是双关的，甚至是多义的。

**梦之中又占其梦焉，觉而后知其梦也。**

梦中有没有做梦的情形呢？这是一个无限深入的视角，揭示人们去窥探。醒后，梦也随之消失了。有这么个说法：梦是另一个空间，平行于现实之外，看来是颇有点儿道理的。

**且有大觉而后知此其大梦也，而愚者自以为觉，窃窃然知之。**

这个"觉"字说的不是睡觉，而是觉悟的意思。这句是说，只有觉悟的人才知道人生其实处在一个梦里，可能本身就像梦一样，也可能在他人的梦里。事实上就是如此，谁知道我们会出现在谁的梦里呢？我们梦中那个陌生人又是谁？《金刚经》中"如梦"的说法，就是这么来的，细细琢磨一番，或许还真是这么回事。只有愚蠢的充满成见的人，才言之凿凿地认定梦就是梦，而自己始终是清醒的，好像什么都懂都知道，并以此自居。

**君乎，牧乎，固哉！丘也与女，皆梦也，予谓女梦，亦梦也。**

愚蠢而清醒的人，整天满嘴是是非非，可笑不？真是病得不轻，却犹不自知。从这个角度来看，孔丘与你瞿鹊子一样，都是在做梦，都是"梦中人"。虽然说你们在做梦，其实我自己也不知在哪个梦中。想起博尔赫斯的《圆形废墟》一文，其理论来源不就是庄子这句吗？

"是其言也，其名为吊诡"，关于梦的这种说法，他人听来一定是奇谈怪论。实际上，"吊诡"一词比奇谈怪论的意思要大得多、细微得多。类似于什么呢？佛家说的"不可思议"。

**万世之后而一遇大圣，知其解者，是旦暮遇之也。**

这番言论吧，万世之后，或许有大圣人问世能够理解得非常通彻，只有这样的人才会不觉得奇怪，仅仅认为是寻常的事。

关于梦与释梦，是人类文学与宗教的一个重大主题，与思想、精神密切相关。今天的理论非常发达，但仅仅用科学的理论解释梦，能解释得通吗？原理是那个原理，现象是那个现象，但其影响之类的可以以这些来解释吗？真的只是冰山一角。诸如弗洛伊德之类的释梦，同样是这样，是一家之言，或如冰山一角。

## 赢与输

**既使我与若辩矣，若胜我，我不若胜，若果是也，我果非也邪？**

这段说的是语言辞令层面之上或之下的实质。其意指：假如你我二人辩论，你胜了我，我不如你，你果真就代表是，我果真就代表非吗？恐怕未必吧。庄子在《庄子·内篇·大宗师》中说："与其誉尧而非桀，不如两忘而化其道。"人一生吧，与其是是非非的，不如不存在不沾染任何是非的好。庄子高明就高明在这里，说出一个理论后并不是空洞地说，而是首先应用于自己身上，再由己及人，这样便于他人更好理解和接受。如果一开始就是指责式的，就针锋相对的，那么之后就没办法对话与沟通了。

**我胜若，若不吾胜，我果是也？而果非也邪？**

如果我辩赢了你，你输给了我，我果真就对吗？你果真就错吗？

**其或是也，其或非也邪？其俱是也，其俱非也邪？我与若不能相知也。**

你我二人真有一人是、一人非吗？或者我们都对，也可能都错了？其中的是是与非非，我们二人是说不清楚的，争论下去也没有什么结果，只能证明谁口齿伶俐、能言善辩而已，并不能说明其他任何问题。辩论是这个情况，我们想去辩，他人如果根本不理这茬呢？生活中经常有这样的情况，他人说话不着调不靠谱，再怎么嚷嚷，我们连理的功夫都没有。或者，即使有人说的是真理正理，我们也不想听、听不进去。辩论是多余的不必要的吗？无法简单地肯定或否定，比如乐趣，也是其存在的理由之一。有一点是肯定的，辩论中的胜负并不能说明什么，比如，禅宗一脉，偈子上惠能赢了神秀又如何呢？就现实而言，神秀并没有错，反而占尽了先机。

**则人固受其黮(dàn)暗，吾谁使正之？**

黮暗，指昏昧不明。一般人都是昏昧不明的，却自为以很清醒很高明，该请谁来评判和校正呢？人的局限有些是客观的必然的，根本就无法校正与纠治。比如，时代的局限性对生活的影响，认识的局限性对观念的影响种种，同样形成了非常强大的事实。人们深陷其中，完全无法拨云见日或拔足而去。

**使同乎若者正之，既与若同矣，恶能正之？**

对你我两个人之间的是非之争，请一个与你观点相同的人来评判，他已经与你相一致了，怎么能客观评判呢？

**使同乎我者正之，既同乎我矣，恶能正之？**

同理，找一个与我观点一致的前来，也是没办法客观评判的。那么，有没有一个公正的第三方呢？按一般的道理，应该有。然而，庄子的答案却是：没有。

**使异乎我与若者正之，既异乎我与若矣，恶能正之？**

找一个与你我观点均不同的人来评判，他有自己的一套，对你我二人的观点都不认、不赞同，又如何客观评判呢？一般人思考问题，到这个层次和程度就打住了，而庄子还有更深的疑问。

**使同乎我与若者正之，既同乎我与若矣，恶能正之？**

如果请来的这个人是个骑墙派，或者根本就没有主见，认为你的正确，我的也有道理，这种情况又当作何论呢？现实中，恐怕这样的情况也不少。

**然则我与若与人俱不能相知也，而待彼也邪？**

这话就直击要害了。世间不就你、我、他三者吗？三个人各怀心思，根本无法达到一致。那么我们还等什么呢？这句的意思很多：人有相互沟通的可能吗？一个人能完全了解他人的内心世界吗？人与人之间的见解是高下之分还是是非之分呢？庄子也没有现成的答案，只是提请人们注意。该注意什么呢？这主要有两点：人的相通性与差异性。这样一来，相处之道也就出来了——求同存异。作为有主体意识的人，是不可能完全一致的，只有求同而存异，才有和合的可能。否则，人与人就是两个天地、两个宇宙，一个出太阳，另一个可能在刮风；一个冰封雪裹，另一个可能艳阳高照。具体到我们每个人想要什么样的状态，看构建与取舍了。有什么样的内心就有什么样的气象，有什么样的取舍就有什么样的现实。诸如这样的问题，根本就论说不清，但有一个明朗的态度就好。法国19世纪现代派诗人波德莱尔说："评判是非的法律与我们何干？"

# 天 倪

**何谓和之以天倪？曰：是不是，然不然。**

"倪"，主要指自然而然的分别。庄子的问题：如何使一切和合，达到一个天然的均衡状态呢？问题很大很复杂，没头没脑的，没法回答。但庄子给出了六个字"是不是，然不然"，把是当作不是，把然当作不然。这是什么意思呢？即多元思维，跳出思维定势，多角度看问题，就会和于一切，均于一切。最直观的，站在他人角度换位思考，就能更好地理解他人；站在动植物的角度思考问题，就会有个和谐关系。形成了这样的思维，不就天高海阔、万物和合了。

**是若果是也，则是之异乎不是也，亦无辩；**

是如果真是，那么不就存在不是了；不存在不是，以什么来证明是呢？对错、美丑、善恶都是如此，肯定是一体两面的，不存在一个面的可能。如果天底下都是真善美，就不会有真善美这个概念了。没有对比，没有差异，还存在这些吗？

**然若果然也，则然之异乎不然也，亦无辩。**

事情、事实果然就是这样，就是所听到的看到的样子，都一览无余，那么还有认识和争辩的必要和可能吗？没必要，也不可能。事实上，一切都是这样吗？可以说是，也可以说不是。世界就是这样，人更是如此，因此就有了目前这个世界，就处于目前这种状态。

**化声之相待，若其不相待，**

天地万物都有阴阳两面，这两面看似相互对立的，却好像又有依赖的关系；看似相互依赖吧，有时又是矛盾对立的。总之，它就是这种既对立又统一的关系，没法下一个定论，更不可能只体现其中的一面。

**和之以天倪，因之以曼衍，所以穷年也。**

问题太复杂了，说到底，并不是天地自然中的，而是人的头脑中生出来的。一个人的头脑怎么才算清楚呢？有个衡量指标，和合于天地自然，而不是对着拧着、争着辩着，非要理出个究竟来。实则，没有结果也没有究竟。

**忘年忘义，振于无竟，故寓诸无竟。**

怎么才算是和合于天地自然呢？忘掉年龄与身份，也忘掉仁义与规矩，遨游于无穷无尽的世界，因此人生与生命便融于无穷尽之中。

## 罔两问景

罔两问景曰："曩（nǎng）子行，今子止；曩子坐，今子起。何其无特操与？""罔两"，即影子外侧的虚光。"景"，通"影，即影子"。其意指，一天影子外围的虚光问影子：你一会行走，一会又止住了；一会坐着，一会又站起来。怎么就没个定性定见呢？从这个问题来看，其实是衔接说明上段理论的。以这类故事的形式来说，其感染力和效果明显要深刻得多，也易于接受和记忆。

听了这话，影子也连珠炮式地问了五个问题：

其一，"吾有待而然者邪？"这句是说，我是受制于主体才这样的。别以为庄子在说物理现象。庄子的意思是：人是什么，或者说我的意志与行为是什么？本体，影子，或者只是个"罔两"呢？很难呢！还是不要轻易言之凿凿下结论的好。一生中，我们偶尔是主体，大多数情况下只是影子，有时是"罔两"，大体如何呢？具体情况因人而异。

其二，"吾所待又有待而然者邪？"一般来说，影子没有主体意识，是随着主体而动的。这里影子连主体也质疑了：那个主体，行走坐卧又依据什么呢？毫无目的，还是符合法则定理呢？这个问题不简单吧，根本就回答不了。

其三，"吾待蛇蚹蜩（tiáo）翼邪？""蛇蚹"，即蛇身上的鳞片；"蜩翼"，即蝉的翅膀，也有说是蝉的外壳的，其实翅膀更能说得通。我像蛇依赖于鳞片、蝉依赖于翅翼一样吗？换句话说，我的行止坐卧，与蛇以鳞片爬行、蝉以翅翼飞行是一回事吗？究竟是不是，"罔两"并不确定。

其四，"恶识所以然？"其意为：我怎么知道我是这个样子呢？

其五，"恶识所以不然？"其意为：我又怎么知道我不是那个样子呢？

影子看似回答，其实是自言自语；看似发问，实则在指出一个方向，一个角度，一种看待和思考问题的方式。人真清楚自己整天在做什么吗？真自主吗？在很大的程度上，意义、价值之类的都是外部赋予和灌输的，人听从思想的引导、听从心的召唤吗？思想如云似雾的居多，心茫然无措、怅然若失的居多，所依据的又是什么呢？真的像影子，也像河上的漂萍一样吗？战国时期的庄子注意到了这个，还进行了如此有深度的解析，确实令人叹为观止。

## 庄周梦蝶

这段话是整个人类的典范，一个家喻户晓的命题："昔者庄周梦为胡蝶，栩栩然胡蝶也。自喻适志与，不知周也。俄然觉，则蘧(qú)蘧然周也。不知周之梦为胡蝶与，胡蝶之梦为周与？周与胡蝶，则必有分矣。此之谓物化。"这一段该如何理解呢？其中既有共通的意思，也有个人的体会与侧重。我们对之一句句来分析一下吧。

### 昔者庄周梦为胡蝶，栩

我庄子曾做过一个　　　　　　　蝶。蝴蝶栩栩如生，梦境非常逼真，甚至比真实还要真

### 自喻适志与，不知周也。

化身蝴蝶，飞翔于天地之间，人生的委屈与局限一扫而空，才觉得最为舒适和惬意。飘飘然的，将我是庄子这回事忘得一干二净。每个人可能都有这种感觉，当感觉陷入一种绝美的状态中时，哪怕是做白日梦，其实也是很美好的。一旦被拉回现实，梦境便坍塌了，情绪也一下子就沉重了。这样的梦不醒该有多好！人生乐事，其实不只"金榜题名时、洞房花烛夜、他乡遇故知"等几种，还有不醒的美梦。

### 俄然觉，则蘧蘧然周也。

不多久，梦醒了，蝴蝶没了，翅膀也没了，大地天空都没了，床上只是一副庄周的皮囊，还有一些自由散漫的思想，太扫兴了。

### 不知周之梦为胡蝶与，胡蝶之梦为周与？

庄子比一般人的高明就在这里，总是看得远一步、深一层——那么，梦与现实哪个才是真的？究竟是我庄子在梦里化身蝴蝶呢，还是蝴蝶在梦中化身庄周呢？这个问题还真不好说。庄子，可不就是一个人形的蝴蝶吗！或者，一只飞翔的蝴蝶就是一片庄周的幻影？一人坐在那里，心神都不知悠游到哪去了？一会是鸟，一会是鱼，一会是蝴蝶的，真是妙不可言啊。

### 周与胡蝶，则必有分矣。

在现实生活中，庄周与蝴蝶，还是有明显的差异。神奇的是，某些时刻，他们却重合了，这又有什么别样的意味呢？

### 此之谓物化。

人总想化身鬼神，拥有上天入地的一身神通。这个神通，说到底，还是解脱人的三重局限，肉体的局限，现实的局限，思想的局限。实则，人真的可以上天入地，思想可以，这是一个方向的突破与解放。还有诸多的方向，比如，佛家的摒弃感官，不去思想，所谓枯禅不就是石头一般的存在么！其他的，都是入世的观念，没有这么彻底，没有这个高度。入世，实则是工具化思想。西方理论中的契约化、面具化，其实也是工具化的一种，只不过强调了角色意识而已。而庄子可不是什么角色，其人自有其天地，优哉游哉地飞行，万世不衰。

到这，笔者不禁想到了一个问题：人是什么？或者说，活着是一种什么样的状态？有个说法——活着无非是种种感觉的叠加——挺生动形象的。想想上一秒的我在哪里，这个问题大体就清楚了。那么，启示就出现了，上一秒如此，这一秒该如何活呢？这一秒，我们的脑子里都是些什么呢？对于这些，庄子没说，他只是指出，我们的内心其实是生龙活虎、上天入地的，若内心也像身体一样困于一些琐事中，似乎不对味。具体到每个人，究竟该怎么想怎么活，自个去体味和把握了。这只是庄子的提示与启示。

如何理解这个？看似庄子什么都没说，实则什么都说了，一切意思与智慧都包含其中。沿着这一逻辑，完全可以说，以其人而为人，因其梦而入梦。直白点为：因为是人，所以是人；因为是梦，所以是梦。天地自然、万事万物不也是这个道理吗？

回头想想，庄子的《庄子·内篇·齐物论》在说什么？认识天地、自然、万物，并保持本真的样子，不以人为意志来定义、定性和编排或更改任何事物——定来定去、改来改去，连最基本的都混淆了，人也就活成混淆本身了，还活个什么意思呢？即使乐此不疲，也是不明所以的。相比这个，还是各在其位、保持和谐的好。陌生的，任其陌生；不解的，任其不解。不必非要分清什么是现实、什么是梦，不必非要定性什么是"是"、什么是"非"，如此才是《庄子·内篇·齐物论》所指的大境界。

# 叁拾叁　逍遥游

## 逍遥之境

"人"这个概念是对人的限定，如果不限定，人类没法存续和发展。其实，人之前的定语越多，限定就越大。世间种种理论，说到底有两大项：一个是对人的限定；另一个是对人的限定的理解或释放。人认识并理解了这个，就能很好地生活。就中国古代文化经典来说，《易》是说规律的，《诗》是说感情的，《书》是说权威的，《礼》是说规范的，《乐》是说趣味的，《春秋》是说历史的。对人而言，全部是最基本的。庄子则是诸如依据、目的、意义、价值之类的怀疑者和破坏者，其理论具有彻底的颠覆性和突破性。

"逍遥游"就是如此——大而不当地存在，毫无目的地游与飞。

对他人的启示，首先是"这是谁、要做什么"式的好奇，继而是去往哪里的向往，再接着沉潜下来、反观自身，就是对一切的质问与反思。因此，庄子这个人从来就不是"脚踏实地"的，而是指向并指出了人类的穹顶，现象摆在那儿，却谁也够不着。

人们不是都追求诸如高、大、深、远、多之类的吗？庄子索性给你最高、最大、最深、最远、最多，看你作何感想及作何选择。实际上，人也是观念变变、心思动动而已，该怎么样生活还得怎么样生活。但绝不能说这种观念无用，它会形成内心和身外两个世界。

庄子这把刀的锋利之处在于，能够将这两个世界彻底割裂开来。人们不是一直向往魂魄与肉体的分离吗？最大程度的分离只能这么完成，在内心、在想象里作一次最大规模的逍遥游。

感性的东西，理性无法完全说清；理性的东西，感性无法全部接受，这就是人。

是人，就注定有人的局限，而庄子启动宏大的想象，将这个局限全然化解了，岂不是至大至伟吗？

可以说，"逍遥游"是庄子思维的广度，"齐物论"是庄子的价值观念。

由此来看，庄子是一个在两方面都做到极致无穷的人。

那么，何谓"逍遥"呢？字面理解和《现代汉语词典》中的解释是八个字"自由自在、无拘无束"。这个解释非常经典，基本上就是庄子要说的意思。

文中庄子列举了逍遥的状态与境界，大到鲲鹏，小到菌类、小鸟、虫子，并通过比对说明了如何逍遥。庄子的逍遥有自由、解放，去除各种偏见、禁忌的意思。

庄子的逍遥之境，至少有这么三层意思：

其一，无用之用的逍遥。比如，几千里大、无事闲游乱飞的鱼和鸟；比如，姑射山上吸风饮露、御风乘龙的神人。不论究竟有没有，不说为什么而生，这样的一种存在都永远高悬于你我的头顶，引发无穷想象，也会引起无限敬畏。比如，大到日常生活中无法使用的水瓢，长得不成材的大树。正是这样的存在构成了万物万象万有，成就了世界的丰富性。需要特别注意的是，庄子通过列举这些千奇百怪的东西，并不是在说物的逍遥，而是提醒我们，眼中有万物的多样性无限性，眼界不受限制，才是逍遥的基础。

其二，漫无目的的逍遥。不纠结于我是谁、从哪里来、到哪里去这类问题；不人为地赋予添加意义、价值之类的。一片树叶就单纯是一片树叶，任凭风吹雨打、春发秋谢，生于泥土，归于静寂，在天道轮回中何其平凡，又何其壮美。叶子如此，其他也一样，不掩饰，不卑微，不攀比，大大方方地存在于天地之间。

其三，无由来无边际的逍遥。一个人，见识有多大，就能看到多大的世界，就能置身多大的世界里。一个人，对自我有精准的认识和定位，就能在这个世界中安之若素、快活逍遥。也就是说，经准确认知、恰当定位后，天就是天，地就是地了。否则，认识不清，心绪不宁，则难以真正做到逍遥。

人吧，一路走一路看，什么时候开始关心和怀念花虫蚁兽之类的，差不多算是修成真身、拥有灵魂了。

# 鲲 鹏

**北冥有鱼，其名为鲲。鲲之大，不知其几千里也。化而为鸟，其名为鹏。鹏之背，不知其几千里也。怒而飞，其翼若垂天之云。是鸟也，海运则将徙于南冥。南冥者，天池也。**

这段话一气呵成，文笔之美，举世难有匹敌，堪称想象力的极致和典范。这种句式，与其他各家常用的对偶式句式有明显不同，与寻常思想也有明显区别。其意思也很清楚，无须翻译。语感也很好，读来朗朗上口，出口成诵。

如何理解呢？有这么几个问题需要注意：

第一，鲲与鹏是如何来的？究竟是一种动物，还是两种？人既不能飞，也不能游，作为寻常人，我们经常想在水里游、在天上飞，这样的心思应该谁都动过。事实上，人是长于思辨利害的——有游和飞的本领倒是可以，而真要做鱼或鸟，人的担心也就跟着来了——做鱼，被人钩钓或网捞；做鸟，被人捕捉或箭射，很危险的。而且通常来说，会游的不会飞，会飞的不会游，似乎也并不全面。须知，终其一生，庄子其实是一个意图突破局限的人。那么，何以生出这样巨型的鱼鸟就不难理解了。做最大的鱼、最大的鸟，去最高最远地游与飞，甚至是鱼鸟一体。如此，满足了吗？

第二，何以如此巨大？达到这样的体量，有两个明显的好处：一个是，既会游也会飞，不受时空的限制。在那个时代，凭着两只脚走路，即使有舟车，也是极其不便利的。况且，还有个族群、国界吧，又能走多久多远、能看到多大的世界呢？一切都是问题，但既像鱼一样游，又像鸟一样飞，把天空和大地都占齐了，似乎就可以完美地解决这一问题。另一个是，鱼与鸟都是有天敌的，但几千里大的鲲，翼若垂天之云的鸟，是无可匹敌的，人也对付不了。倘若人真遇见了这样的大物，恐怕会奉之若神明。

第三，为什么要游要飞？要去什么地方？如果答案是鱼本身就要游、鸟本来就要飞，就很没意思了。鲲鹏的游与飞，其实是从庄子心里游出飞出的，是替整个人类去游去飞的。去往哪里？远方的更远方，茫无涯际。受当时条件的限制，大部分人终其一生也不过是老死田野和山林的命运而已。对于远方有什么，世界是什么等问题，不过是偶尔脑子里浮泛闪现一下罢了，真要行动起来并去探索一番，绝无可能，也难以完成，其成本实在是太高了。我们看孔子，即使声名满天下，也只不过周游了列国而已，就多次到了饿死或兵乱而死的边缘。我们看徐霞客的旅行，虽然祖上做官，家底非常之殷实，他到底又走了多少山川！即使在今天，交通如此发达，你满世界地转悠试试，不仅需要很大的决心，还需要不少的钱物。网络时代，我们可以坐在家里躺在床头，就能领略到满世界的风光，实现真正的"卧游"，这对于古人是不可想象的。即使如此，不去实地看看，心里总还是有诸多遗憾的。"世界那么大，我想去看看"，这就是人和人的心事。庄子脑中或笔下的鲲鹏，就是要替庄子看看这个世界究竟是个什么样子。

第四，北冥与南冥是个什么样的所在？据考证，当时的水域比现在大得多，南北都有不少湖泊。庄子的这个说法也证实了这一情况，最主要的是，完全符合地球地表水与陆地的情形。比如南海，不就是自然形成的一个池子吗？

有人认为这段话中还蕴藏着一些科学思维，也许吧。我们这儿只需知道庄子这个人的情怀，以及这个人的想象程度，就足够了。

**《齐谐》者，志怪者也。**

庄子说，关于鲲鹏的说法，并非自己的原创，而是来自《齐谐》一书，该书是专门记载奇谈怪论的。参观一些古人类遗址时，笔者常常会觉得，文字史并不是文明史的开始。文字史之前的历史，可能更为壮丽和激动人心呢！关于祖先们的生活，我们究竟知道和掌握多少呢？祖先们的生活，在文字记载之前就长远而大量存在，而且，生活一定是在文字总结概括之外的。也就是说，关于宇宙、世界、自然，我们所知甚少；关于我们的过去，我们同样所知甚少。今天，《齐谐》一书早就失传了，谁知道我们还失传和遗漏了什么呢？谁知道历史的地表水面以下还有什么等待我们去发现和唤醒，或者令我们迷惑不解呢？谁知道又有多少是永久性消失了，甚至连一点痕迹都没有留下？那么，我们言之凿凿的历史学不是太过于单薄和微小了吗？不过是在用一些固定的说法，用一些制式或格式在强调和复述现实而已。其意义，如同对于围墙的不断加固。事实上，墙外的世界更为广大，这世界除了围墙还有更多的东西。比如三星堆，并无多少文字上的记载可供佐证，传说中也几乎找不到它的踪影，那么这个文化或文明高度发达的秘密，我们又该作何解释呢？

庄子说的这种鱼鸟一体或相互转化的现象，《山海经·西山经》中也有记载：有种鱼叫文鳐，状如鲤鱼，长有鸟翼，常从西海游往东海，白天在水里游，晚上在天上飞，其声音像鸾鸡的鸣叫。这种鱼是一种吉祥的鱼，一旦出现，天下就会五谷丰登。

**《谐》之言曰："鹏之徙于南冥也，水击三千里，抟扶摇而上者九万里，去以六月息者也。"**

《齐谐》中记载，鹏鸟南迁时动静非常大，击水行至三千里时，借助风势向上飞翔的高度已在九万里之上，路上需要六个月时间。也就是说，整整六个月都是这种惊天动地的态势。从这句来看，《齐谐》这本书应该是《山海经》一类的奇经怪谈之书。这句的启示又是什么呢？自然界的一切，稍稍有点动静，人就要大惊失色了，比如风动、电闪、雷鸣、雨注、地震等等。就连一条鱼的游过，一只鸟的飞过，都是水击三千里、扶摇上九天的感觉，能不让人怦然心动吗？

**野马也，尘埃也，生物之以息相吹也。**

这一句足具音乐性，后世那句"天苍苍，野茫茫，风吹草低见牛羊"，写的虽然是北方，但其情怀的来源却在庄子这儿。而庄子所用的名词虽小，但所指的范围明显要大得多。这里，马还是欢腾昂扬的指代，尘埃还是指向终极，一个是生的活力，一个是死的密码。天地万物，何以如此共生同存、代代更替、生生不息，就是因为气的吹拂。这句的意思同样在文字之外。

### 天之苍苍，其正色邪？

天空的蓝色，是天空本来的颜色吗？这个问题今天已经清楚了，是因光线的折射和人眼的生理结构所致。可在当时不是这样的，在山下看，天空是蓝色的；登上了高山，天还是蓝色的，可中间登山这段并没有发现什么蓝色呀。更清楚的是，海水虽是蓝色的，打一桶上来，却根本就没有什么颜色。

### 其远而无所至极邪？其视下也，亦若是则已矣。

天空的蓝，难道是因为太远了没有个尽头，看上去就成了这样的蓝色？飞到九天之上的鹏鸟从上往下看，它眼中的天空是什么颜色呢？应该也是这样盛大的蓝色与景象吧。

### 且夫水之积也不厚，则其负大舟也无力；

水不够深，浮力就不够，不足以浮起大船。

### 覆杯水于坳堂之上，则芥为之舟；置杯焉则胶，水浅而舟大也。

将一杯水倒在堂前的低洼处，一片小草叶就可以当船了。但是将一个杯子放在这洼水上，就会搁浅，根本浮不起来。这不是在强调相对论，而是说心胸与视角。一个人能看到多大的世界，就生活在多大的世界里，很多时候，不过是坐井观天、株草作舟的架势。

### 风之积也不厚，则其负大翼也无力。

大鸟的起飞需借助风力，如果风不够大，就没有力量托住巨大的翅膀。这里风作为气来看，道理也是通的，没有了空气和气流，鸟肯定是飞不起来的。

**故九万里则风斯在下矣，而后乃今培风；背负青天而莫之夭阏(è)者，而后乃今将图南。**

　　"阏"，即止的意思。"夭阏"，即阻拦的意思。这句是说"势"的。一只鸟的起飞，一只船的浮起，是需要借助于风势与水势的。比如，鹏鸟何以飞上高空，将九天之云抛在身下的呢？又何以背负着青天而畅行无阻呢？"图南"这两个字，读过庄子的一定要记住，字面意思不过是想到南方去，其实寓意很丰富。比如，一只鸟生活得好好的，飞那么远到南方去做什么呢？南飞是候鸟的习性，有些鸟类南迁飞过的地方很远。有研究鸟类的学者，在鸟身上装好定位仪，将一只鸟一生的飞行轨迹在世界地图上定位后，结果是令人震撼的。一只鸟，没有尖牙利爪，没有雄心壮志，仅仅因为生活习性，仅仅借凭一副单薄的翅膀，一生就去了那么远的地方！仅仅为了活着吗？更进一步说，活着是一切生物的唯一和最高目的吗？以人类的眼光来看，为了更好地生活，候鸟完全可以有更好更省事的选择。为什么还要一代代这么飞呢？联系到庄子笔下的鹏鸟，我们清楚了一件事，"图南"是习性，不是目的。也就是说，一个人向往远方，东南西北地奔走，恐怕不单纯是生计问题，而是心中诸多说不清道不明的东西，一定是这样。这些是不需要说清的，这个状态就叫"图南"。无所事事，到一个远方转了一圈而已，就是这样，没有其他目的。

　　鹏鸟的这种飞行和生活方式受到了蝉和小鸟的嘲笑："我决起而飞，抢榆枋，时则不至，而控于地而已矣，奚以之九万里而南为？"这里的"决而起飞"有冲蹿的意思。这句的意思是：我们猛然飞行，用尽全部力气，不过是飞到榆树、檀树上而已。就这，有时还飞不上去，还会掉到地上，为什么要飞到九万里的高空去南方呢？这里蝉和小鸟都是世俗的代表。对于一个一生无所事事的人，我们可能会认为他一无所是、一无所成。实则呢，这个人的世界可能远比我们广阔深远得多，所到达的地方也比我们神奇得多，有时甚至不是现实的某处。

**适莽苍者，三餐而反，腹犹果然；适百里者，宿舂粮；适千里者，三月聚粮。之二虫，又何知！**

这句是说计划准备的事情。"莽苍"，即树木苍苍郁郁的地方，指郊外。这一句的意思是：效外去一趟，只需备好三顿饭而已，回来的时仍有饱腹感；到百里、数百里的地方去，只需备好在外夜宿的粮食即可；到千里之外去，就要准备至少三个月的粮食。这样的道理，蝉和小鸟哪会懂得。出门准备干粮，在那个时代是必需的，并没有如今这样好的社会依托和沿途保障。庄子这话的意思很清楚，飞得高才能看得远，看得远才能见多识广，一只蝉，一只小鸟哪懂得这些呢：夏虫不可语冰啊！

**小知不及大知，小年不及大年。**

智慧小的理解不了智慧大的，见识小的理解不了见识大的，寿命短的理解不了寿命长的。这里的道理非常浅显，人与自然都是如此。

何以得出这个道理呢？庄子说："朝菌不知晦朔，蟪蛄不知春秋，此小年也。""朝菌"，即菌类。"晦"与太阳有关，指每月最后一天；"朔"多与月亮有关，指每月的第一天。还有个"望日"，指月中。这句是说仅活几个小时或几天，就迅速枯萎的菌类，生命中哪有晦朔这样的概念呢？"蟪蛄"、蛾子一类的小虫子，寿命也仅几个月时间，哪懂得什么春天秋天，这就是典型的寿命短的情况。需要注意的是，两样东西是不可代替和弥补的：一个是年龄，另一个是阅历。当然，还有想象力。但关于生命本身，很多事情就是这样，没有那样的体会与经验，你就绝不是那样的人，绝不会领会到那种感觉。

**楚之南有冥灵者，以五百岁为春，五百岁为秋；上古有大椿者，以八千岁为春，八千岁为秋。而彭祖乃今以久特闻，众人匹之，不亦悲乎？**

楚国南边有一种叫冥灵的树，非常长寿，以五百年为春季，五百年为秋季。上古有一种大椿树更长寿，以八千年为春季，八千年为秋季。而彭祖至今都以长寿而闻名，众人都以他为榜样，和他相比，不是很可悲吗？可悲在哪里呢？见识实在是过于短浅了，连山山水水都看不到看不清，还谈什么见天地呢。真知道天地是怎么回事吗？

## 商汤问棘

商汤问棘（棘，商汤时期的贤大夫。这是《列子·汤问》中的一则故事，庄子原封不动地搬了过来）："穷发之北，有冥海者，天池也。有鱼焉，其广数千里，未有知其修者，其名为鲲。有鸟焉，其名为鹏，背若太山，翼若垂天之云，抟扶摇羊角而上者九万里，绝云气，负青天，然后图南，且适南冥也。"列子早于庄子，《庄子》中关于鲲鹏的文字应该是来源于《列子》的。两段文字都非常漂亮，比较而言，庄子的更为壮丽，更为惊心动魄。文中的棘就是夏棘，也叫夏革，汤的大臣和老师。"穷发"，即贫瘠得连一根毛发都没有，指不毛之地。

**斥鷃(yàn)笑之曰："彼且奚适也？我腾跃而上，不过数仞而下，翱翔蓬蒿之间，此亦飞之至也，而彼且奚适也？"此小大之辩也。**

嘲笑鹏鸟的对象同样是小鸟，嘲笑的逻辑也一样：飞那么高那么远做什么呢？我腾跃而飞，不过数十米之高，大多时候不过在蓬蒿之间活动而已，这个范围就已经够大了，飞那么高那么远做什么呢？对于这个逻辑，庄子就很客观地说了一句"此大小之辩也"，不过是大与小的区别罢了。同样是活，同样是鸟，不一样的鸟有不一样的活法，人类同样如此，差别可能更大。

**故夫知效一官，行比一乡，德合一君而征一国者，其自视也，亦若此矣。**

这句话说的是人的局限性，人通常也像小鸟一样。"知效一官"，是说智慧刚够胜任一个官位。"行比一乡"，即品行能力刚够团结一乡之人。"乡"可不是今天的乡，比今天的乡大得多。"德合一君而征一国者"，指德性投合于一国之君而能取信于一国之人、手握一国之权柄的。庄子的意思是：人都是这样，稍稍有点能力，就自视甚高，既看不到他人，也看不到更远更大的地方。实则，"自视"就是局限，就是近视或盲人。

在"而宋荣子犹然笑之"一句中，"宋荣子"，即宋钘，战国时期的道家高人，在当时非常有名。这句是说，对于以上这些人，对于自视甚高的人，宋荣子一向是抱着耻笑态度的。

**且举世而誉之而不加劝，举世而非之而不加沮，定乎内外之分，辩乎荣辱之境，斯已矣。**

这句话的知名度很高，所指的境界也很高，古人们极其向往，也经常引用，但真正能够做到的却少之又少。这句是说，宋荣子达到什么境界呢？即使全天下的人都来赞誉，也并不感到得意；即使全天下的人都来非议，也并不感到沮丧。何以做到这点呢？因为这个人将外物与内心分得很清，对于荣辱也看得很清，知道都是怎么回事，因而淡然甚至是漠然视之。能够达到这个境界的人，就算是很厉害了。

**彼其于世，未数数然也。虽然，犹有未树也。**

类似宋荣子这样的人，在世间并没有几个；即使如此，他仍没有达到最高的境界，并不值得树为榜样。

**夫列子御风而行，泠然善也，旬有五日而后反；**

列子的水平与境界比宋荣子高得多，可以御风而行，轻快地飞在天上，一般连续飞行十五天后才归来。有人可能就要问了，列子真会飞吗？飞去了哪里？其实只需想一想，我们有时只是端坐着，但心思却腾云驾雾般到十万八千里之外了，坐地还可以日行八万里呢！这种状态，我们能维持稍许，而列子则可以维持十五天。由此可见，这个人会是什么样的人呢？

**彼于致福者，未数数然也。此虽免乎行，犹有所待者也。**

类似列子这种能够领略并享有乘风之福的，世间也没有几个。虽然这样可以免除行走之困苦，但还是要依赖于外物的，比如风。庄子这也不满意，那也不满意，那么他心中做人的最高境界究竟是什么呢？庄子在后文中意有所指。

**若夫乘天地之正，而御六气之辩，以游无穷者，彼且恶乎待哉！**

"乘天地之正"，指顺应天地自然的本性，大就大，小就小，温和就温和，严酷就严酷。"御六气之辩"，指适应"六气"的变化。"六气"指什么？应该是阴、阳、风、雨、晦、明六种不同的气候等。综合来看，核心意思实际是八个字：顺应天地，随遇而安。人生几十年，就不要挑挑拣拣了，到处都是好地方，到处都有新奇事，欣赏还欣赏不过来呢，嫌弃抵触个什么呢？一生用来做什么呢？庄子说了三个字"游无穷"，时间无穷，空间无穷，万物无穷，生命无穷，这才是最大的现实，最大的事情，一生不用来游于无穷用来做什么？做什么似乎都显得辜负了生命，都显得辜负了几十年的大好时光。

**故曰：至人无己，神人无功，圣人无名。**

关于这三种人，庄子在很多地方，反反复复解读过，因为我们是倒着读《庄子》一书的，因此有些前面已经很细致地说过了，这里不再赘述。"至人无己"，至人（极致的人，纯粹的人）心中没有"自我"这个意识。那么他们心中有什么呢？天地、众生、万物。这点与佛家说的"无我"相似。"神人无功"，即功绩功名是俗人、伟人、圣人等大小人物一致的追求，而有些人就不在意这个，这样的人够得上神奇，称之为"神人"；也可做安于神的人说，无论什么时候，都是心神安静的，不会为任何事物所动。"圣人无名"，儒家、法家、道家都说圣人，侧重不同，实质也不同；这里的圣人指专注于内心，不声不响，不著不述，从而也就"一名不文"。这三种人的境界指向都是超越世俗的，对一般人而言，知道怎么回事并有所启发即可；至于能否达到这样的境界，另当别论，强求不得。

## 爝火不息

尧想将天下让给许由，并说了这番话："日月出矣，而爝（jué）火不息，其于光也，不亦难乎！"这里的意思是：太阳月亮都出来了，还点着烛火不熄做什么呢？烛火这点光相对于日月，不是太难为情了吗？尧的话说得很委婉，实际是对许由过于洁身自好、过于爱惜精神的一种劝诫。

**时雨降矣，而犹浸灌，其于泽也，不亦劳乎！**

这一句与上句的逻辑一致，其句意为：及时雨都已经降下来了，还用渠水浇灌做什么呢？与及时雨相比，渠水能够达到润泽万物的程度吗？雨中浇地，不是瞎劳作嘛。

**夫子立而天下治，而我犹尸之，吾自视缺然，请致天下。**

"尸"，相当于尸祝，即祭祀死者时的主祭人。这句是说，你许由德行很高、本事很大，什么也无须做，就能将天下管理得很好。而我所做的，不过是个祭祀司仪的水准。我自感确实是尸位素餐了，还是请你来管理天下吧。

应该说，尧说得够诚恳，但许由并不买账也不领情："子治天下，天下既已治也，而我犹代子，吾将为名乎？"许由的意思是：别谦虚了，你治理天下已经治理得非常好了，名声也很好，天下人的评价也很高。这个时候，我出来接替你，难道是想不劳而获，劫取名声吗？

**名者，实之宾也。吾将为宾乎？**

名声这个东西吧，不过是现实存在的从属物，我难道是想成为从属物吗？从这句话来看，似乎是许由想多了。想想，许由这个人肯定是本事很大，尧才找到他，想禅让天下于他的，如果真的不显山不露水而默默无闻，尧会找他吗？既然如此，如此计较一个"名"字做什么呢？看似很通达，实则很计较。

**鹪(jiāo)鹩(liáo)巢于深林，不过一枝；偃鼠饮河，不过满腹。**

鹪鹩这种鸟吧，以善于筑巢闻名，但在深林中再怎么筑，也不过在一个枝头而已，还能把整个林子都筑满了？鼹鼠到河边饮水，不过饮满一肚子而已，还能把整条河都喝光了？这话就体现出许由高度自治、自给自足的精神状态，《增广贤文》"良田万顷，日食三升。广厦千间，夜眠八尺"与这一句是一个道理。其言外之意是，我一个人过得好好的即可，没有心思管理整个天下，那么多人与事，哪能管得过来。

**归休乎君！予无所用天下为。庖人虽不治庖，尸祝不越樽俎而代之矣！**

请回吧，我这个人这种思想吧，对于治理天下恐怕是百无一用的。怎么说呢？即使一个厨师不善于烹饪，也不能代替尸祝而主持祭祀吧。许由的逻辑与庄子不愿出仕所说的逻辑完全一致。这就说明，一个人是什么样的人，就是什么样的人，就注定只能做一些最适合做的事，干不来别的。对于高度自觉的人而言，尤其如此。什么是逍遥游？内心通达，精气神饱满，最大限度地解脱种种束缚，自由自在地悠游于人间。怎么才能做到逍遥游？认清—自觉—解脱。看着只有六个字，每一步都难如登天。


## 藐姑射之山

肩吾、连叔（虚构的人物），都是传说中楚国的贤人。

一天，肩吾向连叔请教了这么一个问题："吾闻言于接舆（凤歌孔丘的那位），大而无当，往而不返。吾惊怖其言，犹河汉而无极也；大有径庭，不近人情焉。"其意指，我听接舆这个人说话吧，滔滔不绝，且口无遮拦，大而不当，甚至到了没谱没边的地步，总之是一说起来便根本就收不住。对于他所说的内容，既感到惊奇又感到害怕，像天上的银河一样辽阔无垠，与常理出入非常大，一点也不符合情理呀。

连叔问：他都说了些什么？

肩吾转述了接舆所说的人与事："藐姑射(yè)之山有神人居焉，肌肤若冰雪，淖约若处子；不食五谷，吸风饮露；乘云气，御飞龙，而游乎四海之外；其神凝，使物不疵疠而年谷熟。""藐"，指遥远。这一句是指：遥远的姑射山上，住着这样一位神仙：肌肤像冰雪一样洁白，安静柔弱得像处女一样；吸风饮露，而不食人间烟火；乘着云，驾着龙，遨游于四海之外；神人心神专一，能够使万物不受灾害，从而谷物年年丰收。

肩吾认为，接舆这话是吹牛瞎说的，根本就不可信。

"四海"是当时人所知悉的极限，东西南北都是水，无法逾越。海那边是什么呢，只能靠猜想了。在想象里，神仙们代替人们一一去探索了。科技也是这样，先是想象到达，再是推动技术上实现。从不食五谷而又能保证万物不受灾、谷物年年丰收的情况看，这确实是人的意愿，是人的头脑中想象出来的。或者说，是对冥冥中握控一切的未知力量的合理化个人化想象。这种记载，《山海经》中有很多，而且比这要神奇得多。这些看似神奇，实则很正常。没有这些，人的思想就绝不会得到发展。

连叔的看法正好与肩吾相反："然，瞽者无以与乎文章之观，聋者无以与乎钟鼓之声。"连叔的意思是：嗯，是这样的。盲人吧，根本没办法与他一起欣赏美丽的纹饰；聋子吧，根本不能与他一起倾听美妙的钟鼓之乐。

**岂唯形骸有聋盲哉！夫知亦有之。是其言也，犹时女也。**

岂止形体上存在聋与盲这种现象啊！智慧上也有聋与盲的情况呀。这话说的就是你肩吾，智慧上既聋又瞎，什么也听不见看不见，还自以为他人不对。

**之人也，之德也，将旁礴万物以为一，世蕲(qí)乎乱，孰弊弊焉以天下为事！**

类似于接舆说的这种神人，以及这种德行，能够使万物和谐如一，世间的事情这么乱糟糟的一团，谁又想来接手理顺这些破事呢？这句的意思是说：神人明明有治理天下的本领，却并不出山，原因就是想自在地活着，想做什么就做什么，而不想染指或陷身于人类社会的种种琐事中。

**之人也，物莫之伤，大浸稽天而不溺，大旱金石流、土山焦而不热。**

正因为不染指诸事，所以才不受伤害。有个流行的逻辑：用刀者死于刀，弄剑者死于剑。而"不介入"就很独立了，连叔就是这么个态度，什么人什么事又能奈我何呢？因此说，这样的神人，人与万物谁也伤不着，即使洪水滔天也淹不着。人在山上嘛，又没有什么资产在世间的低洼处，担心什么呢？百年不遇的大旱灾，火山爆发或岩浆流淌，土地山岭烧焦了同样也没有任何关系，离得远远的，一点损失也不会有，一根眉毛都不会掉。想想，如果身负管理天下之责，稍有个风吹草动之类的，恐怕就要吃不下饭、睡不着觉了。多么劳神费力又无聊清苦的事啊！这样的事留给谁做呢？公仆，甘愿做公仆的人。神人是无意染指的。

**是其尘垢粃糠，将犹陶铸尧舜者也，孰肯以物为事！**

正是因为神人们不愿做这些陈谷子烂芝麻之类的烦琐事，才成就了尧舜这些民众公仆的好名声。这里的"以物为事"，"物"，指外物；"事"，指事业。如果自由自在，谁愿意以外物为事业呢？对于道家的人而言，内心是否比外物重要？起码是与外物并驾齐驱、并行不悖的，而将内心完全投入或依附于外物，就很糟糕了。"事业"则是一个非常古老的词语，《易经·系辞》中的解释："举而措之天下之民，谓之事业。"注意，"事"是事，"业"是业，"事"指做事的过程，"业"指做事的成效。这个词的词义几千年来没有任何变化，而且道家人物极端排斥这个词。道理何在？说白了，想逍遥游就不能染指任何事业，否则是没有任何逍遥可言的，被那么多事与物困扰着，苦中作乐、以苦为乐还差不多。

**宋人资章甫而适诸越，越人断发文身，无所用之。**

"资"，即卖的意思。"章甫"，即帽子。这句的意思是：宋国人去越国做生意卖帽子。帽子是文明的标志，但越国文明程度较中原文明要低得多，仍处于披发纹身的阶段，根本就不戴帽子。因而，生意失败，一顶也没有卖出去。这个情况，按现代商业理论的观点来看，属于重大商机，但在当时不同。

对此，庄子的看法是："尧治天下之民，平海内之政。往见四子藐姑射之山，汾水之阳，窅(yǎo)然丧其天下焉。"尧执政天下，效果还是非常不错的。但如果去了姑射山，在汾水的北面见了四位神仙，恐怕就会感到无尽玄妙而忘掉整个天下。就是说，世间有比执掌天下更为有趣的事。

# 大瓠之种

一天，惠子对庄子说："魏王贻我大瓠(hù)之种，我树之，成，而实五石；以盛水浆，其坚不能自举也；剖之以为瓢，则瓠落无所容。非不呺(xiāo)然大也，吾为其无用而掊(pǒu)之。"魏王送我了一些瓠瓜（葫芦）种子，我用这些种子种出了容量五石的大葫芦。由于太大了，用来装东西，根本就举不起搬不动；剖开做瓢吧，同样太大，没办法用。这种东西大是大，但百无一用，我只好把它砸碎了。惠子曾任梁国国相，对于无用的大葫芦，可以持这么个态度，砸碎了就是；对于无用的人该使用什么手段呢？惠子给庄子说这个大而无用的葫芦，分明是话中有话，两人的主张有着针锋相对的不同。

庄子回了这么一句话："夫子固拙于用大矣。"其意思是：你这个人吧，如何用小的东西倒是挺精明的，现在用大的东西却是玩不转的。庄子接着给惠子说了这么个故事："宋人有善为不龟手之药者，世世以洴(píng)澼(pì)絖(kuàng)为事。客闻之，请买其方百金。聚族而谋曰：'我世世为洴澼绕，不过数金；今一朝而鬻（yù）技百金，请与之。'客得之，以说吴王。越有难，吴王使之将；冬，与越人水战，大败越人，裂地而封之。"这句是指，宋国有个善于做防冻疮药的人家，因为制药卖药入不敷出，便世世代代以漂洗丝絮为业，制药只是副业，根本没当回事。有人听说这个情况后，就上门出百金购买冻疮药的药方。宋国这户人家便聚族商量：我们世代漂洗丝絮，不过赚数金而已。眼下卖了药方，一下子就能得到百金，何乐而不为呢？这个人买到药方后，就去拜见游说吴王。（为什么拜见，因为吴王好战，这个药正好派上用场。）果然，不久后吴越两国开战了，吴王就采用这人提供的冻疮药方。冬天，吴军与越军水战，由于吴军有防冻疮药，非战斗减员较少，士气较高，从而打败了越军。吴王一高兴，就赏给这个人了一块封地。

庄子接着给了实质性的建议："能不龟手一也，或以封，或不免于洴澼绕，则所用之异也。今子有五石之瓠，何不虑以为大樽而浮乎江湖，而忧其瓠落无所容？则夫子犹有蓬之心也夫！"庄子的建议是，同样是防冻疮的药方，在宋国人手里连养家糊口都很成问题，免不了替人漂洗丝絮，而到了他人手里，就立下战功、获取封地了。这是什么原因呢？用法不同。现如今，你有如此之大的葫芦，做什么水瓢呢？为何不考虑做条船之类的浮游于江湖之上呢？何等的快事呀！因葫芦大而无用在发愁，你的心智真像是被蓬草堵塞了。

从这里可以看出，庄子这个人实在是太过于智慧了，看到了过程，也看清了结果，因而懒得去折腾什么事。大多数人之所以陷于或迷于事中，就是在享受过程，却并不知道结果。庄子与惠子二人的区别何在？说到底，其实是看待事物的眼光不同，一个看得很近，一个看得很远。

惠子不甘心，继续说了一棵树的事："吾有大树，人谓之樗（chū）。其大本拥肿而不中绳墨，其小枝卷曲而不中规矩，立之涂，匠者不顾。今子之言，大而无用，众所同去也。"惠子的意思是：我有一棵大椿树，其树干虽然粗但却是扭曲的，无法用绳墨来画线；其树枝虽然弯曲，但既不符合规也不符合矩，很不成材的。长在路边，木匠连看都不看。照你的说法，大有大的用处，这棵树大而无用、无人理睬又该怎么说呢？

庄子张口就说："子独不见狸狌（shēng）乎？卑身而伏，以候敖者；东西跳梁，不避高下，中于机辟，死于罔罟。"这句的意思是：你难道没见过野猫、黄鼠狼之类的吗？这些小东西很狡猾，身子伏得很低，紧贴在地面上，等候或捕捉猎物；身体异常灵活，东奔西跑，深可入洞，高可上树。即使如此，因为肉可以吃、皮可以用，一旦触动人所设下的机关，就会丧命于罗网、兽夹之中。

**今夫斄(lí)牛，其大若垂天之云。此能为大矣，而不能执鼠。**

再看斄牛（牦牛），体形庞大，像垂天之云一样，但大是大，却并不能驱使着去抓老鼠吧。言外之意，你惠子对于大小之用根本就不得要领。

**今子有大树，患其无用，何不树之于无何有之乡，广莫之野，彷徨乎无为其侧，逍遥乎寝卧其下。不夭斤斧，物无害者，无所可用，安所困苦哉！**

现在你有一棵大树，为什么不让它好好地长着，长在"乌有之乡""广莫之野"，你什么事也无须做，整天就在树下散散步、乘乘凉，岂不是逍遥快活。为什么老想着砍了它做成物件呢？这棵树避免被砍的命运，不受任何伤害，虽然百无一用，但也好好地活着，无忧而无虑。对一棵树而言，这不是最好的状态吗？言外之意，一个人忙死累活、忧天忧地地拼搏努力真好吗？那样树的状态，完全是一种"逍遥游"啊！"乌有之乡""广莫之野"，如同"乌托邦""理想国"式的名词，所指的状态亦是理想到不可能实现或存在的，事实上，却又是广袤无边、无所不在的。

美国著名作家威廉·福克纳的小说《喧哗与骚动》第二部分开头，父亲将一只家传的表交给儿子时说了这么一番话："假如懂得好好使用它，你将明白一个惨痛的道理，那就是人类一切经验都归于荒谬，（这只表）未曾给你父亲给你祖父任何启发，亦将不会给你任何益处。我把它给你，不是为了让你记住时间，而是希望你偶尔可以将它忘记，那就无须拼尽全力去征服它。因为这是无法取胜的战斗……双方甚至从未开战。这个战场只让人见识自身的愚妄与绝望，而胜利则是贤哲与痴人的幻觉。"这句话完全可以作为解读和理解庄子的一个角度，只是二者的态度不同，庄子是积极的乐观的，而福克纳是消极的悲观的。同时也说明，有些遗产是无法继承的，但又不能不去继承，比如庄子。

庄子的天下，庄子的世界太辽阔了，我们的知识无法抵达，我们的想象力也望尘莫及。

深海只有深到无限深，才可能有鲲一样的巨鱼浮沉；大风只有大到无穷尽，才可能有鹏一样的大鸟扶摇直上。